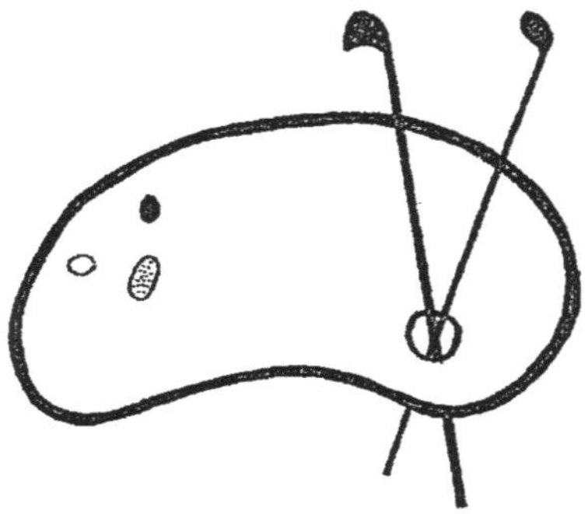

COUVERTURE SUPERIEURE ET INFERIEURE
EN COULEUR

RECTO ET VERSO

COLLECTION DE DOCUMENTS

POUR SERVIR

A L'HISTOIRE DES HÔPITAUX DE PARIS,

COMMENCÉE

SOUS LES AUSPICES DE M. MICHEL MÖRING,

CONTINUÉE

PAR M. CHARLES QUENTIN,

DIRECTEUR DE L'ADMINISTRATION GÉNÉRALE DE L'ASSISTANCE PUBLIQUE,

PUBLIÉE

PAR M. BRIÈLE,

ARCHIVISTE DE L'ADMINISTRATION.

TOME DEUXIÈME.

DÉLIBÉRATIONS DE L'ANCIEN BUREAU DE L'HÔTEL-DIEU.

PARIS.

IMPRIMERIE NATIONALE.

COLLECTION DE DOCUMENTS

POUR SERVIR

A L'HISTOIRE DES HÔPITAUX

DE PARIS.

Cette collection comprendra :

1° Les délibérations de l'ancien Bureau de l'Hôtel-Dieu (1531-1791);

2° Les comptes de l'Hôtel-Dieu (1364-1599);

3° Le *Corpus* des privilèges de l'Hôtel-Dieu;

4° Les chartes qui n'auront pas été publiées dans le Cartulaire de l'Hôtel-Dieu;

5° Un choix de pièces relatives à l'hôpital Saint-Jacques-aux-Pèlerins, à l'Hôpital général, aux Enfants trouvés, aux Enfants Rouges, à l'Hôpital du Saint-Esprit en Grève.

COLLECTION DE DOCUMENTS

POUR SERVIR

A L'HISTOIRE DES HÔPITAUX

DE PARIS,

COMMENCÉE

SOUS LES AUSPICES DE M. MICHEL MÖRING,

CONTINUÉE

PAR M. CHARLES QUENTIN,

DIRECTEUR DE L'ADMINISTRATION GÉNÉRALE DE L'ASSISTANCE PUBLIQUE,

PUBLIÉE

PAR M. BRIÈLE,

ARCHIVISTE DE L'ADMINISTRATION.

TOME DEUXIÈME.

DÉLIBÉRATIONS DE L'ANCIEN BUREAU DE L'HÔTEL-DIEU.

PARIS.

IMPRIMERIE NATIONALE.

M DCCC LXXXIII.

PRÉFACE.

Nous faisons paraître le 3e et dernier fascicule consacré à la publication des vingt-cinq derniers Registres (137 à 161) de la collection des délibérations de l'ancien Bureau de l'Hôtel-Dieu (années 1768-1791).

Ce 3e fascicule se compose, avec les tables, d'environ 40 feuilles d'impression; il est donc sensiblement plus considérable que les deux fascicules du tome Ier, lesquels étaient, chacun, de 25 feuilles.

Nous ne pouvions pas, en effet, placer dans le 4e fascicule des documents appartenant à des époques aussi différentes que les dernières années du XVIIIe siècle et la seconde moitié du XIVe siècle. (La collection des comptes de l'Hôtel-Dieu, dont la première partie paraîtra l'an prochain, commence en l'année 1364.)

Si nous ne nous abusons pas sur l'importance de l'œuvre que nous avons entreprise, qu'il nous soit permis de dire que ce 3e fascicule nous semble être le plus intéressant de ceux qui ont été publiés jusqu'ici.

Quelques années après la date des premières délibérations publiées dans ce volume, un événement désastreux, l'incendie de 1772, faillit détruire l'Hôtel-Dieu tout entier. Ce sinistre, qui causa un grand émoi dans Paris, eut du moins pour heureux effets de faire mettre à l'étude des réformes, de donner le jour à des projets qui, depuis longtemps, étaient, si l'on peut dire, à l'état latent.

Déjà depuis plusieurs années les médecins, les philanthropes, les administrateurs, tous ceux qui étudiaient les questions d'hygiène, science alors dans son enfance, se préoccupaient des détestables conditions hygiéniques où se trouvait placé l'Hôtel-Dieu. Le sentiment populaire, que nous ne prétendons pas d'ailleurs être toujours infaillible, se faisait jour, à l'encontre de l'Hôtel-Dieu, avec une énergie dont le souvenir se trouve conservé dans plus d'une délibération de ce temps, les médecins élevaient la voix; en un mot, il s'était formé un courant d'opinion qui conduisit les pouvoirs publics à étudier sérieusement la grande question de la réforme des hôpitaux.

Louis XVI avait, depuis six ans, succédé à Louis XV, son aïeul. Necker était alors contrôleur général des finances, et sa femme venait de fonder l'hôpital qui porte aujourd'hui son nom.

En cette année 1780, nous voyons s'ouvrir chez Necker des conférences auxquelles assiste assidûment Madame Necker, où sont appelés des administrateurs de l'Hôtel-Dieu, Bonnot, l'architecte inspecteur de l'Administration et le docteur Colombier, qui semble avoir été, en toutes ces affaires, l'agent très actif du Ministre, et chez qui, plus tard, se continuèrent ces conférences. (Voir p. 80, 82, 92, 93 et passim).

Il n'en sortit que des réformes bien insuffisantes, et ceux qui ont lu le rapport de Tenon savent combien lamentable était encore, dix ans plus tard, la situation des établissements hospitaliers de Paris.

Nous devons néanmoins appeler l'attention des historiens sur toutes les délibérations consacrées à l'étude de ces projets de réformes. Ils verront s'en dégager comme deux formules qui ne trouvèrent que plus tard leur application : *chaque malade couché seul; plusieurs hôpitaux remplaçant l'immense agglomération de l'Hôtel-Dieu*, qui ne devait plus être qu'un dépôt pour les cas urgents et très graves.

Dès les premières pages de ce volume (p. 24), nous voyons le Procureur général notifier au Bureau d'administration les lettres patentes de 1773, qui ordonnaient la suppression de l'Hôtel-Dieu, *dont les débris auroient été vendus*, et qui, pour le remplacer, donnaient aux deux hôpitaux de Saint-Louis et de Sainte-Anne l'extension nécessaire.

On pense bien qu'une mesure aussi radicale que la démolition de l'Hôtel-Dieu n'était pas pour plaire aux administrateurs qui tenaient, en dépit de tout, à leur vieil hôpital et qui, sans doute, préféraient un moyen terme qu'ils indiquent eux-mêmes en disant (p. 255), *on améliorera, on perfectionnera, mais on ne détruira pas.*

Alors commence, entre l'autorité supérieure et les chefs de l'administration de l'Hôtel-Dieu, une lutte que l'on verra, dans la suite de ce volume, se continuer avec mollesse d'une part, mais, d'autre part, avec une énergie contenue et surtout une suite et une persévérance qui devaient triompher. *L'Hôtel-Dieu ne fut pas démoli.*

L'Hôtel-Dieu, dit le Ministre, est d'une insalubrité reconnue, «Non,» répond (p. 34) M. Lecouteulx de Vertron au nom de ses collègues les administrateurs, «Non, l'Hôtel-Dieu n'est pas insalubre, il ne faut pas en juger d'après des peintures exagérées qui ont fourni à la poësie des tableaux peut-être touchans[1], mais dont l'effet n'est que d'exciter une clameur fondée sur le préjugé et répétée par l'ignorance des faits.» Plus loin même (p. 169), le Bureau tout entier, dans un mémoire à M. de Breteuil, affirme que «l'Hôtel-Dieu ne pourroit être placé dans un lieu plus convenable à tous égards.»

Le Roi lui-même, nos documents en fournissent la preuve, s'occupa activement et personnellement de toutes ces questions. Son conseil, ses ministres, devant les protestations unanimes des chefs de l'administration hésitèrent et finirent par reculer.

Le Ministre Maurepas mit en avant d'autres projets; il fut même un moment question de trans-

[1] Allusion à une ode de Marmontel.

férer l'Hôtel-Dieu à l'Hôtel-Royal des Invalides (voir p. 45); ce projet ne semble pas d'ailleurs avoir été sérieusement discuté.

Quelques années se passent; en 1787, *la question de l'Hôtel-Dieu* est soumise à l'Académie des sciences, dont les commissaires déposent leur rapport.

Les administrateurs redoutant fort les conséquences de ce rapport, dont la conclusion formelle était le remplacement de l'Hôtel-Dieu par quatre ou même cinq hôpitaux, à Saint-Louis, à Sainte-Anne, aux Célestins, au-dessus de l'École militaire, et un cinquième au pied de la butte Montmartre, les administrateurs, disons-nous, s'efforcent de faire échec à ce projet, qu'ils reconnaissent «avoir acquis une certaine consistance et même la faveur du gouvernement.» (P. 181.) Ils rédigent contre ce projet un nouveau mémoire dont copie est adressée à tous les chefs de l'administration; la lettre d'envoi de ce mémoire se termine par ces mots qu'on voudra bien remarquer «nous vous prions, Monsieur, d'employer tous les moyens que votre prudence vous suggérera pour faire maintenir l'exécution des lettres patentes de 1781[1] *et arrêter les suites du nouveau projet.*» (P. 181.)

Or, qu'on ne l'oublie pas, les chefs de l'administration de l'Hôtel-Dieu, c'étaient les premiers présidents des trois cours souveraines; c'étaient l'archevêque de Paris, le prévôt des marchands, le lieutenant général de police, tous gens considérables. Ils mirent leur influence au service de leurs collègues, et la Révolution vint avant qu'on eût donné suite aux projets de l'Académie des Sciences.

Il importait de mettre hors de contestation ce fait que l'ancienne administration *se montra constamment opposée au déplacement de l'Hôtel-Dieu.*

Nous devons, maintenant, expliquer la contradiction apparente qui existe entre une délibération du Bureau de l'Hôtel-Dieu du 11 janvier 1773 (pages 22 et 23 du présent volume) et toutes les autres délibérations, prises dans un sens absolument opposé. La délibération dont nous parlons se termine ainsi : «Le Bureau a arrêté que MM. les chefs de l'administration et deux députés du Bureau se retireront près le Ministre du département de Paris, à l'effet de supplier Sa Majesté de vouloir bien leur accorder une audience et leur permettre de lui représenter *la nécessité de rétablir l'hôpital dans un endroit plus salubre et plus commode.*»

Les termes de cette délibération sont formels et l'on peut s'y tromper. L'auteur de l'Étude sur les hôpitaux, ou plutôt le rédacteur de la notice sur l'Hôtel-Dieu, insérée dans cet important ouvrage, s'y est trompé lui-même.

On lit, en effet, à la page 502 de l'Étude sur les hôpitaux, «Les ruines de l'Hôtel-Dieu étaient encore fumantes que le Bureau mettait en délibération l'opportunité de son déplacement et sa reconstruction sur un point plus salubre de la Capitale, donnant ainsi lui-même le signal des récla-

[1] Ces lettres patentes, qui sont du 22 et non du 23 avril, disent, en substance, que l'ancien projet de déplacement de l'Hôtel-Dieu est abandonné et qu'«on se bornera à faire disposer cet hôpital de manière qu'il puisse contenir au moins 3,000 malades, couchés seuls dans un lit et placés dans des salles séparées, suivant les principaux genres de maladies, etc.

mations et des écrits qui allaient bientôt surgir de toutes parts contre les développements excessifs qu'une charité plus ardente que réfléchie avait si imprudemment donnés à cette maison.»

Voici l'explication de cette apparente contradiction :

En janvier 1771, le chancelier Maupeou, voulant briser la résistance des parlements, les avait supprimés et remplacés par des *Conseils*. Le Parlement de Paris partagea, naturellement, le sort de tous les Parlements de France. Le 4 août de la même année, dix administrateurs de l'Hôtel-Dieu, c'est-à-dire la Compagnie presque tout entière, donnèrent leur démission et furent remplacés, dans la séance du 19 août suivant, par dix administrateurs nouveaux. (Voir pages 12 et 13.) La délibération du 4 août est rédigée, on va le voir, avec une extrême réserve, mais le lecteur attentif, et tant soit peu au courant des événements d'alors, comprendra que le Bureau de l'Hôtel-Dieu entendait, par sa démission, s'associer à la politique suivie par le Parlement de Paris, dont les chefs étaient également à la tête de l'administration hospitalière.

Voici la délibération du 4 août 1771 : «Ce jour, la Compagnie, extraordinairement assemblée, sur la réquisition du plus grand nombre des membres qui la composent, et par billets, en la manière accoutumée, délibérant, en exécution de l'arrêté de vendredi dernier, sur les pièces renfermées au paquet y mentionné, et notamment sur la lettre du 28 juillet dernier, qui en fait partie, lecture faite de nouveau de la délibération, du contenu de laquelle il résulte que l'on veut mettre incessamment la Compagnie dans la nécessité de s'expliquer sur des objets sur lesquels son attachement aux lois, et son respect pour le Roi, lui auraient fait désirer de garder, s'il eût été possible, le silence le plus absolu... tous messieurs soussignés ont unanimement déclaré qu'ils se démettent purement et simplement de l'administration de l'Hôtel-Dieu et de l'hôpital des Incurables, etc.»

En février 1775, deux mois après le rétablissement de l'ancien Parlement, les administrateurs démissionnaires reprirent leurs fonctions.

On comprend maintenant que les administrateurs *intérimaires*, qui prirent la délibération du 11 janvier 1773, ne représentaient pas véritablement l'opinion qui, sur le point particulier qui nous occupe, avait invariablement été celle du Bureau de l'Hôtel-Dieu.

Il faut donc se garder de tomber dans l'erreur que nous avons signalée, qui trouve comme une consécration dans l'Étude sur les hôpitaux, si consciencieuse et si bien faite d'ailleurs.

Les nombreuses délibérations, les longs mémoires du Bureau sur toutes les questions relatives à la réforme de l'Hôtel-Dieu, reproduits *in extenso* dans ce 3e fascicule, ne sont pas les seuls points intéressants que nous ayons à recommander à l'attention des lecteurs. Mais il faut nous borner, sous peine de faire de cette préface un résumé trop étendu du livre même.

Qu'il nous soit permis, toutefois, de signaler : la première mention probable du domicile de secours (page 86); le singulier projet de séparer par une grille de fer le chirurgien opérateur des élèves en chirurgie (page 96); l'idée de rédiger un *Code général* qui renfermerait «les règlements sur les différents objets du service dans l'Hôtel-Dieu» (page 134); les plaintes si fréquentes du Bureau au sujet des convalescents et des *chroniques* «qu'on garde à l'Hôtel-Dieu depuis des temps considérables, sous le prétexte qu'ils ne sont pas guéris; la plus grande partie de ceux dont il est question ici ont des maladies qui sont de nature à ne jamais guérir, et l'Hôtel-Dieu ne doit pas les garder» (page 226); la conversion en une rente fixe annuelle de 212,000 livres de l'exemption des droits d'entrée dont jouissait l'Hôtel-Dieu, 1788 (page 233).

Nous ne pouvons pas, cependant, ne pas consacrer quelques lignes à signaler et à résumer le règlement du 29 mars 1787, définitivement approuvé par le Bureau le 16 juillet suivant, non pas tant à cause de son importance qu'en raison du grave conflit qu'il fit naître entre le Bureau et les religieuses de l'Hôtel-Dieu.

Dans son ensemble, ce règlement, qui apportait à l'ancien état des choses de notables améliorations, affranchissait complètement les médecins de l'ingérence, souvent funeste, des religieuses.

Trois articles surtout de ce règlement, les articles 23, 41, 42, semblèrent aux religieuses porter atteinte aux droits qu'elles prétendaient tenir de leurs constitutions.

L'article 23 disait : «les médecins désigneront sur le cahyer de visite les malades qu'ils jugeront guéris, et il en sera donné tous les jours une note à l'inspecteur des salles par le chirurgien du département, afin qu'il les fasse sortir et leur fasse rendre leurs habillements. Il ne pourra être retenu aucun de ceux qui auront été désignés comme guéris.»

Cette sage disposition avait pour but de purger l'Hôtel-Dieu de ces convalescents qui encombraient les salles de l'hôpital, au détriment des malades dont ils tenaient la place. Il n'y a pas de doute qu'une charité mal entendue portait les religieuses à conserver trop longtemps, indéfiniment même, à l'Hôtel-Dieu ces convalescents, qu'elles utilisaient, disaient-elles, comme domestiques sans gages, mais qui se rendaient coupables d'exactions, de méfaits de toutes sortes, et qui, en tout cas, coûtaient bien plus cher que des domestiques payés.

Le chirurgien Desault, qui se signala à l'Hôtel-Dieu par l'énergie et par l'opiniâtreté qu'il mit à poursuivre les abus trop nombreux qu'il découvrait autour de lui, s'exprime ainsi dans un rapport adressé au Bureau le 30 janvier 1788 : «il y a dans cette salle une infinité de désœuvrés et de paresseux qui ne sont plus malades, et qui s'en vont de leur lit le matin et le soir à l'heure des pansements, afin de n'être point aperçus par les chirurgiens qui les feroient renvoyer, et qui y reviennent lors de la distribution des aliments, conservant une bande autour d'un bras ou d'une jambe, et disant à la religieuse qu'ils ne sont pas guéris. Il y en a encore beaucoup qu'elle scait être guéris et n'avoir plus besoin de pansements, mais qu'elles gardent, comme elles le disent, par principe de charité, parce qu'ils sont pauvres, qu'ils n'ont point un lit, etc.» (Voy. p. 228.)

Les articles 41 et 43 étaient ainsi conçus : «la distribution des alimens se fera par la mère cheftaine de chaque salle, accompagnée des infirmiers ou infirmières qui lui seront nécessaires. Le chirurgien de chaque département assistera à la distribution, tenant en main le cahyer de visite et nommant à la religieuse la qualité et la quantité d'alimens à distribuer à chaque malade, et il prendra garde à ce que la distribution se fasse exactement et sans méprise, conformément à ce qui sera prescrit dans chaque cahyer de visite. Comme il n'y a qu'un chirurgien par département, et qu'il y a des départemens qui pourront contenir plusieurs salles, il sera nécessaire que les distributions s'y fassent l'une après l'autre, et l'ordre en sera réglé dès que les départemens le seront. »

Ces trois articles, disions-nous, excitèrent le mécontentement des religieuses. D'abord, elles essayèrent d'une sourde résistance aux volontés de l'administration; elles voulurent éluder, sans trop heurter de front; mais la surveillance attentive des médecins et la fermeté des administrateurs déjouèrent toutes leurs tentatives. Se voyant contraintes à l'exécution stricte du règlement, elles ne craignirent pas d'entrer en lutte ouverte. Le 19 octobre 1787, elles firent signifier par Jean Simon de Ligneül, huissier au Parlement, aux administrateurs de l'Hôtel-Dieu, qu'elles « protestaient de nullité des articles 23, 41 et 42 du règlement rendu le 16 juillet, contre et au préjudice des droits des dites dames requérantes, *déclarant en outre qu'elles s'y opposent.* » (P. 206.)

Les administrateurs firent écrire par le ministre Calonne à la Prieure que « Sa Majesté avait jugé que ce règlement, qui avait été concerté avec le gouvernement, dont il remplissait les vues, devait être exécuté. »

Bien qu'ayant parlé au nom du Roi et invoqué son autorité, le contrôleur général des finances ne put rien changer à l'humeur belliqueuse des sœurs.

On essaya alors d'une intervention du chapitre de Notre-Dame, supérieur spirituel de la Maison. Les bonnes sœurs persistèrent dans leur refus d'obéir, et Monsieur Martin, qui rendit compte de toute cette affaire au Bureau, vint déclarer (p. 209) que « le chapitre de Notre-Dame s'était assemblé et avait chargé plusieurs de ses membres, du nombre desquels était Monsieur le Doyen, de se transporter à la communauté, pour la déterminer à se désister de ce dernier acte; leurs efforts ont été infructueux et l'acte subsiste encore. »

L'administration dut suivre les religieuses dans la voie judiciaire que celles-ci lui avaient ouverte; l'affaire s'instruisit au Parlement; il en résulta, de la part du Bureau, plusieurs mémoires qu'on lira dans les dernières feuilles de ce volume et où, naturellement, les religieuses ne sont guère ménagées.

On était à la veille de la Révolution, qui arriva avant que toute cette procédure eût abouti.

DOCUMENTS

POUR SERVIR

A L'HISTOIRE DE L'HÔTEL-DIEU

DE PARIS

ET DES HÔPITAUX QUI EN DÉPENDAIENT.

PREMIÈRE PARTIE.

PROCÈS-VERBAUX DES DÉLIBÉRATIONS DU BUREAU DE L'HÔTEL-DIEU.

(SUITE.)

137e REGISTRE. — ANNÉE 1768.

(14 janvier 1768.) Par un extrait tiré des registres de l'Hostel Dieu, il paroît que le 1er janvier de l'année dernière 1767, il y avoit 2,723 malades dans cet hôpital; que pendant laditte année il en a été receu 24,903; qu'il y est né 1,653 enfants (863 garçons, 795 filles), ce qui compose en total 29,289 personnes; que sur ce nombre il en est mort 5,301, dont 3,260 hommes, 1,986 femmes, 87 garçons, 61 filles, et comme il n'en restoit, le dernier décembre 1767, que 3,090, il en est sorti 20,898.

(20 janvier.) L'Inspecteur des bâtiments de l'Hostel Dieu a présenté au Bureau le devis des ouvrages nécessaires à faire pour la construction de deux angards dans l'intérieur de l'hôpital Sainte Anne, pour y loger une partie des beufs nécessaires pour la boucherie de l'Hostel Dieu pendant le Carême, estimés 1,625 livres.

(10 février.) Sur ce qui a été représenté au Bureau, que les cours de l'Hostel Dieu ne sont pas suffisamment éclairées pendant le tems du Carême seulement, quoiqu'il y ait une infinité de chandelles placées dans les différents endroits de ces cours, et passages par lesquels on y communique; que la consommation qui se fait de la chandelle est des plus considérables; qu'il seroit à propos, même avantageux pour le bien de l'Hostel Dieu, d'établir, pendant le temps du Carême seulement, deux lampes à réverbères pareilles à celles qui sont placées dans quelques unes des rues et ponts de Paris; la matière mise en délibération, a été arrêté et le dépensier de l'Hostel Dieu a été chargé de voir celui qui fait les lanternes à réverbères, pour que lundi prochain à l'heure de la nuit, il fasse poser deux lampes à réverbères dans les endroits les plus convenables des cours basses et où se fait le travail de la boucherie, pour voir l'effet de la clarté que donneront ces deux lampes, et dans le cas où elle feroient l'effet que l'on désire, de les laisser subsister pour éclairer pendant le tems du Carême seulement, après lequel fini, le dépensier aura le soin et attention de le faire oter et placer dans un endroit sûr et sec, pour les reprendre et faire servir pendant les carêmes suivans, et sans que l'essai ci-dessus, ni l'usage que l'on pourra

faire de ces lampes pendant le Careme, puisse être tiré à conséquence, ni d'en pouvoir admettre dans d'autres endroits de l'intérieur de l'Hostel Dieu.

(13 avril.) Le sieur Moreau, 1er chirurgien de l'Hostel Dieu, est venu au Bureau et y a représenté que le nombre des malades augmente journellement, principalement ceux attaqués du scorbut, qui viennent tant des maisons dépendantes de l'Hôpital général, des autres hôpitaux de Paris et des provinces, même éloignées de Paris, et des environs; qu'il y a actuellement 466 malades attaqués du scorbut dans la salle Saint Landri, destinée pour cette maladie, dont 326 hommes et 140 enfants; que la quantité des lits contenus dans cette salle ne peut suffire à ce nombre de malades; c'est pourquoi il lui paroissoit nécessaire d'avoir recours aux expédiens ordinaires et usités en pareil cas, qui sont d'ouvrir le grenier dit Saint Antoine, qui est au dessus de laditte salle Saint Landri, et de le garnir de lits et autres meubles et ustensiles convenables, tant pour y transporter quelques uns des malades actuels que pour y recevoir ceux qui arrivent journellement attaqués de cette maladie, et singulièrement des hôpitaux; qu'à l'égard des femmes et filles malades qui sont dans la salle Sainte Martine, le nombre des scorbutiques ne monte qu'à 169 personnes, tant femmes qu'enfans, ce qui n'oblige pas d'ouvrir le grenier qui est au dessus de cette salle, et à l'instant les mères prieure et sous prieure sont entrées, ont fait le même rapport que celui ci-dessus fait par ledit sieur Moreau, et ont prié le Bureau de donner les ordres nécessaires, tant à l'inspecteur des bâtimens, pour faire faire les réparations qui sont à faire audit grenier, qu'au pannetier pour faire arriver à l'Hostel Dieu les bois de lits et autres choses nécessaires qui sont à l'hôpital Sainte Anne et à l'hôpital Saint Louis, à l'effet par elles de les faire placer dans ledit grenier, pour le service duquel elles demandent que le Bureau veuille bien donner deux garçons et deux filles domestiques. La Mère prieure, sous prieure et ledit sieur Moreau retirés, monsieur Brochant a dit être parfaitement instruit des faits ci dessus, ayant été à l'Hostel Dieu pour en prendre connoissance; que l'on ne peut se dispenser d'ouvrir ce grenier, qu'il y a nécessité de le faire promptement, et il a proposé d'y placer par préférence les enfans, par la raison que, comme la maladie du scorbut est ordinairement moins violente dans les enfants que dans les hommes faits, il sera plus facile de les guérir lorsqu'ils en seront séparés. La matière mise en délibération, la Compagnie a arrêté : 1° que ledit grenier Saint Antoine au dessus de la salle Saint Landri, sera incessamment ouvert, à l'effet d'y placer quelques uns des malades qui sont actuellement dans ladite salle Saint Landri en trop grand nombre, et pour y recevoir ceux qui pourront arriver par la suite, et de placer dans ledit grenier par préférence les enfans qui sont dans laditte salle et ceux qui viendront ci après, à l'effet de quoi la Compagnie a donné à l'instant ses ordres, tant à l'inspecteur des bâtimens qu'au pannetier pour faire, chacun en ce qui le concerne, ce qui sera nécessaire pour laditte ouverture; 2° qu'il sera pris pour le service des malades qui seront placés dans ledit grenier, deux garçons et deux filles domestiques, qui seront renvoyés quand il y n'y aura plus de malades dans ledit grenier.

(18 mai.) Sur ce qui a été représenté, qu'il y a un ecclésiastique qui remplit un lit en qualité de malade dans l'hôpital des Incurables, qui a l'esprit dérangé, est furieux et cause du scandale, occasionné par son état; qu'il est absolument nécessaire de lui administrer les remèdes utiles en pareil cas; qu'il n'est pas possible de les lui administrer dans ledit hôpital; qu'on pourroit l'envoyer à l'Hostel Dieu, ainsi que celà s'est déjà pratiqué. A été arrêté de faire transporter incessamment cet ecclésiastique à l'Hostel Dieu, de le placer dans la *salle Saint Louis, destinée pour les malades de cette espèce*, et l'inspecteur de l'Hostel Dieu fera en sorte que ce malade soit seul dans un lit.

(1er juin.) A été dit par M. de Tilière que M. le Procureur général lui avoit écrit qu'il avoit, ainsi que M. le Premier Président, quelque chose de très important à lui communiquer; M. de Tilière s'est rendu ce matin chez M. le Premier Président où étoit M. le Procureur général. Ces deux magistrats lui ont représenté qu'il y avoit près de 20 malades dans les prisons de la Conciergerie, que l'on ne savoit où placer, n'y ayant point d'infirmerie; que l'on étoit sur le point d'en établir une; que l'on devoit prendre des endroits qui étoient loués; que ces ouvrages pourroient durer 4 mois; qu'il règne depuis près de 4 mois une maladie des plus dangereuses sur nombre de prisonniers; qu'il en est mort un assés grand nombre; qu'il seroit question que l'Hostel Dieu veuille bien admettre, pour cette fois seulement, et en attendant que l'infirmerie que l'on se propose d'établir soit en état de recevoir des malades, recevoir à l'Hostel Dieu les prisonniers malades de la Conciergerie, qui seroient conduits par un huissier du Parlement, en vertu d'ordres de M. le Procureur général. Sur quoi monsieur de Tilière a répondu qu'il ne lui paroissoit pas possible d'admettre ces sortes de malades dans l'Hostel Dieu; qu'au surplus il en feroit part au Bureau de l'Hostel Dieu, qui se tiendra aujourd'hui de relevée; la matière mise en délibération, a été arrêté que tous Messieurs se transporteront à l'instant 7 heures du soir chez M. le Premier Président où M. le Procureur général doit se trouver, à l'effet de représenter que l'Administration ne peut et ne doit, par l'institution de l'Hostel Dieu, recevoir ces sortes de malades à l'Hostel Dieu, à moins qu'ils ne soient élargis. Messieurs ont levé le siége pour aller chez M. le Premier Président, et sont convenus de revenir au Bureau après la séance qui doit se tenir chez M. le Premier Président. Ce même jour, à 8 h. 1/2 du soir, MM. sont revenus de chez M. le Premier Président; Monsieur de Tilière a fait rapport que M. le Premier Président, ainsi que M. le Procureur général, avoient paru insister à ce que les prisonniers malades de la Conciergerie soient admis et receus dans ledit Hostel Dieu pendant le tems ci-devant proposé; que M. le Procureur général prendroit les mesures nécessaires pour l'envoi de ces malades, de façon qu'ils ne seroient pas regardés dans l'Hostel Dieu comme gens de force. La matière mise en délibération sur les expédiens proposés par les deux magistrats, a été arrêté de ne point recevoir ces sortes de malades dans ledit Hostel Dieu, *à moins qu'ils ne soient élargis, qu'ils n'y viennent d'eux mêmes, sans être accompagnés d'huissier, garde, ni geolier, ni que l'Hostel Dieu en soit garant et responsable en façon quelconque;* on pourroit, en acceptant la proposition ci-dessus, donner la plus forte atteinte à ce qui vient d'être jugé par arrêt de la grand'chambre du Parlement, du 28 août 1767, rendu en faveur dudit Hostel Dieu contre l'Hôpital général, au sujet de malades de force des maisons qui en dépendent. Et monsieur de Tilière a été prié de faire part du présent arrêté, tant à M. le Premier Président qu'à M. le Procureur général vendredi prochain, ce qu'il a accepté et a promis de faire.

(27 juillet.) Sur le rapport fait au Bureau, que le sieur Cosme d'Engerville, premier compagnon chirurgien gagnant maîtrise à l'Hostel Dieu, s'est ingéré de faire comprendre dans le *Mercure* du mois de juin dernier une observation d'un enfant nouveau né à l'Hostel Dieu, dans le salle des accouchées le 5 avril 1766, où il a été appellé aussitôt sa naissance; que cet enfant avoit une tumeur à l'ombilic, sur quoi il fait différentes dissertations; l'enfant étant décédé, il en a fait l'ouverture en présence du sieur Moreau, premier chirurgien dudit Hostel Dieu, du sieur Cabany, ci devant premier compagnon chirurgien gagnant maîtrise, et des sieurs Dubertrand et Péan, maîtres chirurgiens à Paris, allégué deux causes qui peuvent occasionner cette tumeur, entr'autres une qu'il met la seconde, et qui paroît blesser les intérêts de l'Hostel Dieu, s'expliquant ainsi : «Cette malheureuse femme (en parlant de la mère de l'enfant) vint à l'Hostel Dieu, et étant guérie, y resta 3 mois comme convalescente, terme qu'elle avoit à parcourir avant que d'accoucher; on sait que ces sortes de femmes sont obligées de rendre quelques services aux malades de la salle, et ce service consiste à transporter dix fois le jour des malades d'un lieu à un autre; ce transport ne peut se faire qu'en appuyant sur le ventre; il doit faire sur la poitrine de l'enfant, dont on sait la situation dans la matrice, une compression qui, étant répétée plusieurs fois, comme je viens de le dire, est capable de produire petit à petit le désordre qui s'est trouvé dans l'enfant que j'ai fait voir à l'académie de chirurgie. Si cela est ainsi, ce transport des parties n'est pas un vice de conformation, mais une maladie contractée dans le ventre de la mère, etc.;» qu'il est question de savoir si c'est ledit sieur Cosme d'Engerville qui a écrit et fait insérer ces faits dans le *Mercure;* si ledit s^r Moreau en a connoissance; s'il est vrai que lesdits sieur Cabany, Dubertrand et Péan y ont été présens, attendu que, conformément aux réglemens du Bureau, personne du dehors de l'Hostel Dieu ne doit être présent aux opérations de chirurgie qui se font dans l'Hostel Dieu, lesquelles ne doivent être faites que pour l'instruction des chirurgiens travaillant audit Hostel Dieu; la matière mise en délibération, a été arrêté : 1° que ledit sieur Moreau sera mandé de se trouver au Bureau mercredi prochain 3 août, pour y être entendu sur les faits cités dans ledit *Mercure*, au nom dudit sieur Cosme d'Engerville; 2° de mander aussi à ce dernier de se tenir dans sa chambre ledit jour mercredi prochain, pour se trouver au Bureau en cas qu'il en soit besoin. La Compagnie est convenue de s'assembler ledit jour de bonne heure, et M. de Tilière a été prié de faire avertir pour ledit jour lesdits sieurs Moreau et Cosme d'Engerville, à l'effet de ce que dessus, ce qu'il a accepté.

(3 août.). Le sieur Moreau, premier chirurgien de l'Hostel Dieu s'est rendu cejourd'hui au Bureau, en conséquence du mandat de monsieur de Tilière. Monsieur de Tilière portant la parolle lui a demandé s'il avoit connoissance de ce que le sieur Cosme d'Engerville, premier compagnon chirurgien gagnant maîtrise de l'Hostel Dieu a fait insérer dans le *Mercure* du mois de juin dernier, a répondu que non. S'il avoit connoissance des faits cités par ledit sieur Cosme d'Engerville, a dit que non; qu'il ne se ressouvenoit aucunement d'y avoir été appellé, ny ne s'être trouvé avec lesdits sieurs Cabany, Dubertrand et Péan; il a même ajouté qu'il n'approuvoit en aucune façon la conduite que ledit sieur Cosme d'Engerville avoit tenue dans cette occasion. Sur quoi a été dit audit sieur Moreau, qu'il devoit être instruit de tout ce qui se passoit dans ledit Hostel Dieu, de la part de tous les chirurgiens qui travaillent sous lui dans ledit Hostel Dieu et que, dans toutes les grandes opérations qui s'y font, le Bureau seul en doit être instruit; qu'elles ne doivent être faites qu'en présence de MM. les Administrateurs, pour

l'instruction des chirurgiens de la maison, et non point des étrangers audit Hostel Dieu, auxquels il est deffendu par les règlements et les délibérations du Bureau d'y être admis, et enfin a été dit audit sieur Moreau de se rendre au Bureau, le mercredi 12 de ce mois, attendu que mercredi prochain est fête, a promis de s'y rendre. Ledit sieur Moreau retiré, l'huissier du Bureau a été chargé d'aller dire audit sieur Cosme d'Engerville de se rendre à l'instant au Bureau, ce qu'il a fait; on l'a fait entrer. Monsieur de Tilière lui a demandé si c'étoit lui qui avoit écrit et fait insérer dans le *Mercure* les faits cités dans la délibération de mercredi dernier, a répondu que oui; sur quoi lui a été observé pourquoi et de sa seule autorité il avoit osé faire pareille chose, sans en avoir parlé audit sieur Moreau, qui en auroit parlé au Bureau; a dit qu'il ne croyoit pas avoir fait une faute et n'en avoit pas envisagé les conséquences, sans quoi il auroit été bien éloigné de le faire et dont il se repent, assurant que pareille chose ne lui arriveroit plus; il a ajouté affirmativement que ledit sieur Moreau avoit été prévenu par lui et avoit été présent à cette opération, quoi qu'il lui soit revenu que ledit sieur Moreau soutenoit le contraire; que lesdits sieurs Cabany, Dubertrand et Péan s'étoient trouvés dans l'Hostel Dieu lors de cette opération, et qu'il ne les avoit pas mandés. A été fait audit Cosme d'Engerville une sévère réprimande, tant sur plusieurs absences de l'Hostel Dieu, que sur différentes opérations d'anatomie qu'il fait à l'insu dudit sieur Moreau dans différents endroits de l'Hostel Dieu, où il fait venir quantité de personnes du dehors, ce qui est encore bien contraire aux règlemens et délibérations du Bureau. A été arrêté de remettre la décision de cette affaire audit jour de mercredi 17 de ce mois où ledit Cosme d'Engerville sera mandé de nouveau, après que l'on aura entendu ledit sieur Moreau.

(17 août.) Le sieur Moreau, 1er chirurgien de l'Hostel Dieu s'est rendu au Bureau, en conséquence de la délibération du 3 de ce mois, et a déclaré qu'il se ressouvenoit que le sieur Cosme d'Engerville, dont il a été ci-devant parlé, lui avoit fait part des observations qu'il avoit faites sur l'enfant né dans la salle Saint Joseph; qu'il n'a souvenir de trois chirurgiens du dehors que ledit Cosme d'Engerville y avoit admis malgré les règlements de la maison, ni de ce qu'il avoit fait mettre sur ce fait dans le *Mercure;* la Compagnie a enjoint très expressément audit sieur Moreau de veiller exactement sur les différentes opérations de chirurgie qui se font audit Hostel Dieu, et que ces opérations ne soient faites que conformément aux règlements et aux délibérations du Bureau, sans jamais y contrevenir et sans pouvoir y introduire ni laisser entrer aucuns étrangers du dehors. Ledit sieur Cosme d'Engerville est entré pareillement au Bureau. Monsieur le Doyen lui a dit d'être à l'avenir plus circonspect qu'il n'a été jusqu'à présent, et notamment à l'occasion de l'enfant en question et pour avoir fait comprendre dans ledit *Mercure* toutes les particularités de ce fait; deffenses lui ont été faites de faire à l'avenir aucunes opérations, ni aucunes démonstrations de chirurgie, qu'auparavant il n'en ait averti le premier chirurgien de l'Hostel Dieu, qui est tenu et chargé d'en avertir le Bureau, lesquelles opérations et démonstrations ne pourront aussi être faites que dans l'intérieur dudit Hostel Dieu et dans les endroits où elles se doivent faire, de ne pouvoir faire entrer aucunes personnes du dehors, chirurgiens ni autres pour les différentes opérations qui se font dans l'Hostel Dieu, excepté les chirurgiens de la maison, à peine d'être renvoyé sur le champ dudit Hostel Dieu; ce que ledit sieur Cosme d'Engerville a promis d'exécuter ponctuellement.

(30 septembre.) A été dit par M. Dupont qu'en conséquence de la délibération du 23 de ce mois, il a eu un entretien particulier avec M. le Lieutenant général de police, dans lequel il lui a exposé les motifs amplement expliqués par la délibération susdatée; qu'il lui a paru que M. le Lieutenant général de police en étoit touché, de façon même à lui assurer qu'il n'auroit recours au bled de l'Hostel Dieu et à celui de l'hôpital des Incurables qu'à la dernière extrémité; que depuis la lettre par lui écrite à l'Administration, le carreau de la Halle avoit été suffisamment garni; à quoi Monsieur Dupont lui a répondu au nom du Bureau que, s'il y avoit nécessité absolue d'envoyer du bled à la Halle, l'Administration étoit déterminée d'en envoyer, mais en petite quantité et eu égard au peu de bled qu'il y a actuellement dans les greniers, qu'il seroit à propos d'écrire une lettre au nom du Bureau à M. le Lieutenant général de police, en réponse de celle par lui écrite, et de l'entretien dont est parlé ci dessus, de laquelle monsieur Dupont a fait le projet, dont lecture a été faite au Bureau; sur quoi la Compagnie a remercié M. Dupont de ce qu'il a bien voulu faire auprès de M. le Lieutenant général de police, l'a approuvé, ainsi que le projet de lettre par lui dressé, remis au net, à l'instant signé de messieurs les Administrateurs et envoyé à M. le Lieutenant général de police. A été arrêté que la lettre écrite par M. le Lieutenant général de police, et la réponse à lui faite, seront transcrits en suite de la présente délibération. Copie de la lettre écrite par M. de Sartine, le 22 septembre 1768 à messieurs les Administrateurs de l'Hostel Dieu de Paris. «Les laboureurs n'apportent, Messieurs, presque pas de bled dans les marchés, et il paroit par les éclaircissemens que j'ai fait prendre, qu'ils sont trop occupés, soit à préparer leurs terres, soit à les ensemencer, pour penser à

vendre leurs bleds; dans ces circonstances, j'ai cru qu'il convenoit de recourir au bled des communautés pour fournir la Halle; puis-je me flatter, Messieurs, que vous voudrés bien contribuer à cet approvisionnement et me faire le plaisir de me mander la quantité de bled que vous pourrés me fournir, et celle que vous voudrés bien envoyer à la Halle chaque jour du marché, soit de l'Hostel Dieu, soit des Incurables. J'ai l'honneur d'être, Messieurs, etc. Je vous fais cette demande, Messieurs, avec d'autant plus de confiance, que quelques quantités que vous vendiés, je puis vous assurer qu'elles seront remplacées si vous le désirés avant la fin de décembre en bled de la même qualité, peut être même supérieure, et sans qu'il en coûte rien à l'Administration.» Copie de la lettre écrite par Messieurs les Administrateurs de l'Hostel Dieu à M. de Sartine, le 30 septembre 1768, en réponse à sa lettre du 22 dudit mois : «Monsieur, la confiance que vous nous inspirés par votre lettre du 22 septembre, nous autorise à vous faire nos représentations sur la demande qui en est l'objet; nous pourrions vous rappeller les privilèges qui affranchissent l'Hostel Dieu des charges publiques, et conséquemment des contributions auxquelles les communautés sont assujéties; mais nous préférons de vous proposer des réflexions plus analogues aux sentimens de votre cœur. Le bled qui est dans nos greniers est destiné à la subsistance et au soulagement de ce peuple, que la misère et la calamité publique, les besoins et la maladie attirent dans notre hôpital; vous concevés aisément, Monsieur, combien il est intéressant de le lui conserver, eu égard au nombre de malades qui sont actuellement à l'Hostel Dieu, notre provision peut nous conduire à 8 ou 9 mois. Si ce nombre augmente, elle ne poura suffire à ce terme, l'expérience nous a appris que les suites de la misère et de la cherté du pain étoient les maladies; nous craignons donc avec fondement l'augmentation de ces malades, et conséquemment la consommation plus prompte de notre provision; si elle n'est pas aussi abondante qu'elle a coutume de l'être, on ne peut nous imputer de négligence. L'hôpital Sainte Anne est ordinairement un de nos greniers; nous n'avons pu y avoir cette année de bled en réserve; l'usage qu'on nous a fait faire forcément de cet hôpital, qui nous a jetté dans une dépense extraordinaire, dont nous avons lieu d'espérer le remboursement de la part du ministère, cet usage, disons-nous, nous a ôté cette ressource; d'ailleurs l'espérance de voir diminuer le bled de jour à autre nous a tenu en suspens, voilà les véritables motifs de cette espèce de disette dans laquelle nous sommes. Vous nous assurés que le bled que nous enverrons à la Halle nous rentrera avant la fin de décembre; nous ne doutons nullement, Monsieur, du désir sincère que vous avés de remplir cet engagement; mais que de circonstances peuvent le rendre infructueux, vous les sentés toutes, il n'est pas nécessaire de les retracer ici. Au reste, Monsieur, si le bien public exige que vous persistés dans votre demande, nous espérons de votre bonté, et de votre sensibilité pour les pauvres malades, que ce ne sera que dans les besoins les plus urgents et à la dernière extrémité que vous vous déterminerés à nous priver d'une partie de nos bleds; nous nous flattons encore que la fourniture que vous exigerés sera des plus modiques, et en proportion de ce que chacun des deux hôpitaux des Incurables et de l'Hostel Dieu doit en supporter. La consommation de l'Hostel Dieu est de 600 muids par an, celle des Incurables n'est que de 120 muids, et nous vous observons qu'en octobre 1751, dans un tems où ces deux hôpitaux étoient approvisionnés pour deux ans, M. Berrier, déterminé par les mêmes motifs que ceux que vous nous annoncés, borna sa demande à 12 muids, et qu'il ne crut pas devoir la réitérer. Nous sommes avec respect, etc.»

(27 novembre.) Monsieur Duportault a dit qu'il a convoqué la présente assemblée sur la lettre qui lui a été remise ce matin par le greffier du Bureau, auquel M. le Procureur général l'avoit remise, adressée à messieurs les Administrateurs de l'Hostel Dieu, écrite par ce magistrat, datée de cejourd'hui, portant : «Le Parlement, Messieurs, ayant arrêté, vendredi 25 novembre 1768, qu'il seroit tenu le 28 dudit mois, à 10 heures précises du matin, en la grand chambre, une assemblée de la police générale, en la forme de celle tenue le 20 novembre 1692, et qu'à cet effet, les corps et compagnies qui furent appellés en l'assemblée dudit jour seront avertis et invités d'y envoyer pareillement leurs députés le lundi 28 du présent mois; je me suis chargé de vous en donner avis, afin que vous ayés à vous trouver le lundi 28 du présent mois à laditte asssemblée, en la manière accoutumée; qu'il s'agit de délibérer sur la nomination des députés du Bureau pour assister à laditte assemblée.» Sur quoi et après qu'il en a été délibéré, la Compagnie a député messieurs de Lambon, Brochant et Péan pour assister demain à laditte assemblée, ce qu'ils ont accepté.

(7 décembre.) Monsieur de Lambon a dit qu'en exécution de la délibération du Bureau, extraordinairement convoqué et assemblé le dimanche 27 novembre au soir, MM. Brochant, Péan et lui se sont rendus au Bureau le lendemain 28 dudit mois de novembre, sur les neuf heures et demie du matin, qu'ils ont été ensemble au Palais, où ils ont trouvé les autres députés des différens corps ecclésiastiques ou laics de cette ville de Paris dans le parquet de MM. les gens du Roi, qu'à 10 heures tous les députés sont entrés dans la grand' chambre par la porte du parquet, que ses co-députés et lui se sont pla-

cés ainsi qu'on l'avoit fait en 1693 proche la lanterne, du côté de la cheminée, sur le 3e banc en face du banc de MM. les Présidents du Parlement; qu'après que tous les députés ont été assis, M. le Premier Président a averti que dans cette assemblée les places et l'ordre dans lesquels seroient pris les avis ne seroient point tirés à conséquence, et ne pourroient préjudicier à aucun des corps dont les députés étoient assemblés, nonobstant laquelle protestation générale, les députés du Bureau ayant entendu appeller avant eux les députés du Bureau de l'Hôpital général immédiatement après les députés des corps ecclésiastiques, ils ont cru devoir faire une protestation particulière qui a du être insérée au procès-verbal dans les termes suivants : «Et par lesdits Administrateurs dudit Hostel Dieu a été protesté que l'appel qui a été fait de l'administration de l'Hôpital général avant la leur ne pourra nuire, ni préjudicier au droit et possession constante où ils sont, d'être en toutes occasions nommés les premiers, l'Hostel Dieu étant le plus ancien hôpital de Paris.» A quoi M. le Premier Président a répondu qu'on avoit, dans la nomination, suivi le même ordre qui se trouvoit dans le procès-verbal de l'assemblée de 1693; qu'au surplus il avoit déjà déclaré, comme on l'avoit fait lors de la présente assemblée, et réitéroit la déclaration que l'ordre de nomination ni les places ne pourroient être tirées à conséquence entre les différents corps. Ensuite, M. le Premier Président a exposé dans un discours le sujet de l'assemblée, et après avoir opiné le premier, il a pris avis de MM. les gens du Roi, de M. le Lieutenant général de police, de M. le Lieutenant criminel et M. le Procureur du Roi du Châtelet, du corps de ville, des députés des corps ecclésiastiques, en commençant par le chapitre de Notre Dame et Sainte Geneviève, des Administrateurs des deux hôpitaux, des autres corps laïcs, du doyen, des substituts de M. le Procureur général, de M. le Prévôt de l'Isle de France, le lieutenant criminel de robbe courte, le chevalier du guet, des députés de MM. les Trésoriers de France, de ceux de la cour des aides, chambre des comptes, chambre des enquêtes et requêtes, de ceux de la grand' chambre au nombre de 5 et en dernier lieu des 5 présidents à mortier qui étoient à l'assemblée, laquelle a duré jusqu'à six heures du soir, et dont le résultat a été un arrêté fait à la plus grande pluralité des voix, dont la teneur suit : «Arrêté qu'il sera fait au Roi de très humbles et très respectueux remerciemens des secours qu'il a eu la bonté de procurer à la ville de Paris pour la subsistance de ses habitans, et le suplier de vouloir bien les continuer. Arrêté, en outre, que la cour sera très humblement supliée de faire au Roi de très humbles et très respectueuses représentations à l'effet d'obtenir de la sagesse du Roi et de son amour paternel pour ses sujets une déclaration qui, en modifiant celle de 1763 et l'édit de 1764, en renouvellant les dispositions des anciennes ordonnances qui pendant si longtemps ont assuré à tous les citoyens une subsistance proportionnée à leurs besoins et à leurs facultés, et à l'État une heureuse tranquilité, ordonne 1° qu'à l'avenir tous ceux qui voudront faire le trafic des grains, en acheter et en vendre, seront tenus de déclarer aux greffes des juridictions ordinaires où ils exerceroient leur commerce, leurs noms, demeures et les domiciles de leurs associés, et les lieux de leurs magasins, ainsi que ceux où ils font transporter les bleds qu'ils enlèvent; lesquelles déclarations seront reçues sans frais; 2° que les achats et ventes, par les trafiquants de grains, se feront dans les marchés publics, et que les officiers de police seront autorisés, en cas de nécessité, à obliger ceux qui tiennent magasins de grains dans leurs terroirs à en apporter une quantité suffisante aux marchés; le tout, sous les peines des ordonnances; 3° que les marchés seront ouverts aux heures réglées par les ordonnances; en conséquence, qu'il y aura un premier temps pour les bourgeois et habitans, un deuxième pour les boulangers, exclusivement aux marchands, un troisième et dernier pour les commerçants de grains; 4° que l'exportation des grains et farines sera suspendue jusqu'à ce que l'on soit plus précisément assuré qu'il y a dans le royaume plus de grains qu'il n'en faut pour assurer pendant plus d'une année la subsistance de ses habitants, et à quel taux l'exportation peut être permise sans danger, et en conséquence que toute traite foraine sera interdite pendant une année. Après la lecture et approbation duquel arrêté, l'assemblée s'est séparée.

(14 décembre.) Sur ce qui a été dit par monsieur du Portault, qu'en conséquence de la délibération prise au Bureau tenu extraordinairement le jeudi 27 octobre dernier, on s'est informé des commissionnaires de la halle; que celui dont on a rendu le meilleur témoignage est le sieur de la Salle; que le pannetier de l'Hostel Dieu et l'économe de l'hôpital des Incurables ont fait conduire, le samedi 29 dudit mois d'octobre à la halle, du bled de chaque hôpital, qui a été livré audit sieur de la Salle et par lui vendu, savoir pour l'Hostel Dieu, 30 septiers composant deux muids et demi moyennant 990 livres, à raison de 33 livres le septier, sur lesquels ont été déduits 19 ₶ 5 s. pour droits et frais divers, et pour ledit hôpital des Incurables pareils 30 septiers de bled.

(14 décembre.) Copie de la lettre écrite par M. de Sartine, le 26 octobre 1768, à M. Dupont : «Je ne perds point de vue, Monsieur, les observations que vous m'avez faites par votre lettre du 2 de ce mois sur l'approvision-

nement de l'Hostel Dieu et je ne me détermine en conséquence à y toucher que pour ce que les circonstances m'y obligent; je vous prie, Monsieur, de vouloir bien faire porter à la halle, pour le marché de samedy prochain, 5 muids de blé et je vous en serai très obligé. Je suis, avec un sincère attachement, Monsieur, votre très humble et très obéissant serviteur.» Copie de la lettre écrite par M. Dupont à M. de Sartine, le 27 dudit mois d'octobre 1768, en réponse à sa lettre du jour d'hier: «Monsieur, je viens de communiquer au Bureau, extraordinairement assemblé, votre lettre du jour d'hier et qui m'a été remise ce matin; il a arrêté que suivant vos intentions les 5 muids de bled tirés par portion égale des greniers de l'Hostel Dieu et de ceux des Incurables seroient portés à la halle samedi prochain; mais il espère que, frappé des réflexions qu'il a eu l'honneur de vous proposer dans sa lettre du 30 septembre, vous n'en tirerés pas davantage sur une provision qui à peine conduira à la fin de l'hiver, il craint même qu'elle ne soit pas suffisante pour ce tems; ses craintes ne sont que trop fondées, puisque depuis plusieurs semaines la consommation journalière est augmentée d'un cinquième, il n'est pas à croire qu'elle diminue *tant que la misère durera*, et que deviendroit l'Hostel Dieu si sa provision venoit à manquer dans un tems où soit les glaces, soit les grosses eaux empêcheroient de la renouveler; si le Bureau insiste tant sur ces considérations, ce sont les vues du bien public qui l'animent; elles doivent aussi vous animer, Monsieur, en qualité de chef de l'administration.»

138e REGISTRE. — ANNÉE 1769.

(11 janvier 1769.) Par un extrait tiré des registres de l'Hostel Dieu, il paroît que le 1er janvier de l'année dernière, 1768, il y avoit 3,036 malades dans cet hôpital; que pendant ladite année il en a été receu 25,091; qu'il y est né 1,639 enfans, ce qui compose en total 29,766 personnes; que sur ce nombre il en est mort 5,783, et comme il n'en restoit, le dernier décembre de ladite dernière année, que 2,892, il en est sorti 21,091.

(11 janvier.) Les doubles des registres baptistaires et mortuaires de l'année 1768, tenus par les prêtres de l'Hostel Dieu, en conséquence de la déclaration du Roi, du 9 avril 1736, ont été aportés au Bureau cejourd'hui et ont été serrés aux archives dans une armoire fermant à clef.

(3 février.) Monseigneur d'Aligre aiant été receu premier président, au lieu de monseigneur de Maupeou fils, à présent chancelier, garde des sceaux de France, il a pris séance au Bureau pour la première fois.

(3 février.) La Compagnie a élu messieurs Marchais de Migneaux, correcteur de la Chambre des comptes et Marrier de Vossery, conseiller de la Cour des monnoies, que la Compagnie a élus pour administrateurs de l'Hostel Dieu, en place de messieurs Desmalpeines et de Fromonville, décédés.

(15 février.) Monsieur de Tilière a dit que par acte passé devant maître Poultier, notaire à Paris, le 24 avril 1767, messire Antoine Quignon, chanoine de l'église collégiale du Sainct Sépulcre, a fondé dans l'hôpital des Incurables deux lits pour deux malades de l'un et de l'autre sexe.

(12 avril.) Sur ce qui a été représenté au Bureau qu'il se fait fréquemment des vols de différents effets et denrées qui sont dans l'intérieur de l'Hostel Dieu; que l'on est instruit que la majeure partie de ces vols se sont faits et se font par des gens attachés au service des pauvres malades de l'Hostel Dieu, tant par ceux qui demeurent dans l'intérieur que par ceux qui y ont relation pour travailler ou autrement, et ce à la faveur de manteaux et redingottes dont ils sont habillés; sur quoi la matière mise en délibération, la Compagnie a arrêté qu'à l'avenir aucunes personnes attachées au service des pauvres malades de l'Hôtel Dieu, soit qu'ils demeurent dans l'intérieur dudit Hostel Dieu ou hors d'icelui, ne pourront entrer ni sortir dudit Hostel Dieu habillés d'une redingotte ou couverts d'un manteau, à peine contre les contrevenans, savoir, pour les personnes demeurans dans l'intérieur d'être renvoiés sur le champ dudit Hostel Dieu sans pouvoir jamais y rentrer sous quelque prétexte que ce puisse être, et à l'égard des personnes pareillement attachées au service de l'Hostel Dieu, mais qui n'y demeurent pas, de ne plus être admis à y servir.

(31 mai.) Monsieur de Tilière a dit qu'en conséquence de la délibération du 1er du présent mois de may plusieurs chirurgiens externes de l'Hostel Dieu ont été interrogés les vendredi 26 et samedi 27 dudit présent mois de mai au Bureau, en sa présence et en celle de Mrs Duportault, Poan, Le Roy de Lisa, Marchais de Migneaux et Marrier de Vossery par les sieurs Cochu, Baron, Dejean, Belletête, Payen, Majault, médecins ordinaires; par le sieur Doucet, médecin expectant de l'Hostel Dieu; par les sieurs Moreau, premier chirurgien dudit Hostel Dieu et Cosme d'Angerville, premier compagnon chirurgien ga-

gnant maîtrise audit Hostel Dieu; que ceux qui se sont trouvés les plus capables, qui ont été les plus assidus au service des pauvres malades, et dont on a rendu les témoignages les plus avantageux, sont dénommés dans la liste dont on a fait lecture. A aussi été fait raport par monsieur de Tilière qu'à la fin dudit interrogat il a été fait part audit sieur Moreau de ce qu'il y avoit longtems qu'il n'avoit été fait d'interrogat de chirurgiens externes pour être admis commissionnaires, le dernier étant du mois d'août 1764, ce qui fait près de 5 ans; qu'il en auroit dû prévenir le Bureau plutôt, sans attendre que les 14 places de chirurgiens commissionnaires se soient trouvées presque vacantes; il lui a été dit qu'il falloit remédier à cet inconvénient en faisant à l'avenir et annuellement, dans les mois de mai et juin de chaque année l'interrogat de chirurgiens externes pour être commissionnaires, dans la forme qui est cy devant expliquée, même plutôt que l'expiration de chaque année, en cas qu'il arrive qu'il y ait 4 ou 5 places de vacantes, d'en avertir le Bureau, ce que ledit sieur Moreau a promis de faire; sur quoi la Compagnie a arrêté d'approuver, comme elle approuve par la présente délibération, l'observation cy devant faite, et en conséquence qu'à l'avenir, dans les mois de mai et juin au plus tard de chaque année, il sera procédé au Bureau de l'Hostel Dieu, en présence de MM. les Administrateurs, et dans la forme cy devant expliquée, à l'interrogat des chirurgiens externes de l'Hostel Dieu pour être admis et receus, s'ils en sont trouvés capables, à remplir les places de chirurgiens commissionnaires qui seront vacantes.

(31 mai.) Monsieur de Tilière a dit qu'il lui avoit été adressé une pièce de vers en forme de complainte sur la détention au Grand-Châtelet du nommé Raizé, l'un des cuisiniers de l'Hostel Dieu, prévenu de vol, qui demande la permission de la faire imprimer et chanter; la matière mise en délibération, a été arrêté de ne point accorder cette permission. M. Dupont a été prié d'en prévenir M. le lieutenant de police, afin qu'il ait la bonté de ne point permettre qu'elle soit imprimée ni chantée.

(14 juin.) Sur le raport de monsieur Poan, il a été délibéré que la mère prieure de l'Hostel Dieu est invitée de prévenir les mères d'office de chacune des salles dudit Hostel Dieu, de l'abus de l'introduction dans lesdites salles de personnes étrangères, qui s'ingèrent à conduire les malades et à leur administrer des remèdes, ce qui est contraire aux règlemens de la maison et au bon ordre, et peut être même d'une conséquence très dangereuse pour le bien de l'humanité, par les essais que pourraient faire ces étrangers sur les pauvres malades; que les seuls médecins de la Faculté, autorisés par le Bureau, doivent examiner les malades et ordonner les remèdes convenables, et que ces remèdes ne doivent être fournis que par l'inspecteur de l'apoticairerie, conformément aux ordonnances des médecins; a été arrêté de plus que l'inspecteur des salles de l'Hostel Dieu veillera à ce que de pareils abus ne s'invétèrent pas, et qu'il lui est enjoint de chasser de la maison, sur les premiers avis qu'il en aura, tous étrangers qui s'y introduiroient, et qui se méleroient de conduire les malades et d'administrer des médicamens, quoique ce fut à leurs dépens. Et seront délivrées des copies signées du greffier du Bureau de la présente délibération, tant à la mère prieure qu'à l'inspecteur de l'apoticairerie, et à l'inspecteur dudit Hostel Dieu, pour veiller, chacun en droit soi, à l'exécution d'icelle, même d'avertir le Bureau des contraventions qui pourroient y être commises.

(12 juillet.) Sur le mémoire remis au Bureau par le dépensier de l'Hostel Dieu, par lequel il demande quel usage il fera : 1° de différens effets volés à l'Hostel Dieu par le nommé Raizé, cy devant l'un des cuisiniers de l'Hostel Dieu, qui a été exécuté à mort le 10 de ce mois, et que M. le lieutenant criminel a ordonné de restituer à l'Hostel Dieu; 2° de quelques effets appartenant audit condamné, dont il a été dressé procès verbal par le commissaire Dorival, lors de la capture. Il a été observé que le jugement de condamnation prononce un surcis à l'égard de Marie Anne Tanguy, femme revendeuse, jusqu'après l'exécution dudit Raizé; la matière mise en délibération, a été arrêté : 1° qu'à l'égard des effets appartenans à l'Hostel Dieu volés par ledit Raisé et raportés du Grand-Châtelet à l'Hostel Dieu, ils seront gardés à part jusqu'après le jugement définitif de ladite Tanguy; 2° qu'à l'égard de ceux apartenans audit Raizé faisant partie de la confiscation, ils seront rendus, sur la première demande de M. le Procureur du Roy en la chambre du domaine.

(30 août.) Le Bureau étant informé que parmi les personnes logées dans l'Hostel Dieu, qui sont employées au service des malades, il y en a plusieurs qui sont mariées, ce qui est contraire aux règlemens, il a été arrêté que les différens règlemens intervenus à ce sujet seront ponctuellement exécutés. En conséquence, que toutes les personnes mariées qui sont emploiées dans les différens offices de l'Hostel Dieu, à l'exception seulement des 4 apprentisses sages-femmes, seront tenues de se retirer incessamment, à quoi la mère prieure sera avertie de veiller et d'en informer le Bureau de mercredi prochain.

(30 août.) Sur ce qui a été dit par M. Lasnier, qu'il a été donné une somme de 4,000 livres à l'Hostel Dieu

par la princesse de Nassau; que différentes contestations survenues entre ladite dame et son mari ont occasionné le délai du payement desdites 4,000 livres, pour lequel il y a eu demande formée, qui a produit des intérêts qui excèdent de beaucoup le capital; que la demande de payement de ces intérêts ont produit des intérêts d'intérêts; que la princesse de Nassau étant décédée, M. son fils et son conseil proposent de paier le capital, sauf à prendre des arrangemens pour les intérêts, et demandent par provision la main levée des saisies arrêts faites à la requête de l'Hostel Dieu; la matière mise en délibération, a été arrêté de recevoir le capital de 4,000 livres, et d'accorder terme et délay de 10 années pour le payement des intérêts et des intérêts des intérêts. Surcis à délibérer sur les conséquences qui résulteraient de la main levée.

(5 septembre.) La Compagnie a nommé et choisi le sieur Doucet, médecin expectant, pour remplir la place de médecin ordinaire de l'Hostel Dieu, vacante par le décès du sieur Lehoc.

(5 septembre.) A été proposé de nommer pour cette fois deux expectans, sauf à ne pas remplacer celui des deux dont la place vaquera la première; lecture faite de la liste des sujets qui se présentent au nombre de 12, parmi lesquels est le sieur Bercher, anciennement nommé expectant, mais aiant quitté cette place parce qu'il avoit été nommé médecin ordinaire de son Altesse Roiale madame la duchesse de Parme et de Plaisance, après le décès de laquelle ledit sieur Bercher est revenu en France y exercer la médecine, et suplie aujourd'hui le Bureau de vouloir bien le nommer médecin expectant dudit Hostel Dieu, observant que d'ailleurs il est le plus ancien des médecins qui se présentent. La matière mise en délibération, la Compagnie a arrêté de nommer deux médecins expectans et elle a choisi ledit sieur Bercher et le sieur Arcelin, dont on a rendu de très bons témoignages, et l'un desdits deux médecins expectans venant à manquer, il ne sera pas remplacé par les raisons expliquées en la délibération du Bureau du 13 août 1749, qui a nommé le sieur Baron médecin expectant, et à condition, pour lesdits sieurs Bercher et Arcelin de se conformer au règlement du Bureau pour les fonctions des médecins expectans, arrêté par délibération du 3 juin 1750, en exécution d'autre délibération du 13 mai précédent, portant nomination des sieurs Chomel et Dejean aux places de médecins expectans dudit Hostel Dieu.

(6 septembre.) La Compagnie a donné pouvoir à Me Lasnier, procureur au parlement, de se constituer pour répondre à l'assignation donnée au Bureau, à la requête des supérieur et prêtres du séminaire d'Orléans, seigneur de Juvisy, par devant le maître particulier des eaux et forêts de Paris, pour parvenir au curage de la rivière d'Orge, et de conclure que le Bureau s'en raporte à justice.

(6 septembre.) A été dit par M. Lasnier qu'il a découvert une transaction passée entre feu M. le cardinal de Noailles, dont l'Hostel Dieu est légataire universel, et l'un des propriétaires du fief de la grange Batelière qu'on dit être le sieur Law, contrôleur général des finances, par laquelle il a été convenu qu'au cas que S. E., alors archevêque de Paris, ne put parvenir à réunir ledit fief, il lui seroit paié par ledit sieur Law une somme de 40,000ᵗᵗ; que l'instance pendante à ce sujet au parlement vient d'être jugée et que monsieur l'Archevêque n'a point réussi dans sa prétention; qu'il paroît qu'il en résulte une action au proffit de l'Hostel Dieu, comme légataire universel de Son Éminence, contre les héritiers et représentans le sieur Law, ou autres qui auroient contracté cette obligation vis-à-vis de M. le cardinal de Noailles. Sur quoi la Compagnie a chargé Me Lasnier de prendre à cet égard de plus grands éclaircissemens et de poursuivre ensuite ceux qui pourroient être tenus de ladite somme, pour obtenir contre eux condamnation.

(22 septembre.) L'inspecteur des bâtimens de l'Hostel Dieu a représenté au Bureau le devis des ouvrages à faire pour la sûreté du cimetière de Clamard qui fermera la rue de la Muette, en face de celle du Fer à Moulin, et formant l'encoignure de la maison du jardinier de l'hôpital des 100 filles et de la rue du Pont aux Biches, estimés 1,285 livres; a été arrêté que lesdits ouvrages seront faits incessamment.

139e REGISTRE. — ANNÉE 1770.

(10 janvier 1770.) Par un extrait tiré des registres de l'Hostel Dieu, il paroît que le premier janvier de l'année dernière 1769, il y avoit 2,839 malades dans cet hôpital; que pendant ladite année, il en a été reçu 21,946, qu'il y est né 1,720 enfans (900 garçons, 820 filles), ce qui compose en total 26,505 personnes; que sur ce nombre il en est mort 4,487 (2,640 hommes, 1,767 femmes); enfans nouveaux nés 45 garçons et 35 filles,

et comme il n'en restoit le dernier du mois de décembre de ladite année dernière que 2,769, il en est sorti 19,249.

(7 février.) Le Bureau étant informé que depuis quelque tems plusieurs particuliers se sont permis de prendre dans les salles Saint François et de Sainte Monique, destinées particulièrement aux petites véroles, de la graine de cette maladie pour servir à la pratique de l'inoculation, la matière mise en délibération, la Compagnie a arrêté de mander au Bureau tous les médecins et le premier chirurgien de l'Hostel Dieu, mercredi prochain, 14 de ce mois, à 5 heures précises de relevée, pour être entendus sur le fait dont est question, à l'effet de quoi le greffier du Bureau a été chargé d'écrire au nom de la Compagnie deux lettres d'invitation, l'une pour tous les médecins et l'autre pour le premier chirurgien.

(14 février.) Les médecins et le premier chirurgien ayant été entendus sur l'objet de la délibération du 7 du présent mois, ont été d'avis qu'il étoit de la dernière importance d'arrêter dès son origine un abus de cette nature qui pouvoit avoir les suites les plus funestes, attendu que les sujets les plus attaqués de cette maladie et traités dans ces salles sont absolument inconnus et que, généralement parlant, elle y est, dans le plus grand nombre, de mauvaise espèce; la matière mise en délibération, la Compagnie fait les plus expresses inhibitions et défenses à tout chirurgien interne ou externe, ainsi qu'à tout garçon apoticaire, même aux gagnans maîtrise, sous peine d'être renvoiés à la première contravention, sans espérance de pouvoir être rétablis, de prendre par eux mêmes ou de procurer à qui que ce soit, directement ou indirectement, les moiens de se fournir du pus de petite vérole provenant d'aucun malade; fait les mêmes défenses à tout topique suivant les médecins dans les salles et à tout domestique, sous peine d'être renvoiés sur le champ de la maison, sans espérance d'y rentrer; charge le premier chirurgien, l'inspecteur de l'apoticairerie et celui des salles de veiller avec la plus grande exactitude à ce que le présent règlement soit fidèlement exécuté et d'en instruire la Compagnie en cas de contravention; ordonne que lesdites salles Saint François et Sainte Monique seront fermées à toutes personnes autres que celles que les religieuses d'office jugeroient nécessaires à la consolation des malades, auquel cas elles ne pourront être introduites qu'après l'aprobation desdites religieuses d'office, qui leur donneront une personne de la maison pour les accompagner tout le tems qu'elles seront dans lesdites salles, à l'effet de veiller sur la conduite desdits étrangers; ordonne qu'expédition de la présente délibération sera remise à la mère prieure, à l'effet d'en instruire toute la communauté, ainsi qu'au premier chirurgien, à l'inspecteur de l'apoticairerie et à celui des salles pour tenir la main à l'exécution de la présente délibération qui sera imprimée et affichée, tant à l'extérieur qu'à l'intérieur des portes desdites salles Saint François et Sainte Monique.

(19 février.) A été dit par M. de Tilière, que l'un des principaux objets de l'assemblée est la fixation du prix de la viande; que M. Brochant, l'un des commissaires de la Boucherie est en état, par le travail qu'il s'est donné la peine de faire, de parler au Bureau au sujet de cette taxe; pourquoi M. Brochant a rappelé ce qui a été observé dans les dernières années en pareille occasion; que le privilège exclusif de vendre et débiter la viande pendant le Carême a été accordé à l'Hostel Dieu pour lui procurer un bénéfice qui servit au soulagement et à la subsistance des pauvres malades; que ce bénéfice a dans tous les temps été regardé comme une portion du patrimoine de l'Hostel Dieu; que pour produire ce bénéfice, il a toujours été d'usage de fixer le prix de la viande à 2 sols par livre de plus que ce qu'elle avoit été vendue pendant le cours de l'année qui avoit précédé le Carême; que depuis quelques années et singulièrement depuis plus de 3, la cherté du pain, de la viande, la rareté et cherté des vivres, légumes et autres denrées pour le maigre ont fait suspendre cet usage, avec résolution toutes fois de le rétablir et de le suivre aussitôt que des tems et des circonstances plus favorables le permettroient; qu'il seroit à désirer que l'Hostel Dieu qui, dans le cours des dernières années a beaucoup souffert, put être indemnisé par un bénéfice proportionné sur le produit de la boucherie de Carême. M. Brochant a ajouté que le peu de bénéfice que l'Hostel Dieu a retiré de son privilège depuis quelques années, occasionné par les motifs de cherté cy devant exprimés, et particulièrement du carême de l'année dernière qui n'a été que de sept cents et quelques livres, lui a fait un tort considérable, au lieu que pendant bien des années consécutives, ce privilège a produit depuis 100 jusqu'à 150,000 livres; que la cherté des bestiaux pour la consommation du carême prochain, occasionnée par la cherté des grains et fourages, l'ont déterminé à faire un relevé exact, et ce depuis plusieurs années, des achats des bestiaux, du produit de la Boucherie et des dépenses relatives à cette exploitation, comparés avec ce qu'il en coûtera pour cette année; qu'il en résulte que la livre de viande reviendra à l'Hostel Dieu à 8 sous 10 deniers; qu'aians fait part de ces mêmes opérations à M. Dupont, commissaire de la Boucherie; ils auroient jugé nécessaire de les communiquer à M. le lieutenant général de police qui

est convenu de la vérité et exactitude d'icelles et lui auroient représenté qu'il n'étoit pas possible à l'Hostel Dieu de continuer à livrer la viande sur le même pied des années précédentes; que pour éviter même que l'Hostel Dieu ne perde considérablement cette année, il conviendroit taxer la viande à un sol par livre de plus que les caresmes précédens; que ce prix même ne seroit pas à comparer avec celui des bouchers de Paris qui, depuis plus de 3 ans, la vendent pendant tout le tems du charnage à raison de 9 sols la livre, profitant dans des tems de l'année d'une diminution de prix sur les achats des bestiaux dont les engrais sont bien moins chers que pour la saison de l'hyver, ce qui les indemnise des pertes qu'ils pourroient éprouver des saisons où les bestiaux sont chers; sur quoi ce magistrat a répondu qu'il convenoit de tous les motifs allégués cy-dessus, mais qu'il y avoit lieu de craindre qu'après Pâques les bouchers de Paris ne prennent droit sur le prix accordé à l'Hostel Dieu; que ce magistrat n'a pas paru éloigné de porter son avis à taxer la viande à 8 sols 6 den. la livre; qu'aians fait dire à la présente assemblée qu'il ne lui étoit pas possible de s'y rendre, étant incommodé, même alité, il s'agit de déterminer le prix de la viande; sur quoi Mgr l'Archevêque aiant pris les avis en la manière accoutumée, messieurs les Administrateurs aiant opiné ont donné le leur à 8 sols 6 den. la livre; quant à MM. les Chefs, ils ont engagé messieurs les Administrateurs de vouloir bien encore pour cette année faire faire à l'Hostel Dieu un sacrifice de ne vendre la viande que sur le pied de 8 sols la livre, à cause de la misère qui est bien augmentée, comme il est cy devant expliqué, ou tout au moins de se contenter de 3 deniers par livre d'augmentation avec assurance qu'on aura égard par la suite aux besoins de l'Hostel Dieu, dans des tems où la misère sera moins grande; sur quoi et après qu'il en a été de nouveau délibéré, a été arrêté que pour cette année seulement, par considération pour messieurs les Chefs et dans l'espérance par eux donnée à MM. les Administrateurs d'avoir égard aux besoins de l'Hostel Dieu dans des temps plus favorables, et aussitôt que les circonstances pourront le permettre, de ne fixer le prix de la viande qui sera vendue au public, par l'Hostel Dieu, pendant le carême prochain qu'à 8 sols 3 deniers la livre, et sauf par la suite de rétablir l'usage cy devant allégué au sujet de la fixation du prix de la viande.

(27 juin.) Monsieur de Tilière a dit que M. Roger Duplessis, seigneur de Liancourt, La Rocheguion et autres lieux et dame Jeanne de Schomberg son épouse, de lui autorisée, ont par acte passé devant Mareau et son confrère, notaires à Paris, le 28 avril 1645, fondé deux lits dans l'hôpital des Incurables, dont la nomination apartient au Bureau, à la charge de choisir par préférance pour remplir lesdits lits des pauvres malades, dans le nombre de ceux des terres de Liancourt, La Rocheguion, Guercheville et autres lieux dépendant desdites terres.

140e REGISTRE. — ANNÉE 1771 (JANVIER-AOÛT).

(4 janvier 1771.) Par un extrait tiré des registres de l'Hostel Dieu, il paroît que le premier janvier de l'année dernière, 1770, il y avoit 2,750 malades dans cet hôpital; que pendant ladite année il en a été reçu 23,717; qu'il y est né 1715 enfans, dont 870 garçons et 845 filles, ce qui compose en total 28,182 personnes; que sur ce nombre il en est mort 4,492, dont 2,536 hommes, 1,824 femmes; enfans nouveaux nés, 87 garçons et 45 filles; et comme il n'en restoit le dernier du mois de décembre de ladite année 1770 que 2,912, il en est sorti 20,778.

(6 mars.) Monsieur de Tilière a dit, que ces jours derniers, deux chirurgiens, s'étant introduits dans le cimetière de Clamard pour enlever des corps, ont battu grièvement le fossoyeur dudit cimetière et son garçon qui vouloient s'opposer à cet enlèvement, et les ont dangereusement blessés; que l'un desdits chirurgiens, qui étoit déjà chargé d'un cadavre, a été arrêté et conduit chez le commissaire Désormeaux, qui l'a fait mettre en prison; que la femme du fossoyeur réclame les bontés du Bureau pour la poursuite de cette affaire, son mari et elle ne voulant faire aucune démarche que de l'avis et par les ordres du Bureau; sur quoi la matière mise en délibération, la Compagnie a arrêté d'en informer M. le lieutenant de police, et, à cet effet, M. Dupont a été prié d'en conférer avec ce magistrat, de lui faire sentir les conséquences de pareils enlèvemens qui deviennent très-fréquens, de s'opposer à la sortie du chirurgien prisonnier, et de le faire condamner en des dommages et intérêts au profit du fossoyeur, et cependant de faire donner à ce dernier deux bons chiens pour servir à sa défense et à la garde du cimetière.

(20 mars.) Lecture faite d'une lettre du curé de la Madeleine en la Cité, par laquelle il témoigne sa surprise de n'avoir point reçu de réponse au mémoire par lui envoyé au Bureau, relativement à ses prétentions des

droits curiaux sur l'Hostel Dieu, après qu'il a été observé que MM. les chanoines de l'église de Paris, supérieurs au spirituel de l'Hostel Dieu, ont déjà été instruits de ces prétentions et que M. Marchais en a conféré avec M. l'abbé Tudert, doyen et M. l'abbé de Malaret; la Compagnie a arrêté avant tout que M. Marchais iroit sur le champ les instruire de la nouvelle lettre dudit sieur curé, ce qui ayant été fait, et M. Marchais ayant fait rapport qu'il n'avoit pu trouver que M. l'abbé Tudert, qui lui avoit dit qu'il alloit faire chercher dans les archives de l'hôpital des Enfans trouvés ce qu'il pouvoit y avoir à ce sujet lors de la supression de Sainte Geneviève des Ardens; la matière mise en délibération sur le tout, la Compagnie a arrêté qu'en cas que ledit sieur curé se présente en procession à l'Hostel Dieu, de l'y laisser entrer, et M. Marchais a été prié de lui demander en réponse la communication des titres sur lesquels il fonde ses prétentions.

(24 avril.) M. Duportault a fait lecture d'une lettre écrite à M. le Procureur général par le procureur fiscal de la chatellenie de Billy, par laquelle il lui demande la conduite qu'il doit tenir et s'il peut faire passer le contract de mariage et faire payer l'aumône à une fille de la chatellenie de Billy qui a eu un bon billet de la fondation de Nevers, il y a quelques années, mais qui s'étant laissée suborner, se trouve enceinte des œuvres d'un garçon qui consent de l'épouser; il représente que le mariage subséquent légitimera l'enfant et qu'il y a déjà deux bans de publiés; sur quoi la matière mise en délibération, la Compagnie a arrêté que la grâce demandée étant formellement contraire à ce qui est porté au contract de fondation et aux arrêts de règlement rendus en conséquence, il ne lui étoit pas permis d'accorder ladite grâce. — *Nota.* Messieurs les Administrateurs dudit Hostel Dieu, touchés de la situation de cette fille, et dans la crainte que la privation de son aumône n'empêche son mariage, qu'elle ne fasse quelque chose contre elle et son fruit, sont convenus de fournir eux mêmes le montant de sa dot, qu'on fera tenir à cette fille aussitôt après son mariage, en marquant au procureur fiscal que les 50 ₶ viennent de personnes charitables, de peur que, si messieurs les Administrateurs étoient connus pour auteurs de cette aumône, le cas n'arrivât plus fréquemment.

(19 juillet.) Monsieur de Neuville a été prié et a accepté de se charger du département qu'avoit ci devant M. le Roi de Lisa, à l'effet de quoi il lui sera remis un imprimé de ce département où le nom de monsieur de Neuville sera rempli partout où celui de M. de Lisa étoit employé. — *Nota. Ledit sieur s'étoit fait aggréger au nombre de ceux qui siégeoient au Palais, à la place du Parlement.*

(Du dimanche 4 août 1771, 3 heures de relevée.) Assistans MM. de Tilière, du Portault, Durant, de Lambon, Brochant, Lecouteulx de Vertron, Dupont, Poant, Marchais de Migneaux et Marrier de Vossery. Ce jour, la Compagnie extraordinairement assemblée sur la réquisition du plus grand nombre des membres qui la composent et par billets, en la manière accoutumée, délibérant en exécution de l'arrêté de vendredi dernier sur les pièces renfermées au paquet y mentionné et notamment sur la lettre du 28 juillet dernier qui en fait partie; lecture faite de nouveau de ladite lettre, du contenu de laquelle il résulte que l'on veut mettre incessamment la Compagnie dans la nécessité de s'expliquer sur des objets sur lesquels son attachement aux lois et son respect pour le Roi lui auroient fait désirer de garder, s'il eut été possible, le silence le plus absolu; que l'on se propose d'exiger du Bureau des démarches et reconnoissances qui seroient contraires aux arrêtés et aux autres actes faits par la plupart de ses membres dans leurs différentes compagnies; réfléchissant que l'administration des hôpitaux n'est pas une charge à laquelle les Administrateurs se soient liés pour toute la durée de leur vie, mais une fonction libre et charitable et que les circonstances ne sont plus les mêmes que lorsqu'ils l'ont acceptée, elle a reconnu que le seul moyen de concilier ce que chacun de ses membres doit au Roi, à l'État et à soi même est de renoncer par eux au titre et qualité d'Administrateur Sur quoi la matière mise en délibération, tous messieurs soussignés ont unanimement déclaré qu'ils se démettent purement et simplement de l'administration de l'Hostel Dieu et de l'hôpital des Incurables, et n'entendent plus en être chargés à l'avenir, déclarant néanmoins que pour ne point laisser subitement à l'abandon des maisons aussi précieuses à la religion et à l'État et pour que la manutention du bon ordre ne souffre plus d'interruption dans ces deux hôpitaux, ils continueront de veiller au gouvernement temporel et à la manutention de la discipline et des règlemens dans lesdits hôpitaux et lieux qui en dépendent, en la même manière qu'ils l'ont fait depuis le 13 avril dernier et non autrement, jusqu'à ce qu'il ait été pourvû à leur remplacement. Fait et arrêté triple les jour et an que dessus, dont un restera au greffe du Bureau, un autre sera adressé à monseigneur l'Archevêque, président né du Bureau d'administration, et le 3ᵉ à M. le Prévôt des marchands pour le corps de ville, par lequel lesdits Administrateurs ont été présentés pour la prestation de serment au Parlement. Ainsi signés de Tilière, Delaville du Portault, Durant, de Lambon, Brochant, Lecouteulx de Vertron, Dupont, Poan, Marchais de Migneaux et Marrier de Vossery.

141ᵉ REGISTRE. — ANNÉE 1771 (AOÛT-DÉCEMBRE).

(19 août.) Dudit jour lundi 19 août 1771, en l'assemblée générale tenue extraordinairement au Bureau de l'archevêché, sur les sept heures de relevée. Assistans : monseigneur l'Archevêque, monseigneur Bertier de Sauvigny, premier président du Parlement, monseigneur Joly de Fleury, procureur général, monsieur de Sartine, conseiller d'État et lieutenant général de police, monsieur Bignon, conseiller d'État et prévôt des marchands, messieurs Le Roy de Lisa et de Neuville. Monseigneur l'Archevêque a dit que la présente assemblée, convoquée par monsieur le Procureur général est occasionnée par la démission donnée par messieurs de Tilière, Duportault, Durant, de Lambon, Brochant, Lecouteulx de Vertron, Dupont, Poan, Marchais de Migneaux et Marrier de Vossery, en qualité d'Administrateurs de l'Hostel Dieu de Paris et de l'hôpital des Incurables, par acte en forme de délibération, fait triple le 4 du présent mois d'août; qu'encore qu'ils aient déclaré qu'ils continueroient à veiller au gouvernement temporel et à la manutention de la discipline et des règlemens dans lesdits deux hôpitaux et lieux qui en dépendent, jusqu'à ce qu'il ait été pourvu à leur remplacement, il paroît nécessaire d'y pourvoir dès à présent; qu'il a été proposé que l'on pourroit n'en nommer que six, messieurs Le Roy de Lisa et de Neuville restant; sur quoi ils ont représenté que ce nombre n'étoit pas suffisant, eu égard aux affaires multipliées concernant lesdits deux hôpitaux; qu'il seroit même à souhaiter que les élections s'étendent, au moins quant à présent, jusqu'au nombre de dix, sauf par la suitte d'en choisir et nommer pour completter le nombre fixé à 12. Cependant y en ayant, dans le nombre de ceux qu'on peut avoir en veüe particulièrement, six dont l'acceptation peut être regardée comme certaine par leur zèle pour l'intérêt des pauvres et le bien public, on peut toujours les nommer; sur quoi monseigneur l'Archevêque a proposé le sieur Montgolfier, ancien marchand des six corps à Paris; M. Le Roy de Lisa a proposé monsieur Moustier, substitut de M. le Procureur général, M. Gissey, premier président de l'élection de Paris, M. Papillon, prévôt de l'Isle de France, M. Chastelus, lieutenant particulier au Châtelet de Paris, et M. Perrin, avocat aux conseils; la matière mise en délibération, a été arrêté : 1° d'accepter la démission donnée par Messieurs de Tilière, Duportault, Durant, de Lambon, Brochant, Lecouteulx de Vertron, Dupont, Poan, Marchais de Migneaux et Marrier de Vossery, en qualité d'Administrateurs de l'Hostel Dieu de Paris et de l'hôpital des Incurables; 2° que monseigneur l'Archevêque, comme président né du Bureau d'administration desdits deux hôpitaux, et monsieur le Prévôt des marchands, au nom et pour le corps de ladite ville, auront pour agréable d'écrire une lettre à chacun de ces messieurs, qui portera qu'ils ayent à envoyer incessamment au greffier du Bureau tous les titres et papiers que chacun d'eux peut avoir, concernant lesdits deux hôpitaux; 3° et la Compagnie a nommé messieurs Moussier, Gissey, Papillon, Chastelus, Perrin et Montgolfier pour Administrateurs dudit Hostel Dieu et de l'hôpital des Incurables.

(4 novembre.) A été dit par M. Leroy de Lisa que le décès du sieur Arcelin, second médecin expectant, depuis la nomination faite du sieur Bercher et du sieur Arcelin, par délibération du 5 septembre 1769, et la demande de plusieurs aspirans pour remplir cette place donnent lieu à l'Administration de porter ses regards attentifs sur une partie qui intéresse aussi essentiellement le soulagement des malades; c'est avec peine qu'on est obligé d'observer que la vigilance n'est pas égale de la part de tous les médecins pensionnaires, qui sont au nombre de sept; plusieurs ne font leurs visites que très tard dans la matinée, vers onze heures et même midy. Cette inobservation des textes les plus précis des règlemens attaque directement l'œconomie du bon ordre qui doit régner dans l'Hostel Dieu. A l'égard de la nomination d'un nouvel expectant, il a encore été dit qu'il y avoit une question préalable, celle de savoir s'il y avoit lieu d'en nommer, attendu que par la dernière délibération du 5 septembre 1769, qui a nommé les sieurs Bercher et Arcelin, il a été arrêté que vacance arrivant d'une des deux places, elle ne sera pas remplacée par les raisons expliquées par la délibération du 13 août 1749. Sur ce premier apperçu d'objets aussi importans à régler, la discusion s'est développée; on a remonté à la nature des fonctions spéciales des expectans et on a examiné celles qu'ils remplissent en effet; on a reconnu que les expectans font l'après midi la visite des malades survenus depuis la visite des médecins ordinaires faite le matin; qu'ils sont aussi destinés à supléer le médecin ordinaire dans le cas de maladie; on a encore remarqué qu'un seul expectant pouvoit paroître d'autant plus suffire pour le genre de service qui vient d'être exposé, qu'il a été vérifié que les deux expectans, nommés par délibération du 5 septembre 1769, s'étoient partagé le service chacun leur mois; qu'ainsi les deux n'ont été que comme un seul relativement aux malades. En considérant ainsi de près la fonction de

l'expectant limitée à la visite de l'après midi pour les malades nouvellement entrés, et peut être pour quelqu'autre très pressé, tout le Bureau a été vivement touché de ce que tant de malades vus le matin par le médecin ordinaire paroissoient comme abandonnés en cette partie pendant 24 heures, jusqu'à la visite du lendemain. De là différentes propositions, toutes partant de la même source, l'amour de l'humanité; plusieurs ont pensé qu'il falloit multiplier les secours, ne fixer le nombre des expectans que par la distribution la plus avantageuse pour le service; un ancien vœu de l'administration a été renouvellé avec les expressions de la charité qui le faisoit renaître : c'est d'avoir des médecins résidens, consacrés uniquement au service de l'Hostel Dieu, qui y demeureroient, comme il y a un chirurgien major; qu'il leur seroit fait un sort proportionné à cette destination unique, sans pouvoir se distraire au dehors. Et comme tous ces points de vüe généraux ont paru mériter un grand examen, que d'ailleurs le Bureau a souhaité connoître les anciennes délibérations qui ont pu traiter de ces objets, a été arrêté que les délibérations qui ont pu être prises depuis un demi siècle touchant les objets agités en la présente assemblée, et concernant les medecins de l'Hostel Dieu, seront remises entre les mains de MM. Le Roi de Liza et Papillon, pour préparer une détermination qui puisse remédier aux inconvéniens du régime actuel, en procurant le plus grand bien possible aux pauvres malades et être du tout rendu compte à la prochaine assemblée.

(18 novembre.) A été dit par M. Le Roy de Liza qu'en exécution de la délibération du 4 de ce mois, il se trouve en état de mettre sous les yeux de l'assemblée toutes les délibérations du Bureau relatives aux médecins ordinaires et expectans de l'Hostel Dieu, depuis l'époque d'une délibération du 3 décembre 1721 qui a traité de cet objet, que la réunion de toutes ces délibérations successives va présenter en quelque sorte un traité des plus instructifs sur la matière dont il s'agit, qu'on y trouvera la discution de tous les différents plans dont l'esquisse a été trassé au dernier Bureau, qu'ainsi, après une revüe aussi utile de ces précieux monumens, et sera plus facile d'appretier les différents projets, et, de cette combinaison réfléchie, se formera une décision digne de la sagesse ordinaire de l'assemblée. Après quoy M. Le Roy de Liza a exposé l'analise de toutes ces délibérations et a fait lecture dans les textes mêmes de plusieurs endroits importants. Les délibérations dont le compte a été rendu sont : 1° Celle du 23 décembre 1721, où il fut arrêté d'augmenter de 5 les deux expectans qui subsistoient alors; 2° celle du 27 avril 1735 où le Bureau s'occupa notamment des deux objets très préjudiciables aux secours dus aux malades, l'heure de la visite des médecins n'étoit ni fixe, ni uniforme, de plus plusieurs n'y employoient pas le temps suffisant pour visitter un aussi grand nombre de malades; pour y remédier on pensa qu'il falloit rassembler un corps complet de règlemens sur les fonctions des médecins, il fut dit encore que le plus avantageux pourroit être d'avoir des médecins résidens dans l'Hostel Dieu qui ne verroient aucuns malades en ville, mais que si on aimoit mieux s'en tenir à l'état actuel d'avoir des médecins de la Ville pour médecins ordinaires de l'Hostel Dieu, il y auroit lieu alors de délibérer sur le nombre des expectans qui a dans tous les tems éprouvé bien des variations, que sur la nature de leurs fonctions. Il a enfin été arrêté dans le Bureau que tous les points proposés seroient examinés par des commissaires et M. le Procureur général, pour sur le rapport être statué à la prochaine assemblée; 3° celle du 4 mai 1735 où M. le Procureur général a exposé le travail fait avec MM. les Commissaires sur toutes les questions concernant les médecins, il a d'abord détaillé tout ce qui avoit été pratiqué sur ce sujet dans les tems antérieurs, ensuite il a rangé en deux classes les objets agités, dans la première les objets les plus essentiels, dans la seconde ceux qui l'étoient moins. Les articles essentiels ont formé neuf questions; la première a consisté à savoir si le plus avantageux seroit d'avoir un ou plusieurs médecins résidens. Sur cet examen de la résidence des médecins, le Bureau, en souhaitant beaucoup qu'un tel plan put se réaliser, a néanmoins craint de très grandes difficultés dans l'exécution, et le danger auquel ce plan pourroit exposer le service actuel, on a donc cru qu'il convenoit de réfléchir beaucoup sur ce projet et d'approfondir les expédiens propres à y parvenir, qu'en attendant il n'étoit plus possible de changer l'état présent et de ne pas avoir des médecins de dehors. Quant à la seconde question consistante à savoir si les médecins continueroient d'être fixes et permanens, ou si l'on en changeroit annuellement, il a été arrêté qu'on suivroit l'usage d'avoir des médecins fixes. La 3e question portoit sur le nombre des médecins ordinaires, la délibération les a fixés à sept, comme précédemment, et en même temps, par un vœu unanime, il a été arrêté qu'il seroit fait un règlement général. A l'égard des 4e et 5e articles concernant l'heure et la durée des visittes des médecins ordinaires, il fut arrêté que la visitte se feroit à sept heures au plus tard en été et à huit au plus tard en hyver, et que la visite de chaque médecin seroit au moins de deux heures. Sur la 6e question relative aux honoraires des médecins ordinaires, la délibération porte expressément que le Bureau a pensé que la douceur d'appointements fixes et proportionnés, et la crainte de les perdre pourroit exciter les médecins à la plus grande

assiduité, pourvu qu'ils fussent assurés que la négligeance de satisfaire aux règlemens nécessiteroit le Bureau de remercier ceux qui se trouveroient dans ce cas, et il a été arrêté quant aux honnoraires qu'ils seroient de 1,000 livres, si les expectans restoient sans appointements comme par le passé, et de 800# si l'on se déterminoit à donner 200# aux expectans. Sur le septième article il a été décidé que les cas de maladie seroient la seule cause légitime de l'absence des médecins, qui alors seroient tenus d'avertir les expectans pour les supléer, et l'un des commissaires de la maison pour entretenir la règle, ensuite la séance a été continuée au Bureau suivant; 4° M. de Liza a aussi rendu compte de la délibération du 11 may 1735, comme suitte de la précédente, on y a agité la 8e question, celle des expectans, plusieurs des opinans ont trouvé beaucoup de motifs pour que les expectans ne fussent que deux comme avant la délibération du 3 décembre 1721, plusieurs aussi avoient bien des raisons pour donner le plus heureux effet à la délibération de 1721, qui avoit fixé les expectans à sept; ce seroit, fut-il dit, un système bien secourable pour les pauvres qu'il y eut un médecin expectant attaché à chaque médecin ordinaire, pour faire la visitte avec lui le matin, et encore le soir la visite des mêmes malades. Ici M. de Liza a lu le développement de cette importante discution dans la délibération même, et il a fait remarquer particulièrement ce qui fut pensé alors; que le remède au deffaut d'assiduité est toujours prompt, dès qu'on a la ressource de congédier ceux qui ne seront pas assidus. Le résultat de cette séance fut que la délibération du 3 décembre 1721 étant toujours subsistante, tout concouroit à la faire exécuter, qu'ainsi le nombre des expectants seroit fixé à sept, que chacun d'eux fera la visitte le matin avec le médecin ordinaire, et en fera une autre le soir, tant des mêmes malades qu'il aura vu le matin, que les nouveaux venus de son département, il fut attribué 200 livres à chaque expectant et 800# à chaque médecin ordinaire, et arrêté que le règlement général concernant leurs fonctions seroit exécuté par les uns et les autres, sinon remerciés. Par délibération du 18 may 1735, on est convenu qu'on ne choisiroit à l'avenir que des médecins docteurs ou agrégés de la Faculté de Paris, qui eussent une réputation et une pratique suffisante pour un tel choix, on a en même temps réglé toutes les questions rangées dans une seconde classe par le compte rendu par M. le Procureur général au Bureau du 4 mai. Ici M. de Liza a fait lecture à la présente assemblée du règlement général ainsi qui est porté au cahier même, à la suitte de la délibération du 18 mai. Après quoi, en continuant toujours l'analize des délibérations sur l'objet des médecins, il a parlé de celle du 21 mai 1735, lors de laquelle les médecins ordinaires, étant entrés au Bureau, ont dit qu'ils souhaitoient depuis longtemps un règlement, qu'ils ne pouvoient qu'applaudir à la sagesse de celui qui leur a été communiqué, et qu'ils s'y conformeroient. La Compagnie a ensuite nommé sept expectans qui ont été avertis de se conformer audit règlement. Une délibération du 29 août 1739 a aussi été citée, pour observer qu'à cette époque il y avoit sept médecins ordinaires et sept expectans, c'étoit quatre années depuis la datte de l'établissement du 21 may 1735. Mais une délibération du 13 juillet 1740 semble contenir des griefs contre le plan résolu en 1735, il a été dit en cette assemblée que les malades n'avoient jamais été plus mal soignés que depuis le règlement de 1735, qu'il n'y avoit alors que deux médecins ordinaires et deux expectans fidels à leurs devoirs, que les visites du matin ne se faisoient qu'à 9, 10 et même 11 heures, qu'elles étoient faites en un quart d'heure, de la manière la plus scandaleuse, les absences des médecins n'ont jamais été si fréquentes, et sans prévenir les Commissaires, suivant le règlement, de plus l'ordre établi entre les médecins ordinaires et les expectans ne s'observe point, on a cru devoir en conclure que l'augmentation du nombre des expectans n'a servi qu'à augmenter les abus, a autorizer plus d'absences des médecins ordinaires, et à doubler la dépense de l'appoticairerie, la délibération s'est terminée par arrêter que des commissaires confèreroient avec M. le Procureur général sur les moyens de remédier aux abus et sur ce qui regardoit les expectans. Mais il n'y a rien d'énoncé à cet égard dans les délibérations jusqu'à celle du 19 juillet 1747; il a été observé dans celle-ci que, sur le nombre des expectans, plusieurs membres de l'assemblée pensoient que deux étoient plus que suffisants, on rappella les observations faites lors de la délibération du 18 mai 1735, et que tout le Bureau étoit alors demeuré d'accord que rien ne seroit plus avantageux qu'un, deux, et même s'il le falloit, trois médecins résidents qui renonçassent à tout exercice de leur profession au dehors, sauf à déterminer d'assez forts honnoraires pour attirer et fixer de bons sujets. Le Bureau a arrêté d'examiner sérieusement ce projet par des commissaires et M. le Procureur général, et en même tems si, en attendant, deux expectans suffiront, ou s'il convient d'en augmenter le nombre. Le 13 août 1749, une place d'expectant étant venue à vacquer, M. Vigneron, doyen, a dit qu'il croyoit à cette occasion devoir rappeler à la Compagnie le projet jugé dans tous les tems le plus avantageux aux malades, d'avoir des médecins résidens, que plus on examinoit ce projet, plus on étoit persuadé qu'il seroit facile de l'exécuter en fixant des honnoraires convenables, outre le logement, on trouvera des médecins tels qu'on peut le désirer, en conséquence il a été arrêté qu'on auroit des médecins résidens, et les commissaires ont été nommés pour fixer tout ce qui auroit rapport à l'exécution de ce projet, on a aussi nommé un seul médecin expectant. Le 13 mai 1750, sur une nouvelle vacance de médecin expectant, il fut exposé à l'assemblée qu'en attendant que le plan projetté de médecins résidens fut acheve, on pourroit toujours ne nommer qu'un expectant, dans l'esprit de la délibération du 13 août 1749. Cependant le Bureau se déterminat à en nommer deux, en arrêtant en même tems que vacance arrivant de l'un des deux, il ne seroit pas remplacé par les motifs de la délibération du 13 août 1749. En faisant l'analize de cette dernière délibération du 13 mai 1750, M. de Liza a fait remarquer ce qui s'y trouve encore d'important, à savoir au sujet des expectans, suivant les termes mêmes de la délibération : l'expérience y est-il dit a appris combien il étoit difficile et même presque impossible que l'arrangement fait par le règlement du 18 may 1735 eut son exécution à l'égard des expectans, lorsqu'il y en auroit sept, d'où il résulte que ce même arrangement seroit aussi impraticable à l'égard d'un ou deux expectans, en conséquence il fut arrêté qu'il seroit fait un nouvel arrangement pour régler le service des expectans. En effet par la délibération subséquenté du 3 juin 1750, le Bureau a arrêté des articles dérogatoires au règlement de 1735 pour les expectans. L'article 1er porte qu'ils n'accompagneront plus les médecins ordinaires dans la visitte du matin; 2° dans le seul cas de maladie d'un médecin ordinaire, un médecin expectant visittera le matin à sa place sur l'avis d'un des commissaires, et en se conformant au règlement de 1735, par rapport aux médecins ordinaires; 3° l'expectant visittera tous les jours, le soir à 5 heures, tant les malades amenés depuis la visitte du matin, que ceux qui visittés le matin auront besoin de secours pressants. L'article 4 charge le dernier reçu des médecins ordinaires de l'ouvrage des expectans dans le cas de maladie. L'article 5 confirme au surplus le règlement de 1735 dans tout ce qui n'est pas contraire à la présente délibération. En 1753 à la datte du 28 février et au sujet d'une place d'expectant vacante, il fut dit au Bureau que le plan pour les médecins résidens n'étoit pas encore achevé et qu'en attendant que Messieurs les commissaires y eussent mis la dernière main, il étoit nécessaire de choisir un expectant, la Compagnie ayant arrêté par ces dernières délibérations qu'un seul expectant suffisoit, et qu'un plus grand nombre ne pourroit être que nuisible, le résultat a été de ne nommer qu'un expectant, et les commissaires ont été invités à continuer leurs opérations pour parvenir à l'exécution du projet des médecins résidens. Mais depuis cette époque on ne trouve plus de traces indicatives d'aucune suitte postérieure relativement à la résidence des médecins ordinaires. Seulement par une dernière délibération du 5 septembre 1769, s'étant agi de remplir la place d'expectant unique vacante par la nomination de M. Doucet comme médecin ordinaire, M. de Tilière, doyen, a dit au Bureau que depuis plus de 3 ans la chèreté du pain avoit occasionné beaucoup de malades à l'Hostel Dieu, ce qui a augmenté proportionnellement le travail des médecins, pour quoi a été proposé de nommer pour cette fois deux expectans, sauf à ne pas remplacer le premier, dont la place viendroit à vaquer. Tel est le dépouillement général des différentes vues de la Compagnie sur l'important article des médecins, dont M. de Liza a rendu compte à la présente assemblée, conformément à l'arrêté pris dans celle du 4 de ce mois. Après quoi, et même après les plus mures réflexions de la part de tous Messieurs sur cet ensemble des anciennes délibérations, s'étant agi de former une décision, M. Deliza a dit : «Qu'il sentoit combien il étoit au dessus de ses forces d'ouvrir un premier avis sur une matière de cette importance où, après une détermination fondée sur d'excellents motifs, pour donner la préférence à un plan sur les autres, il reste toujours de l'inquiétude sur le succès de l'exécution, que néanmoins l'opinion qu'il alloit présenter seroit formé de la combinaison de tous les résultats des délibérations dont il a rendu compte. M. Deliza a donc rapellé d'abord au Bureau que ce qui avoit surtout frappé tous les membres, à l'égard du genre de service actuel de médecins tant ordinaires qu'expectants, c'étoit de voir que le plus grand nombre des malades étoit 24 heures sans médecins. Mais le service général peut-il se faire mieux par deux ou trois médecins résidens qui seroient uniquement consacrés à l'Hostel Dieu, y auroit-il d'abord possibilité de logement pour ce nombre, il le faudroit pourtant, afin de les astraindre déjà par cette voye même, d'un autre côté cette obligation de demeurer dans l'intérieur tourneroit peut-être en obstacle pour avoir des aspirans, il faut en outre des médecins non mariés pour un tel domicile, cette gêne en écarteroit d'habiles, la résidence adoptée pour deux ou trois sera-t-elle suffisante et proportionnée pour un si grand ouvrage? peut-être ne tarderoit-on pas à demander des aydes, il s'en joindra d'abord gratuitement qui peu à peu, comme les expectans, obtiendront des honnoraires, les médecins résidens pourront se reposer sur eux, surtout à mesure que la réputation des résidens se répandra, ils seront appellés de toutes parts par les grands, par le public, et insensiblement on retombera dans les mêmes embarras. Si le Bureau prend le parti de nommer des résidens, même jusqu'à trois, peut-être deux à la fois peuvent se trouver malades, le seul restant pourra-t-il faire face à un ouvrage aussi immense, il faut observer ici que le doyen des médecins ordinaires va aux

Incurables. En outre il est des circonstances extraordinaires qu'il est essentiel de prévoir; en 1767, l'hôpital Ste Anne fut ouvert pour quelques semaines, les médecins de l'Hostel-Dieu par leur nombre purent en quelque sorte s'arranger pour le service, comment feroit-on, ny ayant plus que deux ou trois médecins résidens, si par malheur on se trouvoit obligé d'ouvrir St Louis comme en 1754. Toutes les délibérations rappellées à l'assemblée marquent bien qu'on a formé des vœux constans pour la résidence, le 19 juillet 1747 on a arrêté d'examiner sérieusement ce projet et des commissaires ont été nommé à cet effet; on voit un autre arrêté du 13 août 1749 qui l'adopte formellement, on a choisi des commissaires pour parvenir à une exécution complète de ce plan. Au mois de février 1753, il en a encore été parlé, comme si on touchoit au dénoüement, mais depuis il n'en a plus été question; la raison en seroit-elle que plus on a approfondi, plus on a reconnu de difficultés dans l'exécution. Mais s'il paroit comme impossible de renfermer le service du aux malades dans le nombre de deux ou trois médecins résidens, il pourra être bien avantageux d'ajouter aux secours du dehors celui d'un résident pour remplir les intervales et être de ressource dans les cas pressés. Au reste il y a nécessité de mettre le plus grand ordre possible dans cette partie; quoi de plus touchant pour l'humanité de voir qu'une foule de griefs malades n'ont le secours du médecin qu'une fois en 24 heures, étant constant que l'expectant ne voit que ceux survenus depuis la visite du matin; pourquoi dans de telles circonstances ne pas recourir à ce plan généreux observé en 1721, et perfectionné en 1735, qui consistoit à avoir autant d'expectans que de médecins ordinaires, qui les suivent dans la visite du matin, et fassent l'après midi une seconde visitte non seulement des nouveaux malades, mais ceux du matin, et en rendent compte aux médecins ordinaires le lendemain, ainsi se formera une chaîne non interrompue de soins et de secours, qui prouveront de la part de l'administration les plus louables efforts pour le soulagement des pauvres, un tel établissement paroit du moins présenter des moyens proportionnés au grand nombre de malheureux qui les réclament. Le Bureau a vu par rapport aux expectans qu'en 1721 ils furent portés au nombre de 7, il y en avoit précédamment trois, dans d'autres tems ils ont été 4, le nombre de 7 renouvellé en 1735 a eu lieu au moins pendant 4 années de suite. Cette variation sur le nombre des expectans (d'ailleurs reconnus nécessaires par les délibérations mêmes, dès que les médecins ordinaires sont du dehors) a pu provenir d'une infinité de causes, toutes ayant sans doute d'excellents motifs ou d'œconomie, ou d'ordre plus simple ou d'autres raisons de tout genre, ce point de vue mettoit presque l'esprit dans une sorte d'équilibre et dans l'embarras sur le meilleur choix. Bien plus le grand interret que la Compagnie agite ne permet pas de rien dissimuler, elle a entendu le langage de plusieurs délibérations contre l'établissement de 1735, que par celle du 3 juillet 1740 il a été dit expressément que les malades n'avoient jamais été plus mal soignés que depuis le règlement de 1735; mais est-ce la faute du règlement en lui-même. Il a été observé dans la même délibération de 1740 qu'il n'y avoit alors que quatre médecins fidels à la règle, dont deux expectans et deux ordinaires, la faute étoit donc commune à tous les autres dans les deux classes, falloit-il pour cela réduire les deux ordres ou l'un des deux, mais il semble que ce seroit dans les arrêtés même de 1735 qu'il faudrait puiser le véritable remède contre l'inobservation du règlement. Ces arrêtés portent que le remède au deffaut d'assiduité seroit toujours prompt, en congédiant ceux qui manqueroient à leur devoir. Il fut donc décidé que les médecins des deux ordres seroient tenus de se conformer au règlement général, sinon remerciés. Il ne s'agit ce semble que de faire exécuter sérieusement et avec fermeté ce plan utile, connu si avantageusement à tous égards, mais (qui) manque dans l'exécution, si ceux de Messieurs dont la vigilance, active et livrée aux détails, dissipe déjà une foule de désordres, veulent bien se charger de tenir la main au plain qu'il ne s'agit que de renouveller. Alors tout correspondra à la plus parfaite harmonie; que sur le premier rapport fait au Bureau contre le médecin négligeant, soit ordinaire, soit expectant, celui cy soit à l'instant remercié, ce premier exemple n'en exigera peut être pas deux. Que les expectans sachent bien encore que lorsqu'il vaquera une place d'ordinaire, elle sera donnée non à l'ancienneté, mais à celui qui aura été plus zélé pour les malades, il en résultera nécessairement la plus utile émulation. Il pourroit rester une dernière objection d'après le contenu en la délibération du 13 juillet 1740. Contre les expectans au nombre de sept, on a dit que cela avoit doublé la dépense de l'appoticairerie, mais il ne faut pas oublier le point capital qui a frappé l'administration dans le régime actuel, cet immense intervale d'une visite à l'autre du médecin ordinaire, si la dépense de l'appoticairerie, augmentée dit-on par suite de l'établissement de 1735, n'a été qu'à l'effet de secours mieux distribués, elle étoit nécessaire. Mais d'ailleurs messieurs les commissaires de cette partie l'examineront aussi de près, et s'il y a des abus, ils seront defférés au Bureau. Sur quoi et après la plus ample délibération, il a été arrêté de renouveller et de mettre dans la plus grande vigueur, les délibérations des 3 décembre 1721, 4, 11 et 18 may 1735, ainsi que le règlement général inserré dans ladite délibération du

18 mai 1735, et notiffié à tous les médecins de l'Hostel Dieu le 21 du même mois, sauf même à ajouter audit règlement général telle nouvelle disposition qu'il appartiendra. Arrêté en conséquence qu'il sera nommé au prochain bureau six médecins expectans qui, avec le sieur Bercher, ci devant nommé, formeront le nombre de sept. Tous lesquels médecins expectans, ainsi que les médecins ordinaires, seront tenus de se conformer audit règlement de 1735 et autres dispositions y ajoutées à peine d'être remerciés, et les expectans se conformeront notamment aux articles 4 et 13 dudit règlement, dérogeant à cet égard à la délibération du 3 juillet 1750, en ce qui y est contraire. Arreste en outre qu'il sera choisi parmi les médecins ordinaires ou expectans, un d'entre eux pour résider et demeurer dans l'Hôtel Dieu même, lequel, outre son service ordinaire, soit comme médecin pensionnaire, soit comme expectant, sera chargé de rendre tous les services de son état auprès des malades, tant la nuit que le jour, pendant les intervales d'une visitte à l'autre des médecins du dehors, et pour qu'il ait un sort covenable et proportionné à cette destination particulière, il sera logé dans la maison, nourri, chauffé, éclairé blanchy, et lui sera en outre attribué 1500 livres d'appointemens en tout. Pour engager d'autant plus les médecins ordinaires à la plus grande assiduité, sans laquelle ils ne pourroient être conservés dans leur place, le Bureau a aussi arrêté que leurs appointemens seront aussi portés jusqu'à 900#. Et enfin à l'égard des expectans qui n'ont eu chacun 200# qu'à l'époque de 1735, en même temps qu'ils furent assujettis à deux visittes par jour, comme en 1750, la visitte du matin leur a été otée, en leur laissant les mêmes honnoraires, le Bureau les chargeant actuellement d'un service semblable à celui de 1735 pour les inviter néanmoins à s'y livrer avec la plus grande exactitude, sans laquelle pareillement ils seroient remerciés, a aussi été arrêté qu'ils auroient chacun 300#, en observant que le médecin résident pris dans l'une ou l'autre des deux classes, aura son traitement séparé, et tel qu'il est fixé par la présente délibération. En suit la teneur du règlement général confirmatif de celui du 18 mai 1735, avec plusieurs nouveaux articles, conformément à l'arrêté de la délibération du 18 novembre 1771 : Article 1er. Le règlement du 18 may 1735, auquel les médecins de l'Hostel Dieu se sont formellement soumis à l'assemblée générale tenue à l'archevêché le 21 du même mois, sera à l'avenir exécuté ponctuellement et dans toutes ses parties, et à cet effet, il a été dérogé en tant que de besoin, à la délibération du 3 juin 1750, en ce qui peut être contraire audit règlement de 1735, comme aussi seront les nouvelles dispositions contenues dans le présent règlement observés pareillement dans leur forme et teneur. — Art. 2. Outre les médecins ordinaires, qui demeureront fixés comme par le passé au nombre de 7, il y aura un pareil nombre d'expectans, ainsi qu'ils ont été ci-devant établis par la délibération du 11 mai 1735, et ils auront les qualités requises par les anciennes délibérations, notamment par celle du 18 mai 1735, en outre il sera choisi par le Bureau entre les médecins ordinaires ou expectans un d'entre eux pour résider dans l'Hostel Dieu, et s'y dévouer uniquement, en sorte qu'outre son service particulier, soit comme médecin ordinaire, soit comme expectant, sera tenu de rendre auprès des malades tous les services de son état tant de nuit que de jour, dans les intervales d'une visitte à l'autre des médecins du dehors. — Art. 3. Tous les médecins tant ordinaires que expectans et résidans jouiront des traitemens, appointemens et honnoraires tels qu'ils ont été réglés par la délibération du Bureau du 18 novembre 1771, à la charge par les uns et les autres d'observer exactement les règlemens, à peine d'être remerciés. — Art. 4. Conformément audit règlement du 18 may 1735, les médecins tant ordinaires qu'expectans, et celui d'entre eux qui sera choisi pour résider, continueront d'être nommés et reçus au Bureau général, et installés à l'Hostel Dieu par messieurs les Commissaires ou l'un d'eux. — Art. 5. Les départemens des salles seront divisés et arrêtés tous les deux mois entre les médecins tant ordinaires qu'expectans, et convenus avec MM. les Commissaires qui signeront ces états de département, et les remettront au Bureau, un double de cette distribution sera aussi remis à la mère Prieure par un des expectans qui en sera chargé; ces départemens seront distribués de manière que chaque médecin change de département tous les deux mois, et qu'il soit destiné un nombre suffisant de médecins pour les salles qui sont le plus chargés de malades. — Art. 6. Les articles 4, 5, 6, 7 et 13 du règlement 1735 seront exécutés dans tout leur contenu, et avec la plus grande exactitude, soit pour l'heure et la durée des visittes, soit pour l'attention à l'examen et au soulagement des malades, soit de la part des expectans, pour être ponctuels à la première visitte du matin, et pour s'instruire dans leur seconde visitte de l'exécution et du succès de ce qui aura été ordonné en leur présence par le médecin ordinaire dans la visitte du matin, et instruire à leur tour le médecin ordinaire, à la visitte du lendemain, de tout ce qu'ils auront cru devoir ordonnner, en sorte que les lumières et les soins réunis puissent multiplier les secours sans en altérer l'œconomie, et que par la vigilance et l'union de tous les médecins coopérateurs d'une si bonne œuvre, il se forme une chaîne non interrompue des plus importans services qui puisse se rendre à l'humanité. — Art. 7. Pour employer tous les moyens capables d'entretenir respectivement le zèle et une prudente activité

dans tous les médecins attachés au service des pauvres, les médecins expectants qui assisteront les médecins ordinaires, dans la visitte du matin donneront leur avis, mais en cas d'avis contraire, l'avis du médecin pensionnaire prévaudra et l'expectant sera tenu de s'y conformer pour le régime des malades dans la visitte du soir, excepté dans les cas extraordinaires de crises ou de situation nouvelle où sa prudence le guidera alors, et il en rendra compte le lendemain au médecin pensionnaire, ainsi qu'il a été prescrit par l'article 13 du règlement de 1735 et par le précédent article. — Art. 8. Pour éviter une profusion indiscrette de remèdes ou une contradiction nuisible dans les ordonnances des médecins, il ne pourra être rien changé ou ajouté par les expectans et résidens aux ordonnances des médecins pensionnaires, à moins que les circonstances qui concerneront le malade dont il s'agira n'ayent varié, et n'exigent de nouvelles précautions. — Art. 9. Les mères d'offices employeront tous leurs soins pour que les malades ne jettent pas par terre et ne perdent pas le fruit des remèdes ordonnés, elles auront l'attention d'informer les médecins de la salle, et même le résident, de ceux à qui cela arrivera pour les examiner de très près, et s'ils viennent à être reconnus pour des gens qui usurpent la place de vrais malades, pour trouver à l'Hostel Dieu une nourriture qui ne leur est pas destinée, qu'ils soient chassés à l'instant. — Art. 10. Les médecins pensionnaires dans les visittes du matin, en délivrant leurs ordonnances, et les expectants en délivrant celles qu'ils seront dans le cas de donner, lors de la visitte du soir, à l'égard des nouveaux malades survenus depuis la visitte du matin ou de ceux qui, vus le matin, exigeront par l'état de la maladie d'autres remèdes, seront tenus de faire écrire et de distinguer par le N° des lits et autres marques qui seront convenües ceux des malades qui seront dans le cas de manger, de speciffier la quantité de nourriture et de vin que les uns et les autres pourront prendre, le relevé du nombre des malades de cette classes sera fait sur ces nottes par un topique, sous les yeux du médecin résident, qui en enverra des doubles signés de lui à la mère de la cuisine et à celle de la boullangerie, pour déterminer l'une et l'autre consommation, sauf à aviser ultérieurement sur l'article du vin d'après les instructions que prendront MM. les Commissaires en cette partie. — Art. 11. L'inspecteur et le sous inspecteur donneront la plus grande attention aux salles dans le tems des visittes des médecins. — Art. 12. Il sera tenu tous les jours dans chaque salle une feuille d'observations pour la mère d'office, qui contiendra l'heure à laquelle les médecins arriveront pour leur visitte, et l'heure à laquelle ils s'en iront, sans y comprendre comme un tems donné aux malades celui employé pour le déjeuné à l'appoticairerie. Cette feuille d'observations contiendra sommairement le plus ou le moins d'exactitude qu'apporteront les différents médecins à leurs fonctions, il y aura aussi des nottes pour ceux qui ne témoigneraient pas assez de patience à entendre les malades et assez d'attention à écouter les mères d'offices et certiffiées par l'inspecteur des salles seront par lui remises tous les quinze jours à un de MM. les Commissaires, pour en rendre compte au Bureau, au moins une fois par mois. — Art. 13. Le médecin résident aura le soin de se faire représenter la quantité des ordonnances délivrées dans le jour, il en arrêtera le nombre qu'il signera, et tous les mois il en formera un total général qui sera vu et signé tant par deux médecins pensionnaires que par lui, lequel arrêté des ordonnances du mois sera aussi visé par un de messieurs les Commissaires qui indiquera à cet effet le jour et l'heure à laquelle seront tenus de se trouver à l'appoticairerie tant les deux médecins pensionnaires, qui seront préposés pour signer, que le résident, afin de se faire rendre le compte desdites ordonnances mentionnées en cet article, et le commissaire leur fera les observations dont il pourra être chargé par l'administration. — Art. 14. Le déjeuné continuera d'être préparé à l'appoticairerie pour les médecins, tant ordinaires qu'expectans et résident, et consistera en un quarteron de pain et un demi setier de vin chacun. — Art. 15. Et le greffier du Bureau donnera des copies du présent règlement ainsi que de celui du 10 may 1735 à tous les médecins de la maison, pour s'y conformer de point en point chacun à leur égard, et sous les peines y portées, et MM. les Commissaires sont priés d'y tenir la main et d'informer très fréquemment le Bureau de tout ce qui pourra être contraire à la pleine exécution desdits règlements.

(30 décembre.) Sur ce qui a été dit par M. Papillon que l'expérience ayant fait connoitre que tant les religieuses, ecclésiastiques, médecins, chirurgiens, apoticaires, qu'officiers et domestiques de l'Hostel Dieu sont troublés dans leurs services respectifs par le concours du public qui se répand indistinctement à toute heure dans les salles, dont partie introduit des alimens et boissons nuisibles au rétablissement des malades, trouble la tranquillité générale et occasionne à quelques uns d'entre eux des rechutes dangereuses; que plusieurs, sous prétexte de visiter leurs parents ou amis, n'y vont qu'à dessein d'y voler ou trafiquer avec les malades des alimens qu'ils ont reçus, ce qui est contraire à l'ordre nécessaire dans une maison dont l'établissement n'a d'autre but que le bien de l'humanité souffrante; que l'administration, chargée de veiller tant aux intérêts qui la concernent qu'à procurer aux pauvres malades toutes les commodités

que les facultés actuelles dudit Hostel Dieu permettent, n'a d'autre ressource que dans une œconomie bien distribuée. C'est pourquoi elle a cru intéressant de faire un règlement qui, en prévenant autant qu'il seroit possible les abus qui naissent de tous ces inconvéniens, peut favoriser le service auprès des pauvres malades, sans que l'entrée desdites salles puisse être interdite à quelque heure que ce soit, dans le jour, aux personnes connues que leur charité ou pitié y conduit et aux pauvres que leur infirmités y amènent. Monsieur Papillon a fait lecture dudit règlement dont la teneur suit : Art. 1er. Les salles de l'Hostel Dieu ne seront ouvertes en tous tems aux étrangers qu'à dix heures du matin, à l'exception néanmoins des personnes connues qui viennent y exercer leur charité, ou par pitié, ou des malades qui doivent y être admis conformément aux règlemens. — Art. 2. Depuis dix heures du matin jusqu'à quatre heures et demie après midi, les portes des salles seront ouvertes à ceux ou celles qui viendront assister leurs parents ou amis, et les portiers auront la plus grande attention à ce que qui que ce soit ne porte dans les salles aucune nourriture étrangère ni boisson..... — Art. 5. L'inspecteur et le sous-inspecteur iront tous les jours dans les salles pour faire sortir tous les étrangers, conformément aux dispositions de l'article premier; *feront visitter en leur présence dessus et dessous les lits*, observeront tous coins et recoins, s'il n'y a personne caché ou qui se soit glissé, soit dans les salles, soit dans les lits; cette visite sera indépendante de celles qui doivent avoir lieu à différentes heures du jour ou de nuit pour s'assurer de l'exécution du présent règlement. — Art. 6. Les convalescents et convalescentes ne pourront sortir de leurs salles que sur un billet de la mère d'ofice. — Art. 7. Au moment de la distribution des alimens ou boissons dans le jour, les malades seront tenus de se rendre dans leurs salles; ils y consommeront ce qui leur aura été distribué et les portiers et portières veilleront à ce qu'ils ne puissent rien emporter hors leur salle..... — Art. 9. Les gardes du pont Saint Charles et les portiers de l'église auront soin en particulier que personne ne s'attroupe, soit dans le quarré Saint Denis, soit sur le pont Saint Charles et feront évacuer l'un et l'autre, au fur et à mesure qu'il se présentera du monde..... Sur quoi la Compagnie a approuvé ledit règlement pour être exécuté en tout son contenu.

142e REGISTRE. — ANNÉE 1772.

(10 janvier 1772.) Par un extrait tiré des registres de l'Hostel Dieu, il paroît que le premier janvier de l'année dernière 1771, il y avoit 2,834 malades dans cet hôpital; que pendant ladite année il en a reçu 25,766; qu'il y est né 1699 enfans dont 890 garçons et 809 filles, ce qui compose en total 30,299 personnes; que sur ce nombre il en est mort 5,363, dont 2,973 hommes, 2,270 femmes, 120 enfans nouveau-nés. Et comme il n'en restoit le dernier dudit mois de décembre de ladite année dernière 1771 que 2,814, il en est sorty 22,122.

(6 avril.) M. de la Michodière, conseiller d'État, ayant été élu prévost des marchands, au lieu et place de feu M. Bignon, a pris séance au Bureau pour la première fois.

(6 avril.) A été arrêté d'accepter la démission du sieur Baron, l'un des médecins ordinaires de l'Hostel Dieu.

(6 avril.) A été arrêté que le sieur Bercher fera les fonctions de médecin ordinaire de l'Hostel Dieu au lieu et place du sieur Baron, conjointement avec celles de médecin résident, et la Compagnie a choisi et nommé le sieur Despatureau, médecin de la Faculté de Paris, pour médecin expectant dudit Hostel Dieu.

(3 août.) A été dit par M. Papillon, qu'il se perd une quantité prodigieuse de linges et autres choses de consommation qui se fait journellement dans l'Hostel Dieu; qu'il croit qu'il s'en perdroit bien moins si de certains endroits de l'intérieur de l'Hostel Dieu, qui lui sont parfaitement connus, étoient autrement éclairés qu'ils ne le sont, et qu'il seroit d'avis d'introduire l'usage des réverbères dans ces mêmes endroits, au nombre de quatre, qui seraient posés l'un à l'entrée de l'Hostel Dieu par l'église, le second dans le carré Saint Denis, et les deux autres sur le pont Saint Charles, dans les endroits les plus convenables; qu'il seroit aussi d'avis de prier M. le Lieutenant général de police de vouloir bien donner ses ordres à la garde qui vient d'être établie sur le Petit Pont, de veiller journellement et avec exactitude sur ce qui se passera tant dans le bassin de la rivière, depuis le Petit Pont jusqu'au pont Saint Charles, que dans la rue de la Bûcherie, dans le côté où les salles de l'Hostel Dieu ont une issüe et des vües; la matière mise en délibération, a été arrêté d'adopter l'avis de M. Papillon, en conséquence de faire poser incessamment les quatre réverbères en question dans l'intérieur dudit Hostel Dieu, aux endroits cy-devant désignés; M. Papillon authorizé, même prié de donner les ordres nécessaires pour l'achapt, position et illumination des réverbères. Et M. le Lieutenant général de police a promis de donner incessamment ses

ordres à la garde qui vient d'être établie sur le Petit Pont à veiller avec exactitude à ce qui se passera du côté de l'Hostel Dieu.

(31 août.) A été arrêté qu'à l'avenir l'inspecteur et le sous-inspecteur de l'Hostel Dieu seront tenus de faire journellement et de grand matin le compte des malades qui se trouveront placés dans les lits des différentes salles, au lieu que ce compte se faisoit auparavant à trois heures.

143e REGISTRE. — ANNÉE 1773.

(4 janvier 1773.) Lecture faite des délibérations prises en la dernière assemblée générale tenüe extraordinairement à l'archevêché le 21 xbre dernier, et en celle tenüe aussi extraordinairement audit archevêché le 30 du même mois au sujet de l'incendie arrivé le même jour audit Hostel Dieu, la Compagnie les a approuvées; a été dit par Mgr l'Archevêque qu'il a vu M. l'abbé de Tudert, doyen de l'église de Paris, et est convenu avec lui que le service solennel indiqué par le mandement de Mgr l'Archevêque sera célébré en ladite église, jeudy prochain, 7 de ce mois; que MM. les Chefs et MM. les Administrateurs y assisteront comme corps d'administration; qu'il sera, ainsi qu'il en a été convenu avec MM. du Chapitre, posé dans le milieu de la nef de l'église de Notre Dame un tronc pour y recevoir les aumônes qui pourront y être faites à cause de l'incendie; qu'il sera pareillement établi deux troncs, l'un à la porte de l'église de l'Hostel Dieu et l'autre sur la rue du Marché Palu, ou dans d'autres endroits par lesquels on entre audit Hostel Dieu, à l'effet pareillement de recevoir les aumônes à cause de l'incendie, ce que la Compagnie a approuvé.

(7 janvier.) A été arrêté qu'il sera fait registre du service solemnel célébré ce matin dans l'église de Notre Dame, indiqué par le mandement de monseigneur l'Archevêque, en actions de grâces au sujet de l'incendie arrivée audit Hostel Dieu, ainsi que du cérémonial qui y a été observé, comme il suit : se sont rendus à la salle d'assemblée de MM. les Administrateurs, au parvis Notre Dame, monseigneur Berthier de Sauvigny, premier président; Mgr Joly de Fleury, procureur général, M. de Sartines, conseiller d'État, lieutenant général de police; M. de la Michodière, conseiller d'État, prévôt des marchands; MM. le Roi de Lisa, de Neuville, Moussier, Gissey, Papillon, Chatelus, Perin et Montgolfier, administrateurs; et le sieur Varin, greffier du Bureau; sont sortis du Bureau en corps à onze heures du matin, reçus à la principale porte de l'église de Notre Dame, par M. le Doyen et autres chanoines de ladite église, conduits dans le sanctuaire, à main gauche, où il y avoit des fauteuils, les religieuses professes dudit Hostel Dieu, placées derrière, appuyées sur des banquettes; d'autres religieuses qui accompagnoient les novices appuyées aussi sur des banquettes; MM. le Doyen, chantres, chanoines en robes de cérémonies, placés comme à l'ordinaire dans le chœur. La messe a été célébrée solemnellement par Mgr l'Archevêque. Après la messe célébrée, messieurs les Chefs et MM. les Administrateurs en corps se sont rendus au palais archiépiscopal, à l'effet de faire des remercimens à Mgr l'Archevêque de la part qu'il a pris au malheur arrivé à l'Hostel Dieu, et encore de ce qu'il a bien voulu faire en faveur des religieuses et novices, ayant prêté et fait meubler la majeure partie de son palais pour loger le plus grand nombre des religieuses, même de les nourrir à compter du jeudy 31 décembre 1772, jusques et compris cejourd'huy au soir, qu'elles doivent revenir à l'Hostel Dieu y reprendre la nourriture et le logement dans les endroits préparés à cet effet; à l'égard du mercredy 30 décembre, jour de l'incendie et du lendemain jeudi 31, à diner, MM. du Chapitre ont fait fournir par le sieur Guichard, traiteur, aux frais du chapitre, la nourriture nécessaire comme pain, vin, viande et dessert aux religieuses dudit Hostel Dieu, dans des endroits dépendans de la maison de M. Malaret, chanoine et archidiacre de ladite église, et l'un des supérieurs spirituels de l'Hostel Dieu.

(8 janvier.) Il n'y a eu aucune matière à délibération, sinon qu'il a été rapporté que M. le marquis de Sauzet, major du régiment des gardes françoises avoit envoyé ce matin un ordre portant que la garde françoise établie à cause de l'incendie cesseroit aujourd'huy à deux heures après midy et ne seroit pas relevée, au moyen de quoi n'est plus resté que la garde de Paris et les gardes pompiers.

(11 janvier.) La Compagnie a nommé messieurs Moussier et Perin, à l'effet d'examiner tous les plans et mémoires qui ont été présentés jusqu'à présent et ceux qui pourront l'être par la suite au sujet de la reconstruction de partie ou de la totalité des bâtimens de l'Hostel Dieu qui ont été incendiés, soit sur le même emplacement, ou de la construction d'un hôtel Dieu hors Paris.

(11 janvier.) Par un extrait tiré des registres de l'Hostel Dieu, il paroît que le premier janvier de l'année der-

nière 1772, il y avoit 2,895 malades dans cet hôpital; que pendant ladite année, il en a été reçu 23,984; qu'il y est né 1,261 enfans dont 634 garçons et 627 filles, ce qui compose en total 18,140 personnes; que sur ce nombre il en est encore 5,182 dont 2,600 hommes et 2,582 femmes et comme il n'en restoit le dernier de ladite année que 2,454, il en est sorty 20,504.

(11 janvier.) A été dit par monseigneur l'Archevêque, qu'il avoit été délibéré ce matin, au Bureau tenu pour l'Hôpital général, de demander à l'Hostel Dieu une somme de 49,000 ₶ qui seroit employée, tant pour achat de lits à 100 ₶ chacun, qui seroient placés dans les différentes infirmeries des maisons dépendantes dudit Hôpital général, et y placer les malades qui ne peuvent être admis dans l'Hostel Dieu à cause de l'incendie, que pour autres dépenses, moyennant quoi l'Hôpital général gardera ces malades pendant l'espace de 3 ans à compter du premier avril prochain, à l'exception néanmoins des femmes enceintes, des fols et folles, qui continueront d'être envoyés à l'Hostel Dieu comme par le passé; la matière mise en délibération, il a été arrêté d'accorder la demande ci-dessus, et que la somme demandée sera payée par l'Hostel Dieu, savoir, moitié incessamment et l'autre moitié dans 8 mois, aux conditions proposées que l'Hostel Dieu ne recevra aucuns malades des maisons dépendantes dudit Hôpital général pendant 3 ans, à compter du 1er avril prochain, à l'exception des femmes enceintes, petites véroles, *fols et folles seulement*, et à la charge aussi de la part dudit Hôpital général d'admettre et recevoir dans ses maisons les paralitiques qui lui seront envoyés de l'Hostel Dieu. M. Périn a été prié de dresser un projet d'acte relativement au présent arrêté, ce qu'il a accepté et a promis de le faire.

(11 janvier.) Monsieur Papillon a fait rapport et lecture du projet d'établissement de gardes dans l'intérieur de l'Hostel Dieu, qui seroient pris et choisis parmi les anciens caporaux et soldats du régiment des gardes françoises prêts d'avoir pour retraite les Invalides, au nombre de douze, faisant avec les 3 qui sont déjà à l'Hostel Dieu, tant pour le pont Saint Charles que pour le Pont aux Doubles quinze gardes, à l'effet de veiller alternativement jour et nuit sur tout ce qui se passera dans les différents endroits de l'intérieur dudit Hostel Dieu, comme aussi d'établir un deuxième sous-inspecteur dans l'Hostel Dieu. La Compagnie a approuvé ce projet.

(11 janvier.) Monsieur le Procureur général a dit : «Messieurs, l'évènement qui vient d'incendier les pauvres est d'autant plus funeste qu'il ajoute à leurs malheurs. Plongés dans l'indigence, réduits à de foibles secours par le défaut de proportion entre les charges de l'Hostel Dieu et ses revenus, ils seroient dans l'impuissance de réparer leur pertes; ils seroient accablés par le désespoir, si leur cruelle situation ne servoit à exciter plus que jamais la compassion et la charité en leur faveur. Grâce à la sollicitude continuelle du premier pasteur, les pauvres ont trouvé dans son activité et son amour pour eux des secours prompts et abondants. On ne peut placer à côté d'un si noble exemple que le zèle avec lequel les magistrats, les militaires et beaucoup d'autres personnes se sont empressés d'éteindre et d'arrêter les progrès des flammes. L'Hostel Dieu de Paris n'est pas seulement destiné aux pauvres de cette capitale, il est consacré à tous ceux qui s'y présentent, de tous pays, de toute nation, et quelque soit leur religion; leur erreur est un mal de plus qui ne peut étouffer l'humanité. L'homme d'État voit dans cette multitude de malheureux des sujets du Roy, la pluspart voüés à tirer du sein de la terre la nourriture des autres, ou à employer ses productions pour l'utilité et le bonheur commun. Il se hâte de pourvoir au rétablissement de leur santé; l'inaction de leurs bras et une perte réelle, le travail seul fournit à tous les besoins. Deux choses principales doivent occuper en ce moment : celle de rétablir un hôpital aussi précieux, celle des moyens d'y parvenir; mais convient-il de le laisser dans le même emplacement? Depuis longtemps la voix publique s'y oppose, le peu d'étendue du terrain, la corruption de l'air, celle de l'eau, le tort que cette maison cause par son infection à tout ce qui l'environne, le danger du feu et mille autres inconvéniens semblent avoir réuni sur ce point tous les suffrages, si l'on en veut excepter quelques intérêts personnels, toujours à écarter dans un établissement de cette nature, motifs qui d'ailleurs sont détruits par l'existence de l'Hôpital général, de celui de la Salpétrière, de celui de Biscêtre, de celui des Invalides, qui sont tous aux extrémités, hors la ville; il est encore plus indispensable d'y placer un édifice destiné à ne contenir que des malades et sans chercher l'endroit le plus convenable, *on pourroit sans hésiter s'en tenir à l'opinion publique, qui paroit avoir déjà fixé ce lieu au-dessous de l'École militaire, en face de l'isle des Cignes;* ce seroit purger les eaux de la Seine de toutes les immondices dont elle est infectée par l'Hostel Dieu, ce seroit procurer aux malades un air pur, un grand emplacement, de vastes cours et jardins essenciels dans leur convalescence, faciliter de mieux placer leurs lits et même de les multiplier, pour que chaque malade eut le sien, autant qu'il seroit possible. Les avantages qui résulteroient de ce changement sont plus faciles à concevoir qu'à calculer; les avis sur ce point ne sont pas partagés, il faut donc s'occuper des moyens de parvenir à élever ce monument. Un premier objet est de détruire la

prévention sans doute injuste, mais cependant assez générale contre l'Administration. Des personnes distinguées sont dans l'opinion que les Administrateurs s'occupent plus de leur bien-être que de celui des pauvres; que la négligence ou l'infidélité rendent les secours plus dangereux que salutaires, soit par la réunion de plusieurs malades dans un même lit, soit par la mauvaise qualité ou même la disette des alimens. Il est certain qu'une pareille opinion ne peut subsister sans attiédir l'esprit de charité auquel les hommes se livrent bien autrement, lorsqu'ils sont persuadés du bon usage de leurs libéralités. Deux expédiens peuvent aisément dissiper cette injuste prévention : celui de faire imprimer un relevé du nombre des malades entrés et sortis de l'Hostel Dieu pendant les dernières années, ce qui fera connoître le nombre des morts, et celui de faire imprimer le relevé de l'Administration en recette et dépense, aussi pendant les dernières années; ces deux preuves répandües dans le public lui ouvriront les yeux sur des vérités qu'il ignore et qui l'entraînent dans une erreur nuisible au bien des pauvres. Quant aux moyens de leur procurer les secours nécessaires pour reconstruire un hôtel Dieu, il paroît qu'on doit recourir à ceux dont on a fait usage en pareilles circonstances, ou du moins dans les cas où la calamité s'étoit appesantie sur leur sort. En 1661, 1662 et 1663, tems où l'argent étoit à 28tt le marc, le bled, qui en 1660 étoit depuis 12 jusqu'à 17 francs le setier, fut porté depuis 20 francs jusqu'à 33, de manière qu'avec un marc d'argent on avoit à peine un setier de bled. Des commissaires nommés par le Parlement dressèrent un état qui fit connoistre la situation de l'Hôpital général en recette et dépense; cet état fut publié, ceux qui désiroient être plus particulièrement informés furent supliés de visiter eux-mêmes les lieux. Il y eut des quêtes ordonnées, les curés et prédicateurs furent chargés d'exciter la charité si nécessaire en pareil cas; il y eut des taxes sur les communautés séculières et régulières, sur les corps laïques, les fabriques, les chapelles et les confrairies, les corps de métiers; les bourgeois payerent pareilles sommes que celles exigées pour les boues et lanternes. Les ecclésiastiques furent invités à contribuer à la subsistance des pauvres. Mgr l'Archevêque, les chapitres, abbés, prieurs et toutes les communautés de la ville furent taxés en 1664; le bled tomba à 17tt, ensuite à 13 et à 12 et la calamité cessa. Les mêmes expédians furent pratiqués en 1693 et 1694, en 1725 et 1740; l'humanité inspira toujours des moyens de soulager les pauvres en proportion de leurs besoins. L'Hostel Dieu fut préservé de l'incendie du Petit Pont, arrivé le 27 avril 1718, mais cruellement endomagé par celui du 1er au 2 août 1737; les malades au nombre d'environ 2,500, reçurent les plus grands secours de M. l'Archevêque et de M. l'abbé d'Harcourt, il fut fait des quêtes dans les églises et dans les maisons, 392 dames des plus qualifiées s'occupèrent de cette bonne œuvre. Au sein de tous ces malheureux, la pitié du Roy, de la maison royale et de tous les grands seigneurs n'a cessé de se signaler; le Roy a multiplié les exemptions des hôpitaux, il leur a fait distribuer des charités dignes de Sa Majesté royale et de son amour pour ses sujets. L'Hostel Dieu étant l'asile des pauvres malades de tout le royaume, plutôt que celui des pauvres de Paris, il est juste que les personnes de tous états, qualités et conditions contribuent à réparer les pertes qu'il vient d'essuyer. Il ne faut point d'efforts pour persuader que les bénéfices surtout y doivent doublement concourir, soit à cause de leurs bénéfices, soit à cause de leur patrimoine, leur subsistance prise relativement à leur dignité, le surplus est le patrimoine des pauvres; sans doute Sa Majesté s'empressera de donner de nouveaux témoignages de son humanité dans un cas aussi pressant; elle le peut aisément soit par des assignations sur les œconomats, soit par le sacrifice d'un pot de vin sur le renouvellement du bail des fermes, soit enfin par tous les autres moyens que la charité de Sa Majesté lui inspirera; sous un roy populaire et charitable les effets de sa bienfaisance sont encore plus salutaires que les flammes ne sont funestes. Sur quoi la matière mise en délibération, le Bureau a arrêté que messieurs les Chefs de l'Administration et deux députés du Bureau se retireront près le ministre du département de Paris, à l'effet de suplier Sa Majesté de vouloir bien leur accorder une audience, et leur permettre de lui représenter très humblement les pertes que l'Hostel Dieu a éprouvées par l'accident du 30 décembre dernier, la nécessité de rétablir cet hôpital dans un endroit plus salubre et plus commode, tant pour la ville de Paris que pour les malades même, mettre sous les yeux de Sa Majesté l'état exact de revenus et charges de l'Hostel Dieu, d'après les bordereaux qui en seront dressés sur le registre du Receveur général dudit hôpital et sur tous autres, présenter pareillement à Sa Majesté les plans qui auront été proposés pour les bâtimens et établissement dudit hôpital, dans le lieu qui sera ordonné par Sa Majesté, sur le rapport du ministre du département de Paris.

(15 mars.) Monseigneur le Procureur général a dit que suivant l'arrêté fait en l'assemblée générale tenue à l'Archevêché le 1er de ce mois, Messieurs les Administrateurs ont reçu au Bureau qui a été tenu le 8 du présent mois au parvis Notre Dame, les srs Chalgrin et Ledoux, architectes des bâtimens du Roy, et ayant examiné avec le plus grand soin les plans et devis que ces artistes ont présenté au Roi pour l'établissement et reconstruc-

tion d'un nouvel Hostel Dieu, et dont M. le duc de la Vrillière, ministre du département de Paris a bien voulu faire donner communication à l'Administration, à l'effet de la mettre en état de proposer ses observations, ils ont reconnu que les plans et devis étoient aussi bien rédigés que conçus, mais que dans les circonstances présentes, et attendu l'impossibilité démontrée dans laquelle est l'Administration de fournir aux dépenses d'un établissement nouveau, ni de faire par elle-même et à ses frais une entreprise de ce genre, elle ne peut que s'en rapporter à ce qui sera ordonné à ce sujet par Sa Majesté, dont elle réclame l'auguste protection et la bienfaisance. Mgr le Procureur général a observé que d'après les différens projets proposés, les uns pour diviser l'Hostel Dieu en plusieurs maisons ou hospices, les autres pour établir seulement un chef lieu hors l'enceinte de Paris et un dépôt dans l'intérieur, il paroît très important de représenter très humblement à Sa Majesté que si on divise l'établissement, si on multiplie le nombre des maisons de réception, on augmentera considérablement les dépenses; que l'administration et le gouvernement seront plus difficiles et les abus plus communs; que de tous les emplacemens celui qui paroît le mieux disposé pour le chef lieu seroit peut être l'hôpital Saint Louis, et pour le dépôt le parvis Notre Dame, ou la partie des bâtimens existans sur la rue de la Bûcherie; qu'à l'égard du premier, la construction seroit moins longue et moins dispendieuse, puisque partie des bâtimens nécessaires subsistent déjà, et que dès à présent on peut y placer un nombre de malades; que quant au dépôt il est indispensable de le conserver au centre de la ville, pour la facilité du transport des blessés et de tous les malades qui exigent des secours prompts; que placé dans cet endroit et *près de l'église métropolitaine, il fixera plus qu'ailleurs l'attention des âmes pieuses, et attirera plus d'aumônes que si on l'établit dans des quartiers plus éloignés, peu fréquentés et inconnus au plus grand nombre des citoyens*; que d'ailleurs on ne trouveroit dans aucun endroit comme dans celui ci l'abondance des eaux, si nécessaire au service des malades, ou qu'il en coûteroit de grands frais pour se la procurer; que d'après ces réflexions sommaires et dans la persuation dans laquelle est toute l'Administration qu'elle doit au Roi la vérité la plus exacte, elle se croit obligée d'observer à Sa Majesté que l'hôpital Saint Louis est par sa fondation destiné à ne recevoir que des maladies épidémiques et que l'Administration, autant par reconnaissance pour l'auguste fondateur de cette maison que par devoir, ne peut que momentanément et par provision employer cette maison à contenir habituellement des malades; que si on en faisoit un chef-lieu destiné, il faudroit que Sa Majesté voulut bien s'occuper à faire construire une maison proportionnée à l'augmentation de la capitale, et capable de remplir l'objet de la fondation de l'hôpital Saint Louis; que le respect que l'Administration aura dans tous les tems pour ce qui est émané de Sa Majesté, et de ses augustes prédécesseurs, lui impose la loi de faire sur cet objet à Sa Majesté les plus humbles et les plus respectueuses représentations. La matière mise en délibération, la Compagnie a arrêté que monseigneur le Procureur général adresseroit à M. le duc de la Vrillière, ministre du département de Paris, copie de la présente délibération, contenant que l'Administration est pénétrée de la plus vive et de la plus respectueuse reconnoissance de l'intérêt que le Roy veut bien prendre au malheur qu'elle a éprouvé; que sur la forme et l'exécution de l'établissement projetté, elle croit n'avoir point de parti plus sage à prendre que celui de remettre ses intérêts, et le sort des pauvres, entre les mains de Sa Majesté; que dans le nombre des plans proposés par les sieurs Chalgrin, Ledoux et autres, les plus convenables seroient ceux qui placeroient l'Hostel Dieu dans un local où, totalement isolé de la capitale, il n'en pourroit résulter aucun inconvénient pour les habitans, soit à raison du mauvais air, soit à raison de l'écoulement des égouts qui, traversant la capitale, infecteroient ou la rivière ou l'égout général de la ville qui, parcourant la circonférence de la moitié de Paris, y répanderoient des exhalaisons dangereuses.

(17 mai.) Monseigneur le Procureur général a dit : « Messieurs, s'il a été de notre devoir de peindre aux yeux du meilleur des rois les funestes ravages d'un feu qui a presque détruit l'Hostel Dieu de cette capitale, nous ne sommes pas moins obligés de vous rendre compte de la manière dont on se propose au nom de Sa Majesté d'en effacer le souvenir. Par les lettres patentes qui viennent de nous être adressées[1], l'Hostel Dieu est pour l'avenir divisé en deux établissemens, l'un à l'hôpital Saint Louis, l'autre à l'hôpital Sainte Anne ou de la Santé, en y ajoutant les bâtimens nécessaires, suivant les plans qui auront été agréés par le Roy. Après cette construction, *vous êtes autorisés à vendre l'ancien Hostel Dieu et ses débris*; dès à présent il vous est même permis de disposer de tous ces biens, de faire un emploi du prix qui produise ses revenus actuels et qui du surplus serve aux nouvelles constructions à faire. Vous avez encore la faculté de les payer avec le prix des biens qu'il sera permis pendant 10 années de donner ou léguer à l'Hostel Dieu, à la charge de s'en défaire dans l'année. Tous les actes à passer soit en aliénant ses biens, soit en acceptant ou vuidant ses mains de ceux dont il aura été gratiffié sont

[1] Ces lettres patentes, données à Versailles au mois de mai 1773, registrées au Parlement le 11 mars 1774, seront publiées avec les pièces diverses.

exempts de controlle, insinuation, centième, denier, amortissement et de tous droits seigneuriaux ou cazuels qui pourroient être dus à Sa Majesté; enfin, pour aider elle-même aux nouvelles constructions, Sa Majesté accorde annuellement 50,000 # sur son trésor royal pendant 10 années et laisse espérer d'autres bienfaits, si ses finances le lui permettent. Sans doute Messieurs, l'intention de Sa Majesté est de procurer aux malades des secours qui, en réparant leur perte, pourvoyent à tous leurs besoins, sans nuire au public; ce seroit donc s'éloigner des vües de sagesse et de bonté dont elle est pénétrée, que ne pas oser lui représenter les inconvéniens qui peuvent résulter de l'exécution de ses lettres patentes; quelques réflections se présentent sur le lieu, sur les moyens et sur les charges. Placer l'Hostel Dieu à l'hôpital Saint Louis et à l'hôpital de la Santé, il est vrai, ce seroit faire respirer aux malades un air plus salubre, et procurer des promenades aux convalescens, mais dans ces deux coteaux, ou au moins dans l'un, où prendre les eaux nécessaires, par quels conduits éloigner les immondices? Si elles séjournent dans ce lieu, ce sera en corrompre l'air déjà infecté par les voyeries; si on leur donne issüe par les acqueducs, elles y répandront partout un air encore plus infecte, surtout dans les chaleurs de l'été et, par une progression lente iront se verser dans la Seine dont les eaux, par la multitude des égouts, pourroient devenir pernicieuses; leur proximité n'a pu garantir l'Hostel Dieu de 3 incendies dans le cours d'un demi-siècle; on doit donc les craindre encore davantage, si on l'établit sur deux colinnes arides, où la nature refuse l'eau absolument essentielle à un hôpital, et où il n'est possible de se la procurer que par art, lentement et à grands frais; la moindre étincelle seroit un mal sans remède; tout seroit réduit en cendres, avant seulement qu'on eût préparé les moindres secours. Loin de diviser l'Hostel Dieu en deux hôpitaux hors Paris sans aucun dépôt dans l'intérieur de la ville; plusieurs gens de l'art pensent au contraire qu'il ne faut qu'un seul hôpital et pour le moins un dépôt, parce qu'il est une quantité de malades qu'on ne peut trop promptement secourir, et qui périroient dans l'interval d'un transport éloigné, mais fixer l'Hostel Dieu dans les deux endroits désignés, n'est ce pas plutôt se préparer de nouveaux malheurs que remédier à ceux dont l'Hostel Dieu vient d'être accablé? Ce monument antique et précieux n'a jamais suffi que pour les tems ordinaires; dans les tems de calamité, on a senti le besoin indispensable d'autres aziles pour les malheureux. Paris, tourmenté du cruel fléau de la peste en 1596, le fut encore en 1606; l'humanité de M. de Harlay, premier président, lui fit concevoir l'idée d'avoir des maisons particulières, pour y réfugier et traiter ceux qui en seroient attaqués; l'amour du Roy pour ses sujets lui fit adopter cette idée salutaire; sa générosité fit rétablir l'hôpital de la Santé, faubourg Saint Marceau, fondé par Marguerite de Provence, veuve du Roy Saint Louis, et construire l'hôpital Saint Louis, faubourg du Temple; ces monumens ne tardèrent pas à devenir de la plus grande utilité, surtout en 1619 que la capitale fut de nouveau affligée de la peste; depuis ce temps, ils n'ont cessé de servir à leur destination; ils sont la retraite des scorbutiques, des pestiférés, de tous les malades qu'on ne peut sans péril laisser communiquer avec les autres; ainsi convertir ces deux maisons en Hostel Dieu, c'est s'en priver pour des occasions qui ne donnent seulement pas le tems de délibérer, c'est proscrire des établissemens élevés par l'amour d'Henri IV pour ses sujets, c'est s'ôter des ressources précieuses dont le défaut, en des tems fâcheux, plongeroit la capitale dans des malheurs plus affreux que la mort même. Rien ne peut mettre les peuples à l'abry de la peste et de la contagion, que ces sages précautions par lesquelles les rois, portant leurs vües généreuses jusque dans l'avenir, se préparent d'avance des remèdes efficaces contre les maux de la nature; ce seroit destiner leurs sujets à en devenir les tristes victimes qu'avoir moins de prévoyance. Le remède qui prévient le mal est mille fois préférable à celui qui le guérit, et certainement, faire cette réflection à l'auguste monarque qui nous gouverne, seroit manquer à ce que nous lui devons et à la connoissance que nous avons de son cœur. C'est encore à l'une de ces circonstances affligeantes et extraordinaires, et c'est aussi à la sagesse d'un premier président, que l'on doit l'établissement de l'Hôpital général en 1649. Paris étoit innondé de pauvres, il s'y en trouvoit jusqu'au nombre de 40,000, on vouloit les enfermer; le cœur de M. Bellièvre réclama contre cette rigueur, Louis XIV l'apuya de son autorité, et, par ses bienfaits éleva en 1656 le superbe monument de l'Hôpital général. Travailler à détruire ou diminuer de tels établissements ce seroit donc être soi même l'artisant des malheurs à craindre et à prévoir. D'ailleurs, quelle douleur pour le Roy si dans la suite il ne pouvoit pas arrêter les progrès d'une calamité, que parce qu'il se seroit ôté luimême les moyens de la faire cesser. Cette première vérité, si capable de faire impression sur le cœur de Sa Majesté, n'est pas la seule : l'insufisance des moyens indiqués pour reconstruire un hôtel Dieu en est une seconde qu'il importe de déveloper. Depuis longtems les revenus de l'Hostel Dieu sont inférieurs à ses dépenses. Il avoit des fonds en caisse : dans le cours des 10 dernières années, il en a falu consommer plus de 435,000 livres; si l'on ne compte que les 6 dernières années, la dépense a excédé la recette de plus de 1,400,000 livres; en l'état actuel les charges annuelles passent les revenus, et les fonds en caisse sont réduits à environ 250,000 livres, preuve bien évidente que l'Hostel Dieu est dans une impuissance bien absolue de pourveoir à son rétablissement? On fut en 1607 4 ans et demi à construire l'hôpital Saint Louis et il en coûta 795,000 livres; il ne faut pas espérer d'avoir plutôt un nouvel hôtel Dieu; avec quoi le construire et le payer? Après sa construction les lettres pâtentes permettent de vendre l'Hostel Dieu actuel et ses débris; mais jusque là comment construire sans payer, et si la construction coûte seulement deux millions, ce qui endettera l'Hostel Dieu de plus de 100,000 livres d'intérêt par an, il en sera dû, après 4 ou 5 ans qu'aura duré la construction, 4 à 500,000 livres d'intérêt; en supposant donc des acquéreurs pour achetter l'emplacement de l'ancien Hostel Dieu, le prix sufira à peine pour payer les intérêts dont il se sera endetté; il restera débiteur du capital de plus de 2 millions et des intérêts. Ce premier expédient, loin d'être une ressource, n'est qu'une pure chimère ou plustôt un mal réel dont l'Hostel Dieu ne guériroit pas. Si dès à présent il vend ses autres biens moyennant deniers d'entrée, comment s'assurer que le prix sufira tout à la fois à reproduire les revenus actuels et à fournir, à payer de nouvelles constructions; n'est-ce pas là une idée plus spécieuse que solide? N'est-ce même pas une seconde chimère impossible à réaliser? Si les fonds de terre se vendent au dessus du denier 20, de mauvaises maisons se vendent au-dessous, ainsi que les rentes rangées dans la classe des revenus publics. Peu de gens veulent achetter des biens amortis; ces mutations causent d'ailleurs des vuides onéreux aux vendeurs et aux achetteurs, seconde ressource tout aussi deffectueuse que la première. En indiquer une troisième dans la faculté de recevoir pendant 10 années les donations et legs que des âmes pieuses pourront faire à l'Hostel Dieu, ce n'est présenter rien de certain en sa faveur, c'est même une illusion. Les charités et les bienfaits dont il est annuellement gratiffié ne peuvent même égaler sa recette et sa dépense, et sont à plus forte raison incapables de le mettre en état de bâtir. L'exemption des droits de controlle, insinuation, centième denier, amortissement et autres sur tous les contrats à passer est purement secondaire, dispense, ces cas arrivans, de payer des sommes très modiques, mais n'occasionne la réception d'aucunes et, par conséquent, ne peut être de la moindre ressource. Il ne reste donc de réel que les 50,000 livres à toucher en 10 années sur le trésor royal, c'est à dire 500,000 livres, et ne portant la dépense des constructions qu'à 2 millions, qui coûteront 100,000 livres d'intérêt, payées dans les 5 premières années par le prix de l'ancien Hostel Dieu, il s'en faudra de 50,000 livres par an qu'il soit délibéré de cet intérêt dans les 5 dernières années; au bout de 10 ans il sera endetté sur les 5 dernières années de 250,000 livres et chargé d'un principal de deux millions. La perte du mobillier causée par l'incendie excède 400,000 livres; ainsi les nouvelles constructions, comprise la vente de l'ancien Hostel Dieu, auroient coûté à ce malheureux hôpital plus de trois millions. Quels seroient ses embarras si une guerre, ou autre raison insurmontable, alloit apporter le moindre obstacle à son payement sur le trésor royal? A la fragilité des moyens proposés se joint l'augmentation de dépenses; construire deux hôtels Dieu, c'est faire les frais d'une double bâtisse, s'imposer les charges d'un double entretien, de doubles provisions, multiplier les religieuses, les médecins, les chirurgiens, les garçons, les domestiques; il est d'une expérience journalière qu'une grande communauté est mille fois mieux gouvernée que 10 petites; l'ordre, la subordination, l'émulation, l'exactitude, tout est mieux observé dans les grandes maisons, où les personnes sont comme les évangélistes les uns des autres. Ces rélflections sur les lieux désignés pour la reconstruction d'un Hostel Dieu, sur les moyens d'y satisfaire et sur ces charges annuelles prouvent qu'à s'en tenir aux expédiens proposés se seroit lui faire entreprendre l'impossible et accroître ses malheurs. Il n'est pas en son pouvoir de se prêter à supprimer la destination précieuse des hôpitaux de Saint Louis et de la Santé; on ne peut leur en assigner un autre que celle de leur fondation sans les remplacer, ces deux établissemens se trouvant d'une indispensable nécessité, le respect dû aux fondations de nos rois, aux domaines consacrés à l'église, à l'humanité, à l'utilité publique, au bonheur même de l'État les rendent sacrées, indestructibles, et prescriroient de les construire s'ils n'existoient pas. Les connoissances nécessaires pour parvenir au soulagement des pauvres ne peuvent s'acquérir que par la triste expérience que les Administrateurs en font journellement; que ne pouvons-nous espérer que les ministres du Roy, pleins de l'humanité qu'ils lui connoissent, abandonnent pour un instant leurs occupations pour examiner plus en détail les ressorts nécessaires pour établir des secours, pour lesquels l'harmonie d'une seule maison est indispensable; l'Administration a présenté ce vœu dans la délibération que Sa Majesté a bien voulu recevoir; elle étoit persuadée, comme elle l'est encore sûrement aujourd'huy, que cet établissement est fait pour immortaliser la bienfaisance du Roy. Pénétré personnellement de cette vérité et que la dignité du Roy (est) aussi inséparable de sa personne que sa justice et sa bienfaisance, je crois, Messieurs, qu'il devient nécessaire de porter nos représentations jusques au pied du Trône, et de nommer des commissaires pour les rédiger; sur quoy la matière mise en délibération, il a été arrêté de remettre le Bureau à huitaine, à l'Archevêché, ~~attendu~~ l'absence de M. le Premier Président.

(24 mai.) Monsieur le Procureur général a dit : «Messieurs, vous vous rapellez que j'ai rendu compte au dernier bureau des lettres patentes qui concernent le rétablissement de l'Hostel Dieu; administrateurs comme vous l'êtes du plus important des hôpitaux de la France, vous auriez à essuyer les reproches du public et à vous en faire à vous mêmes, si vous alliez adopter un plan de reconstruction, destructif de monuments précieux fondés par nos rois, onéreux à Hostel Dieu, plus nuisible qu'utile, et d'une exécution impossible. La capitale de la France n'est pas à l'abry des calamités. Trois fois infectée de la contagion et de la peste en moins de 25 ans, c'est à dire en 1596, 1606 et 1619, de quels regrès ne serions nous pas pénétrés si, après nous être prêtés à la supression des maisons destinées hors Paris à servir de refuge aux malheureux pestiférés et scorbutiques, nous nous retrouvions jamais dans les funestes circonstances où ces maisons deviennent d'une indispensable nécessité? Il n'est plus tems de préparer le remède lorsque le mal se fait sentir, ses progrès font des ravages si rapides qu'on ne peut les arrêter sans les avoir sagement prévus. Le reproche alors seroit universel de n'avoir pas respecté des fondations absolument essentielles, ce reproche est également à craindre à présent, à cause des immondices, encore plus, si cet hôpital n'est pas à proximité des eaux dont il a tant besoin, si l'Hostel Dieu est construit dans un lieu d'où les immondices aillent se verser dans la Seine et refluer sur ses bords, partout où on puise les eaux pour l'usage de cette capitale, encore plus si cet hôpital n'est pas placé sous Paris à proximité de la rivière, de manière à profiter de tous ses avantages sans en être incommodé. Mais ce qui nous feroit taxer de légèreté, d'inexpérience et peut-être de mal administrer, ce seroit d'entreprendre la reconstruction de l'Hostel Dieu sans qu'il ait été pourvu de fonds suffisans pour ce nouvel édifice. Ses revenus ne sufisent pas à ses dépenses, le peu d'argent qui est en caisse s'épuise chaque jour et n'a cessé de diminuer considérablement depuis 10 ans, on ne peut raisonnablement se flatter qu'en vendant les biens de l'Hostel Dieu on en tirera de quoi produire ses revenus actuels et contribuer à le rétablir, espérer y suffire par les dons et legs qu'il reçoit annuellement, ce seroit bâtir sur le sable, outre l'incertitude, les charités annuelles entrent dans les revenus toujours surpassés par la dépense, c'est donc faire un double employ et se jetter dans l'erreur, la seule expectative réelle est l'acte de bienfaisance que le Roy se propose d'exercer en faveur des pauvres, mais il est impossible avec 50,000 livres par an de réparer les malheurs qui les accablent. Ce sont ces réflexions, Messieurs, qui, dévelopées dans vos esprits, me paroissent devoir animer votre zèle pour recourir de nouveau aux bontés du Roi, lui faire nos justes représentations sur une position qu'il seroit dangereux de laisser empirer et, en conséquence, nommer des commissaires pour les rédiger. Sur quoi la matière mise en délibération et après lecture faite des lettres patentes du présent mois, dont Mgr le Procureur général a bien voulu rendre compte, la Compagnie a arrêté qu'il sera fait au Roy de très humbles et très respectueuses représentations sur les inconvéniens qui résulteroient de l'exécution desdites lettres patentes, en conséquence, elle a nommé pour les rédiger Messieurs Le Roy de Lisa, de Neuville, Moussier et Périn, lesquelles représentations, dument revues et souscrites par le Bureau seront adressées en la forme ordinaire à M. le Chancellier, à M. le duc de la Vrillière et à M. le Controlleur général, avec instantes prières de vouloir bien s'employer vivement auprès du Roy pour obtenir de la bonté de Sa Majesté qu'elle daigne pourvoir au rétablissement de l'Hostel Dieu par des moyens plus faciles, et toujours conformes aux sentimens de protection et de charité que Sa Majesté n'a cessé de lui marquer dans tous les tems.

(28 juin.) L'inspecteur des bâtimens de l'Hostel Dieu a représenté au Bureau le devis estimatif de ce qu'il en coûtera pour la construction d'un confessional dans la salle de Saint Joseph dite des accouchées, estimé 141 livres.

(5 juillet.) Messieurs les Commissaires nommés le 24 mai dernier s'étant assemblés plusieurs fois, sont entrés au grand bureau tenu à l'archevêché cejourdhui 5 juillet, et M. Perin, l'un d'eux a dit : «Messieurs, l'Hostel Dieu de Paris, soutenu et augmenté depuis son origine par les faveurs de nos Rois, reçoit un témoignage assuré de la bienfaisance et de la justice du souverain dans les lettres patentes qui viennent de nous être communiquées, et par lesquelles, en marquant le lieu où cet hôpital doit être placé et rétabli, Sa Majesté accorde à l'administration les secours que les circonstances et les autres besoins de son peuple lui permettent d'apliquer à cet objet. Nous devons sans doute, Messieurs, nous réunir pour porter aux pieds du trône l'hommage de notre reconnoissance et de celle du peuple entier, mais nous manquerions au plus essentiel de nos devoirs, nous nous éloignerions des vûes de sagesse dont Sa Majesté est animée, et de l'objet qu'elle s'est proposé dans les lettres patentes, si nous négligions de lui représenter que l'exécution des articles 1er et 2e de ces lettres seroit susceptible de plusieurs inconvéniens. Sa Majesté ordonne : 1° Que l'hôpital sera divisé en deux établissemens formés, l'un en la maison de Saint Louis, l'autre à celle de Sainte Anne ou de la Santé, auxquels on ajoutera les bâtimens nécessaires; 2° qu'aussitôt après que les constructions

projettées seront achevées, les bâtimens subsistans et formant actuellement l'Hostel Dieu seront détruits; 3° que, pour fournir aux frais de ces constructions, il sera permis à l'administration de disposer de tous ses biens, même des débris de l'ancien établissement, sauf à en faire un nouvel employ qui produise des revenus plus considérables que ceux que l'on en retire actuellement, et dont on puisse appliquer l'excédent aux dépenses de constructions. L'administration a la faculté de se servir, par la même destination, du prix des biens qu'il sera permis pendant 10 années de donner et de léguer à l'Hostel Dieu, à la charge de s'en deffaire dans l'année; 4° que tous les actes à passer, soit en aliénant les biens anciens, soit en vendant ceux dont l'hôpital aura été gratiffié seront exempts des controlles, insinuation, centième denier, amortissements et de tous droits seigneuriaux ou casuels qui pourront être dus à Sa Majesté; 5° enfin Sa Majesté nous accorde annuellement sur son trésor royal et pendant 10 années une somme de 50,000 livres, nous laissant espérer d'autres secours lorsque ses finances lui permettront de se livrer aux mouvemens de sa charité et de son cœur. L'administration est persuadée de l'utilité, de la nécessité même de transporter l'établissement hors de l'enceinte de Paris, et dans un lieu isolé où les malades puissent jouir de l'air pur et de toutes les autres commodités que leur état semble exiger, mais elle est également convaincue qu'il est indispensable de laisser subsister sur l'emplacement actuel une *maison de dépôt* destinée à recevoir les blessés et les femmes enceintes, en effet, un ouvrier tombe d'un bâtiment dans l'intérieur de la ville, son état exige le plus prompt secours, il est transporté aussitôt à l'Hostel Dieu où on lui administre sans retard les remèdes nécessaires, mais si cet hôpital est hors de la ville, le transport sera plus long, plus difficile, plus dispendieux, impossible même dans la mauvaise saison et pendant la nuit, ainsi le mal deviendra plus grave et, dans plusieurs occasions, le malade périra. Les femmes enceintes ne se rendent à l'Hostel Dieu que lorsqu'elles sont pressées par la douleur; les unes redoutent le séjour sans le connoître, ou travaillent pour gagner leur subsistance jusqu'au dernier moment, d'autres ignorent le terme de leur état, ou veulent cacher leur honte au public et à elles mêmes, si, dans cette situation elles se trouvent forcées d'aller pendant la nuit et dans la saison de l'hiver chercher au loing un azile, elles seront exposées aux plus grands malheurs. Il survient aux ouvriers, aux gens du peuple des blessures, des playes qui ne les empêchent pas de se livrer à leurs travaux, et qui cependant exigent des remèdes et des soins. Ces personnes viennent à l'Hostel Dieu aux heures des pansements et retournent à leurs occupations, mais il leur sera impossible de se rendre à l'extrémité de la ville sans perdre leur tems, ils se trouveront par cette seule circonstance dans la nécessité de rester à l'Hostel Dieu et d'y prendre leur subsistance. Il n'y a pas à craindre que le séjour d'un nombre de blessés et de quelques femmes en couches reçues dans ce dépôt répande la contagion dans les environs; ces maladies ne sont point contagieuses, et elles occasionnent moins de maux que n'en peuvent produire les maisons hospitalières, l'hôpital de la Charité et les cimetières qui sont au centre de la ville. Cet hôpital est fréquenté, aux heures des pansemens et des visites de médecins, par des élèves en médecine et en chirurgie qui, après avoir vu opérer dans ce lieu les maîtres de leur art, et y avoir reçu la plus utile des leçons, celle de l'expérience, peuvent se rendre à d'autres amphitéâtres et profiter de toutes les instructions que la capitale offre dans ce genre, mais s'ils sont obligés de sortir de Paris pour assister aux opérations, ils négligeront cette partie essentielle de leurs études et seront privés des avantages qu'eux et la société auroient pu en tirer. L'Hostel Dieu manquera d'élèves, les chirurgiens majors ne seront plus aidés dans leurs travaux. Plus les aumônes diminuent, plus il importe de présenter aux fidèles des objets capables de ranimer leur charité, *l'Hostel Dieu doit peut-être une partie des secours abondants qu'il a reçu dans certains tems à sa situation près de la métropole, et si on retire entièrement cet hôpital de la vüe des citoyens, le plus grand nombre ignorera bientôt si il existe, et la plus importante de ses ressources sera bientôt tarie.* Mais en laissant un *dépôt* dans l'intérieur de la ville, il est inutile de former deux établissemens à l'extérieur, ce seroit multiplier les dépenses sans nécessité, et au delà des ressources que peut avoir l'administration, il faut, pour conduire et faire le service de trois maisons différentes, trois corps de chirurgiens, d'infirmiers, de domestiques, triples meubles, les approvisionnemens dans tous genres, ceux de l'appoticairerie, les denrées, comestibles, et singulièrement le linge qui forme un des principaux objets de consommation. Avec quels fonds l'administration fournira-t-elle à ces dépenses, nous avons fait voir dans le tableau de notre situation, présenté à Sa Majesté le 24 janvier dernier, que les revenus de l'Hostel Dieu sont inférieurs à ses charges et que dans les 10 dernières années, soit par l'effet des nouvelles impositions qui diminuent la recette effective, soit par l'augmentation du prix des denrées, qui accroit la dépense, soit enfin par ce que le nombre des sujets que l'indigence conduit à l'Hostel Dieu se multiplie de jour en jour, l'administration a dépensé 1,400,000 livres au delà de sa recette et conséquemment a consommé les ressources qu'elle s'étoit ménagées dans les tems plus heureux par sa prévoyance et son œconomie. Si ces biens ne lui suffisent pas dans l'état présent, à quoi doit-il s'attendre lorsque la consommation et les dépenses augmenteront, et elles accroîtront nécessairement si on multiplie les établissemens, le désastre de l'Hôpital général est une preuve de ce que nous avançons à cet égard, et si on interroge les membres de l'administration, *ils d'ront que leur ruine n'est causée que par la division des maisons.* L'Hostel Dieu ne jouit, ses charges prélevées, que de 1,200,000 livres de revenu, il nourrit ou médicamente journellement, tant en malades qu'en officiers, religieuses et domestiques plus de 3,000 personnes, ainsi chaque tête n'a pas plus de 20 sols à dépenser par jour, sur quoi il faut prendre le vestiaire des uns, les honoraires et les gages des autres, les approvisionnements de linge et autres effets mobilliers qui se consomment par l'usage et doivent être renouvellés, cependant on a lieu de présumer que le Roi paye une somme plus forte dans les hôpitaux militaires par chaque malade, pour la nourriture et les médicamens seulement; le mobilier, la nourriture et les salaires de tous les employés n'y sont pas compris. Si on partage l'établissement en trois maisons, la dépense journallière et de consommation seule augmentera d'un tiers, ainsi l'administration s'endettera chaque année de 400,000 livres et s'il survient des maladies épidémiques, si la capitale se trouve affligée de ce fléau terrible, auquel elle a déjà été en proye plus d'une fois, quelles seront ses ressources? Elle n'en aura point d'autres que celle d'implorer le secours du gouvernement qui luimême, et par une suitte des mêmes circonstances, se trouvera dans l'impossibilité de lui en procurer. Cette augmentation de dépense ne produiroit aucun avantage au public, il est démontré que hors les cas d'épidémies, il ne se trouve pas plus de 400 sujets attaqués de maladies sérieuses, 300 blessés et 300 femmes en couches, le surplus est composé de mandiants et gens sans aveu de toutes les provinces, de tous pays, qui feignent des maladies pour être reçus dans l'hôpital, ou au moins pour s'y conserver lorsqu'ils y sont admis, on multiplieroit le nombre des lits à l'infini que ces gens seuls en retireroient l'avantage, ce qui serviroit à favoriser la fainéantise et le désordre. Les domestiques, que les maitres même les moins aisés se font un devoir de soigner chez eux dans leurs maladies, se rendroient à l'Hostel Dieu, les charités des paroisses cesseroient ou diminueroient, en sorte que la situation des véritables pauvres, de ceux que les fondateurs ont eu pour objet, seroit toujours la même. La division des infirmières ou religieuses est un des plus grands inconvéniens qui résulteroit de la multiplicité des hospices, il n'y a actuellement à l'Hostel Dieu que 80 religieuses qui suffisent à peine pour le service des malades, et la dépravation des mœurs, nos derniers revers, l'espèce de transmigration dont cette communauté est menacée, éloignent les sujets qui pourroient la soutenir et la renouveller, on ne peut partager ce corps sans l'affoiblir et sans diminuer son utilité, d'ailleurs, l'expérience nous apprend qu'une communauté nombreuse est toujours mieux gouvernée, que l'ordre et la subordination y sont mieux observés que dans les maisons moins considérables. Si celle de l'Hostel Dieu où règne aujourd'huy la ferveur et la charité se trouve divisée, la dissipation, l'esprit de propriété particulière s'y introduiront, l'exemple perdra son empire, le dégoût et la négligence des devoirs succéderont à l'austérité et à l'amour de la discipline et *cette communauté, nous n'hézitons pas à le dire, ne peut être remplacée par des infirmiers séculiers. Jamais des mercenaires ne feront par l'espoir d'un salaire ce que des âmes pieuses entreprennent par amour pour la religion et pour la divinité; l'Hostel Dieu a été desservi autrefois par des infirmiers, les magistrats et les officiers municipaux furent obligés de les expulser, et cet hôpital n'est devenu utile au public, n'a été conduit avec sagesse et économie, que depuis que l'intérieur a été confié à des personnes engagées en religion et qui ont renoncé à tout interrêt personnel.* On ne peut disposer à la fois de la maison de l'hôpital Saint Louis et de la maison de Sainte Anne, sans changer la destination première de ces deux maisons et sans s'exposer aux malheurs que les fondateurs ont voulu prévenir. Ils ont été formés l'un et l'autre pour servir de refuge aux maladies contagieuses, dans les tems d'épidémie et de calamités publiques. Ces maisons furent établies en 1607 pour recevoir et traiter les pestiférés scorbutiques. L'administration a été obligée d'en faire usage en différentes circonstances, notamment en 1754 où elle reçut et traita à Saint Louis plus de 4,000 malades successivement. De quels regrès le gouvernement et les magistrats ne seroient-ils pas pénétrés si, après s'être pretés à la suppression de ces maisons, ou, ce qui est la même chose, à ce qu'elles soient employées à une destination différente, il survenoit une épidémie? Il n'est pas tems de chercher le remède lorsque le mal s'est fait sentir, les progrès de celui-ci sont ordinairement si rapides qu'il est impossible de les arrêter lorsqu'on ne les a pas sagement prévus. En l'année 1767 les magistrats, désirant soullager la maison de Biscetre, qui étoit surchargée de malades, en firent passer une partie à Ste Anne, l'administration représenta que c'étoit intervertir l'esprit de la fondation et se priver d'un secours essentiel dans les occasions importantes, les magistrats sentirent toute la force de ces réclamations et voulurent bien y déférer. Nous ne pouvons déterminer par nous mêmes laquelle des deux maisons de Saint Louis ou de Ste Anne est la plus propre à l'établissement, c'est aux gens de l'art à fixer celle où il sera plus facile de se procurer en tous tems, et contre tous les evennemens, des eaux en quantité suffisante et des issües pour les immondices, deux objets qui dépendent de la situation du local. Nous devons donc sur cette partie nous en rapporter entièrement à ce que Sa Majesté voudra bien décider, et attendre ses ordres. Mais dans tous les cas, et en quelque endroit que le nouvel établissement soit placé, les dépenses que cette entreprise occasionnera excéderont les ressources que l'Administration peut se permettre, même d'après les lettres patentes; en effet, elle ne peut employer aucune partie de ses revenus à cet objet puisque, comme nous l'avons démontré, ils suffisent à peine à ses dépenses journaillières qui, par des evennemens imprévus, peuvent augmenter, et, dès lors, toute aliénation de ses fonds lui est interdite. La vente de ses biens lui seroit plus préjudiciable qu'avantageuse, ils consistent en terres et fermes, en maisons et rentes sur les aydes et gabelles ou sur les pays d'états. On trouveroit peut être quelqu'avantage dans la vente des terres, mais on éprouveroit une perte considérable sur celle des maisons, dont la plus part étant en mauvais état ne seroient estimés que la valeur du terrein, cette perte seroit même encore plus considérable sur les rentes, en sorte que le bénéfice d'un objet seroit consommé par la réduction que l'on souffriroit sur l'autre, et loin que par cette opération les revenus de l'hôpital soient augmentés, ils seroient au contraire considérablement diminués. La faculté que Sa Majesté accorde à l'administration de recevoir pendant 10 années les donations et legs que les âmes pieuses pourront lui faire est pour elle une ressource incertaine, on sait jusqu'à quel point la charité est aujourd'huy refroidie, et il est démontré que les aumônes (sous ce nom nous comprenons les donations et les legs) ont été dans les 10 dernières années moins considérables de moitié que dans les 10 précédentes. L'exemption des droits de controlle, insinuation, centième denier, amortissemens et autres droits sur tous les contrats que l'Administration passera, la dispense de payer des sommes très modiques, mais ne lui procure aucuns fonds réels. La vente des terreins sur lesquels l'Hostel Dieu est actuellement placé n'offre qu'une ressource éloignée : 1° on ne pourroit disposer que d'une partie, attendu la nécessité démontrée de laisser subsister un dépôt; 2° la portion qui seroit vendue ne produiroit avec les matériaux que 300,000 # au plus et ne pourroit être vendüe qu'après la reconstruction entière des nouveaux établissemens, on ne toucheroit donc le prix de plus de deux années après la consommation de l'entreprise, l'administration seroit obligée de faire les avances de 3 à 4 millions, or, cette somme, soit qu'on l'emprunte des particuliers, soit qu'on prenne des arrangemens avec les entrepreneurs, coutera 200,000 # par année, et en moins de 3 l'administration aura dépensé, en interrêts seulement, les 500,000 livres qu'elle ne recevra cependant qu'en 10 ans, à l'expiration de ces dix années elle se trouvera endettée de 6 millions. On peut juger d'après ce tableau s'il lui est possible de se charger d'une pareille entreprise et de prendre aucuns engagemens, si on ne lui accorde d'autres secours. Par ces considérations, Messieurs, nous pensons : que le service des pauvres et l'intérêt de la capitale exigent que l'on conserve une partie des bâtimens actuellement existans sur la rive gauche de la Seine, ou dans le parvis Notre Dame, pour former un hospice ou dépôt destiné à recevoir les blessés, les femmes enceintes, avec les logemens propres aux religieuses, officiers de santé et autres nécessaires au service; 2° qu'en conservant en cet endroit un dépôt, il suffit de former un seul établissement dans celle des maisons de Saint Louis ou de Sainte Anne qui, d'après l'examen des gens de l'art sera jugée la plus commode et la plus propre à cette destination, et que l'autre de ces maisons doit être réservée et entretenüe par l'Administration pour servir dans les cas urgens de maladies épidémiques et contagieuses, s'en rapportant pour ce choix au Roy et à son conseil; 3° que l'administration ne peut se livrer à l'entreprise et à la conduite des bâtimens, faire aucune avance, contracter aucuns engagemens pour cet objet, à moins que Sa Majesté ne daigne lui assurer des fonds proportionnés aux dépenses que les constructions et autres travaux nécessaires à la formation de l'établissement exigeront; 4° enfin nous estimons que pour n'apporter aucun obstacle à l'exécution du projet, que le gouvernement et la ville paroissent avoir formé, d'élargir la rue Notre Dame, soit dans la vüe de rendre plus faciles les abords de l'église métropolitaine, soit pour décorer cette partie de la capitale et faire parallèle aux Enfans trouvés, l'administration doit offrir à Sa Majesté et aux Ministres de faire détruire dès à présent les maisons appartenantes à l'Hostel Dieu le long de ladite rüe, pour, par la ville ou autres acquéreurs qui seront agréés par Sa Majesté, en payant le prix que lesdits terrains seront estimés, en faire et disposer suivant qu'il sera jugé convenable. Sur quoi la matière mise en délibération, le Bureau a arrêté que messieurs les Chefs de l'Administration se retireront près de M. le Chancellier, du ministre du département de Paris et de M. le Controlleur général, à l'effet de suplier très humblement Sa Majesté de vouloir bien, en rectiffiant et modiffiant les dispositions des articles 1er et 2e des lettres patentes du mois de mai dernier, ordonner : 1° que l'établissement principal de l'Hostel Dieu sera formé à celle des maisons de Saint Louis ou de la Santé qui paroîtra au Roy et à son conseil la plus favorable soit par sa situation, soit par la facilité de s'y procurer des eaux, et l'autre conservée et entretenue pour servir, en cas de nécessité, à recevoir les personnes attaquées des maladies épidémiques et contagieuses; 2° qu'il sera conservé sur l'emplacement actuel de l'Hostel Dieu, à la rive gauche, une partie de bâtiment sufisante pour former un hospice ou dépôt, dans lequel les blessés et femmes enceintes seront reçues et pour loger les religieuses, officiers de santé et autres qui sont nécessaires au service de cette partie de malades; 3° accorder à l'administration, par les moyens que Sa Majesté jugera convenable, les fonds nécessaires pour subvenir aux dépenses que le nouvel établissement exigera, ceux fixés par les lettres étant absolument insufisans; 4° que l'administration offrira au ministre du département de Paris de faire, soit au prévôt des marchands et échevins de la ville de Paris, soit à toute autre personne qui sera agréée par Sa Majesté, la vente des terreins appartenant à l'Hostel Dieu le long de la rue Notre Dame, et sur lesquels les maisons sont baties, mais à la charge que le prix en provenant sera employé en acquisition de fonds produisant un revenu égal à celui que l'Hostel Dieu perdra par la destruction de ces maisons, et sans que ledit prix puisse être diverti ny appliqué à aucune autre destination.

(9 août.) La mère de la Nativité, prieure de l'Hostel Dieu, accompagnée de la mère s^te^ Batilde, sous prieure, ont demandé à entrer au Bureau, qu'elles avoient quelque chose d'intéressant à lui communiquer. Lesdites religieuses étant entrées, la mère Prieure a remis entre les mains de M. Le Roy de Lisa, doyen, un imprimé ayant pour titre : *Mémoire à consulter et consultation signée de M. Truchon, avocat*, en assurant la Compagnie qu'elle n'avoit aucune part à l'impression, qu'elle n'avoit jamais chargé Me Truchon ni aucun autre avocat de faire aucune consultation et qu'elle n'a jamais pensé à former opposition à l'enregistrement des lettres patentes qu'il a plu au Roy de donner pour la reconstruction de l'Hostel Dieu et en protestant qu'elle n'a aucune part directe ni indirecte à la publicité que l'on a donné par cet écrit à la requête qu'elle a présenté au Roy. Lesdites mères de la Nativité et de Ste Batilde retirées, lecture dudit mémoire et de ladite consultation a été faite au Bureau et M. Le Roy de Lisa a dit que les nottes qui se trouvent au bas de plusieurs pages de cette consultation sont fausses, injurieuses aux Administrateurs et capables de donner au public des idées désavantageuses de l'Administration; qu'on s'est servi du prétexte de cette consultation pour rendre public un mémoire que les religieuses de l'Hostel Dieu ont présenté au Roy, mémoire qui devroit rester dans le secret jusqu'à ce qu'il ait plu au Roy de faire connoître ses intentions, et qu'il étoit d'avis de recourir à l'autorité de la cour pour réprimer une entreprise aussi téméraire; sur quoi la matière mise en délibération, a été arrêté que M. Moussier remettra à M. le Procureur général ledit imprimé, et le supliera au nom du Bureau, d'en demander la suppression et de faire à ce sujet tout ce que sa sagesse et sa prudence lui suggèreront.

(23 août.) Le sieur Moreau, premier chirurgien de l'Hostel Dieu est venu donner avis au Bureau de la mort arrivée subitement du s^r^ Dubut, premier chirurgien dudit Hostel Dieu en survivance dudit sieur Moreau, et en même tems lui faire part qu'il étoit instruit qu'il y avoit des maîtres chirurgiens de Paris qui faisoient des démarches pour demander à succéder audit sieur Dubut, priant le Bureau de vouloir bien n'avoir aucun égard à ces demandes, étant en état d'attendre encore du tems pour le soulager, osant même se flatter de la confiance du Bureau pour lui indiquer quelqu'un qui soit en état de le faire; que s'il avoit présenté ledit sieur Dubut, c'est parce qu'il connoissoit sa capacité, non seulement pour le pansement des malades, mais encore pour l'instruction des autres chirurgiens de la maison, sa douceur et autres bonnes qualités depuis bien des années, sans quoi il auroit pu, comme il peut encore attendre; sur quoi la matière mise en délibération, a été arrêté de n'écouter aucunes demandes qui pourroient être faites de la part d'aucuns maîtres chirurgiens de Paris pour la survivance de la place de premier chirurgien dudit Hostel Dieu, au lieu du sieur Dubut qui y avoit été nommé.

(25 octobre.) Monseigneur Nicolay ayant été reçu à la charge de Premier Président de la Chambre des comptes au lieu de Mgr Nicolay son père, il a pris séance au Bureau pour la première fois.

(25 octobre.) La Compagnie a arrêté que pour donner des marques de la satisfaction qu'elle a des services rendus à l'Hostel Dieu depuis 8 années par les S. S. Granjean frères, tous deux chirurgiens occulistes reçus à Saint Côme, et occulistes ordinaires du Roy, dans le traitement des maladies d'yeux auprès des pauvres malades dudit Hostel Dieu, il leur sera offert et remis pour les services passés et rendus jusqu'à ce jour une somme de 1,200 livres, et que pour l'avenir ils seront priés de continuer les mêmes services avec les mêmes zèle et soins qu'ils l'ont fait par le passé, et de donner à la fin de chaque année un état des opérations et pansemens qu'ils auront faits dans l'Hostel Dieu, pour être statué par le Bureau sur ce qu'il conviendra de faire à ce sujet.

144e REGISTRE. — ANNÉE 1774 ET JANVIER 1775.

(14 janvier 1774.) Par un extrait tiré des registres de l'Hostel Dieu et de l'hôpital Saint Louis, il paroit que le premier janvier de l'année dernière 1773, il y avoit 2,282 malades dans cet hôpital, tant de la ville et de la campagne; que pendant laditte année il en a été receu 17,560 dont 16,642 de la ville et de la campagne, des hôpitaux de la Charité, Salpêtrière, Biscêtre et de la Pitié 918, et qu'il y est né 1,464 enfans dont 790 garçons et 674 filles, ce qui compose en total 21,300 personnes; que sur ce nombre il en est mort 3,186 dont 1,643 hommes, 1,075 femmes, 73 garçons et 48 filles (nouveau-nés) et 347 personnes des hôpitaux de Paris, et comme il n'en restoit le dernier dudit mois de décembre que 1,732, il en est sorti 16,382; qu'il y avoit au 1er avril de laditte année 1773, 690 malades audit hôpital Saint Louis; que depuis il en a été envoyé de l'Hostel Dieu 2,911 dont 1,485 de la ville et de la campagne et 1,426 des hôpitaux de Paris, ce qui compose 3,601 personnes; que sur ce nombre il en est mort 807 dont 253 hommes, 149 femmes de la ville et de la campagne, 405 des hôpitaux de Paris dont 1 de la Charité, 224 de la Salpêtrière, 65 de Biscêtre et 115 de la Pitié, et comme il n'en restoit le dernier décembre que 617, il en est sorti 2,177; en sorte qu'au dernier dudit mois de décembre, il restoit 2,349 malades dans les deux dits hôpitaux.

(21 mars.) Monseigneur le Procureur général a fait lecture d'une lettre qui lui a été écrite par monsieur le duc de la Vrillière, ministre et secrétaire d'État, par laquelle il annonce que l'intention de Sa Majesté est que ce soit les sieurs Chalegrain et Ledoux, architectes, qui ayent l'inspection et direction sur les constructions de bâtiments qui sont à faire, tant à l'hôpital Saint Louis qu'à l'hôpital Sainte Anne, pour remplacer l'Hôtel Dieu et ledit hôpital Saint Louis; que l'arrêt du conseil par lequel le Roy nomme ces deux architectes va être expédié; qu'il s'agit de mettre monseigneur le Procureur général en état de faire réponse à M. le duc de la Vrillière; la matière mise en délibération, a été arrêté et Monseigneur le Procureur général a été prié de faire réponse à M. le duc de la Vrillière, qu'il a communiqué sa lettre à l'assemblée générale, et la Compagnie a nommé messieurs Gissey et Chastelus à l'effet de dresser des représentations au Roy, au sujet de la nommination de ces deux architectes, lesquelles seront auparavant communiquées au Bureau qui se tiendra à l'Archevêché le lendemain de la Quasimodo prochain.

(21 mars.) Sur le raport fait par Monsieur le Lieutenant général de police, a été arrêté de se conformer à la délibération prise ce matin au Bureau général, au sujet de la perception accordée pour l'avenir par le Roy, à l'Hôpital général et à l'Hôtel Dieu, du quart sur le produit des spectacles publics qui se sont établis sur les anciens boulevards.

(2 mai.) A été dit par M. le Roy de Liza qu'il avoit été instruit que le feu avoit pris la nuit du mercredi 27 au jeudi 28 avril dernier dans l'intérieur de l'Hostel Dieu, salle Saint Paul, entre minuit et une heure, que l'un des soldats composant la garde de l'Hostel Dieu s'en étant apperçu aussitôt a fait tout ce qui étoit en lui pour avertir tant l'inspecteur de l'Hostel Dieu que l'inspecteur des bâtimens, qui s'y sont transportés sur le champ et ayant pris les autres gardes et du monde de la maison, ont fait cesser ce feu qui n'a pas duré une heure et n'a causé que très peu de dommage; que ces deux officiers ont rendu les témoignages les plus avantageux en faveur de ces gardes; la Compagnie a arrêté d'accorder à tous les soldats qui composent la garde établie dans l'Hostel Dieu, y compris ceux qui en sont détachés pour le service de l'hôpital Saint Louis, la somme de soixante livres par forme de gratification pour les causes susdites.

(6 juin.) Sur ce qui a été dit par M. le Roy de Lisa, que lors du service du feu roy, célébré dans l'église de l'Hostel Dieu le lundy 30 may dernier, en exécution de la délibération du Bureau du 16 dudit mois de may, il a été affiché à l'insceu du Bureau, la veille de ce service, dans la sacristie, une conclusion du chapitre conçue en ces termes : « Sur le rapport de M. l'Agent d'affaires, faisant les fonctions de M. le Chambrier et en l'absence de MM. les Visiteurs de l'Hostel Dieu, Mrs ont ordonné que le service pour le Roy sera célébré dans l'église de l'Hostel Dieu lundy prochain, 30 de ce mois, dix heures du matin, et que la présente délibération sera remise au maître spirituel dudit Hostel Dieu pour être affichée et exécutée. Fait au chapitre le 27 may 1774. Signé Pingot, secrétaire du chapitre avec paraphe. » La Compagnie, en protestant contre ladite conclusion, comme contraire aux usages constamment observés en pareil cas, notamment à ce qui s'est pratiqué lorsque le Bureau a fait pareillement célébrer deux services, l'un le 17 janvier 1766, pour feu monseigneur le Dauphin, et l'autre pour la feue Reine, le 22 juillet 1768, a arrêté, pour prévenir à l'avenir de semblables tentatives qui ne pourroient

que porter un trouble préjudiciable à l'autorité du Bureau en tout ce qui concerne le temporel de l'Hostel Dieu confié à ses soins, que le sacristain dudit Hostel Dieu ne laissera point afficher à l'avenir dans la sacristie aucune conclusion semblable à celle dont il s'agit sans demander préalablement les ordres du Bureau. Et à cet effet copie de la présente délibération signée du greffier du Bureau sera remise audit sacristain, à ce qu'il n'en prétende cause d'ignorance.

(11 juillet.) Sur ce qui a été dit par un de Messieurs qu'il a été informé que samedy dernier, neuf du présent mois, les religieuses de l'Hostel Dieu, assemblées en chapitre, la prieure avoit mandé le sieur Bonnot, inspecteur des bâtimens, lequel s'y étant transporté, il luy auroit été fait plusieurs questions relatives à la reconstruction de l'Hostel Dieu; qu'une pareille démarche de la prieure est d'autant plus repréhensible qu'elle paroit annoncer des vues indiscrettes sur une loi publique et revêtue de toutes les formes; sur quoi ledit sieur Bonnot ayant été mandé au Bureau, après avoir été entendu, la matière mise en délibération, a été arrêté que deffenses seront faites audit sieur Bonnot de communiquer à qui que ce soit et particulièrement à la prieure et religieuses de l'Hostel Dieu aucuns des plans des projets arrêtés en exécution des lettres patentes du mois de mai 1773, enregistrées en la cour le 11 mars dernier pour la construction de l'Hostel Dieu, même de leur répondre aux différentes questions qu'elles pourroient lui faire à ce sujet, sans y être autorizé par le Bureau et que la présente délibération sera notiffiée au s^r Bonnot par le greffier du Bureau.

(1er août.) Sur ce qui a été représenté par monsieur le Roy de Lisa qu'il a été fait des dépenses considérables à l'hôpital Saint Louis, à l'effet d'y recevoir une partie des malades de l'Hostel Dieu que l'on a été obligé d'y envoyer à cause de l'incendie; qu'actuellement on travaille à faire un réservoir qui est absolument nécessaire; qu'il seroit à propos de demander du secours à M. le Controlleur général; que si monseigneur l'Archevêque vouloit bien se charger de lui écrire et de le prier de vouloir bien faire payer les premières 50,000 livres promis par le feu Roy par ses lettres patentes du mois de mai 1773, cela ne pourroit que faire un bon effet; a été arrêté de suivre l'avis proposé par M. le Roy de Lisa et monseigneur l'Archevêque a bien voulu se charger d'écrire à M. l'abbé Terray, controlleur général, en conséquence de la présente délibération.

(9 décembre.) Ce jour la Compagnie étant assemblée en la manière ordinaire, monsieur Perin a dit qu'au mois d'août de l'année 1771, il a été invité par Messieurs les Chefs de l'Administration de l'Hostel Dieu et de l'hôpital des Incurables à remplir une des places d'administrateur desdits hôpitaux vacantes par les démissions que venoient de donner messieurs de Tillière, Duportault et autres; que considérant alors l'intérêt des pauvres et qu'il étoit important que la conduite de ces deux maisons ne fût pas un seul instant abandonnée; que les fonctions d'administrateur étant absolument libres, gratuites et de charité, et enfin qu'elles ne constituoient pas l'état des personnes qui venoient de les abdiquer, il a déféré à l'invitation; que depuis le 21 août 1771 jusqu'à ce jour il a rempli lesdites fonctions avec exactitude et au préjudice même des occupations de sa profession; mais qu'aujourd'huy ces occupations étant multipliées, et se trouvant obligé à un service assidu près du conseil de monseigneur le comte d'Artois, il prévoit qu'il lui sera impossible de conserver aux hôpitaux le tems et les soins qu'ils exigent; que dans ces circonstances il suplie Messieurs les Chefs de l'Administration de permettre qu'il se démette du titre et fonctions d'administrateur de l'Hostel Dieu et de l'hôpital des Incurables.

(9 janvier 1775.) Par un extrait tiré des registres de l'Hostel Dieu et de l'hòpital Saint Louis, il paroit que le premier janvier de l'année dernière 1774, il y avoit 1,732 malades dans cet hôpital, tant de la ville que de la campagne et des hôpitaux de Paris; que pendant ladite année il en a été reçu 18,524 dont 17,248 de la ville et de la campagne et 1,276 des hôpitaux de la Charité, Salpêtrière, Bicêtre et la Pitié, et qu'il est né 1,559 enfans dont 812 garçons et 747 filles, ce qui compose en total 21,815 personnes; que sur ce nombre il en est mort 3,003 dont 1,539 hommes, 1,080 femmes, 71 garçons et 66 filles (enfans nouveau nés) de la ville et de la campagne et 247 desdits hôpitaux, et comme il n'en restoit le dernier du mois de décembre que 1,717, il en est sorty 17,095.

145e REGISTRE. — ANNÉE 1775 (DEPUIS FÉVRIER).

(1er février.) Lecture faite au Bureau par monseigneur l'archevêque, en présence de messieurs de Tilière, Durant, Delambon, Lecouteulx de Vertron, Dupont, Poan, de Neuville, Marchais de Migneaux et Marrier de Vossery, des démissions des sieurs Moussier, Gissey, Papillon, Chastelus, Perin et Montgolfier qui avoient été élus au mois d'août 1771, et sur l'invitation faite à messieurs de Tilière, Duportault, Durant, de Lambon, Lecouteulx de Vertron, Dupont, Poan, Marchaix de Migneaux et Marrier de Vossery de reprendre les fonctions d'administrateurs de l'Hostel Dieu et de l'hôpital des Incurables, a été arrêté que lesdites démissions, au nombre de six, des sieurs Moussier, Gissey, Papillon, Chastelus, Perin et Mongolfier, demeureront déposées au greffe du Bureau; en conséquence, messieurs de Tilière, Durant, de Lambon, Lecouteulx de Vertron, Dupont, Poan, Marchais de Migneaux et Marrier de Vossery consentent de reprendre leurs fonctions d'administrateurs de l'Hostel Dieu et de l'hôpital des Incurables, pour les exercer comme avant le 4 août 1771, et ont été Messieurs Durant et Lecouteulx de Vertron députés pour inviter M. Duportault à reprendre pareillement lesdites fonctions.

(8 mars.) La Compagnie a nommé pour remplir deux places de médecins ordinaires, au lieu et place des sieurs Baron et Payen, les sieurs Montabourg et Daniès-Despatureaux.

(8 mars.) M. Lecouteulx de Vertron, l'un de Messieurs les Commissaires nommés par la délibération du 6 février dernier pour l'examen des lettres patentes du mois de mai 1773, concernant le rétablissement de l'Hostel Dieu, a fait lecture d'un mémoire d'observations sur lesdites lettres patentes, dont la teneur suit : les lettres patentes du mois de mai 1773, concernant le rétablissement de l'Hostel Dieu, partageant cet hôpital en deux établissemens, l'un à l'hôpital Saint Louis, l'autre à la maison dite de la Santé, l'article 2 reconnoit un objet particulier dans la destination de la maison de Santé, mais sans en tirer aucune conséquence qui y soit relative; cet article ordonne la destruction et la vente des lieux incendiés et des bâtimens tenant à la rive droite de la rivière, l'enregistrement destine la partie gauche conservée à servir de dépôt dans les cas urgens; de là il suit que l'exécution de ces lettres patentes combinées avec leur enregistrement présente d'abord 3 établissements permanens pour les malades, l'un à Saint Louis, l'autre à la maison de Santé, le troisième dans les bâtimens actuels dudit Hostel Dieu tenant à la rive gauche de la rivière, ou si on se donne la liberté de conjecturer quelque résultat de l'aveu de l'art. 2, il y auroit 2 établissements habituels, Saint Louis et les bâtimens de la rive gauche de l'Hostel Dieu actuel et un établissement accidentel pour les cas de maladies extraordinaires, la maison de Santé; mais la destination commune et originaire des hôpitaux de Saint Louis et de Sainte Anne pour la peste et les maladies contagieuses ayant ensuite paru mériter les mêmes égards, l'enregistrement a cru devoir y pourvoir en ordonnant que les fondations de ces deux hôpitaux seroient transportées sur tel autre objet qu'il plairoit au Roy désigner, ce qui ajoute aux deux ou trois établissements où le service des malades doit être continuel, deux autres maisons à l'effet de remplir le but pour lequel Saint Louis et Sainte Anne ont été fondés. Tel est le point de vue général des lettres patentes combinées avec leur enregistrement; ces dispositions présentent trois objets de discussion : 1° celui des motifs qui les ont dictés et qui sont consignés dans le préambule; 2° celui de la dépense pour l'exécution; 3° celui du service des malades après cette exécution. 1° A l'égard des motifs qui ont dicté le partage de l'Hostel Dieu en deux établissemens, il paroît qu'ils se réduisent à deux chefs : le premier, les inconvéniens du lieu actuel trop resserré, dit-on, pour être salubre, trop inquiétant par le mauvais air, trop exposé aux accidens du feu; le second, la simplicité du moyen pour remédier à ces inconvéniens en formant, aux termes des lettres patentes, deux établissemens placés à une distance égale des faubourgs septentionaux et méridionaux, sur les terreins dont l'Hostel Dieu est propriétaire et où il y a desjà des bâtimens construits ou commencés. Le défaut d'étendue du terrein où l'Hostel Dieu actuel est situé est sans doute un inconvénient; il n'en faut cependant pas juger *d'après ces peintures exagérées qui ont fourni à la poésie des tableaux peut être touchans* (*Ode de M. Marmontel*), mais dont l'effet n'est que d'exciter une clameur fondée sur le préjugé et répétée par l'ignorance des faits. Rayons de cette liste de malades entassés les uns sur les autres, les uns morts, les autres expirants, toutes les femmes accouchées, les blessés des deux sexes, toutes ou presque toutes les maladies aiguës qui ne sont point cumulées dans un même lit; il ne restera effectivement que les femmes grosses qui seroient de même chez elles; les enfans des hôpitaux qui, attaqués d'un même mal, ne se nuisent pas dans un grand lit, de prétendus convalescens dont la présence, malgré toute la vigilance de l'administration, surcharge la maison; enfin, des espèces de mendians dont toute la maladie consiste dans le froid ou la faim, et dont la situation à l'Hostel Dieu, comparée avec leur état habituel, paroît si préférable à leurs yeux mêmes, qu'il faut employer la sévérité des règlemens de la maison pour les en expulser; d'ailleurs l'expérience a prouvé que le nombre de ceux qui se présentent pour être admis dans l'Hostel Dieu croît dans la proportion de l'étendue de cet hospice. Cependant le désir général que l'humanité inspire de traiter le plus grand nombre de malades, et le mieux possible, fera toujours faire des vœux pour son agrandissement, quelques en soient, du côté des frais, les conséquences; mais la translation dans un autre lieu ou le partage en plusieurs établissemens

est-il donc le seul moyen de le procurer? De nouvelles constructions dans ce lieu même se présentent d'abord comme le plus simple, par la conservation des bâtimens subsistans, indépendamment de tout autre motif que nous n'examinons point pour le moment, et c'est ce qui a porté, d'un côté, l'Administration à acquérir, toutes les fois que les circonstances l'ont permis, les maisons adjacentes de la rue de la Bucherie, et de l'autre, la ville à concéder un terrein pour procurer cet agrandissement; c'est d'après cela qu'il y a eu des plans de construction de nouvelles salles qui seules contiendroient 972 lits; l'exécution en a été différée; mais effectuée, elle fait disparoître le premier inconvénient du lieu actuel cité par les lettres patentes, celui du défaut d'étendue. Une expérience de plusieurs siècles, supérieure à toute théorie, doit dissiper les inquiétudes des effets du mauvais air; les religieuses, les ecclésiastiques, les officiers, les domestiques attachés au service de la maison qui respirent perpétuellement cet air, ne sont pas plus sujets aux infirmités humaines, et ne grossissent point les listes calculées des victimes ordinaires de la mort; la fatigue continuelle à laquelle l'état de la plupart les soumet n'empêche pas qu'on y voie des religieuses de 40, 50 et 60 ans de profession; plusieurs ecclésiastiques et officiers y ont poussé fort loin leur carrière; le voisinage de l'Hostel Dieu n'a jamais décrédité les maisons du cloitre, ni resserré la vie de MM. les chanoines et des habitants des rues adjacentes dans des bornes plus étroites; la comparaison des registres mortuaires des paroisses du cloître et de la cité avec ceux des autres paroisses de Paris est une manière sûre de calmer les inquiétudes à cet égard. Quant aux accidens du feu, ou on en craint pour l'Hostel Dieu la communication de la part des habitations voisines, ou l'on l'appréhende pour ces habitations de la part dudit Hostel Dieu; le fait répond d'abord en partie au premier cas, les deux incendies de 1737 et de 1772 sont venus de l'intérieur même de cet hôpital, et la diminution de la fonte des suifs en rendra les occasions plus rares. 2° L'exécution, en tout ou en partie, des plans anciennement projettés, prévoit les inconvéniens de la contiguité et y remédie en isolant les bâtimens à construire; cette seconde réponse frappe également sur le second cas, la non contiguité est une précaution respectivement utile. 3° Ne seroit-il pas possible encore de joindre à cette précaution celle d'une construction dont le bois seroit banni, ou au moins singulièrement épargné dans les bâtimens les plus voisins des autres habitations. 4° De pareils accidens, dont la ressidive est toujours à craindre, exigent une grande abondance d'eau sans cesse renaissante, des secours d'autant plus efficaces qu'ils sont prompts; on ose demander s'il y a situation moins défavorable en telle circonstance que celle sur un bras de rivière et au centre de la ville où les magistrats, les administrateurs, les troupes, les membres des monastères, enfin un nombre de travailleurs peuvent en un instant être réunis, où les édifices voisins fournissent sur le champ un asile aux malades et aux religieuses et si ce désir de parer à ces accidens, ou d'y remédier quand ils arrivent, doit donner la préférence à la situation de l'hôpital Saint Louis et de la maison de Santé. Les trois inconvéniens qui viennent d'être discutés sur la situation actuelle de l'Hostel Dieu, qu'on fait résulter de son peu d'étendue, du mauvais air, de la crainte du feu, tendoient à une translation quelconque; la simplicité prétendue du moyen a fait préférer le partage de l'Hostel Dieu en deux établissemens; on croît avoir répondu aux inconvéniens par l'exécution des plans d'agrandissement, par l'expérience du passé, par les précautions déjà prévues dans les constructions projettées, de sorte que ces prétendus inconvéniens disparus, la question de toute translation semble résolue, elle seroit sans motif; mais la question est trop importante pour ne pas ajouter le détail des inconvéniens réels qu'entraîneroit avec elle une translation quelconque, ils résulteront de l'examen des deux autres questions annoncées, celle de la dépense et celle du service des malades; nous ne traitons ici que ce qu'on appelle simplicité du moyen, qui a fait donner dans les lettres patentes la préférence au partage de l'Hostel Dieu en deux établissemens, l'un à Saint Louis, l'autre à la maison de Santé; ces deux établissemens subsistent, ils ont leur destination spéciale, est-ce un moyen simple de parer aux inconvénients qu'on croit voir dans un établissement que d'intervertir la destination de deux autres qui n'ont ni la même fin, ni le même objet? l'Hostel Dieu est le refuge des pauvres dans les maladies ordinaires, le service qu'il doit est continuel, aussi a-t-il été placé au centre comme au lieu respectivement le plus proche des parties de l'enceinte; l'hôpital Saint Louis et la maison de Santé sont spécialement consacrés aux maladies pestilencielles et contagieuses; si le service que doivent ces deux hôpitaux n'est (grâce à la divine Providence) que rare et momentané, ils doivent toujours être prêts pour le faire, parceque le moment de leur nécessité ne peut être prévu; cette destination spéciale les a fait placer dans des endroits assés éloignés des deux côtés de la ville pour prévenir les suites de la contagion, mais assés près respectivement des fauxbourgs septentrionaux et méridionaux pour que le transport des malades puisse se faire commodément sans traverser toute la ville; que devient l'effet de la prévoyance salutaire d'Henry le Grand et de la Reine Anne d'Autriche, si ces deux établissements destinés à un service accidentel, mais nécessaire, sont employés au service habituel de l'Hostel Dieu? La conséquence est la suppression et l'anéantissement de ces établissemens mêmes, ainsi la simplicité du moyen de parer aux prétendus inconvéniens de la situation actuelle de l'Hostel Dieu est de rendre nulles toutes les précautions prises dans le cas d'une contagion, de frustrer des fondateurs aussi respectables de l'exécution de leurs intentions, et de priver la ville des ressources qu'ils avoient préparées pour un tems de calamité; aussi semble-t-il, comme nous l'avons annoncé, que l'art. 2 des lettres patentes auroit voulu réserver la maison de Santé pour ces cas extraordinaires, au moins avoue-t-on qu'elle les a principalement pour objet; mais, 1° on ne tire de cet aveu aucune conséquence dans la disposition qui suit, qui toute entière concerne l'hôpital Saint Louis et la démolition des lieux actuellement incendiés; 2° rien ne modifie le partage fait dans l'art. 1er de l'Hostel Dieu en deux établissemens, et on ne voit rien dans tout le contexte des lettres patentes qui assure la réserve de cet hôpital pour les cas de contagion; au contraire le préambule assimile entièrement la maison de Santé pour le service de la partie méridionale de la ville à l'hôpital Saint Louis, destiné au service de la partie septentrionale; 3° en supposant cette réserve sur laquelle il n'est nullement statué, il en résultera toujours la privation de l'avantage de la situation respective de ces deux maisons dans le cas de contagion, situation d'un choix exprès et médité pour empêcher les pestiférés de traverser la ville entière dans leur transport à l'hôpital; 4° enfin ceux à qui ces lettres ont été adressées ont si peu apperçu cette réserve, et ont si bien senti l'impossibilité d'intervertir la destination primitive de ces fondations et la nécessité de se précautionner contre la contagion, que l'enregistrement n'a été fait qu'à la charge que les fondations de l'hôpital Saint Louis et de Sainte Anne seront transférées sur tel autre objet qu'il plairoit au Roi désigner; ainsi cette simplicité de moyens, à laquelle on ne peut plus donner d'autre sens que celui d'une prétendue diminution de dépense fondée sur la propriété des terreins, et les constructions déjà faites ou commencées, rend indispensable, pour l'exécution des deux fondations de St Louis et de Ste Anne, prescrite nommément par l'enregistrement, l'acquisition de nouveaux terreins et la construction de deux nouveaux hôpitaux, consacrés à la destination primitive et originaire des deux premiers, dont on intervertit l'usage, et dont la restitution est reconnue nécessaire dans l'ordre civil et dans l'ordre politique. D'après cela le premier sens des lettres patentes annonce pour remplacer l'Hostel Dieu 4 hôpitaux, dont le premier exige un agrandissement qui le double, le second une construction presque entière et les deux autres une existence toute nouvelle, enfin un hôpital servant à Paris de dépôt, et si, nonobstant ce qui suit du préambule des lettres patentes, de l'article premier et de l'enregistrement, on soutient que leur véritable vœu est que la maison de Sainte Anne soit dès à présent réservée pour les cas extraordinaires, il en résultera toujours de leur exécution l'agrandissement de l'hôpital Saint Louis, porté au point nécessaire pour former un hôtel-Dieu habituel, la construction totale d'un autre hôpital, du côté septentrional, pour les cas de contagion (sans quoi l'intention du Roi fondateur seroit frustrée), et le depôt subsistant à l'Hostel Dieu actuel pour les cas urgens; ces établissemens, dans tous les cas présentent-ils l'idée d'une simplicité de moyens fondée sur l'économie? Cette dernière idée nous conduit à l'examen de la seconde question que nous nous sommes proposée, celle de la dépense; l'exécution des lettres patentes combinée avec leur enregistrement en présente-t-elle une plus forte ou égale à celle d'une reconstruction des lieux incendiés? Cette question a deux membres : le premier, la dépense nécessaire pour former les établissemens prescrits, comparée avec celle de la reconstruction des lieux incendiés; le second, la dépense qu'exigera le service dans les nouveaux établissements comparée avec celle de ce même service dans l'ancien établissement réparé. Nous croyons devoir commencer la discussion du premier membre de la question par définir l'idée que nous attachons à ces mots : *reconstruction des lieux incendiés*. Nous n'entendons point un simple rétablissement de ce qui a été détruit, précisément dans la même forme ancienne; il n'y auroit point alors de question, mais tout plan qui, dans le terrein actuel de l'Hostel Dieu et lieux adjacens, ayant pour base une économie raisonnable, procurera plus d'air, des commodités suffisantes et préludera même pour ainsi dire à l'exécution des plans d'agrandissement anciennement projettés, est celui que nous avons en vue, et dont nous proposons la comparaison avec ceux qu'il faudroit exécuter d'après la disposition des lettres patentes; cela posé, l'exécution totale du plan anciennement formé, y compris l'achat des maisons qui y entrent, et la perte du loyer de celles dont l'Hostel Dieu est actuellement propriétaire, qui en feroient partie, monte à 4,258,500 livres, portons la à 5,000,000 livres, c'est 741,500 ᵗᵗ pour les cas imprévus; maintenant, puisqu'il s'agit de comparer exactement dépense à dépense, il faut mettre vis-à-vis de celle-ci celle qu'exigeroit l'exécution littérale des lettres patentes et de leur enregistrement, ou celle des bâtimens nécessaires à ajouter à l'hôpital Saint Louis pour en former un hôtel Dieu permanent, jointe à celle qui est relative à la conduite des eaux, monte suivant le détail qui en a été présenté à l'Administration à 3,339,200 livres; celle à faire à Sainte Anne pour le même objet, 2,771,000ᵗᵗ; voilà d'abord pour l'exécution du premier article des lettres patentes 6,110,200; l'enregistrement exige en outre la translation des fondations de St Louis et de Ste Anne sur d'autres objets qui remplacent leur destination, ce n'est pas en outrer l'estimation de la porter à un tiers au-dessus, pour chacun, de ce que l'hôpital St Louis a coûté en 1607; c'est, d'après cette supputation, 200,000 livres pour chaque hôpital; les deux forment une somme de 2,400,000#, total 8,510,200#; ajoutons à ce total, pour remplir l'exécution des lettres patentes la dépense qu'exigent de nouvelles constructions et des changemens considérables dans la distribution des bâtimens réservés, le long de la rive gauche de la rivière; ils ne contiennent actuellement que des salles pour les malades; il faudra des logemens aux ecclésiastiques, religieuses, officiers et domestiques, une cuisine, une pharmacie, une chapelle, enfin le même nombre d'offices quoique moins spacieux, mais nécessaires pour le service d'un hôtel Dieu quelconque. Nous ne faisons point encore entrer dans ce total le prix des terrains à acquérir; on convient de le compenser avec celui des terreins qui seroient vendus le long de la rive droite, dans l'Hostel Dieu actuel. Nous observons enfin que nous ne calculons point ici les dépenses des cas imprévus, comme nous l'avons fait pour l'exécution complette du plan d'agrandissement de l'Hostel Dieu, que nous avons forcé de 741,000 livres; la différence dans la comparaison est encore, sous ce premier point de vue, de 3,510,200 livres; mais prétend-on qu'on peut se borner à former un hôtel-Dieu permanent dans l'hôpital Saint Louis, ne réserver que la seule maison de Santé pour les maladies extraordinaires, et sacrifier la précaution salutaire contre la contagion, prise par les deux fondateurs de ces établissemens, d'en avoir deux subsistans, l'un du côté septentrional, l'autre du côté méridional; alors la dépense à faire à Ste Anne, qui doit contenir tous les malades qui auroient été partagés entre l'hôpital Saint Louis et la maison de Santé, est fixée par le projet ordonné lors de l'incendie à 2,771,000 livres; il restera donc toujours un total de 6,110,200# dont la dépense est indispensable et actuelle, sans compter celle des cas imprévus, contre une de 5,000,000 forcée de 741,000# pour ces cas imprévus; ce seroit donc sous ce second point de vue une différence d'un million 110,200#, même en complétant, dès à présent, s'il le falloit, l'exécution des anciens plans d'agrandissement, et conservant ces deux établissemens consacrés à la contagion; mais cette exécution parfaite n'est nullement nécessaire pour le moment actuel; il suffit que les reconstructions du couvent et des salles incendiés ne nuisent point à l'exécution de ces plans, qu'elles en fassent même en quelque sorte partie; or, on propose un plan de reconstruction qui comprend le couvent et des salles en état de contenir un plus grand nombre de malades qu'avant l'incendie, qui laisse la distance nécessaire pour prévenir les accidens du feu qui proviendroient des habitations voisines et pour former, quand on le voudra, la décoration de la rue Notre Dame, du côté de l'Hostel Dieu, pareille à celle du côté opposé; ce projet coûteroit au plus 600,000 livres; il entre en partie dans l'exécution du plan général et les changemens qu'elle occasionneroit alors tombent sur une portion des bâtimens déjà construits; leur perte qui pourroit aller à 200,000#, seroit amplement compensée par le bénéfice résultant du délai (ne seroit-il que de 20 années) de la destruction des maisons louées; elles produisent environ 20,000# de loyer et conséquemment ce bénéfice seroit de 400,000#; ainsi sous ce troisième point de vue il n'y a de dépense nécessaire et indispensable que celle de 600,000 livres, et l'exécution des lettres patentes, en retranchant même celle prescrite par l'enregistrement, force à une dépense également actuelle de plus de 6 millions. Le second membre de la question est la comparaison entre la dépense de l'entretien et du service des malades, dans les lieux actuels reconstruits ou dans les différens établissements qui forment le partage prescrit par les lettres patentes; dans le premier cas, ces dépenses d'entretien et de service sont les mêmes que par le passé, nulles circonstances relatives à la situation ne les augmentent; mais dans le second trois maisons subsistantes, savoir, les deux établissemens hors la ville et la portion réservée dans la ville sur la rive gauche de la rivière, multiplient infiniment ces sortes de dépenses. L'augmentation dans l'entretien de constructions plus considérables, dans le nombre des portiers, des domestiques, tant pour le transport des malades que pour les salles, des officiers de toutes espèces, des ecclésiastiques, des servantes pour aider et supléer le service des religieuses qui, répandues dans plusieurs maisons, ne seroient point d'un nombre suffisant pour subvenir aux différentes fonctions; l'accroissement du prix des denrées principales : bled, vin et bois qui arrivent directement à l'Hostel Dieu par eau, d'où elles ne sortent que pour être immédiatement placées dans le lieu de leur dépôt, et qui exigeront une multitude de voitures par terre pour être transportées dans les différens établissemens; enfin, la seule multiplication des lieux, d'une consommation divisée dont personne n'ignore l'effet, même dans les maisons particulières, doubleroit, s'il ne triploit la dépense journalière. L'expérience de toutes les ouvertures de l'hôpital Saint Louis, et celle actuellement subsistante, en est une preuve sans réplique, même dans le cas où il n'y auroit d'établissement permanent qu'à l'hôpital Saint Louis et sur la rive gauche de la rivière dans l'Hostel Dieu actuel. Cependant, on reconnoit que les revenus annuels de l'Hostel Dieu suffisent à peine pour égaler sa dépense; il n'est pas en état, la chose a été démontrée, de se restituer par lui même dans l'état ancien; les secours annoncés par le gouvernement ne montent qu'à 500,000 livres en dix ans; ils méritent d'être considérés s'il ne s'agit que d'une reconstruction des lieux incendiés; mais seroit-il possible qu'ils fussent un motif d'occasionner une dépense plus que décuple et de mettre l'Hostel Dieu, par les conséquences d'une translation, dans l'impossibilité de se soutenir par ses propres revenus, dans le cas même où cette translation ne lui couteroit rien. Une dernière réflexion qui ne doit point échapper dans la décision de l'alternative, c'est que l'exécution du plan des lettres patentes une fois commencée, mille circonstances qui arrêteroient les secours ou qui épuiseroient les moyens peuvent la suspendre pendant un tems considérable, et alors le défaut de reconstruction des lieux incendiés perpétuera l'ouverture de Saint Louis dans l'état actuel; on sera donc privé des avantages qu'on espéroit du nouvel établissement et l'ancien endetté par une augmentation successive de dépense, se trouvera détruit sans ressources. L'épargne sur les constructions mêmes est toute entière à la décharge de l'État et du public dont les secours sont indispensables, mais dont la somme diminuera de plus de neuf dixièmes; celle sur l'entretien et sur le service est d'une nécessité fondée sur ces deux propositions également incontestables : 1° la dépense actuelle de l'Hostel Dieu égale au moins sa recette; 2° celle de l'Hostel Dieu partagé en trois, même en deux maisons ne laisse plus lieu à aucune balance. Le troisième point de vue sous lequel la translation prescrite par les lettres patentes doit être considéré est celui du service habituel des malades; ce service exige d'abord une eau saine, tant pour les malades que pour ceux qui les soignent et que leurs différentes fonctions attachent à la maison, une eau abondante et sans cesse renouvellée; celle de la rivière de Seine a éminemment ces trois qualités, il n'y a donc pas de situation plus avantageuse au service que celle actuelle de l'Hostel Dieu traversé par la rivière dans sa totalité; les eaux de l'hôpital Saint Louis n'ont aucun de ces avantages. Si cet inconvénient se fait peu sentir dans les circonstances rares et momentanées pour lesquelles il a été établi, il devient effrayant pour y fixer définitivement et perpétuellement la demeure des malades; la mauvaise qualité des eaux nuit à leur guérison et à leur rétablissement; le nombre des morts l'année dernière a été d'un quart à Saint Louis, tandis qu'il n'étoit que d'un septième à l'Hostel Dieu; les légumes pour la nourriture de ceux qui sont attachés à la maison n'y peuvent cuire, de manière qu'actuellement on est obligé d'envoyer de l'Hostel Dieu de l'eau pour cet usage; leur peu d'abondance ne permet pas les nétoyemens nécessaires dans les salles pour prévenir l'infection; enfin insuffisantes pour les blanchissages, la stagnation et le défaut de renouvellement est un obstacle insurmontable à cette opération nécessaire, la rend infructueuse par le concours de matières impures et corrompues qui souillent cette eau, dont la nature d'ailleurs corrosive attaque la substance du linge. On sait cependant combien la propreté de tout ce qui approche les malades et surtout du linge est nécessaire; la santé des religieuses et des autres personnes consacrées au service de la maison y est pareillement intéressé, les mêmes inconvéniens, au moins du côté de l'insuffisance et de la stagnation des eaux, rendent également l'établissement fixe et perpétuel d'une partie de l'Hostel Dieu à Sainte Anne ou impraticable ou dangereux. L'éloignement de ces deux maisons, qui est une précaution salutaire relativement à leur objet, devient un vice radical de situation dans l'asile habituel destiné à la curation des maladies ordinaires; le transport des malades est plus dispendieux, plus long et deviendroit souvent inutile dans tous les cas où la promptitude de l'application du remède en fait l'efficacité; il *avoit semblé raisonnable à nos pères* de placer au centre le lieu où chaque citoyen avoit droit de réclamer les secours dus à l'humanité souffrante, afin que de jour ou de nuit il put les recevoir le plus promptement possible. Les nouveaux sistèmes d'une théorie que l'expérience dément ne prouveront jamais qu'il ait résulté de cette situation un danger réel pour les habitations voisines, dans le cas des maladies communes dont seules il s'agit ici; mais il n'y a personne qui ne sente dans combien de circonstances l'éloignement du lieu où le secours doit être administré peut forcer à un délai funeste; on croit résoudre l'objection par le dépôt conservé sur la rive gauche de la rivière; mais cet hospice, pour le service duquel il faudra un nombre quelconque de toutes les diverses personnes destinées au soulagement des maladies, multiplie la dépense, comme on l'a vu dans la seconde partie du mémoire; il assujettit les malades à de nouveaux transports, souvent dangereux, n'empêche pas que la distance des deux principaux établissemens ne prive les malades de la consolation qu'ils reçoivent de la piété des personnes charitables qui se vouent à cette bonne œuvre, et de celle qu'ils ont lieu d'attendre de leurs proches, privation qui en excluroit un grand nombre d'un asile auquel ils ont droit et que rien ne peut suppléer. Cet éloignement de la ville étoit réservé pour des circonstances peu fréquentes, de peu de durée, et dans lesquelles une nécessité impérieuse force à des sacrifices, et on imagine rendre service à l'humanité en faisant de l'exception la règle commune et en ôtant même, par une conséquence funeste aux citoyens, une ressource préservative destinée aux tems de contagion. Dans ces calamités publiques, les médecins ne consultent plus que leur zèle; alors la difficulté du service, la fatigue des courses, l'éloignement des lieux ne les effrayent pas; c'est un moment de crise où il faut redoubler d'efforts; mais si la situation du lieu les rend habituels, s'ils sont l'essence de l'engagement ordinaire, si le seul tems des courses quotidiennes quadruple celui qui seroit employé à un service utile dans la maison, et forme ainsi un obstacle permanent à la visite des autres malades répandus dans la ville, y a-t-il lieu d'espérer de trouver des médecins dont la réputation, fondée sur les études et une pratique connue, assure la confiance de l'administration, ou plutôt la vie d'une multitude de citoyens précieux à l'État. Ne deviendroit-elle pas l'objet des essais de l'ignorance ou le jouet des caprices de l'inexpérience? Les malades seroient encore plus exposés aux dangers qui en résultent si on prétendoit résoudre l'objection par la résidence de trois ou quatre médecins, parce qu'on peut encore moins présumer l'expérience et les talens dans ceux qui seroient disposés à se vouer uniquement à ces fonctions exclusives. La translation de l'Hostel Dieu à un certain éloignement de la ville nuiroit également à l'exercice de la chirurgie; un service aussi multiplié exige, indépendamment des chirurgiens internes, un nombre considérable de jeunes chirurgiens externes qui pratiquent les opérations les plus simples, comme les saignées, servent d'aides aux opérations importantes et se forment sous l'inspection du premier chirurgien et des gagnans maîtrise, en assistant deux fois par jour aux pansemens et aux opérations. Ces exercices réitérés font de l'Hostel Dieu, où il y a même un amphithéâtre établi pour leurs instructions, une école de chirurgie pour la ville et les provinces; l'éloignement du centre de la ville interdiroit de fait ce service et cette instruction à la plupart de ces jeunes gens, dont la subsistance dépend d'un travail journalier auquel la proximité du lieu leur permet de vacquer, mais qu'une double course hors la ville leur enlèveroit; la translation priveroit donc les pauvres de leur service, et anéantiroit au préjudice du royaume entier cette école dont les avantages sont connus. Enfin, si la présence habituelle des administrateurs peut être suppléée sans inconvénient sensible par les subalternes dans plusieurs hôpitaux où les pauvres ont une habitation fixe et permanente et où les dépenses se réduisent à un petit nombre de classes simples, l'essence de l'établissement de l'Hostel Dieu destiné à des malades dont le nombre varie à chaque instant, où les individus ne doivent que passer, où les détails sur les objets de consommation sont aussi multipliés que les infirmités humaines, exige une police et une discipline qui ne peut être maintenue que par des visites fréquentes et journalières des administrateurs mêmes; l'exécution des règlemens, dont dépend l'économie qui seule peut soutenir cette maison, demande très-souvent d'être appuyée de leur présence; de tout tems on a reconnu que ces visites seulement présumées empêchoient les abus et prévenoient les désordres; nous n'examinerons point si le gouvernement spirituel de la maison, confié au chapitre de l'église de Paris, est intéressé de même à la situation actuelle qui la met sous ses yeux; mais un éloignement qui mettroit les personnes chargées de l'administration temporelle, la plupart tirées des différens corps de la magistrature, ou chargées d'autres fonctions publiques, dans l'impossibilité de s'acquitter d'un devoir aussi essentiel dans les momens qu'ils peuvent soustraire à leurs autres occupations *ne leur laisseroit plus d'autre choix que celui de décharger leur conscience des obligations d'un ministère qu'ils ne pourroient remplir*. Sur quoi la matière mise en délibération, la Compagnie a unanimement approuvé ledit mémoire et ont été Monseigneur l'archevêque et MM. les Chefs de l'administration priés d'employer leurs bons offices pour obtenir de nouvelles lettres patentes relatives aux observations contenues dans ledit mémoire, et la Compagnie a signé.

(8 mars.) Sur ce qui a été exposé il y a quelques jours au Bureau par le sieur Moreau, premier chirurgien de l'Hostel Dieu, que plusieurs enfans, même grands, et hommes malades à l'Hostel Dieu, placés dans la salle des taillés, avoient beaucoup de vers dans le corps; qu'il a été indiqué un remède pour les détruire à la mère d'office de cette salle, consistant en deux sortes de pain d'épice duquel elle a fait usage et qui a très bien réussi; mais que cette maladie ayant augmenté, il paroîtroit nécessaire d'admettre et faire usage de ce remède; que s'étant informé où se vendoient ces pains d'épice et la manière de s'en servir, il a appris que c'étoit la veuve du sieur Beauquis, marchande de pains d'épice rue Transnonain à Paris, chez laquelle il s'est transporté et lui a parlé, et avec laquelle il est convenu qu'elle donneroit en faveur de l'Hostel Dieu le pain d'épices ordinaire à deux sols pièce, au lieu de 3 sols qu'elle le vendoit au public, et celui qui purge ou détruit les vers, 3 sols pièce, et indique la manière de faire usage de ces deux différentes sortes de pains d'épice, comme il suit; que les malades prendroient pendant huit jours du pain d'épice non purgatif et termineroient par une purgation qui se trouveroit dans le pain d'épice qui coûte 3 sols; qu'un enfant de 4 à 5 ans en prendroit le matin à jeun un pain; qu'un enfant de dix à douze ans en prendroit un pain et demi, et qu'une personne plus avancée en âge en prendroit deux pains chaque matin; que l'on donneroit aux enfants, après avoir mangé le pain d'épice, un gobelet de lait coupé avec partie égale d'eau, et qu'aux personnes plus avancées en âge on leur donneroit un verre de vin blanc. Sur quoi la matière mise en délibération, la Compagnie a arrêté de faire usage du remède

proposé ci-dessus, et en conséquence elle autorise le sieur Vassou, inspecteur de l'apothicairerie de l'Hostel Dieu, d'acheter incessamment une certaine quantité de ces deux espèces de pains d'épice, d'en payer le prix qui lui sera remboursé par l'Hostel Dieu avec les autres dépenses qu'il a coutume de faire pour l'apothicairerie.

(17 mars.) M. de Neuville a fait part au Bureau d'une lettre qui lui a été adressée par le sieur Vincent, directeur des domaines, datée du 11 de ce mois, par laquelle il marque, entr'autres choses, qu'ayant fait son rapport à la Compagnie de Mrs les fermiers généraux de l'affaire du vicaire de l'Hostel Dieu, que l'on a consenti de ne point faire suite du procès verbal quant aux amendes, et même de ne point obtenir de jugement, à condition toutefois qu'il fera contrôler sur la minute, c'est-à-dire sur son registre, le testament dont il s'agit et que les droits d'insinuation en résultant seront en même temps payés; enfin, qu'à l'avenir il se conformera exactement aux règlemens, sans quoi il sera poursuivi pour la condamnation entière de l'amende qu'il a encourue et envoye l'expédition du testament, la copie du procès-verbal laissés par M. de Neuville sur le Bureau. Sur quoi Monsieur Durant a dit qu'il avoit fait un mémoire concernant cette affaire et dont la teneur suit : «Les ecclésiastiques de l'Hostel Dieu sont autorisés de tems immémorial, ainsi que tous curés et vicaires, par les lois du royaume, à recevoir les testamens des pauvres malades qui en veulent faire dans cette maison. Pour plus d'ordre et plus de sûreté de leur conservation, ils sont inscrits dans des registres à ce destinés; lorsque les parties intéressées à ces testamens viennent en demander des expéditions, elles leur sont délivrées par ces ecclésiastiques sans autre formalité; tel est l'usage de tous les tems. Ces ecclésiastiques viennent d'être troublés dans cette fonction par un commis du droit de contrôle, trop zélé sans doute qui, croyant appercevoir dans cet usage un préjudice aux droits de Mrs les fermiers généraux, qu'aucun de ses prédécesseurs n'avoit encore imaginé, prétend assujétir ces ecclésiastiques à la nécessité d'aller faire contrôler les originaux de ces testamens, avant d'en pouvoir délivrer aucune expédit'on. Cette prétention est également contraire à l'usage de tous les tems, dépourvue d'intérêt et sujette à de très grands inconvénients : 1° contraire à l'usage de tous les tems, car on n'osera pas sans doute argumenter d'une entreprise récemment faite dans un tems où une administration nouvellement formée aura ignoré ou mal à propos toléré que quelques ecclésiastiques, peut être aussi peu instruits qu'elle des droits et usages de l'Hostel Dieu, ayent eu la facilité de se prêter à ce nouvel assujétissement, et il demeurera toujours pour constant qu'avant cette entreprise qui ne remonte à plus de 5 mois et dont il n'y a qu'un seul exemple, on n'a jamais exigé ce contrôle des originaux des testaments inscrits dans les registres de l'Hostel Dieu; 2° cette prétention seroit sans intérêt de la part de Mrs les fermiers généraux, parce qu'indépendamment de la modicité des droits qui peuvent résulter de ces sortes de testamens, eu égard à la qualité des testateurs, l'expédition délivrée par l'ecclésiastique ne peut avoir aucune exécution en justice, qu'elle n'ait été contrôlée; par là les droits sont conservés et l'administration n'a aucun intérêt pour l'empêcher; elle ne réclame contre la nouveauté du contrôle des originaux qu'à cause des grands inconvéniens auxquels elle donneroit lieu; 3° en effet, comme on l'a dit, ces originaux s'inscrivent dans des registres; on ne pourroit les déplacer fréquemment sans danger; ils contiennent des testaments faits par des personnes qui, échapées depuis de leurs maladies, ne voudroient pas et avec raison que leurs dispositions devinssent publiques avant leur mort, ce qui arriveroit infailliblement, si pour contrôler d'autres testamens renfermés dans les mêmes registres, il falloit les représenter aux bureaux du contrôle, d'autant plus que les ecclésiastiquees qui en sont dépositaires ne pourroient pas se transporter eux-mêmes à ces bureaux chaque fois qu'on viendroit leur demander un testament, sans que leur absence de l'Hostel Dieu exposât les malades, qui d'un instant à l'autre peuvent avoir besoin de leur ministère, à être privés des secours spirituels qui leur sont nécessaires, et de la faculté de faire, pendant cet intervalle d'autres testamens qui se trouveroient pressés, de sorte que ces ecclésiastiques seroient obligés de confier leurs registres à des mains étrangères, ce qui seroit également contraire à leur qualité de dépositaires, à la sûreté du secret et à la conservation des registres dans leur intégrité. L'Administration espère que ces raisons seront suffisantes pour émouvoir Messieurs les fermiers généraux de la nouveauté qu'on voudroit introduire, et qu'ils se désisteront volontairement de la demande formée contre le sieur Rondel, prêtre dudit Hostel Dieu, par exploit du deux mars. Dans cette confiance elle a préféré de s'adresser à Mrs les fermiers généraux directement, aimant mieux tenir d'eux ce qu'elle a lieu de croire qu'elle obtiendroit par un jugement.» La Compagnie a approuvé ledit mémoire et a arrêté qu'il en sera fait à l'instant copie, qui sera accompagnée d'une lettre, et le tout adressé à Mrs les fermiers généraux; monsieur de Neuville s'est chargé de le remettre à leur première assemblée, et ont été les pièces cy-devant énoncées serrées aux archives de l'Hostel Dieu.

(29 mars.) Monsieur Lenoir ayant été nommé lieutenant général de police en place de M. de Sartines, à pré-

sent minis're de la marine, a pris séance au Bureau pour la première fois.

(7 avril.) A été dit par monsieur de Neuville qu'il étoit chargé par MM. les fermiers généraux d'informer la Compagnie qu'ils ont mis en considération le mémoire et la lettre qu'elle leur avoit adressés le 17 mars dernier, au sujet des inconvéniens qui résulteroient du contrôle auquel un de leurs commis avoit voulu depuis peu assujétir les originaux des testamens des malades de l'Hostel Dieu, qui sont reçus par les ecclésiastiques de cette maison et inscrits dans des registres destinés à cet effet, et qu'en conséquence, quoiqu'ils fussent persuadés qu'aux termes des règlemens concernant le contrôle, cette prétention seroit bien fondée de leur part, néanmoins comme elle étoit contraire à ce qui avoit été pratiqué jusqu'à présent, ils consentoient qu'il en fût usé à l'avenir comme par le passé. Sur quoi, la matière mise en délibération, a été arrêté qu'il seroit fait registre du récit de M. de Neuville, et que les ecclésiastiques dudit Hostel Dieu continueront, comme ils ont fait de tout tems, à délivrer quand ils en seront requis par les parties intéressées, des expéditions des testamens des malades qui auront été par eux reçus et inscrits dans les registres, sans être tenus de faire contrôler les originaux desdits testamens, sauf aux particuliers à qui ces expéditions auront été délivrées, à faire contrôler lesdites expéditions ainsi qu'il appartiendra, et à la Compagnie.

(19 avril.) Sur ce qui a été dit par monsieur Marchais de Migneaux qu'il a reçu différentes plaintes tant de la part de l'inspecteur de l'apothicairerie que de celle de la mère qui est à cet office, de la conduite licentieuse des garçons de l'apothicairerie, soit par rapport à leur affinité perpétuelle avec les garçons chirurgiens qu'ils attirent à l'apothicairerie, et se prêtent à la déprédation qu'ils font des différentes drogues qu'ils emportent de la maison pour traiter leurs malades en ville, soit par rapport à la liberté que lesdits garçons apothicaires se donnent de recevoir des femmes dans leurs chambres ou de s'y tenir, au lieu de travailler dans l'apothicairerie; que sur ces plaintes, il les a fait assembler il y a quelques jours, et leur a fait deffense de la part du Bureau de laisser entrer les chirurgiens dans l'apothicairerie, ny leur permettre d'emporter, encore moins leur donner aucunes drogues, non plus que de recevoir aucunes femmes dans leurs chambres, ce qui est scandaleux, et qu'ils se tinssent pour avertis qu'on auroit l'œil sur leur conduite. Que malgré cet avertissement monsieur Marchais a reçu de nouvelles plaintes de la part de l'inspecteur de l'apothicairerie, que ses garçons au bout de quelques jours avoient repris leurs anciens erremens, et que notamment le nommé Sallé s'étoit enfermé dans sa chambre la seconde fête de Pâques avec trois filles, où il est demeuré depuis neuf heures du matin jusqu'à une heure après midi. Sur quoi la matière mise en délibération, la Compagnie a arrêté de renvoyer dudit Hostel Dieu ledit Salé pour les faits ci-dessus cités, pour n'y plus rentrer en quelque qualité que ce soit, et a prié monsieur Marchais de vouloir bien mettre à exécution la présente délibération.

(27 mai.) Monsieur Albert ayant été nommé lieutenant général de police en place de M. Le Noir, a pris séance au Bureau pour la première fois.

(27 mai.) Sur ce qui a été dit par l'un de messieurs les Administrateurs nommés par la délibération du 26 avril dernier que, bien qu'il ait été nécessaire au maintien du bon ordre et au repos des malades de désigner au public les heures de la journée où il pourroit sans inconvénient visiter les malades de l'Hostel Dieu, tant par devoir de la nature, de la société, que de la religion, néanmoins les bornes qui ont été mises au tems de cette visite se trouvent trop resserrées, eu égard soit aux différentes professions des ouvriers, soit aux besoins des gens de campagnes, ou des affaires des personnes de la ville qui par quelques uns des motifs ci-devant énoncés sont dans le cas de venir à l'Hostel Dieu. Que depuis 3 ans le public a pu souffrir de la gêne mise à son devoir ou à son inclination, et être exposé à des refus d'entrer affligeants pour l'humanité, que le bon ordre qui s'observe depuis 10 heures du matin jusqu'à 4 heures du soir, tems où la maison demeure ouverte, semble inviter le Bureau à procurer plus de liberté et lui répondre qu'il ne s'en suivra aucun inconvénient, pourvu qu'on observe de suivre le cours des saisons pour avancer ou retarder les heures d'entrées et de sorties et toujours en plein jour, en sorte que les heures soient plus proportionnées aux besoins des malades et aux occupations des différentes classes de citoyens. Qu'en conséquence il seroit à propos que la Compagnie fît un règlement en la forme suivante : Article premier. Qu'à l'avenir le public aura la liberté d'entrer dans l'Hostel Dieu le matin au grand jour et sera tenu de se retirer avant le coucher du soleil dans l'ordre suivant : entrées du matin : octobre, novembre, décembre, janvier et février, 8 heures; mars et avril, 7 heures; mai, juin et juillet, 6 heures; août et septembre, 7 heures; sorties du soir, octobre à février, 4 heures; mars et avril, 6 heures; mai à juillet, 7 heures; août et septembre, 6 heures. — Art. 2. Hors les heures ci-dessus désignées, personne ne sera admis que les gens nécessaires, ceux de la maison et les malades. — Art. 3. L'inspecteur et

les sous inspecteurs auront soin aux, heures désignées pour sortir, de faire retirer les étrangers. — Art. 4. Les personnes qui porteront des paquets, tant en entrant qu'en sortant en souffriront la visite; il continuera d'être étroitement deffendu de porter aux malades aucun aliment ni boisson du dehors. — Art. 5. Il est aussi deffendu à toutes personnes de troubler l'ordre de la maison, ni causer le moindre bruit ou scandale, à peine d'être mis entre les mains de la police pour en être ordonné. Sur quoi, la matière mise en délibération, la Compagnie a approuvé ledit règlement pour être exécuté en tout son contenu, et prie monsieur le Procureur général d'en requérir l'homologation, impression, affiches et publications par arrêt du parlement, ce que monsieur le Procureur général a accepté.

(8 juin.) En exécution des délibérations des 24 et 31 mai dernier, il a été procédé, en présence de Messieurs les administrateurs, par les sieurs Cochu, Dejean, Majault, Belleteste, Doucet, Montabourg, Daniès-Despatureaux, médecins ordinaires, Solier de la Romillais, médecin expectant, Moreau, premier chirurgien, et Dumas, premier chirurgien gagnant maîtrise de l'Hostel Dieu, pour ce mandés à l'interrogat des sieurs Antoine Naudin, Pierre-Jean Pelletan, François Besnard et Joseph-Mathieu Delcloche, qui étoient les quatre plus anciens chirurgiens commissionnaires, pour, les deux qui seroient trouvés plus capables, être admis aux deux places de compagnons chirurgiens vacantes par les retraites des sieurs, Annet Guilbert, Courteix et Nicolas-Jean-Denis Thomas, après lequel interrogat lesdits médecins et chirurgiens ont unanimement déclaré qu'ils regardoient comme méritant le mieux de remplir ces deux places les sieurs Naudin et Pelletan qui se trouvoient les deux plus anciens, mais que malgré la capacité dont le sieur Naudin avoit fait preuve, ils ne pouvoient se dispenser de reconnoître que le sieur Pelletan, quoique le moins ancien des deux, avoit une supériorité de talens telle que dans le concours il méritoit incontestablement le premier rang...

(21 juillet.) Monseigneur Barentin ayant été reçu en la charge de premier président de la Cour des aides, à la place de monseigneur de Lamoignon de Malesherbes, ministre et secrétaire d'État, a pris séance au Bureau pour la première fois.

(22 juillet.) A été dit par l'un de MM. les commissaires nommés le 6 février 1775, que d'après les réflexions proposées par M. le Lieutenant général de police, dans la précédente assemblée tenue le 21 juin, il avoit été ordonné à l'inspecteur des bâtimens de constater, par un détail circonstancié, le montant de la dépense de l'exécution du projet proposé dans le mémoire inséré en la délibération du 8 mars dernier, que ce détail estimatif avoit été fait avec la plus grande précision, qu'il comprend les réparations urgentes à faire dans les lieux incendiés de l'Hostel Dieu pour loger les religieuses, et mettre l'administration en état de faire rentrer dans la maison les malades que la nécessité des circonstances oblige de tenir à l'hôpital Saint Louis, dont l'ouverture augmente considérablement la dépense journalière de l'administration; que les différens objets de maçonnerie, charpente, serrurerie, menuiserie, vitrerie, peinture, etc., sont soigneusement distingués par chapitres, et chaque article particulier calculé dans toutes ses branches, que la récapitulation générale présente une somme de 500,268 ᵗᵗ, c'est-à-dire une diminution de 100,000 livres sur ce qui avoit été précédemment annoncé dans le mémoire comme un premier apperçu, somme plus que capable de fournir aux cas imprévus et de calmer toute inquiétude, sur ce que l'exécution pouvoit occasionner d'excédent, mais qu'on doit d'autant plus compter sur la fixation invariable de la dépense à 500,000 livres, que des entrepreneurs, dont l'intelligence et la solvabilité sont également connues, ayant fait séparément les mêmes calculs, se sont trouvés d'accord avec ceux de l'inspecteur des bâtimens; qu'ils offrent de faire à l'instant leur soumission d'exécuter dans le délai de deux années le plan qui a été mis sous les yeux du Bureau en l'assemblée du 8 mars dernier, sans rien prétendre au delà des 500,000 livres, quel que fût l'événement. Que dans l'impossibilité démontrée où est l'Hostel Dieu de pouvoir prendre son rétablissement sur ses revenus, l'exécution de ce projet devient provisoirement indispensable, et peut seule se concilier avec les secours accordés par le feu Roi et que la bienfaisance de Sa Majesté ne rétractera pas, mais que la décision est d'autant plus instante qu'aux inconvéniens du délai résultant de la position actuelle des religieuses, et de la prolongation de l'ouverture de l'hôpital Saint Louis, se joint le dépérissement qu'éprouveroient infailliblement les fondations exposées en partie aux intempéries de l'air depuis l'incendie, qui sont d'une très grande solidité, et dont l'existence forme l'épargne de plus d'un milion. Sur quoi la matière mise en délibération, la Compagnie reconnoissant unanimement la nécessité de pourvoir sans délai aux constructions urgentes mentionnées au détail estimatif dont il a été fait rapport, autorise messieurs les Commissaires à recevoir la soumission offerte au pied dudit détail estimatif, pour être le tout déposé au greffe du Bureau, et a arrêté que le Roi sera très instamment suplié de permettre que les 50,000 ᵗᵗ accordées annuellement par Sa Majesté, et dont il est échu

deux années soient appliquées à l'exécution desdits détail estimatif et soumission, qu'à cet effet les expéditions de la présente délibération seront adressées à monseigneur le garde des sceaux et aux autres membres du conseil auxquels celle du 8 mars dernier a été remise par MM. les Chefs de l'Administration.

(30 août.) A été dit par l'un de messieurs les commissaires nommés en l'assemblée du 6 février dernier qu'en exécution de l'arrêté du 22 juillet aussi dernier les sieurs Bellangé, père et fils, et le s[r] Bruslé, dont l'intelligence et la solvabilité sont connues, avoient signé à la suite du détail estimatif représenté au Bureau ledit jour 22 juillet la soumission qu'il avoit eu l'honneur d'annoncer, par laquelle ils s'engagent, solidairement avec leurs épouses dans le délai de deux ans et demi, à compter du jour qu'ils en recevront l'ordre, à faire les reconstructions nécessaires dans les lieux incendiés pour loger les religieuses, et réintégrer dans la maison les malades que les circonstances ont forcé jusqu'à présent de tenir dans l'hôpital Saint Louis. Sur quoi lecture faite de ladite soumission et la matière mise en délibération, la Compagnie a arrêté que ladite soumission, ainsi que le détail estimatif paraphés à chaque page par l'un de messieurs les administrateurs et lesdits entrepreneurs, seroient déposés au greffe du Bureau, et ont été MM. les chefs de l'administration de nouveau priés de renouveller *leurs instances auprès de Sa Majesté pour obtenir de sa bienfaisance la cessation des obstacles qui s'opposent à l'exécution de cette reconstruction* et les secours nécessaires pour l'effectuer. A été arrêté en outre que expédition de la présente délibération seroit envoyée à M. le garde des sceaux et aux autres membres du conseil auxquels les précédentes délibérations ont été adressées.

(30 août.) A été dit par l'un de MM. les commissaires de l'hôpital des Incurables que dans les différentes visites qu'ils ont faites dans cette maison depuis le premier février de cette année, ils ont été surpris de voir une diversité frapante, soit pour les étoffes, soit pour la couleur et la forme dans les habillemens du plus grand nombre des femmes malades; qu'ils ont été informés que l'article 20 du règlement général du 13 septembre 1744 qui prescrit l'uniformité d'habillement pour tous les malades de la maison étoit presque généralement enfraint par les femmes, et que cet abus commençoit à s'introduire même dans les salles des hommes; qu'ils s'étoient contentés d'abord de rappeller la teneur du règlement à plusieurs de celles qui s'en écartoient, avec injonction de s'y conformer, qu'autrement le Bureau se trouveroit obligé d'y statuer, mais que cette voie de douceur, loin de produire l'effet qu'ils en attendoient, n'avoit servi qu'à rendre l'abus plus multiplié, sous le prétexte de différentes excuses alléguées, sur lesquelles la Compagnie ne s'étoit point encore expliquée; que ces excuses se réduisoient de la part de plusieurs femmes à prétendre que les robbes de la maison étoient trop lourdes, et de la part des autres, à se retrancher sur l'exemple qui ne leur permettoit pas de se réduire à un habillement plus simple que celui du plus grand nombre, de sorte que c'est de l'abus même dont la plupart veulent se faire un titre pour le continuer et l'accroitre *jusqu'au point qu'à l'église même il y a des malades qui ne sont distingués en rien des personnes du dehors, soit par la qualité des étoffes, soit par la forme des robbes et des ajustemens accessoires, tels que des paniers*, que l'étoffe destinée à l'habillement des femmes est la même que celle qui a été employée de tous tems; qu'elle n'est ni plus épaisse, ni plus lourde que celle dont les religieuses et toutes les filles qui vivent dans des communautés sont vêtues, que les saisons et le genre de maladies pour lesquelles on est reçu dans cette maison n'ont point changé, et qu'enfin ce prétexte est d'autant plus mal fondé que l'abus subsiste à peu près en hiver comme en été; que cet abus mérite d'autant plus d'être réprimé qu'il est la source d'une jalousie qui excite des querelles et des discutions, et qui va même jusqu'à priver des choses les plus nécessaires celles dont les facultés particulières ne permettent de se livrer à cette espèce de luxe qu'aux dépens d'une partie de leur subsistance; que l'uniformité prescrite par le règlement est fondée sur la confraternité qui doit régner entre tous les membres d'une même maison, qui n'ayant tous que les mêmes motifs d'y être admis, sont censés être absolument égaux, et doivent y vivre sans aucune distinction; qu'il n'y a que les ecclésiastiques malades pour lesquels la Compagnie a réglé, à raison de leur état, un habillement différent, et qu'il n'est permis à aucun autre de blesser en rien cette égalité extérieure en vertu de laquelle ils doivent se qualifier de frères et de sœurs. Sur quoi la matière mise en délibération, la Compagnie, renouvellant et confirmant l'article 20 du règlement du 13 septembre 1744, ordonne que l'habillement de tous les malades continuera d'être uniforme, tant pour l'étoffe que pour la couleur, à l'exception de l'habillement des ecclésiastiques incurables, enjoint à tous les malades, et notamment aux femmes, de porter ledit habillement de la maison, sous peine à la première contravention d'être privés de la permission de sortir pendant huit jours, et à la seconde, pendant un mois, et en cas de recidive, d'être congédiés de la maison comme réfractaires aux règlemens et à la police dudit hôpital.

(24 novembre.) Monsieur Marchais a fait part d'une

lettre à lui écrite et adressée dès le 3 octobre dernier par M. Albert, lieutenant général de police, portant qu'il suffisoit qu'il puisse résulter le moindre inconvénient pour l'hôpital St Louis de l'établissement du combat du taureau dans le fauxbourg Saint Laurent pour qu'il refuse absolument la permission qui peut lui avoir été demandée, que les religieuses de l'Hostel Dieu peuvent être tranquilles, qu'elles n'auront point le voisinage de ce spectacle, puisqu'il leur seroit incommode et nuisible aux malades.

146e REGISTRE. — ANNÉE 1776.

(10 janvier 1776.) A été dit par monseigneur l'archevêque que le sieur Moreau, premier chirurgien de l'Hostel Dieu avoit témoigné désirer qu'il plût à l'administration lui donner un survivancier qui pût l'aider dans ses fonctions, que ledit s. Moreau souhaitant que celui qui lui seroit donné pour survivancier fût en état par sa capacité, par ses mœurs et par son caractère de soutenir l'honneur de cette place, d'instruire et de conduire les élèves en chirurgie de l'Hostel Dieu d'une manière utile pour eux-mêmes, pour les pauvres et pour le public, il avoit cru, d'après la permission que l'administration lui en avoit donnée, ne pouvoir proposer un sujet plus capable de remplir ses vues que le sieur Ferrand, maître en chirurgie depuis 1763, professeur et démonstrateur royal en survivance pour les opérations. M. l'archevêque a ajouté que s'étant informé du sujet à M. de La Martinière, premier chirurgien du Roy, il luy en avoit rendu un témoignage très avantageux. Après qu'il a été observé que pareille chose a été faite en faveur des sieurs Mehery en 1707 et Boudou en 1744, qui étoient dans les mêmes circonstances que ledit sieur Moreau, et après que chacun de Messieurs ont rendu compte des informations qu'ils pouvoient avoir faites au sujet dudit sieur Ferrand; la matière mise en délibération, la Compagnie voulant donner audit sieur Moreau des marques de la satisfaction qu'elle a des bons services qu'il a rendus depuis 1744 qu'il a été reçu en la place de premier chirurgien, a nommé le sieur Ferrand à la place de premier chirurgien de l'Hostel Dieu, en survivance dudit sieur Moreau, à la charge de l'aider dans ses fonctions, de le supléer en cas de légitime empêchement, de remplir même la totalité de ses fonctions, si ledit sieur Moreau devenoit hors d'état de le faire, sans pouvoir néanmoins prétendre aucuns appointemens pendant la vie dudit sieur Moreau, pour quelques causes et prétextes que ce puisse être, mais il sera seulement nourri, chauffé, éclairé et logé dans l'Hostel Dieu, où il sera tenu de coucher toutes les nuits, ainsi que l'a fait ledit sieur Moreau depuis sa nomination à la survivance du sieur Boudou, et de se conformer au surplus aux règlemens cidevant faits pour les devoirs et fonctions du premier chirurgien de l'Hostel Dieu, dont lui sera délivrée copie.

(10 janvier.) A été dit par monsieur le Premier Président de la chambre des comptes qu'il avoit remis, ainsi qu'il en avoit été chargé, des copies de la délibération du Bureau du 4 décembre dernier, relative à la reconstruction de la partie incendiée de l'Hostel Dieu, et les letttres écrites en conséquence de ladite délibération le 6 dudit mois à monseigneur le garde des sceaux et aux autres ministres, qu'ils lui avoient paru sentir l'importance de cette affaire et la nécessité d'une décision, mais qu'aucun ne s'étoit ouvert sur les vues que l'on pouvoit avoir à ce sujet. Et à l'instant a été fait lecture d'une lettre adressée à la Compagnie par la mère prieure de l'Hostel Dieu, contenant l'affligeant tableau de la triste situation où se trouve sa communauté, de quelques-uns des inconvéniens qui résultent de l'indécision d'une affaire aussi instante et de la prolongation du séjour d'une partie des malades à l'hôpital Saint Louis; sur quoi la matière mise en délibération, a été arrêté qu'il sera fait registre du récit de monsieur le Premier Président de la chambre des comptes, qu'il sera prié de continuer ses bons offices pour presser une décision qui devient de jour en jour plus urgente, arrêté en outre que la Compagnie, convaincue de la vérité des faits exposés dans la lettre de la mère prieure, affligée de se trouver les mains liées et dans l'impossibilité d'apporter les remèdes convenables à la situation déplorable où sont les religieuses depuis trois années entières, ne cessera de réclamer à ce sujet la bonté du Roi et la bienveillance de ses ministres, pour lever les obstacles qui s'opposent au rétablissement nécessaire et urgent de la partie incendiée de l'Hostel Dieu. Qu'à cet effet copies de la présente délibération, ensemble de la lettre de la mère prieure, collationnées par le greffier du Bureau seront remises ès mains de monsieur le Premier Président de la chambre des comptes, qui veut bien se charger à la prière de la Compagnie, de les présenter aux mêmes membres du conseil auxquels ont été remises les précédentes. Et monseigneur l'Archevêque ainsi que MM. les autres chefs présens ont promis de ne négliger aucune occasion de faire valoir les motifs pressans de terminer une décision si préjudiciable à tous égards. Suit la teneur de ladite lettre : A monseigneur l'Archevêque de Paris, messeigneurs les Magistrats et Messieurs. «Messeigneurs

et Messieurs. Plusieurs fois j'ai eu l'honneur d'exposer à Vos Grandeurs la situation affreuse dans laquelle nous sommes depuis notre incendie, la mort qui nous a enlevé nombre de religieuses, dont on se promettoit encore des services pour les pauvres malades, et le plus grand nombre de celles qui restent sentent par toutes les infirmités qu'elles contractent que leur course est bientôt remplie. Je ne crains pas de fatiguer Messeigneurs en leur répétant ce que j'ai eu l'honneur de leur représenter tant de fois que le défaut de logement les expose dans différens greniers où elles demeurent en commun à la rigueur des saisons, pressées les unes sur les autres et privées du repos le plus nécessaire après les fatigues qu'elles éprouvent jour et nuit au service des malades. Qu'une infirmerie trop étroite pour contenir les religieuses malades, ce qui oblige d'en laisser avec celles qui ne le sont pas et qui succombent bientôt elles-mêmes à la maladie. Enfin, Messeigneurs, entre bien d'autres inconvéniens qui sont liés au spirituel de la régularité d'une maison religieuse, et qui seroient trop longs à vous détailler ici, les novices reçues du chapitre de profession ne veulent point s'engager qu'il n'y ait quelque décision pour le rétablissement de la maison, d'ailleurs je suis forcée de vous observer que le linge destiné au service des malades de l'hôpital Saint Louis n'étant pas lavé dans une eau courante occasionne aux religieuses, chirurgiens et domestiques, des *tumeurs mortelles* dont ils n'avoient jamais été atteints, en servant les mêmes malades à l'Hostel Dieu; ce fait est à la connoissance de tout le monde et vous sera attesté par Mrs Cochu et Moreau, je sçais que chaque religieuse a fait le sacrifice de sa vie par l'émission de ses vœux, et je vois avec édification qu'elles quittent la vie avec la même générosité qui leur a fait offrir à Dieu, mais puis-je ne point être attendrie et pénétrée de la plus profonde douleur en voyant la ruine totale d'une communauté qui m'est confiée et dont je fais partie, puis-je ne point regretter la prolongation de jours qui semblent ne m'être accordés de Dieu que pour être le témoin d'un spectacle aussi affligeant. Pardonnez, Messeigneurs et Messieurs, si je répands dans vos seins paternels l'amertume dont mon âme est pénétrée, mais à qui puis-je plus sûrement faire entendre ma voix qu'à un prélat, à des magistrats et des Messieurs dont le zèle et la bienveillance pour les pauvres ont toujours fait le caractère distinctif. Je ne prétends point ici donner à Messeigneurs mes sentimens sur la reconstruction de la maison, le zèle pour le bien être des malades ne nous a fait peut-être que trop hazarder nos observations, quoique toujours soumises aux vues de sagesse que le ministère peut avoir sur notre maison. La seule grâce, Messeigneurs, que je désire et que j'implore avec le plus d'instance de Vos Grandeurs, au nom de toute la communauté, c'est que vous daigniez solliciter et obtenir pour nous de Sa Majesté que, provisoirement à ce qu'on jugera bon être par la suite, le Roi veuille bien permettre qu'on nous reconstruise des cellules et ranimer par là l'espérance de celles qui depuis plus de trois ans sont dans la plus grande peine et la plus grande consternation. »

(13 février.) Monsieur Durant a dit que samedi dernier M. Lenoir, conseiller d'État, s'étoit donné la peine de passer chez lui et lui avoit dit qu'il avoit pareillement vû Mgr l'archevêque, M. le Premier Président, M. le Procureur général et plusieurs de Messieurs les administrateurs. Qu'il étoit chargé par M. le comte de Maurepas, ministre d'État et par M. le comte de Saint Germain, secrétaire d'État *de proposer à l'Administration la translation de l'Hostel Dieu à l'hôtel royal des Invalides*, après lequel récit a été fait lecture, par l'un de MM. les commissaires nommés par la délibération du 6 février 1775, d'un mémoire contenant quelques observations dont la teneur ensuit : Lorsque l'Administration de l'Hostel Dieu est rentrée dans ses fonctions le 1er février 1775, deux objets également intéressans ont fixé son attention l'incendie du mois de décembre 1772 et les lettres patentes du mois dernier 1773, données à cette occasion pendant son absence. Le premier pas à faire étoit l'examen des moyens que les lettres patentes présentoient pour remédier à ce funeste évènement, il en a résulté la conviction unanime des chefs et des membres de l'Administration que l'exécution de ces lettres patentes, pour parer à des inconvéniens peu sensibles, ou désavoués par l'expérience, en renfermoit de réels par les frais immenses des constructions ordonnées, par la dépense habituelle presque doublée pour la suite, enfin par la situation seule des nouveaux établissemens. Ces vérités ont été démontrées dans un mémoire qui fait partie d'une délibération du 8 mars 1775, adressée à M. le garde des sceaux et aux ministres. Il falloit de plus trouver et proposer d'autres moyens de rétablir cet asile de l'humanité, l'Administration s'y est livrée avec autant de promptitude que de persévérance; il n'y a point eu d'assemblées générales où elle n'ait pris des délibérations relatives à cet objet pour éclairer le gouvernement, lever ses doutes, résoudre les difficultés, enfin le solliciter à faire cesser les obstacles qui s'opposoient à l'exécution d'un rétablissement infiniment moins dispendieux qui, conservant tout l'avantage des constructions épargnées par le feu et des fondations des parties incendiées, ne nuit en rien aux projets de l'agrandissement successif que cette maison peut recevoir. L'Administration a droit de se féliciter d'avoir persuadé le gouvernement de l'impossibilité de l'exécution des lettres patentes du mois de

mai 1773, mais il paroît qu'elle n'est pas parvenue à le convaincre également du peu d'inconvéniens de la situation actuelle et de la multitude de ceux qu'entraîneroit une translation quelconque, particulièrement celle à l'hôtel royal des Invalides. Cependant le mémoire a répondu aux inconvéniens allégués dans les lettres patentes de 1773 qui servoient de motifs aux nouveaux établissemens, le danger du feu, le peu d'étendue de l'établissement actuel, le défaut de la salubrité de l'air, et on peut ajouter à ce qui a été dit alors que le courant d'eau qui, resserré, y passe avec vitesse, procure un égal courant d'air qu'on ne peut espérer que d'une pareille situation. Les avantages de cette situation sont sensibles pour un blanchissage considérable et journalier, le transport des approvisionnemens, la qualité de l'eau, les ressources en cas d'incendie, et enfin par la plus grande proximité possible de toutes les parties respectives de la circonférence, qui facilite et accélère le transport des malades et des blessés. La translation projetée forme un obstacle insurmontable à la vigilance quotidienne que le bon ordre et l'économie exigent des supérieurs au spirituel et des administrateurs temporels, au choix de médecins dignes de la confiance publique par une expérience et une capacité reconnues, enfin à l'instruction que cette maison procure à un nombre de jeunes chirurgiens dont elle est l'école pour tout le royaume; ces réflexions exposées dans le premier mémoire frappent peut être plus fortement sur la translation à l'hôtel des Invalides que sur toute autre. Le défaut dans la quantité de l'eau nécessaire pour le blanchissage de 1,800 draps au moins par jour, et dans sa qualité peu propre pour la boisson des malades et la confection des remèdes (on assure qu'elle ne prend pas le savon), présente les mêmes inconvéniens qui ont été détaillés dans le mémoire relativement à l'eau de l'hôpital Saint Louis. L'éloignement de la rivière multiplie les dépenses habituelles relatives aux approvisionnemens, aux lescives journalières, indépendantes de celles des draps et aux blanchissages hebdomadaires et de quinzaine, facilite les déprédations, les vols, les avaries; la vaste étendue des bâtimens accroît les frais d'entretien; le dépôt réservé augmente le nombre d'ecclésiastiques, d'officiers, de domestiques et la consommation, en sorte que, si l'Hostel Dieu se soutenoit dans l'état ancien, souffroit dans l'état actuel, il périroit infailliblement et promptement, si une augmentation de revenus proportionnée au surcroît des dépenses n'est pas entrée dans le point de vue de cette translation. Les précautions prises par l'Administration fixent d'une manière certaine et invariable le rétablissement dans les lieux incendiés à 500,000^{tt}; on ignore à quoi peuvent monter les dépenses pour former le nouvel établissement et pour opérer la translation, on n'oseroit se flatter qu'elles n'excédassent point la somme pour laquelle des entrepreneurs connus et solvables se sont soumis de rétablir les lieux incendiés. Si les revenus de l'Hostel Dieu, insuffisans pour y prélever 500,000^{tt} ont obligé l'Administration de solliciter depuis un an le payement des 500,000^{tt} promises par le feu Roi, où prendra-t-elle des fonds capables de fournir à une dépense plus considérable? Le fardeau d'un secours devenu alors d'une nécessité absolue n'accroîtra donc qu'à la charge des finances de Sa Majesté. La proposition nue de cette translation ne présente à l'Administration dans ce moment que ces observations générales; les détails, lorsqu'ils seront connus, donneront lieu aux réflexions particulières dont ils paroîtront susceptibles. Lecture faite du mémoire, la matière mise en délibération, la Compagnie a unanimement approuvé ledit mémoire en tout son contenu, et a arrêté que la présente délibération seroit adressée à M. le garde des sceaux, aux ministres auxquels les précédentes délibérations prises sur le même objet ont été envoyées, et à M. le comte de Saint-Germain.

(28 février.) A été dit par monsieur Durant que par l'examen qu'il a fait conjointement avec M. le Couteulx de Vertron, en qualité de commissaires de la sacristie, des comptes rendus par M. Travers, qui avoit fait pendant quelque tems la recette et la dépense de la sacristie, à l'occasion de la maladie et de la mort de M. de la Salle, précédent sacristain, et des comptes antérieurement rendus, ils avoient crû remarquer quelque obscurité dans la manière dont on étoit dans l'usage de rendre ces comptes par rapport aux convois et services, que M. Charuel, sacristain actuel, en avoit été également frappé et avoit cherché à mettre dans ces comptes plus de clarté. Qu'une partie de cette obscurité provenoit de ce qu'après avoir fait certaines déductions sur le prix de chaque convoi, on portoit sur le livre de compte le restant de ce prix et que sur ce même livre, à chaque article, on faisoit encore quelques autres déductions, relativement à la manière dont ce livre est imprimé; que ces déductions n'étant pas uniformes, par rapport à chaque espèce de convoi, il en résultoit la nécessité de calculs différens sur chacun des articles; qu'il arrivoit aussi quelquefois que quelques unes des déductions qui se faisoient sur ce livre avoient déjà été faites précédemment sur le total du prix du convoi, ce qui occasionnoit au préjudice de l'Hostel Dieu des espèces de doubles emplois dont les sacristains eux-mêmes pouvoient ne pas s'appercevoir, parce qu'ils suivoient des cahiers particuliers qui se trouvoient dans la sacristie et qui, sans avoir aucune authenticité, étoient cependant la seule base qui avoit servi de règle aux précédens sacristains, et que ces cahiers eux-mêmes, par la manière dont ils

étoient rédigés, donnoient lieu à ces erreurs.....; sur quoi la matière mise en délibération, la Compagnie a approuvé le nouvel état de l'emploi et distribution des deniers qui se reçoivent pour chaque convoi et service, et a arrêté que ledit état sera transcrit ensuite de la présente délibération, pour en faire partie, qu'il en sera remis au sacristain copie signée du greffier du Bureau pour s'y conformer au lieu et place des cahiers sans authenticité dont il se servoit ci-devant, qui ne seront plus d'aucun usage et seront à cet effet rapportés aux Archives. Arrête, en outre, ayant égard à la représentation dudit sieur Charuelle, que toutes les fois qu'il plaira au Bureau d'accorder sur la demande des chapelains du chœur, qui doit être renouvellée tous les six mois, les trois livres pour chaque convoi aux Innocens à distribuer conformément à la délibération du 20 janvier 1722, les convois qui seront faits ailleurs qu'au cimetière des Innocens, même les convois généraux, y seront censés compris, comme ils l'ont été ci-devant par usage, excepté néanmoins les convois des religieuses, ceux des enfans au-dessous de sept ans, tous ceux de l'hôpital Saint Louis et les services pour lesquels ladite distribution de 3 ₶ n'a jamais eu ni dû avoir lieu, et afin que lesdits convois et services ne soient point comptés au nombre de ceux pour lesquels la distribution de 3 ₶ sera allouée en dépense, le sacristain sera tenu, en les inscrivant dans le registre de compte, de les désigner en marge par l'un de ces mots : *Religieuses, enfans. Saint Louis. Service.* État général de l'emploi et distribution des deniers qui se reçoivent pour chaque convoi et service à la sacristie de l'Hostel Dieu, arrêté par délibération du 28 février 1776. Pour un convoi général avec haute messe et prose, 76 ₶ 6 sols. A la recette générale 28 ₶ 8 sols, 8 prêtres de chœur 12 ₶, quatorze confesseurs 21 ₶, prose 2 ₶, M. le Maître au spirituel 3 ₶, M. le sacristain 3 ₶, au suisse 15 sols, au sonneur 10 sols, au porte-croix 2 sols, aux enfans de chœurs 8 sols, aux porte flambeaux 8 sols, aux garçons de la sacristie 2 ₶ 15 sols; 4 messes à 10 sols, 2 ₶. Pour un convoi général sans haute messe et prose, 71 ₶ 6 sols. Pour un convoi général aux Innocents, haute messe et prose, 58 ₶ 6 sols. Convoi de Mrs les prêtres et officiers de la maison 50 ₶. Convoi de novices et sœurs de la chambre 47 ₶ 10 sols. Transport du chœur sans messe, 45 ₶. Convoi d'argenterie avec haute messe et prose, 31 ₶. Convoi ordinaire avec haute messe sans prose, 21 ₶ 10 sols. Convoi ordinaire sans messe, 18 ₶ 10 sols. Convoi des religieuses, 24 ₶ 8 sols. Convoi d'enfans de chœurs, 22 ₶ 10 sols. Convoi d'enfans jusqu'à l'âge de 7 ans, 12 ₶. Service général avec haute messe et prose, 81 ₶ 18 sols. Service inférieur, 30 ₶ 7 sols. Convoi de l'hôpital Saint Louis, convoi d'argenterie avec haute messe et prose, 31 ₶.

(19 mars.) La Compagnie délibérant sur l'état actuel de l'Hostel Dieu, a arrêté unanimement qu'il sera de nouveau écrit à monsieur de Lamoignon de Malesherbes, ministre et secrétaire d'État au département de Paris, pour lui représenter l'état où l'Hostel Dieu se trouve réduit depuis plus de trois ans, combien l'indécision aggrave les malheurs de l'incendie et la situation pénible des religieuses logées dans des greniers, dont plusieurs ont été la victime, et nommément la mère prieure, le prier en conséquence de rendre incessamment compte au Roi d'une affaire à laquelle l'humanité est autant intéressée, pour faire lever les obstacles qui empêchent de procurer un logement aux religieuses qui n'habitent que des greniers, et leur faire envisager quelque soulagement dans des fonctions que les circonstances actuelles rendent aussi pénibles.

(17 avril.) Sur ce qui a été dit qu'il n'a été reçu aucune réponse à la lettre écrite par la Compagnie le 31 mars dernier à M. de Lamoignon de Malesherbes pour le prier de faire son rapport au Roi de la situation actuelle de l'Hostel Dieu, que cependant rien n'est plus instant, d'autant plus qu'indépendamment de l'état de souffrance où se trouvent les religieuses de cette maison qui y succombent, du danger où sont les fondations de la partie incendiée de l'Hostel Dieu de dépérir par les injures de l'air, s'il n'y est pourvu très promptement, il y a des portions restant de bâtimens dont il se détache journellement des pierres et qui menacent ruine, et d'entraîner dans leur chute des objets considérables et de faire encore par cette chute de plus grands dommages aux voûtes et parties inférieures. La matière mise en délibération, a été arrêté unanimement qu'il sera fait de nouvelles instances pour obtenir une décision prompte qui mette en état de faire cesser l'état affligeant où se trouvent les religieuses, les malades, et les restes de bâtisse qui peuvent être conservés, et à cet effet MM. Lecouteulx et Marchais ont été nommés pour voir M. de Lamoignon de Malesherbes, et ceux des autres ministres qu'ils croiront utile de solliciter sur cet objet si important pour l'humanité.

(8 mai.) A été dit par M. Marchais que M. le Procureur général lui a envoyé une lettre de M. le prince de Montbareith portant que le Roi accorde à l'Administration la demande qu'elle avoit faite de 15 fusils et 15 bayonetes du magasin de l'arcenal, pour armer les invalides de la garde établie à l'Hostel Dieu, qu'il a en conséquence envoyé l'inspecteur de l'Hostel Dieu avec la lettre de M. de Montbareith pour les recevoir, et que ces armes lui ont été délivrées sur le champ en bon état.

(5 juin.) A été dit par un de MM. les commissaires de l'hôpital des Incurables que l'un des chapelains de cette maison demandoit la permission de travailler dans la bibliothèque de cet hôpital, trouvant trop incommode de porter dans sa chambre les livres dont il se trouveroit avoir besoin et de les rapporter fréquemment à la bibliothèque, pour en prendre d'autres, d'autant que souvent il s'agit moins de lire de suite et en entier ces livres que de les consulter sur certains objets ou certains passages; que pour mettre le Bureau en état de se décider sur cette demande, il croyoit à propos de lui mettre sous les yeux ce qu'il avoit pu découvrir touchant l'établissement, la destination et l'usage de cette bibliothèque; que son établissement étoit dû à la charité et aux bonnes intentions de M. Philippe Despont, prêtre docteur en théologie, qui avoit eu la direction spirituelle de cet hôpital pendant près de cinquante ans, et y étoit décédé en l'année 1700; que par son testament du 10 mars 1690, il avoit ordonné que tous les livres qui lui appartenoient demeureroient à perpétuité, sans pouvoir être vendus, ni aliénés pour quelque considération que ce soit, dans la galerie qu'il avoit fait bâtir plusieurs années auparavant dans cette maison, afin (ce sont les termes du testament) que lesdits livres soient pour l'usage de toutes les personnes de cet hôpital qui pourront ou voudront s'en servir...

(10 juillet.). A été arrêté que les règlemens qui défendent aux malades incurables *de sortir les dimanches et fêtes* seront exécutés, tant à l'égard des hommes qu'à l'égard des femmes; en conséquence qu'aucun ne pourra sortir lesdits jours, sans en avoir préalablement obtenu du Bureau la permission par écrit, qui ne sera accordée que pour des causes légitimes et importantes, comme aussi pourront dans des cas urgens lesdites permissions être données par écrit et non autrement par un de MM. les commissaires, ou même par l'économe, à la charge par ceux qui auront délivré ces permissions d'en informer la Compagnie au premier Bureau qui suivra l'époque desdites permissions.

(17 juillet.) Messieurs les commissaires ont dit qu'il avoit été mis des ouvriers dans les lieux incendiés de l'Hostel Dieu, en exécution de la délibération du 22 mai dernier; que leurs salaires s'arrêtent par des rôles particuliers, visés conformément à la délibération du 12 juin dernier; qu'on travaille à la démolition des parties en péril, et qu'il leur paroît important de suivre sans interruption pendant le reste de la belle saison les ouvrages commencés, dans la proportion néanmoins des deniers que la prudence permettra d'y destiner, afin d'accélérer autant qu'il sera possible, l'établissement d'un logement également indispensable et instant pour les religieuses.

(17 juillet.). M. Lenoir, conseiller d'État, ayant été nommé pour la seconde fois lieutenant général de police, a pris séance en cette dernière qualité pour la deuxième fois.

(13 septembre.) La Compagnie a reçu pour chirurgien externe Antoine *Magendie.*

(27 novembre.) Sur ce que la Compagnie a été informée qu'il se répand dans Paris un imprimé portant pour titre : *Journal de Paris* ou *Poste du soir,* prospectus contenant entr'autres indications, page 3, dans la feuille du lundi le relevé jour par jour des naissances, des mariages et des morts de la semaine qui aura précédé, ainsi que celui des malades entretenus dans les divers hôpitaux de cette ville, il a été observé que la connoissance qui seroit donnée au public de ceux qui décèdent jour par jour à l'Hostel Dieu pourroit donner sans motif des allarmes à tous les citoyens et éloigner ceux d'entre eux que leur indigence met dans la nécessité de recourir aux secours qui sont administrés dans cet hôpital; que le nombre de ceux qui y décèdent, comparé avec celui de ceux qui y naissent et qui y sont traités pendant le cours entier d'une année et consigné, soit dans les états qui se distribuent à MM. les administrateurs tous les mois, soit même dans les tableaux généraux qui se donnent annuellement au public, ne peuvent faire de sensation par la raison que les premiers ne sont qu'à la connoissance des membres du Bureau et que les autres contiennent un nombre qui se répartit sur la totalité de l'année, au lieu que dans cette totalité il y a des circonstances où ce nombre des morts se trouvant plus fort dans la proportion que celui des saisons subséquentes ou antécédentes, seroit capable d'inspirer une terreur peu fondée et qui pourroit être funeste; que cet objet a paru assés intéressant pour déterminer plusieurs de MM. à consulter à cet égard les médecins et chirurgiens de l'Hostel Dieu assemblés le jour d'hier au Bureau pour l'interrogat des chirurgiens commissionnaires; que tous lesdits médecins et chirurgiens étoient unanimement convenus que le public en général, et ceux des citoyens que leur état oblige de recourir à l'Hostel Dieu ont le plus grand intérêt à ce qu'il n'en soit pas donné au public, dans une feuille périodique, une connoissance journalière de ceux qui décèdent à l'Hostel Dieu; qu'il en résulteroit fréquemment des allarmes que la sagesse de l'Administration a, dans les circonstances les plus critiques, pris toutes les précautions possibles de prévenir; que d'ailleurs dans toutes les circonstances le nombre des morts de l'Hostel Dieu

est pour la plus grande partie composé de ceux qui n'y arrivent que dans un état désespéré, et pour éviter à leur famille les frais de leur sépulture, de manière que les calculs de ces listes occasionneroient et auroient pour fondement une erreur funeste aux citoyens; sur quoi la matière mise en délibération, la Compagnie a arrêté que le maître au spirituel et le doyen des confesseurs des malades de l'Hostel Dieu seront mandés mercredi prochain au Bureau, à l'effet de recommander audit maître de veiller à ce qu'aucun desdits prêtres confesseurs de malades, chargés des registres de baptêmes et sépultures, ne donne à aucun étranger aucune note relative au nombre des baptêmes et sépultures qui se font à l'Hostel Dieu, et audit doyen desdits prêtres confesseurs les deffenses les plus expresses, tant pour lui que pour ses confrères, de donner aucune liste ou note concernant cet objet.

(18 décembre.) La Compagnie estime que ne point consentir à la retraite demandée par le sieur Cochu, médecin de l'Hostel Dieu, c'est lui donner le témoignage le plus sincère de sa reconnoissance, de sa confiance en ses talens, ses lumières, son expérience et son exactitude; pourquoi a été arrêté qu'il lui sera fait de sa part les instances les plus vives et les plus pressantes pour l'engager à donner encore ses soins au soulagement des pauvres malades de l'Hostel Dieu et à leur réserver une partie du tems qu'il se propose de consacrer au public.

147e REGISTRE. — ANNÉE 1777.

(8 janvier 1777.) Par un extrait tiré des registres de l'Hostel Dieu et de l'hôpital Saint Louis, il paroît que le premier janvier de l'année dernière 1776, il y avoit 1,879 malades dans ledit Hostel Dieu, tant de la ville et de la campagne que des hôpitaux de Paris; que pendant ladite année il en a été reçu 19,232 dont 12,083 de la ville, 6,042 de la campagne; des hôpitaux : 30 de la Charité, 603 de la Salpétrière, 184 de Biscêtre, 290 de la Pitié, et qu'il y est né 1,581 enfans, dont 841 garçons et 740 filles, ce qui compose en total 22,692 personnes; que sur ce nombre il en est mort 3,798 dont 2,146 hommes, 1,291 femmes de la ville et de la campagne; enfans nouveaux nés 112, dont 58 garçons et 54 filles; des hôpitaux, 12 de la Charité, 100 de la Salpétrière, 44 de Biscêtre et 93 de la Pitié, et comme il n'en restoit le dernier dudit mois de décembre 1776 que 1,628, il en est sorti 17,266. Qu'il y avoit le premier dudit mois de janvier 1776, 709 malades dans ledit hôpital Saint Louis; qu'il en a été envoyé dudit Hostel Dieu pendant ladite année 3,140, dont 1,413 de la ville, 706 de la campagne; des hôpitaux : 4 de la Charité, 656 de la Salpétrière, 186 de Biscêtre et 175 de la Pitié, ce qui compose 3,849 personnes; que sur ce nombre il en est mort 753, dont 269 hommes et 117 femmes de la ville et de la campagne; des hôpitaux : 2 de la Charité, 191 de la Salpétrière, 63 de Biscêtre, 111 de la Pitié et comme il n'en restoit le dernier dudit mois de décembre 1776 que 647, il en est sorti 2,449, en sorte qu'au dernier dudit mois de décembre 1776, il restoit 2,275 malades dans lesdits deux hôpitaux.

(29 janvier.) Monsieur Dupont a dit que la délibération de la Compagnie, du 18 décembre dernier, qu'il a communiqué au sieur Cochu, et les instances aussi vives que pressantes qu'il lui a faites, n'ont pu l'engager à continuer ses services auprès des pauvres de l'Hostel Dieu; qu'au contraire, il persistoit dans toutes les demandes qu'il a formées; que la Compagnie peut s'en convaincre par la lecture d'une seconde lettre qu'il a adressée au Bureau le 8 de ce mois; qu'ainsi il s'agit tant de délibérer sur ces demandes que de pourvoir à la place de médecin ordinaire vacante par sa démission; la matière mise en délibération, la Compagnie a accepté la démission donnée par ledit sieur Cochu de sa place de médecin ordinaire de l'Hostel Dieu, et sans se départir des principes et des règles qui font la base d'une bonne et sage administration, mais déterminée par les considérations particulières et peut être uniques d'un service continuel et assidu de plus de 40 ans de la part du sieur Cochu, lui accorde le titre de médecin honoraire dudit Hostel Dieu, le conserve dans sa place de médecin de l'Hôpital des Incurables et lui accorde une pension annuelle de 400# sa vie durant. La Compagnie a arrêté en outre que les appointemens attachés à la place du dernier des médecins ordinaires dudit Hostel Dieu seront réduits à 400# par année, tant que la pension ci-dessus accordée subsistera, et que cette réduction frapera successivement sur celui qui sera le dernier desdits médecins ordinaires. Et pour remplacer ledit sieur Cochu dans la place de médecin ordinaire dudit Hostel Dieu, la Compagnie a choisi et nommé le sieur Sollier de la Romillais, actuellement médecin expectant dudit Hostel Dieu, aux appointemens de 400# par année, tant qu'il sera le dernier des médecins ordinaires; la Compagnie a ensuite choisi et nommé le sieur Mallet, médecin de la Faculté de Paris, dont on a rendu de très bons témoignages, pour médecin expectant dudit Hostel Dieu au lieu dudit sieur Sollier de la Romillais.

(12 février.) Monsieur Durant a dit que samedi dernier dans l'après midi, il avoit eu avis que le maître au spirituel de l'Hostel Dieu avoit permis aux religieux du Mont Liban de venir le lendemain dire la messe dans l'église de cet hôpital; que craignant que le concours que pareilles messes avoient occasionnés dans d'autres églises de Paris n'excitât du tumulte et du désordre dans celle de l'Hostel Dieu, et peut être dans la maison, et que la curiosité des domestiques et autres personnes de l'Hostel Dieu ne les portât à interrompre le service des malades pour se porter dans l'église, et que des étrangers mal intentionnés n'en profitassent pour faire plus facilement des vols dans l'intérieur, il s'étoit transporté avec M. Lecouteulx de Vertron, tant chez Mgr l'archevêque que chez MM. de Tudert et de Malaret; que ne les ayant point trouvés, ils s'étoient rendus à l'Hostel Dieu où le maître au sqirituel leur avoit donné à entendre qu'il avoit cru qu'il ne s'agissoit que d'une messe basse ordinaire sans aucune conséquence et qu'il en avoit informé M. Malaret, dès qu'il avoit seu que cette messe pouvoit entraîner quelque appareil; sur quoi ils lui avoient dit que cela lui faisoit connoître qu'il ne devoit jamais prendre sur lui de donner de ces sortes de consentemens, non seulement sans avoir pris des instructions suffisantes, mais aussi sans en avoir obtenu la permission de MM. les supérieurs au spirituel et sans en avoir prévenu l'Administration; qu'ils vouloient bien pour cette fois permettre au sacristain de fournir des ornemens convenables, ce qu'ils avoient fait ensuite, mais que d'un côté cette messe ne devoit rien déranger à l'office ordinaire et qu'elle ne pourroit commencer qu'après qu'il seroit achevé; que d'un autre côté il étoit à propos qu'il prévînt ces prêtres qu'il ne s'étoit jamais fait dans l'église dudit Hostel Dieu aucune quête étrangère aux besoins de cet hôpital, et qu'ils alloient donner les ordres nécessaires pour prévenir autant qu'il seroit possible qu'il ne résultât de cette cérémonie aucun trouble, ni dans l'intérieur de la maison, ni dans l'église; qu'ils avoient ensuite dit à la mère prieure et à l'inspecteur de ne point souffrir que les domestiques quittassent leur service et allassent dans l'église pendant cette messe; la matière mise en délibération, la Compagnie a arrêté qu'il sera fait registre du récit de monsieur Durant, et, en approuvant les démarches faites par lui et par M. de Vertron, et les ordres par eux donnés, elle a ordonné que l'inspecteur et ensuite le maître au spirituel seront mandés à l'instant pour informer le Bureau de ce qui s'étoit passé en exécution. Lesquels étant venus peu après et ayant été entendus séparément, il a été reconnu qu'aucun domestique n'étoit venu dans l'église pendant la messe dont il s'agit, au moyen de quoi elle avoit été célébrée très tranquillement, ne s'y étant même trouvé que peu de personnes du dehors; qu'il n'avoit point été fait de quête; qu'après cette messe finie, ces prêtres étoient sortis de l'Hostel Dieu pour aller dire une autre messe ailleurs, et qu'ils n'étoient revenus que sur les 3 heures après midi, rendre à la mère prieure une simple visite, après laquelle ils s'étoient retirés.

(24 mars.) Monsieur Durant a dit que c'est avec la plus juste douleur qu'il se voit obligé de faire part à la Compagnie de la lettre que le Bureau a reçue le mercredi 26 février de M. Poan, par laquelle, pour les raisons y exprimées, il prie la Compagnie d'accepter la démission qu'il donne des places d'administrateur de l'Hostel Dieu et de l'hôpital des Incurables, de laquelle lettre la teneur suit : «Paris, 26 février 1777. Messieurs, les mêmes affaires qui ont nécessité mon absence de Paris pendant plus de 18 mois subsistent encore, et je ne sçais pas positivement quand elles pourront être terminées; vous avez eu la bonté, jusqu'à présent, et en particulier monsieur Marchaïs, de vous charger des parties d'administration que vous m'avez confiées; permettez que j'ays l'honneur de vous remercier, mais je sens combien cette surcharge a de difficultés et combien elle pourroit même nuire au bien des pauvres, si le zèle dont vous êtes animés pour lui ne multiplioit les forces; je crois donc qu'en conscience je ne dois pas plus longtems abuser de vos bontés, ni priver les pauvres de l'avantage qui leur reviendra par le choix que vous ferez d'un successeur; il vous sera facile d'en trouver un qui ait plus de talent et de lumière que moi; en conséquence, je vous prie d'accepter la démission que je donne des places d'administrateur de l'Hostel Dieu et de l'hôpital des Incurables; c'est avec la douleur la plus sensible que je me sépare d'une compagnie pour laquelle j'ai toujours été pénétré d'estime et de vénération et à laquelle j'aurois désiré d'être associé le reste de ma vie pour mon propre avantage. Si j'ai joui de quelque considération, je le dois à cet honneur. Je suis avec respect, Messieurs, votre très humble et très obéissant serviteur. Signé, Poan.» Après la lecture de cette lettre, monsieur Durand a ajouté que dès l'année dernière, avant son départ, M. Poan l'avoit instruit de la nécessité où il étoit de se rendre à la terre dont sa fille et son gendre avoient fait l'acquisition pour en mettre les titres en ordre, en faire faire le terrier et veiller à tout ce qui seroit nécessaire pour mettre cette terre dans la valeur dont elle étoit susceptible; que prévoyant que ces opérations pourroient être très longues et durer plusieurs années, il ne croyoit pas pouvoir conserver la place d'administrateur dont il ne pourroit faire aucunes fonctions, et qu'il étoit dans l'intention dès lors d'en donner sa démission; que monsieur Durand avoit fait tout ce qui avoit été en lui

pour le détourner de prendre si précipitamment ce parti, en lui représentant que les opérations qu'il avoit en vue ne seroient peut être pas d'une aussi longue durée qu'il se le persuadoit; qu'il n'y avoit aucun de MM. les Administrateurs qui ne se fit un devoir et un plaisir de le supléer en ce qu'il pourroit pendant son absence, dans l'espérance de conserver à l'administration un membre en qui elle connoissoit des qualités très essentielles pour l'avantage des pauvres de l'Hostel Dieu; que ces représentations avoient fait apparemment quelque impression sur l'esprit de M. Poan, puisqu'il avoit suspendu jusqu'à présent l'exécution de son projet, mais que depuis son arrivée à Paris, il lui avoit de nouveau manifesté sa résolution, fondée sur ce que non seulement il n'envisageoit pas le terme fixe des opérations commencées, mais qu'il craignoit au contraire qu'il ne lui en survint de nouvelles. Que dans ces circonstances, le Bureau ordinaire, en arrêtant le mercredi 26 février, qu'il en seroit référé à la présente assemblée, et craignant que M. Poan ne fut reparti auparavant, avoit chargé M. Durant d'aller avec M. Marchais lui témoigner au nom de l'Administration toute sa sensibilité au parti qu'il avoit pris et le regret de se voir privé d'un administrateur qui réunissoit autant de zèle et de capacité; que s'étant acquitté de leur mission auprès de M. Poan, ils avoient été témoins de sa reconnoissance et de sa douleur, mais qu'il étoit resté persuadé que les circonstances où il étoit exigeoient absolument de lui ce sacrifice; sur quoi la Compagnie, après avoir délibéré, en approuvant ce qui a été ordonné le 26 février dernier par le Bureau ordinaire et exécuté par MM. Durant et Marchais auprès de M. Poan, a arrêté que la lettre de M. Poan demeurera déposée aux archives de l'Hostel Dieu; en conséquence, en acceptant quoiqu'à regret la démission de M. Poan y contenue, elle a choisi, nommé et élu pour le remplacer M. Mopinot, conseiller au Châtelet, et a commis MM. Durant et Dupont pour l'informer de ce choix et le prier de se rendre aux vœux du Bureau, en acceptant cette nomination.

(2 avril.) A été dit par monsieur Durant qu'au mois de novembre 1776, M. de la Belouze, conseiller de grand'chambre, s'étoit présenté à l'hôpital des Incurables muni d'un billet de M. le Premier Président, conçu en ces termes : « Je vous prie, Monsieur, de laisser entrer monsieur de la Belouze, conseiller de grand'chambre au Parlement dans mon appartement des Incurables. » Qu'en conséquence il avoit visité les dépendances de ce qu'on appelle le logement de M. le Premier Président, et avoit laissé entrevoir qu'il étoit dans l'intention de l'occuper; que sur l'avis que M. Durant en avoit eu, il avoit fait à M. le Premier Président ses représentations à ce sujet, en lui observant que cet appartement originairement n'avoit été destiné à M. le Premier Président et occupé par lui qu'à l'occasion de ce queen 1690, pour arranger les affaires de cet hôpital, il y venoit souvent tenir des assemblées pour lesquelles le Bureau n'étoit pas un lieu propre, vu qu'elles étoient très nombreuses et tumultueuses par le concours des créanciers avec lesquels il avoit à traiter; qu'il n'avoit été accordé que momentanément et pour y traiter des affaires de l'hôpital; que si MM. les Premiers Présidents l'avoient conservé depuis, il ne pouvoit être que pour leur usage personnel et non pour le transmettre et le faire occuper par d'autres; que les règlemens de la maison exigeoient que les portes en fussent ouvertes le matin et fermées le soir à des heures fixes et invariables; qu'il seroit très difficile d'assujétir ceux qui occuperoient cet appartement à s'astreindre à ces règles; à quoi M. le Premier Président lui avoit répondu qu'il n'avoit pu refuser cette facilité à M. de la Belouze qui se trouvoit dans un embarras de logement, que ce ne seroit qu'une chose très momentanée, et que les règles de la maison n'en souffriroient en aucune façon, parce que M. de la Belouze ne soupoit point et étoit toujours rentré de bonne heure. M. Durant a ajouté que n'ayant plus cependant entendu parler de cette affaire, il avoit cru que M. le Premier Président ayant réfléchi sur ses observations avoit changé d'avis, mais que le 24 mars dernier, M. de la Belouze étoit venu chez lui l'informer qu'il se disposoit à aller aux Incurables occuper l'appartement en question, suivant la permission que lui en avoit donnée M. le Premier Président, et qu'il espéroit qu'il le lui feroit livrer avec toutes ses dépendances et notamment la remise et l'écurie qui en faisoient partie; que M. Durant lui avoit réitéré les mêmes observations qu'il avoit faites ci-devant à M. le Premier Président, et singulièrement celles relatives aux heures de l'ouverture et fermeture des portes de l'hôpital, et qu'il ne croyoit point qu'il y eût de remise ni d'écurie dépendant de cet appartement, sur quoi M. Durant ayant prié la Compagnie de faire connoître ses intentions, la matière mise en délibération, a été arrêté qu'encore que le logement dont il s'agit ne soit effectivement destiné qu'à l'usage personnel de M. le Premier Président, même momentanément et pour les affaires dudit hôpital, néanmoins, la Compagnie voulant témoigner à M. le Premier Président sa déférence, et ayant égard à la circonstance urgente où se trouve M. de la Belouze, et aux assurances qui ont été données par l'un et par l'autre, que son séjour dans cet appartement ne seroit que très momentané, et qu'il se conformeroit très exactement aux règles de la maison, notamment pour les heures de l'ouverture et de la fermeture des portes de l'hôpital a accordé, sans tirer à conséquence.

(16 avril.) A été dit par M. Marchais qu'il vacque depuis environ cinq mois un poste important à l'Hostel Dieu par la mort du sieur Détruffy, et par celle arrivée depuis peu de jours du sieur, Lesieur le plus ancien des compagnons chirurgiens dudit Hostel Dieu; ledit sieur Détruffy commis par le Bureau depuis près de 20 années à la visite des malades qui entrent à l'Hostel Dieu, et ledit sieur Lesieur ayant suplée ledit sieur Détruffy dans les cas de maladies, ou autres empèchemens légitimes. Que la manière inégale et souvent peu exacte du service de ce poste avoit causé pendant longtemps une surcharge considérable de malades qui n'eussent pas dû être admis à l'Hostel Dieu, ou qui n'étoient que malades par artifice, tandis que plusieurs fois on en renvoyoit qui avoient le plus grand besoin de secours. Que le grand nombre d'affaires plus instantes encore auxquelles le Bureau avoit eu à pourvoir depuis la reprise de ses fonctions le premier février 1775 l'avoit jusqu'ici empêché de s'occuper de cet objet, mais que la circonstance amenant naturellement le moment de réformer cette partie, il a eu plusieurs conférences à ce sujet avec le sieur Moreau, premier chirurgien dudit Hostel Dieu, dans lesquelles il a reconnu qu'il y avoit nombre de difficultés qu'on avoit cru éviter en préposant ledit sieur Détruffy à ladite visite, dont on n'avoit évité qu'une partie, ce qui n'avoit fait qu'une opération incomplette, qu'il a été obligé par là d'examiner à fond la question, et qu'il a reconnu deux choses qui doivent former la base sur laquelle il faut opérer pour lever sinon la totalité des inconvéniens, car il y en a partout, au moins la majeure partie, l'une est la nécessité qu'il n'y ait point d'interruption à la visite des malades, depuis l'ouverture des portes de l'Hostel Dieu depuis le matin jusqu'à leur clôture le soir, l'autre est l'assiduité des compagnons chirurgiens commis à la visite, dont il a observé plusieurs fois que l'inexactitude à leur poste donnoit lieu à des plaintes et des murmures très fondés, ou à des admissions furtives de malades. Que l'exécution de cet article dépend de la réforme d'un vice très ancien, dont l'humanité et le bon ordre exigent également l'extinction sans retour. Ce vice consiste en ce que le banc ou bureau où sont déposés les registres d'entrée à l'Hostel Dieu se ferme tous les jours depuis midi et demi jusqu'à une heure et demie, et quelquefois plus tard, pour donner aux ecclésiastiques qui inscrivent les malades le tems de prendre leur repas; pendant ce tems les malades souvent s'amoncellent et s'accumulent, on y voit brancard sur brancard, en sorte que s'il s'en trouve de moribonds, une des religieuses de la porte est obligée de prendre leurs noms, et les donne aux prêtres de garde, quand ils rentrent au banc de la réception, mais qu'on sent aisément combien cet usage peut emporter d'inconvéniens pour les familles des malades, et d'inexactitude pour l'identité des sujets qui reçoivent les secours de la maison, et qui souvent entrent sans être visités; que d'ailleurs le public s'est plaint très souvent de ce retard dans leur réception, tout le monde sachant qu'il est nombre de maladies où le secours différé d'une heure décide de la vie ou de la mort d'un malheureux. Qu'en vain la chambre de la visite seroit servie sans discontinuation par les compagnons chirurgiens, si le banc ne l'étoit par les ecclésiastiques avec la même exactitude, qu'ainsi il est indispensable d'ordonner que le Bureau restera ouvert toute la journée, et que les ecclésiastiques se fassent suppléer, dans le tems de leur repas, comme les compagnons chirurgiens se supléeront dans la même circonstance. Qu'il a conféré à ce sujet avec M. de Malaret l'un des supérieurs au spirituel qui, après avoir déclaré aux ecclésiastiques la nécessité de se prêter aux vues de l'Administration, l'a assuré qu'ils s'arrangeroient de manière à satisfaire à cette continuité de service. Que ces deux points capitaux une fois établis, il reste au Bureau : 1° en confirmant les anciens règlemens, de rétablir l'ordre primitif selon lequel il étoit réglé que les compagnons chirurgiens feroient la visite à la porte tour à tour pendant un mois; 2° à faire le choix d'un sujet qui suplée le compagnon de mois à la visite pendant le tems des pansemens et des repas, comme en étoit chargé ledit feu s. Détrussy, qui étoit aussi chargé de la distribution des médicamens et choses nécessaires aux pansemens; 3° enfin à renouveller les anciens arrêtés où sont énoncés les devoirs des compagnons chirurgiens et notamment celui du 14 mai 1749, qui a été rédigé avec le plus grand soin; que quant au premier objet, il est réglé dès 1749, et peut être continué d'être exécuté; qu'il n'est donc question que de s'occuper du choix du compagnon qui substituera celui de mois à la visite, dans les tems d'absence forcée; que plusieurs sujets se sont présentés pour obtenir ce poste, auquel le Bureau a attaché 400 ₶ d'appointemens par année, lorsqu'il nomma ledit feu s. Détruffy. Que de tous ceux qui se présentent le s. Naudin est celui qui semble mériter le plus l'attention du Bureau, non seulement par ce qu'il est reconnu pour fort entendu dans sa partie, mais aussi parce qu'il s'est toujours bien conduit et a rempli exactement ses devoirs, enfin qu'il a le vœu dudit sieur Moreau, premier chirurgien dudit Hostel Dieu, à condition néanmoins que ledit sieur Naudin déclarera qu'il se déporte de son rang de compagnon chirurgien dudit Hostel Dieu, parce que ses fonctions seront désormais incompatibles avec celles de compagnon gagnant maîtrise. Qu'il ne reste plus que le dernier objet à régler, et qu'il l'est même déjà en quelque sorte par la délibération dudit jour 14 mai 1749 en renouvellant les dispositions

de cette même délibération, relativement aux circonstances actuelles. La matière mise en délibération, la Compagnie a arrêté : 1° que la visite des malades sera faite toute la journée sans interruption et qu'à cet effet le banc et la chambre de visite demeureront ouverts depuis le matin jusqu'à la clôture des portes dudit Hostel Dieu; 2° que de mois en mois le compagnon chirurgien de tour sera commis à la visite par le premier chirurgien dudit Hostel Dieu selon la règle ordinaire; 3° et pour substituer ledit compagnon chirurgien de mois dans les tems d'absence nécessaires, elle a nommé et choisi Étienne Naudin, garçon âgé de 31 ans passés, né à la Chapelle en Serval, diocèse de Senlis, lequel continuera sans interruption la visite des malades, en l'absence du compagnon de mois pendant les heures du réfectoire, et sera chargé en outre du dépôt et de la distribution des médicamens et autres choses nécessaires aux pansemens et, en cas de maladie, sera suplédé par le dernier des compagnons chirurgiens, aux gages de 400 ᵗᵗ par année et sera en outre logé, chauffé, éclairé et nourri à l'Hostel Dieu au second réfectoire des officiers; 4° et la Compagnie voulant rétablir l'ordre, anciennement prescrit par le règlement de 1749 dont on s'est peu à peu relâché, en confirmant en tant que de besoin ledit règlement, a en outre arrêté les articles suivans pour ne faire avec celui de 1749 qu'un seul et même règlement : Article 1er. Tous les mois le premier chirurgien dudit Hostel Dieu commettra à la visite des malades le compagnon chirurgien qui sera de tour. — Art. 2. Le Compagnon chirurgien de service à la visite se tiendra continuellement à portée de la chambre qui y est destinée, dans l'endroit qui lui sera indiqué, depuis l'ouverture des portes le matin jusqu'à leur clôture, excepté aux heures des repas et des pansemens dont il est chargé, l'intention du Bureau étant que la visite ne soit suspendue sous aucun prétexte. — Art. 3. Il lui est expressément défendu hors ces cas de s'absenter ni de se faire substituer par qui que ce soit, si ce n'est par la permission dudit premier chirurgien, à peine d'être congédié sans espérance de pouvoir rentrer à l'Hostel Dieu. — Art. 4. Le banc où les malades sont inscrits ne sera plus fermé à midi, mais demeurera ouvert depuis l'ouverture des portes de l'Hostel Dieu, à 6 heures du matin, jusqu'à leur clôture à huit heures du soir, et MM. les ecclésiastiques auront soin de se faire substituer pendant l'heure de leur repas par un de leurs confrères, à quoi M. le maître au spirituel sera prié de veiller. — Art. 5. Pour substituer le compagnon chirurgien dans les tems d'absence forcée, ledit sieur Naudin, l'un des compagnons chirurgiens de l'Hostel Dieu sera tenu de continuer sans interruption la visite en l'absence dudit compagnon de mois, et en cas de maladie dudit sieur Naudin, il sera suplédé par le dernier des compagnons chirurgiens dudit Hostel Dieu. — Art. 6. Il est expressément défendu à tout chirurgien compagnon d'introduire aucun chirurgien externe dans la chambre de garde, sous aucun prétexte que ce soit, et au cas qu'il s'y en trouve un seul, ledit premier compagnon chirurgien dudit Hostel Dieu en rendra compte au Bureau qui punira tous les chirurgiens de la chambre de garde, auxquels il est défendu de se faire substituer, à peine d'être renvoyés. — Art. 7. Et pour rétablir l'ordre établi par le Bureau, tant pour la manière de faire la visitte ci-dessus ordonnée, que pour le service des compagnons de la chambre de garde, il sera remis à M. le maître au spirituel et audit sieur Moreau, 1er chirurgien dudit Hostel Dieu, par le greffier du Bureau et par l'inspecteur dudit Hostel Dieu aux compagnons chargés de la visite, ainsi qu'à ceux de la chambre de garde un extrait de la présente délibération et de celle du 14 mai 1749, pour qu'ils ayent à s'y conformer chacun à leur égard, et ledit premier chirurgien dudit Hostel Dieu chargé d'y tenir la main, et d'informer le Bureau des infractions qui y seroient faites.

(14 mai.) A été rapporté au Bureau que le matin de ce jour M. le Premier Président de la Chambre des comptes avoit dit à plusieurs de MM. les administrateurs qu'il étoit dans l'intention de faire part à l'assemblée générale qui avoit été indiquée pour aujourd'hui, mais qui n'a point eu lieu à cause de la maladie de M. l'archevêque, *du désir de la Reine*, qu'une malade qu'elle honore de sa protection fut placée dans l'hôpital des Incurables, et qu'en attendant que la santé de M. l'archevêque permît de convoquer une autre assemblée générale, il avoit prié nommément M. Durant de l'informer lorsqu'il y auroit dans cet hôpital quelque lit vacant. Sur quoi a été observé que M. le Premier Président de la Chambre des comptes ne peut pas ignorer qu'il n'y a dans cet hôpital aucun lit qui n'ait son fondateur et son nominateur particulier, que l'Administration n'a droit de disposer d'aucun de ces lits au préjudice des nominateurs; que le Bureau ne nomme en corps qu'à un très petit nombre de lits qui sont grevés par leur fondation même de quelques charges gênantes, comme de ne pouvoir être remplis, les uns que par des hommes, les autres que par des femmes, ou par des malades pris dans certaines terres, etc., de l'exécution desquelles charges il n'est pas permis au Bureau de se dispenser, puisqu'une de ses principales obligations est de veiller à ce que les nominateurs particuliers ne s'en écartent pas. Qu'il y a d'ailleurs des espèces de maladies, même incurables, qui ne peuvent pas être reçues dans cet hôpital, que celles qui y sontadmissibles et celles

qui en sont exclues sont spécifiées en détail dans l'extrait imprimé des règlemens sur l'âge et les qualités des malades. Que chacun des lits actuellement existans ayant leur revenu particulier, il ne peut être, au delà du nombre de ces lits lorsqu'ils sont remplis, reçu aucun autre malade, à moins qu'il ne se fasse une fondation nouvelle, puisqu'il n'y auroit aucun revenu pour subvenir à sa dépense. Qu'ainsi aucun malade ne peut être admis dans l'hôpital des Incurables à moins : 1° qu'il n'y ait un lit vacant de ceux actuellement existans, ou une nouvelle fondation; 2° que le malade ne représente la nomination de la personne à qui ce lit appartient; 3° que cette nomination ne se trouve conforme à l'institution de la maison et aux clauses des fondations; 4° que le malade n'ait été visité par le médecin et le chirurgien de cet hôpital, et que sa maladie n'ait été jugée par eux non seulement incurable, mais aussi de la qualité de celles auxquelles cet hôpital est destiné. Qu'il n'y a pas lieu de douter que, lorsque la Reine sera instruite de toutes ces circonstances, qui ne peuvent pas être à sa connoissance, Sa Majesté ne prenne des mesures convenables à sa bienfaisance pour procurer un asile à la malade qui est assés heureuse pour être honorée de sa protection, sans blesser la justice due aux fondateurs ou à ceux qui les représentent, et sans blesser les règles et les intérêts légitimes de l'hôpital des Incurables; la matière mise en délibération, a été arrêté, encore qu'il ne soit point d'usage de rendre public, même dans le bureau les noms de ceux à qui appartient la nomination aux lits qui viennent à vacquer, mais de donner à ces nominateurs seuls et directement avis de la vacance de leurs lits, néanmoins que pour témoigner à M. le Premier Président de la Chambre des comptes la déférence de la Compagnie, M. Durant demeure autorisé à se faire remettre la notte des lits vacants actuellement, si aucun y a, et de ceux qui viendront à vacquer ci-après, aussitôt qu'ils vacqueront, avec les noms des fondateurs et des nominateurs et les conditions particulières auxquelles ces nominateurs pourroient être assujétis par les fondations, et qu'il fera passer ces notes à M. le Premier Président de la Chambre des comptes, en attendant la prochaine assemblée générale, comme aussi qu'il lui envèrra un imprimé de l'extrait des règlemens concernant l'âge et les qualités des malades admissibles dans l'hôpital des Incurables, ensemble copie de la présente délibération pour faire du tout par M. le Premier Président de la Chambre des comptes l'usage que sa prudence lui suggérera, et qu'il sera surcis pendant 8 jours, à compter du jour de l'envoi desdites nottes, à la réception de tous malades pour les lits actuellement vacants ou qui vacqueront jusqu'à la prochaine assemblée.

(21 mai.) A été dit par M. Marchais qu'il s'est apperçu que, dans le règlement qui termine la délibération du 16 avril dernier, par laquelle l'Administration a nommé Étienne Naudin supléant à la visite des malades qui se présentent pour entrer à l'Hostel Dieu, il y a quelques dispositions qu'il seroit utile d'étendre d'avantage, pour fixer leur vrai sens et annoncer d'une manière plus claire les intentions du Bureau. Qu'y ayant quatorze heures de visite continuelle prescrites par le nouveau règlement, et l'intention du Bureau ayant été que ce service fut partagé également entre le compagnon de mois et le chirurgien supléant gagé *ad hoc*, l'article 5 du règlement pourroit donner lieu aux compagnons, s'il s'en rencontroit par la suite qui fussent peu attachés à leur devoir, de s'absenter sous des prétextes plausibles, ce qui surchargeroit le chirurgien supléant et rendroit son service phisiquement impossible. Que pour obvier à cet inconvénient qui est celui que l'administration s'est principalement proposé d'éviter il lui paroît nécessaire de prescrire les tems et de spécifier les heures de service des compagnons en tour de visite tous les mois, et celles du chirurgien supléant, de manière que ce dernier ne soit obligé au service qu'aux heures qui lui seront indiquées. La matière mise en délibération, la Compagnie en interprétant en tant que de besoin l'article 5 du règlement du 16 avril dernier concernant pour cet objet, et pour expliquer clairement quelles sont ses intentions, a arrêté que les sept heures de service dont est tenu le chirurgien supléant à la visite commenceront le matin depuis 6 heures jusqu'à 8, qu'il reprendra le service depuis 11 jusqu'à 2 et le soir depuis 6 heures jusqu'à 8, outre la distribution des médicaments nécessaires aux pansemens, distribution dont il est spécialement chargé, sauf en cas de maladie à y être pourvu par le sieur Moreau, premier chirurgien dudit Hostel Dieu. Le compagnon de mois commencera la visite à huit heures du matin jusqu'à 11, et depuis 2 heures jusqu'à 6 du soir, et au cas qu'il soit nécessaire qu'il s'absente pour affaire indispensable ou maladie, il ne pourra le faire que du consentement dudit sieur Moreau, premier chirurgien, qui le fera supléer suivant l'usage par le compagnon qui devra être de tour le mois suivant. Et en renouvellant aux compagnons étant en tour pour la visite et au chirurgien supléant les défenses portées audit règlement de se faire supléer à leurs heures respectives de service, sous quelque prétexte que ce soit, leur fait défenses de quitter ce service avant que celui qui doit le continuer soit arrivé pour le reprendre, quand bien même l'heure de leur service seroit expiré, sauf à celui qui aura été laissé à la visite par son collègue au delà de l'heure prescrite à en porter ses plaintes à MM. les commissaires ou au Bureau.

(28 mai.) L'inspecteur des bâtimens de l'Hostel Dieu a présenté au Bureau quatre devis d'ouvrages et réparations nécessaires à faire dans l'intérieur dudit Hostel Dieu; le premier, pour le déménagement et emménagement des religieuses, tant du réfectoire provisoire qui leur a été établi lors de l'incendie, pour retourner à leur ancien réfectoire, et autres déménagemens qui les concernent estimés 6,961# 18 sols; le second, pour le déménagement et emménagement des filles de la chambre dans l'intérieur dudit Hostel Dieu, pour les transporter au bâtiment des convalescentes, dont l'entrée est faite par la salle du Rosaire, à côté de la chapelle, estimés 2,521# 13 sols; le troisième, pour le déménagement et emménagement des filles de la chambre d'en bas, qui ont été logées dans le grenier Saint Nicolas, estimés 1,176# 1 sol; et le quatrième et dernier, pour le déménagement et emménagement de deux sous-inspecteurs et des gardes dudit Hostel Dieu de l'endroit où ils ont été mis à l'ancien réfectoire des officiers et dans l'ancienne rôtisserie, estimés 903# 14 sols; a été arrêté que lesdits ouvrages et réparations seront faits incessamment, conformément à chacun desdits quatre devis.

(2 juillet.) Lecture faite au Bureau par M. Durant d'une lettre qu'il avoit reçue à l'instant de madame la marquise de Rémigny, contenant qu'elle demande que la Compagnie veuille bien donner la permission au sieur Garnier, l'un des malades de l'hôpital des Incurables, ancien bailli de Joux, de sortir tous les jours de la semaine, ou au moins 4 jours de la semaine; que son frère (M. Séguier, avocat général) en a écrit à M. Durant; que son mari lui en a parlé; que le sieur Garnier est un homme honnête et dont le Bureau est assuré de la bonne conduite; qu'il leur est dans ce moment de la plus grande nécessité pour suivre un procès considérable, qu'ils ont à cause de leur terre de Joux, dont comme ancien bailli il connoit tous les locaux et tout ce qui en dépend; qu'il est le seul qui puisse instruire et éclairer les juges; la matière mise en délibération, la Compagnie a arrêté de faire à cette lettre la réponse dont la teneur suit : «Madame, Monsieur Durant nous a fait lecture d'une lettre que vous lui avez fait l'honneur de lui écrire relativement au sieur Garnier, l'un des malades des Incurables; nous désirerions avec empressement pouvoir contribuer à quelque chose qui vous fût agréable, et nous vous prions d'être bien persuadée qu'il nous coûte infiniment de ne pouvoir accéder à votre demande dans la forme que vous nous proposés; des règlemens presque aussi anciens que l'hôpital même proscrivent les sorties fréquentes et habituelles; un relachement introduit depuis quelques années dans la discipline de la maison les avoit portées à un point intolérable; l'Administration rentrée dans ses fonctions en 1775, en a reconnu les inconvéniens et s'est trouvée forcée à renouveller dans une assemblée générale les lois anciennes, mais en en adoucissant la rigueur autant qu'il a été possible. La délibération prise à l'archevêché le 24 mars dernier est fondée sur les motifs les plus pressans de la conservation du bon ordre, auquel les sorties journalières et réitérées donnent atteinte, en dérangeant les malades des exercices de la maison et leur inspirant un goût de dissipation qui, se communiquant de l'un à l'autre, ôte à tous le goût de leur état, produit l'insubordination et frustre la principale intention des fondateurs de procurer à ces pauvres, avec les secours temporels, le fruit qu'ils doivent retirer des secours spirituels; nous ne pourrions, Madame, enfreindre un règlement mûrement délibéré, unanimement résolu par les chefs et les membres de l'Administration, authentiquement et récemment publié dans la maison; nous sommes bien persuadés qu'il n'en résulteroit personnellement pour le sieur Garnier aucun des inconvéniens prévus; mais vous ne pouvés ignorer les conséquences qui résultent de l'exemple dans une maison composée de près de 400 personnes, et les jalousies qui naîtroit d'une dispense de la règle qui seroit aussi frapante et réitérée tous les jours, jalousies qui se communiqueroient jusqu'aux protecteurs des malades, qu'on ne pourroient jamais convaincre de la différence de la circonstance où vous vous trouvés avec celles qu'ils croiroient devoir y être comparées. Cependant pour entrer dans vos vues et en allant au delà des exceptions que le règlement autorise, nous consentirons à permettre au sieur Garnier de s'absenter pendant le tems que vous croirés qu'il peut vous être utile; vous en fixerés vous même le délai; l'absence sera prétextée d'un motif d'affaires, et quoiqu'elles ne lui soient point précisément personnelles, elle rentrera en quelque sorte dans l'une des exceptions portées au règlement, ou au moins en approchera; mais il faut que cette absence soit continué pendant le tems convenu, car c'est principalement l'exemple des sorties journalières et réitérées qui nuisent au bon ordre; les autres malades, qui n'en seront point alors spectateurs habituels, seront moins dans le cas d'en tirer des conséquences; c'est la seule manière que nous ayons pu trouver de concilier le maintien des règles avec le désir que nous avons de vous prouver à vous, Madame, et à M. l'avocat général notre déférence. Nous sommes avec respect, Madame, vos très humbles et très obéissants serviteurs. Signé : Durant, Lecouteulx de Vertron.»

(20 août.) Lecture faite d'un mémoire adressé au Bureau et présenté par le sieur Lecœur, jardinier fleuriste, locataire d'un terrein situé rue des Hauts Fossés Saint Marcel, près et joignant le cimmetière de Clamard, si-

gné de lui et des sieurs Laurent, Amiot, Gaillard, Duport et Piliot ses voisins, par lequel mémoire ledit Le Cœur expose qu'au milieu de son terrein est un puit dont les eaux devroient servir à l'arrosement des plantes qu'il cultive dans son marais; mais que loin d'en faire usage, il n'ose en approcher à cause des exhalaisons mortelles qui s'y font sentir, occasionnées par la putridité des cadavres que l'on inhume audit cimetière; qu'il n'étoit pas le seul qui souffre de cette infection; que ses voisins s'en ressentent et imputent au fossoyeur de Clamard beaucoup de négligence et notamment de ce que les cadavres restent souvent toute la journée exposés à l'air libre; que l'on avoit vu à différentes fois des chiens déchirer ces cadavres et se les disputer: que dans la saison de l'hyver et dans les nuits plusieurs bandes de chirurgiens étudians venoient enlever des cadavres, lesquels par leur bruit troubloient le repos et la tranquilité des voisins; la matière mise en délibération, la Compagnie a arrêté et chargé à l'instant le sieur Bonnot, inspecteur des bâtiments dudit Hostel Dieu de se transporter incessamment tant sur le terrein dudit sieur Le Cœur que dans ledit cimmetière de Clamard, à l'effet d'examiner sur les lieux les faits exposés audit mémoire et d'en rendre compte au Bureau.

(20 août.) Le sieur Maubert, agent des affaires de l'Hôtel Dieu, est entré au Bureau et a fait rapport d'un acte extra-judiciaire qui vient d'être signifié à l'instant par le ministère de Maillard, huissier aux requêtes de l'Hostel Dieu, à la requête de Me Daniel Pierre Denoux prêtre curé de l'église paroissiale de Sainte Marie Magdeleine en la Cité, ledit acte contenant sommation de la part dudit Me Denoux à messieurs les Administrateurs, de produire et remettre dans 24 heures ès mains de M. le Premier Président et de M. le Procureur général les mémoires, titres et pièces justifficatives de leurs droits et prétentions à l'exercice des fonctions curiales dans l'intérieur et même à l'extérieur de l'Hostel Dieu, pour, sur lesdits titres et productions être statué définitivement sur leurs contestations et difficultés respectives, avec déclaration par ledit M. Denoux, que faute par mesdits sieurs Administrateurs de satisfaire à ladite sommation dans ledit délay et icelui passé, il se pourvoiera ainsi qu'il jugera bon être pour la conservation de ses droits; sur quoi la matière mise en délibération, la Compagnie a arrêté que ledit sieur Maubert vera de la part du Bureau M. l'abbé Rudert, doyen de l'église de Paris, l'un des supérieurs quant au spirituel dudit Hostel Dieu, à qui il y a lieu de croire qu'il a été fait une pareille sommation, à la requête dudit sieur curé de la Magdelaine, pour sçavoir quel parti il se propose de prendre sur icelle, afin d'agir de concert avec lui et que ledit sieur Maubert rendra compte de sa conférence avec mondit sieur abbé Tudert au premier Bureau.

(19 septembre.) Ce jour, en exécution de la délibération du 12 de ce mois, concernant le sieur Resmond, monsieur Marchais a dit qu'il a reçu une lettre du sieur Vassou, dont il a fait lecture au Bureau, par laquelle il expose que l'inspecteur, en présence des officiers qui mangent au premier réfectoire, lui a fait les excuses les plus amples des insultes qu'il en avoit reçeu le 6 de ce mois, et qu'il prie le Bureau de lui pardonner comme il les lui a pardonné; monsieur Marchais a ensuite fait lecture d'une réponse de M. le comte du Sauzet, major du régiment des gardes françoises, à l'envoy de la délibération du 12 de ce mois, par laquelle il remercie le Bureau de l'honnêteté qu'il a fait au corps, au sujet dudit sieur Resmond qu'il juge avoir eu le plus grand tort, tant dans la rixe avec le sieur Vassou que dans le refus qu'il a fait de faire à tems les excuses et réparations qui lui étoient suggérées et se charge d'en instruire M. le mareschal de Biron; sur quoi, la matière mise en délibération, la Compagnie, vû les offres qu'avoit fait au Bureau ledit sieur Resmond, le douze de ce mois, de faire des excuses, et qu'elle a jugées n'être plus admissibles, parce qu'il avoit laissé aller les choses trop loin, a arrêté que la retraite demandée par l'inspecteur, qu'elle a acceptée il y a aujourd'hui 8 jours, demeurera deffinitive, et que la délibération tiendra, et à l'instant ledit sieur Resmond ayant été mandé, il lui a été fait part de cette décision; il lui a été enjoint de se retirer; et le sieur Charton ayant été mandé, le Bureau l'a mis en possession de la place d'inspecteur, aux mêmes appointemens que ledit sieur Resmond, qui sera tenu de se retirer lundi prochain 22 de ce mois, pendant lequel tems il remettra audit sieur Charton, son successeur, les registres, papiers et renseignements concernant la place d'inspecteur.

(10 octobre.) A été dit par M. Marchais qu'en conséquence de la lettre de M. le Lieutenant général de police à lui adressée et dont il a rendu compte vendredi dernier, le sieur Santerre, l'un des 4 inspecteurs du Bureau de sureté, ayant le département de l'Hostel Dieu, est dans l'antichambre et demande à être entendu. Et à l'instant ledit sieur Santerre ayant été introduit, il a exposé de la part de M. le Lieutenant général de police qu'il seroit avantageux pour le bien du service que le Bureau authorizat l'inspecteur de l'Hostel Dieu et celui de l'hôpital Saint Louis à remettre à lui ou à ses confrères les malfaiteurs qui se réfugient dans ces deux hôpitaux sur lesquels ils ont des nottes et dont plusieurs échappent aux recherches pendant le tems qu'exigent

les précautions dont on a usé jusqu'ici, en prenant une lettre de M. le Lieutenant général de police; qu'il prie aussi l'Administration, lorsque l'inspecteur de l'Hostel Dieu aura arrêté quelqu'un pour vol, ou a des suspicions sur quelqu'un de ces deux hôpitaux, d'en donner avis ausdits inspecteurs du Bureau de seureté, à l'effet de venir par eux reconnoistre si ces sujets ne seroient pas déjà suspects à la police; enfin que le Bureau voulut bien authoriser aussi l'inspecteur de l'Hostel Dieu à faire, d'après les notes qu'ils sont dans le cas de lui fournir, les recherches nécessaires sur les registres de l'Hostel Dieu, en sorte que les sujets suspects leur soient remis par lui aux heures les plus propres à éviter le bruit et répandre l'allarme dans la maison et à n'en pas troubler la tranquillité, à la charge de donner audit inspecteur et sous-inspecteur de l'Hostel Dieu lors de cette remise un certifficat pour leur servir de décharge; la matière mise en délibération, la Compagnie a arrêté que l'inspecteur de l'Hostel Dieu et le sous-inspecteur détaché à l'hôpital Saint Louis se concerteront avec les sieurs inspecteurs du Bureau de seureté, tant pour la reconnoissance des gens suspects et recherchez par la police, que pour la remise de leur personne si ils sont dans le cas, lors de laquelle remise lesdits sieurs inspecteurs du Bureau de seureté en donneront un certifficat à ceux de l'Hostel Dieu pour leur servir de décharge, les authorize aussi à faire sur les registres de ces deux maisons la recherche des noms dont les nottes leur seront fournies par lesdits sieurs officiers de la police, en tout quoi ils auront soin de se conduire avec toutte la discrétion et la prudence qu'exige la tranquillité de ces deux hôpitaux, sous la réserve de la salle des accouchées dans laquelle, en cas qu'il fut nécessaire de faire quelque recherche, l'inspecteur de l'Hostel Dieu s'adressera à messieurs les Commissaires de l'intérieur pour y être pourvû; arrête en outre que l'inspecteur et sous inspecteur tiendront très secrets les ordres contenus en la présente délibération.

(3 décembre.) Monsieur de Lambon a dit qu'il avoit à rendre compte de faits très intéressans qui se sont passés pendant les vacances, et dont il a déjà instruit, par une lettre du douze septembre, ceux de MM. restés à Paris pour la tenüe du Bureau des vendredi; qu'il lui est d'autant moins permis de différer à faire part de ces faits au Bureau rassemblé, qu'il en résulte une demande qu'il est chargé de faire au Bureau, et sur laquelle il est indispensable de prendre une prompte délibération. Toutte la France a connoissance des vües de bienfaisance que le Roy a manifesté dans l'arrêt de son conseil du 17 aoust dernier, imprimé et distribué, pour la recherche de tous les moyens d'améliorer les établissements de charité de la ville de Paris; Sa Majesté y a même déclaré qu'elle ne refuseroit pas les secours de son trésor royal qui seroient jugés nécessaires, mais qu'elle désiroit connoître auparavant l'étendue des ressources qu'on pouvoit tirer des revenus des hôpitaux et de leur emploi. La forme d'établissement de la commission destinée à cet effet ayant souffert de la difficulté de la part des premiers magistrats, il paroît qu'on la réduit à une simple assemblée consultative, qui s'est tenue chez M. le garde des sceaux, le 10 septembre, sur des lettres d'invitation de ce ministre, aux personnes qui devoient s'y trouver; que M. le garde des sceaux a fait l'honneur à M. de Lambon de lui en adresser une dont la suscription ne lui donne point d'autre qualité que celle d'avocat au Parlement. Voici la teneur de cette lettre, dattée de Versailles, le 7 septembre 1777 : «L'intention du Roy, Monsieur, est de s'occuper de subvenir aux besoins des hôpitaux de Paris; S. M. m'a en conséquence ordonné de conférer avec vous, avec les principaux magistrats, et avec quelques personnes instruites de l'état de ces établissements intéressants pour le bien de l'humanité. Je vous serai obligé, Monsieur, de me faire le plaisir de venir chez moi à Paris, mercredi prochain 10 de ce mois, sur les 5 heures après midi. Je suis, Monsieur, bien véritablement à vous. Signé Miromesnil.» D'après cette invitation, mondit sieur de Lambon s'est rendu chez M. le garde des sceaux, aux jour et heure indiqués; l'assemblée s'y est formée et a été composée de M. le garde des sceaux, président, de M. Necker, directeur général des finances, de M. l'archevêque de Paris, de MM. les premiers présidents du Parlement et de la Chambre des comptes, de M. le procureur général du Parlement, de M. d'Argouge, conseiller d'État, de M. le lieutenant général de police et M. le prévôt des marchands, de M. Chaumont de la Millière, maître des requêtes, de MM. les curés de Saint Eustache, Saint Roch et Sainte Margueritte, de M. d'Outremont, avocat, et de mondit sieur de Lambon; les places ont été prises confusément et sans ordre de rang. M. le président de la cour des aydes, M. Bernage, conseiller d'État et M. de la Sonne, premier médecin, qui avoient été aussi invités, ne s'y sont pas trouvés, ce dernier étant à la cour, et les deux autres déjà partis pour leurs terres; M. le garde des sceaux a ouvert la séance par un discours abrégé, dans lequel il a exposé l'objet de la convocation de l'assemblée qui étoit, en entrant dans les vües sages et bienfaisantes du Roy, de l'éclairer sur les moyens dictés par l'humanité d'adoucir le sort des indigens; il a déclaré que l'intention du Roy étoit qu'on s'occupât d'abord des objets qui intéressent plus la pitié, du soulagement des malades et de la conservation des enfants abandonnés par leurs parents. L'assemblée a reconnu qu'on devoit saisir avec avidité et reconnoissance les offres généreuses du Roy

portées par M. le directeur général des finances, de contribuer aux dépenses qui seroient nécessaires pour que les malades de l'Hostel Dieu fussent *autant que cela seroit possible placés seuls dans un lit*, et à ce sujet MM. les chefs de l'Administration ont rendu la justice aux administrateurs actuels d'attester que ce n'étoit pas de leur tems que s'étoit introduit l'usage de mettre plusieurs malades ensemble dans un même lit; que cet usage étoit très ancien, et que si les administrateurs actuels, dont ils ont loué le zèle et l'exactitude ne l'avoient pas changé, ce n'étoit que par deffaut de lieu et de moyens suffisans, pour les dépenses très considérables que nécessiteroit ce changement; mais on a reconnu que les détails dans lesquels il faudroit entrer pour reconnoistre les abus anciens des différents hôpitaux et déterminer les remèdes convenables ne pouvoient pas être discutés dans une assemblée aussi nombreuse et composée de personnes livrées par état à une continuité de fonctions importantes. C'est ce qui a fait prendre le parti de nommer sept commissaires pour préparer les matières, sçavoir : Mrs d'Argouges et de Bernage, conseillers d'État, M. le lieutenant général de police et M. le prévôt des marchands, M. d'Outremont et mondit sieur de Lambon et M. de la Millière, maître des requêtes, qui a bien voulu se charger de faire fonction de rapporteur. Il a été convenu que le comité commenceroit à s'assembler aussitost après les vacances; qu'on y prendroit d'abord les instructions nécessaires concernant l'Hostel Dieu et l'hôpital des Enfants trouvés; M. d'Outremont et M. de Lambon ont été chargés d'inviter chacun le bureau d'administration dont ils avoient l'honneur d'être membres, à aider M. le Rapporteur de toutes les pièces et connoissances qui pourroient lui être nécessaires pour rendre un compte exact au comité de l'état actuel des deux hôpitaux, de leurs revenus, de la nature de leurs biens, de leurs dépenses ordinaires et extraordinaires, des personnes employées à leur gouvernement ou à leur service, et en un mot de tout ce qui peut servir à faire connoître les améliorations dont ils sont susceptibles; mondit sieur de Lambon ayant représenté que la plupart de MM. les Administrateurs étans absens jusqu'à la Saint Martin, et n'en restans à Paris que quelques uns qui s'assembloient les vendredis pour les objets urgents, que lui même étant sur le point de s'absenter pour ne revenir qu'à la fin de novembre, ce ne pourroit être que dans ce tems qu'il feroit part au Bureau d'administration rassemblé, des volontés du Roy; il a cependant, par une lettre du 12 septembre dernier, instruit ceux de Messieurs qui tenoient alors le Bureau de ce qui s'étoit passé dans l'assemblée du 10 septembre, et il les a prévenus de la demande qu'on devoit lui faire après la Saint Martin, en les invitant à faire rassembler les pièces qui pourroient être nécessaires pour y satisfaire. Mondit sieur de Lambon a ajouté que le mercredi 26 du mois passé, jour où il revint de sa campagne, il a receu de M. d'Argouges une lettre dattée du 25 dont voici les termes : « La rentrée du conseil et du Parlement dans leurs fonctions me déterminent, Monsieur, à vous proposer d'entamer dès cette semaine nos conférences sur les hôpitaux; ce sera pour jeudi prochain, si cela vous convient, entre 5 et 6; j'aurois eu l'honneur de vous inviter à vous rendre chez moi, mais M. de Bernage se trouvant encore incommodé d'un reste de goutte et ne pouvant sortir, nous nous assemblerons chez lui. J'ai l'honneur d'être, Monsieur, votre très humble et très obéissant serviteur. Dargouges, conseiller d'État. » Mondit sieur de Lambon s'est rendu le jeudi 27, à l'heure indiquée, chez M. de Bernage, où se sont aussi trouvés les autres commissaires nommés dans l'assemblée générale du 10 septembre; M. de la Millière, rapporteur, a lu un mémoire très bien fait, sur l'ordre d'examen et discution que le comité devoit garder dans ses séances; il a pensé que le Bureau devoit d'abord s'occuper de ce qui concerne l'hôpital des Enfants trouvés, relativement auquel M. d'Outremont avoit annoncé, dans l'assemblée du 10 septembre, que les instructions étoient toutes prêtes; que les Administrateurs de cet hôpital devoient être invités à communiquer les pièces et états nécessaires pour donner une connoissance exacte de sa fondation, de ses progrès et de son état actuel; qu'à l'égard de l'Hostel Dieu, comme la connoissance de son origine ancienne, de l'historique de ses accroissemens et de son gouvernement actuel demandoit plus de tems pour en être parfaitement instruit, le rapport s'en feroit plus tard; mais que pour l'accélérer, il étoit nécessaire que MM. les Administrateurs ne différassent pas de lui donner les instructions qu'il se croiroit dans la nécessité de leur demander et dont il a détaillé une partie, ce qui ayant été adopté par l'avis unanime du comité, où les voix ont été prises en commençant par celle de M. le rapporteur, ensuite de M. d'Outremont, puis de M. de Lambon, et successivement de MM. les conseillers d'État, par ordre d'ancienneté, M. d'Argouges, président, ayant opiné le dernier, mondit sieur de Lambon s'est chargé d'en faire la proposition à l'Administration, bien persuadé que, soumise aux ordres du Roy, animée des mêmes sentimens que son souverain pour le soulagement des pauvres, et pour les mettre en état de profiter des offres bienfaisantes de Sa Majesté, elle ne se refuseroit à aucun des éclaircissements de fait qui lui seroient demandés; qu'hier, 2 décembre, mondit sieur de la Millière est venu faire visite à mondit sieur de Lambon et lui a laissé, pour qu'il en fit part à l'Administration, le billet dont la teneur suit : « M. de la Millière est passé chez monsieur de Lambon pour avoir l'honneur de le voir et lui demander les premiers renseignemens qui lui sont nécessaires sur l'Hostel Dieu; ils consistent uniquement dans la partie historique de cet établissement, ils doivent comprendre conséquemment tout ce qui est relatif à sa fondation, autant qu'on peut le connoître, vu son ancienneté, et aux différents accroissemens qu'il a reçus jusqu'au moment actuel; il désireroit également avoir les mêmes éclaircissements touchant l'hôpital Saint Louis.» Qu'il s'agit de délibérer sur cette proposition et sur l'arrêté fait par le comité tenu chez M. Bernage, conseiller d'État, le 27 novembre dernier; sur quoi, la matière mise en délibération, la Compagnie a arrêté que M. Marchais voudra bien, le plus tôt possible, dresser un mémoire explicatif des connoissances qu'on peut puiser dans les archives de l'Hostel Dieu, sur la fondation de cet hôpital, sur ses accroissements successifs, même sur son état actuel et qu'au surplus, par respect pour les volontés du Roy, pour concourir autant qu'il est en elle aux vûes de sagesse et d'humanité de son souverain, et mettre les pauvres de l'Hostel Dieu en état de profiter des libéralités que leur offre Sa Majesté, elle donnera aux personnes que le Roy a chargé de l'instruire de l'état et gouvernement de l'Hostel Dieu, touttes les instructions et ecclaircissemens nécessaires pour leur en donner une pleine connoissance.

148e REGISTRE. — ANNÉE 1778.

(7 janvier 1778.) Par un extrait tiré des registres de l'Hostel Dieu et de l'hôpital Saint Louis, il paroît que le 1er janvier de l'année dernière 1777, il y avoit 1,628 malades dans ledit Hostel Dieu, tant de la ville, de la campagne que des hôpitaux de Paris; que pendant ladite année, il en a été reçu 19,637, dont 18,386 de la ville et de la campagne, des hôpitaux de Paris 1,251; sçavoir, 22 de la Charité, 805 de la Salpêtrière, 176 de Biscêtre et 248 de la Pitié, et qu'il y est né 1,573 enfants, dont 841 garçons et 732 filles, ce qui compose en total 22,838; que sur ce nombre il en est mort 3,423, dont 1,829 hommes, 1,263 femmes de la ville et de la campagne; enfants nouveaux nés 152, dont 101 garçons et 51 filles, des hôpitaux de Paris 179; sçavoir, 10 de la Charité, 90 de la Salpêtrière, 50 de Biscêtre et 29 de la Pitié, et comme il n'en restoit le dernier dudit mois de décembre que 1,835, il en est sorti 17,580. Qu'il y avoit le premier dudit mois de janvier 1777, 647 malades dans ledit hôpital Saint Louis; qu'il en a été envoyé dudit Hostel Dieu, pendant ladite année, 2,934, dont 1,942 de la ville et de la campagne, des hôpitaux de Paris 992; sçavoir : 730 de la Salpêtrière et 87 de la Pitié, ce qui compose en total 3,581 personnes; que sur ce nombre il en est mort 649, dont 217 hommes et 146 femmes de la ville et de la campagne; des hôpitaux de Paris 286, dont 191 de la Salpêtrière, 59 de Biscêtre et 36 de la Pitié et comme il n'en restoit le dernier dudit mois de décembre 1777, que 725, il en est sorti 2,207; en sorte, qu'au dernier dudit mois de décembre 1777, il restoit 2,560 malades dans lesdits deux hôpitaux.

(7 janvier.) Sur les représentations faites au Bureau par le sr Moreau, premier chirurgien de l'Hostel Dieu, que les chirurgiens internes dudit Hostel Dieu se sont attribués les dispositions de la délibération du 17 décembre dernier, dont lecture a été faite à leur réfectoire le deux du présent mois, et sont affligés de se voir en quelque sorte moins bien traittés que les domestiques de la maison qui ne sont point assujétis à recevoir le billet au bras lorsqu'ils se mettent au lit pour cause de maladie; qu'il s'est chargé de porter à cet égard leurs représentations au Bureau, et de le suplier de leur part de les dispenser de cet asservissement qu'ils prétendent les humilier, les billets n'étant institués que pour les malades inconnus, mais qu'ils ne sont pas dans ce cas puisqu'ils sont attachés à la maison et que leurs noms sont inscrits sur les catalogues qui sont déposés au Bureau; sur quoi la matière mise en délibération, la Compagnie, en interprétant en tant que de besoin sa délibération dudit jour, après avoir considéré qu'elle n'a eu en vûe que les chirurgiens externes, dont quelques uns abusent souvent de cette qualité pour s'introduire dans les salles de l'Hostel Dieu et notamment dans celle du Rozaire, comme s'ils étoient malades, et néanmoins sortent, vont et viennent dans la ville *pour leurs affaires et font de l'Hostel Dieu leur auberge*, au préjudice de véritables malades dont ils occupent les lits, ce qui surcharge l'Hostel Dieu, et s'y font donner une nourriture qui ne leur seroit deüe qu'en cas de maladie; que cet abus étant contraire à la salubrité des salles, à l'économie de la maison, et à tous les règlements tant anciens que nouveaux; ladite Compagnie a arrêté que sa délibération dudit jour 17 décembre dernier sera exécutée pour ce qui concerne les chirurgiens externes dudit Hostel Dieu, n'entendant l'appliquer aux chirurgiens internes; en conséquence, aucun des chirurgiens externes ne sera reçu soit dans la salle du Rozaire soit dans aucune autre que comme malade, et après avoir été présenté à la mère d'office de la salle par un chirurgien interne avec un billet dudit sieur Mo-

reau, au moyen de quoi ils seront dispensés de porter au bras le billet qui est mis aux autres malades; que l'inspecteur le fera inscrire au banc de réception, destiné à constater le nombre des malades qui sont traittés à l'Hostel Dieu, le tout à la charge qu'ils ne sortiront de la maison que lorsqu'ils seront rétablis; à l'effet de quoi leurs habits seront serrés ainsi que ceux des autres malades, et qu'en cas de contravention ils seront renvoyez sur le champ et rayez du catalogue sans pouvoir espérer d'être réintégrés sur le catalogue, à quoy l'inspecteur des salles est chargé spéciallement de veiller et d'en rendre compte touttes les semaines au Bureau; la délibération dudit jour 17 décembre dernier exécutée au surplus en tout son contenu.

(7 janvier.) Monsieur de Lambon a dit qu'il a, en exécution de la délibération prise au dernier Bureau, envoyé à M. de la Millière le mémoire dressé par M. Marchais, et approuvé du Bureau; que ce magistrat, qui ne perd aucun moment pour prendre une connoissance exacte de tout ce qui concerne l'Hostel Dieu, et qui a été plusieurs fois dans les mois précédens visiter incognito cet hôpital et celui de Saint Louis, a écrit le 2 du présent mois à mondit sieur de Lambon qu'il avoit lu et examiné avec la plus grande attention tous les éclaircissements relatifs à l'Hostel Dieu que mondit sieur de Lambon avoit bien voulu lui envoyer, et qu'il attendoit avec la plus grande impatience le moment où il pourroit avoir l'honneur de le voir. Comme M. de Lambon l'avoit prié de lui indiquer un jour où il pût lui rendre la visite qu'il en avoit reçue, il lui a proposé le dimanche 4 de ce mois après midy, ou la matinée du lundi 5, et il a ajouté : «Il y aurait peut être de l'indiscrétion à moi de proposer à M. Marchais de vouloir bien se trouver à cette conférence; cependant, j'ai été si touché de touttes les honnêtetés que j'en reçus l'autre jour à l'hôpital Saint Louis, où j'eus l'honneur de le rencontrer, et il m'a tellement paru pénétré de concourir aux vues du gouvernement, que j'aurois hazardé de passer chez lui pour lui en faire la proposition, si je n'étois retenu chez moi par des affaires très pressées. Voudriez vous bien, Monsieur, juger vous même de ce que je dois faire à cet égard, et vous charger d'inviter de ma part M. Marchais, si vous n'y voyez pas d'inconvénient; quant à moi, je n'en vois aucun à s'occupper de concert du bien public, et j'oserois répondre d'avance que vous êtes dans les mêmes vûes l'un et l'autre. J'ai l'honneur d'être, etc.» Mondit sieur de Lambon ayant fait part de la proposition à M. Marchais qui l'a acceptée, ils se sont rendus ensemble, le dimanche 4, chez M. de la Millière qui les a assurés que les connoissances qu'il avoit déjà prises l'avoient fait revenir des injustes préventions semées dans le public contre l'administration de l'Hostel Dieu; il leur a dit qu'il avoit encore plusieurs éclaircissemens à prendre, et il a fait à M. Marchais différentes questions, auxquelles ce membre zélé de l'administration, et qui en connoit les détails, a répondu avec la sagacité que le Bureau lui connoît et d'une manière propre à satisfaire la curiosité utile de M. de la Millière, qui a pris notte de ses réponses, et auquel M. Marchais a bien voulu offrir de lui donner tous les nouveaux éclaircissements dont il auroit besoin au premier moment où M. de la Millière les lui demanderoit. Monsieur de Lambon croit, en sa qualité de membre de l'Administration, pouvoir instruire le Bureau de ces faits sans trahir le secret qu'il doit à la commission consultative à laquelle le Roy lui a fait l'honneur de l'aggréger; sur quoi, la matière mise en délibération, la Compagnie, en approuvant la conduite de messieurs de Lambon et Marchais, a arrêté que le récit de M. de Lambon sera inséré tout au long dans la présente délibération, par laquelle elle authorize M. Marchais à donner à M. de la Millière tous les éclaircissements nécessaires pour que le Roy soit pleinement instruit des facultés et charges de l'Hostel Dieu, de son régime temporel, des bâtiments qui le composent, et de la manière dont les malades y sont reçus et traittés.

(21 janvier.) Ce jour, les médecins de l'Hostel Dieu s'étant rendus au Bureau, en exécution de la délibération du 16 de ce mois, monsieur le doyen leur a dit que la Compagnie désiroit avoir leur avis sur les moyens d'arrêter l'espèce d'épidémie qui s'est introduit dans la salle Saint Joseph, et sur les mesures qu'ils penseroient les plus propres à y remédier, et chacun des médecins s'étant expliqué selon son ordre de réception, tous leurs avis se sont fixés sur les objets suivans. Ils ont d'abord reconnus uniformément que la pluspart des femmes qui ont péri de ce mal en sont attaquées au plus tard dans les douze heures de leur accouchement; que le mal se manifeste par des douleurs aigües dans les entrailles; qu'elles sont travaillées d'une fièvre violente; le visage est enflammé, le lait ne monte point aux mamelles, presque touttes sont prises du délire et périssent au plus tard le second jour; qu'ils ont reconnu, par l'ouverture d'un grand nombre de ces malades, que ce mal est causé par l'épanchement du lait dans la capacité du bas-ventre au lieu de monter au sein; que ce lait s'aigrit en peu d'heures, que les intestins sont gonflés et couverts d'un rouge d'inflammation, et que le lait épanché se trouve tourné en fromage, à la quantité de deux fois plein la forme d'un chapeau au moins; que cette maladie dont il y a quelques exemples dans la ville se manifeste depuis 20 à 25 ans pour la troisième fois à l'Hostel Dieu, et que c'est dans l'automne de 1771 qu'il a paru se re-

nouveller à cette époque cy; qu'ils y ont opposés différents remèdes soit intérieurs, soit topiques, dont le succès n'a été que momentané, incertain d'abord, enfin est devenu nul, et ne peut plus mériter leur confiance. Que s'étant occuppés des causes de ce désordre et des moyens de le prévenir, ils se croyent fondés à l'attribuer à l'excès de nourriture, auquel ces femmes sont à même de se livrer pendant leur grossesse, et à la qualité des aliments qu'elles reçoivent dans les différents offices où elles vont travailler dans la maison où on leur donne, outre la nouriture ordinaire, du gâteau dont elles mangent sans discrétion, et sans rien diminuer des aliments ordinaires qui leur sont distribués dans leur salle, lorsqu'elles sont de retour, qu'elles y ont la liberté d'y achepter du lait, qu'on est même dans l'usage de leur laisser prendre une forte soupe au lait en sortant de leur accouchement, usage le plus pernicieux et le plus funeste pour leur situation. Qu'ils attribuent aussi le mal à leur indocilité pour le régime préparatoire qu'ils leur veulent prescrire à l'approche de l'accouchement, refusant également les saignées et les purgations, quoique les médecins les jugent nécessaires. Enfin que, comme cette salle est fort basse, il seroit à souhaitter qu'on y pût procurer le renouvellement de l'air. Eux retirés, la matière mise en délibération, la Compagnie a arrêté : 1° que deffences seront faittes dès demain à la laitière qui s'est introduite et placée à la porte de la salle Saint Joseph depuis plusieurs années, contre les règlements de la maison, de s'y présenter à l'avenir, et elle sera consignée aux portes, et que les mères d'offices seront engagées à ne donner n'y laisser prendre du lait aux femmes grosses qui vont travailler chez elles, et de faire en sorte qu'elles ne se livrent point à des excès de nourriture quels qu'ils soient; 2° que la maîtresse sage femme aura soin, vers les derniers huit jours de la grossesse des femmes, de les consigner à la porte de la salle, afin qu'elles ne puissent descendre ni être distribuées dans les offices de la maison, et de les faire voir au médecin pour subir le traitement préparatoire qu'il jugera leur être nécessaire; 3° qu'elle veillera aussi à ce que le régime, tant avant qu'après leur accouchement, soit exactement observé, à l'effet de quoi la porte de la salle des accouchées sera fermée, et il sera étroitement enjoint aux portières de n'y laisser entrer personne avec des aliments, si ce n'est de l'ordre de la maîtresse sage-femme; 4° que les gardes feront fréquemment leurs rondes vers la porte de la salle Saint Joseph pour reconnoitre si on n'y introduit pas du lait ou des aliments de quelque espèce que ce soit, et au cas qu'il en soit besoin, qu'il y sera posé une sentinelle, ce que Messieurs les commissaires de l'intérieur sont priés d'examiner et de faire exécuter s'ils le jugent nécessaire; 5° qu'il sera remis à la mère d'office de cette salle six couchers et couvertures d'augmentation qui seront destinés à garnir les lits où il sera mort des femmes attaquées de cette épidémie, à l'effet de faire prendre l'air dans les greniers de cette salle aux lits de plumes et aux couvertures dans lesquelles elles auront été malades ou seront péries; 6° que l'inspecteur des bâtiments sera chargé, outre les ventouses qu'il vient de faire poser par ordre du Bureau aux croisées de la salle des accouchées, de chercher les moyens d'y procurer, autant que faire se pourra le renouvellement d'air, ce qui sera pratiqué dans la salle des femmes grosses; 7° et qu'il sera donné une expédition de la présente délibération à la mère prieure, une à la mère d'office de la salle Saint Joseph, à l'inspecteur des salles et à la maîtresse sage-femme pour en procurer l'exécution chacun en droit soi.

(18 février.) A été dit par monsieur Marchais qu'il a déjà observé plusieurs fois depuis cet hyver que l'on n'est point exact à enlever les morts tous les jours pour les inhumer à Clamart, qu'il en a parlé à la mère prieure de laquelle il a appris que cela se pratiquoit en hyver seulement, lorsqu'il n'y en avoit qu'un petit nombre parce qu'il n'y avoit alors nul danger d'odeur ni de corruption, néantmoins monsieur le commissaire ayant remarqué que cela étoit assés fréquent pour que des personnes du dehors lui en ayent porté des plaintes, et que le grand froid et les neiges pouvoient bien être un obstacle à l'exactitude à cet égard, tant de la part de celui des ecclésiastiques qui se trouve en tour pour ce service que de celle des emballeurs, dont la fonction est de traîner le chariot dans lequel les morts sont enlevés, il ne peut s'interdire de proposer au Bureau un nouvel arrangement qui facilite cet enlèvement et qui en assure l'exactitude. Que pour cet effet il suffiroit de substituer un ou deux chevaux, selon le besoin, aux hommes qui jusques ici ont été chargés de tirer ce chariot, et d'adapter au devant de cette voiture une espèce de caisse en forme de cabriollet fermante destinée à l'ecclésiastique préposé à l'inhumation, dans laquelle il soit à l'abri des intempéries des saisons; qu'il soit enjoint en conséquence que l'enlèvement des morts soit fait tous les jours, tel modique que le nombre en soit, à quoi l'inspecteur des salles sera tenu de veiller et, en cas de négligence, d'en avertir le Bureau. La matière mise en délibération. La Compagnie, en approuvant les observations de monsieur le commissaire, a arrêté qu'il sera fait le plus tôt possible par le charon dudit Hostel Dieu une voiture qui sera traînée par un ou deux chevaux selon ce qui sera jugé nécessaire, sur le model qui en sera fait incessamment par l'inspecteur des bâtiments, que la mère prieure sera priée de veiller à ce qu'on prépare tous les jours les

morts pour être enlevés de grand matin, et le maître au spirituel de ne pas souffrir que l'enlèvement des morts soit différé d'un seul jour, que l'inspecteur des salles sera chargé d'instruire le Bureau de l'exactitude avec laquelle se fera ce service, en conséquence qu'il sera délivré à la mère prieure, au maître au spirituel et à l'inspecteur des salles une expédition de la présente délibération, à l'effet d'en procurer l'exécution, chacun en droit soi.

(22 avril.) A été dit par M. Marchais qu'il doit rendre compte au Bureau des mesures qu'il a prises en exécution de l'arrêté du huit de ce mois, par lequel le Bureau avoit décidé de faire préparer deux salles basses à l'hôpital St Louis pour y recevoir les malades attaqués du scorbut, dont le nombre étoit considérablement augmenté, et ledit sieur Moreau, premier chirurgien de l'Hostel Dieu, avoit prévenu ce mal devoir se multiplier encore jusqu'au mois d'aoust, qu'en conséquence monsieur le commissaire a commencé par donner ordre au chirurgien étant au banc de réception de renvoyer à l'hôpital Saint Louis tous les scorbutiques, ce qui s'est exécuté dès le neuf de ce mois, qu'il s'y est transporté le même jour avec l'inspecteur des bâtiments, et qu'après avoir visité avec lui les lieux qui pourroient servir à mettre les malades plus à l'aise et les salles d'en bas, il a commencé par faire ôter des salles des hommes, qui étoient les plus foulées, les petits lits où couchoient les domestiques qui ont été placés dans les bâtiments extérieurs en équerres, et y a fait substituer de grands lits qui ont procuré un grand soulagement. Mais que le pronostic du sieur Moreau se vériffie si rapidement qu'il y a aujourd'hui 999 malades presque tous attaqués du scorbut, dont quelques uns même viennent de la ville, qu'il y a une salle déjà prête, à très peu de chose près, à recevoir les malades, et qu'il seroit à propos de faire entrer l'inspecteur des bâtiments pour s'assurer quand le second pourra être en état, afin de fixer le jour où on pourra les ouvrir. Qu'il a concerté avec la mère prieure les mesures à prendre pour la relligieuse et les domestiques à choisir pour ces deux salles qui, étant contiguës, pourront être servies par une seule mère et deux filles de la chambre d'en haut, attendu que la communauté, à cause de la fatigue des veilleresses à Saint Louis, ne peut fournir qu'une seule religieuse, y en ayant plusieurs malades à l'infirmerie, ce qui rend le nombre des autres insufisant pour cette augmentation de service. Qu'il a pareillement concerté avec le sieur Moreau les mesures à prendre pour une augmentation de garçons chirurgiens, et qu'il est convenu avec luy qu'on en pouvoit envoyer deux, qu'il a fait en même temps préparer un logement pour les deux garçons apothicaires qui logent actuellement avec les chirurgiens et cedderoient leurs chambres aux deux garçons chirurgiens qui seroient envoyés à l'hôpital St Louis; qu'il croit même devoir prévenir dès à présent le Bureau que lorsque cette maladie sera passée et que les deux garçons chirurgiens extraordinaires ne seront plus nécessaires à l'hôpital Saint Louis, il sera avantageux de laisser les deux garçons apothicaires dans le nouveau logement qui leur est préparé, y ayant entre ces deux corps d'élève tantôt une mésintelligence, tantôt un accord qui pourroit être égallement nuisible au bien du service. Sur quoy la matière mise en délibération, la Compagnie, après avoir fait entrer l'inspecteur des bâtimens, qui a dit que sous deux jours la première salle seroit en état d'être occupée et la seconde la semaine prochaine, et après avoir approuvé les mesures prises par M. le Commissaire et les veues qu'il a présentées, a arrêté que les malades seront mis dans les salles basses le vendredy 1er mai prochain, qu'il y sera fourni tout ce qui leur sera nécessaire, comme dans les autres salles, et que le dépensier sera authorizé à délivrer à la mère prieure du sucre jusqu'à la concurrence de 50 livres pezant pour leurs besoins. Enfin que l'inspecteur des bâtiments fera touttes les diligences nécessaires pour l'exécution de la présente délibération.

(13 mai.) A été dit par M. Marchais que depuis qu'il a été mis des malades scorbutiques dans la salle basse de l'hôpital Saint Louis, qu'on a nommée de St Henry, en mémoire d'Henry IV, fondateur de cet hôpital, la mortalité a été moins violente, qu'ayant remarqué qu'il y avoit environ 15 gardes suisses attaqués du scorbut dans cet hôpital, il avoit donné ordre que dans un des bouts de cette salle, estimé le plus sain et le mieux exposé, on réserve huit lits où ils ne seroient mis que deux à deux, et qu'on feroit remonter dans les salles supérieures quelques malades qui y étoient déjà, considérant que la conservation et la cure plus prompte des soldats devoit l'emporter sur celle de ces malades venus des hôpitaux, *qui sont moins utiles et précieux à l'État*, que cela a été exécuté avant hier. Qu'ayant conféré avec le médecin de cet hôpital sur l'état de la maladie, il lui a déclaré que le mal se déployoit vivement, quoique la mortalité ne fut pas si grande et que pour en asseurer et accellerer la guérison, il seroit essentiel qu'il y eu plus de végétaux dans les aliments, la viande étant bien moins saine et tendant toujours à la putridité, mais que les relligieuses luy avoient représenté qu'on ne leur fournissoit pas d'herbes suffisamment pour seconder ses veuës. Sur quoy la matière mise en délibération, la Compagnie a prié monsieur le commissaire de donner ordre au dépensier de faire achepter tous les jours à la halle plusieurs mannées d'oseille qui seront envoyés à

l'hôpital Saint Louis, et que ledit dépensier conviendra avec la mère d'office de la cuisine de l'Hostel Dieu de la diminution de livres de viande dont les herbes doivent tenir lieu, et enfin qu'il luy recommandera de recommander à la mère qui est en office à la cuisine dudit hôpital Saint Louis de bien faire cuire les herbes, afin qu'elles ne conservent pas trop d'acide, de peur que les malades ne s'en dégoûtent et que cette dépense ne soit perdue, et seront délivrées des expéditions de la présente délibération à la mère prieure, aux mères d'office de la cuisine de l'Hostel Dieu et de l'hôpital Saint Louis, et au dépensier dudit Hostel Dieu.

(20 mai.) Lecture faite d'une lettre écrite et adressée au Bureau par le sieur Pelletan père, maître chirurgien à Paris, par laquelle il annonce être possesseur d'un remède spécifique pour la prompte guérison des maladies schrophuleuses ou scorbutiques, se proposant si MM. décideroient qu'il en fut fait usage aux malades de l'Hostel Dieu et de l'hôpital Saint Louis attaqués de ce mal; sur quoy la matière mise en délibération, la Compagnie a arrêté que ladite lettre seroit remise à M. Marchais, qui a été prié d'en conférer avec le doyen des médecins de l'Hostel Dieu, et de l'inviter d'en faire part, même d'examiner le contenu de ladite lettre avec les autres médecins de l'Hostel Dieu, et de donner leur réponse par écrit au Bureau, qui en fera part audit sieur Pelletan, ce que M. Marchais a accepté.

(22 juillet.) Monsieur de Lambon a dit que le comité ayant fini son travail au sujet de l'Hostel Dieu, il a été tenu jeudy dernier seize de ce mois une assemblée générale de la commission chez M. le garde des sceaux, où mondit sieur de Lambon a été invité par une lettre de M. le garde des sceaux dattée du onze et conçue dans les termes suivants : «Je vous préviens, Monsieur, qu'il se tiendra chés moy à Paris jeudy prochain seize de ce mois, à 5 heures après midy, une assemblée concernant les hôpitaux, dont l'objet sera d'y faire part des refflexions résultantes du travail dont quelques uns de MM. de la commission ont été chargés plus particulièrement, je vous serai obligé de vous y trouver. Je suis, monsieur, bien véritablement à vous. Signé : Miroménil.» Il *a été arrêté d'une voix unanime dans cette assemblée*, où se sont trouvés M. le Directeur général des finances, M. l'Archevêque, MM. les Premiers Présidents du Parlement, de la Chambre des comptes et de la Cour des aides, M. le Procureur général, MM. les conseillers d'État, M. de la Millière, maître des requêtes, rapporteur, MM. les curés de Saint Roch, de Ste Marguerite et de St Eustache, et autres membres de la commission *que l'Hostel Dieu ne seroit ny déplacé, ny divisé, mais qu'il seroit aggrandy*, et qu'en attendant son aggrandissement, l'hôpital Saint Louis demeureroit ouvert par provision; pour délibérer sur le surplus, on a continué l'assemblée à demain jeudy 23 de ce mois, où on doit lire un projet de règlement. Après le récit de mondit sieur de Lambon, la Compagnie a arrêté qu'il en seroit fait registre et a prié mondit sieur de Lambon de faire part mercredy prochain au Bureau de ce qui sera arrêté dans la continuation d'assemblée qui doit se tenir demain chez M. le garde des sceaux.

(22 juillet.) Monsieur le Couteulx de Vertron a fait lecture d'un mémoire sur les gagnants maîtrise d'apothiquairerie de l'Hostel Dieu et de l'hôpital des Incurables, dressé en exécution de l'arrêté pris à l'assemblée générale tenüe à l'archevêché le 8 de ce mois. Sur quoy la matière mise en délibération, la Compagnie a arrêté que le mémoire sera transcript à la suitte de la présente délibération, et que copies dudit mémoire seroient adressées tant à M. le Procureur général qu'à M. le Lieutenant général de police. «Mémoire sur les gagnants maîtrise d'apothiquairerie à l'Hostel Dieu et à l'hôpital des Incurables. L'importance de la profession des apothicaires est sans doute digne de toutte l'attention du gouvernement, et les nouveaux statuts projettés pour prévenir tout ce qui dans une matière aussy délicate pourroit interresser la santé des citoyens méritent toutte leur reconnoissance. Cet intérest est supérieur à tout autre, il ne peut y avoir de privilège contre l'intérêt public, mais n'est-il pas possible de concilier, avec les sages précautions qu'on veut prendre pour la seureté publique, les privilèges de l'Hostel Dieu et de l'hôpital des Incurables, dont l'intérêt est lui-même un intérêt public? Ces privilèges qui, d'après les pièces visées dans l'arrêt du conseil du 8 mars 1756 remontent à l'année 1648 et qui, perpétuellement attaqués, ont été confirmés en 1649, en 1667, en 1720, en 1740, en 1748, en 1756 et en 1757, portent uniformément *que les apothiquaires qui auront servy les malades des deux hôpitaux pendant six années actuelles et consécutives seront admis et receus maîtres apothiquaires en la ville et fauxbourgs de Paris par la communauté des maîtres et gardes apothicaires de ladite ville, sans aucune difficulté, sans examen et sans frais.* Rien ne peut arrêter sur la question de frais, le privilège est constant et jamais ce payement, quoique peut être le plus interressant pour les maîtres apothiquaires, et la source des obstacles multipliés qu'ils ont fait naître à l'exécution des privilèges de l'Hostel Dieu, ne peut frapper sur l'interest des citoyens. Celuy des deux hôpitaux parle donc seul icy, il ne peut être balancé par aucun autre. Quant à l'examen, il a pour but d'acquérir la preuve de la capacité et nul doutte que cette preuve ne soit nécessaire.

mais d'abord il n'est pas possible de supposer qu'il y ait eu un temps où le Roy par ses lettres patentes, le conseil et le Parlement par leurs arrêts, ayent pû vouloir dispenser de la capacité, quand donc ils ont prononcé l'exemption d'examen, ce ne pouvoit être que relativement à celuy que la communauté prétendoit exiger, laquelle étant tenüe de recevoir l'aspirant sans payement, ny de maîtrise ny de frais d'examen, auroit été juge et partye, le législateur et les magistrats savoient qu'un autre examen suppléoit avantageusement celuy que les gardes auroient voulu faire, et dans l'exécution duquel l intérêt particulier pouvoit faire naître des abus. L'examen qui supplée et représente pour les gagnants maîtrise celuy de la communauté vis-à-vis des aspirans à la maîtrise est fait à l'Hostel Dieu et à l'hôpital des Incurables par les médecins ordinaires, les médecins expectans et l'inspecteur de l'apothiquairerie, luy-même maître apothiquaire, en présence des administrateurs qui, ayant à acquérir la preuve de la capacité de l'aspirant à gagner maîtrise un intérêt au moins égal à celuy de la communauté des apothiquaires vis-à-vis de l'aspirant ordinaire, n'admettent à gagner la maîtrise par un service de six ans que celuy qui leur est attesté être capable par ces différents examinateurs, de sorte que pour le passé il n'y a d'autre différence entre l'aspirant à être maître, reçu par la communauté, et l'aspirant à gagner maîtrise admis par l'Administration, qu'un payement réel et en deniers fait par le premier de la somme à laquelle la maîtrise et les frais d'examen sont fixés, et de la part de celuy qui est admis à gagner maîtrise un service gratuit de six années par luy deub, pour tenir lieu de la somme en deniers qu'il seroit obligé de payer, et dont la quittance est le certifficat de l'Administration qu'il a remply cette condition; la capacité de l'un et de l'autre est la même ou du moins également prouvée, l'un n'est pas plus un simple élève que l'autre; celuy qui est admis à gagner la maîtrise par un service de six ans dans les hôpitaux a seulement sur celuy qui est reçu maître à l'instant de l'examen, au moyen d'un payement en deniers, cet avantage que ce payement n'accroit n'y la science n'y la capacité du premier et qu'au contraire ce payement converty en un service de six ans pour en tenir lieu ne peut, lorsque le gagnant maîtrise commence à exercer dans Paris sa profession, qu'assurer de plus en plus de son expérience et de sa capacité dont le certifficat est une preuve d'autant plus authentique qu'il risque jusqu'au dernier moment de perdre le fruit de ses peines, s'il étoit congédié avant l'expiration du temps; mais il ne peut pas plus être assujeti à un nouvel examen après ces six ans qui font le payement de sa maîtrise, que l'aspirant reçu par la communauté après le payement qu'il a fait en deniers. On a probablement représenté les gagnants maîtrise comme de simples élèves, de la capacité desquels il falloit s'assurer après leur service de six années, mais c'est une notion fausse que l'explication qui vient d'être donnée doit détruire, et on croit avoir démontré que pour tout le passé les gagnans maîtrise avoient fait leurs preuves au moins autant que ceux admis par la communauté, et qu'il étoit également superflu et injuste de les assujettir après leurs six ans de service à un nouvel examen, c'est la raison pour laquelle, malgré les efforts reytérés des gardes apothiquaires ils ont été confirmés dans l'exemption de l'examen, et ceux-ci condamnés à les aggréger au nombre des maîtres, sur le simple certifficat de l'administrateur d'un service de six ans postérieur à l'examen qu'on a décrit, et qui leur tient lieu d'un payement en deniers. Ces motifs doivent d'abord assurer le sort de ceux qui sont actuellement au service de l'Hostel Dieu et de l'hôpital des Incurables, ils ont été examinés comme on l'étoit avant les nouveaux statuts projettés; c'est sur la foy des anciennes lois qu'ils ont contracté les obligations qu'ils remplissent actuellement, ils ont suby dans la forme instituée particulièrement pour eux l'examen requis, c'est d'après cet examen qu'ils ont été admis à gagner maîtrise au même droit que les autres aspirans ont été reçus maîtres; ils ne doivent donc pas être assujettis aux nouveaux examens projettés plus que tous les maîtres actuels, qui n'ont avec eux d'autre différence qu'un payement en deniers, au lieu d'un payement en temps. Quant à l'avenir, si l'on croit que la capacité des apotiquaires futurs doit être éprouvée par un plus long apprentissage que par le passé, par des examens plus longs et plus rigoureux, le motif de l'intérêt public ne trouvera jamais de contradicteurs dans l'Administration. Mais elle doit en même temps conserver précieusement celuy des pauvres qui lui est confié; elle ne peut conséquemment se dispenser de représenter que l'assujettissement des aspirans à gagner maîtrise à touttes les formalités des autres aspirans qui sont reçus en payant priveroit totalement les pauvres de ce secours. Il est certain d'abord que ces examens ne peuvent être placés après les six ans de service; ce seroit la même chose que s'y après le payement en deniers de la maîtrise on proceddoit à l'examen, au risque pour celuy qui essuyeroit un refus de perdre la somme fixée pour la maîtrise; le payement en temps ne peut évidemment être remboursé, il n'y auroit donc pas un seul sujet qui voulut courir ce risque. Il est donc indispensablement nécessaire de placer ces examens avant les six ans de service, qui ne sont que la représentation du payement en deniers. Mais peut-on se dissimuler qu'une communauté qui, malgré les lettres pattentes les plus formelles, n'a cessé de combattre le privilège des hôpitaux au point de porter au conseil du Roy, en 1756, la question de la cassation d'arrêts du parlement rendus en exécution de ces lettres; qui, déboutée de sa demande en cassation, a fait intervenir en 1757, par tierce opposition, une autre communauté qui a été pareillement condamnée, n'employe tout le pouvoir dont elle jouiroit dans les examens, où le nombre de ses membres a la prépondérance, pour exclure et dégouter tout sujet qui préférera le service des pauvres à un payement fait au moins en partie à son profit; tous les sujets de cette espèce, ou seront déclarés incapables, ou seront exposés à des questions captieuses et difficiles qui les mettront dans le cas de le paroitre, l'allégation de la communauté que *ceux qui sont sortis des hôpitaux sont des ignorans* annonce ce que ceux qui en sortiront auront à éprouver; on pourroit demander à la communauté de citer les noms de ces ignorans, mais comme il seroit déplacé à l'Administration de faire l'éloge de ses élèves, elle citera MM. Cadet dont l'un (de Gassicourt) est de l'accadémie des sciences, l'autre (Cadet de Vaux) de l'Institut de Boulogne qui n'ont suivi à l'hôtel royal des Invalides d'autres marches, et n'ont suby d'autres épreuves que celles des gagnans maîtrise de l'Hostel Dieu et de l'hôpital des Incurables. D'ailleurs l'admission des gagnans maîtrise est au moins aussy interressante à l'Administration qu'elle peut l'être à la communauté des apothiquaires, et il pourroit souvent arriver que tel sujet aggréé par la communauté ne conviendroit point à l'Administration, et réciproquement ceux qui pendant six ans doivent être commensaux de la maison et y servir les pauvres, comme condition nécessaire pour leur aggrégation, ne doivent point être confondus dans la classe générale de tout aspirant à la maîtrise; leur examen doit faire l'objet d'un article à part, relatif à leur position. Le temps d'étude et de pratique préliminaire peut être le même; huit années de service en qualité de garçons apotiquaires, soit à l'Hostel Dieu, soit en partie chez un maître et à l'Hostel Dieu, prouvés par des certifficats respectifs, sera, si l'on veut, une première condition nécessaire pour être admis à l'examen duquel résultera la qualité de gagnant maîtrise; 2° ces examens relativement aux temps et aux matières, peuvent aussy être les mêmes, mais la présence des administrateurs est indispensable, et quant à ce qui est relatif à la seule théorie, le Bureau, où les chefs de l'administration sont en droit de se trouver, est le seul lieu où ces examens peuvent être décemment subis; 3° les démonstrations, expériences de pratique, etc., si on les juge absolument nécessaires, seroient aussy bien faitte dans l'Hostel Dieu, soit à l'apotiquairerie, soit dans quelque salle qui y sera destinée que dans la maison de la rue de l'Arbalestre, lors des examens des chirurgiens gagnans maîtrise; les expériences en opérations se font au Bureau, sous les yeux des lieutenant et prévost de l'art de chirurgie, et l'Administration ne se transporte point dans leur collège; 4° les médecins ordinaires de l'Hostel Dieu représenteroient avec avantage, par leur nombre et la connoissance particulière des fonctions que l'aspirant aura à remplir dans la maison, deux médecins de la Faculté pris indifféremment sur le tableau; 5° quant aux autres examinateurs, si on juge à propos d'en joindre aux médecins, les observations contenues dans ce mémoire sur l'intérêt particulier de la communauté de rejetter ou dégouter tout gagnant maîtrise semble ne devoir pas permettre que ses membres ayent par leur nombre une prépondérance inévitable dans le jugement à rendre sur l'examen. L'Administration verra sans peine, si on croit que l'intérêt public le requiert, les gardes des apothiquaires, ou quelques commissaires nommés par la communauté, concourir à l'examen avec les médecins de la maison et l'inspecteur de l'apotiquairerie, pourvu que ce soit de manière à prévenir tout abus de la prépondérance de la communauté. Enfin l'aspirant une fois admis à gagner maîtrise doit, par le seul service de six années en cette qualité, certiffié par les administrateurs, être aggrégé à la communauté sans difficulté, sans autre examen et sans aucuns frais. Son sort ne doit plus dépendre que du certifficat des Aministrateurs. C'est ce que prononcent les lettres patentes et les arrêts. Il n'y a que l'intérêt seul de la communauté qui puisse s'y opposer. Telles sont les observations que l'Administration a cru devoir mettre sous les yeux de M. le Procureur général et de M. le Lieutenant général de police sur les nouveaux statuts des apotiquaires, dont d'ailleurs elle n'a point eu une communication capable de l'instruire de tous les détails, dans lesquels il pourroit encore se trouver des articles qui l'intéresseroient, mais le contenu en ce mémoire luy a paru suffisant pour faire connoître ses droits, l'intérêt des pauvres qu'elle doit défendre, qui sont également précieux à M. le Procureur général et à M. le Lieutenant général de police. Coppie de la lettre écrite tant à M. le Procureur général qu'à M. le Lieutenant général de police : «Monsieur, nous avons l'honneur de vous adresser le mémoire que l'assemblée générale tenüe le huit de ce mois à l'archevêché a arrêté qui vous seroit remis, sur ce qui concerne les gagnans maîtrise d'apotiquairerie, nous ne doutons point que vous ne preniés touttes les mesures convenables pour concilier ce que vous jugerés être de l'intérêt public avec celuy des pauvres et le droit constant de l'Hostel Dieu et de l'hôpital des Incurables. Nous sommes avec respect, etc.»

(29 juillet.) État fait et dressé conformément aux intentions du sieur Christophe Nicolas Acarin Delavigne, ancien commissaire des guerres, par les commissaires

nommés par les deux bureaux d'administration de l'Hostel Dieu et de l'Hôpital général, après avoir pris l'avis de MM. Aubry et de la Roue, curés de Saint Louis en l'Isle et de Saint Cosme, pour la répartition entre les *pauvres honteux* et malades des paroisses de la ville et fauxbourgs de Paris : 1° de la somme de 127,021 ᵗᵗ 8ˢ 3 deniers restante au moyen des 110,000 adjugés aux héritiers dudit feu sieur Delavigne, par arrêt du 6 septembre 1777, à distribuer auxdits pauvres, de celle de 237,021 ᵗᵗ 8 s. 3 deniers à laquelle, déduction faitte de celle de 7,806 ᵗᵗ 10 s. 9 deniers employées à l'acquit des dettes et charges de la succession dudit sieur Delavigne et du legs particulier porté par son testament, s'est trouvé réduite à celle de 244,827 ᵗᵗ 19 s. 2 deniers, qui revenoit auxdits pauvres, tant en vertu des différentes donations faittes au proffit desdits deux hôpitaux, qu'en vertu de sondit testament, et des offres faittes par les deux administrations de payer auxdits pauvres une somme de 39,278 ᵗᵗ 11 s. 10 deniers, lesquelles offres ont été acceptées pour lesdits pauvres par l'arrêt dudit jour 6 septembre dernier; 2° des 17 ᵗᵗ 10 s. à quoy sont réduites 35 ᵗᵗ de rente au principal de 700 ᵗᵗ sur l'emprunt de 50 millions, de six anciennes actions et deux huitièmes d'action sur la compagnie des Indes, et des arrérages et intérêts desdites rentes et actions qui sont deus et écheus, ces derniers objets provenans de la succession dudit sieur Delavigne et faisant partye du legs universelle par lui fait au profit desdits pauvres. Sommes à distribuer : Paroisses Sainte Marguerite, 10,400 ᵗᵗ; Saint Sulpice, 10,000 ᵗᵗ; Saint Eustache, 9,000; Saint Laurent, 8,800; Saint Nicolas des Champs, 8,000 ᵗᵗ; Saint Étienne du Mont et Saint Médard, chacune 6,000 ᵗᵗ; Sᵗ Germain l'Auxerrois, 4,200 ᵗᵗ; Sᵗ Paul, Sᵗᵉ Magdelaine de la Ville l'évêque et Sᵗ Hippolyte, chacune 4,000 ᵗᵗ; Saint Gervais, 3,000 ᵗᵗ; Sᵗ Sauveur et Sᵗ Nicolas du Chardonnet, chacune 3,600 ᵗᵗ; Notre Dame du gros Caillou, 3,800 ᵗᵗ; Notre Dame de Bonne Nouvelle, 3,600 ᵗᵗ; Sᵗ Séverin, Sᵗ Merry, Saint Jacques du Haut Pas, 2,400 ᵗᵗ chacune; Sᵗ Martin, 3,000 ᵗᵗ; Saint Jacques de la Boucherie et Saint Jean en Grève, chacune 2,000 ᵗᵗ; Sᵗ Benoît, 2,400 ᵗᵗ; Sᵗ André des Arts, Sᵗ Louis en l'Isle, Sᵗ Leu-Sᵗ Gilles, chacune 1,600 ᵗᵗ; Sᵗ Roch et Saint Barthélemy, chacune 1,200 ᵗᵗ; Sᵗ Pierre de Chaillot, 1,000 ᵗᵗ; Sᵗ Cosme et Sᵗ Philippe du Roule, 1,200 ᵗᵗ chacune; Sᵗ Hilaire, 1,500 ᵗᵗ; Sᵗᵉ Magdelaine de la Cité, 1,000 ᵗᵗ; Sᵗ Germain le Vieux, 850 ᵗᵗ; Sᵗ Pierre des Arcis, 800 ᵗᵗ; Saint Landry, 600 ᵗᵗ; Sᵗᵉ Croix, 500 ᵗᵗ; les Saints Innocens, 600 ᵗᵗ; Sᵗ Pierre aux Bœufs, 400 ᵗᵗ; Sᵗᵉ Opportune, 300 ᵗᵗ; Sᵗ Josse, 500 ᵗᵗ; Sᵗᵉ Marine, 300 ᵗᵗ; Sᵗ Jean du cardinal Lemoyne, 240 ᵗᵗ; Sᵗ Jacques de l'Hôpital, 231 ᵗᵗ 8 s. 2 deniers.

(12 août.) Sur le compte rendu par MM. les commissaires, nommez par la délibération du 6 may dernier, de la visite qu'ils ont faite le jeudy 6 de ce mois des bâtiments nouvellement reconstruits sur les lieux incendiés en 1772, et destinés au couvent des relligieuses de l'Hostel Dieu, duquel compte il résulte que lesdits bâtiments étant incessamment achevés, il seroit nécessaire que le Bureau donnât ses ordres sur la manière dont seront perfectionnés quelques portions dont l'arrangement est jusqu'icy demeuré en suspend par l'incertitude de l'usage que les relligieuses avoient annoncé désirer, qu'à cet effet, après la visite qu'en ont fait MM. les commissaires, ils se sont transportez chez la mère prieure, à l'effet de l'engager à donner un mémoire contenant les observations de sa communauté sur l'usage et distribution de l'intérieur du couvent, lequel seroit signé d'elle, affin que le Bureau puisse délibérer sur ledit mémoire et donner en conséquence les ordres qu'il jugera convenables, ce qu'elle a promis de faire. Et à l'instant monsieur Durant ayant ouvert un paquet remis au Bureau de la part de la mère prieure, contenant les observations de sa communauté au sujet de ladite distribution, dont le détail embrasse plusieurs objets qui sont trop nombreux pour être tous arrêtés dans la même séance, l'examen a été fait des deux principaux et les plus importants à décider les premiers pour ne pas arrêter les ouvriers. D'après quoy la Compagnie, après avoir reconnu en premier lieu que la demande de faire faire une cloison qui sépare le grenier d'avec les mansardes étant susceptible d'une discution plus approfondie, mais qui ne peut empêcher qu'on ne veille à la solidité des combles, qui ont été construits pour être soutenus par la continuation du plancher, ce qui produiroit une irrégularité dans la construction et la perte de 9 à 10 pieds dans toutte la longueur de cette partie. Ladite Compagnie a arrêté que le plancher du quatrième sera au plus tôt parachevé jusqu'au mur du carré Saint Denis, conformément au plan et devis qui en ont été faits. En second lieu, sur la demande que les portes des cellules s'ouvrent en dehors sur le corridor, affin que les filles qui viennent éveiller le matin n'entrent point au delà de l'entrée des cellules pour allumer la chandelle des relligieuses, qu'il est d'usage qu'elles placent au pied de leur lit, la Compagnie jugeant que cet inconvénient n'a nulle proportion avec les accidents auxquels ces portes ouvrant en dehors dans un corridor qui n'a que huit pieds de large, exposeroient celles qui le soir y passeront, que ces corridors n'étans éclairés que par les fenêtres d'une des extrémités et quelques vuides fort éloignés l'un de l'autre, ces portes ajouteront à l'obscurité naturelle du corridor. La Compagnie a arrêté que les portes du premier étage, qu'elle voit à regret avoir été posées ouvrant en dehors reste-

ront telles qu'elles sont quant à présent, pour éviter les dégâts et le surcroit de dépense des déplacements, mais que les portes des autres étages seront posées pour ouvrir en dedans, comme elles sont à l'hôpital Saint Louis dans la communauté.

(11 septembre.) Ce jour le sacristain de l'Hostel Dieu est entré et a dit qu'il avoit été chargé par MM. les supérieurs au spirituel de l'Hostel Dieu de remettre au Bureau une sommation en datte du neuf du présent mois de septembre dix heures du matin faitte au sieur Gery, chef du clergé dudit Hostel Dieu, à la requête des sieurs François Mutel, de Beaubois de la Touche, et demoiselle Françoise Mauguin veuve Domeur, à l'effet de représenter le corps de feu Sr Doviscel décédé audit Hostel Dieu la nuit du lundy 7 au mardy 8 de ce mois, salle Saint Paul n° 52, dont le convoy doit se faire (est-il dit dans la sommation) à ladite heure de dix heures, ainsy qu'il a été convenu par la paroisse de la Magdelaine en la cité territoriale dudit Hostel Dieu, aux offres de payer les droits à l'Hostel Dieu, sy aucuns sont deubs, qu'il paroist par laditte sommation, dont a été faitte lecture, que le sieur Gery, maître au spirituel, a répondu que faute de s'être présenté hyer avant huit heures du soir, le corps avoit été *démarqué* et envoyé le matin du neuf à Clamard, réponse que ledit sieur Gery n'a point signé, à quoy ledit sacristain a ajouté qu'effectivement le mardy huit, il étoit venu une personne qui avoit fait entendre désirer ledit convoy, et que sur ce qu'il avoit demandé qu'elles étoient à ce sujet les intentions, on lui avoit répondu qu'il y avoit des parens en campagne et qu'il faudroit les consulter. Sur quoy il avoit observé qu'il falloit qu'on fit une réponse prompte à ce sujet, parce qu'infailliblement le corps seroit *démarqué* le soir, et avoit demandé qu'on vint au plus tard à 5 heures du soir dudit jour mardy, qu'il n'étoit plus revenu personne jusqu'au mercredy matin qu'un jeune clerc s'étoit présenté, pendant qu'il disoit la messe, et que sa messe finie, il luy avoit dit qu'il venoit trop tard, le malade étant décédé la nuit du lundy au mardy et n'avoit pu être gardé plus longtemps, qu'il avoit été rendre compte du tout à MM. les supérieurs au spirituel, de l'ordre desquels il étoit venu au Bureau; luy retiré, la matière mise en délibération, la Compagnie a arrêté que ladite sommation seroit déposée aux Archives, avec les autres pièces concernans les différentes prétentions du curé de la Magdelaine, pour y avoir recours ou besoin seroit, et que copie de la présente délibération seroit adressée à M. l'abbé Tudert, doyen de l'église de Paris, l'un desdits supérieurs.

(30 novembre.) Monsieur de Caumartin ayant été élu prévôt des marchands, au lieu et place de M. de la Michodière, a pris séance au Bureau pour la première fois.

(30 novembre.) La Compagnie a nommé M. Martin, ancien trésorier de France au Bureau des finances, en remplacement de M. Durant.

(11 décembre.) La Compagnie a arrêté que le droit prétendu par les ecclésiastiques dudit Hostel Dieu pour les extraits d'actes des registres de l'Hostel Dieu, qu'ils sont dans le cas de délivrer, sera examiné avec attention, et a prié par provision M. le commissaire de veoir MM. les supérieurs au spirituel, pour les engager à réprimer ces abus de la part des ecclésiastiques de l'Hostel Dieu, et de leur enjoindre de se conformer tant aux règlements du Parlement qu'aux délibérations et règlements du Bureau.

(23 décembre.) A été dit par M. Marchais que depuis l'arrêté de la Compagnie pris le 9 de ce mois au sujet du collège de chirurgie, il avoit été prié par quelqu'un de considération, qu'il ne peut nommer, à engager le Bureau d'entendre les prévôts du collège de chirurgie sur les gagnants maîtrise, et luy avoit annoncé qu'ils désiroient voir M. le commissaire pour le mettre en état d'en prévenir le Bureau, les prévôts se sont rendus chez luy vendredy dernier 18 de ce mois, qu'ils luy ont exposé : 1° qu'ils croyoient devoir à la considération qu'ils ont pour l'Administration cette démarche préliminaire, au lieu d'en venir d'abord à une plaidoirie; 2° qu'une raison de leur résistance à l'aggrégation pure et simple des gagnans maîtrise des hôpitaux sont les lettres patentes de may 1760, qui érigent l'ancienne communauté des maîtres chirurgiens de Paris en accadémie, que l'intention du Roy pour cette errection a été de procurer, au Royaume et à l'Europe entière, des observations également honorables à la nation et utiles à l'humanité, à l'instar des établissements de cette nature faits chez les étrangers, avec lesquels la communication des découvertes utiles entretient une correspondance que le Ministre a fait entrer dans l'ordre politique de l'Europe, que l'École la plus propre à seconder les veues du Prince à cet égard est sans contredit l'Hostel Dieu de Paris, duquel le collège de chirurgie a droit d'attendre les sujets les meilleurs et les plus brillants, mais que la plupart, faute d'émulation, se livrent à leur profession d'une manière toutte machinale, se contentant d'une routine seiche et purement méchanique, qui rend stérile la source la plus riche du Royaume et du monde entier, que dès qu'un sujet est admis à gagner la maîtrise, il néglige toute théorie et fait évanouir les espérances qu'il avoit fait concevoir de luy dans son examen d'admission.

Que le moyen de remédier à cette indifférence et à cette espèce d'inertie seroit de former un concours entre les 5 premiers chirurgiens internes qui sont dans le cas d'être choisy pour gagnants maîtrise, l'Administration ayant déjà deu remarquer combien le concours qu'elle a établi entre ceux qui doivent être admis au grade de commissionnaires internes a fourny des sujets qui donnent les espérances les plus flatteuses, que ce concours, qu'ils proposent d'admettre, mettroit à portée de choisir les sujets de mérite, et d'écarter ceux que la médiocrité rend inutiles à leur compagnie et souvent nuisibles à la société, que ce genre de concours a lieu pour les autres hôpitaux et que le Ministre de la guerre a bien voulu sacriffier à l'utilité publique le droit qu'il avoit de nommer le chirurgien gagnant maîtrise à l'Hôtel royal des Invalides, par les avantages qu'il a senti devoir en résulter pour le bien public. Qu'au reste les s[rs] Dumas et Lefebvre, dont il est question aujourd'hui ont mauvaise grâce de se plaindre, puisque le collège les reconnoît comme chirurgiens, qu'ils ont droit d'exercer leur art dans Paris, mais qu'ils ne peuvent être considérés comme académiciens qu'autant qu'ils auront satisfait à la condition que le Prince a attachée à cette prérogative, qui est l'acte public, en vertu duquel ils sont aggrégez à l'accadémie, enfin qu'il n'est pas juste qu'ils perçoivent les honoraires attribués aux accadémiciens, lorsqu'ils n'ont donné aucuns deniers d'entrée. Qu'ils prioient M. le commissaire d'assurer le Bureau que l'honneur et le bien général étoient les motifs de leur conduite, auxquels ils le prioient de vouloir bien concourir. Que M. le commissaire leur a répondu de son côté qu'ils doivent être persuadés que le Bureau n'étoit pas processif, mais qu'il étoit forcé, sous la foy du serment, de veiller à la conservation des privilèges accordés aux pauvres par les souverains, que les lettres pattentes de 1768 n'en révoquent aucun, et qu'il auroit fallu une révocation formelle pour que lesdites lettres puissent luy être opposées avec succès, que *sy les chirurgiens sortant de l'Hostel Dieu ne sont pas toujours les premiers sujets de Paris, cela n'empêchoit pas qu'il n'en sortît de très bons chirurgiens, et que dans le collège de chirurgie même, les examens et les actes n'empêchoient pas qu'il n'y en ait de très médiocres.* Que dès qu'un gagnant maîtrise avoit suby l'examen que font les prévosts du collège en présence du Bureau, et qu'ils l'avoient jugés capable, ils reçoivent la qualité de maître, puisqu'ils l'inscrivent à l'instant sur leurs registres, sous la condition neantmoins de servir gratuitement les pauvres pendant six années, que cette condition est représentative de la mise de deniers de récipiandaire ordinaire au collège de chirurgie, et que le souverain, en prescrivant cette condition, avoit voulu faire une aumône aux hôpitaux. Enfin que le concours qu'ils proposent auroit sans doute de grands avantages mais qu'il emporteroit aussy de grands inconvéniens, parce qu'il étoit très ordinaire de trouver d'excellens artistes qui ont les plus grandes difficultés à s'énoncer, tandis qu'il s'en trouve souvent d'autres qui, joignant à une certaine théorie *les grâces de la parolle*, réuniroient infailliblement les suffrages, au préjudice d'un sujet plus méritant pour l'humanité. Sur quoy la matière mise en délibération, la Compagnie a arrêté de ne point entendre à la proposition du concours, et de s'en tenir à la manutention des privilèges de l'Hostel Dieu, sauf à reprendre la délibération lorsqu'elle aura reçu la réponse du collège de chirurgie à la sommation qui devoit être faite cejourd'huy. Et à l'instant M. Lasnier, procureur, et Bertrand huissier de l'Hostel Dieu étant entrés, ils ont fait lecture de la sommation qu'ils venoient de faire aux prévôts du collège de chirurgie, tendante à aggréger les sieurs Dumont et Lefebure, conformément aux anciens privilèges de l'Hostel Dieu et aux arrêts de la Cour, notamment celuy du deux septembre 1761, à quoy lesdits sieurs Prévôts ont répondu qu'ils désiroient faire à l'Administration différentes observations à cet égard, et luy proposer des veües capables de la déterminer à choisir des moyens qui pourroient satisfaire touttes les partyes. Sur quoy la matière mise de nouveau en délibération, après qu'il a été observé par M. le commissaire que l'intérêt de chaque individu à sa conservation avoit de tout temps, *mais singulièrement sous le dernier règne*, acquis au corps de la médecine et de la chirurgie un crédit qui s'accroît de plus en plus et qui influe secrètement même dans les affaires politiques, par l'intimité de confiance accordée par les grands, chacun respectivement, à ceux de ces officiers de santé qu'ils s'attachent, *semble exiger de la part du Bureau une grande circonspection, et même certains égards; qu'en elle même l'affaire est fort délicatte*, en ce que l'édit de 1768 a changé l'état du corps de chirurgie et par conséquent celui de la question, cet édit ayant été enregistré et publié sans réclamation de la part du ministère public, n'y de l'Administration en faveur des privilèges de l'Hostel Dieu. Il a été arrêté que M. le commissaire conférera de cette affaire avec M. Durant, et le prieroit d'aider le Bureau de ses lumières, et qu'il écriroit aux prévôts du collège royal de chirurgie, pour leur déclarer de la part de l'Administration qu'elle recevra volontiers les ouvertures qu'ils annoncent dans leur réponse à la sommation qui vient de leur être faitte aujourdhuy, à l'effet de quoy elle sera prête à les entendre mercredy prochain, si ils le jugent à propos.

(30 décembre.) A été dit par monsieur Marchais que, conformément aux intentions du Bureau, il a commu-

niqué à M. Durant l'affaire des gagnants maîtrise en chirurgie, et la difficulté qui s'élève à ce sujet de la part du collége de chirurgie; que ce respectable et ancien confrère, après avoir consulté son recueil de pièces, où il a trouvé un extrait de sa main des lettres patentes de 1768, pense que ces lettres ayant été enregistrées purement et simplement, sans réclamation de la part d'aucune administration des hôpitaux, ny modiffications, il est aujourd'huy très difficile de revenir contre les dispositions qu'elles contiennent au sujet des gagnants maîtrise, surtout celle de l'Hôtel Dieu étant la seule qui y apporte de la résistance; que l'affaire luy paroist fort embarrassante et très délicate, et qu'il *inclineroit à négocier* avant de prendre le party de la plaidoirie, qui pourroit aujourd'huy n'être pas aussy certain qu'il étoit par le passé. Sur quoy la délibération a été continuée au premier jour.

(30 décembre.) Le Bureau ayant été averty que les prévosts du collége de chirurgie demandoient à entrer, eux introduits, ils ont exposé que le respect qu'ils ont pour une administration aussy éclairée que celle de l'Hôtel Dieu, et le désir d'éviter les procès avoient engagé le collége de chirurgie à les députer vers elle pour l'engager à discuter à l'amiable les prétentions respectives; qu'à leur égard le principal objet qu'ils se proposent dans la demande d'un concours est l'utilité que l'humanité est en droit d'attendre *de la plus brillante école du monde entier, qui est l'Hôtel Dieu*, et l'honneur qu'elle doit faire au corps de la chirurgie nationale, objets qui se trouvent presque nuls, par la simple pratique à laquelle se bornent les sujets que fourny l'Hôtel Dieu, qui négligent beaucoup trop une théorie éclairée, si nécessaire pour diriger la main, telle habile qu'on la suppose; que le concours qu'ils proposent est le seul et unique remède à cette inertie, et que l'efficacité en est prouvée d'avance par le succès de l'émulation que ce moyen a procuré dans les autres hôpitaux; que les pauvres malades ne peuvent même qu'y gagner, par l'intérêt qu'auroit chaque élève à gagner un prix qui est plus réellement deub au mérite qu'à la longueur du temps; qu'en conséquence, ils croyent devoir engager l'Administration à nommer des commissaires pour pezer avec eux les avantages ou désavantages de leurs veües et mettre l'Administration en état de se décider. Et ayant été priés de se retirer un instant, la Compagnie, après en avoir délibéré, les a prié de rentrer et M. le doyen leur a dit que le party qu'ils proposent à l'Administration de nommer des commissaires, ne paroissoit pas remplir les veues réciproques et rendroit la négociation longue et languissante, pour la nécessité de référer au Bureau à chaque conférence; qu'il paroist plus expédient que le collége de chirurgie rédige ses propositions en un cahier d'après l'examen duquel l'Administration nommeroit ses commissaires, qui en rendroient compte au Bureau, d'après quoy il leur feroit réponse, à quoy les prévosts du collége de chirurgie ayant acquiescé, il ont promis de remettre incessamment au Bureau les propositions sur lesquelles ils estiment qu'il y aura lieu à délibérer.

149ᵉ REGISTRE. — ANNÉE 1779.

(13 janvier 1779.) Par un extrait tiré des registres de l'Hôtel Dieu et de l'hôpital Saint Louis, il paroist que le premier janvier de l'année dernière 1778; il y avoit 1,836 malades dans ledit Hôtel Dieu; que pendant ladite année il en a été reçu 19,841, dont 18,661 de la ville et de la campagne; des hôpitaux, 1,180, dont 766 de la Salpêtrière, 157 de Biscêtre et 257 de la Pitié; enfants nouveau-nés, 1,608, dont 889 garçons et 719 filles, ce qui compose en total 23,284 personnes; que sur ce nombre il en est mort 3,658, dont 2,002 hommes et 1,322 femmes de la ville et de la campagne; enfans nouveau-nés, 182 (102 garçons, 80 filles); des hôpitaux, 152, dont 70 de la Salpêtrière, 46 de Biscêtre et 36 de la Pitié, et comme il n'en restoit le dernier dudit mois de décembre que 1,772, il en est sorty 17,854. Qu'il y avoit le premier dudit mois de janvier 1778, 725 malades dans ledit hôpital Saint Louis; qu'il en a été envoyé dudit Hôtel Dieu, pendant ladite année, 3,453, dont 2,072 de la ville et de la campagne; des hôpitaux, 1,381, dont 786 de la Salpêtrière, 325 de Biscêtre et 270 de la Pitié, ce qui compose en total 4,178 personnes; que sur ce nombre il en est mort 1,110, dont 591 de la ville et de la campagne; savoir: 364 hommes, 227 femmes; des hôpitaux, 519, dont 267 de la Salpêtrière, 169 de Biscêtre et 83 de la Pitié, et comme il n'en restoit le dernier dudit mois de décembre 1778 que 567, il en est sorty 2,501. En sorte qu'au dernier dudit mois de décembre, il restoit 2,339 malades dans lesdits deux hôpitaux.

(20 janvier.) Lecture faite du rapport dressé par l'inspecteur des bâtiments de l'Hôtel Dieu, en exécution de la délibération prise en l'assemblée générale, le 30 novembre dernier et vu les plans, tant de l'ancienne infirmerie des relligieuses, incendiée en 1772, que de la nouvelle projettée au second étage du nouveau bâtiment

construit pour le couvent desdittes relligieuses et l'élévation de ladite infirmerie; après qu'il a été observé que ce projet étoit le seul qui put faire concourir ensemble: 1° l'avis des médecins, du 2 septembre de l'année dernière, pour la salubrité des sœurs malades, l'œconomie et la commodité du service; 2° les vües de l'administration pour donner toute l'étendue possible aux lieux hospitaliers; 3° celle des relligieuses pour le local destiné à ladite infirmerie, suivant le mémoire qu'elles ont fait présenter par MM. les supérieurs au spirituel, le 28 aoust dernier; 4° enfin l'intérêt même de la solidité du bâtiment; la matière mise en délibération, la Compagnie a unanimement approuvé lesdits plan et élévation, et a arrêté que pour leur exécution, il seroit donné ordre à l'inspecteur des bâtiments de l'Hôtel Dieu de supprimer les cloisons de face donnant sur le corridor de la portion du second étage du nouveau bâtiment, depuis le grand escallier jusqu'à la salle Saint Denis, en y substituant un bon chassis de charpente composé d'une forte traverse par haut, soutenües des deux côtés par deux poteaux de charpente avec deux liens dans le haut, assemblées dans lesdits poteaux et dans ladite traverse; qu'il sera fait dans l'extrémité, du côté de la salle Saint Denis, un office pour ladite infirmerie, et construit un autel dans le lieu le plus comode à l'usage de laditte infirmerie, suivant les plans et profils qui en seront dressés par ledit inspecteur des bâtiments, dont le rapport duquel il vient d'être fait lecture, paraphé par un de MM. les commissaires, sera déposé aux archives, et auquel inspecteur des bâtiments de l'Hôtel Dieu coppie de la présente délibération sera délivré à l'effet de s'y conformer.

(20 janvier.) Lecture faite d'un mémoire adressé à un de MM. les commissaires par le concierge fossoyeur de Clamard, certiffié par le commandant de la brigade extérieure et par les commis de la barrière, témoins des faits de violence énoncés audit mémoire et commis par plusieurs jeunes chirurgiens attroupés dans le dessein d'enlever des cadavres dudit cimetière; la matière mise en délibération, la Compagnie a arrêté que le mémoire seroit remis entre les mains de M. le Lieutenant général de police, à l'effet de prendre les mesures que sa prudence lui suggérera pour prévenir ou faire punir de tels excès, ce dont M. le Lieutenant général de police a bien voulu se charger, et le mémoire lui a été à l'instant remis.

(12 mai.) Monsieur Dupont a fait lecture d'une lettre à lui adressée par M. le Lieutenant général de police, le trois de ce mois, et dont l'objet est d'engager l'Hôpital général et l'Hôtel Dieu à exempter du *quart des pauvres*, pendant 3 ou 4 ans, moyennant un abonnement, les entrepreneurs des spectacles des boulevards qui doivent aller à la foire Saint Laurent, et ce sur le fondement qu'ils ne peuvent s'engager à construire leur théâtre à ladite foire, s'ils sont assujettis dans la première année au quart des pauvres. Il a dit ensuite qu'il avoit communiqué cette lettre à M. Henry, l'un des administrateurs de l'Hôpital général pour les spectacles; que M. Henry en avoit rendu compte au Bureau du Saint Esprit lundy dernier; qu'il y avoit été fait à ce sujet une délibération dont il luy avoit été envoyé une copie qu'il représentoit pour en être fait lecture. Sur quoy lecture faite de ladite délibération, la Compagnie adhère à tout son contenu, et en conséquence a arrêté qu'elle ne peut s'empêcher, ainsy que l'administration de l'Hôpital général l'a fait, d'observer à M. le Lieutenant général de police que c'est toujours la portion la plus respectable du produit des spectacles que l'on veut grever des indemnités; que les entrepreneurs de ces différents spectacles avoient été fondés à repetter que, pour y parvenir, ils font perdre de vüe à ce magistrat que les places de leurs spectacles sont taxées en raison du quart qui se perçoit au profit des pauvres; que si les hôpitaux ne jouissoient pas de ce droit, ses places ne seroient pas à un taux si considérable et que c'est sur le public seul que se prend le quart des pauvres. Que si l'abonnement proposé étoit adopté, le transport de ces différents spectacles à la foire Saint Laurent seroit aux dépens des hôpitaux seuls, puisqu'ils seroient privés de la perception du quart que ces spectacles leur produiroient s'ils restoient sur le Boulvard, ce qui est d'autant moins naturel que les entrepreneurs de ces spectacles auront toujours pour eux le produit entier des représentations que M. le Lieutenant général de police leur permet de donner pendant la nuit sur le Boulvard, pour les dédommager des frais extraordinaires que la construction de leur théâtre et l'acquisition des différens terreins où ils sont ont pu leur occasionner, les Bureaux d'administration des hôpitaux ayant bien voulu jusqu'à présent n'y établir aucun commis; que tous ces différents motifs seroient bien suffisants pour déterminer le Bureau à se refuser à tout abonnement, mais, voulant donner à M. le Lieutenant général de police personnellement des témoignages du désir d'entrer dans ses veües, il a arrêté que pour cette année seulement, et sans tirer à conséquence, il se contentera d'un abonnement tel qu'il sera convenu avec ses commissaires et ceux de l'Hôpital général pour les spectacles établis sur le Boulvard qui se transporteront à la foire Saint Laurent, le Bureau se réservant pour les années suivantes de déterminer si l'abonnement qui sera convenu devra être continué ou augmenté, ou si la perception entière du quart des pauvres devra être faitte, le tout sur la communication qu'il prie M. le Lieutenant général de police de vouloir bien lui

faire donner, tant du produit réel de ces différents spectacles pendant la tenüe de la foire Saint Laurent, que des dépenses que leurs entrepreneurs auront faittes pour la construction de leurs salles, et la concession des terreins sur lesquels ils auront été établis.

(9 juin.) Sur ce qui a été dit qu'un médecin ordinaire de l'Hôtel Dieu prioit l'Administration de donner les ordres nécessaires pour établir une baignoire dans la salle Sainte Monique, où il se trouve habituellement beaucoup de femmes affligées d'ulcères à la matrice, pour lesquelles les bains sont un des remèdes les plus appropriés. Il a été observé que ce remède étoit en général regardé comme très efficase dans plusieurs maladies de différents genres et qu'il seroit très utile qu'il y eût des baignoires établies soit dans presque touttes les salles, soit dans un lieu particulier à ce destiné. La matière mise en délibération, la Compagnie a arrêté : 1° qu'il seroit incessamment étably une baignoire dans la salle Sainte Monique; 2° a prié monsieur Marchais de Migneaux de visiter les différentes salles pour examiner celles où il seroit nécessaire ou utile d'établir pareillement des baignoires où il seroit plus avantageux de les placer touttes dans un lieu particulier à ce destiné, pour sur son rapport être par la Compagnie statué ce qu'il appartiendra, ce que M. Marchais a promis de faire.

(13 juillet.) Monsieur de Lambon a proposé M. Robineau d'Ennemont, substitut de M. le Procureur général, que la Compagnie a élu pour administrateur de l'Hostel Dieu en place de M. de Tillière père, décédé.

(13 juillet.) M. Le Couteulx de Vertron a dit que le nouveau bâtiment construit dans les lieux incendiés en 1772 étant parachevé, il s'agit, pour parvenir à la translation dans l'Hôtel Dieu des malades étant dans l'hôpital Saint Louis de décider : 1° quel nombre desdits malades pourra être placé dans les nouvelles salles prises dans le rez de chaussée dudit bâtiment servant de couvent aux religieuses; 2° dans quel lieu des bâtiments actuels de l'Hôtel Dieu sera placé l'exceddent du nombre total de ces malades sur celui que les nouvelles salles pourront contenir; que la décision de la première de ces deux questions dépend du nombre, de la largeur et de la position des lits qui seront ordonnés pour ces nouvelles salles, dont il a été remis sur le Bureau quatre plans différens, et quant à la seconde question, il a exposé quatre projets et fait lecture d'un mémoire contenant le détail des avantages et des inconvéniens qu'ils pouvoient respectivement présenter. Sur quoy la matière mise en délibération, la Compagnie a arrêté : 1° que par rapport aux nouvelles salles il sera ordonné à l'inspecteur des bâtiments de l'Hôtel Dieu de faire incessamment construire 66 lits à 3 pieds et 62 à 4 pieds et demy, pour être placés dans lesdites nouvelles salles, conformément au plan n° 3, ainsy que de faire préparer lesdites nouvelles salles à recevoir les malades le plus tôt qu'il sera possible, et ce suivant ce qui sera subséquemment arrêté sur le détail desdites préparations, dont il présentera un mémoire instructif au Bureau pour y être délibéré; 2° que le noviciat sera rétabli au premier étage de l'escalier où il étoit avant l'incendie; 3° que le troisième étage dudit escalier et la pièce à côté, au dessus de l'office du chiffon, sera établi en salle pour y recevoir habituellement des malades et qu'à cet effet il y sera construit les chambrettes et offices nécessaires, conformément au plan qui leur a été représenté au Bureau; 4° que le grenier Saint Landry sera également destiné à placer habituellement des malades et qu'il y sera en conséquence fait les réparations nécessaires pour les y recevoir; 5° que le grenier Saint Nicolas, un autre grenier étant entre celuy de Saint Landry et l'escalier de Ste Monique et le deuxième étage de l'escalier du noviciat dans toutte son étendue (l'office du chiffon excepté) seront réservés pour être ouverts et servir à placer des malades, touttes fois et quantes le Bureau jugera nécessaire de l'ordonner, et à cet effet qu'il y sera fait les établissemens requis pour que lesdits lieux soient toujours prêts à recevoir des malades à l'instant où le Bureau l'ordonnera; pourquoi l'inspecteur des bâtimens remettra au Bureau les plans, devis et mémoires instructifs; 6° que les filles de la chambre d'en haut, qui occuppent depuis l'incendie le grenier Saint Nicolas, ainsi que les autres filles qui depuis laditte époque occuppent la maison des convalescentes seront placés dans les trois étages, au dessus du reffectoire, et qu'à cet effet, dans le cas où il y auroit quelques ouvrages à faire relatifs à faciliter leur établissement dans lesdits lieux, il y sera pourvu par le Bureau sur les mémoires qui seront présentés par la mère prieure; 7° qu'aussitôt après que le noviciat aura été rétabli dans son ancien local, le second et le 3e étage, vuidé de tout ce qu'ils pouvoient contenir à l'usage des relligieuses, les clefs desdits deux et troisième étage seront remises au Bureau pour y faire faire les établissements nécessaires pour le placement habituel ou de réserve des malades et l'escalier du noviciat fermé au premier étage, au moyen de quoy la clef de la porte du quatrième étage du couvent, du côté du grand escalier, sera remise à la mère prieure, et sera le mémoire dont il a été fait lecture joint à la présente délibération dont sera remise copie à l'inspecteur des bâtiments pour s'y conformer. *Mémoire sur la translation des malades de l'hôpital Saint Louis à l'Hostel Dieu.* Il y a longtemps que la translation des malades de l'hôpital Saint Louis à l'Hô-

tel Dieu est l'objet des désirs de l'Administration; mais, pour en réaliser l'exécution, il faut avoir fixé les lieux qu'ils occuperont, ce qui présente deux questions importantes : 1° quel nombre de ces malades peut-on placer dans les salles neuves; 2° dans quel lieu des bâtiments actuels de l'Hôtel Dieu placera-t-on l'excédent du nombre total de ces malades sur celui que les salles neuves peuvent contenir? Une observation préliminaire, qu'on ne doit pas perdre de vue dans la discution de ces deux questions, est qu'il faut indispensablement distinguer l'état habituel et commun de l'Hôtel Dieu de celui où l'influence des malades exige une ressource pour n'en laisser aucun sans azile. Il faut dans ce cas qui, malheureusement, revient périodiquement presque tous les ans, n'être pas sur le champ réduit à l'ouverture de l'hôpital Saint Louis, excessivement coûteux dans l'établissement et dans sa durée et allarmante pour les citoyens, elle ne doit être et n'a jamais été employée que rarement, et dans le cas de l'impossibilité physique de faire autrement. Il faut donc une première ressource dans l'Hôtel Dieu même, pour éviter l'ouverture presque annuelle de l'hôpital Saint Louis. Cette première ressource avant l'incendie étoient différents greniers, celuy de Saint Landry, celuy de St Nicolas et une portion de grenier qui s'étend depuis celuy de Saint Landry jusqu'à l'escalier de Sainte Monique. Ils fournissoient de quoy placer 420 malades, et dans cette époque il se trouve une salle appellée du légat, qui contenoit plus de 200 malades et un grenier au dessus; cette salle et ce grenier n'existent plus; différentes circonstances n'ont pas permis de les réparer, de sorte qu'il n'y a plus d'endroit dans les lieux hospitaliers qui ne devienne plus précieux que jamais dans toutes les saisons de l'année; cela posé il faut trouver à placer dans l'Hôtel Dieu 6 à 700 malades de l'hôpital Saint Louis, dans le cours ordinaire, nombre qui croît annuellement sur la fin de l'hiver et au printemps; il a été cette année de 750 et a monté l'année dernière jusqu'à 1,100. C'est là en quoy consiste la question dans toute son étendue, elle se subdivise dans les deux qui ont été proposées, dont la première est de sçavoir quel nombre des malades de l'hôpital de Saint Louis transférés à l'Hostel Dieu pourra être placé dans les salles neuves. Il y a sous les yeux du Bureau quatre plans de ces salles qui diffèrent dans le nombre de largeur et la position de ces lits de ces quatre plans, le 1er et le 2e présentent les lits placés perpendiculairement aux murs latéraux des salles; le 3e et le 4e les présentent paralèles à ces murs; quant au nombre et à la largeur des lits, le 1er plan offre 65 lits à 4 pieds et demi de largeur pour 3 malades en cas nécessaire et qui en place 195 et 38 lits de 3 pieds et demi, qui sont pour deux malades, 76 malades, total 271; le 2e plan, 118 lits, tous à 3 pieds et demi pour 2 malades, 236; dans le 3e, les lits sont placés perpendiculairement à la salle; il y en a 66 à 2 malades (132 malades) et 62 lits à 3 malades (186), total 318 malades. Les lits de moindre largeur sont placés du côté de la rivière, pour la plus grande facilité du passage, qui est de 8 pieds pour la première salle et de 6 dans la plus grande portion de la 2e salle. Enfin, le 4e plan contient 133 lits, tous à deux malades, total 266 malades. Il s'agit de comparer ensemble ces 4 plans, en combinant les vües de la commodité du service et du bien être des malades avec toute l'œconomie possible du local. La position des lits dans les deux premiers plans paroît leur donner moins d'avantage du côté de la commodité du service, par une moindre largeur dans le passage et pour le bien être des malades, par la disposition des ruelles qui fournit dans les deux derniers plans une place aérée pour les chaises d'aisance. Quant à l'œconomie du local, les deux premiers plans y satisfont moins que leurs correspondans dans les derniers; le premier donne de la place pour 271, le 3e pour 318, le 2e 236, le 4e 266. Le choix semble donc réduit entre le 3e et le 4e plan; leurs avantages sont les mêmes sur le 1er et le 2e, pour les circonstances relatives à la position des lits; la différence n'est que dans la largeur de ces lits et conséquemment dans le nombre des malades. Si le local de l'Hôtel Dieu étoit plus étendu, si la reconstruction même provisoire de l'ancienne salle du légat se trouvoit possible, le 4e plan, où les lits ne sont que pour deux malades, réunissant un avantage réel à ceux d'opinion, paroîtroit mériter la préférence; mais il faut consulter la position actuelle et pour faire mieux en faveur de quelques malades, il ne faut pas que les autres soient la victime de la surcharge qui en naîtroit pour les autres salles. Le 3e plan nous donne de quoy placer 52 malades de plus; il y a d'ailleurs cet avantage sur le 4e, qu'on peut dans les 62 lits destinés pour 3 malades n'en placer que 2; s'il y a diminution, augmenter le nombre dans la proportion des circonstances, et qu'enfin les litz sont assez grandz nombre pour dans les cas extraordinaires y placer 4 malades, au lieu que le 4e plan ne prête à aucune des circonstances. Mais l'examen de la 2e question, dans laquelle il s'agit de savoir où on placera l'excédent des malades de Saint Louis qui ne poura l'être dans les salles fournira une nouvelle preuve de la préférence que mérite ce 3e plan. Le Bureau a plusieurs vües à remplir. Il faut placer dans l'Hôtel Dieu les malades de Saint Louis le plus commodément possible. Il faut des ressources prêtes dans les cas d'affluence qui ne sont pas rares. Il est assez fréquent que le nombre des malades dans certaines saisons de l'année approche de 3,000 ou égale ce nombre. Il faut que ces ressources soient telles que l'ouverture de l'hôpital Saint Louis ne soit pas d'une nécessité presque annuelle. Il faut placer les novices et les filles de la chambre avec les égards respectifs dus à des personnes qui se consacrent au service des pauvres. Il faut loger les domestiques qui servent actuellement à Saint Louis et qui suiveront les malades; enfin, il faut que les religieuses ayent les magazins nécessaires, tant pour l'infirmerie que pour la communauté. Cela posé, on va mettre sous les yeux du Bureau différents projets qu'il faut apprécier d'après ces différentes vues. L'état ordinaire et habituel de l'Hôtel Dieu est de 2,550 à 2,600 malades; il augmente dans certaines saisons depuis ce nombre jusqu'à 3,000. Un premier projet place dans les lieux actuels de l'Hostel Dieu, ainsi qu'ils ont été depuis l'incendie, 1,850 malades: dans les salles neuves en prenant le 3e plan, 318 malades; dans le grenier Saint Landry, 150; dans un interval entre ce grenier et l'escalier Sainte Monique, 120; au 3e étage de l'escalier occuppé par les novices depuis l'incendie 140. Il ne reste pour ressource unique dans les cas forcés que le grenier Saint Nicolas qui contient 150 malades. Dans ce projet les novices sont replacées dans le lieu qu'elles occuppoient avant l'incendie, les filles de la chambre au dessus d'elles, et dans l'escalier du réfectoire. Il reste aux religieuses pour magazins de l'infirmerie et la communauté la moitié du 4e étage du couvent, un étage dans l'escalier du réfectoire, et deux pièces contigües au 1er et au 3e étage de l'escalier du noviciat. On voit que ce projet satisfait aux cas ordinaires, mais employant habituellement la plus grande partie des lieux anciennement réservés pour ressource dans les cas d'affluence, il ne fournit plus pour ces cas qu'un seul grenier capable de contenir au plus 150 malades, d'où il résulte qu'il en peut rester 272 sans azile, ou qu'il faut ouvrir l'hôpital Saint Louis. Un second projet consiste à réunir dans les bâtiments nouvellement construits et destinés aux religieuses, ce qui est l'accessoire du couvent, c'est-à-dire le noviciat et à le placer dans la portion du 4e étage du couvent qui s'étend depuis le grand escalier jusqu'à la salle Saint Denis; par là les lieux hospitaliers se trouvent aggrandis de 3 salles, dont l'une étoit occuppée depuis l'incendie par les religieuses, la 2e par l'infirmerie, la 3e par les novices, en comptant 140 malades par chacune, le total est 420; or, en reprenant le calcul précédent, dans les lieux actuels de l'Hôtel Dieu, 1,800 malades, les salles neuves, 318, les trois salles de l'escalier du noviciat, 420, en tout 2,588, et il reste tout ce que nous avions anciennement pour les cas forcés; savoir, le grenier Saint Landry, 150, idem Saint Nicolas, 150, l'interval entre le grenier Saint Landry et Ste Monique, 120, en tout 3,008 malades. Dans ce projet les novices occuppent le 4e étage du couvent des filles de la chambre, tant d'en haut que d'en bas; les 3 étages au dessus du réfectoire et les religieuses ont pour magazins la pièce contigüe au 3e étage et une au 1er étage, au dessus du Rozaire. Mais ce projet qui paroît si bien remplir tous les points de vüe pour le placement des malades, soit dans les cas ordinaires, soit dans ceux d'affluence, a paru impraticable tant aux religieuses qu'à Mmes leurs supérieures au spirituel, qui chacune de leur part ont adressé au Bureau des observations contenant des objections contre cet établissement des novices à ce 4e étage. Ces objections sont tirées: 1° des constitutions qui ne permettent pas dit-on que les novices habitent les lieux réguliers; 2° de l'élévation de ce 4e étage qui, les obligeant à monter environ 100 marches chaque fois que leurs exercices les rappellent au noviciat, ce qui dit-on ne va pas à moins de 10 fois par jour, *joint à la règle de rester continuellement debout quand elles sont dans les salles*, les fatigueroit de manière à dégoûter celles qui s'étoient destinés au service des pauvres, et à écarter tous les nouveaux sujets; 3° de l'impossibilité où cette élévation mettroit la maîtresse des novices et la prieure de la surveillance dans leurs différens exercices; 4° de la nécessité qu'il y auroit dans ce projet, aussitôt que le nombre des novices excéderoit 18, de doubler les lits aux côtés des fenestres, ce qui les rapprocheroit à une distance gênante et peu décente. De toutes ces objections réunies auxquelles cependant l'Administration avoit en partie répondue est née une répugnance inexprimable, tant de la part des religieuses que de Mmes les supérieures au spirituel à l'exécution de ce projet. On étoit occuppé de cette discussion lorsque la mère prieure a proposé au Bureau un 3e projet consistant à céder aux lieux hospitaliers le 3e étage de l'escalier du noviciat avec le magazin qui y est contigu, ce qui peut placer 200 malades; dans ce projet, on replace comme dans le 1er les novices et les filles de la chambre d'en haut où elles étoient avant l'incendie, et les religieuses ont pour magazin toujours la moitié du 4e étage du couvent, et une portion des deux étages de l'escalier du réfectoire, dont l'autre seroit habitée par les filles d'en bas et quelques domestiques. Ce 3e projet ne diffère comme on voit du premier, qu'en ce qu'au lieu de 272 malades sans azile dans le cas d'affluence, il n'y en auroit que 212, parce que ce magazin ajouté au 3e étage de l'escalier du noviciat peut placer 60 malades; ces deux projets ne présentent donc point une ressource suffisante pour les cas où l'augmentation du nombre des malades n'est pas telle qu'on doive recourir à l'ouverture de l'hôpital Saint Louis, mais où elle est assez forte pour exiger une précaution capable d'éviter la surcharge des salles ordinaires. Ce 3e projet ne pouvoit donc évidemment se rapprocher des vües de l'Administration pour le placement des malades, *cependant toujours guidée par le désir de faire régner le concert établi entre elle et MM. les supérieurs au spirituel*, elle a cru devoir conférer avec eux pour discuter les inconvéniens qu'on trouvoit à l'exécution du 2e projet, et voir s'il ne seroit pas possible de trouver un moyen de se réunir. Il a résulté de cette conférence la proposition d'un 4e projet qui consiste à restituer aux lieux hospitaliers tout le 3e étage de l'escalier du noviciat avec un grenier à côté qui, réunies peuvent contenir 200 malades, ainsy que dans le 3e projet, mais d'y ajouter le 2e étage au dessus du noviciat qui en peut contenir 140, et qui ne serviroit que dans les cas d'affluence, afin que le sommeil des novices ne fût que rarement interrompu; d'après ce projet les malades seroient placés pour les cas ordinaires, dans les lieux actuels 1.850, salles neuves 318, grenier Saint Landry 150; 2e étage du noviciat et magazin contigü 200. Et nous aurions pour les cas d'affluence le grenier Saint Nicolas 150, entre l'escalier Sainte Monique et Saint Landry 120 et enfin le 2e étage du noviciat 140, total 2,928 malades. Tels sont les différens projets qui ont été proposés; le 1er donne pour les cas ordinaires 2,578 et pour les cas d'affluence 150, total 2,728; le 2e pour les cas ordinaires 2,518, dans les saisons d'affluence 490, total 3,008; le 3e pour les cas ordinaires 2,518, dans les saisons d'affluence 270, total 2,788; la 4e également pour l'état commun 2,518, mais dans les saisons d'affluence 410, total 2,928. C'est d'après ce tableau que la Compagnie peut décider la question; assurément le 2e projet a l'avantage sur tous les autres pour procurer une plus grande étendüe aux lieux hospitaliers et conséquemment pour placer plus commodément un plus grand nombre de malades; mais on ne peut se dissimuler qu'il n'y ait quelque inconvénient dans la hauteur de l'habitation des malades, et qu'elle ne puisse avoir de suittes préjudiciables à la maison, surtout d'après la répugnance réunie de MM. les supérieurs au spirituel et des religieuses à l'exécution de ce projet. Le 4e est celui qui se rapproche le plus du second et qui, à quelque chose près, satisfait au double point de vüe de l'Administration. Il a l'avantage de concilier les esprits et de n'être pas susceptible d'être traversé dans son exécution, mais, au contraire, soutenu par le concours de l'administration spirituelle avec la temporelle. Je crois donc que, tout combiné, ce 4e projet doit avoir la préférence.

(13 juillet.) La Compagnie a nommé et nomme le sr *Clavareau*, architecte, expert bourgeois, pour, conjointement avec le sieur Taboureur, expert nommé par les sieurs Bellanger, père et fils, et Bruslé, entrepreneurs des bâtiments nouveaux de l'Hôtel Dieu, en faire la visite, constater si les ouvrages sont faits suivant les règles de l'art et, audit cas, procedder à la réception desdits ouvrages.

(18 août.) Lecture faite de nouveau du projet des lettres pattentes sur lequel il a été arrêté ce matin en l'assemblée générale de faire au Roy des représentations; la Compagnie a arrêté lesdites représentations, dont la teneur en suit : «Le Roy ayant bien voulu faire communiquer à l'Administration de l'Hôtel Dieu et de l'hôpital des Incurables des lettres pattentes contenant une nouvelle preuve de ses veües de bienfaisance pour la partie la plus malheureuse de ses sujets, elle a cru devoir, pour répondre à la confiance dont Sa Majesté l'a honoré, lui présenter quelques réflexions que son expérience dans le gouvernement des deux maisons lui ont fournies, et que Sa Majesté auroit lieu elle-même de lui reprocher de n'avoir pas mis sous ses yeux. *Le principe que les biens des hôpitaux font partie des biens de l'État est susceptible d'un double sens;* si on entend que la dépense de ces établissemens est une des charges de l'État, que conséquemment leurs biens tournent au profit de l'État, en ce qu'ils le déchargent jusques à concurrence de la dépense dont il seroit tenu; que l'État pour une seconde conséquence a un intérêt direct à la conservation et à l'amélioration de ces biens, parce que sa dépense en est d'autant diminuée, le principe est vrai. De là les précautions pour l'inaliénation de ces biens, les remplois de fonds remboursés. Mais si on entend que la propriétté des biens des hôpitaux est confondue avec celle de l'État, qu'elle fait une seule et unique masse sur laquelle il doit prendre leur dépense, comme touttes celles dont il est chargé; qu'en conséquence, il est en droit d'en disposer, comme tout propriétaire le peut faire de sa chose, le principe est faux. Ces biens sont les fruits de la piété et de la charité des fondateurs; l'État a profité de leur bienfaisance, puisque sa charge en a été autant diminuée, mais ils n'ont pas donné directement ces biens à l'État à la charge d'en appliquer le revenu à la dépense de l'Hôtel Dieu et de l'hôpital des Incurables. Ils ont fait eux-mêmes cette application, en créant ou augmentant l'établissement auquel ils ont transmis la propriété de ces biens, pour user par les administrateurs du revenu au soutien de leur établissement; leur principale intention est frustrée, si l'État confondant cette propriétté avec la sienne, se charge simplement de pourvoir aux dépenses; c'est précisément ce qu'ils ont voulu éviter par la forme qu'ils ont prise en séparant les deux objets, ils ont donné directement et immédiatement à l'un ou à l'autre des deux hôpitaux. Voilà leur intention principale dans l'événement et par conséquence seulement ils sont venus au secours de l'État, en diminuant d'autant sa dépense. Il y en a même qui ont caractérisé cette intention de leur part en portant la précaution jusqu'à interdire toutte interversion ou changement dans la nature des biens qu'ils donnoient, à peine d'en perdre la propriété en donnant

dans ce cas à d'autres le droit de la réclamer. Leurs motifs ont été : 1° d'assurer d'une manière supérieure à tous évènemens la solidité de l'établissement; des fonds ne peuvent périr; 2° ils n'ont pas voulu que le revenu dépendit de mille évènemens qu'il leur étoit d'autant plus facile de prévoir pour les siècles futurs qu'ils les avoient vues dans les siècles précédens, guerres étrangères, divisions intestines, pendant lesquelles l'État pouvoit être réduit à une impossibilité physique de satisfaire à cette charge; quelques éloignés que les circonstances puissent rendre de pareils malheurs, ce qui est arrivé peut encore se revoir; 3° ils ont voulu que la proprietté même fût une ressource pour pourvoir aux besoins des pauvres dans les calamités publiques, dans lesquelles les revenus seroient insuffisans. *C'est ainsy qu'en 1709 l'Hôtel Dieu, pour subvenir à la disette et à la multitude de malades que la misère y amenoit, a vendu pour 900,000 livres de fonds*; cette ressource manque s'il ne possède plus personnellement de fonds dont il puisse s'aider en pareil cas; 4° non seulement la valeur des fonds s'est accrüe successivement et s'accroitra dans la proportion des dépenses, mais les fonds ont l'avantage unique que certaines circonstances indépendantes de la valeur numéraire produisent un accroissement casuel qui peut centupler leur valeur, c'est ainsi que les terrains possédés par l'Hôtel Dieu le long de la Chaussée d'Antin, des nouveaux boulvards, ont occasionné un avantage inestimable dont toutte autre propriété équivalente dans l'origine n'auroit point été susceptible; des baux à vie de ces terreins, outre un revenu plus que décuple dans le moment, fournissent à l'Hôtel Dieu la perspective de la proprietté d'un nombre considérable de beaux hôtels, proprietté qui n'a nulle proportion avec la propriété originaire; 5° la proprietté de fonds a encore cet avantage qu'elle a mis souvent l'Hôtel Dieu dans la position de les tripler par le moyen des échanges qu'il ne fait jamais qu'à ce prix, avantage dont les lettres pattentes le priveroient; 6° l'amélioration des revenus qui paroît être le but du projet n'est donc pas aussi considérable qu'elle paroît du premier abord; on a, par des calculs mis récemment sous les yeux du gouvernement, prouvé qu'en dix ans les réparations des maisons de Paris n'avoient coûté qu'une somme dont l'augmentation des loyers payoit l'intérêt au denier dix, et celle des biens de campagne l'intérêt au denier vingt. Il semble donc que l'intention des fondateurs, la solidité de l'établissement qui doit être à l'abri de tous évènemens, la nécessité de subvenir dans certains cas à des besoins pressans, la possibilité de certaines circonstances qui accroissent la valeur des fonds se réunissent à faire regarder la conservation des fonds comme inhérente et essentielle à la conservation même de l'établissement. Les dispositions des lettres patenttes peuvent être envisagées sous un point de veue différent pour les hôpitaux qui ont des dettes, peu d'immeubles, qui ont la charge de sujets que l'État leur confie et qui, pour les autres, ont la possibilité, dans des calamités où la dépense excéderoit la recette, d'en diminuer le nombre; mais l'Hôtel Dieu n'a point de dettes, il a une portion considérable de ses biens en immeubles et il n'y a point de circonstances où il puisse se décharger jamais d'aucuns de ceux que la maladie y conduit; on peut observer surabondamment que la rente, quoiqu'en grains, ne peut être et n'est en effet qu'une rente, constituée à prix d'argent toujours racheptable en argent de sa nature et encore plus étant affectée sur les domaines du Roy qui ne peuvent être alliénés, ni même hypotéqués à perpétuité. L'Administration est si persuadé de la solidité des rélflexions qu'elle a l'honneur de présenter, qu'elle n'a pas crû pour le moment devoir entrer dans la discussion des articles relatifs à l'exécution. Lesquelles représentations ont été à l'instant jointes à une lettre adressée à M. l'Archevêque, auquel le greffier a été chargé de la faire passer à la sortie du Bureau.

(24 août.) Monsieur Lecouteulx de Vertron a dit que l'exécution de la délibération prise en l'assemblée générale, le 13 juillet dernier, comprenoit dans le détail dyfférens objets sur lesquels la Compagnie devoit s'expliquer. Que le premier étoit de donner tant aux salles neuves qu'à celles que ladite délibération ordonnoit d'ouvrir, tant dans l'état habituel que dans les cas d'affluence, des noms qui leur servissent de désignation, qu'à cet égard la mère prieure consultée propose de donner aux deux salles neuves les noms que portoient deux des salles incendiées, savoir ceux de Saint Augustin et de Sainte Marthe au grenier Saint Landry, celuy de Saint Marcel au grenier Saint Nicolas, celui de Saint-Jean, qui étoit le nom de la 3e salle incendiée et d'ailleurs celui du patron de la maison; à l'interval qui s'étend entre ces deux salles, celui de St Étienne, au 3e de l'escalier du noviciat celui de Ste Catherine et au second du même escalier celui de Ste Reyne. Qu'en second lieu il s'agit de fixer celles de ces salles qui seront destinées aux hommes et celles qui le seront aux femmes, que les salles incendiées étans originairement occupées par des femmes, il paroist naturel de replacer des femmes dans les salles neuves, mais que cela posé, les deux salles destinées à recevoir habituellement des malades, c'est-à-dire le grenier Saint Landry et le 3e étage au dessus du noviciat, contenant ensemble environ 350 malades, doivent être occuppées par des hommes, et cela d'autant plus que le nombre des hommes surpasse toujours dans l'Hôtel Dieu le nombre des femmes, que par la même considération il semble que des trois salles de réserve, une sa-

voir le grenier Saint Nicolas, doit être destiné aux femmes, et les deux autres, savoir l'interval entre les greniers St Landry et Saint Nicolas et le second étage du noviciat aux hommes, tant par ce que ensemble ils contiendront plus de malades que par ce qu'ils pourront être ouverts successivement dans la proportion du besoin; 3° que la Compagnie a, par une précédente délibération, ordonné à l'inspecteur des bâtiments la construction de 62 grands lits de 4 pieds et demi, et 66 petits de 3 pieds et demi. Pour les housses desquels la mère prieure a demandé au Bureau 1,200 aulnes de serge de Moüy, que cette quantité ne paroît pas même trop considérable d'après les détails qui ont été donnés par le dépensier. Qu'il s'agit aujourd'huy de donner pareillement des ordres relativement aux lits qu'il conviendra de placer dans les autres salles, tant habituelles que de réserve, qu'il résulte des instructions qu'il a prises à cet égard de l'inspecteur des bâtimens et du dépensier, chacun pour ce qui les concerne, lesquels lui ont remis un détail, l'un des bois et de la ferrure, l'autre de la housse et du coucher, que les grands lits reviendront à 341[tt] chacun et les petits à 277, ce qui forme pour les salles neuves une dépense de 39,424[tt], qu'il faudroit pour les 5 autres salles 148 grands lits qui au même prix montent à 50,468[tt], et 154 petits montans à 42,658[tt], ce qui présente un total de 132,550[tt], somme qui lui paroist présenter une dépense extraordinaire, trop considérable, surtout étant jointe aux acomptes à payer aux entrepreneurs, mais qu'il a appris qu'il y a dans les salles basses de l'hôpital Saint Louis 108 lits qui peuvent être transportés à l'Hôtel Dieu, et que dans les salles hautes il s'en trouve 50 très bons et 150 environ en état de servir, en les faisant raccommoder, que si la prudence exige que l'hôpital St Louis se trouve toujours dans la position d'être occuppé au premier instant, d'un autre côté, les précautions prises pour loger les malades dans l'Hôtel Dieu même, dans un cas passager d'affluence, donne lieu d'espérer qu'on ne sera pas sur le champ forcé d'avoir recours à cette ressource, que dans ce cas là même, il se trouve toujours un surcroît de 128 lits qui ont été ordonnés pour les salles neuves, et qui augmente d'autant le nombre des lits qui se trouvoient dans les deux maisons depuis l'incendie, qu'on pourroit donc transporter encore de Saint Louis à l'Hôtel Dieu le nombre des lits nécessaire, en prenant la précaution d'en ordonner tous les ans une certaine quantité pour remplacer dans l'Hôtel Dieu ceux de ces lits qu'on remettroit annuellement à l'hôpital Saint Louis, pour qu'il fût toujours suffisamment garny; 4° que quant à la manière de distribuer ces lits dans les salles qui seront ouvertes, il croit qu'il est intéressant de multiplier, autant qu'il sera possible, les petits lits dans les salles du rez de chaussée, avec la précaution cependant de ne pas trop accelérer la nécessité de l'ouverture des salles de réserve, qu'on peut à cet égard charger l'inspecteur des bâtiments de proposer à MM. les commissaires des plans de la distribution à faire des lits qui seront rapportés de l'hôpital Saint Louis pour, sur le compte qu'ils en rendront à la Compagnie, être ladite délibération arrêtée par le Bureau, ainsy qu'il appartiendra. Sur quoy la matière mise en délibération, la Compagnie a arrêté : 1° que les 3 plans des salles tant habituelles que de réserves qui ont été mis sur le Bureau seront paraphés par monsieur le commissaire, pour être exécutés et déposés au greffe; 2° que l'inspecteur des bâtiments fera inscrire sur des tableaux, qui seront attachés à la porte de chacune des salles dont il s'agit, les noms suivants, savoir à la première salle neuve du côté de la rivière, salle Saint Augustin, à la seconde du côté des cours salle Sainte Marthe, au grenier Saint Landry, Saint Marcel, au grenier St Nicolas, salle Saint Étienne, à l'interval entre lesdites deux salles, salle Saint Jean, au 3e de l'escalier du noviciat salle Sainte Catherine, au second étage de l'escalier du noviciat salle Sainte Reyne; 3° que la salle Saint Landry occupée depuis l'incendie par les femmes, qui anciennement étoient placés à la salle appellée du légat, continuera la même destination, que les salles St Augustin et Ste Marthe seront occupées par les femmes attaquées des mêmes maladies que celles qui étoient placées dans les salles du même nom avant l'incendie, que la salle Saint Marcel et la salle Sainte Catherine seront destinées habituellement pour les hommes, que la salle Saint Étienne et les salles Saint Jean et Sainte Reyne seront réservées pour être ouvertes quand le Bureau, sur le compte qui lui sera rendu du nombre des malades, jugera à propos de l'ordonner, et qu'alors laditte salle St Étienne sera occuppée par des femmes et les salles Saint Jean et Sainte Reyne par des hommes, à proportion du besoin, en commenceant par la salle St Jean; 4° que les lits ordonnés pour lesdites salles Saint Augustin et Ste Marthe continueront d'être construits, et qu'il sera pour les housses et les couchers achepté par le dépensier ce qu'il sera nécessaire pour les garnir, dont il conviendra avec la mère prieure, d'après la demande de laquelle il lui fera délivrer d'abord 1,200 aulnes de serge de Moüy, et le dépensier rendra compte au Bureau des autres fournitures qu'il conviendra y joindre; 5° qu'il ne sera point fait cette année d'autres lits neufs et que les 108 lits établis l'année dernière dans les salles basses dudit hôpital Saint Louis, ainsy que 200 autres lits étans dans les salles hautes, seront transportés lorsqu'il sera possible à l'Hôtel Dieu, après avoir été réparés s'il en est besoin, pour être distribués sous les ordres que MM. les commissaires en donneront d'après une nouvelle délibération dans les différentes salles, ainsi qu'il sera ordonné, et que tous les ans il sera successivement ordonné de construire des lits neufs pour remplacer ceux qui auront été apportés des salles hautes de l'hôpital Saint Louis, lesquels y seront remis, afin que ledit hôpital en soit toujours garny.

(1er octobre.) Sur ce qui a été exposé au Bureau par le sieur Bonnot, inspecteur des bâtiments de l'Hôtel Dieu qu'en conséquence des ordres qui luy ont été donnés cy devant, il a vendu et livré dans les mois de juillet et aoust de la présente année, les quantités de pieds de pierre et toises de moëlons cy-après déclarées, provenans de démolitions de partie des bâtimens dudit Hôtel Dieu qui ont été incendiés, savoir à M. l'abbé de Montjoye, chanoine de l'église de Paris : 1° 327 pieds cubes de pierre à 12 s. le pied, faisans ensemble la somme de 196# 4 s. 2 den. plus huit toises de pierre de moëlon à 24# la toise, composent ensemble la somme de 192#, lesdites quantités de pierre et de moëlon employées en partie à la construction d'une cave pour la sépulture des chanoines de l'église collégiale et paroissiale de Saint Jean Baptiste et Saint Denis, dans le cloître de ladite église de Paris..., la Compagnie a approuvé la vente et livraison de ces pierres et moëlons.

(4 décembre.) La Compagnie a élu pour administrateur de l'Hôtel Dieu, au lieu et place de M. de Neuville, monsieur de Parseval, fermier général.

(4 décembre.) Sur le rapport fait par monsieur Lecouteulx de Vertron des différens mémoires donnés au Bureau par le collège de chirurgie, relativement aux gagnants maitrise en chirurgie à l'Hôtel Dieu et à l'hôpital des Incurables, et des réponses qui ont été faittes par le Bureau, la matière mise en délibération, la Compagnie a arrêté de suivre l'effet de la sommation faitte audit collège le 23 décembre 1778, et d'obtenir arrêt contre ledit collège en la grand'chambre du Parlement, et qu'expédition de la présente délibération sera remise à Me Lasnier, à l'effet de s'y conformer.

(29 décembre.) A été dit par monsieur Marchais que le 27 de ce mois l'inspecteur de l'Hôtel Dieu vint chez lui, accompagné d'un cavalier de la maréchaussée au département des trois évêchés, et lui présenta une lettre de cachet addressante à MM. les Administrateurs, et un ordre du ministre de la guerre addressant au commandant de ladite maréchaussée de conduire à l'Hôtel Dieu le nommé Guinet où il demeureroit en vertu de la lettre de cachet jusqu'à nouvel ordre. Que monsieur le commissaire a cru devoir par provision obéir à l'ordre du Roy, en faisant déposer ce particulier à la salle Saint Louis, la seule où il y ait un peu moins de liberté que dans les autres, attendu qu'elle est employée au traittement des Insensés, qu'aujourd'huy il remet la lettre de cachet sur le Bureau pour en être fait lecture par M. le doyen. Et ladite lecture ayant été faitte sur le champ, de laquelle il résulte que le Roy enjoint à l'Administration de garder ce particulier jusqu'à nouvel ordre, sous la condition que les frais et dépenses qu'il occasionnera à l'Hôtel Dieu seront payez par sa famille, aux termes de la soumission qu'elle en a fait à Sa Majesté. La matière mise en délibération, la Compagnie après avoir approuvé les ordres donnés par M. le Commissaire, attendu qu'il a été depuis longtemps reconnu par le gouvernement que l'Hôtel Dieu a toujours été et doit être *une maison libre* et qu'il a été solemnellement décidé par arrêt du Parlement du 28 aoust 1767 qu'il ne sera amené, détenu ny traité aucuns gens de force. La Compagnie a arrêté en outre qu'il sera fait incessamment une réponse au prince de Montbarey, ministre de la guerre, pour luy représenter que la détention du nommé Guinet à l'Hôtel Dieu est contraire à la constitution de cet hospice, et pour solliciter la révocation de l'ordre en vertu duquel on l'y a déposé, à l'effet de quoy seront joints à ladite lettre les pièces qui établissent la franchise et liberté de cette maison, et notamment l'arrêt du Parlement rendu sur cet objet en 1767.

(29 décembre.) A été fait lecture par monsieur Marchais d'une lettre en datte du 13 de ce mois venant de Bourganeuf en Marche addressée au Bureau par le sr Foucault Dumonteil, chanoine de l'ordre de Grandmont, contenant offres d'un onguent et d'une pommade éprouvée contre touttes sortes de maux et, si l'Administration le jugeoit utile, de se transporter à Paris pour en faire les épreuves sous les yeux de tels médecins et chirurgiens qu'il lui plaira nommer. La matière mise en délibération, la Compagnie a arrêté que les offres du sr Foucault du Monteil seront rejettés, attendu qu'il est de principe invariable de ne se servir à l'Hôtel Dieu pour les pauvres malades que de médicaments approuvez par la Faculté de médecine, et administrés par les maîtres chirurgiens du collège de Paris ou leurs élèves sous leur inspection.

150ᵉ REGISTRE. — ANNÉE 1780.

(12 janvier.) Par un extrait tiré des registres de l'Hôtel Dieu et de l'hôpital Saint Louis, il paroist que le 1er janvier de l'année dernière 1779 il y avoit 1,772 malades dans ledit hôpital, que pendant ladite année il en a été reçu 21,784 dont 20,415 de la ville et de la campagne, des hôpitaux 1,369 dont 861 de la Salpétrière, 135 de Biscètre et 373 de la Pitié; enfans nouveaux nés, 1,670 dont 895 garçons et 775 filles, ce qui compose en total 25,226 personnes; que sur ce nombre il en est mort 3,921 dont 2,180 hommes, 1,326 femmes de la ville et de la campagne; enfans nouveau-nés 153, 87 garçons et 66 filles, des hôpitaux 262 dont 165 de la Salpêtrière, 51 de Biscêtre et 46 de la Pitié, et comme il n'en restoit le dernier dudit mois de décembre 1779 que 1,981, il en est sorty 19,324. Qu'il y avoit le premier dudit mois de janvier 1779, 567 malades dans ledit hôpital Saint Louis; qu'il en a été envoyé dudit Hôtel Dieu pendant ladite année 2,816 dont 1,612 de la ville et de la campagne, des hôpitaux 1,204 dont 714 de la Salpêtrière, 227 de Biscêtre, 263 de la Pitié; ce qui compose en total 3,383 personnes; que sur ce nombre il en est mort 859 dont 264 hommes et 212 femmes de la ville et de la campagne, ce qui compose 476, des hôpitaux 383 dont 238 de la Salpétrière, 91 de Biscetre et 54 de la Pitié, et comme il n'en restoit le dernier dudit mois de décembre 1779 que 581, dont 244 de la ville et de la campagne et 337 des trois hôpitaux susdits, il en est sorty 1,943, en sorte qu'au dernier dudit mois de décembre 1779, il restoit 2,562 malades dans lesdits deux hôpitaux.

(19 janvier.) A été dit par monsieur Marchais que la nuit du 19 au 20 décembre dernier, environ 20 particuliers s'introduisirent avec des échelles par dessus les murs du cimetière de Clamard pour enlever les cadavres, que les chiens du concierge l'ayant éveillé, il se leva et sorty de sa maison pour s'y opposer, mais qu'il fut repoussé avec ses chiens à coups de pierres et de bâtons, que ses chiens furent même blessés et qu'il fut enlevé six cadavres, en sorte qu'ayant appellé la garde qui vint à la clameur de tout le voisinage, six de ces particuliers fûrent arretez et conduits chez un commissaire qui les fit relâcher, que l'Administration en porta ses plaintes à M. le Lieutenant général de police, qui lui conseilla de demander à M. le Lieutenant criminel de faire faire à la requête de M. le Procureur du Roy une instruction et procédure criminelle contre les délinquants, dénommez dans le procès verbal du commissaire déposé au greffe criminel du Châtelet, et que de son côté M. le Lieutenant général de police, qui avoit blâmé la condescendance du commissaire, renouvella les ordres qu'il avoit déjà donnez à la garde de Paris, de faire de fréquentes patrouilles dans le quartier, que nonobstant ces précautions, la nuit du 11 au douze de ce mois, une nouvelle troupe s'introduisit par dessus les murs du cimetière avec des bâtons, des épées et des sabres, au nombre d'environ 30 personnes, que le concierge ayant lâché ses chiens et s'étant porté sur le lieu, lui et ses chiens furent blessez, et qu'il fut obligé de se renfermer pour sauver sa vie, que ces gens témoignoient avec menaces et jurements être déterminés à luy ôter, qu'alors ils enlevèrent 12 cadavres. Que la nuit du surlendemain, c'est à dire du 13 au 14, ces particuliers revinrent encore au nombre de 30, que le concierge se présenta encore, mais qu'ayant été poursuivi il fut forcé de se sauver dans la rue pour se réfugier chez les commis de la barrière Saint Victor qui, craignant pour eux-mêmes, refusèrent de lui ouvrir, en sorte que le voyant prêt d'être assommé il tira sur eux sans blesser personne, ce qui les fit reculer, et que pendant ce temps là une partie de cette troupe enleva encore une douzaine de cadavres, mais qu'ayant ensuite pris querelle entre eux dans un cabaret, pour le partage de leurs profits, la garde appellée en arrêta un, qu'elle mena chez le même commissaire qui, l'ayant reconnu, l'a envoyé au Châtelet. Que monsieur Marchais a été informé que les gens qui se livrent au brigandage sont des élèves en chirurgie qui se font soutenir par des soldats recruteurs ou en semestre à Paris; *qu'il se fait un commerce de ces cadavres à raison d'un louis la pièce*, qu'il a eu occasion de voir le 16 de ce mois M. le Lieutenant général de police, à qui il a communiqué ces détails, et l'intention où il étoit d'en rendre compte au Bureau général aujourd'huy, et de prier M. le Procureur général d'interposer son ministère et l'autorité du Parlement pour réprimer ce commerce scandaleux et les violences auxquelles il donne lieu, et que ce magistrat lui a témoigné combien ce parti le mettroit à l'aise pour contenir *les garçons en chirurgie qu'il connoit pour être très peu disciplinables*, et qui sont d'autant plus dans leur tort dans cette occasion, que la police pourvoit à ce qu'il leur soit procuré un nombre de cadavres suffisant pour leur instruction. Mais qu'au moyen de ces enlèvemens furtifs, lorsque leurs dissections sont achevées, ils jettent les membres tantôt dans les latrines des maisons, tantôt dans la rivierre,

ce qui occasionne souvent des inquiétudes à la police ou aux particuliers, inconvénient que n'emporte pas la délivrance qu'on leur fait des cadavres, dont ils sont obligez de rapporter les restes aux endroits qui leur sont indiqués. Que d'après cet exposé, M. Marchais croit devoir proposer au Bureau de réclamer le secours du ministère public pour maintenir l'exécution des canons de l'église concernant le repos public, la sûreté des citoyens dans leur domicile, en conséquence de prier M. le Procureur général de former son réquisitoire et d'obtenir arrêt qui, en rappelant les règlemens ecclésiastiques et civils, fasse deffences à qui que ce soit d'enlever furtivement ou à main armée les cadavres des cimetières et notamment de celui de Clamart, à peine d'être poursuivis extraordinairement comme violateurs du respect deub aux cimetières, et comme perturbateurs du repos public. La matière mise en délibération, la Compagnie a arrêté que M. le Procureur général sera prié de prendre en considération les abus contenus au présent raport et déférez à son ministère, et de prendre touttes les mesures que sa prudence lui suggérera pour les réprimer et en prévenir la continuation.

(26 janvier.) Lecture a été faite d'une lettre de M. le prince de Montbarey, dattée à Versailles le 23 janvier 1780, adressée au Bureau en réponse à celle qui lui avoit été écrit par le Bureau le 5 de ce mois. Suit la teneur de ladite lettre. A Versailles, le 23 janvier 1780 : «J'ai reçu, Messieurs, la lettre que vous m'avez fait l'honneur de m'écrire le cinq de ce mois, relativement au nommé Claude Guinet, de la ville de Phalsbours, qui a été conduit à l'Hôtel Dieu de Paris en vertu des ordres du Roy, dont vous demandés la révocation. Je vois, par les différentes pièces que vous m'avez adressé, que cette maison jouit du privilège de ne point recevoir des personnes détenues par force, mais la sœur de ce particulier ayant demandé que son frère, qui est attaqué d'épilepsie, y fût conduit en toutte seureté, et m'ayant fait passer un avis de parens et le certifficat cy joint du sieur Dorival, commissaire au Châtelet, qui constate qu'elle a pris des arrangemens pour qu'il y soit admis moyennant la somme de 1,000^{tt}, qu'elle s'est engagée de payer, j'avois lieu de croire que ce commissaire avoit été authorizé par les administrateurs de l'Hôtel Dieu à conclure ce marché, et j'ai en conséquence proposé au Roy de faire expédier les ordres nécessaires pour la translation dudit Guinet, comme c'est d'après le compte que j'ai rendu de l'état de ce particulier, et du marché que sa sœur a passé avec le sieur Dorival, que Sa Majesté s'est déterminé à agréer sa demande, je vous prie de me mander, en me renvoyant les pièces cy jointes, si vous êtes dans l'intention de procurer à ce malheureux tous les secours qui lui sont nécessaires, et si vous pensés qu'il n'y auroit aucun inconvénient à lui laisser la liberté, pour que je puisse proposer au Roy de revoquer l'ordre contre lequel vous réclamés, et qui n'a été sollicité que dans la veüe de lui faire administrer avec plus de seureté les remèdes qui lui sont convenables. J'ai l'honneur d'être, très parfaitement, Messieurs, votre très humble et très obéissant serviteur. Signé : le prince de Montbarey». Après laquelle lecture il a été observé que, pour satisfaire à ce qui est demandé au Bureau par M. le prince de Montbarey, il étoit nécessaire avant tout de prendre des éclaircissements : 1° du sieur commissaire Dorival sur les faits qui le concerne dans ladite lettre et le certifficat y mentionné cy joint; 2° sur l'état du nommé Claude Guinet. Sur quoy la matière mise en délibération, la Compagnie a arrêté : 1° que par l'huissier du Bureau le sieur commissaire Dorival seroit invité de se rendre à l'instant à l'assemblée de la Compagnie, et, dans le cas où il seroit absent dans le moment actuel, d'avertir chez lui que la Compagnie désiroit de l'entretenir avant la levée du Bureau; 2° que M. Marchais voudroit bien prendre des informations sur l'état dudit Claude Guinet qui, pour obtempérer provisoirement aux ordres du Roy, a été placé dans la salle Saint Louis, ce que M. Marchais a accepté et l'huissier à l'instant mandé, il luy a été donné l'ordre ci dessus. Ledit huissier rentré a rapporté au Bureau que M. le commissaire Dorival étoit au lit attaqué de maladie, sur quoy la matière mise en délibération, *attendu l'importance de l'objet* et l'offre faite par M. de Tilière de se transporter lui-même, avec la lettre de M. le prince de Montbarey et les pièces cy-jointes, chez ledit commissaire Dorival, pour éclaircir les faits qui avoient paru au Bureau mériter toutte son attention, la Compagnie a arrêté d'accepter les offres de M. de Tilière, auquel la lettre et les pièces jointes ont été remises et qui est sorty du Bureau pour se rendre chez ledit sieur commissaire Dorival. M. de Tilière revenu au Bureau a dit que s'étant transporté chez ledit sieur commissaire Dorival, il l'avoit effectivement trouvé attaqué d'une grosse fièvre, et que la seule importance de l'affaire avoit déterminé à lui laisser la liberté de l'entretenir, qu'à la lecture de la lettre ledit sieur Dorival avoit été aussi surpris qu'affligé des faits dont il paroissoit inculpé, qu'il l'avoit assuré n'avoir aucune connoissance ny du nommé Claude Guinet, ny de son transport à l'Hôtel Dieu, ny de l'ordre de sa détention, que connoissant mieux que personne la constitution de la maison et la discipline, il n'auroit jamais coopéré à un ordre de détention dans cette maison quel qu'il fût, mais qu'il étoit incapable de conclure un marché tel que celuy dont il est question dans ledit ordre à l'insceu de l'Administration, et au préjudice de touttes les règles, que sur la représentation du

certifficat, ledit commissaire avoit déclaré qu'il étoit faux, tant son énoncé soit imprimé, soit écrit, que dans sa signature, que pour le prouver il joignoit à cette assertion un imprimé de ses ordonnances, lesquelles n'ont rapport qu'à l'admission des enfans trouvez et qui sont absolument différens pour le stile, assurant en même temps qu'il n'en avoit jamais fait imprimer d'autres, qu'enfin sa signature étant au bas du certifficat qu'il remettoit à M. de Tilière pour pièce de comparaison, suffisoit pour rendre, à l'inspection même, le Bureau juge de la fausseté de celle apposée au bas du certifficat qui lui étoit représenté, qu'il offroit à la Compagnie de lui certiffier par écrit la fausseté de cette pièce, qu'il la prioit seulement, pour son intérêt personnel, de luy envoyer copie tant de la lettre de M. le prince de Montbarey que des deux pièces y jointes. Après lequel récit, et vû la pièce de comparaison remise à M. de Tilière par ledit commissaire Dorival, la Compagnie a arrêté de lui faire remettre à l'instant les copies par lui demandées et a prié M. de Tilière de l'inviter à adresser au Bureau, au lieu du certifficat proposé, une lettre détaillée des faits par lui articulés à M. de Tilière, et dont il vient de faire le récit, à l'effet d'en faire l'usage que le Bureau jugera à propos dans la réponse qu'il doit adresser à M. le prince de Montbarey, que cependant l'arrêté de ce jour relatif aux instructions à prendre sur l'état dudit Claude Guinet sera exécuté ainsi que M. Marchais a bien voulu s'en charger, et qu'en outre un de MM., qui a des relations à Phalsbourg, et croit avoir des renseignemens relatifs au nommé Guinet, informera le Bureau, ainsy qu'il s'y est offert, des instructions qu'il pourra se procurer à son égard.

(28 janvier.) Monsieur Lecouteulx de Vertron a dit que MM. les Administrateurs de l'hôpital royal des Quinze Vingt se trouvant obligés, pour l'exécution des lettres pattentes du mois de décembre de l'année dernière 1779, enregistrées au Parlement le 31 du même mois, portant translation dudit hôpital dans les lieux occuppés précédemment au fauxbourg Saint Antoine par la seconde Compagnie des mousquetaires du Roy, de faire exhumer les corps et ossemens inhumés dans le cimetière actuel dudit hôpital, prioient l'Administration de l'Hôtel Dieu de consentir, qu'après qu'ils auroient obtenu, conformément aux saints canons et aux lois du Royaume, les permissions requises en pareil cas de la puissance spirituelle et temporelle, les corps et ossemens qui seroient exhumés dudit cimetière de Clamard, appartenant à l'Hôtel Dieu, offrant de rembourser tous les frais occasionnés par les fouilles nécessaires. Sur quoy la matière mise en délibération, la Compagnie a arrêté de donner son consentement à ladite translation demandée par MM. les Administrateurs de l'hôpital royal des Quinze Vingt, après néantmoins que touttes les formalités prescrittes en pareil cas auront été observées, et à l'effet de préparer dès à présent les lieux pour opérer ladite translation a donné ordre à l'inspecteur des bâtiments dudit Hôtel Dieu de se transporter au cimetière de Clamard, pour examiner l'endroit le plus convenable pour y placer lesdits corps et ossemens.

(28 janvier.) Lecture faitte d'une lettre adressée au Bureau par le sieur commissaire Dorival, en datte de cejourd'huy, dont la teneur suit : «A Paris, ce 28 janvier 1780. Messieurs, mon indisposition actuelle ne me permet pas d'avoir l'honneur de me trouver à votre assemblée, ni même d'entrer dans une longue discussion de l'affaire dont m'a donné connoissance M. de Tilière; j'ai eu tout lieu d'en être surpris; je dénie et désavoüe formellement le marché que l'on m'impute avoir fait avec la nommée Marie Barbe Guinet, à l'occasion de son frère et tous autres marchés; je désavoue pareillement le prétendu certifficat imprimé qui m'a été représenté à ce sujet, ce n'est point ma signature, je ne sais ce que vous pensés de cette affaire; il vous a été facile de veoir que c'est un faux matériel et grossier, sa diction le confirme, il ne manqueroit plus que de raporter ma quittance de 1,000#; je ne sais si l'on me taxe d'avoir reçu ces 1,000#, en tout évènement je le désavoüe et desnie pareillement; il faudroit que je fusse un fripon bien maladroit pour faire de pareils marchés et depuis 24 ans que je remplis les fonctions de mon office, et que j'ai l'honneur d'être le commissaire de votre maison, je défie qu'on cite un exemple de transgression de mes pouvoirs. J'en ai toujours connu les limites et je les ai exactement observés. Comme je me trouve compromis auprès du ministre de la guerre, je me propose de me justifier personnellement devant lui dès que ma santé me le permettra, et que vous aurés bien voulu lui renvoyer les pièces originales. Je me flatte qu'il ne me refusera pas sa satisfaction. Je suis avec un profond respect, Messieurs, etc.» La matière mise en délibération, la Compagnie a arrêté que ladite lettre sera jointe à la réponse que la Compagnie se propose de faire à M. le prince de Montbarey, après qu'en exécution du surplus des arrêtés du 26 de ce mois le Bureau aura eu les informations ultérieures mentionnez en la délibération dudit jour.

(9 février.) A été dit par Monsieur Marchais, qu'il apportoit au Bureau une lettre de cachet adressée à Messieurs, qui lui fut remise hier par un garde de la Prévôté de l'Hôtel, que ce garde amené chez Monsieur le commissaire par l'inspecteur de l'Hôtel Dieu avoit déposé, selon les ordres dont il étoit porteur en particulier, la

nommé Moreau, femme prête a accoucher sortant des prisons de Versailles, pour être détenue à l'Hôtel Dieu jusqu'après ses couches, en vertu de la lettre de cachet qu'il remettoit à Monsieur le commissaire; que Monsieur Marchais lui déclara que ny ayant pas de salle de force à l'Hôtel Dieu, la prisonnière n'étoit point en seureté à la salle Saint Joseph; que tout ce qu'il pouvoit faire par respect pour l'ordre du Roy étoit de donner des ordres pour que cette femme fût gardée à veüe jusqu'à ce que la lettre de cachet soit révoquée, et que pour cet effet il se chargeoit d'une lettre qu'il alloit écrire au lieutenant général de la Prévôté de l'Hôtel qu'il connoit particulièrement. Qu'en effet il a écrit sur le champ à M. Grébau, lieutenant général, en lui exposant les raisons d'après lesquelles il est impossible de recevoir des criminels à l'Hôtel Dieu, surtout dans la salle des accouchées, le priant de faire révoquer la lettre de cachet, aussitost la sienne receüe, attendu la difficulté de veiller à la seureté de ce dépost dans une salle qui n'est point close. Sur quoy après lecture faite de la lettre de cachet ouverte par M. le doyen, portant ordre à l'Administration de garder la nommée Moreau jusqu'à nouvel ordre, la matière mise en délibération, la Compagnie, en approuvant les mesures prises par Monsieur le commissaire, a arrêté qu'il seroit adressé à M. Amelot, secrétaire d'État au département de Paris, qui a contresigné la lettre de cachet, copie de touttes les pièces qui viennent d'être envoyées *pour pareille méprise*, à M. le prince de Montbarey, et de le prier d'abondant de faire retirer de l'Hôtel Dieu au plutost la prisonnière qu'il y a envoyé.

(23 février 1780.) Le Bureau ayant pris en considération le compte à lui rendu par l'inspecteur des bâtimens le 4 de ce mois, de deux lettres missives, l'une du sieur Mullard attaché au sieur Moreau, architecte de la ville, l'autre dudit sieur Moreau, par lesquelles ils luy demandent de donner des ordres pour qu'ils puissent entrer dans l'hôpital Saint Louis, le dimanche 6, avec plusieurs autres personnes, à l'effet de visiter partout où ils jugeront convenable et en rendre compte à M. le Directeur des finances (*Necker*), suivant ses ordres, la réponse du sieur Bonnot, inspecteur des bâtiments de l'Hôtel Dieu, par laquelle il leur mande que sur la communication qu'il a faitte au Bureau de leurs lettres, il l'avoit chargé de marquer au sieur Moreau que l'Administration, toujours disposée à donner à M. le Directeur général des finances tous les éclaircissements qu'il désirera relativement aux maisons confiées à ses soins, elle croyoit devoir attendre pour donner les ordres nécessaires à cet égard qu'elle fût directement instruite de ses intentions. Autre lettre en forme de billet, adressée le même jour, du 4 février, audit sieur Bonnot par M. le Directeur général pour qu'il se rendît le lendemain 5 chez lui dans la matinée. Autre lettre du sieur Moreau au sieur Varin, greffier du Bureau, du même jour 5 au matin, par laquelle il se plaint que le sieur Bonnot ne luy ait point encore adressé les ordres qu'il sollicite depuis la surveille pour la visite à faire le 6 de l'hôpital Saint Louis, et lui mande de les luy procurer, la réponse dudit sieur Varin par laquelle il l'instruit que le sieur Bonnot est mandé par M. le Directeur général, qu'il devoit voir dans la matinée, et qu'il est à sa connoissance que le sieur Bonnot a ordre d'un de MM. les administrateurs qu'il a vu la veille d'avance d'exécuter tout ce que M. le Directeur général lui prescrira. Autre lettre de M. le Directeur général à M. Marchais, par laquelle il le prie de donner au sieur Bonnot ses ordres, pour que les personnes qu'il compte envoyer le lendemain 6 visiter l'hôpital Saint Louis, le puissent faire en toutte liberté, et réponse de M. Marchais à M. le Directeur général, par laquelle il lui marque que le sieur Bonnot a dû le prévenir des ordres qu'il avoit d'avance de se conformer à ses intentions, qu'au surplus il les renouvelle à cet inspecteur comme il le désire, et qu'on auroit eu tort de vouloir lui insinuer que l'Administration ne fut pas disposée à acquiescer à ses désirs, la conduite qu'elle a cru devoir tenir il y a deux ans vis-à-vis de M. de la Millière annonçant assés qu'elle se fera toujours honneur et un devoir d'éclairer le gouvernement dans touttes les occasions. Le compte rendu par l'inspecteur des bâtiments le neuf suivant de la conférence du samedy cinq chez M. le Directeur général *où madame Necker* et luy, après l'avoir invité de se trouver le lendemain à l'hôpital Saint Louis, et d'assister à la visite du sieur Moreau, madame Necker s'étendit entre autres choses sur le mauvais usage de coucher plusieurs malades dans le même lit, à quoy il avoit répondu qu'il étoit impossible en certains temps d'en user autrement dans un hôpital qui, par sa constitution, ne peut demeurer fermé à personne; qu'il seroit même du plus grand danger de refuser un malade, ayant été lui-même témoin, un jour qu'on refusoit un homme renvoyé récemment comme guéri de l'Hôtel Dieu, ce particulier avoit ameuté la population devant la porte, et que si on eût persisté à lui refuser l'entrée, elle menaçoit d'enfoncer les portes pour l'y faire admettre; que les administrateurs, plus touchez encore que les étrangers de la presse des malades, s'étoient toujours occuppés des moyens d'aggrandir le local, et que le deffaut de fonds avoit suspendu depuis un temps leurs efforts pour les mettre plus à l'aise; après quoi il s'étoit retiré avec la lettre de M. Necker à M. Marchais, dont il a été parlé cy devant. Que le lendemain, en conséquence des ordres de M. le Directeur, le sieur Bonnot s'est rendu à l'hôpital Saint Louis le dimanche 6, où peu de temps après, les

sieurs Moreau et Mullard se rendirent et prirent en sa présence des mesures, firent faire des toisés relatifs à de nouveaux arrangemens. Autre récit de l'inspecteur de l'hôpital Saint Louis, contenant que le jeudy suivant, dix du présent mois, un médecin avec un architecte dont il n'a sçeu dire le nom, se rendirent le matin à l'hôpital Saint Louis, et étant montez chez lui, l'invitèrent à les accompagner dans une nouvelle visite de l'hôpital; que connoissant les intentions de l'Administration, il s'étoit rendu à leurs désirs et les avoit suivi dans l'examen qu'ils firent, pendant lequel ils firent de nouveaux toisés, et formant des projets pour la construction de salles en augmentation, dans la vûe d'y loger un très grand nombre de malades; qu'ils étoient accompagnez d'un particulier, qu'il a jugé être un entrepreneur de voitures, qui prit beaucoup de toises et fit nombre de calculs qui lui ont paru relatifs aux frais d'enlèvement de déblais, provenant des démolitions des cheminées et cloisons qui sont dans les quatre bâtiments en équerre, répondant aux quatre angles saillant du bâtiment du milieu, qui contient les quatre salles actuellement habitées. Autre lettre en forme de billet, du 18 de ce mois, adressé à M. Marchais qui étoit pour lors au Bureau, par M. le Directeur général, et apportée chez mondit sieur Marchais par ledit sieur Mullard, invité à se transporter au bureau où étoit M. Marchais, ce qu'il avoit refusé, par laquelle lettre M. le Directeur général marque à M. Marchais que le sieur Mullard s'étant présenté la veille, 17, à l'hôpital Saint Louis, pour visiter l'intérieur des bâtimens servans au logement des relligieuses, l'entrée lui en avoit été refusée par la supérieure de cette maison; mais qu'étant nécessaire que le sieur Mullard en ait une connoissance particulière, et devant pour cet effet y retourner le lendemain 19, accompagné de quelques personnes chargés de cet examen, il prie M. Marchais de donner des ordres positifs pour que ces Messieurs n'éprouvent aucunes difficultez, et puissent se mettre à portée de rendre le compte exact qu'il désire. Sur quoy M. Marchais avoit pris le parti sur le champ d'envoyer cette lettre à M. Rivierre, l'un des supérieurs au spirituel des relligieuses, avec une lettre par laquelle il lui marquoit qu'il ne se croit en droit d'accorder à personne la permission d'entrer dans les lieux réguliers, le priant de faire là dessus ce que sa prudence lui suggereroit. Que M. Marchais écrivit en même temps à M. le Directeur général l'usage qu'il s'étoit cru obligé de faire de son billet, les permissions d'introduire les étrangers dans les lieux réguliers n'étant point du ressort du Bureau. Autre récit de l'inspecteur de l'hôpital Saint Louis, du lendemain 19, duquel il résulte que ce jour l'architecte de la ville, le sieur Mullard et celui des frères de la Charité, s'étoient présentés comme les jours précédents accompagnés de deux frères de la Charité; que tous ensemble visitèrent tous les lieux de l'hôpital, y compris les jardins; qu'il projette dans le cours de cette visite de grands changemens et de nouvelles constructions en augmentation de salles; qu'il y fut jugé qu'on y mettroit 1,570 lits pour autant de malades; qu'on bâtiroit de longues galeries de communication du corps de bâtiment où sont les salles actuelles avec les 4 bâtimens en équerre, lesquelles galleries seroient elles-mêmes des salles de malades, ainsi que celles actuellement subsistantes, qui font la communication du corps de logis des chirurgiens et des prêtres, et celui des relligieuses; que l'arrangement de l'église seroit changé, et seulement la tribune conservée pour les gens de condition; qu'il seroit fait un bâtiment neuf depuis la porte d'entrée, à main gauche, jusqu'au corps de logis habité par les relligieuses et construit de nouvelles caves où puissent tenir 1,500 pièces de vin. Qu'il paroist que l'intention des frères de la Charité est de ne point recevoir les scorbutiques, les petittes véroles, ni les maladies contagieuses, et que sur l'observation que leur fit l'inspecteur, que l'année 1778, il y avoit eu jusqu'à 1,100 malades du scorbut et la demande qu'il leur fit où ils les placeroient s'il en venoit, les deux frères se regardèrent d'un air interdit et ne répondit rien. Que néanmoins ils avoient eu l'air fort guay dans le cours de cette séance; que les relligieuses se trouvoient très formalisées du ton qu'ils avoient pris vis-à-vis d'elles en leur conseillant de faire promptement leurs pacquets afin de leur cedder les lieux pour la semaine de la Passion, et qu'ayant rencontré quelques garçons chirurgiens de la maison, ils leur avoient dit qu'à la semaine de la Passion ils comptoient être dans cette maison au nombre de 40; qu'ils comptent aussi faire ouvrir deux nouvelles portes, l'une vis-à-vis le portail de l'église pour les gens du fauxbourg Saint Laurent, l'autre à l'opposite, à l'endroit appellé le pavillon du Roy pour ceux du Marais et du fauxbourg Saint Antoine, avec l'ouverture d'une rue nouvelle en face de cette porte, en dédommageant les propriétaires des terreins sur lesquelles elle passera, par l'échange avec eux des terreins de l'hôpital. Qu'ils comptoient entrer incessamment dans cet hôpital, qu'ils prendront meublé, tel qu'il est, et qu'on n'y bâtira que quant ils en seront en possession; que ce projet devoit être remis sous trois jours à M. le Procureur général; enfin, qu'en se retirant ils invitèrent les architectes à venir manger les fruits du jardin à leur maturité. Sur touttes lesquelles lettres et récits la Compagnie délibérant a arrêté qu'il en sera référé à l'assemblée générale, qui se tiendra à l'Archevêché, le premier mars prochain, et qu'il y sera fait lecture d'un mémoire concernant l'établissement et la destination de l'hôpital Saint Louis.

(1er mars.) La Compagnie a nommé et choisi le sieur Mallet pour remplir la place de médecin ordinaire de l'Hôtel Dieu, vacante par le deceds du sieur Belleteste et le sieur Duhaume pour remplir la place de médecin expectant.

(1er mars.) Lecture faitte, en exécution de la délibération du 23 février dernier, d'un mémoire concernant l'établissement et la destination de l'hôpital Saint Louis, dont la teneur suit : La destination de l'hôpital Saint Louis est fixée par des titres et sur des motifs qui paroissent devoir la rendre invariable. Le projet en est dû au zèle patriotique du Prévôt des marchands et échevins et notables habitans de cette capitale, justement allarmés des suittes funestes du mélange, dans les temps de contagion, de ceux qui en étoient atteints avec les autres malades. Il est le fruit de la discution réitérée d'un objet aussi important dans plusieurs assemblées successives de la grande police, où on jugea que le meilleur moyen de prévenir *les mortalités précédentes, notamment celle de 1562 où 68,000 citoyens moururent à l'Hôtel-Dieu en une année*, étoit la séparation des malades de contagion d'avec tous les autres dans des maisons de réserve qui y seroient spécialement consacrées. L'existence de l'établissement est l'ouvrage de Henry 4, et sa perfection celui de Louis XIII, par leurs édits de may 1607 et d'avril 1613, monuments authentiques de ces faits. La destination de cet hôpital aux maladies contagieuses est prouvée par sa construction même; l'architecte y a employé touttes les ressources du génie pour procurer aux personnes qui se consacreraient à un service aussi périlleux toutte la salubrité possible; il a détaché leurs habitations respectives les unes des autres; il les a isolés des salles des malades, en ménageant pour la communication nécessaire des galeries en équerre et à jour que l'air traverse de touttes parts; il a établi un vaste tour pour passer les alimens dans les salles sans exposer à la contagion les employés au service extérieur; il a joint à ces précautions tout ce qui pouvoit contribuer à renouveller l'air des salles du 1er étage, seules destinées aux malades, celles du rez de chaussée, basses et humides devant être employées à d'autres usages. (*Voyez description de l'hôpital Saint Louis par M. Duhamel Dumonceau, dans son Traité de la santé des marains, pp. 215 et suivantes.*) Conséquemment à cette destination, l'ouverture de cet hôpital a été employé comme une précaution salutaire dans les temps de contagion qui ont suivi, en 1619, 1630, 1631, 1668, 1693, 1699, 1709, 1729, 1754, et la ville lui est redevable d'avoir été préservée de ces mortalités effrayantes qui avoient précédé cet établissement. Aussi l'Administration a-t-elle rappellé avec succès cette destination constitutive, et la sagesse du motif qui a donné l'existence à cet hôpital, lorsque quelque projet de l'employer à un autre usage a pu y donner atteinte. Louis XIV à qui il avoit été proposé d'établir des fours à l'hôpital Saint Louis *dans la famine de 1693*, informé par le Parlement de sa destination exclusive à la contagion, préféra de placer ces fours dans son palais des Thuilleries. En 1719, l'Administration consultée par M. le Régent sur le projet de faire battre monnoye à l'hôpital Saint Louis, seulement pour un temps et à la charge de payer 30,000 livres par année, et de rendre l'hôpital libre au premier besoin, présenta les mêmes observations par l'organe de M. le cardinal de Noailles; le projet n'eut point d'exécution, et S. A. R. assura le prélat qu'on ne toucheroit point à une pareille fondation. S'il y a eu en 1726 et 1740 des bleds placés à l'hôpital Saint Louis et un dépôt de mandians pendant une partie de l'hiver 1749, ce n'a été que l'effet de circonstances impérieuses et momentanées, constatées par des lettres de M. le Premier Président, de M. le Procureur général et de M. d'Argenson à l'Administration, dans lesquelles la nécessité de maintenir la destination constitutive de l'hôpital Saint Louis est disertement reconnue, soit en luy annonçeant des mesures prises pour rendre l'hôpital libre au premier besoin, soit en fixant à un court délay l'usage emprunté auquel les circonstances nécessitoient, ce qui fut exécuté. Ces usages à la vérité avoient un objet tout à fait étranger au secours des malades, mais il n'en est pas moins vray de dire que la destination essentielle de cette maison est d'être une réserve pour les temps de contagion, et que devenüe un hospice habituel de maladies ordinaires, la capitale seroit privée d'une ressource jugée nécessaire pour les temps malheureux. La substitution de l'hôpital Sainte Anne à l'hôpital Saint Louis seroit doublement insufisante, non seulement à raison du peu d'étendue des bâtiments actuels (à laquelle on convient que la bienfaisance de Sa Majesté peut remédier); mais à raison de ce que devenue unique pour le temps de contagion, il ne rempliroit plus l'objet principal des fondations, d'éviter par deux établissements, l'un septentrional et l'autre méridional, que les malades atteints de contagion traversent la ville entière, et il ne présente d'ailleurs dans sa construction aucuns de ces préservatifs contre la propagation de la contagion qu'on vient de faire observer dans celle de l'hôpital Saint Louis. L'Administration, instruite par l'expérience des temps qui ont précédé l'établissement de l'hôpital Saint Louis, est effrayée des maux qui pourroient être la suitte de la privation d'une maison que l'expérience des temps subséquents a prouvé être sy précieuse; elle doit à la religion du serment que ses membres ont prêté au Parlement de supplier Sa Majesté de pezer dans sa haute sagesse le bien être que sa bienfaisance désire de procurer aux pauvres malades dans les temps ordinaires, avec les risques que pourroit faire courir dans un temps de contagion l'interversion de la fondation de ses augustes ayeux. L'Administration ne voit sans doute qu'avec douleur les inconvénients qui résultent du peu d'étendüe actuelle de l'hôpital habituel et ordinaire des pauvres malades; elle s'est depuis longtemps occuppée d'y remédier, ses plans sont tous dressés, le terrein acquis pour la plus grande partie, mais l'exécution ne dépend pas d'elle, surtout depuis les pertes que les chertés et l'incendie ont fait éprouver à l'Hôtel Dieu; elle ne peut espérer cette exécution, après laquelle elle soupire, que de la bienfaisance de Sa Majesté; mais elle doit lui représenter le danger de confondre la destination de l'hospice de réserve avec celle de l'hospice habituel. Indépendamment de ces importantes considérations, elle doit encore à Sa Majesté quelques observations sommaires sur l'hôpital Saint Louis, sous le point de veüe d'un hospice habituel de malades. Elle les a exposé en détail en 1775 dans un mémoire adressé à M. le Garde des sceaux et à tous les ministres, elle ne fera que les rappeller sommairement. Elle ne s'arrêtera pas à celles qui avoient pour objet l'augmentation de dépense, qu'elle croiroit icy déplacées, bien assurée que la bienfaisance de Sa Majesté y pourvoiroit; elle se contentera d'observer : 1° le deffaut dans la quantité et la qualité des eaux; elles ne sont pas assez abondantes pour fournir au nétoyement des salles, leur stagnation nuit aux blanchissages, leur qualité corrosive brûle le linge, leur dureté les rend malsaines et peu propres à la cuisson des aliments. Ces inconvénients qu'un séjour passager rend tolérable seroient considérables pour un séjour constant et habituel; 2° l'éloignement, précaution salutaire dans la constitution primitive, devient nuisible en changeant cette constitution; il rend le transport des malades plus difficile, diffère conséquemment les secours, le service des officiers de santé, plus onéreux à raison de la distance, devient nécessairement plus dispendieux; enfin, il prive les malades d'une consolation bien douce dans leur infortune, celle de veoir leurs proches partager leur douleur. Mais de quelque poids que puissent être ces observations, le grand, le principal intérêt non seulement des pauvres, mais de tous les citoyens de la capitale, est la conservation de la destination primitive d'un hôpital, avant l'existence duquel la contagion faisoit les plus funestes ravages, à l'usage duquel on a dû depuis la diminution des mortalités et des allarmes, et dont la privation peut faire craindre de veoir le renouvellement. La matière mise en délibération, la Compagnie a prié Monseigneur l'Archevêque de vouloir bien présenter ce mémoire à M. le Directeur général des finances, ce qui a été accepté par Monseigneur l'Archevêque.

(1er mars.) M. Boullenois a dit que la dernière déclaration en vertu de laquelle l'Hôtel Dieu, ainsi que l'Hôpital général, jouissent de la prolongation du droit de 30 sols sur chaque muid de vin entrant dans Paris, expirant au premier octobre prochain, il étoit nécessaire d'en solliciter une nouvelle; que MM. les Administrateurs de l'Hôpital général s'étoient précédemment chargés d'en obtenir le renouvellement, mais que dans le moment présent ils sembloient hésiter à en faire la demande; qu'en conséquence il avoit projetté la lettre qu'il croyoit que le Bureau étoit dans le cas d'adresser à ce sujet à M. le Directeur général, ainsi qu'un mémoire tendant à éclairer ce ministre sur l'origine de ce droit établi en faveur des hôpitaux, sur sa prolongation non interrompue depuis 1690, ainsi que sur le partage entre l'Hôtel Dieu, l'Hôpital général et les Enfans trouvez du produit en résultant; lecture faite dudit mémoire, la Compagnie a arrêté qu'il seroit joint à la lettre proposée par M. Boullenois, et l'un et l'autre envoyés à M. Necker, et que copie dudit mémoire seroit transcrite ensuite de la présente délibération. Suit la teneur dudit mémoire : «Par édit de juin 1690, il a été fait deffences aux administrateurs de tous les hôpitaux de recevoir à l'avenir aucune somme d'argent à fonds perdu et d'en constituer rente viagère au dessus du denier 20; comme cette prohibition ôtoit à l'Hôtel Dieu ainsi qu'à l'Hôpital général toutte ressource dans le cas d'un besoin urgent et imprévu, Louis XIV crut qu'il étoit de sa bonté royale de compenser, ainsi qu'il le déclare, le préjudice qu'ils en pourroient éprouver, et de leur faciliter les moyens de soutenir dans tous les cas les grandes dépenses qu'ils sont obligés de faire pour les besoins des pauvres, et c'est ce qu'il a fait par une déclaration subséquente du 28 du même mois et an, en établissant en faveur desdits deux hôpitaux un droit de 30 sols à percevoir sur chaque muid de vin entrant dans la ville et fauxbourgs de Paris, à partager entre eux de la façon dont il se réservoit de le faire, et qu'il a effectivement fait depuis, par arrêt du Conseil, du 28 mars audit an; ce droit de 30 s. n'est point une attribution qui à compter de son époque leur ait été faitte sur des droits déjà imposés et perceus sur les vins entrans ès ville et fauxbourg de Paris et fut un droit établi en augmentation de ceux qui se percevoient déjà, droit fondé d'après la déclaration même, sur ce que conformément à la loy commune du royaume, les habitans de la ville sont obligés de faire subsister les véritables pauvres qui s'y rencontrent, et à la recette duquel le sieur Christophe Charrière, fermier général des aides, fut spécialement commis par arrêt du Conseil du 31 du même mois et an, à la charge d'en faire directement tous les mois le versement ès caisses des receveurs de l'Hôpital général et de l'Hôtel

Dieu; savoir, 14/19ᵉ dans celle de l'Hôtel Dieu, à la charge par ledit Hôtel Dieu d'en remettre la 14ᵉ partie à la caisse des Enfans trouvez et les 5/19ᵉ restant dans celle de l'Hôpital général. Ce droit de 30 s. par muid de vin, fondé sur une loy toujours subsistante, qui interdit aux hôpitaux les emprunts en viager, n'a pu être supprimée ny même suspendue; aussy la perception en a t-elle été continuée sans interruption jusqu'à ce jour, par déclarations successivement rendües à l'expiration des époques fixées pour chacune d'elles, celle dont les Administrateurs de l'Hôtel Dieu demandent aujourd'huy le renouvellement, leur a accordé la jouissance de ce droit tant pour eux que pour l'Hôpital général jusques au premier octobre 1780.

(8 mars.) A été arrêté que les deux travées des salles neuves seront partagées en deux perpendiculairement à leur longueur sous le nom de Sᵗ Augustin et de Sainte Marthe; qu'il n'y sera mis que les plus griêves malades, que conformément à la délibération dudit jour, 13 juillet dernier et aux intentions du Bureau, il ne sera placé dans les cas de presse que *deux personnes au plus* dans les lits de trois pieds et demy et *trois* dans ceux de quatre pieds et demy, sauf par le Bureau à donner de nouveaux ordres suivant les circonstances.

(8 mars.) A été dit par M. Marchais qu'il a observé depuis longtemps que deux circonstances contribuent à prolonger dans l'Hôtel Dieu le séjour de ceux qui y ont été rétablis et de ceux qui ni ont éprouvé que des maladies éphémères; la première est le délai qu'on est forcé de leur accorder pour attendre que les chemises et le linge qu'ils ont apporté en entrant soit revenu de la lessive et retourné à l'office appellé des chemises; la seconde l'usage très ancien de ne faire le renvoy des malades que trois fois la semaine, en en exceptant même les jours de fêtes; qu'il croyt devoir proposer un nouvel arrangement propre à faciliter plus promptement la sortie de ceux qui n'ont plus besoin de secours de la maison, et à prévenir l'engorgement forcé dans certaines salles; que cet arrangement consiste à ne plus à l'avenir blanchir les chemises et linge des malades arrivant, et à faire tous les jours le renvoye de ceux qui sont guéris. La matière mise en délibération, a été arrêté : 1° que le linge des malades entrants à l'Hôtel Dieu demeurera réuni à l'avenir au paquet que l'on fait de leurs hardes, pour le tout leur être rendu ensemble à l'instant qu'ils seront jugez en état d'être renvoyez; 2° qu'à commencer du premier avril prochain les officières et sœurs de l'office des chemises qui relèvent les paquets des malades arrivants, y enfermeront leur linge pour n'en faire qu'un seul et même paquet, sans qu'il soit permis d'en rien mettre au blanchissage; 3° qu'à compter du même jour, premier avril, les inspecteurs des salles procèderont tous les jours, même les fêtes et dimanches, au renvoy des convalescents qui se trouveront dans le cas d'être congédiez; 4° qu'il sera délivré à la Mère prieure deux extraits de la présente délibération, l'une desquelles elle est prié de déposer à l'office des chemises, et d'en maintenir l'exécution et qu'autre extrait sera délivré à l'inspecteur des salles pour qu'il ait à s'y conformer, sauf par le Bureau à prendre des mesures ultérieures pour le linge qui seroit infect ou ensanglanté.

(5 avril.) Lecture faitte d'un projet de réponse à M. Harrouard, secrétaire du Roy à la Rochelle, arrêtée par la délibération du 29 mars dernier, laditte réponse a été écrite et signé. Suit la teneur de laditte lettre : « Il n'est pas douteux, Monsieur, que l'établissement de l'Hôtel Dieu de Paris étant une institution de charité et de bienfaisance universelle, il a droit aux aumônes de tout le Royaume, on pourroit dire de l'Europe entière, *puisqu'il ne met aucune distinction entre l'étranger et le citoyen*, c'est d'après ce principe judicieux que nos roys, depuis François Iᵉʳ en 1515 jusqu'à Louis XV en 1720, ont, par des lettres pattentes confirmatives les unes des autres, accordé à cet hôpital le droit d'établir des troncs et de faire quêter dans touttes les églises du Royaume, ils ont même porté la précaution jusqu'à deffendre aux archevêques et évêques de souffrir qu'il soit publié aucunne indulgence, ou fait aucune quête pour quelqu'autre hôpital que ce soit, certains jours fixés uniquement pour l'Hôtel Dieu; les marguilliers ou procureurs des fabriques sont particulièrement chargés de cette collecte, ainsi vous voyés, Monsieur, que nous n'avons pas besoin de nouvelles authorizations de la part du gouvernement, mais le réfroidissement de la charité a frustré l'intention de nos souverains, et *depuis longtemps, à l'exception des paroisses de Paris et du diocèze d'Amiens, nous ne recevons plus de secours des autres églises*, et celles mêmes que nous venons de vous citer n'en procurent que de très foibles. Le diocèze d'Amiens, où cette bonne œuvre s'est continuée sans interruption, ne produit guères qu'environ 200ᵗᵗ par an. Sur ce pied vous voyez que quand même on pourroit parvenir à rétablir l'exercice de ce droit dans les autres diocezes on seroit bien loin des 350,000ᵗᵗ que votre charité et votre zèle vous fait désirer de procurer à nos pauvres, mais ce zèle et cette charité dont nous ne pouvons trop vous témoigner notre reconnoissance nous fait espérer que vous pourriez dans votre diocèze parvenir à rétablir l'exercice de ce droit, et peut-être par vos amis et vos relations le rétablir aussi dans des diocèzes voisins et ainsi de proche en proche. Nous avons l'honneur de vous adresser en conséquence un

exemplaire des lettres pattentes du 12 février 1615 qui contiennent nos titres à cet égard. Nous sommes avec une parfaitte considération, Monsieur, vos très humbles et très obéissants serviteurs, les administrateurs de l'Hôtel Dieu.»

(10 mai.) Ce jour, la Compagnie délibérant sur un mémoire présenté au Bureau par les médecins, contenant qu'il se distribue pendant la nuit des œufs dans les salles, de la soupe à cinq heures du matin, et entre midy et une heure de la bouillie, ce qu'ils regardent comme étant contraire à la santé des malades, a arrêté que MM. Dupont, Marchais et Martin, commissaires, concerteront avec la mère prieure et la relligieuse en office de la cuisine des moyens de parer aux abus qui peuvent résulter de ces distributions pour, sur leur rapport, être par la Compagnie statué ce qu'il appartiendra.

(31 mai.) Messieurs Lecouteulx de Vertron, Dupont, Marchais de Migneaux et Mopinot ont dit qu'ils avoient été invités à se rendre le 11 avril dernier chez M. le Directeur général des finances, où se sont trouvés avec eux M. le Lieutenant général de police et M. de la Milière, maître des requêtes; qu'il leur avoit été proposé un projet relatif à l'Hôtel Dieu et à l'hôpital Saint Louis, consistant : 1° à traitter dans les hôpitaux les maladies des pauvres qui y habitent; 2° à établir dans l'Hôtel Dieu actuel un certain nombre de lits, mille, par exemple, de 2 pieds et demi chacun *pour un seul malade domicilié*, qui sera receu sur un certifficat de pauvreté du curé de sa paroisse, en répartissant le nombre des lits entre les différentes paroisses; 3° de réserver à l'Hôtel Dieu pour y être receues en la manière ordinaire les blessés et *les fols* des deux sexes, les femmes grosses et accouchées; 4° enfin de destiner l'hôpital St Louis à tous malades indistinctement qui ne seroient pas dans un des cas précédens, c'est-à-dire ceux qui excèderont le nombre de celui des lits fixés pour chaque paroisse, ceux qui n'ont point de domicile fixé, ceux de la campagne et les étrangers. Qu'ils avoient dans cette conférence proposé les observations qui s'étoient d'abord présentées à leur esprit, et que la conférence avoit fini par leur dire que la question devoit être murement examinée et qu'elle feroit l'objet de conférences ultérieures. Qu'ils avoient crû que l'assemblée générale pouvoit seule dans une affaire aussi importante discuter la question et faire passer au gouvernement son vœu, résultant des opinions réünies de ses membres. Mais que M. le Directeur général leur ayant fait savoir qu'il désireroit avoir leur opinion personnelle, ils avoient crû ne pouvoir se dispenser de rédiger séparément leurs observations particulières sur cet objet, observations qu'ils ont annoncé n'être que leur opinion du moment, subordonnée à celle de la Compagnie lorsqu'elle seroit consultée; qu'en conséquence ayant été invités le mardy 30 mai chez M. le Directeur général, où se sont trouvés pareillement M. le Lieutenant général de police et M. de la Millière, ils ont successivement lû les observations dont ils avoient cru ce projet susceptible, et qu'ils les avoient chacun remises signées d'eux à M. le Directeur général. Que désirant constater leurs dites observations, ils proposent à la Compagnie d'en déposer un double également signé d'eux, que d'ailleurs, comme il pourroit arriver que dans le cours des siècles un pareil projet fut renouvellé, il seroit interressant de joindre à ce dépôt un mémoire général sur ce projet. Lecture faite desdites observations et du mémoire, la matière mise en délibération, la Compagnie a arrêté qu'il seroit fait registre du récit de M. Lecouteulx de Vertron, Dupont, Marchais de Migneaux, Mopinot, et tant leurs dittes observations particulières que le mémoire général seront déposés au greffe du Bureau pour y avoir recours où besoin seroit.

(31 mai.) Messieurs Lecouteulx de Vertron, Dupont, Marchais de Migneaux et Mopinot ont dit que dans une conférence qu'ils avoient eüe la veille avec M. Necker, directeur général des finances, ce ministre leur avoit paru persuadé que l'Hôtel Dieu avoit au moins 1,400,000# de revenu; que cette erreur ne pouvoit être occasionné que par la connoissance qu'il a pu avoir du montant de la recette porté aux bordereaux généraux de recette et de dépense, qui se présentent à la fin de chaque année au Bureau par M. le Receveur général charitable, et dont l'objet est de faire connoître l'état de sa caisse; qu'une erreur aussi considérable pouvoit être d'autant plus préjudiciable à l'Hôtel Dieu que ses suittes pourroient tendre à restraindre les bienfaits du Roy, monsieur Martin a dit alors qu'il avoit fait le dépouillement de tout ce qui dans les bordereaux des dix dernières années lui avoit paru étranger aux revenus de l'Hôtel Dieu ou les diminuer et a rendu compte au Bureau de son travail. Sur quoy la matière mise en délibération, la Compagnie a arrêté : 1° que monsieur Martin fera d'après ses dépouillemens un état : 1° des objets qui ne sont portés en recette dans lesdits bordereaux que pour être payés à ceux à qui ils appartiennent; 2° de ceux qui y sont portés pour remboursement de dépenses, dont quelques unes sont étrangères à l'Hôtel Dieu et les autres diminuées par ledit remboursement, et ensuite des charges auxquelles les revenus de l'Hôtel Dieu sont sujets, et qui les diminuent d'autant pendant les 10 années que renferme son travail, pour le tout être déduit du montant de la recette portée aux bordereaux desdites 10 années, et connoître par là les revenus effectifs de l'Hôtel Dieu

pendant le même temps et en faire une année commune, ce que mondit sieur Martin a promis de faire pour mercredy prochain, jour auquel la délibération sur cet objet a été continuée.

(7 juin.) Monsieur Martin a dit que pour se conformer à l'arrêté de la Compagnie de mercredy dernier, il avoit fait l'état des objets à déduire du montant de la recette portée aux bordereaux généraux de la caisse pendant les dix dernières années jusques et l'année 1779 et en a fait lecture; il en résulte que la recette pendant les 10 années étant de 13,884,742# 7 s. 9 deniers, elle se trouvoit réduite à 12,976,851# 11 s. 7 deniers, après en avoir déduit la somme de 907,890# 16 s. 2 deniers, à quoy montent pendant ledit temps les objets étrangers aux revenus portés en recette dans lesdits bordereaux, et que cette somme de 12,976,851# 11 s. 7 deniers qui est composée de celles qui forment les revenus se trouvoit encore réduite à celle de 10,743,820# 4 s. 1 denier par la déduction de celle de 2,233,031# 7 s. 6 deniers, à quoy montent pendant ledit temps touttes les charges auxquelles lesdits revenus sont sujets, laquelle somme de 10,743,820# 4 s. 1 denier constitue les revenus effectifs de l'Hôtel Dieu pendant les dix dernières années, dont l'année commune est 1,074,382#; sur quoy la matière mise en délibération, la Compagnie a arrêté que ledit état sera envoyé par M. Marchais à M. de la Millière, afin qu'il puisse en rendre compte à M. le Directeur général des finances, et le désabuser de l'erreur dans laquelle il a paru être sur la quotité des revenus effectifs de l'Hôtel Dieu, et que copie dudit état et de la lettre que M. Marchais écrira à M. de la Millière pour le luy envoyer seront déposés au greffe du Bureau. État pour parvenir à trouver le montant des revenus effectifs de l'Hôtel Dieu pendant les dix dernières années depuis et compris 1770 jusques et compris 1779. La recette ordinaire portée dans les bordereaux généraux pendant lesdites dix années monte à 13,884,742# 7 s. 9 deniers, sur quoy il faut déduire tout ce qui est étranger aux revenus : 1° les sommes qui n'ont été receues que pour être payées, les sommes receues pour acquis de fonds, 28,737# 5 sols; idem pour contribution de locataires à des réparations 48,284# 15 s., la part des enfans trouvés dans les octrois sur les vins 156,670# 3 s. 6 deniers, celle des enfans trouvés dans la rente sur le pied fourché 8,158# 5 sols.; idem dans une rente sur les inspecteurs aux boissons 4,367# 10 sols. 2° les sommes receues pour remboursement des dépenses; pour viande fournie aux Incurables 408,310#, pour médicamens aux Incurables 9,182# 19 s., pour vente de son qui diminue la dépense du bled, 231,258# 5 sols; pour la vente des futailles qui diminue la dépense du vin, 12,921# 14 sols. Ces deux articles montent ensemble, pendant lesdites 10 années, à 907,890# 16 s. 2 den. Laquelle, déduite de celle cy-dessus, restera pour le montant des revenus celle de 12,976,851# 11 s. 7 deniers. Mais ces revenus sont sujets à des charges qui les diminuent, et il est donc nécessaire de déduire, pour connoître le revenu effectif, savoir: rentes constituées foncières et viagères dûs par l'Hôtel Dieu et payées pendant lesdites 10 années 377,036# 2 s. 3 den.; fondations acquittées, déduction faite des sommes reçues pour le même objet, 233,747# 11 s. 4 den. Les réparations tant aux maisons de Paris qu'à l'Hôtel Dieu et améliorations de toute espèce qui ont produit de l'augmentation dans les baux, déduction faite des sommes receues pour contributions de locataires à quelques unes, ont monté (celle de l'Hôtel Dieu estimée les deux cinquième) à 1,263,993# 11 sols, celle hors de Paris 241,714# 18 s. 10 d., le vingtième payé sur des rentes viagères, 880#; décimes du prieuré St Julien le Pauvre, 3,411# 11 sols; frais de régie du Pont au double, 9,434#; ceux de l'octroy sur les vins, 12,000#; sommes du payement desquelles les legs faits à l'Hôtel Dieu ont été chargés, 61,175# 5 s. 8 deniers. Le produit de la sacristie étant porté en recette, il convient de déduire ses dépenses qui diminuent d'autant le bénéfice; elles montent à 29,638# 17 sols 6 deniers. La totalité des charges auxquelles les revenus de l'Hôtel Dieu sont sujets monte à la somme de 2,233,031# 7 s. 6 deniers, laquelle, déduite de celle à laquelle montent les revenus cy-dessus, restera celle de 10,743,820# 4 s. 1 denier, pour le revenu effectif desdites 10 années, dont l'année commune est 1,074,382#, qu'on peut regarder comme le revenu annuel de l'Hôtel Dieu. Copie de la lettre écrite par M. Marchais à M. de la Millière en lui envoyant l'état cy-dessus : «Monsieur, l'intérêt de l'Hôtel Dieu m'oblige à relever une erreur qui pourroit être d'une très grande conséquence pour les pauvres de cet hôpital si elle subsistoit : il ne s'agit de rien moins que de vous faire voir clairement que ses revenus sont de plus de 100,000 écus moins forts que vous ne le croyez. Vous nous avez paru persuadé, Monsieur, dans la conférence que nous avons eu chez M. le Directeur général, ainsi que lui, qu'ils étoient d'environ 1,400,000 livres; nous n'avons pas été en état pour lors, en combattant cette erreur, de vous en donner des preuves, mais je puis aujourd'huy en vous en indiquant le principe, vous fournir les moyens d'en voir toute l'étendue, et vous donner une idée plus exacte des revenus effectifs de l'Hôtel Dieu. Vous scavés, Monsieur, que dans les bordereaux généraux que M. le Receveur général charitable remet au Bureau à la fin de chaque année, de la recette et de la dépense qu'il a faite dans le courant de l'année, dont l'objet est de faire connoître l'état de sa caisse, il porte sous diffé-

rents titres touttes les sommes qui y sont entrées, au moyen de quoi le total de la recette se trouve beaucoup plus fort que s'il n'y portoit que ce qui constitue les revenus. Plusieurs de ces bordereaux ont été communiqués au gouvernement en 1774, et en dernier lieu, Monsieur, à vous-même. Il paroît que dans l'examen de ces bordereaux on n'a fait attention qu'aux totaux de la recette, sans faire attention aux articles de cette même recette qui sont étrangers aux revenus, et à ceux de la dépense qui contiennent les charges auxquelles ces revenus sont sujets. Cependant, pour connoître véritablement ce que l'Hôtel Dieu a de disponible, tant pour la dépense des malades que pour celle de toutes les personnes employées à leur service et à celui de la maison, il est nécessaire de déduire du montant de la recette portée auxdits bordereaux : 1° les sommes qui n'ont été receues que pour être payées à qui elles appartenoient; 2° les sommes receues pour remboursement de dépenses précédemment faittes qui diminuent bien à la vérité les dépenses, mais n'augmentent pas le revenu, et ensuite les charges de plusieurs espèces qui n'ont aucun rapport aux dépenses de l'hôpital, mais qui diminuent essentiellement ses revenus. Il a été fait un relevé de tous ces objets sur les bordereaux des dix dernières années; j'ai l'honneur de vous en envoyer une copie par laquelle vous verrés, Monsieur, que, si les totaux des recettes contenus aux bordereaux présentent des sommes considérables et capables de favoriser votre erreur sur la quotité des revenus de l'Hôtel Dieu, ses revenues effectifs pendant lesdites dix dernières années ne montent réellement, après la déduction opérée, qu'à 10,743,820# 4 sols 1 denier, dont l'année commune présente un revenu annuel de 1,074,382#, somme inférieure à l'année commune des dépenses pendant le même temps, sans y comprendre les dépenses extraordinaires occasionnées par l'incendie en 1773, comme il est facile de vous le prouver par les mêmes bordereaux. J'espère, Monsieur, que les éclaircissements que j'ai l'honneur de vous donner vous mettront en état de concevoir que, sans une certitude phisique et fondée sur l'expérience, que l'exécution des projets qu'on pourroit adopter diminuera le nombre des malades à l'Hôtel Dieu, le moindre retranchement de ses revenus opéreroit infailliblement sa ruine, puisque dans l'état où ils sont, ils n'égalent pas les dépenses; ils sont d'ailleurs actuellement au dessous du taux où M. le Directeur général supposoit qu'ils seroient réduits s'ils étoient réellement de 1,400,000# et que le Roy n'accordât pas à l'Hôtel Dieu la continuation de l'octroy sur le vin, au lieu qu'ils se trouveroient dans le fait réduits à environ 800,000#, si cette suppression avoit lieu.

(5 juillet) Monsieur Dupont a fait rapport au Bureau d'une délibération du Bureau de l'Hôpital général tenu à la Pitié le 3 du présent mois de juillet, dont la teneur suit : M. Henry a dit que le quart convenu sous la dénomination de quart des pauvres qui se perçoit au profit de l'Hôtel Dieu et de l'Hôpital général sur le produit des spectacles qui sont sur le Boulvard est un objet très intéressant et qui mérite l'attention des administrateurs de ces deux hôpitaux. Que le s[r] *Nicolet*, entrepreneur de l'un de ces spectacles, a présenté au Bureau une requête pour être dispensé du quart des pauvres sur les représentations qu'il donne présentement la nuit, attendu qu'il n'est pas d'usage de faire cette perception sur les représentations nocturnes, et que d'ailleurs il fait actuellement construire une salle à la foire Saint Laurent dont les frais seront très considérables. Que, pour mettre le Bureau en état de statuer sur cette demande, il est nécessaire de lui remettre sous les yeux différentes observations qui en établiront touttes les circonstances. Que tous les spectacles qui sont sur le Boulvard ne sont authorizé que comme spectacles forains, qu'à ce titre ils sont tous obligés d'aller aux foires et de fermer pendant qu'elles sont ouvertes. Que la foire Saint Laurent, dont la durée est de plus de 3 mois, a commencé le 28 juin dernier; que ledit sieur Nicolet, n'ayant point de salle à cette foire, s'étoit flatté que l'on lui laisseroit comme l'année dernière la faculté de jouer sur le boulevard pendant la tenüe de cette foire, mais que M. le Lieutenant général de police pensoit qu'il étoit de sa justice de ne point lui laisser cette faculté, parce qu'il se trouveroit avoir un trop grand avantage sur les sieurs Audinot et Malter qui s'étoient soumis à la règle et avoient fait des dépenses considérables pour la construction de leurs salles, a crû devoir lui interdire son spectacle pendant le jour et ne luy laisser que les représentations de nuit, concurrement avec tous les autres entrepreneurs de spectacles. Que par cette deffence qui n'avoit été ocasionnée que par la résistance du sieur Nicolet à faire construire une salle à la foire Saint Laurent, les hôpitaux se trouvoient frustrés de la perception du quart des pauvres dans ce spectacle; que les deux administrations pour ne pas faire supporter aux pauvres la perte qui en auroit nécessairement résulté avoient de concert donné l'ordre à leurs receveurs de percevoir le quart des pauvres sur le produit des représentations que le sieur Nicolet donneroit pendant la nuit. Qu'il est bien vrai que jusqu'à présent les administrations n'ont pas fait percevoir le quart des pauvres sur le produit des représentations nocturnes, mais que la facilité qu'elles ont eüe n'altère en aucune manière le droit qu'elles ont de le faire quand elles le jugent à propos; qu'elles ont toujours pensé que, quoique le quart des pauvres fût, aux termes des ordonnances qui le leur accordent, exempt de toutte espèce de contri-

bution aux frais, il étoit de leur justice de laisser aux entrepreneurs de ces spectacles une indemnité relativement aux frais considérables qu'ils étoient obligez de faire pour établir leurs spectacles, que les abonnemens faits en différens temps où les remises entières dudit droit accordées quelquefois sont des preuves subsistantes de l'équité des deux administrations, que ce sont touttes ces considérations qui jusqu'à présent ont déterminé les deux administrations à ne point exiger la perception du quart des pauvres sur les représentations de nuit, mais qu'elles l'exigeront lorsqu'elles penseront que les entrepreneurs sont suffisamment dédommagés de leurs frais. Que dans l'espèce soumise à la décision du Bureau, il ne doit pas perdre de veüe que si les deux administrations se sont écartés de l'usage relativement au sieur Nicolet, c'est que par sa résistence à se soumettre aux règles imposées aux entrepreneurs des spectacles forains, il a forcé M. le Lieutenant général de police à fermer son spectacle le jour; qu'il n'étoit pas juste que les deux hôpitaux en souffrisent; qu'il étoit au contraire bien plus naturel de luy faire supporter toutte la peine deüe à sa résistance, et que la perception du quart des pauvres sur les représentations qu'il donneroit la nuit ne pouvoit être regardée pour les deux hôpitaux que comme une espèce de remplacement. Que le sieur Nicolet faisant actuellement construire une salle dans l'enclos de la foire Saint Laurent, qui lui occasionneroit des frais considérables, il lui paroissoit juste d'accueiller sa demande, en considérant cependant que le sieur Nicolet, par sa résistance, a forcé le magistrat à fermer son spectacle pendant le jour, et que c'est par son seul fait que le quart des pauvres ne peut pas se percevoir. Sur quoy, la matière mise en délibération, le Bureau, pour ce qui le concerne, a fait remise du quart des pauvres au sieur Nicolet, sur les représentations qu'il a données ou donnera la nuit pendant le cours de cette année. En conséquence ordonne que les receveurs dudit quart restitueront audit sieur Nicolet ce qu'ils auront reçu pour le compte de l'Hôpital général sur les représentations nocturnes, depuis l'ouverture de la foire Saint Laurent, à la charge par ledit sieur Nicolet de payer tous les commis qui ont été placés dans son spectacle pour la seureté de cette perception, et de ne pouvoir demander au Bureau aucune indemnité pour la construction qu'il fait faire d'une salle à la foire Saint Laurent, la portion contributoire de l'hôpital, s'il en pouvoit devoir, étant suffisamment compensé avec la perte qu'il fait, le spectacle du sieur Nicolet n'étant fermé qu'à cause de sa résistance à se soumettre aux règles imposées à tous les spectacles forains; la matière mise en délibération, la Compagnie a arrêté de donner son adhésion à tout ce qui est porté dans la délibération dont copie est cy-dessus.

(2 août.) A été fait par monsieur Marchais lecture d'une lettre à lui adressée par la mère d'office de la salle Saint Louis de l'Hôtel Dieu, portant qu'après avoir écrit trois fois au sieur Tristan, œconome de Biscêtre, afin qu'il envoya la carriole pour y mener les malades d'esprit auxquels tous les remèdes ont été inutiles, il l'a enfin envoyé le 31 dudit mois dernier, mais que ses préposés ont refusé d'emmener cinq malades sur six qui devoient l'être, sous prétexte qu'il n'y en avoit qu'un qui fût de leur maison, que ce refus l'a mit dans la nécessité de mettre ces malades trois dans chaque lit, ce qui est doublement fâcheux, tant pour leur état de démence qu'à cause de la chaleur excessive, qu'ailleurs il est impossible que la salle ne s'engorge très promptement, *parce qu'on envoye à l'Hôtel Dieu des insensés de touttes les provinces*, et que si on persiste dans le refus de les recevoir à Biscêtre, il est de toutte nécessité d'y pourvoir sans délay. Après qu'il a été observé par M. Marchais qu'il a déjà eu plusieurs difficultés élevées par l'œconome de Biscêtre sur le renvoy des malades de l'Hôtel Dieu, et nottamment au sujet de ceux qui sont attaqués d'une démence rebelle aux remèdes, et qu'il a été dérogé à ce qui a été prâtiqué de tout temps à cet égard. La matière mise en délibération, la Compagnie a arrêté que monsieur le commissaire voudra bien se concerter avec l'administrateur commissaire de Biscêtre, pour rétablir l'ancien usage selon lequel les malades sortant de l'Hôtel Dieu, après y avoir été traittés, ont toujours été reçus soit à Biscêtre, soit à la Salpêtrière, lorsqu'ils étoient sans azile.

(9 août.) A été dit par monsieur Marchais qu'en exécution de la délibération du deux de ce mois il s'est transporté avec l'inspecteur des bâtimens et la mère prieure dans la salle qui doit être nommée de Saint Marcel au dessus de celle de Saint Landry, qu'il y a reconnü qu'il est indispensable avant toutte autre préparation de supprimer de gros corps de maçonnerie qui avoient été construits autres fois pour servir de ventouses à la salle Saint Landry, mais dont on a reconnü que l'usage *étoit tellement nuisible aux malades, par le vent et le froid qu'ils leur procuroient*, qu'il y a déjà longues années que l'on a été forcé de les boucher. Que leur existence dans cette nouvelle salle les rendroit nuisibles, par l'emplacement énorme que les ventouses occupent en pure perte, et que c'est un préalable nécessaire de les détruire. Qu'il a observé de plus qu'il faut ouvrir plusieurs fenestres dans le comble, du côté du midy, où il s'en trouve très peu en comparaison de celles qui sont ouvertes au nord, étant essentiel de procurer un air fréquemment renouvellé à cette salle destinée à recevoir les scorbutiques. Qu'il a chargé l'inspecteur des bâtiments

de procedder le plus promptement qu'il pourra à ces opérations préliminaires, après lesquelles il conviendra de transporter dans cette nouvelle salle les lits qui sont devenüs inutiles à l'hôpital Saint Louis pour la clôture de la salle Saint-Henry, dont il a rendu compte le deux de ce mois au Bureau. Qu'au moyen de ces précautions, lorsque le Bureau le jugera nécessaire, les salles désignées par les délibérations des 13 juillet et 24 août 1779, qui seront successivement préparées à cet effet, recevront les malades qu'on cessera d'envoyer à l'hôpital Saint Louis, d'où on retirera aussi les lits à mesure qu'ils deviendront vuides par la retraite, le renvoy ou le déceds des malades qui les occuppent actuellement. La matière mise en délibération, la Compagnie a approuvé les observations et les mesures prises par monsieur le commissaire, comme étant conforme à ses veües et aux instructions qu'elle lui a donnés en exécution des délibérations susdites.

(11 août.) Lecture faitte par monsieur Marchais d'un mémoire pour monsieur le Procureur général au sujet du refus que fait l'œconome de Biscêtre de recevoir les gens en démence, lorsqu'ils n'ont pas été envoyés à cette maison de celles des hôpitaux, duquel mémoire la teneur suit : Mémoire sommaire. L'administration de l'Hôtel Dieu croit devoir s'adresser à monsieur le Procureur général pour le prier de régler une difficulté dont l'indécision influe sur l'ordre public; de tout temps les insensés dont le mal n'avoit pû être guéry à l'Hôtel Dieu étoient envoyez à Biscêtre ou à la Salpêtrière, lorsqu'ils n'avoient ny azile ni famille qui les réclamât. *Depuis une vingtaine d'années cette maladie est tellement accrûe* que les salles destinés aux malades de l'un ou de l'autre sexe ne désemplissent pas, le nombre de ceux qu'on étoit dans le cas d'envoyer à Biscêtre s'est accrü en proportion, en sorte que depuis quelque temps on a fait refus de les y recevoir et on en a renvoyé un grand nombre qui causoit du désordre dans Paris, y sont arrêtez par la garde et envoyés à l'Hôtel Dieu d'où on ignore qu'ils viennent de sortir. Les deux administrations ont conféré sur ce refus d'admission. celle de l'Hôpital général convient de recevoir les fols qu'elle envoye à l'Hôtel Dieu lorsque les remèdes leur ont été inutiles, quant aux autres elle refuse de les recevoir, sur le fondement qu'elle ne se croit pas suffisamment authorizée à les retenir lorsque dans des momens décidés de raison ils demandent leur liberté. Elle pense, ainsi que celle de l'Hôtel Dieu, qu'une authorization générale que lui adresseroit M. le Procureur général suffiroit pour cela. Il y a eu une convention verballe depuis deux à trois ans entre les deux administrations de recevoir, tant à Biscêtre qu'à la Salpêtrière, les fols sur les billets desquels à la sortie de l'Hôtel Dieu, et visez par un des administrateurs, se trouve le certifficat d'un médecin de l'Hôtel Dieu qui constate que les remèdes ont été inutiles, et qu'il n'y a personne à qui on puisse le remettre; au moyen de cette précaution la religion de monsieur le Procureur général ne peut être compromise. L'Administration de l'Hôtel Dieu croit donc devoir d'autant plus insister sur l'approbation de cet arrangement, de la part de monsieur le Procureur-général, que si cette question devenoit indécise, voici les inconvéniens qui s'ensuivroient : 1° Il faudroit que l'Hôtel Dieu devînt en très peu de temps un hôpital de fols, étant également contraire à l'humanité et à l'ordre public de mettre sur le pavé des insensés qui ne peuvent que troubler la société. 2° Il faudroit que lorsque les lits des salles des fols et des folles seroient remplis, ce qui est leur état presque habituel, on refusât d'en admettre de nouveaux, ce qui est encore contraire à l'humanité, à l'ordre public et à l'institution de l'établissement. 3° Il faudroit enfin qu'on ferma la porte à ceux qui ayant été traittez sans succès y seroient renvoyés, soit de Biscêtre soit de partout ailleurs, conduite qui répugne à tous les principes. L'Administration de l'Hôtel Dieu prie en conséquence monsieur le Procureur général d'adresser soit à l'administration de l'Hôpital général, soit à l'œconome de Biscêtre et de la Salpêtrière seulement, une décision en vertu de laquelle les insensés de l'un et de l'autre sexe, à qui les remèdes auront été inutilement administrés à l'Hôtel Dieu, seront admis dans ces deux maisons sur le billet de sortie de l'Hôtel Dieu, sur lequel sera le certifficat d'un des médecins de cette maison, qui constate l'incurabilité du sujet y dénommé. La matière mise en délibération, la Compagnie a arrêté que monsieur le Commissaire voudra bien demander au plutôt une audiance particulière à monsieur le Procureur général, pour lui exposer la difficulté qui s'élève, et qu'il lui laissera le mémoire dont il vient de faire lecture et que la Compagnie a approuvé.

(18 août.) La Compagnie informée que, nonobstant la délibération du 26 juillet dernier, portant renouvellement des dispositions de celles des 19 février 1739, 10 février 1751 et 6 juin 1764, notamment les deffences reytérées d'inviter les personnes du dehors à être pareins et maraines des enfans nés dans la maison, de rien exiger ny même recevoir ce qui seroit volontairement offert lors et à l'occasion des baptêmes, et aux apprentisses sages-femmes de se tenir à l'heure des baptêmes sur la porte de l'église, ou d'aller dans les rües adjacentes solliciter des étrangers à tenir sur les fonds de baptême les enfans nés dans la maison, le jour d'hier, 17 dudit mois, trois desdites apprentisses sages-femmes

étoient à l'heure des baptêmes sur trois chaises à la porte de l'église, qu'elles ont invités des étrangers à tenir trois enfans qui ont été baptisés ledit jour, et que quoiqu'elles n'ayent rien exigé, elles ont néantmoins reçu ce qui leur a été par eux volontairement offert, ce qui est expressément défendu par lesdites délibérations qui, pour éviter à cet égard tout prétexte, ont ordonné qu'il ne seroit pris pour parains et maraines que des personnes de la maison. La matière mise en délibération, la Compagnie a arrêté de mander sur le champ les trois apprentisses qui avoient porté le jour d'hyer les enfans au baptême. En exécution de laquelle délibération lesdites trois apprentisses sages-femmes entrées, elles ont été interrogés sur les faits cy-dessus auxquels elles ont répondu : 1° que si elles étoient à l'heure indiquée sur la porte de l'Hôtel Dieu, c'étoit pour prendre l'air et, que cette heure étoit d'autant plus commode, qu'obligées de sortir de la salle Saint Joseph à cette heure pour les baptêmes, elles profitoient de cette circonstance d'autant plus volontiers qu'on savoit alors l'endroit où elles étoient; 2° qu'on leur avoit bien interdit de rien exiger des parains et maraines, mais qu'elles avoient ignoré les intentions ultérieures du Bureau tant sur l'invitation aux étrangers que sur la deffence de recevoir ce qui seroit offert volontairement; qu'au surplus elles ne manqueroient pas à cet egard d'exécuter les délibérations du Bureau tant qu'elles seroient dans la maison. Sur quoy la matière mise en délibération, la Compagnie a arrêté de réytérer auxdites apprentisses sages-femmes les deffences portées dans les délibérations susdattées, notamment de se trouver sur la porte de l'église pendant toutte l'heure précédente celle des baptêmes, d'inviter aucune personne du dehors soit sur ladite porte, soit dans les rües adjacentes, soit dans la maison même à être parains ou maraines des enfans nés dans la maison, de ne prendre pour remplir cette office que des personnes de la maison, à l'exception du seul cas ou une personne requise par les père et mère de l'enfant se présenteroit d'elle-même, de ne rien exiger même recevoir de ce qui seroit volontairement offert pour et à l'occasion de cette circonstance, les personnes que des motifs de charité porteroient en ce cas à une aumône en faveur de la mère pouvant la lui procurer à la sortie de la maison, le tout sous peine d'être congédiées sur le champ et de perdre en conséquence l'espérance de la maîtrise.

(20 octobre.) M. l'abbé Rossignol, chanoine honoraire de l'église collégiale du Sépulcre, maître et administrateur de l'hôpital de Sainte Catherine établi en cette ville de Paris, s'est présenté en cette dernière qualité et a représenté au Bureau l'embarras où il se trouvoit, d'après les dispositions expliquées par l'arrêt rendu au Parlement, portant entr'autres choses qu'à compter du 1er novembre prochain, le cimetière des Saints Innocens seroit fermé, et qu'il ni seroit plus fait d'inhumation, que c'étoit dans ce cimetière que l'on portoit les cadavres noyés et autres qui étoient déposés dans un endroit étans dans la cour du grand Châtelet, ensevelis par les soins des dames religieuses hospitalières de Sainte Catherine, qu'il a vu à ce sujet tant M. l'Archevêque que M. le Lieutenant de police, pour obtenir une prolongation de temps, jusqu'à ce que l'on puisse trouver un terrein convenable pour former un cimetière en remplacement de celui des Innocens, qu'il ne lui a été donné aucune espérance, pourquoi ledit sieur abbé Rossignol l'adresse au Bureau et le prie de vouloir bien permettre que les cadavres en question soient portés au cimetière de Clamart; en attendant qu'il y ait un cimetière commun qui remplacera celui des Innocens, luy retiré, la matière mise en délibération, la Compagnie a arrêté que par provision et jusqu'à la rentrée des bureaux d'après la Saint Martin prochain seulement, elle a permis que les cadavres que lesdites dames religieuses hospitalières de Sainte Catherine faisoient inhumer dans ledit cimetière des Saints Innocens, enlevés de l'endroit cy devant désigné, seront transportez et inhumez dans ledit cimetière de Clamart appartenant audit Hôtel Dieu, et ce dans la même fosse que celle qui sert à inhumer les cadavres de ceux décéddéz audit Hôtel Dieu, à la charge de payer ce qui pourra être deub au concierge fossoyeur dudit cimetière de Clamard pour raison de ladite inhumation.

(13 décembre.) La Compagnie informée que la nuit du 11 au 12 de ce mois il y a eu un enlèvement de dix cadavres dans le cimetière de Clamard, a arrêté que M. le Lieutenant général de police en seroit averti, et prié de donner ses ordres pour que les patrouilles soient plus exactes et plus fréquentes dans ce quartier pendant la saison actuelle, pendant laquelle cette espèce de délit est plus ordinaire. Et monsieur Lecouteulx de Vertron s'est chargé de lui écrire.

151e REGISTRE. — ANNÉE 1781.

(10 janvier 1781.) Par un extrait tiré des registres de l'Hôtel Dieu et de l'hôpital Saint Louis, il paroît que le 1er janvier de l'année dernière 1780, il y avoit 1,981 malades dans ledit hôpital, que pendant ladite

année il en a été reçu 21,942 dont 20,377 de la ville et de la campagne, des hôpitaux, 1,565 dont 1,126 de la Salpêtrière, 162 de Biscêtre et 277 de la Pitié; enfans nouveau-nés, 1,586 dont 818 garçons et 768 filles, ce qui compose en total 25,509 personnes, que sur ce nombre il en est mort 4,456 dont 2,478 hommes et 1,574 femmes de la ville et de la campagne; enfans nouveaux nés, 136 dont 80 garçons et 56 filles, des hôpitaux, 268 dont 189 de la Salpêtrière, 48 de Biscêtre et 31 de la Pitié, et comme il n'en restoit le dernier dudit mois de décembre 1780 que 2,006 il en est sorty 19,047. Qu'il y avoit le premier dudit mois de Janvier 1780, 581 malades dans ledit hôpital Saint Louis, qu'il en a été envoyé dudit Hôtel Dieu pendant ladite année, 3,230 dont 1,962 de la ville et de la campagne, 4 de l'hôpital de la Charité; des hôpitaux, 1,264 dont 547 de la Salpêtrière, 337 de Biscêtre et 380 de la Pitié, ce qui compose en total 3,811 personnes, que sur ce nombre il en est mort 914 dont 308 hommes et 173 femmes de la ville et de la campagne; des hôpitaux, 433 dont un de l'hôpital de la Charité, 193 de la Salpêtrière, 144 de Biscêtre et 94 de la Pitié, et comme il n'en restoit le dernier dudit mois de décembre 1780 que 392, dont 215 de la ville et de la campagne, 177 des hôpitaux dont 52 de la Salpêtrière, 99 de Biscêtre et 26 de la Pitié, il en est sorty 2,505, en sorte qu'au dernier dudit mois de décembre 1780, il restoit 2,398 malades dans lesdits deux hôpitaux.

(24 janvier.) A été fait lecture par M. Marchais d'une lettre de M. Mallet, l'un des médecins ordinaires de l'Hôtel Dieu, expositive qu'il observe depuis longtemps que la plupart des malades de l'hôpital Saint Louis sont attaquez de devoyement qui résiste aux remèdes, qu'après un examen mur et réfléchi il s'est déterminé à faire l'*analise de l'eau de Belleville* dont on se sert dans cette maison, et dont sont composées les boissons qu'on leur donne, qu'il a reconnu qu'elles sont tellement chargées de selenité qu'elles ne peuvent dissoudre le savon, ce qui les rend coriaces, charge l'estomach et cause le dévoyement auquel il essaye depuis du temps de porter remède. Qu'il croit également de son devoir d'en avertir, et de l'humanité de l'administration d'y pourveoir, en l'engageant à procurer à la pharmacie de cet hôpital une suffisante quantité d'eau de Seine pour faire les boissons destinées aux malades. La matière mise en délibération, la Compagnie a arrêté qu'il sera donné dès demain des ordres à l'inspecteur de l'Hôtel Dieu de se transporter au dépôt des tonneaux de Seine, au fauxbourg Saint Laurent, à l'effet de faire prix avec l'entrepreneur au meilleur compte qu'il pourra pour faire voiturer tous les jours audit hôpital Saint Louis deux muids d'eau de Seine pour l'apothicairerie, se réservant le Bureau, selon le prix dont l'inspecteur conviendra d'examiner, s'il sera plus avantageux de continuer à se servir de ce moyen ou d'établir une voiture de l'Hôtel Dieu pour cette fourniture.

(31 janvier.) Monsieur Martin a dit que, pour se conformer à la délibération de mercredy dernier, il avoit pris connoissance des convois particuliers faits au cimetière des Innocens pendant les mois de novembre et décembre 1779 et janvier 1780 et pendant les mois de novembre et décembre 1780 et janvier 1781. Que pour faire une comparaison plus juste de la proportion qui se trouve entre les convois des trois premiers mois avec les 3 derniers, il avoit aussi pris connoissance du nombre des morts pendant le même tems, et a lu les nottes prises à ce sujet, il en résulte que pendant les 3 derniers mois il ni a eu, proportion gardée, qu'environ moitié des convois qu'il y a eu pendant les 3 premiers mois, mais qu'en comparant mois à mois on s'appercevoit bien plus facilement de la diminution successive des convois particuliers, puisque la comparaison du mois de novembre 1779 au mois de novembre 1780 n'offroit qu'une diminution d'à peu près un quart, celle des deux mois de décembre n'en offroit qu'une moitié et celle des deux mois de janvier une de deux tiers. Sur quoy la matière mise en délibération, a été arrêté de faire entrer le sieur Bonnot, inspecteur des bâtiments de l'Hôtel Dieu, pour savoir de lui s'il a dressé le devis à lui ordonné par la délibération de mercredy dernier, ledit sieur Bonnot entré a dit qu'il avoit exécuté les ordres du Bureau, et a mis sous les yeux le plan d'un petit cimetière particulier à construire dans l'enceinte de celui de Clamard, dont le devis monte à 750^{tt}, et la Compagnie a arrêté que ledit plan sera exécuté aussitôt que la saison le permettra.

(21 février.) Lecture faite d'une lettre de M. le Premier Président à monsieur Lecouteulx de Verron du jour d'hier, et d'une autre adressée par M. le Directeur général à M. le Premier Président du 19, par laquelle il lui mande qu'ayant chargé M. Colombier des projets d'amélioration concernant l'Hôtel Dieu, et de lui en rendre compte, il désireroit qu'il donnât ordre au sieur Bonnot, inspecteur des bâtiments de l'Hôtel Dieu, pour conférer le plus tôt possible avec M. Colombier à ce sujet, et lui donner les renseignements qu'il désirera. La matière mise en délibération, la Compagnie a arrêté de donner ordre au sieur Bonnot de se transporter chez M. Colombier, au désir de la lettre de M. le Directeur général des finances, pour conférer avec lui sur ce qui peut concerner son art relativement auxdits projets d'amélioration et lui donner les renseignemens nécessaires, de

rendre compte ensuite du tout au Bureau, et cependant que monsieur le Premier Président sera informé de la présente délibération, dont copie sera remise à l'inspecteur des bâtiments, à l'effet par lui de s'y conformer.

(28 février.) L'inspecteur des bâtimens entré a rendu compte à la Compagnie de la conférence qu'il a eue vendredy matin avec M. Colombier, en exécution de la délibération de mercredy dernier 21 de ce mois, après lequel compte monsieur Lecouteulx de Vertron a fait lecture d'une lettre de M. Necker, directeur général des finances, à M. le Premier Président, qui la lui a fait passer ledit jour vendredy au soir. Suit la teneur du récit de l'inspecteur des bâtiments. «D'après les ordres de messieurs les Administrateurs de l'Hôtel Dieu de Paris au sieur Bonnot, l'inspecteur des bâtimens fut le 22 février 1781 chez M. Colombier, médecin, à l'effet de savoir ce qu'il désiroit connoître concernant les bâtimens de l'Hôtel Dieu qui renferment les salles des malades ainsi que leurs accessoires. Le jeudy matin je passai chez M. Colombier et le trouvai malade d'une fluxion. M. Colombier me dit si je pouvois lui faire le plaisir de repasser le vendredy 23 sur les sept heures du matin, et d'apporter le plan général de l'Hôtel Dieu et de ses environs; je me trouvai le 23 au rendés-vous où je dévelopai le plan. M. Colombier, après l'avoir examiné pendant l'espace de deux heures et demie environ, me dit que le plan qu'il avoit fait étoit conforme en mesure pour tâcher de mettre les malades seuls à seuls dans un lit, et de diviser toutes les femmes d'un côté et les hommes de l'autre, sans communication, mais qu'il ne touchoit point au couvent des religieuses, que le bâtiment neuf étoit consacré à leur demeure et que, suivant leur constitution, les novices ne devoient pas être dérangées de leurs habitations actuelles, qu'il ne touchoit point à l'apoticairerie ni au logement des prêtres, qu'il comptoit transporter partie de la boullangerie aux greniers à bled rue du Fouarre pendant cet interval de temps. M. Guillaumot vint à entrer chez M. Colombier qui me dit : M. Bonnot, voilà M. Guillaumot qui est nommé commissaire avec M. Boullet à l'effet d'examiner mes plans, après quoi je les communiquerai à l'administration, mais auparavant il faut que vous veniés travailler avec moi et ces messieurs. Je lui répondis que messieurs les Administrateurs m'avoient bien donné des ordres d'avoir l'honneur de le veoir, mais qu'ils ne m'avoient pas donné ceux de faire aucun travail, et que je ne faisais jamais rien sans qu'auparavant messieurs les Administrateurs n'en soient instruits, et qu'ils ne m'ayent donné des ordres à cet effet, il me dit que c'étoit juste, qu'il alloit écrire à M. le Premier Président pour qu'il écrivit à MM. les Administrateurs, pour que j'aye les ordres nécessaires à l'effet d'être libre de travailler avec lui sans aucun obstacle, après quelques minuttes je repris mon plan et m'en revins à l'Hôtel Dieu où je l'ai déposé. Copie de la lettre de M. Necker à M. le Premier Président : «Le sieur Bonnot s'est rendu, M., aux ordres de l'administration en conférant avec M. Colombier sur le projet de restauration et d'amélioration de l'Hôtel Dieu qui vous a été communiqué, il me paroît nécessaire, d'après cette conférence, que ledit s[r] Bonnot se réunisse aux architectes qui ont rempli le programme, afin qu'on puisse mieux juger des moyens de l'exécuter, je vous prie Monsieur, en conséquence, de vouloir bien en faire la demande à l'Administration. Je ne doute pas qu'elle ne se livre avec empressement à concourir aux veües de bienfaisance qui font l'objet de ce travail. J'ai l'honneur d'être avec un parfait attachement, M., V. T. H. et T. ob. S.» Sur quoy la matière mise en délibération, la Compagnie a donné ordre au s. Bonnot, inspecteur des bâtimens, de continuer de donner tous les ecclaircissemens et renseignemens qui peuvent dépendre tant de son art que de ses connoissances personnelles du local, et d'ayder de ses lumières et observations y relatives dans toutes les occasions où il sera consulté et d'en rendre compte successivement à la Compagnie.

(7 mars.) Messieurs Marchais-Demigeaux, Mopinot, Rolineaud d'Ennemont et Parseval ont rendu compte au Bureau des conférences particulières qu'ils ont eüe en différents jours avec M. Colombier, docteur en médecine, chargé par M. Necker, directeur général des finances, de leur communiquer des plans et projets relatifs à l'Hôtel Dieu, et MM. Lecouteulx de Vertron, Dupont, Marier de Vossery, de Tilière et Martin, ont fait récit des lettres dudit sieur Colombier à l'effet de convenir de différens jours pour faire d'après les mêmes ordres la même communication. Et à l'instant il a été fait lecture d'une lettre adressée à MM. les Administrateurs en leur Bureau par M. le Directeur général des finances aux mêmes fins et dont la teneur suit : «Paris, ce 1781. M. Colombier doit vous présenter de ma part, MM., des plans et projets sur la restauration et l'amélioration de l'Hôtel Dieu. Je ne doute pas de l'empressement avec lequel vous recevrés ce nouveau bienfait de Sa Majesté. Je vous prie de vouloir bien vous assembler *extraordinairement* le plutôt possible pour examiner et discuter avec M. Colombier les moyens qui vous sont proposés, afin qu'il puisse me rendre compte de vos observations, et qu'à la première assemblée du Bureau général cet objet soit rapporté et approuvé deffinitivement. J'ai l'honneur d'être très parfaitement, Messieurs, votre très humble et très obéissant serviteur. Signé : Necker.» Sur quoy la matière mise en délibération, la Compagnie a arrêté qu'il seroit

fait registre des récits faits par ceux de MM. susnommés, que la Compagnie s'assembleroit extraordinairement samedy prochain de relevée, au désir de la lettre de M. le Directeur général des finances, auquel il seroit écrit à l'instant pour l'en informer, ce qui a été exécuté. Suit la teneur de la réponse de la Compagnie : «A Paris, ce 7 mars 1781. Monsieur, nous avons reçu le mercredy sept de ce mois, au Bureau, la lettre que vous nous avés fait l'honneur de nous adresser relativement aux plans et projets concernant l'Hôtel Dieu, nous venons d'arrêter de tenir une assemblée extraordinaire samedy dix, entre trois et quatre heures après midy, à l'effet de prendre la communication que M. Colombier nous donnera d'après vos ordres. Nous sommes avec respect, Monsieur, etc.».

(7 mars.) L'Inspecteur des bâtimens est entré et a fait le récit de ce qui s'est passé dans une conférence qu'il a eue le dimanche 4 de ce mois chez M. Colombier avec les sieurs Boulet et Guilleaumot, architectes, au sujet des plans relatifs à l'Hôtel Dieu et a laissé par écrit sur le Bureau ledit récit. Sur quoi la matière mise en délibération, la Compagnie a arrêté : 1° qu'il seroit fait registre dudit récit, lequel seroit transcrit à la suite de la présente délibération; 2° que ledit Inspecteur des bâtimens seroit mandé à l'effet de lui dire que le Bureau approuvoit la manière dont il s'étoit conduit, et l'exortoit à continuer de donner tous les renseignemens et éclaircissemens dépendans de son art et de ses connoissances personnelles, et d'en aider dans toutes les occasions où il en sera requis. Comme aussi, qu'attendu le surcroît d'occupations qui résultera de ladite opération, l'impossibilité où il seroit de joindre le travail qu'elles exigeront avec celui que demande ses fonctions ordinaires, il présente au Bureau dans le délai de quinzaine une personne instruite des principes de l'art et capable de l'ayder et les deux sous inspecteurs dans leur travail ordinaire, de manière que ledit Inspecteur puisse dans les affaires courantes leur donner ses ordres pour le suppléer, relativement au détail et courses nécessaires, et seront néanmoins tenus de ne travailler que d'après les ordres particuliers qu'il leur donnera, et de lui remettre respectivement leur travail pour, après qu'il aura été par lui vû et examiné, être par ledit Inspecteur seul mis sous les yeux du Bureau en la forme ordinaire, et ledit Inspecteur mandé, il lui a été fait part de la présente délibération dont lui sera délivré expédition. Suit la teneur dudit récit. Le dimanche 4 mars, l'Inspecteur des bâtimens fut chez M. Colombier, médecin, rue de Grenelle Saint Germain sur le midy, où il trouva M. Boulet[1] et M. Guillomeau, tous deux architectes du Roi; j'entrai avec eux dans le sallon de compagnie où étoit M. Colombier et une autre personne qui me parut être un médecin. Il ne se dit rien concernant l'Hôtel Dieu. M. Colombier ne rentra qu'à deux heures; l'on se mit à table à deux heures et demie, sur les quatre heures nous rentrâmes dans le sallon où tous les plans furent dévelopés, ceux que j'avois portés au nombre de six feuilles concernant tous les étages de l'Hôtel Dieu; ils furent comparés avec ceux faits par l'architecte de M. Colombier, ils se trouvèrent assés conformes quant à la ressemblance, mais quant aux mesures il s'y rencontra beaucoup de difficultés pour l'exécution, M. Colombier me priat de lui laisser mes plans, ce que j'ai fait. Le mardy six mars, son architecte nommé Saint Phar vint à l'Hôtel Dieu et me pria de lui faire voir tous les lieux et le détail de la maison; je le conduisis partout, où il reconnut toutes les difficultés entre son plan et le mien; cet architecte m'a demandé un endroit pour travailler, et de prendre mes plans pour former son travail dessus, je les lui ai donnés et un endroit avec une personne pour travailler et l'aider.

(10 mars.) Ce jour la Compagnie assemblée extraordinairement, en exécution de l'arrêté du mercredy 7 de ce mois, M. Colombier, docteur de la Faculté de médecine de Paris, est entré au Bureau et a dit qu'il étoit chargé par M. Necker, directeur général des finances qui en avoit informé la Compagnie par la lettre qu'elle avoit reçu de luy mercredy dernier, de communiquer au Bureau des projets et plans d'amélioration pour l'Hôtel Dieu. Que d'après les mêmes ordres de M. le Directeur général des finances, il avoit déjà donné communication de ces plans à plusieurs de MM. les Administrateurs séparément, qui avoient discuté le projet avec lui et proposé quelques observations; mais que M. le Directeur général avoit cru qu'il étoit avantageux qu'ils fussent mis sous les yeux du Bureau assemblé, afin de réunir toutes les observations de chacun de ses membres, avant de le présenter à l'assemblée générale. Qu'après l'examen le plus réfléchi des différents projets et plans d'amélioration de l'Hôtel Dieu, on avoit été pleinement convaincu qu'il n'y avoit pas de situation plus favorable pour un établissement de ce genre que celle de l'Hôtel Dieu actuel. Que les hôpitaux de Saint Louis et de Ste Anne avoient une destination spéciale qu'il étoit intéressant de conserver. Que conséquemment l'amélioration dont la bienfaisance de Sa Majesté vouloit bien s'occuper ne pouvoit être faite plus avantageusement que dans le local même de l'Hôtel Dieu. Que le projet en général, dans l'état dans lequel il le présentoit, consistoit à établir dans la maison le nombre *d'environ 2,500 lits de 2 pieds et demy pour coucher chaque malade seul et celui d'environ 500 lits doubles*

[1] Probablement Étienne Louis Boulée, membre de l'Académie d'architecture.

à cloison de 4 pieds et demy pour les convalescents, les femmes grosses et ceux dont le nombre, dans des circonstances particulières excédroit celui des lits simples destinés à chaque salle. Qu'à cet effet, la partie de l'Hôtel Dieu sur la rive droite de la rivière seroit destinée exclusivement aux femmes et la rive gauche aux hommes. Que pour accroître le local destiné aux femmes, on transporteroit le noviciat, les filles appelées de la chambre d'en haut et celles nommées filles d'en bas dans le bâtiment où est le réfectoire des relligieuses, et que ce bâtiment seroit augmenté de tout ce qui seroit nécessaire. Qu'alors le noviciat actuel et les deux étages au-dessus du noviciat formeroient des salles en augmentation, qu'on y joindroit l'exhaussement de la salle et quarré Saint Denis, depuis l'église jusqu'au pont Saint Charles, pour y établir de nouvelles salles; qu'à cet effet, la tribune des relligieuses seroit prolongée sur le bas côté de l'église qui seroit fermée du côté de la maison, qu'elle ne serviroit plus d'entrée pour les malades, et que cette entrée seroit établie par la porte des écuries, où il seroit construit tout ce qui est nécessaire pour leur visite et réception, avec un escalier pour conduire directement les hommes sur le pont Saint Charles; celui existant près la porte des caves devant servir pour conduire les femmes dans leurs salles. Enfin, *qu'on exhausseroit d'un étage et grenier au-dessus le bâtiment étant sur le pont aux Doubles*, le tout pour y placer des femmes et filles malades. Que les salles nouvellement construites au-dessous du couvent des relligieuses seroient destinées aux convalescentes, lesquelles auroient un promenoir dans l'espace sur lequel étoit précédemment construite la salle incendiée appellée du Légat. Que l'autre côté de la rivière seroit en entier destiné aux hommes, et *qu'on y ajouteroit un bâtiment de 250 pieds environ de longueur sur 40 de largeur*, à côté duquel on formeroit un promenoir soutenu d'un mur de quay, mais assés distant de la rivière pour n'avoir rien à apréhender de la crue des eaux et éviter les innondations que le resserrement du lit de la rivière pouroit occasionner dans la maison; que cette salle seroit destinée aux convalescens. Qu'au dessus de cette salle on construiroit un vaste seichoir lambrissé de la même longueur, et que ce bâtiment exhaussé dans la suite d'un ou plusieurs étages, si les circonstances l'exigeoient, présentoit une perspective ultérieure d'agrandissement. Qu'aussitôt après la démolition du petit Châtelet, la portion du terrein qu'il occupe, qui s'étend depuis les bâtimens de l'Hôtel Dieu jusqu'à l'allignement du pont, seroit employée à former un promenoir en terrasse pour les enfans qui seroient placés dans la salle Saint Roch. Enfin, qu'auprès et attenant toutes les salles, surtout celles qui sont spécialement destinées à des maladies qui devoient être séparées des autres, on établiroit des lieux propres à servir de ressources pour placer les malades dont le nombre exceddroit celui des lits desdites salles, sans néanmoins toucher à ce qui concerne les offices principaux qui resteront dans l'état actuel, comme ne pouvant être mieux placés ni distribués. Qu'il étoit chargé par M. le Directeur général de déclarer à la Compagnie que tous les frais nécessaires pour les constructions, l'ameublement et généralement tous ceux deppendans de l'exécution de ce projet, seroient au compte du Roy qui s'en chargeroit personnellement, et qu'au cas qu'elle occasionnât de l'augmentation dans la dépense, Sa Majesté y pourvoiroit et que sa bienfaisance viendroit au secours de l'Hôtel Dieu. Après cette exposition les plans ont été dévelopés sur le Bureau, examinés et discutés; les différentes observations, la plupart prévües par M. Colombier et proposées précédemment par chacun de MM., lors de la communication respective qui leur avoit été faitte, ayant été réunies, MM. présens au Bureau, sans prétendre prévenir le jugement de l'assemblée générale, à laquelle ces plans devoient être présentés, ont déclaré que le projet dans son ensemble leur paroissoit conceu d'après des vües conformes à celles qui ont toujours dirigé l'Administration pour l'amélioration de l'Hôtel Dieu, et ont en conséquence prié M. Colombier d'informer M. le Directeur général des finances de leur reconnoissance pour les bienfaits de Sa Majesté, au nom des pauvres confiés à leurs soins. Il a été ensuite unanimement convenu : 1° qu'il étoit d'une indispensable nécessité dans l'exécution de prendre toutes les précautions possibles pour que le principe constitutif de l'établissement, d'y recevoir et d'y placer tout malade jugé tel, ne puisse jamais souffrir aucune atteinte, qu'à cet effet, indépendamment des lieux de réserve capables de suppléer, dans des cas d'affluence, au nombre des lits simples placés dans les salles dont les malades doivent être séparées des autres tels que les fols, les blessés, les petites vérolles des deux sexes, ainsi que les femmes grosses et accouchées, il étoit nécessaire qu'il y ait un lieu de première ressource dans la circonstance d'un accroissement dans le nombre des autres malades, pour éviter les dépenses et les alarmes que produiroient les ouvertures de l'hôpital Saint Louis; 2° qu'indépendamment de ce qu'on prendroit toutes les mesures nécessaires pour que l'exécution ne nuisît point au service courant et habituel de la maison, et que ce service ne fût point interrompu, la manière la plus avantageuse de procedder à cette exécution étoit de commencer par les constructions tendantes à déplacer et replacer le noviciat et les deux classes des filles de la chambre, ainsi qu'à établir les nouvelles salles sur celle de Saint Denis, parce qu'il en résulteroit la facilité de fermer l'hôpital Saint Louis, dont l'ouverture continuée est également préjudiciable et aux malades en particulier et à l'établissement en général, et celle de procurer aux pauvres une plus prompte jouissance du bienfait du Roy; 3° que les filles appellées de la chambre étant attachées à la maison par des liens particuliers, méritent des égards personnels. Qu'il est de l'intérêt de la maison de les ménager, et de la justice de faire en sorte que dans leur nouveau logement leur sort soit égal à celui dont elles ont joüi précédemment; 4° que dans les salles destinées aux femmes grosses et accouchées, le logement de la maîtresse sage-femme sera placé dans l'endroit le plus voisin de celui des apprentisses sur la conduite desquelles elle doit veiller, et du chauffoir ou chambre des accouchemens; qu'il n'y aura qu'une seule porte d'entrée dans lesdites salles, et qu'enfin il sera établi, attenant lesdites salles, une chambre à part, meublée de 10 à 12 lits, dont l'entrée donnera dans l'une desdites salles, *à l'effet d'y placer des personnes d'un état plus relevé* et qui, par les mêmes motifs qui les amenent à l'Hôtel Dieu, devoient être séquestrées et mises, autant qu'il est possible hors de la vüe des autres; 5° que les enfans à la mammelle et du premier âge, soit mâles, soit femelles, seront réunis dans une même salle dite de la crèche; que cette salle sera du côté des femmes, attendu la nécessité d'y entretenir des nourices, et que, pour procurer à cette salle et à celle des accouchées l'avantage de s'ayder mutuellement pour le placement des nourices; ces deux salles seront à la proximité l'une de l'autre; 6° que les fonts de baptêmes seront transportés du côté des femmes; 7° qu'il sera établi dans les greniers Saint Denis et du Rozaire des seichoirs pour le linge des femmes, indépendamment de ceux qui se trouvent le long des nouvelles salles, afin d'éviter le transport de ce linge dans le nouveau séchoir qui sera construit sur le bâtiment régnant le long de la rue de la Bûcherie. Et sur la proposition faite par M. Colombier, la Compagnie a arrêté de s'assembler de nouveau extraordinairement samedy prochain 17 du présent mois de mars, à l'effet de continuer l'examen desdits projets et plans, et de proposer par chacun de MM. de nouvelles observations s'il y a lieu. Il a été en outre arrêté que mardy 13 du présent mois de mars, jour auquel il doit être tenüe une assemblée générale à l'Archevêché, MM. les Chefs seront priés d'en indiquer une extraordinaire au jour le plus prochain pour l'examen et la discution desdits projets et plans.

(17 mars.) Ce jour la Compagnie assemblée en exécution de l'arrêté du 10 de ce mois, M. Colombier, docteur en médecine de la Faculté de Paris entré au Bureau, il lui a été dit que l'assemblée générale qui devoit se tenir le mardy 13 de ce mois a été remise au premier jour qui seroit indiqué; qu'en conséquence, l'arrêté relatif à la proposition qui devoit être faite n'a point été exécuté. Mais il a été sur le champ donné ordre au greffier d'informer MM. par la voye ordinaire du jour et de l'heure de la prochaine assemblée générale, à l'instant qu'il en seroit averti par M. l'Archevêque. Il a été ensuite fait lecture, en présence de M. Colombier, du procès verbal de ce qui s'étoit passé en l'assemblée du samedy 10, et ce procès verbal ayant été trouvé exact dans tout son contenu, les plans ont été de nouveau exposés sur le Bureau. M. Colombier y a fait remarquer à MM. l'exécution des différents articles convenus dans l'assemblée de samedy dernier. Et d'après quelques unes des précédentes observations et de celles qui ont été faites dans la présente assemblée, il a été unanimement convenu : 1° que les blessés des deux sexes seroient placés au rez de chaussée; savoir, les hommes dans la salle ditte de Saint Charles, et les femmes dans la salle du Rozaire, afin que tous fussent également à portée du chirurgien lors des pansemens. Qu'il seroit conservé une porte dans les séparations des deux salles, pour donner dans la circonstance cy dessus la facilité de communiquer de l'une à l'autre; qu'à l'extrémité de la salle Saint Charles, du côté de celle du Rozaire, il seroit réservé une espace sans lits, lequel seroit divisé en deux parties, l'une du côté de la salle Saint Charles, l'autre du côté de la salle du Rozaire; que cet espace ainsi divisé seroit destiné *aux grandes opérations*, auxquelles les seuls élèves chirurgiens de la maison doivent assister pour leur instruction; qu'il seroit établi dans chacune desdites divisions une *grille de fer, auprès de laquelle ils pourront se placer pour observer l'opérateur, sans en approcher de trop près, ainsi que du malade et gêner l'opérateur;* que chacune desdites divisions seroit d'ailleurs fournie de tout ce qui pourroit être nécessaire pour procéder auxdites opérations; 2° qu'à côté de la salle Saint Charles, et au dessus de celle des morts, on établiroit l'amphithéâtre destiné aux leçons d'anatomie pour les chirurgiens de la maison, qu'il y seroit construit des gradins pour les placer, et qu'au moyen d'un escalier communiquant dans ladite salle des morts, les cadavres pourroient y être pris et replacés avec la décence et la discrétion convenables; 3° qu'on établiroit un passage particulier à l'extrémité du pont aux Doubles, pour conduire les convalescens dans la nouvelle salle qui devoit être construite le long de la rue de la Bûcherie et qui leur est destiné; 4° que la salle Saint Denis, au rez de chaussée seroit divisée, en deux parties, l'une pour des femmes malades, ainsi qu'il a été dit, du côté de l'église, l'autre du côté du pont Saint Charles pour servir de vestibule aux différentes salles qui y aboutissent; que dans cette partie seroient placés les fonds baptismaux; 5° que les femmes grosses seroient placées au deuxième étage de la salle du Rozaire, sur le pont aux

Doubles, et en retour, au-dessus du noviciat actuel les femmes accouchées, et au surplus M. Colombier a fait observer que la distribution du logement de la maîtresse sage femme et de celle des apprentisses du chauffoir ou salle des accouchemens, du parloir et de la chambre particulière destinée à certaines femmes avoit été marquée sur le plan conformément à ce qui avoit été convenu samedy dernier; 6° que le grenier qui seroit construit au-dessus du bâtiment du Rozaire, sur le pont aux Doubles, ne devant pas être assés élevé pour servir facilement de sécheoir au linge des femmes, celui au dessus des salles Saint Denis seroit plus exhaussé qu'il n'avoit été proposé samedy dernier; qu'en conséquence, donnant plus d'étendüe et de facilité, il y avoit lieu de croire qu'il suffiroit pour le service auquel ces deux greniers devoient fournir; 7° que ce séchoir, ainsi que celui qui sera établi au dessus du nouveau bâtiment régnant le long de la rue de la Bûcherie, servira de première ressource pour placer des malades dans les cas d'affluence; qu'à cet effet ils seront divisés par cloisons mobiles, pour proportionner l'espace au nombre des malades, suivant les circonstances; 8° que les troncs étant actuellement à chacun des pilliers qui soutiennent la tribune des relligieuses dans l'église seront replacés dans ladite église, de la manière qu'on croira la plus avantageuse; 9° que portion des domestiques sera placée dans les salles et lieux adjacents et les autres en différents endroits de la maison, sans préjudicier aux lieux qui seroient jugés nécessaires pour la manutention de quelques offices particuliers; sur quoy l'Inspecteur des bâtimens consulté en rendra compte au Bureau et prendra ses ordres; 10° qu'il sera pris de concert avec ledit Inspecteur des bâtimens, sous les ordres du Bureau, les arrangemens convenables pour fournir un logement aux ecclésiastiques, garçons apothicaires et chirurgiens, s'il est jugé nécessaire d'augmenter leur nombre; 11° que les lits qui se trouvent actuellement à l'Hôtel Dieu, à la largeur de 2 pieds, 2 pieds 1/4, 2 pieds et demi et 3 pieds, ainsi que les berceaux et moitié des lits de 4 pieds et demy serviroient à l'exécution du projet, et que le surplus seroit conservé tant pour meubler l'Hôpital Saint Louis, en cas de nécessité de l'ouvrir, que pour placer, dans la circonstance d'une première affluence, des malades dans le grenier Saint Denis et dans celui qui doit être construit au dessus du nouveau bâtiment, le long de la rue de la Bûcherie. Enfin, sur l'observation qui a été faite des inconvéniens qui pourroient naître de ce que la porte destinée à l'entrée des malades et du public est la seule dont on pouvoit faire usage pour les voitures, les bœufs, les moutons et toutes les provisions; qu'elle ne paroissoit d'ailleurs annoncer un établissement de cette importance, il a été répondu qu'on auroit désiré pouvoir procurer aux malades et au public une entrée différente de celle destinée à ces différents objets, mais qu'obligés d'opter entre l'entrée par l'église de la salle Saint Denis ou celle dont il s'agit, le respect deub au lieu saint, qui devenoit un passage continuel, et la décence du culte divin, ainsi que l'avantage de destiner aux malades une salle de plus, avoient déterminé à donner la préférence à l'entrée en question; qu'au surplus on avoit pris la précaution de préparer un premier lieu d'admission pour les malades à leur entrée, avant leur visite et réception, qui les mettroit à l'abri de l'inconvénient d'attendre dans la cour, et qu'il seroit aisé, avec quelque attention, lors de l'entrée des voitures, bœufs, moutons et provisions, d'éviter qu'elle ne concourût précisément avec celles des malades et de prévenir à cet égard le danger. Qu'enfin la porte seroit décorée à l'extérieur d'une manière analogue à la nature de l'établissement. Au surplus, il a été convenu sur cet article qu'il seroit subordonné, ainsi que le détail de tous les autres, aux observations ultérieures qui pourroient survenir pendant et en conséquence de l'exécution.

(21 mars.) M. Colombier, docteur en médecine de la Faculté de Paris, entré au Bureau, a dit qu'il étoit chargé par M. le Directeur général des finances de communiquer à la Compagnie un projet et des plans pour l'amélioration de l'Hôtel Dieu, et de lui en proposer l'exécution. Ensuite, lecture a été faite en sa présence des procès-verbaux des assemblées extraordinaires tenües à ce sujet les 10 et 17 de ce mois au Bureau ordinaire, après laquelle lecture les plans exposés sur le bureau, M. Colombier a ajouté que depuis l'assemblée de samedi 17 il avoit, au désir de l'observation qui termine le procès-verbal dudit jour, avisé au moyen de procurer aux voitures, bœufs, moutons, etc. une entrée différente de celle destinée aux malades et au public; qu'il croyoit y être parvenu en établissant l'entrée des voitures et provisions à quelque distance de celle destinée aux malades, laquelle resteroit la même que celle précédemment proposée; qu'il ne s'agiroit que du médiocre sacrifice d'une petite boutique de libraire donnant sur la rue Notre Dame; qu'on s'étoit assuré par le nivellement que la pente ne formeroit point d'obstacle et que, pour procurer d'ailleurs plus de sûreté aux malades et au public, on sépareroit par un mur de clôture le passage des malades et du public de la cour dans laquelle déboucheroient les voitures et les provisions, et qu'il avoit fait tracer le tout sur le plan mis sous les yeux de l'assemblée. Sur quoy la matière mise en délibération, la Compagnie a approuvé tout le contenu ès dits procès-verbaux des 10 et 17 de ce mois; en conséquence a consenti l'exécution desdits projets et plans suivant et conformément aux dif-

férents articles qui y ont été convenus et réglez. Ensemble en procurant, ainsi qu'il vient d'être dit, une entrée aux malades et au public, distincte et séparée de celle des voitures et provisions, comme étant tous lesdits articles essentiellement liés au projet et en faisant partie, sauf et sans préjudice des observations ultérieures qui pourroient survenir pendant et en conséquence de l'exécution. Et à cet effet la Compagnie a arrêté que les doubles des plans, après avoir été paraphés par les deux plus anciens de MM. les Administrateurs, seroient annexés auxdits procès-verbaux et à la présente délibération, pour le tout être déposé aux archives. Et sur la demande de M. Colombier, il lui a été dit, que d'après la présente délibération on pouvoit aller en avant.

(21 mars.) Monsieur Lecouteulx de Vertron a dit qu'étant occupé lundi dernier, 19 mars, à rédiger le procès-verbal de l'assemblée extraordinaire tenüe le samedi 17, il avoit reçu le billet d'invitation pour l'assemblée générale, avec indication à ce matin 11 heures précises; que se trouvant par le deffaut de tems dans l'impossibilité de pouvoir consulter la Compagnie sur cette rédaction, et la communiquer ensuite à M. Colombier avant l'assemblée générale où ce procès-verbal devoit être lû, il avoit cru devoir prendre sur lui d'avoir l'aveu de M. Colombier sur ce qui étoit contenu dans ce procès-verbal, cet aveu lui paroissant de la plus grande importance; qu'en conséquence il en avoit sur le champ adressé le projet à M. Colombier, avec prière de le lui renvoyer le mardy, ou de lui remettre le mercredy matin à l'Archevêché avec ses observations, s'il l'en croyoit susceptible; que M. Colombier lui avoit renvoyé mercredy matin sans aucune observation, accompagné d'une lettre par laquelle il lui témoignoit sa sensibilité à l'attention qu'il avoit eüe et à tous les procédés de la Compagnie à cet égard dans toute cette affaire, lettre dont il croit devoir faire le dépôt aux archives. Sur quoy la matière mise en délibération, la Compagnie a approuvé la conduite tenüe par monsieur Lecouteulx de Vertron, a été arrêté qu'il seroit fait registre de son récit et que la lettre qui seroit déposée aux archives seroit transcrite ensuite de la présente délibération; suit la teneur de ladite lettre : «Je n'ai pas voulu différer, Monsieur, jusqu'à l'heure du bureau général pour vous témoigner la plus sincère reconnoissance que tous vos procédés m'ont inspirée; voué comme je le suis au bien public, je sais encore mieux qu'un autre apprécier les qualités des personnes qui en sont chargées, et c'est avec un plaisir bien vif que je puis vous assurer n'avoir trouvé nulle part une réunion de sentimens aussi respectables et de vues aussi éclairées que celles dont j'ai été témoin dans les deux assemblées auxquelles l'Administration m'a fait l'honneur de m'admettre. Je n'oublierai jamais que chacun de MM. m'ayant fait part de ses observations en particulier m'a plutôt montré le désir qu'il avoit de m'applanir les difficultés, que celui d'en faire une, je ne puis plus y ajouter, Monsieur, et je le tiens à grand honneur, que l'avantage que cela m'a procuré d'être connu de vous. J'ai l'honneur, etc.»

(28 mars.) Lecture a été faite d'une lettre de M. Necker, directeur général des finances, adressée à l'Administration, en datte du 25 du présent mois de mars dont la teneur suit : «M. Colombier m'a rendu compte, Messieurs, de vos délibérations sur les plans et projets qu'il vous a présentés de ma part dans les deux bureaux extraordinaires tenus par l'Administration à cet effet, et il s'est empressé de me faire connoitre la manière obligeante avec laquelle chacun de vous s'est prêté à seconder les vües de bienfaisance qu'il étoit chargé de vous exposer, je ne puis que vous en remercier, Messieurs. Je comptois vraiment sur le zèle que vous avez toujours montré pour le bien des pauvres, et Sa Majesté apprendra avec satisfaction cette nouvelle preuve que vous venés d'en donner. Il me reste à vous demander pour le succès des opérations qui tiennent au plan adopté, que M. Colombier puisse avoir accès dans vos bureaux ordinaires pendant l'exécution, jugeant qu'il est nécessaire qu'il concerte avec vous sans délai tous les objets relatifs aux détails des constructions, distribution et ameublements. J'ai l'honneur, etc.» Sur quoy la matière mise en délibération, la Compagnie a arrêté de faire à ladite lettre la réponse dont la teneur suit : «Monsieur, nous avons reçu la lettre que vous nous avez fait l'honneur de nous écrire le 25 du présent mois de mars, une Compagnie voüée par état au bien des pauvres malades et composée de citoyens qui ne sont chargés d'en prendre soin que parce qu'ils les aiment, ne pouvoit manquer d'être animée du même sentiment que vous apportez à proposer à Sa Majesté d'étendre sur eux ses bienfaits. Le projet et les plans que vous nous avez fait communiquer pour parvenir à améliorer leur sort nous ont paru conçus d'après des vües semblables à celles que vous nous connoissées, nous ne pouvions donc qu'y donner notre suffrage et accueillir celui qui étoit chargé de vos ordres à cet égard. En adoptant nos premières observations qui font actuellement partie du projet même, vous avés rendu justice à notre zèle; dans une opération d'un aussi grand détail, il y en a beaucoup qui ne naissent que successivement et en conséquence de l'exécution des différentes parties. Nous ne doutons point que, convaincus qu'elles partiront du même principe éclairé par l'expérience, vous n'y fassiés la même attention, et nous serons trop heureux que Sa Majesté soit instruite par votre organe du

soin que nous prenons d'un objet si cher à son cœur. Vous ne pouvez conséquemment douter, Monsieur, que nous ne soyons disposés à conférer pendant l'exécution avec M. Colombier, chargé de vos ordres, sur tout ce qui concerne les détails des constructions, distributions et ameublemens. Mais nous croyons que pour nous livrer à la discussion d'objets aussi importans avec plus de liberté et y donner tout le tems qu'ils méritent, il seroit préférable d'y consacrer des bureaux extraordinaires; par ce moyen ces conférences ne prendroient rien sur le tems destiné dans les bureaux ordinaires aux affaires courantes et nous ne serions distraits par aucun autre objet. Il suffiroit que M. Colombier, après avoir rassemblé différents articles voulut bien nous prévenir de lui indiquer une assemblée extraordinaire. Ce n'est qu'un surcroît de travail; mais il est seul capable de tout concilier. Nous sommes avec respect, etc.»

(28 mars.) M. Colombier, docteur en médecine, entré au Bureau a dit que M. le Directeur général des finances désiroit que dans les lettres pattentes qui devoient être expédiées relativement aux projets et plans adoptés par la délibération prise en l'assemblée générale le 21 de ce mois, il fût inséré que le nombre des médecins seroit augmenté, s'il étoit jugé nécessaire, qu'il fût fait une double visite aux malades attaqués de la petite vérolle ou d'autres maladies aigües et aux femmes accouchées, et que les médecins joindroient à leurs ordonnances le régime des alimens à donner à chaque malade. Que le nombre des lits actuellement à l'Hôtel Dieu, qui avoit été réglé pour servir à l'exécution du projet par l'article 11 du procès-verbal du 17 mars, paroissoit insuffisant, attendu que la dépense des lits neufs à établir passoit de 40,000 ᵗᵗ la somme qui y avoit été destinée; qu'en conséquence il prioit la Compagnie d'ajouter au nombre fixé par ledit article, 19 lits à 4 pieds, 111 lits à 3 pieds et demy et 100 grands lits à 4 pieds et demy, à prendre dans le nombre de ceux qui avoient été réservés pour l'ameublement de l'hôpital Saint Louis, et des greniers dans les cas d'affluence. 3° Qu'il seroit nécessaire qu'il fût informé de la quantité de draps, couvertures et oreillers étans actuellement à l'Hôtel Dieu qui pourroient servir à la fourniture des lits neufs. 4° Qu'on auroit besoin d'un magazin à l'hôpital Sainte Anne pour déposer ces lits à mesure qu'ils seroient faits jusqu'au moment de l'employ. 5° Qu'il conviendroit d'être instruit du nombre et du nom des propriétaires, et, autant qu'il sera possible, de la valeur des maisons sizes rue de la Bûcherie, qui doivent entrer dans l'exécution du plan. Sur quoy la matière mise en délibération, la Compagnie a observé sur le premier article que le seul objet sur lequel les lettres pattentes projettées lui paroissoit devoir statuer étoit le projet, tel qu'il avoit été présenté relativement à l'agrandissement du local, à l'augmentation du nombre des salles, au coucher des malades et au changement dans leur distribution; que tout ce qui pouvoit avoir rapport à un nouvel ordre à établir dans la maison, en conséquence de l'exécution future du projet lui paroissoit prématuré et déplacé, attendu que de ce qu'on diroit à cet égard ne pouvant pas remplir la totalité des vües que l'exécution suggéreroit ne seroit que partiel et conséquemment insuffisant ou redondant; qu'elle croyoit qu'on pouvoit annoncer dans le préambule des vües ultérieures, que le changement dans le local pourroit occasionner à l'avantage des malades, mais qu'elle ne pensoit pas que ces lettres, surtout dans le dispositif, dussent entrer dans aucun détail à cet égard; qu'au surplus elle ne pouvoit prendre de partie sur les objets proposés qu'après avoir consulté et entendu les médecins de la maison. Et a la Compagnie prié M. Colombier d'informer de ces observations M. le Directeur général. Sur le deuxième article la Compagnie a arrêté d'ajouter aux lits destinés à l'exécution du projet par l'article 11 du procès-verbal du 17 mars, 19 lits de 4 pieds, 111 lits de 3 pieds 1/2 et 100 lits de 4 pieds 1/2, en observans que ceux de cette dernière largeur, qui seront réservés, étans en fort petit nombre pour l'objet que l'Administration avoit en vüe dans cet article, M. le Directeur général seroit prié d'en remplacer le nombre de 50 dans le délai de deux années. Sur le troisième article, la Compagnie a arrêté que M. Marchais prendroit les instructions nécessaires sur le nombre de draps, couvertures et oreillers qui pourroient servir à la fourniture des lits neufs. Sur le quatrième article, que M. Marchais s'informeroit pareillement d'un lieu sûr et convenable à l'hôpital Sainte Anne, à l'effet de former un magazin pour le dépôt desdits lits neufs jusqu'à l'emploi. Enfin, sur le cinquième article, qu'il seroit donné ordre à l'inspecteur des bâtiments de prendre des informations sur le nombre, le nom des propriétaires, et autant qu'il sera possible dans le moment actuel. Sur la valeur des maisons sizes dans la rue de la Bûcherie qui doivent entrer dans l'exécution du plan et d'en dresser un bref état qu'il remettra au Bureau, lequel état la Compagnie adressera à M. le Directeur général des finances.

(28 mars.) La Compagnie a arrêté que les médecins ordinaires expectans et surnuméraires seroient invités de se rendre au Bureau samedy prochain, 31 mars, 4 heures de relevée, à l'effet de les entendre sur différents objets relatifs aux nouveaux projets et plans, sur lesquels la Compagnie désire avoir leur avis.

(31 mars.) Ce jour, la Compagnie assemblée en exé-

cution de la délibération du 28 de ce mois, les médecins ordinaires expectans et surnuméraires, invités par ladite délibération de se rendre aujourd'huy au Bureau, sont entrés et ayant pris leurs places au bout du bureau, du côté de la fenêtre, par ordre de leur ancienneté de réception au service de l'Hôtel Dieu en la manière ordinaire, M. le Doyen leur a fait connoistre que les nouveaux projets et plan adoptés par la délibération prise à l'assemblée générale tenüe à l'Archevêché le 21 de ce mois, annonçoient comme suite de leur exécution différents objets sur lesquels le Bureau ne croyoit pas devoir prendre de parti sans les avoir consultés et pris leur avis; que dans le moment il y avoit 4 articles sur lesquels il paroissoit instant qu'ils s'expliquassent. 1° Sur les lits neufs qui devoient être établis d'après ces projets et plan, composés d'une paillasse et d'un matelat en partie crin et partie laine, s'ils devroient être préférés aux lits de plumes qui avoient de *tems immémorial* été employés pour la fourniture des lits de l'Hôtel Dieu; 2° sur l'augmentation du nombre de médecins d'après et en conséquence de l'exécution desdits projets et plan; 3° sur une seconde visite à faire le soir par le même médecin aux petites vérolles et autres maladies aigües, ainsi qu'aux femmes accouchées; 4° sur le régime concernant les aliments à prescrire à chaque malade par les médecins à la suitte de l'ordonnance concernant les remèdes. Lesdits médecins ayant successivement dit leur avis sur chacun desdits objets. La Compagnie les a invités à les réunir en un mémoire par écrit, lequel, signé d'eux, seroit remis au Bureau pour être ensuite sur icelui délibéré par la Compagnie.

(6 avril.) Lecture faite du mémoire par écrit remis au Bureau par les médecins, contenant leur avis sur les objets sur lesquels ils ont été consultés le samedy 31 mars dérnier; la Compagnie a arrêté que ledit avis seroit joint à la présente délibération pour être déposé aux archives et que expédition dudit avis signé du greffier du Bureau seroit adressé à M. le Directeur général des finances, accompagné d'une lettre dans laquelle seroient relatées les observations faites en la délibération du 28 mars dernier; suit la teneur de ladite lettre: «A Paris, ce 10 avril 1781. Monsieur, nous avons, comme nous en étions convenus avec M. Colombier, consulté nos médecins sur les trois objets qu'il nous a fait entendre que vous désireriés être inscrits dans les lettres patentes dont vous vous occupés. M. Colombier nous ayant aussi annoncé un changement dans la composition des lits, résultant de ce que les matières qui y seront employées seront différentes de celles qui l'ont été de tout tems à l'Hôtel Dieu, cette différence nous a fait naître des doutes relativement à la salubrité et nous avons cru, pour qu'une dépense aussi forte ne se fît qu'en connoissance de cause, devoir également demander à nos médecins leur avis. Sur ce dernier objet nous avons vu avec satisfaction que le grand nombre s'est réuni à regarder la nouvelle composition comme plus salubre que celle qui étoit en usage. Quant aux trois autres articles, vous verrez, Monsieur, par l'expédition que nous avons l'honneur de vous envoyer cy jointe, quelle est leur manière de penser au fond. Pour la forme, c'est-à-dire l'insertion de ces articles dans les lettres patentes, M. Colombier vous a instruit, comme nous l'en avions prié, de nos observations. Nous pensons que le but des lettres pattentes est de donner la sanction au projet et aux plans qui ont été communiqués à l'assemblée générale le 21 mars; ce projet et ces plans ne concernent qu'un accroissement pour le local des constructions pour y parvenir, une augmentation dans le nombre des salles, des distributions nouvelles, l'établissement de nouveaux lits : ce sont les seuls objets qui ont été présentés à l'assemblée générale sur lesquelles elle se soit expliqué; il nous paroît que les lettres patentes doivent si borner. Si leur exécution fait naître des vues ultérieures sur la manutention et sur l'amélioration dans le traitement des malades, ce détail, qu'on ne peut se flatter de saisir complettement que par l'expérience et les choses faites, est d'une nature toute différente, doit faire un entier dont les parties correspondent entre elles, et demande par son importance un examen également approfondi. Nous croyons que ce qu'on en mettroit aujourd'huy dans les lettres pattentes seroit un hors d'œuvre peu analogue à la masse des dispositions partielles, et dès lors insuffisantes. Nous sommes persuadés, Monsieur, que ces observations vous ont parû dignes d'attention, et que vous les regarderés comme une suite et un effet de notre zèle. Nous sommes avec respect, etc.» Réponses de MM. les médecins de l'Hôtel Dieu aux demandes faites par Messieurs les Administrateurs. Première demande : doit-on pour le coucher des malades préférer un matelat fait avec 2/3 de laine et 1/3 de crin, au lit de plume usité jusqu'à présent. Réponse : quoiqu'un malade paroisse devoir être couché plus commodément sur la plume, qu'on en voie plusieurs le décrier et qu'on reconnoisse pour principe général qu'il faut accorder quelque chose à l'habitude, l'expérience est cependant d'accord avec le raisonnement pour en faire bannir l'usage, surtout si comme les malades le sont actuellement, on les place immédiatement sur cette substance. Dans tous les tems les médecins ont regardé la plume comme la plus malsaine de toutes les matières qui servent à la confection des lits, même pour les gens sains, c'est elle qui s'infecte le plus aisément, qui retient le plus longtemps l'infection qu'elle a contractée; c'est elle qui s'arrange le plus inégalement sous le corps

et les membres de la personne couchée; qui, à ce titre, peut le plus facilement causer des douleurs de lassitude dans les différentes parties du corps, vû les fausses positions qu'elle occasionne; c'est elle enfin qui procure une chaleur portée à un trop haut degré et capable de provoquer des sueurs, souvent telles pendant le sommeil que les forces sont au réveil plutôt énervées que réparées. Si ces considérations suffisent pour faire condamner en général les lits de plume, de quelle importance ne deviennent-elles pas lorsqu'il s'agit de coucher des malades et des blessés, il n'en est aucune qui ne mérite la plus grande attention; mais il est de notre devoir d'ajouter qu'après la plume la laine est sans contredit la plus dangereuse, quoiqu'elle soit moins chaude et qu'elle forme un plan toujours moins inégal que la plume; elle entraîne avec elle, et à un degré pour le moins aussi éminent, l'inconvénient de contracter et de retenir l'infection, le tissu lâche et facile à s'imprégner de l'une et de l'autre de ces substances les rend également propres à l'imbibition des miasmes auxquels elles se trouvent exposées. Le crin est le seul qui par sa texture serrée et polie puisse résister davantage à l'infection, il forme aussi un plan très égal; il est infiniment plus frais que la laine, d'où il résulte qu'à tous égards il devroit être préféré pour le coucher des malades; il n'exige que deux précautions, la première d'être bien préparé, à cause des petits vers blancs qui si mettent et qui le rongent lorsqu'il l'a été mal, et la 2° d'être enfermé dans deux coutils ou au moins dans une toille ou un coutil par dessus, par la raison que ses extrémités pointües et roides passeroient aisément à travers une simple toile, piqueroient et causeroient des démangeaisons et des inquiétudes qu'il est bon d'éviter. D'après ce que nous venons de dire, il est aisé de conclure : 1° Que la plume, surtout comme coucher immédiat des malades et des blessés, doit être rejettée pour trois raisons : l'infection qu'elle contracte et retient, l'inégalité du plan qu'elle forme, et la trop grande chaleur qu'elle procure. 2° Qu'un matelat qui seroit fait avec 2/3 de laine et 1/3 de crin seroit sans contredit meilleur, mais qu'il seroit sujet au premier inconvénient sans être entièrement exempt du troisième. 3° Enfin que le crin pur n'a aucun de ces inconvénients et qu'il est en tout préférable au coucher des malades et blessés. Avant de terminer cet article, nous croyons devoir faire observer qu'il ni a rien à changer en la coutume où l'on est à l'Hôtel Dieu de placer les malades qui gatent sous eux sur la paille qu'on peut renouveler souvent et à peu de frais, et si par hazard on se proposoit de leur donner à tous indistinctement un matelat de laine et de crin, ce que l'on ne dit pas, on feroit à l'égard de ceux-ci une faute qui entraîneroit plusieurs inconvéniens qu'on s'abstiendra de détailler, mais que l'on doit aisément présumer d'après ce que nous avons dit. Pour finir aussi par où nous avons commencé, savoir, qu'il faut accorder quelque chose à l'habitude, nous dirons qu'il ni auroit aucun inconvénient à composer les lits des salles de convalescence qu'on se propose d'établir, d'un lit de plume et d'un matelat par dessus; nous croyons que cette méthode adoptée pendant l'hiver seulement et pour les convalescens n'auroit rien de nuisible et présenteroit quelques avantages. Seconde demande. Le nombre de MM. les médecins sera-t-il augmenté, si cela est nécessaire. Réponse : dans l'état actuel l'ouverture de l'Hôpital Saint Louis qui détourne de l'Hôtel Dieu un médecin, la reconstruction de la salle neuve, qui en occupe un de plus à l'Hôtel Dieu, rendent déjà l'augmentation du nombre des médecins nécessaire, en chargeant annuellement et journellement les deux expectants chacun d'une visite le matin, eux dont le devoir n'est que de faire chacun à leur tour le service du soir et de remplacer le matin ceux des pensionnaires absens ou malades; à combien plus forte raison l'augmentation de leur nombre ne sera-t-elle pas plus nécessaire encore si, comme on le dit, on augmente le nombre des départemens en agrandissant l'Hôtel Dieu; il est inutile de s'étendre davantage pour prouver que le nombre déjà insuffisant des médecins relativement aux départements actuels l'est encore plus dans l'hypothèse d'un grand nombre de départemens. Troisième demande. MM. les médecins doivent-ils être astreint à faire deux visites par jour. Réponse: si cette demande n'avoit été suggérée, jamais Messieurs les Administrateurs ne l'eussent faite, parce qu'elle suppose l'ignorance de ce qu'ils savent, c'est-à-dire de ce qui se pratique journellement à l'Hôtel Dieu d'après leurs réglemens; en effet les malades sont vus deux fois par jour par un médecin, toutes les fois que cela est nécessaire. Nous sommes assurément bien éloignés de penser que cette double visite ne soit pas en certains cas infiniment utile, aussi se fait-elle avec la plus scrupuleuse régularité dès que les circonstances le requièrent, mais nous devons faire remarquer que le plus souvent nous nous rendons auprès d'un malade en ville deux fois par jour bien plus par le désir du malade lui-même, les craintes et les allarmes des parens et des assistans, l'impéritie des gardes, et enfin l'obligation où nous sommes de veiller sans cesse à tout ce qui entoure le malade, aux terreurs causées par des propos indiscrets, aux conseils perfides des imprudents et des faux docteurs, nous nous rendons auprès de lui deux fois par jour, disons-nous, bien plus par ces motifs que par le besoin qu'il en auroit réellement s'il étoit abandonné à lui-même, tranquille et livré à un plan méthodique et salutaire de traitement, ainsi qu'il arrive dans tous les hôpitaux bien réglés. Cependant, nous devons en convenir, il est des cas qui exigent des soins plus multipliés, il s'opère des crizes et des changemens que le médecin le plus exercé ne sauroit prévoir, et c'est pour cette raison, autant que pour visiter les nouveaux venus, trop malades pour pouvoir attendre jusqu'au lendemain matin, que se fait la visite du soir par le médecin expectant, qui n'est ordinairement nommé à cette place et choisi que parmi ceux qui ont dix années de doctorat et d'exercice de leur profession dans la capitale, visite sans doute très importante et particulière à l'Hôtel Dieu, de laquelle naissent des avantages qui ne se trouvent dans aucun autre hôpital. Bien plus il est bon d'observer ici que depuis six heures du matin jusqu'à près de midy, il se trouve toujours dans l'Hôtel Dieu quelques uns de MM. les médecins de cette maison, prêts à se transporter partout où leur présence est jugée nécessaire (ce qui arrive fréquemment), cet hôpital est encore à cet égard bien différent des autres dans lesquels la visite du médecin qui dure une heure ou au plus 1 heure et demie une fois faite, les malades restent 24 heures sans être revus par aucun autre, et les nouveaux venus sont dépourvus de secours ou n'en ont que de mal entendus. Ainsi donc, la seule chose qu'il y auroit à faire pour augmenter les soins que l'on doit rendre aux malades et remplir les vües du gouvernement, qui paroissent tendre à les multiplier encore, quoique nous venions de prouver qu'il ne s'en trouve pas à beaucoup près autant dans aucun autre hôpital, ce seroit d'arrêter, pour que la visite du soir ne fût pas trop pénible, comme il arrive très souvent, et comme cela arriveroit encore plus souvent si l'Hôtel Dieu étoit aggrandi, qu'au lieu d'un expectant, deux d'entre eux (nous disons deux d'entre eux parce qu'on parle d'en doubler le nombre, c'est à dire de le porter à quatre) s'y rendissent tous les après diners, l'un à 4 heures et l'autre à six, que l'un fût chargé des salles des hommes et l'autre de celles des femmes, et qu'ils y fissent la visite des malades qui en auroient besoin. Par ce moyen l'augmentation de secours désirée auroit lieu, ou plutôt le temps de leur durée seroit prolongé, ce qui sans contredit seroit très utile, en supposant que le projet d'aggrandissement et de dispositions extérieures mieux entendües s'exécute. Quatrième demande, MM. les médecins doivent-ils joindre à l'ordonnance des remèdes celles du régime que chaque malade doit observer. Réponse : cette question est si simple et sa solution si facile à donner par tout le monde que nous ne nous arrêterons pas à la résoudre. Il est certain que le médecin seul peut régler ce qu'il convient de donner aux malades. Cependant ce n'est pas l'usage à l'Hôtel Dieu et cela par l'impossibilité où il est de le faire. Sans parler des obstacles sans nombre qui si opposent, tels que les transpositions fréquentes et forcées des malades d'un lit à un autre et souvent même d'une salle à l'autre, le deffaut des salles de convalescence, la quantité de malades dans un même lit etc., le nombre seul des malades qui se trouvent dans chaque département y apporte beaucoup de difficulté; en général les médecins de l'Hôtel Dieu sont trop chargés pour qu'ils puissent s'occuper de ce qui n'est qu'accessoire, quoique cet accessoire soit de la plus grande importance; il faudroit pour la prescription du régime qu'ils eussent moins de malades à conduire; on n'a point du zèle au dessus de ses forces, quel que soit l'esprit de charité qui les anime, quel que soit leur amour pour leur devoir, il est un terme passé lequel la tête se fatigue, ce qui a dû naturellement les éloigner de se charger d'une fonction que les obstacles que nous venons de relater rendroient d'ailleurs absolument impraticables. Qu'on les détruise ces obstacles et qu'on tienne sévèrement la main à ce que leurs ordonnances soient fidèlement exécutées, ainsi qu'il paroît qu'on se propose enfin de le faire dans le nouveau plan projetté, et ils se feront un devoir de prescrire cette partie essentielle du traitement des malades. Ainsi signé. *Dejean*, *Majault*, *Doulcet*, *Mallet*, *Montabourg*, *Duhaume*, *Danié Despatureaux*, *Sollier de la Romillais* et *Philip*.

(12 avril.) Lecture faite du mémoire par écrit remis au Bureau par les premier chirurgien et chirurgien en survivance, contenant réponse aux deux questions que la Compagnie leur avoit proposé le mercredy 4 de ce mois, la Compagnie a arrêté que ledit mémoire seroit joint à la présente délibération pour être déposé aux archives, et que expédition d'icelui seroit adressé à Monsieur le Directeur général des finances par la lettre dont la teneur suit : «Monsieur, nous avons l'honneur de vous adresser copie du mémoire qui a été remis au Bureau par le s[r] Moreau, premier chirurgien de l'Hôtel Dieu et le sieur Ferrand, premier chirurgien en survivance, sur deux des questions que nous avions faites aux médecins, et qui nous ont paru également relatives à leur art, et à leurs fonctions, nous croyons qu'on peut y trouver des lumières capables de diriger dans l'exécution des veües dont Sa Majesté veut bien s'occuper.» Suit la teneur dudit avis. L'on demande : 1° Si l'usage de la laine est préférable à la plume pour les lits des malades. Il est certain que la laine est préférable à la plume, non seulement pour conserver la forme du lit d'un malade qui doit quelquefois rester longtems couché, mais encore pour éviter les inconvénients que la chaleur de la plume peut exciter, cependant il y a quelques observations à faire, car un malade qui sera obligé par la nature de sa maladie de garder la même situation pendant deux mois et plus, comme dans le cas de fracture de jambe ou de

cuisse, et s'il reste sur le même matelas, il deviendra si dur qu'il ne lui sera pas possible d'y rester sans qu'il se fasse des excoriations aux parties sur lesquelles il posera; le moyen d'éviter cet inconvénient seroit d'en changer, mais pour le faire il faudroit que les lits fussent faits de manière que l'on pût les transporter par le pied du lit sur un de sangle, pour après les remettre sur un autre matelat, et pour y parvenir, il seroit nécessaire qu'il n'y eût point de colonnes au pied du lit, afin de ne point donner des secousses infiniment nuisibles au malade, on dira peut estre que l'on peut les placer dans un lit voisin, mais la même difficulté subsiste à cause des colonnes. 2° Si le régime est avantageux et praticable d'après le projet proposé. Il est incontestable que le régime est nécessaire pour la curation des maladies, afin de seconder l'effet des médicaments; cependant il est une distinction à faire et qui est essentielle pour les malades qui viennent dans cet hôpital, dont la plus grande partie étant pauvres vivent d'aliments bien différents de ceux qui ont la faculté d'en prendre de bons, car si l'on assujétit longtems ces pauvres malades à une diète sévère, il est constant, par observation, qu'ils ne peuvent supporter la perte de substance qu'occasionne leur maladie, et qui les jette dans un état d'épuisement qui les fait succomber, c'est pourquoi il est souvent nécessaire de s'en rapporter aux *religieuses qui ont un tact expérimenté sur cet objet*, vérité reconnue de tous les tems, il est vrai que le bien qu'elles peuvent procurer par ce petit suplément d'aliments est souvent contrarié par les visites des parents et amis qui, contre les règlements de la maison, et malgré la vigilance de l'Administration, apportent des gâteaux, biscuits, fruits cruds, vin, etc., qui font naître des accidents mortels. Ainsi signé, *Moreau* et *Ferrand*.

(18 avril.) Ce jour, M. Philippe, doyen de la Faculté de médecine et médecin surnuméraire de l'Hôtel Dieu, entré au Bureau a remis un extrait des nouveaux statuts dont les apotiquaires demandent l'enregistrement, ledit extrait contenant les articles 15 et 20, lesquels concernent les gagnants maîtrise en pharmacie de l'Hôtel Dieu et de l'hôpital des Incurables. Lecture faite desdits articles, la matière mise en délibération, la Compagnie a remercié M. Philip de son attention à informer le Bureau d'un objet aussi intéressant pour lesdits deux hôpitaux, et a arrêté : 1° que l'extrait des nouveaux statuts remis par M. Philip seroit déposé aux Archives et annexé à la présente délibération, 2° qu'il seroit adressé à M. le Procureur général un mémoire sur l'article 20, concernant les droits et frais à payer par les aspirants à la maîtrise desdits hôpitaux, afin qu'ils soient dispensés de toutes contributions généralement quelconques, même de distribution de jettons. Suit la teneur dudit extrait. Article 15. N'entendons rien innover en ce qui concerne le privilège de l'Hôtel Dieu et de l'hôpital des Incurables, dont les élèves continueront à être admis à gagner leurs maîtrises après avoir subi les examens prescrits devant les médecins ordinaires et expectans, et l'inspecteur de l'apothicairerie dudit Hôtel Dieu ou hôpital, et devant deux des prévôt et adjoints du collège de pharmacie qui seront invités d'assister auxdits examens et en présence des administrateurs desdits hôpitaux, et après que lesdits gagnants maîtrise auront servi pendant six ans dans l'un desdits hôpitaux, ils seront reçus maîtres dans ledit collège, sans autre examen, sur le certifficat dudit service qui leur sera délivré par lesdits sieurs administrateurs dudit hôpital. Article 20. Les droits et frais de réception des aspirans à la maîtrise de pharmacie seront et demeureront fixés à la somme de 3,400#, ceux des titulaires de charges à la somme de 1,200# et ceux des maîtres en pharmacie de province à celle de 800#; à l'égard des gagnants maîtrise dans nos hôpitaux, il en sera usé comme par le passé, l'emploi desdites sommes sera fait conformément au tarif cy après...

(25 avril.) Monsieur Lecouteulx de Vertron a fait lecture d'un mémoire à adresser à Monsieur le Procureur général, relativement aux nouveaux statuts du collège de pharmacie et d'une lettre d'envoy en exécution de la délibération du 18 de ce mois. Sur quoy la matière mise en délibération, la Compagnie a approuvé le mémoire et arrêté qu'il seroit envoyé à M. le Procureur général et que lesdits mémoire et lettre seroient transcrits ensuite de la présente délibération. Suit la teneur dudit mémoire : L'administration de l'Hôtel Dieu et de l'hôpital des Incurables informée que la communauté des apoticaires de Paris poursuit l'enregistrement de nouveaux statuts, a l'honneur de rappeller à Monsieur le Procureur général qu'elle a eu celui de lui remettre précédemment un mémoire au sujet des examens et de la réception des gagnans maîtrise en pharmacie desdits deux hôpitaux, elle le supplie de vouloir bien se le faire remettre sous les yeux. Quant aux examens, l'Administration désireroit qu'il n'y eût absolument rien de changé dans leur forme, mais si on croit nécessaire d'y joindre des membres du collège de pharmacie, il paroît que tout ce qu'il peut désirer est qu'il y ait deux membres du collège témoins de l'examen, et qui puissent rendre témoignage de la capacité du sujet admis à gagner maîtrise, les deux prévôts seuls paroissent devoir suffire pour remplir cet objet. Mais ce qui est de la dernière importance, c'est qu'après les six années de service certiffiées par les administrateurs, l'admission soit absolument gratuite et sans aucuns frais de quelque nature qu'ils puissent être. L'ar-

ticle concernant les frais de réception prescrit, il est vray, qu'il en sera usé à leur égard comme par le passé. Mais l'Administration a lieu de craindre que ces termes généraux ne donnent lieu, par une mauvaise interprétation, à des difficultez qui occasionneront des procès, leur droit est incontestable, il est appuyé sur des arrêts du Parlement et même sur des arrêts réytérés du Conseil, où les apoticaires ont eu la témérité de se pourvoeir contre les arrêts du Parlement, et où ils ont également échoué, tantôt sous leur nom, tantôt sous celui des épiciers. L'Administration sait que malgré ces condamnations ils ont exigé et exigent encore une contribution en jettons, il paroît donc indispensable qu'aux termes : «qu'il en sera usé comme par le passé,» il soit expressément ajouté que la réception des gagnans maîtrise en pharmacie de l'Hôtel Dieu et de l hôpital des Incurables sera entièrement gratuite, et sans aucuns frais de leur part, même pour distribution de jettons. Suit la teneur de ladite lettre du 25 avril 1781. «Monsieur, nous sommes instruits que le collège de pharmacie demande l'enregistrement de nouveaux statuts, nous avons l'honneur de vous adresser le mémoire cy-joint relativement à nos gagnans maîtrise de l'Hôtel Dieu et de l'hôpital des Incurables, nous avons eu précédemment l'honneur de vous en remettre un plus détaillé, et nous vous prions d'y joindre celui-ci et de vous les faire mettre conjointement sous les yeux. Nous sommes avec respect, Monsieur, etc.»

(25 avril). A été dit par monsieur Marchais que M. Colombier demande, au nom de M. le Directeur général, que le Bureau veüille bien nommer des commissaires pour aller visiter les modèles des lits que le Roy fait faire pour l'Hôtel Dieu, et qui sont montez à l'hospice Saint Sulpice. La matière mise en délibération, a été arrêté que monsieur Marchais sera prié d'écrire à M. Colombier que le Bureau pense qu'il seroit bien plus avantageux que M. le Directeur général des finances fît apporter les modèles de lits en question, qui seront montez dans une des chambres deppendante de la maison où se tient le bureau de l'Hôtel Dieu, où on expose les lits des chanoines de l'église de Paris appartenant à l'Hôtel Dieu, lorsqu'il est question de procedder à la vente d'iceux.

(16 mai.) Lecture faite de l'avis des médecins, et de celui des chirurgiens de l'Hôtel Dieu, remis au Bureau en exécution de la délibération du 4 du présent mois de mai sur les lits dont deux modèles ont été envoyés au Bureau, l'un d'un lit simple et l'autre d'un lit double séparé par une cloison, la matière mise en délibération, la Compagnie a arrêté que lesdits avis, ensemble les observations de la Compagnie relatives à la partie économique desdits lits, seront annexés à la présente délibération pour être déposés aux Archives, et qu'à l'instant il en seroit fait des copies certifiées par le greffier du Bureau, conformes aux originaux, lesquelles seroient jointes à une lettre adressée à monsieur le Directeur général des finances. Suit la teneur des observations de l'Administration : Les deux modèles de lits dressés dans une chambre dépendante du Bureau de l'Hôtel Dieu ont été examinés par MM. les Administrateurs avec soin, mais ne devant pas se fier entièrement à leurs connoissances pour être en état de répondre à la confiance du gouvernement, ils ont estimé nécessaire d'avoir l'avis des officiers de santé de l'Hôtel Dieu qui, par état, doivent connoître mieux que personne les avantages ou désavantages des proportions données à ces modèles, en relever les défauts s'il s'y en trouve, et indiquer les meilleurs moyens et les précautions les plus prudentes pour obtenir l'aisance du malade, et celle du service qu'il y a à faire autour de lui. L'avis que les médecins ont donné au Bureau le porte à croire que les dimensions que l'on a données à ces lits sont nuisibles et dangereuses, et que d'ailleurs l'économie des fournitures est poussée beaucoup trop loin. L'intention du Prince étant que la solidité soit, dans cette circonstance présente, réunie à la simplicité, sa confiance dans l'Administration l'oblige de lui observer que, d'après les détails contenus aux avis des médecins et chirurgiens, ses intentions ne seroient rien moins que remplies par les lits dont ils ont les modèles sous les yeux. A l'égard de la partie économique, vu la nature des fournitures, il y a lieu de craindre que les réparations d'entretien ne soient très fréquentes et n'occasionnent un surcroît de dépenses, il sera également pressant et impossible de fournir à cette dépense par deux raisons évidentes. La première est que le malaise où se trouveront les malades ne pourra souffrir de délai. La seconde que la surabondance de malades, justement prévue par les lettres patentes, aura déjà occasionné une augmentation de frais, nécessités par le grand nombre de ceux qui ne se font pas actuellement traiter à l'Hôtel Dieu et qui pourront y venir, surcharge que les revenus de l'Hôtel Dieu ne peut supporter. Les administrateurs osent se flatter que le Roi voudra bien prendre en considération leurs observations et celles des officiers de santé de l'Hôtel Dieu.» Suit la teneur de la lettre à M. le Directeur général. «Monsieur, pour être en état de vous procurer un avis plus éclairé sur la composition et la fourniture des lits, dont vous nous avez fait l'honneur de nous envoyer deux modèles, nous avons cru devoir consulter nos médecins et premiers chirurgiens, nous avons l'honneur de vous adresser copies des rapports qu'ils en ont dressés séparément et qu'ils nous

ont remis. Le tems nécessaire pour l'examen et pour dresser les rapports a emporté quelque délai involontaire que nous avons abrégé autant qu'il a été en nous. Nous croyons, Monsieur, que ces observations sont assés importantes pour mériter toute votre attention. Nous avons l'honneur de joindre quelques observations sur la partie économique, nous ne devons vous rien laisser ignorer de tout ce qui peut concerner un objet aussi important. Nous sommes avec respect, Monsieur, etc.» *Suit la teneur de l'avis de Messieurs les médecins.* Ayant examiné les modèles de lits que l'on se propose de faire servir au coucher des malades de l'Hôtel Dieu, nous les avons trouvés *défectueux à tous égards* par les raisons suivantes : 1° Quant aux dimensions, ils sont trop bas, trop courts, trop étroits. Relativement à la hauteur (qui n'est pas une dimension absolument indifférente, étant utile qu'un malade ait suffisamment d'air dans son lit) ils n'ont que six pieds et ils devroient en avoir au moins sept. La longueur, qui est, on ne sait pourquoi, de 5 pieds 10 pouces dans œuvre pour les lits doubles, et de 5 pieds 9 pouces seulement pour les lits simples, est trop petite, tant pour les uns que pour les autres, devant être de six pieds pour un hôpital où l'on couche des hommes de toute grandeur. Il faut même, à cet égard, observer que, d'une part, le malade pour être bien ne doit pas avoir la tête tout-à-fait contre le chevet et que, d'autre part, *l'homme couché est plus grand de près d'un demi-pied que debout*, d'où il résulte qu'un lit de six pieds dans œuvre n'est que ce qu'il faut pour un homme de 5 pieds et demi. La largeur enfin qui, par une autre bisarrerie est de deux pieds six pouces dans les lits simples, et de 2 pieds 3 pouces seulement dans les lits doubles, est encore beaucoup trop bornée dans les deux. Il est contre toute raison de donner si peu d'espace à un malade ou à un blessé. La largeur convenable est de 3 pieds au moins. Peut-être a-t-on senti cet inconvénient et prétendu y remédier, en faisant déborder le bois du lit à la paillasse et au matelat, mais on auroit dû voir combien ce moyen d'obvier à l'étroitesse est dangereux, en exposant les malades et les blessés à tomber fréquemment de leurs lits. Trois pieds de large suffisent à peine pour un homme puissant, un hidropique, une femme enceinte, etc.; il est impossible de diminuer sur cette largeur, sans gêner les malades et les exposer à un péril qui n'est que trop évident. 2° La façon des bois de lits, qui ne doit pas être recherchée, est aussi par trop négligée, ils sont mal joints, point du tout rabotés au dossier, et en cela d'autant plus propres à servir de retraites aux punaises. 3° Le choix de ces bois est mauvais, ils sont en quelques endroits déjà piqués par les vers. 4° Le haut des lits qui, dans toute la longueur, n'est joint que par une seule traverse a paru trop foible pour un hôpital. 5° La petite tablette qui est au chevet du lit est trop étroite et mal posée. Premièrement elle doit être fixée et non mobile, comme elle l'est. En second lieu, il est bon de la placer sur un plan un peu incliné vers le dossier, afin que ce que l'on y met soit moins sujet à tomber. 6° La toile des paillasses n'est ni assés serrée, ni assés forte. Celle des rideaux auroit été bonne pour les paillasses. 7° La toile des matelas a le même défaut. Le dedans qui auroit été infiniment mieux, comme nous l'avons dit, s'il ne l'avoit été composé que de crin, contient peu de cette dernière matière, qui s'y trouve par paquets qui n'ont point été épluchés. Ce crin, par conséquent, n'a point été mêlé avec la laine, en sorte qu'il est fort inégalement distribué. Le reste du matelat est composé de mauvaise laine, à peine lavée, jaune et non cardée, dans laquelle se trouve encore et en abondance la fiente de l'animal. Comme cette laine forme plus des deux tiers du matelat, il est bon de rappeller ici ce que nous avons déjà fait observer à MM. les Administrateurs, savoir que la laine, même la mieux préparée, doit être considérée comme une matière très propre à contracter et à propager toute espèce de contagion. 8° Le traversin est trop peu fourni, ce qu'on doit dire aussi du matelat. 9° Il n'y a point d'oreiller et il est bon d'en donner aux malades, et indispensable que certains tels que les blessés à la tête, les pulmoniques, les hidropiques de la poitrine, les asthmatiques, etc., en aient, et même plusieurs. 10° Il n'y a qu'une couverture, encore elle est trop courte et trop étroite, malgré le peu d'étendue des lits. 11° Les rideaux qui sont de fil valent mieux que ceux de laine, mais ils n'ont pas assés d'ampleur. On n'a pas calculé que, devant être lavés, ils se retireroient à l'eau, ce qui les diminueroit encore beaucoup. 12° Enfin la cloison qui sépare les lits doubles nuira nécessairement aux différents pansemens, aux saignées, aux lavemens pour les malades qui ne peuvent se mettre que sur un côté, ce qui arrive souvent et empêchera les infirmiers et infirmières de faire le change des malades aussi commodément et aussi bien, pour lequel change il est nécessaire qu'il y ait une ruelle. Il en est de même lorsqu'il s'agit de retourner un malade qu'il faut changer de situation, opération pour laquelle il importe que deux personnes et quelquefois plus, puissent se placer tant au bord qu'à la ruelle. Délibéré à l'Hôtel Dieu ce 9 mai 1781. Signé Dejean, Majault, Doulcet, Danié-Despatureaux, Montabourg, Solié de la Romillais, Duhaume, Mallet, Philippe. *Suit la teneur de l'avis de Messieurs les premiers chirurgiens.* Observations sur la construction des lits que l'on propose d'établir à l'Hôtel Dieu pour les malades : 1° Coucher les malades seuls dans un lit est certainement très utile et salutaire, mais pour qu'ils puissent en retirer tout l'avantage, il faut que le lit soit construit convenablement, c'est-à-dire qu'il ait la longueur et la largeur nécessaires. Celui destiné pour un seul malade n'a que deux pieds et demi de largeur. S'il est d'un gros volume, s'il est enflé, s'il est attaqué d'une fièvre ardente et agité dans son lit, il sera souvent exposé à tomber sur le carreau, ce qui n'arriveroit point avec 3 pieds de largeur, et sous le matelat un lit de plume qui forme un enfoncement à l'instant que l'on couche le malade et une élévation aux deux bords, espèce de rempart qui l'empêche de tomber. Un blessé qui aura les deux jambes fracturées ou une jambe et un bras (ce qui arrive assés souvent) ne pourra être sur un lit de deux pieds et demi de largeur. On objectera peut-être : comment a-t-on fait jusqu'à présent? Les lits ayant 3 pieds de largeur avec des oreillers que l'on ajoute, l'on rend leur état le plus supportable qu'il est possible. Ces lits ne sont guères plus longs que ceux que l'on veut établir. Il seroit à propos qu'ils eussent quelques pouces de plus, puisque l'on est obligé de mettre au pied du lit une planche retenue dans deux coulisses, ce que l'on pourrait pratiquer aux lits sans colonnes, dont nous avons déjà parlé. Enfin il n'y a point de vide à la tête du bois de lit entre la tablette et le dossier, ce vide est d'une très grande utilité dans certaines occasions, par exemple pour réduire une luxation de la cuisse, on est obligé de passer des lacs qui passent entre la tablette et le dossier, ce que l'on ne pourroit faire, si cette ouverture n'y étoit point. Cette observation nous paroît très importante pour les lits des fractures. 2° Les lits séparés dans le milieu pour deux malades présentent plusieurs difficultez : 1° Pour le service qui ne pourra se faire que d'un côté et quand il seroit possible d'ôter la séparation, il n'y auroit point de bras assez long pour aider la personne qui seroit d'un côté, l'on pourroit consulter sur ce point les religieuses continuellement occupées à ce service; 2° l'inconvénient du peu de largeur se retrouve encore, puisque le matelat est séparé en deux; 3° cette séparation sera très nuisible pour les pansemens qui le plus souvent ne peuvent être faits qu'avec des aides que le chirurgien place en plus ou moins grand nombre suivant l'exigence des cas. Signés Moreau, Ferrand.

(16 mai.) Monsieur Lecouteulx de Vertron a dit que l'article 6 des lettres patentes du 22 avril dernier, enregistrées le 11 du présent mois de mai portent «qu'il sera incessamment procédé par les administrateurs de l'Hôtel Dieu aux règlemens de service et de discipline à faire en conformité des changemens et améliorations ordonnés par lesdites lettres. Il lui semble que, quoique le motif qui porte à ordonner ces règlemens en reporta naturellement l'exécution au tems où ces changemens et améliorations seront parachevées, comme y étant principalement relative, néantmoins il convient de prévoir les objets sur lesquels la Compagnie jugera à propos de statuer, et de préparer d'avance les matériaux qui pourront servir à la rédaction de ces règlemens; que les anciennes délibérations de la Compagnie sur le service des malades, l'ordre établi par rapport aux consommations, la discipline et la police de la maison sont certainement la première source où l'on doive puiser, et qu'il présume de la connoissance, que l'extrait qu'il a fait et qu'il continue, des registres des délibérations du Bureau depuis 1701 lui en a donné, que la réunion de ces anciens règlemens mis dans un nouvel ordre formera la base principale d'une espèce de *code nouveau* sur les différents objets relatifs à la discipline intérieure. Qu'il propose en conséquence à la Compagnie d'arrêter : 1° qu'il sera fait par un de MM. un relevé sur ces extraits des délibérations portant règlement sur ces différents objets; 2° lorsque ce relevé sera fait, de distribuer à différens commissaires qui seront nommés les divers titres, suivant la nature des objets et des matières, pour être par eux procédé à la rédaction d'un projet de règlement sur chaque matière, lequel sera ensuite par eux proposé au Bureau et discuté article par article; 3° que cette discussion devant nécessairement prendre un tems considérable, qu'on ne pourroit soustraire de celui destiné aux bureaux ordinaires, sans préjudicier aux affaires courantes qui s'y traitent, et dont ils sont toujours surchargés; cet objet pourroit se traiter séparément les vendredis de relevée, après avoir décidé les matières sommaires qui font l'objet des assemblées qui se tiennent les vendredis matin, lesquelles seroient remises aux vendredis de relevée, lorsque MM. les commissaires le demanderoient à la Compagnie, que dans le moment actuel M. Mopinot ayant déjà pris la peine de rédiger un projet relatif à l'apothicairerie, d'après le relevé des anciennes délibérations sur cet objet, on pourroit commencer à employer un vendredi à l'examen de ce projet. Sur quoi la matière mise en délibération, la Compagnie a arrêté : 1° que monsieur Martin sera prié de faire sur les extraits des registres des délibérations un relevé de celles qui portent règlement, ce que M. Martin a accepté; 2° que lorsque ce relevé sera fait et que M. Martin en aura informé la Compagnie, elle nommera des commissaires auxquelles les différentes matières seront réparties, pour être par eux procédé à des projets de règlement sur chacune desdites matières, lesquels seront proposés à la Compagnie et discutés article par article, dans des bureaux qui seront tenus les vendredis de relevée, après la décision des affaires sommaires qui se traitent les vendredis matin; 3° que l'assemblée pour la discution des règlemens concernant l'apothicairerie, déjà rédigée par M. Mopinot, sera remise au premier jour qui sera indiqué.

(30 mai.) Monsieur Lecouteulx de Vertron a dit que M. Colombier, docteur en médecine de la Faculté de Paris, s'étoit rendu chez lui samedi dernier et lui avoit dit qu'il venoit par l'ordre de M. Joly de Fleury conseiller d'État. Qu'il avoit écrit à la Compagnie en vertu des mêmes ordres pour lui demander un jour où il pourroit conférer avec elle, de la part de M. Joly de Fleury, sur les observations qu'elle avoit adressées au gouvernement, avec les avis de ses médecins et chirurgiens sur les modèles de lits qui avoient été envoyés au Bureau. Que sa mission étoit de le prévenir sur ce qui feroit l'objet de cette conférence, que son intention étoit de consulter la Compagnie sur les dimensions de ces lits et la qualité des matières qui en feroient la composition, et de se conformer dans l'exécution à ses vues, que pour cela, après qu'on seroit convenu des dimensions, il proposeroit à la Compagnie de lui faire remettre un ancien bois de lit, pour connoître la qualité du bois et un échantillon des matières qu'elle désiroit qu'on employât. Que monsieur de Vertron lui avoit ajouté qu'il croyoit qu'il lui seroit utile d'avoir un état détaillé des matières, et des qualités qu'elles doivent avoir pour former un lit qui réunît les avantages de la salubrité et de la commodité avec ceux de la solidité et de la durée, pour remplir pleinement les vues du gouvernement qui ne pouvoient se borner à produire une simple illusion, que cet état, contenant aussi le prix des matières, le mettroit à l'abri de toute surprise, que M. Colombier lui avoit témoigné que ce secours lui seroit très utile et très agréable, et qu'il le demanderoit à la Compagnie, qu'en conséquence M. de Vertron avoit donné ordre au dépensier de dresser cet état, pour en être usé par la Compagnie comme elle jugeroit à propos; ensuite lecture a été faite de la lettre de M. Colombier. Sur quoi la matière mise en délibération, la Compagnie a arrêté d'indiquer à M. Colombier, à vendredi prochain 1er juin, pour remplir la mission dont il est chargé par M. Joly de Fleury, conseiller d'État et au Conseil royal, et à cet effet de s'assembler ledit jour à 4 heures de relevée, et que M. Lecouteulx de Vertron en informeroit M. Colombier.

(30 mai.) Lettre de M. le Lieutenant général de police à la Compagnie : «Paris, 23 mai 1781. M. Lasseray me prie, Messieurs, de vous écrire en sa faveur, à l'occasion de l'entreprise de la nouvelle fourniture des lits de l'Hôtel Dieu, dont il désireroit être chargé. Je sais qu'il a déjà fait plusieurs entreprises de cette nature, et qu'il s'en est acquitté avec distinction. L'administration des affaires du corps de la mercerie, qui lui a été confiée en qualité de garde, m'ont mis à portée de connoître son intelligence et son honnêteté, et je vous serois fort obligé, Messieurs, si à ma recommandation, il pouvoit obtenir de vous la confiance qu'il me paroît mériter. J'ai l'honneur d'être, etc.» Suit la teneur de la réponse : «Monsieur, le sieur Lasseray nous a remis la lettre que vous nous avez fait l'honneur de nous écrire par laquelle, d'après les connoissances personnelles que vous avez de son intelligence et de son honnêteté, vous nous le proposez pour la nouvelle fourniture de lits à faire à l'Hôtel Dieu, s'étant précédemment acquitté avec distinction de plusieurs entreprises de cette nature. Le témoignage que vous lui rendez, et votre recommandation seroient pour la Compagnie du plus grand poids, si cette fourniture étant à son compte, elle en ordonneroit. Mais *tout étant à cet égard*, comme vous savez, *aux frais du Roi*, ce n'est point à elle à faire choix des fournisseurs, ni à conclure des marchés avec eux. Elle doit se borner à proposer les observations qu'elle jugera convenable sur la nature et la qualité des matières qui entreront dans la composition de ces lits. Nous sommes avec respect, etc.»

(1er juin.) Ce jour la Compagnie assemblée extraordinairement, en exécution de la délibération du mercredi trente mai dernier, M. Colombier, docteur en médecine de la Faculté de Paris entré au Bureau, a dit : «Messieurs, M. Joly de Fleury, à qui j'ai rendu compte des opérations concertées avec vous, sur les constructions nouvelles de l'Hôtel Dieu et sur leur destination, des objets relatifs aux ameublemens qu'on se propose de placer dans toute la maison et principalement des observations qui ont été faites sur la forme et les dimensions des modèles de lits, qui vous ont été envoyés ainsi que sur la nature des fournitures de ces lits, m'a chargé : 1° d'avoir l'honneur de vous dire que les délibérations du Bureau étant nécessaires pour exécuter ponctuellement tout ce qui a été projetté, il vous prioit de m'en faire remettre une copie, celle que vous aviez eu la bonté de me donner ayant été mise sous le contrescel des lettres patentes; 2° de discuter les objets des fournitures des lits, de manière que vous puissiez être satisfaits sur tous les points, et qu'il puisse en être assuré en voyant le détail ou résumé des conventions à cet égard. M. Joly de Fleury prétend que toutes les fournitures soient de la meilleure qualité, et pour la grande durée, il désire qu'on fasse droit à toutes les observations qui tendront à améliorer le sort des pauvres malades, mais d'un autre côté il y a des bases d'après lesquelles il pense qu'il faut partir, sans s'arrêter à des motifs plutôt fondés sur la spéculation que sur l'expérience. Si les matières qui entrent dans la composition des modèles de lits qui vous ont été envoyés ne sont pas de nature solide, ni de bonne qualité, rien n'est plus juste que de les changer, l'intention du ministre a été de faire tout pour le mieux, la perte de ces modèles sera bien peu de chose; 3° d'avoir l'honneur de vous dire qu'on travaille sans relâche au plan qui doit vous être remis, et que si vous aviez encore quelques observations à faire sur les destinations, par exemple celle des blessés, il en étoit tems, parce que le plan une fois arrêté relativement au devis, il seroit fort dangereux de changer quelque chose, eu égard à la dépense peut-être exhorbitante que cela occasionneroit. Sur quoi la matière mise en délibération, la Compagnie a arrêté: 1° qu'il seroit remis à M. Colombier de nouvelles expéditions des délibérations prises tant au bureau ordinaire qu'à l'assemblée générale les 10, 17 et 21 mars dernier, et l'ordre en a été donné sur le champ au greffier; 2° qu'attendu les observations présentées au Bureau depuis la délibération du 17 mars, par les premiers chirurgiens de l'Hôtel Dieu sur la destination des salles au rez-de-chaussée pour les blessés des deux sexes, il sera surcis à statuer définitivement sur cette destination, jusqu'à ce que M. Colombier ait conféré avec eux sur cet article de leurs observations pour, ensuite de cette conférence, être statué ainsi qu'il appartiendra; 3° que la hauteur de tous les lits tant simples que doubles sera de six pieds et demi; 4° que la longueur de tous lesdits lits tant simples que doubles sera de six pieds hors œuvre; 5° que la largeur de tous les lits simples sera uniformément de trois pieds hors œuvre; 6° que celle de tous les lits doubles sera sans distinction de cinq pieds deux pouces hors d'œuvre; 7° que les ciels de tous lesdits lits seront garnis d'une forte traverse à l'effet d'y attacher solidement la corde servant aux malades de soutien pour se relever; 8° que les lits destinés aux blessés des deux sexes seront indépendamment du matelat, garnis d'un lit de plume; 9° qu'il sera incessamment envoyé à M. Colombier un bois de lit de la maison et des échantillons de toutes les espèces de matières qui entrent dans la composition des lits de la maison, afin de le mettre à portée de juger de leur nature et de leurs qualités, et d'y faire conformer les fournitures des nouveaux lits, à l'exception néantmoins des housses; 10° que ces housses seront d'une toile appelée *Bonfort*, en observant qu'elles aient une ampleur suffisante pour prévenir l'effet du resserrement occasionné par le blanchissage; 11° que pour guider d'autant plus dans l'achat des matières, il sera remis à M. Colombier un détail d'un coucher, contenant les qualités et les quantités des matières, ainsi que le prix que l'Hôtel Dieu les paye, et qu'il sera joint à cet état des observations relatives au choix que l'Administration en a fait de tout tems, ce qui a été à l'instant exécuté; 12° qu'un double desdits états et observations sera annexé à la présente délibération pour être déposé aux archives; 13° qu'il sera envoyé au Bureau de nouveaux modèles de lits, composés ainsi qu'il vient d'être dit: 14° enfin sur différentes observations relatives à la nécessité des rechanges de matelats et de couvertures, la Compagnie a arrêté de supplier Sa Majesté de pourvoir à ces rechanges immédiatement après que les premières fournitures auront été faites. Et pour se conformer au désir de M. Joly de Fleury d'être assuré de tout ce qui seroit convenu, ainsi que M. Colombier l'a donné à entendre, la Compagnie a arrêté en outre qu'expédition de la présente délibération, ensemble des états et observations y jointes, lui seroient remises. Détail d'un coucher de 6 pieds de long sur 2 pieds et demi de large hors d'œuvre, suivant les prix de la maison, composé pour l'usage des malades, demandé par monsieur Lecouteulx de Vertron le 26 mai 1781. Savoir : Toile de la paillasse, 5 aunes de grosse toile 2/3 d'Alençon à 11 sols 3 deniers, 1 aune toile pour le matelat, 3 aunes 1/2 de toile de Flandre 4/4 à carreaux bon teint à 34 sols l'aune. Laine pour le matelat, 17 livres de laine *cuisse de Nangis*, 1re qualité, à 25 s. la livre; crin idem, 2 livres de crin blond fort pour le matelat à 22 s. la livre. Coutil pour traversin, 2/3 d'aune de coutil fort à 3 livres 16 s. l'aune. Coutil pour l'oreiller, 1/2 aune de coutil fort à 3# 16 s. l'aune. Plume pour traversin, 3 livres de plume d'oie neuve à 36 s. 8 deniers la livre. Plume pour oreiller, 2 livres de plume idem. Couverture, 1 couverture de mère laine, 2 pointes à 12#. Housse de toile grise, 14 aunes et demie de toile 7/8 d'Alençon à 34 s. 8 deniers l'aune. — *Nota.* Les prix sont moindres que les prix marchands, attendu l'exemption des droits dont jouit l'Hôtel Dieu. Observations sur les échantillons, ou modèles de lits pour les malades de l'Hôtel Dieu, qui ont été présentés à l'Administration. Si le Roi admettoit ces échantillons de lits présentés, Sa Majesté feroit à l'Hôtel Dieu un don qui constitueroit cette maison dans une très grande dépense. En effet, l'entretien seul des matelats ou la fatigue qu'ils supporteront par le service, les rendent susceptibles d'une dégradation annuelle de 6 ou 8 livres de laine, il seroit même indispensable de la fournir d'une qualité supérieure en force pour soutenir la première. Ce n'est donc qu'en établissant dans le principe ces meubles avec des marchandises des qualités les plus solides, et les plus propres à résister au service auquel ils sont destinés, que le Roi rendra vraiment utiles pour la maison les couchers que Sa Majesté se propose d'y faire mettre pour les malades. On estime à cet égard : 1° que les matelats devroient être composés avec des laines dites cuisses de Nangis, et provinces de Brie et du Vexin françois, lesquelles sont réputées avec justice mériter la préférence pour les couchers parce qu'elles sont fortes, ont de l'élasticité, qu'en général elles ne sont propres qu'à cet usage et fort peu pour la fabrication, qu'elles ont d'ailleurs sur celles des autres provinces l'avantage d'être bien détirées et lavées à la manne, elles doivent même l'emporter sur celles de la Beauce, pays dans lequel l'on est dans l'usage de les vendre à demi façonnées, et conséquemment avec une portion toujours assés considérable de suin qui, en se séchant, tombe en déchet; 2° on croit devoir insister sur la nécessité de n'employer que des toiles bon teint pour les matelats, attendu que par les fréquentes vidanges elles seront souvent lavées, et qu'étant faites de fil retors, l'eau ne peut que leur donner de la qualité en resserrant, et le bleu tiendra toujours, au lieu que la toile faux-teint est fabriqué avec du fil plat qui mollit à l'eau, de manière qu'en deux ou trois fois ces toiles deviendroient flasques et rouillées; 3° les paillasses étant faites de toiles d'Alençon écrues, infiniment plus serrées que celles employées dans les échantillons, la paille ne sortira pas de même, et l'œil de blanc qu'ont les premières est encore un agrément à ajouter à la propreté, qu'on ne peut trop chercher à entretenir dans les salles des malades; 4° la toile d'Alençon écrue doit être préférée à celle de Picardie teinte en gris pour la composition de housses de lits, parce que cette dernière n'a point assés de consistance pour cet usage, et que la calandre tombée elle deviendra molle, elle se retirera et ne pourra plus faire le tour du lit.

(1er juin.) A été dit par M. Marchais que le jour d'hier 31 mai, s'étant rendu à l'Hôtel Dieu vers les 4 heures, il fut averti que M. Joly de Fleury et M. Lenoir, lieutenant général de police, étoient dans la maison, qu'il se rendit dans une des salles où ayant trouvé ces deux magistrats avec M. de la Millière, maître des requêtes, et M. Colombier, médecin de la Faculté de Paris, il s'approcha de M. Joly de Fleury et de M. Lenoir, après les avoir salués. M. de Fleury lui dit qu'il venoit de visiter plusieurs salles de l'Hôtel Dieu, que dès le 1er travail qu'il a fait avec le Roi relativement au département des finances, Sa Majesté lui avoit ordonné de s'y transporter, que son intention est que les délibérations du Bureau reçoivent leur exécution de la manière la plus solide et la plus avantageuse aux pauvres, et qu'il y avoit suffisamment de fonds pour cela, qu'il comptoit revenir un autre jour à l'Hôtel Dieu, qu'il en feroit prévenir l'Administration, et seroit enchanté d'y voir tous messieurs les Administrateurs, ajoutant de nouveau que le Roi met le plus grand intérêt à ce que les améliorations qu'il a ordonnées par ses lettres patentes reçussent l'exécution la plus complette, sur quoi monsieur le Commissaire, après lui avoir fait au nom de l'Administration, de la communauté, des religieuses dont la plus grande quantité étoit présente et au nom des pauvres, les plus sincères remerciements des dispositions favorables qu'il annonce pour l'Hôtel Dieu, il l'avoit assuré, de la part de messieurs les Administrateurs, du zèle avec lequel ils concoureront aux vues de Sa Majesté pour l'amélioration de cette maison. Après quoi le Bureau ayant fait entrer l'inspecteur qui l'a toujours accompagné, lequel a dit que ce magistrat avoit paru très satisfait de la situation où il a trouvé les salles et les malades, qu'il sembloit même agréablement surpris de leur position et du bon état où il avoit trouvé toutes choses. Sur quoi la Compagnie a arrêté qu'il seroit fait registre du récit de monsieur Marchais, ainsi que de celui de l'inspecteur, et que MM. Lecouteulx de Vertron, Dupont, Marchais et Mopinot seront députés à M. Joly de Fleury, pour lui faire les remercimens de la Compagnie.

(6 juin.) La Compagnie, informée que dans les salles du Rozaire et de St Augustin dites salles neuves, dans lesquelles il a été établi des baignoires pour le soulagement des malades auxquels les médecins jugeroient à propos d'ordonner des bains, indépendamment *des baignoires qui ont été établies de tous tems* dans les salles destinées aux fols des deux sexes, les domestiques ou convalescens de ces salles exigent une rétribution plus ou moins forte des malades qui ont besoin de ces remèdes, et les en privent lorsque les malades refusent de se prêter à cette exaction, et considérant que l'essence constitutive de l'Hôtel Dieu est que tout y soit absolument gratuit et charitable, fait défense à tous domestiques ou convalescens de rien exiger, même recevoir ce qui seroit volontairement offert par quelque malade que ce soit, pour aucun des services qu'ils sont tenus de leur rendre et notamment pour les bains, sous peine d'être congédiés sur le champ, sans espérance de rentrer dans la maison, ordonne que l'inspecteur se fera remettre journellement la liste des malades desdites salles auxquels les médecins auront ordonné les bains, et veillera à ce que lesdits bains leur soient exactement et charitablement administrés à tous sans exception. Ordonne, en outre, que tant sur la porte des offices où sont placées lesdites baignoires qu'intérieurement dans lesdits offices au dessus desdites baignoires, il sera placé un tableau sur lequel il sera écrit en gros caractères : *Défenses de rien exiger, même de recevoir ce qui seroit volontairement offert pour les bains, sous peine d'être expulsé de l'Hôtel Dieu.*

(20 juin.) M. Pocho, maître au spirituel de l'Hôtel Dieu, est venu au Bureau et y a représenté que la chaleur excessive qui se fait sentir à l'heure où se font les convois à Clamart (et ci devant au cimetière des Saints Innocens) pouvant nuire à la santé des ecclésiastiques de l'Hôtel Dieu, qui sont obligés d'y assister, il supplieroit MM. de vouloir bien consentir à ce que ces convois se fassent désormais à 7 heures et demie du matin de-

puis Pâques jusqu'au premier octobre exclusivement, à moins que ceux qui ordonneront ces convois n'exigent absolument une autre heure, ce que la Compagnie a adopté.

(22 juin.) Lecture faite d'une lettre adressée à la Compagnie par M. Joly de Fleury, ministre d'État et des finances, par laquelle il lui marque que, quoiqu'il soit d'usage constamment suivi de faire passer les contracts constitués sur le domaine par le notaire de la Finance, la faveur particulière que mérite l'Hôtel Dieu l'a porté à consentir que ce soit son notaire, comme dépositaire de tous les autres titres, qui les fasse à l'avenir, en lui recommandant de se concerter pour les formes à remplir avec les bureaux de M. Deforges.

(27 juin.) M. l'abbé Rossignol, chanoine honoraire de l'église collégiale du Saint Sépulcre et administrateur de l'hôpital de Sainte Caterine établi à Paris, s'est présenté au Bureau et y a représenté que par délibération du 30 mars dernier, le tems accordé pour envoyer au cimetière de Clamard les cadavres noyés et autres déposés à la morgue du Châtelet, expire le premier juillet prochain, que depuis cette délibération il a été voir M. le Lieutenant général de police, en lui demandant son secours et autorité, soit pour découvrir un terrein et en former un cimetière, soit pour obtenir la permission d'envoyer ces cadavres dans un cimetière de parroisse, plus proche que n'est celui de Clamart, que ce magistrat lui avoit répondu qu'en attendant il falloit qu'il obtînt encore la permission de l'Administration pour continuer à envoyer ces cadavres comme par le passé à Clamard; la matière mise en délibération, la Compagnie a arrêté que pour cette fois seulement et sans tirer à conséquence pour l'avenir, de permettre encore aux dames religieuses dudit hôpital de Sainte Catherine de continuer à envoyer audit cimetière de Clamard, à compter du premier juillet prochain jusqu'au trente et dernier septembre prochain inclusivement, même pour moins de tems s'il est possible, les cadavres noyés et autres déposés à la morgue du Châtelet, à condition par lesdites dames religieuses de chercher incessamment, soit un terrein pour y établir un cimetière, ou la permission d'envoyer ces cadavres dans un autre cimetière de Paris ou des environs.

(27 juin.) A été dit par monsieur Marchais qu'il a été informé hier par le s[r] *Magendy*, chirurgien actuellement de service à l'hôpital Saint Louis, que passant la veille dans la salle Saint Jean pour sortir dans la ville, il avoit trouvé le passage embarrassé par plusieurs malades rassemblés qui s'amusoient à regarder un convalescent qui faisoit l'exercice militaire, qu'ayant voulu déranger avec sa canne un de ces malades pour avoir passage, celui-ci prétendit qu'il lui faisoit mal à la jambe, sur quoi ayant voulu le renvoyer à son lit, au lieu de se tenir au milieu du chemin et d'embarrasser le passage, le malade lui avoit répondu par des invectives et des juremens, qu'alors emporté par la vivacité il lui avoit donné un coup de canne, qu'il reconnoît qu'il a eu tort et prie monsieur le Commissaire de l'excuser auprès du Bureau, s'il en est porté des plaintes. Sur quoi M. le Commissaire a répondu qu'il avoit d'autant plus tort qu'il devoit, au lieu de se faire justice, appeller l'inspecteur ou la garde qui auroit mis cet insolent en prison, qu'au reste les malades étant les principaux hôtes de l'Hôtel Dieu et de l'hôpital Saint Louis, on n'auroit que faire de chirurgiens s'il n'y avoit pas de malades, qu'au surplus il s'informeroit plus amplement. Que peu de tems après que le chirurgien se fut retiré, le s[r] Resmond, inspecteur dudit hôpital Saint Louis, vint chez M. le Commissaire et lui rendit compte des mêmes faits, avec cette différence qu'au lieu d'un coup de canne, le sieur Magendy en avoit appliqué six appuyés à ce malade, ce qui lui avoit été confirmé tant par les autres malades que par deux domestiques de la salle. La matière mise en délibération, la Compagnie considérant qu'il est de la plus grande importance que les malades n'éprouvent de mauvais traitemens de la part de personne, a arrêté que demain le sieur Magendy fera en présence de la mère de la salle, de l'inspecteur dudit hôpital Saint Louis et des malades, *excuse de l'avoir frappé et qu'il sera privé du tablier pendant un mois*, dont l'inspecteur certifiera monsieur le Commissaire, et faute par le sieur *Magendy* de se conformer aux ordres du Bureau à cet égard, qu'il sera congédié.

(3 juillet.) Ce jour, la Compagnie, extraordinairement assemblée en exécution de la délibération du 20 juin dernier, M. Colombier, docteur en médecine de la Faculté de Paris, entré au Bureau a dit : «Messieurs, j'ai rendu compte à monsieur Joly de Fleury de vos observations sur les modèles de lits qui vous ont été présentés. Il m'a chargé d'avoir l'honneur de vous dire qu'il jugeoit à propos de donner aux lits seuls les dimensions que vous désirez, savoir, 3 pieds de largeur, six pieds et demi de hauteur et six pieds de long hors œuvre. Qu'il entendoit qu'on employât une laine pour les matelats qui fût, ou conforme à l'échantillon que vous avez donné ou du moins d'une nature équivalente sinon supérieure. Qu'il vouloit aussi que les couvertures fussent de deux points, et eussent l'ampleur convenable aux dimensions des lits. Quant aux lits doubles à cloison, l'expérience ayant démontré, tant à Saint Denis qu'à Biscêtre, que

ceux de 4 pieds 1/2 de largeur étoient très commodes pour les malades, le ministre a jugé que cette sorte de lit n'étant à l'Hôtel Dieu destinée qu'à des convalescens, aux domestiques et à des gens qui n'auroient que de légères indispositions, on pourroit se servir avec utilité et économie de tous les lits de cette dimension que l'Administration a cédés, mais que le surplus des lits doubles à faire et qui seront destinés pour des vrais malades seront de la largeur de cinq pieds deux pouces, ainsi que messieurs les Administrateurs l'ont demandé. La toile des matelats sera de bon teint et les autres fournitures seront, autant que faire se pourra, conformes aux échantillons. Monsieur Joly de Fleury m'a d'ailleurs ordonné, Messieurs, d'examiner toutes les fournitures qui seroient livrées, et de prier messieurs les Administrateurs de vouloir bien y être présens au moins au nombre de deux pour juger de leurs qualités. Quant à ce qui concerne les salles, où l'on doit placer les blessés, je me suis conformé aux intentions de l'Administration, qui a désiré que je discutasse cet objet avec MM. Moreau et Ferrand. Il a résulté de ma conférence avec eux, et de l'examen que j'ai fait, que la salle Saint Charles étant fort humide en tout temps, il paroissoit qu'on ne pourroit pas sans de grands inconvéniens y placer des blessés, et comme cette observation dérangeoit singulièrement les dispositions qui avoient été faites sur le plan où les blessés des deux sexes devoient être placés au rez-de-chaussée, pour la plus grande commodité, il a fallu chercher un autre emplacement qui pût réunir les mêmes avantages. Nous avons trouvé qu'en plaçant les fosses dans la salle du Rozaire au dessous de celle Saint Louis, la salle Saint Paul, celle de Saint Louis, le petit dortoir, le noviciat et une autre pièce ou salle à former au premier étage sur le quarré Saint Denis se trouvant de plein pied, remplaceroient facilement les salles du rez de chaussée, qui avoient été destinées aux blessés. Il faut à la vérité pour cela faire un changement qui sera plus dispendieux que dans le premier plan, mais la nécessité y contraint d'une part, et il semble d'ailleurs qu'on pourra au moyen de ce changement satisfaire à d'autres vues très importantes qui regardent les salles des opérations, lesquelles seront mieux placées au dessus de la salle du Rozaire que dans les lieux qu'on y avoit destinés. Ces différens points convenus, M. Moreau a observé que la salle des opérations, occupée par des personnes grièvement blessées, ne pourroit plus servir de passage pour aller des hommes aux femmes, comme dans l'autre projet, et qu'il faudroit en conséquence établir une galerie pour cette communication. C'est ce qui a paru facile et ce que j'ai proposé à l'architecte qui a, en conséquence, changé le plan du rez-de-chaussée et du premier étage dans les lieux dont il est ici question, afin que messieurs les Administrateurs vissent si cet arrangement leur convient. Aussitôt que Messieurs auront décidé cet article, on corrigera le nouveau plan détaillé de l'Hôtel Dieu qui doit être déposé au greffe du Bureau, et celui qui doit rester entre les mains de l'inspecteur des bâtimens, et ensuite j'aurai l'honneur de les remettre à messieurs les Administrateurs. Sur quoi la matière mise en délibération, la Compagnie a arrêté : 1° que tous les lits doubles destinés aux malades, dont le nombre excéderoit celui des lits simples de chacune des salles dans lesquelles ou proche desquelles ces sortes de lits seront établis pour subvenir au nombre des lits simples, seront de 5 pieds deux pouces de largeur hors d'œuvre, ainsi qu'il a été arrêté par la délibération du premier juin dernier; 2° que ceux des lits qui d'après les délibérations des 17 mars, article 11, et 28 mars, article 11, doivent être livrés par l'Administration pour être convertis en lits doubles, et dont la dimension est de 4 pieds 1/2, lesquels se trouvent distingués des autres par la qualité de leur housse de serge de Mouy, resteront dans leur dimension, mais ne pourront être destinés qu'aux seuls domestiques convalescens, et aux malades qui n'ont que des indispositions légères. . . . .; 5° que les salles des blessés des deux sexes seront au premier étage, savoir les hommes dans la salle qu'ils occupent, et dans la salle Saint Louis, et les femmes dans les salles de plein pied et contigues, en établissant une galerie pour la communication; 6° qu'en conséquence les folles seront placées au rez-de-chaussée au dessous de la salle Saint Louis. Arrêté en outre que expédition de la présente délibération sera adressée à M. Joly de Fleury, ministre d'État et des finances.

(11 juillet.) S'est présenté au Bureau un ecclésiastique habitué en l'église paroissiale de Saint Jacques de la Boucherie à Paris, muni d'une requête adressée à MM. les Administrateurs de l'Hôtel Dieu de Paris, en date de cejourd'hui, écrite et signée de M. Morel, curé de ladite église, portant que, d'après la requête présentée à M. l'archevêque, par lui répondue le premier de ce mois, par laquelle il donne commission à M. Asseline, l'un de ses grands vicaires, pour procéder par lui-même avec un prêtre délégué au transport des ossements ou terres tirés de dessous ladite église dans le cimetière de Clamart appartenant audit Hôtel Dieu, d'après le consentement de M. le Premier Président, et la promesse par lui faite le jour d'hier audit sieur curé d'arranger cette affaire avec M. le Procureur général, suppliant MM. les Administrateurs de donner leur permission pour transporter audit cimetière de Clamart lesdits ossemens et terres qui se trouveront de trop dans ladite église que l'on est actuellement à fouiller pour la paver en entier, ce trans-

port étant d'autant plus urgent qu'on est obligé de suspendre les travaux de fouille et dallage, n'ayant aucune place pour déblayer lesdites terres et ossemens, qui ne sont pas considérables ni capables de surcharger le cimetière, selon le rapport qui a dû en être fait par le sieur Bonnot, architecte dudit Hôtel Dieu, qui s'est transporté sur les lieux selon les ordres qu'il en avoit reçus, que tel étoit l'objet de la requête que ledit sieur Curé présentoit à MM. les administrateurs, tant en son nom qu'en celui des marguillers et parroissiens de ladite église, vu l'original de ladite requête présentée à M. l'Archevêque et la commission par lui donnée audit sieur Asseline ci-devant énoncée et datée. La matière mise en délibération, la Compagnie a arrêté de permettre et consentir au transport dans ledit cimetière de Clamard des osssmens et terres qui se trouveront sous les dalles de pierre de l'intérieur de ladite église paroissiale de Saint Jacques de la Boucherie, à condition néanmoins que tous les frais de fosses pour les ossemens, déblayages et régalages des terres seront supportés et payés par lesdits sieurs Curé et marguillers de ladite église parroissiale de Saint Jacques de la Boucherie, et ont été tant l'original de ladite requête présentée au Bureau que copie de celle présentée à M. l'Archevêque avec la commission étant ensuite. déposés aux archives dudit Hôtel Dieu.

(18 juillet.) M. Henri a dit qu'il avoit toujours vu avec surprise que les entrepreneurs des spectacles, dénommés sous les titres de Wauxhall, Colisée ou Cirque royal, aient pu obtenir du gouvernement de n'être point assujétis au quart des pauvres, sous le prétexte qu'ils ne doivent pas être regardés comme spectacles, attendu qu'il ne s'y joue ni représente aucune pièce, que l'autorité seule a pu empêcher les deux bureaux de l'administration de l'Hôtel Dieu et de l'Hôpital général de faire percevoir jusqu'à présent. sur le produit de ces spectacles le quart attribué à ces hôpitaux par les ordonnances; que l'on doit regarder comme spectacles tous les endroits où le public paye pour entrer, et où quelqu'un profite du bénéfice résultant du droit d'entrée, que d'ailleurs il y a dans ces endroits des orchestres et des danses qui, indépendamment du local en lui-même, présentent un spectacle continuel. Que d'après ces différents points de vue, les Wauxhall, Colisée et Cirque royal ne peuvent pas ne pas être rangés dans la classe des spectacles assujétis au quart des pauvres, et qu'il n'y a que des circonstances particulières et forcées qui aient pu jusqu'à ce moment les en exempter, que ces circonstances étant actuellement changées, il pensoit qu'il étoit juste de faire valoir, au profit des hôpitaux, sur les spectacles de ce genre, le droit qu'ils ont de percevoir le quart de leur produit; qu'il vient de s'établir à la foire Saint Laurent un nouveau spectacle de ce genre sous la dénomination de *redoute chinoise*, qu'il lui a paru utile de commencer par l'assujétir à la perception du quart des pauvres, afin qu'une exemption momentanée ne pût pas l'autoriser à prétendre une exemption perpétuelle, qu'à cet effet il avoit vu le sieur Pleinchêne, entrepreneur de ce spectacle, qui avoit commencé par prétendre l'exemtion, tant par la nature de son spectacle, qu'il dit n'en être pas un, que parce que les autres spectacles de ce genre n'ont jamais été assujétis à cette perception, que cependant après quelques discussions, il s'étoit réduit à représenter qu'il venoit de faire une dépense très considérable pour former cet établissement, que ces dépenses montoient à plus de 120,000 livres, et que si la perception du quart se faisoit à la rigueur, il éprouveroit une perte considérable, que les deux administrations ayant plusieurs fois, dans de pareilles circonstances de construction, consenti à des abonnements, il les supplioit de vouloir bien l'abonner pour trois ans, à raison de 300 livres chaque année, qu'il croyoit qu'il lui falloit au moins ce tems pour pouvoir être indemnisé en partie des dépenses considérables qu'il a été obligé de faire pour la construction de son spectacle. Vu le mémoire présenté par le sieur Pleinchêne, la matière mise en délibération, le Bureau, sous le bon plaisir de l'administration de l'Hôtel Dieu, a abonné ledit sieur Pleinchêne entrepreneur de la redoute chinoise.....; la Compagnie a arrêté de donner son adhésion à tout ce qui est porté dans la délibération de l'Hôpital général ci-dessus.

(18 juillet.) Monsieur Lecouteulx de Vertron a dit que le sieur Bonnot, inspecteur des bâtimens de l'Hôtel Dieu, d'après les ordres qu'il avoit reçus de l'Administration, avoit fait l'estimation détaillée des maisons qui doivent entrer dans l'exécution des projets de nouvelles constructions à faire à l'Hôtel Dieu, en distinguant, ainsi qu'il lui avoit été ordonné, les maisons appartenantes à l'Hôtel Dieu de celles dont divers particuliers sont propriétaires, que l'estimation de celles de l'Hôtel Dieu forment un capital de 164,301 livres 4 sols 6 deniers, et leur location en diminution de revenu, 7,338 livres 10 sols. Que celle des maisons appartenantes à des particuliers étrangers, et qu'il faudra acquérir, monte à 69,259^{lt} 5 s. 9 den., que ces estimations accompagnées de plans ont été faits triples. Que l'intention du Bureau, en ordonnant ces estimations, avoit été d'exécuter l'article 5 de la délibération du 28 mars dernier et d'instruire Sa Majesté de la dépense relative à cette partie de l'exécution du projet, qu'il lui paroît en conséquence que la démarche actuelle de la Compagnie doit être d'adresser à M. Joly de Fleury un des trois

originaux desdites estimations et plans, certifié véritable par ledit inspecteur des bâtimens, d'en déposer un au greffe annexé à la présente délibération, et de remettre le troisième audit inspecteur des bâtimens. Sur quoi la matière mise en délibération, la Compagnie a arrêté d'adresser à monsieur Joly de Fleury, ministre d'État et des finances, un des trois originaux desdites estimations et plans, en lui faisant observer la perte d'un revenu de 7,338# 10 sols résultante de l'opération, laquelle avoit été un des motifs qui avoit arrêté jusqu'à présent l'effet des désirs de l'Administration pour l'augmentation du local de l'Hôtel Dieu, qui ne pouvoit s'opérer que par un premier sacrifice que cet hôpital n'étoit point en état de faire, encore moins d'acquérir les propriétés étrangères nécessaires pour l'exécution des plans que l'Administration avoit formés, que le Bureau a lieu d'espérer en conséquence que Sa Majesté dédommagera l'Hôtel Dieu de la perte qu'il souffrira de cette diminution de revenu, son intention n'étant que d'améliorer réellement le sort des pauvres, et non de présenter une simple apparence d'aisance et de commodité aux dépens de ce qui est le plus nécessaire à leurs besoins, qu'à cet effet expédition de la présente délibération sera jointe ausdits états et plans qui seront adressés au ministre, que le second desdits originaux également certifié par l'inspecteur des bâtimens sera déposé au greffe, et annexé à la présente délibération, et le troisième à lui remis.

(22 août.) Sur le rapport fait par M. Lecouteulx de Vertron d'une lettre de M. Joly de Fleury, ministre d'État et des finances, adressée à la Compagnie en date du jour d'hier, 21 du présent mois d'août, lecture faite de ladite lettre, la Compagnie a arrêté qu'elle seroit annexée à la présente délibération, et qu'il y seroit fait la réponse dont la teneur suit : «A Paris, ce 22 août 1781. Monsieur, il nous a été impossible de demander plutôt communication des devis, parce que nous n'avons point été instruits plutôt qu'ils étoient dressés, si, malgré les inconvéniens que vous présumez par l'apostille que vous avez ajoutée de votre main, l'adjudication étoit remise à la huitaine, comme l'affiche suppose qu'elle peut l'être, M. Colombier devant nous instruire demain, nous aurons l'honneur de vous faire passer nos observations. Au reste, Monsieur, les bontés que vous voulez bien témoigner à l'Administration lui font espérer que, d'après vos ordres, tout ce qui sera relatif à l'exécution du projet nous sera d'abord communiqué. Nous sommes, etc.» Suit la teneur de la lettre de M. Joly de Fleury : «J'ai reçu, Messieurs, avec votre lettre du 18 de ce mois, la délibération du même jour qui y étoit jointe, et si vous m'eussiez fait connoître plutôt, ou à M. de la Millière, le désir que vous aviez de prendre communication avant l'adjudication des devis de la portion de nouvelles constructions à faire à l'Hôtel Dieu dans le courant de cette année, vous auriez eu certainement satisfaction. Je viens même de faire donner ordre à M. Colombier de porter ces devis à la conférence que je sais qu'il doit avoir jeudy avec vous. Quant à l'adjudication indiquée, vous devez sentir qu'il est impossible de la remettre, vous pouvez au surplus vous en rapporter aux précautions qui ont été prises pour que rien ne manquât à la solidité des constructions dont il s'agit, et vous devriez même en avoir déjà connoissance, attendu que tous les devis en ont été communiqués au sieur Bonnot, inspecteur des bâtiments de l'Hôtel Dieu, qu'on m'a même assuré les avoir approuvés. J'ai l'honneur d'être bien véritablement, Messieurs, etc. Si cependant vous désirez que l'on retarde l'adjudication, je la ferai remettre à la huitaine, mais il y auroit beaucoup d'inconvéniens.

(23 août.) Ce jour la Compagnie, assemblée en exécution de la délibération du 18 de ce mois, M. Colombier, docteur en médecine de la Faculté de Paris, a dit : «Messieurs, M. Joly de Fleury m'a chargé d'avoir l'honneur de vous répéter que son intention étoit que vous eussiez en communication tout ce qu'il auroit statué sur les arrangemens projetés à l'Hôtel Dieu. Il savoit que M. Bonnot avoit été appellé avec les deux architectes du Roi et M. de Saint Far pour examiner les devis de construction, et qu'il avoit voté avec eux sur chaque objet, il n'a pas non plus ignoré qu'indépendamment de cette précaution, qu'on avoit jugé nécessaire pour le bien de la chose et convenable pour l'Administration, on avoit encore prié M. Bonnot, à trois reprises différentes, de vouloir bien se transporter chez M. de Saint Far, pour examiner de nouveau les devis de la partie du bâtiment que vous avez jugé devoir être construite la première, qu'enfin moi-même j'avois eu l'honneur de vous demander une assemblée qui devoit être relative à cet objet, de sorte que si vous ne l'avez pas eu en communication, Messieurs, c'est qu'on vous en a supposés instruits, mais dorénavant les mêmes objets et tout ce qui concernera les autres arrangemens projettés vous seront mis sous les yeux. Au reste j'ai entre les mains le devis de construction qui fait aujourd'hui le sujet de votre réclamation, et ce ministre sera fort aise que vous le fassiez examiner par l'inspecteur de vos bâtimens, chez lui ou chez l'architecte, ou chez moi, afin qu'après cela il puisse vous en faire le rapport, ce que je puis d'avance avoir l'honneur de vous dire à cet égard, Messieurs, c'est que cette partie de bâtimens étant placée en dehors de l'alignement projetté pour l'embellissement du Parvis Notre Dame, on n'a pas cru devoir le construire de la même manière que

tous les autres et qu'en a jugé M. Bonnot lui-même, qu'il suffisoit de lui donner une solidité relative à ce plan, en profitant en même tems des fondations et de l'économie qui en résulte pour des additions plus utiles dans les parties de l'Hôtel Dieu qui paroissent ne devoir jamais changer. Monsieur Joly de Fleury espère, Messieurs, qu'au moyen de cette exposition et de la lettre qu'il vous a adressée, cet objet sera terminé incessamment, et qu'on pourra en conséquence travailler au plutôt aux bâtimens dont l'adjudication a été faite hier. Je suis au reste ici à vos ordres, Messieurs, je répondrai à toutes vos objections et je rendrai au Ministre toutes les observations que vous voudrez bien faire. En conséquence de ce que je viens d'avoir l'honneur de vous dire, il seroit important de déterminer le moment où l'on pourroit commencer le bâtiment, et à cet égard monsieur Joly de Fleury m'a chargé de vous faire observer que le tems pressoit, et de vous prier de vouloir bien prendre les arrangemens nécessaires pour qu'on puisse commencer le plutôt possible. Il s'agiroit d'ordonner que l'inspecteur des bâtimens de l'Hôtel Dieu vît, conjointement avec l'architecte chargé du bâtiment, les mesures à prendre à cet effet. J'ai proposé au ministre de vous consulter, Messieurs, sur la manière dont il pourroit faire vider les lieux sans commettre d'injustice et sans causer de dommage. Je lui rendrai ce que vous aurez bien voulu me dire à cet égard. Quant à ce qui concerne les bâtimens de la rue de la Bûcherie qui doivent être abbattus, pour former les salles et terrasses qui entrent dans le plan général, Monsieur Joly de Fleury compte prendre à l'égard des maisons qui n'appartiennent pas à l'Hôtel Dieu les mesures convenables pour leur acquisition, et surtout s'y prendre de bonne heure pour n'être pas arrêté dans l'exécution des vues de bienfaisance de Sa Majesté, mais je lui ai de même proposé de prendre sur cela vos avis. Il seroit à désirer que les finances du Roi lui permissent de vous donner un dédommagement actuel pour les maisons de l'Hôtel Dieu qui sont situées au même lieu, mais comme il n'en a pas été du tout question dans l'admission du plan, et que d'un autre côté ces maisons ont toujours été destinées par l'Administration à former l'aggrandissement de l'Hôtel Dieu, il paroît que Sa Majesté, en se chargeant du bâtiment, fait dans ce moment tout ce qui lui est possible, et même des efforts que le Ministre espère que vous voudrez bien seconder. Je n'ai pas oublié, Messieurs, de mettre sous ses yeux les nouveaux arrangemens qui ont été formés pour le placement des blessés des deux sexes, et les demandes que vous avez faites sur quelques distributions relatives à ce changement, il les a tous adoptés et m'a chargé d'avoir l'honneur de vous le dire. Il ne me reste plus qu'à vous communiquer une demande qui lui a été faite par un marchand de couvertures nommé Brondes, qui prétend avec assés de fondemens que les couvertures de cotton sont préférables à celles de laine dans les hôpitaux, et qui propose d'en fournir au même prix que celles de laine... La matière mise en délibération, la Compagnie a arrêté : 1° que les devis et détails estimatifs de la portion de constructions dont il s'agit actuellement seront communiquées au sieur Bonnot, inspecteur des bâtimens, et au sieur Clavareau, contrôleur des bâtimens dudit Hôtel Dieu, lesquels se transporteront lundi prochain 27, neuf heures du matin, chez M. Colombier, à l'effet de ladite communication, qu'ils rendront compte au Bureau des observations dont ils croiront lesdits devis et détails estimatifs susceptibles, pour y être délibéré par la Compagnie et statué ainsi qu'il appartiendra; 2° que la Compagnie ne fera en son nom aucunes démarches vis à vis des locataires des maisons qui doivent entrer dans l'exécution des plans, s'en rapportant à ce qu'il plaira à Sa Majesté d'ordonner à cet égard pour l'exécution des lettres patentes du 22 avril, et que l'inspecteur des bâtimens concertera avec les architectes du Roi la meilleure manière de faciliter, pour le service intérieur, l'usage des étages supérieurs de la maison de Bichois, sur lequel usage l'Administration se réserve de statuer ainsi qu'elle le jugera convenable; 3° que dans tous les tems elle représentera à Sa Majesté la perte de 8,000 livres de revenu que l'Hôtel Dieu éprouve par l'exécution desdits projets, perte qui étoit un des motifs qui avoit arrêté l'exécution de ceux que l'Administration se proposoit, et dont le dédommagement est reconnu juste, en même tems qu'on annonce que les circonstances présentes ne permettent pas de l'effectuer actuellement, et qui devient d'autant plus nécessaire que l'emploi auquel la superficie du sol de ces maisons est destiné tend à augmenter les dépenses de l'Hôtel Dieu, et conséquemment ses besoins; 4° que les délibérations des 3 juillet, articles 5 et 6 relatifs aux blessés et aux folles, et celle du 18 juillet pour une communication en certaines circonstances de la salle Saint Denis au Pont Saint Charles, adressées au ministre et par lui approuvées seront exécutées, suivant leur forme et teneur

(5 septembre.) La Compagnie a été informée que la nuit du 2 au 3 de ce mois, le feu avoit pris dans la cheminée de l'office de la salle du Rozaire, et avoit été assés considérable pour donner de très vives allarmes. Que ce feu avoit été occasionné par une trop grande quantité de bois mis dans cette cheminée, et qu'au mépris des délibérations de la Compagnie, on se permet d'exciter la vivacité du feu par de l'huile, du suif, des chandelles et des matières graisseuses, ainsi que par une quantité de

morceaux de vieux cerceaux qui, produisant un feu clair contribuent à incendier les cheminées, et à former une suie tellement imprégnée de graisse que les cheminées sont plus difficiles à rammoner et plus susceptibles de prendre le feu.....

(5 septembre.) A été dit par monsieur Marchais que l'administration de l'Hôpital général ayant obtenu du gouvernement que la ruelle qui conduit de la barrière de Saint Victor à la maison de Scipion seroit élargie pour en faire une rue, monsieur Cochin, administrateur et commissaire de cette maison l'étoit venu voir et lui a communiqué un plan, suivant lequel l'administration de l'Hôpital général proposoit à celle de l'Hôtel Dieu de consentir que l'élargissement de cette ruelle fût pris sur le cimetière de Clamart, à la charge de restituer à l'Hôtel Dieu plus grande quantité de terrein au bout de la nouvelle rue projettée, et en face de la maison de Scipion, et en outre en permettant que les inhumations de la Pitié se fissent dans le cimetière de Clamart appartenant à l'Hôtel Dieu, qu'il étoit informé de plus que MM. Cochin et Boscheron devoient venir au Bureau pour faire les mêmes propositions. Et peu de tems après le Bureau averti que MM. les susdits commissaires de l'Hôpital général demandoient à entrer, ayant été introduits et placés sur les deux premiers sièges en face de M. le Doyen, ils ont fait les propositions ci-dessus énoncées, et ayant développé le plan, l'inspecteur des bâtimens de l'Hôtel Dieu appellé, ils ont renouvellé leurs demandes aux conditions : 1° de rendre à l'Hôtel Dieu, au lieu de la langue de terrein qui doit entrer dans l'élargissement de la ruelle, montant à 80 toises de superficie, 210 toises de superficie sur le terrein étant en face de la maison de Scipion, en consentant par l'Administration de l'Hôtel Dieu que les inhumations de l'hôpital de la Pitié se fissent à l'avenir dans le cimetière de Clamart, promettant lesdits sieurs commissaires de donner au concierge dudit cimetière une somme proportionnée à ce surcroît de charges; 2° de faire abbattre et reconstruire à la hauteur de 12 pieds, aux frais de l'Hôpital général, le mur de clôture dudit cimetière qui est en mauvais état, tant tout le long de la nouvelle rue projettée qu'en retour d'équerre en face de la maison de Scipion, à l'endroit où seront convenues entre les deux architectes des deux administrations les nouvelles limites dudit cimetière de ce côté. La matière mise en délibération, en présence desdits sieurs commissaires, le Bureau, dans le dessein de se prêter à l'avantage des pauvres et à la commodité, tant de l'administration de l'Hôpital général que du public, a acquiescé aux propositions de MM. les Administrateurs de cette maison, excepté quant aux inhumations de la Pitié, attendu la difficulté de compter toujours sur la bonne intelligence entre les gens en sous œuvre des deux administrations, qui pourroient donner lieu à des altercations, au moyen de quoi l'Administration de l'Hôtel Dieu n'a voulu accepter, sur ce terrein vague étant devant la maison de Scipion, que la même quantité de terrein qu'elle cède le long de la ruelle qui va être élargie, et en conséquence a donné ordre au sieur Bonnot, inspecteur des bâtimens dudit Hôtel Dieu de se concerter avec l'architecte de l'Hôpital général, tant pour lesdites cessions et les alignemens que pour la démolition et reconstruction du mur par partie, afin que le cimetière ne demeure pas ouvert et accessible, à la faveur de ces reconstructions.

(21 septembre.) Monsieur Lecouteulx de Vertron a dit qu'il lui avoit été apporté mardi au soir une lettre de M. le Lieutenant général de police adressée au Bureau, qu'il s'étoit trouvé dans la nécessité d'ouvrir attendu que le porteur avoit annoncé que l'objet en étoit pressé et dont il a fait lecture. Suit la teneur de ladite lettre : «Ce 18 septembre 1781. Vous avez permis, Monsieur, que les parroisses de Paris en la Cité fissent porter leurs corps dans le cimetière de Saint Marcel, il est aujourd'hui impossible de continuer l'usage du *caveau de la chapelle des peintres*. Je me vois donc forcé de réclamer l'exécution de votre bonne volonté, et de vous prier d'autoriser le transport et l'inhumation des cadavres dans le cimetière dit de Saint Marcel, cette permission n'aura lieu que pendant une quinzaine au plus, et jusqu'à ce qu'un nouveau cimetière, dont l'acquisition a été faite, soit mise en état, ce qui est laissé aux soins de M. Bonnot qui a bien voulu s'en charger. J'ai l'honneur d'être, etc. Signé : Lenoir.» Monsieur Lecouteulx de Vertron a ajouté que connoissant à cet égard les intentions du Bureau, consignées dans la délibération du 25 juillet dernier, et la Compagnie ne devant s'assembler qu'aujourd'hui, il s'étoit cru obligé, dans des circonstances aussi pressantes de donner à l'inspecteur des ordres provisoires, d'avertir le concierge de Clamard de recevoir au cimetière dit de Saint Marcel les corps qui y seroient apportés par le clergé des parroisses de la Cité jusqu'à nouvel ordre, et de plus d'instruire sur le champ M. le Lieutenant général de police du parti provisoire qu'il venoit de prendre, en lui annonçant qu'il rendroit compte du tout aujourd'hui au Bureau. Sur quoi la matière mise en délibération. La Compagnie a approuvé la conduite de monsieur Lecouteulx de Vertron, et a arrêté que les ordres provisoires qu'il a donnés continueront d'être exécutés, qu'à cet effet l'inspecteur mandé seroit instruit des intentions du Bureau à cet égard, et qu'il seroit recommandé à l'inspecteur des bâtimens d'accélérer autant qu'il sera en lui l'exécution de

la commission qui lui a été donnée par M. le Lieutenant général de police, auquel il sera écrit pour l'informer de la présente délibération, et le prier de prendre les mesures nécessaires pour que le concierge de Clamard soit payé par lesdites parroisses de la Cité des fosses particulières qu'il seroit obligé de faire, et l'Hôtel Dieu indemnisé des frais résultans de l'augmentation du nombre des corps dans la fosse commune, dont l'ouverture sera plus souvent réitérée, le tout pendant le tems que lesdites parroisses feront usage dudit cimetière, espérant la Compagnie qu'il donnera les ordres nécessaires pour l'abréger le plus qu'il sera possible.

(28 novembre.) Monsieur Mopinot a dit que pendant les vacances dernières il a été chargé d'examiner les représentations verbales faites au Bureau par les médecins de l'Hôtel Dieu relativement à leur service, qu'ils ont dit être aujourd'hui surchargé, au grand préjudice des malades. Que pour mettre le Bureau en état de statuer sur ces représentations, il est nécessaire qu'il entre dans quelques détails qu'amèneront différentes observations. Avant l'incendie de 1772 l'Hôtel Dieu étoit divisé en 7 départements, dont le service se faisoit par 7 médecins pensionnaires dans l'ordre suivant : premier département, salle Saint Denis; deuxième département, salle Saint Jean, salle Jaune et salle du Légat; troisième département, salles Saint Cosme et du Rozaire; quatrième département, salle Saint Charles; cinquième département, salles Saint Antoine et Saint Roch; sixième département, salles Saint Paul, St Louis, St Yves, St Joseph et St Landry; septième département, salles Saint Nicolas, les Taillés, la Crèche, Sainte Martine, Saint François et Sainte Monique. La visite du soir se faisoit par le médecin expectant, chargé en outre de suppléer les médecins pensionnaires en cas d'empêchement. Les salles qui formoient le deuxième département, c'est à dire les salles St Jean, salle Jaune et du Légat *ayant été consumées par le feu*, on plaça les malades de ces salles principalement dans la salle St Landry, qui faisoit partie du sixième département, et où étoient les scorbutiques que l'on transféra à l'hôpital Saint Louis. Par cet arrangement il se forma tout d'un coup deux départemens au lieu d'un dont les salles avoient été incendiées. En effet, il n'étoit pas possible de laisser la salle Saint Landri réunie au surplus des salles formant le sixième département. Elle avoit bien pu y être jointe, lorsqu'elle n'étoit occupée que par les *scorbutiques*, *maladie plus chirurgicale que médicinale*, mais en y mettant, à la place des scorbutiques, les malades du Légat, dont les maladies étoient du ressort des médecins seuls. Cette salle par son étendue ne comportoit d'être jointe à d'autres, on en fit donc un département à elle seule. L'hôpital Saint Louis où l'on transferoit les scorbutiques en forma aussi un nécessairement, soit à cause de son éloignement, soit parce qu'aux scorbutiques on joignit encore d'autres malades. Ainsi il se trouva huit départemens, sept dans l'Hôtel Dieu comme auparavant et l'hôpital St Louis. L'augmentation d'un département ne fit pas alors penser à mettre un médecin pensionnaire de plus, parce que l'on espéroit qu'après le rétablissement des lieux incendiés, les choses seroient rétablies dans leur ancien état et l'hôpital Saint Louis fermé. On se contenta de charger par intérim le médecin expectant d'un des huit départemens. Dans la suite même, pour le soulager, au lieu encore de nommer un médecin pensionnaire, on prit un médecin expectant surnuméraire jusqu'à la fermeture de Saint Louis. Pendant ce tems là le rétablissement d'une partie des lieux incendiés se faisoit. Mais lorsqu'il fut achevé, il s'éleva une nouvelle difficulté. Des trois salles incendiées, deux seulement comme on sait, ont été rétablies, la troisième, celle du Légat qui étoit la plus étendue ne l'a pas été, parce que le terrein qu'elle occupoit a une autre destination dans le plan général. Ainsi on n'a pu remettre dans les deux salles reconstruites qu'une partie et même la moins nombreuse des malades que renfermoient les trois salles incendiées, l'autre partie et la plus forte est restée à Saint Landry. De là est arrivé que Saint Landry a continué à faire à lui seul un département, que les médecins en ont fait un de la salle neuve qui à elle seule, et sous le nom de salle Sainte Marthe et St Augustin, comprend les deux salles nouvellement construites, et que l'hôpital Saint Louis restant ouvert a continué à faire aussi un département, de manière que la reconstruction des deux salles, au lieu de réduire les départemens au nombre de sept, comme ils l'étoient avant l'incendie, les a au contraire portés à neuf, et par suite, le médecin expectant surnuméraire s'est trouvé avoir aussi un département. Il est même arrivé que, dans une circonstance critique, on a été obligé de faire pour ce médecin expectant surnuméraire ce qu'on avoit fait pour l'expectant, c'est à dire de lui donner un aide momentané, en l'autorisant, un des médecins étant tombé malade, à se faire aider jusqu'après cette maladie par un médecin étranger à son choix, sans quoi il auroit eu à faire un département pour son compte, le département du médecin malade et en outre la visite du soir, ce qui lui auroit été impossible. Tel est l'état des choses, voici, maintenant, les réflexions qu'elles font naître. Il est certain, et les listes d'ailleurs en font foi que le nombre des malades de l'Hôtel Dieu et de l'hôpital Saint Louis réuni n'est pas plus considérable qu'il ne l'a toujours été et qu'il ne l'étoit, notamment lors de l'incendie. Si donc la salle neuve eût pu comprendre le même nombre de malades

que comprenoient les trois salles incendiées, tout auroit pu revenir au même état qu'auparavant. On auroit remis dans cette salle les malades de St Landry, à St Landry ceux de l'hôpital Saint Louis, on auroit fermé cet hôpital. Les sept anciens départemens de l'Hôtel Dieu auroient été rétablis, et au lieu de penser à augmenter le nombre des médecins, l'expectant surnuméraire se seroit trouvé de trop. Mais la salle neuve ne pouvant comprendre aussi les malades de la salle Saint Landry, il faut les laisser forcément à Saint Landry, et par conséquent le département que cette salle Saint Landry a occasionné doit subsister; au reste, garnie de l'espèce de malades qui s'y trouvent, et en aussi grand nombre, elle mérite bien de faire à elle seule un département, quoique cependant elle n'en fît pas un à elle seule lorsque les malades qui y sont actuellement étoient dans la salle du Légat. L'hôpital Saint Louis, à cause de l'éloignement et des malades qu'on y a joints aux scorbutiques, fait aussi nécessairement un département, ce département même il n'y a pas d'espérance de l'éteindre jamais. Car le moyen de fermer St Louis étant d'augmenter dans l'intérieur de l'Hôtel Dieu le local destiné aux malades, et dans ce local d'y placer des lits seuls ou à deux, ce qui attirera nécessairement un plus grand nombre de malades, ou du moins ce qui fera un nombre de salles de plus à l'Hôtel Dieu, il s'ensuit que ce qui forme aujourd'hui à St Louis un département le deviendra dans l'Hôtel Dieu. Voilà donc déjà huit départemens bien décidés. Quant au neuvième qui s'est formé par la reconstruction de deux des trois salles incendiées, et qui consiste dans ces deux salles représentées par la salle neuve, voici les observations qu'il fournit. Ces deux salles représentées par la salle neuve, et le Légat représenté par Saint Landry, ne formoient autre fois, et lorsque ces trois salles étoient contigües, qu'un seul département. Si l'on vouloit aujourd'hui n'en faire encore qu'un département, c'est à dire réunir en un seul département St Landri et la salle neuve, il faut en convenir, ce département seroit trop fort, non pas si l'on veut par le nombre des malades, puisqu'il seroit le même qu'autrefois, peut-être même moindre, en ce que dans la salle neuve on a multiplié les petits lits, mais il seroit trop fort et même impossible, à cause de la disjonction et de l'éloignement où la salle Saint Landry est de la salle neuve, la salle neuve étant avant le pont au rez de chaussée, la salle Saint Landry au contraire au delà du pont, au haut du bâtiment vieux. Il ne faut donc pas s'occuper de l'idée de cette réunion. Mais il en est une autre qui doit prendre la place, c'est de voir si la salle neuve représentant les deux salles les moins nombreuses de l'ancien deuxième département, et qui même à cause des petits lits est encore moins nombreuse que n'étoient les deux salles qu'elle représente, ne pourroit pas se joindre à un autre département. Or, c'est ce que l'on croit très possible en changeant et modifiant les départemens actuels dont quelques uns paroissent trop foibles, d'où il arrivera que le neuvième département, qui n'est composé que de la salle neuve, se trouvera absorbé et ne subsistera plus. Voici par exemple comment on pourroit faire la répartition des départemens. Premier département, salles Saint Denis et du Rozaire; deuxième département, salle neuve dite de Sainte Marthe et St Augustin et salle Saint Cosme; troisième département, salle Saint Charles; quatrième département, salles Saint Antoine et Saint Roch; cinquième département, salles St Paul, St Louis, St Yves et St Joseph; sixième département, salle St Landry; septième département, salles St Nicolas, des Taillés, la Crèche, Ste Martine, St François et Sainte Monique; huitième département, l'hôpital Saint Louis et, quand il sera fermé, le nouveau local destiné aux malades dans l'escalier du noviciat. Cet exemple que l'on donne prouve que les choses peuvent s'arranger de manière qu'il n'y ait que huit départemens. Mais y ayant huit départemens décidés à toujours, la conséquence nécessaire est qu'il faut huit médecins pensionnaires, il ne seroit pas juste de continuer à faire faire à toujours un département par le médecin expectant, sans qu'il eût le titre et les honoraires de ceux qui sont chargés des départemens. On pense donc qu'il faut un médecin pensionnaire de plus pour faire le service. Mais aussi on pense qu'en établissant médecin pensionnaire l'expectant, et faisant du médecin surnuméraire l'expectant, le service sera suffisamment établi, sans que personne ait à se plaindre d'être surchargé. Pour opérer ces changemens, il est évident qu'il faut le concours de l'assemblée générale, et que préalablement les médecins soient consultés pour donner leur avis sur la proposition qu'il fait au Bureau, aussi est-ce à quoi il conclut quant à présent. La matière mise en délibération la Compagnie a arrêté que le projet d'établir un médecin pensionnaire de plus, en faisant du médecin expectant un pensionnaire et du médecin surnuméraire l'expectant, ensemble le projet de répartition proposé par monsieur Mopinot seront communiqués aux médecins pour avoir leur avis dans mercredi prochain, et sur leur rapport être délibéré ledit jour.

(5 décembre.) Monsieur Mopinot ayant représenté l'avis des médecins en forme de mémoire adressé au Bureau en exécution de la délibération du mercredi 28 novembre dernier, la Compagnie a arrêté que ce mémoire sera annexé à la présente délibération, et qu'il en sera référé à l'assemblée générale, qui doit se tenir à l'archevêché lundi prochain 10 du présent mois. Suit la teneur

dudit mémoire. Mémoire sur le nombre des médecins de l'Hôtel Dieu et la distribution de leur service. Le nombre des médecins pour le service des pauvres de l'Hôtel Dieu et la distribution de ce service doit être en raison de la quantité et de l'espèce de malades qui tous les jours se renouvellent dans ce grand hôpital. Ce sont des souffrans de tout sexe et de tout âge dont les maladies, pour la plupart déjà avancées, présentent aux médecins des difficultés d'autant plus fatiguantes que toutes les espèces de maladies y sont traitées, *excepté les vénériennes*. Pour remplir les vues sages de l'Administration et procurer aux malheureux les secours que les médecins peuvent donner, il est important qu'il y ait un nombre suffisant de ces officiers de santé, afin que les malades ne souffrent point de la surcharge qu'auroit chaque médecin, car, il faut en convenir, quelque sagacité et quelqu'habitude que puisse avoir un médecin, ses moyens connoissent des bornes qu'il est d'autant plus dangereux de vouloir franchir qu'il y va de la vie des hommes, et de quels hommes, de malheureux dont le salut dépend uniquement de l'officier de santé qui les visite. Ces réflexions ont toujours affecté les médecins de l'Hôtel Dieu, aussi combien de fois n'a-t-on pas entendu dire, par ceux qui étoient les plus exercés, que malgré l'attention et le zèle qu'ils avoient pu mettre, ils étoient mécontens de ce qu'ils avoient fait dans leur visite, et que *de certains départemens, surtout ceux des femmes, fournissoient un travail qui étoit au dessus des forces humaines. Si nous avons fait des victimes, disent-ils, notre conscience ne nous reproche rien, puisque nous n'avons pas omis de faire nos remontrances sur l'inconvénient de n'avoir pas une suffisante quantité de médecins pour le service régulier de l'Hôtel Dieu.* Si ces remontrances n'ont pas été suivies de succès, à Dieu ne plaise que l'intention soit d'en faire le moindre reproche à messieurs les Administrateurs. Ils ont tant de fois montré leur zèle pour tout ce qui concerne le service des malades de l'Hôtel Dieu, qu'on ne pourroit sans injustice leur imputer la moindre négligence. Si l'on a semblé fermer autrefois l'oreille aux sollicitations des médecins, on aura vraisemblablement présumé que la proposition de ces officiers de santé n'avoit pour objet que de diminuer leur travail, tandis que leurs représentations n'avoient pour but que l'utilité qui résulteroit d'un plus grand nombre de médecins. Les remontrances déjà faites à ce sujet, ainsi que les nôtres, sont fondées sur les mêmes principes, mais avec cette différence que la manière de faire la visite alors étoit beaucoup moins fatiguante qu'elle ne l'est aujourd'hui, parce qu'on la fait avec plus de soin, on y emploie nécessairement plus de tems et qu'on y fait avec plus d'attention les recherches qui peuvent conduire au développement des causes de chaque maladie et aux moyens de les combattre. Si l'on pouvoit douter de ce qui vient d'être dit, les observations que quelques médecins de l'Hôtel Dieu ont données depuis 25 ans, dont le nombre excède de beaucoup celui de plusieurs siècles, prouveroient que le travail des médecins actuels de l'Hôtel Dieu est bien différent de celui de leurs prédécesseurs, et qu'il est par conséquent plus avantageux aux malades de l'Hôtel Dieu et au public. Ce n'est donc pas sans raison que nous plaidons encore, et à plus juste titre, la cause des malheureux dont la vie nous est confiée. Si ces remontrances que notre devoir nous engage de faire restent sans effet, nous continuerons à faire ce que nous pourrons, ne pouvant ce qu'il faudroit. Pour remédier aux inconvéniens dont on vient de parler, messieurs les Administrateurs se proposent d'augmenter le nombre des médecins d'un huitième pensionnaire. Mais nous avons l'honneur de leur observer que ce 8e pensionnaire est insuffisant, qu'il n'obviera pas complètement à la surcharge que nous fourniront encore quelques départemens, et que le nombre des victimes qu'occasionnera cette surcharge seroit encore assez grand pour s'occuper des moyens d'y remédier, ce moyen est d'établir 2 pensionnaires de plus au lieu d'un, et de distribuer le service aux neuf pensionnaires, comme il sera dit ci-après, distribution qui doit être arrangée de façon qu'il y ait une sorte d'égalité pour le travail, ayant cependant égard au tems du service des médecins et à leur âge. Si pour l'utilité des malades de l'Hôtel Dieu il est important, comme on l'a démontré, qu'il y ait le nombre de médecins pensionnaires dont on vient de parler, il n'est pas moins nécessaire qu'il y ait toujours 2 médecins expectans. En effet, les fonctions des médecins expectans sont trop compliquées pour qu'on puisse nen charger qu'un seul. Ces officiers de santé étant institués pour faire tous les jours la visite du soir, et pour remplacer les pensionnaires malades, des fonctions aussi fatiguantes ne peuvent pas être exercées par un seul homme, car l'expectant alors excédé seroit dans l'impossibilité de remplir utilement ses fonctions. Les médecins qui ont été expectans seuls *se rappellent encore avec douleur le bien qu'une surcharge leur a empêché de faire.* Distribution des départemens des neuf médecins pensionnaires. Service du 1er pensionnaire. Jusques à ce jour, le 1er pensionnaire n'a été chargé que de la salle St Denis, et il est très juste qu'un médecin déjà d'un âge avancé, fatigué par un service de 25 à 30 ans ou plus, soit borné au département le plus foible. D'ailleurs il est important de conserver les anciens médecins parce qu'ils deviennent tout à la fois consultans pour cette maison, conséquemment 1er département, salle Saint Denis. Il est rare qu'un médecin devienne second ou troisième pensionnaire avant 25 ans de service, et qu'il ne soit d'un certain âge. Ne seroit-il point convenable que ces deux médecins partageassent un peu le sort du 1er. Et conséquemment, ils seroient chargés des départemens de Saint Côme du Rozaire, et de celui de la salle neuve, dont ils feroient le service alternativement de 2 en deux mois; 2e département, St Côme et le Rozaire; 3e département, la salle neuve. Les six autres pensionnaires feroient le service des six autres départemens, en les parcourant de 2 en deux mois, de façon que chacun d'eux les verroit tous pendant l'année. Ces six départemens seroient distribués dans l'ordre suivant : 4e département, Saint Charles; 5e département, Saint Antoine et Saint Roch, 6e département, les Taillés, Saint Nicolas, St Paul, Saint Louis, Saint Yves; 7e département, les accouchées, Saint Landri; 8e département, la Crèche, Sainte Martine, Ste Monique, St François; 9e département, l'hôpital Saint Louis, et quand il sera fermé, les salles qui seront établies dans l'intérieur du noviciat. Si Messieurs de l'Administration n'étoient point frappés des raisons alléguées pour procurer aux infortunés de l'Hôtel Dieu des secours plus certains que ceux qu'ils ont eus jusqu'aujourd'hui, et qu'on voulût absolument s'en tenir au nombre de 8 pensionnaires, les médecins ont l'honneur de supplier Messieurs de l'Administration de leur permettre d'arranger entre eux la distribution de leurs huit départemens comme cela s'est toujours pratiqué. Cette distribution étant faite de concert entre ces 8 officiers de santé ne pourra être que très bien.

(12 décembre.) Règlement de l'apothicairerie. Personnes employées à l'apothicairerie : deux religieuses d'office, un inspecteur, deux gagnans maîtrise, l'un pour l'Hôtel Dieu, l'autre pour les Incurables. *Des religieuses d'office :* Art. 1er. Les religieuses d'offices sont à l'apothicairerie les représentans de l'Administration, et comme elle a la plus grande confiance dans leur zèle pour l'intérêt de la maison, dans leur attention et leur vigilance, elle les invite à surveiller ce qui se passe à l'apothicairerie, afin : 1° que rien ne s'y perde et que tout au contraire y tourne au profit de l'Hôtel Dieu; 2° que chacun de ceux qui y sont employés et notamment les domestiques y remplissent leur devoir; 3° que tout y soit tenu avec la propreté convenable. Dans le cas où elles s'appercevroient que les intentions du Bureau à tous ces égards ne seroient pas remplis, elles sont instamment priées d'en avertir l'un de messieurs les Commissaires de l'apothicairerie. — Art. 2. Elles demeureront chargées, comme elles l'ont toujours été de la distribution du lait pour le service de l'apothicairerie, du vin pour la consommation de ceux qui sont attachés, et du linge de ce département. — Art. 3. Elles continueront également de veiller à ce que les domestiques remplissent leur devoir de religion et de leur faire à cet égard les instructions nécessaires. *De l'inspecteur de l'apothicairerie.* L'intention de l'Administration, en établissant un inspecteur de l'apothicairerie, a été de mettre à la tête de cette partie un homme résidant à l'Hôtel Dieu, sur la probité, la vigilance et la capacité duquel elle pût compter, qui, faisant de l'apothicairerie de l'Hôtel Dieu son unique affaire, s'y dévouant tout entier et s'y comportant comme un apothicaire intelligent le feroit dans sa propre maison, et dans une maison d'autant plus importante que l'apothicairerie de l'Hôtel Dieu fournit non seulement l'Hôtel Dieu mais encore l'hôpital Saint Louis quand il est ouvert et celui des Incurables, eût pour fonctions toutes celles qu'embrassent l'Inspection et la Direction la plus générale, et en conséquence : 1° de veiller sur les lieux les ustenciles et les provisions de ménage destinés à l'apothicairerie; 2° d'être chargé des magasins de l'apothicairerie pour les approvisionner toujours suffisamment en drogues et matières nécessaires aux médicamens, de la composition de ces drogues et de leur consommation; 3° de présider aux compositions en masse pour approvisionnemens, à la conservation et à la consommation de ces approvisionnemens; 4° de former et d'instruire les garçons apothicaires; 5° enfin de veiller à ce que chacun des gagnans maîtrise, garçons apothicaires et domestiques employés à l'apothicairerie remplisse son devoir. C'est dans ce point de vue que les articles qui suivent ont été dressés. Dispositions générales : Art. 1er. L'inspecteur de l'apothicairerie sera nommé par le Bureau, après qu'on se sera assuré de sa capacité dans cette profession, de sa probité et de ses bonnes mœurs. — Art. 2. Il faut qu'il soit maître apothicaire de Paris, garçon ou veuf sans enfans, et s'il venoit à se marier il sera remercié et congédié. Il résidera à l'Hôtel Dieu où il sera logé, nourri, chauffé, éclairé. Il aura 2,000 livres d'appointemens par an. — Art. 4. Il ne fera aucun exercice de sa profession au dehors et ailleurs que dans l'Hôtel Dieu, ni pour autres personnes que pour les malades de cette maison, et des autres maisons régies par la même administration. — Art. 5. Il ne sera assujéti à aucun travail manuel, mais il en aura l'inspection, ainsi que la direction de tout ce qui concerne l'apothicairerie conformément au détail suivant..... 2e partie Des fonctions de l'inspecteur : Art. 1er. L'inspecteur sera seul chargé des magasins de l'apothicairerie, soit magasins hauts, soit caves, dont, comme il a été dit, il aura seul les clefs. — Art. 2. En conséquence, son premier soin sera que ces magasins soient toujours suffisamment fournis des drogues et matières nécessaires aux médicamens. — Art. 3. Pour celles de ces matières qui se trouvent dans le magasin général de l'Hôtel Dieu, telles que cassonnade, sucre, papier, eau de vie, vin, etc., l'inspecteur remettra son mémoire de demande à l'un de MM. les

Commissaires, sur l'ordre duquel le dépensier ou le sommelier fera la livraison à l'inspecteur sur son reçu. — Art. 4. Quant aux autres drogues et matières, l'inspecteur sera chargé d'en faire les achats, avec la distinction suivante : Pour tout ce qui se prend à la Halle jour par jour, l'Administration s'en rapporte à la prudence de l'inspecteur, qui aura soin seulement de s'en approvisionner dans les tems et saisons convenables et à proportion de la nécessité; il fera l'avance des deniers nécessaires dont il sera remboursé comme il sera dit ci-après. Il fera de même l'achat et l'avance des eaux minérales, mais sans en faire aucune provision, il les enverra chercher à mesure que les médecins les ordonneront, et il gardera les ordonnances pour lui servir de pouvoir. Quant aux drogues dont on fait provision, et qui se tirent directement des lieux par la voie du commissionnaire choisi par le Bureau, ou qui se présenteroient à acheter par occasion, lorsque l'inspecteur jugera un achat nécessaire, il remettra son mémoire de demande à l'un de MM. les Commissaires qui en fera son rapport au Bureau, l'inspecteur donnera les ordres au commissionnaire ou concluera le marché d'occasion; à l'égard de certains objets de détail dont il ne se fait pas de provisions, soit à cause de leur peu de consommation, soit parce qu'ils dépériroient à la garde, et qui en conséquence se prennent au fur et à mesure du besoin chez le marchand à Paris, choisi à cet effet par le Bureau, l'inspecteur ne pourra les envoyer chercher que sur un billet signé de lui, et visé par l'un de MM. les Commissaires, et ce sera sur ces billets que le marchand dressera son mémoire pour être payé..... 4ᵉ partie des fonctions de l'inspecteur : Art. 1ᵉʳ. L'inspecteur aura autorité sur les gagnans maîtrise et les garçons apothicaires, il écoutera les plaintes qui pourroient être faites contr'eux par les religieuses d'office, les médecins, les malades ou autres, et y fera droit. — Art. 2. Il est autorisé à les avertir et réprimander pour la 1ʳᵉ fois et, en cas de récidive, il en avertira l'un de MM. les Commissaires, afin qu'il puisse y remédier et même les congédier si le Bureau le juge nécessaire..... — Art. 4. L'inspecteur aura soin d'instruire les garçons apothicaires, et de les former par des leçons en forme de cours qu'il leur donnera, mais seulement à des heures libres et sans retardement du service de l'apothicairerie. Des gagnans maîtrise : Art. 1ᵉʳ. Le 1ᵉʳ gagnant maîtrise sera chargé de toutes les drogues et compositions étant dans la boutique, à l'effet de quoi il en aura une des clefs. — Art. 2. Il sera tenu d'avertir à tems l'inspecteur pour qu'aucun des approvisionnemens ne manque, il les recevra des mains de l'inspecteur et lui en donnera son reçu. — Art. 3. Il sera chargé de la consommation pour le service journalier de l'Hôtel Dieu, mais il ne délivrera rien que sur les ordonnances des médecins, du premier chirurgien et du gagnant maîtrise en chirurgie. Néanmoins il lui est permis, lorsque quelque religieuse ou officier de la maison aura besoin de quelque remède ou boisson, quoique sans ordonnance, de le livrer, mais sur un mandat de la personne qui en aura besoin, hors ces cas, il lui est expressément défendu de donner aucunes drogues ni médicaments, onguents ni sirops, etc. — § 2. Art. 1ᵉʳ. Le premier gagnant maîtrise sera également chargé de faire et manipuler, avec l'aide du deuxième gagnant maîtrise et des garçons apothicaires, toutes les compositions en masses, chimiques et non chimiques, pour approvisionnemens que l'inspecteur ordonnera, et en sa présence. — Art. 2. Il lui est enjoint à cet égard de se conformer, soit pour la quantité, soit pour la qualité, aux ordres de l'inspecteur, qui seul décidera à l'égard de ces compositions, et sous la direction duquel le premier gagnant maîtrise les fera, pour les remettre ensuite à l'inspecteur. Des gagnant maîtrise. — Art. 1ᵉʳ. Aucun gagnant maîtrise ni garçon apothicaire ne sera marié et si *quelqu'un d'eux, après avoir été admis à l'Hôtel Dieu se marioit, il sera sur le champ congédié.* — Art. 2. On n'admettra pour garçons apothicaires que des sujets qui auront fait leur apprentissage et qui auront travaillé chez des maîtres. — Art. 3. Lorsqu'il sera question de remplir ces places, les sujets qui se présenteront rapporteront à MM. les Commissaires les certificats des maîtres chez qui ils auront travaillé, lesquels certificats feront mention du tems qu'ils y auront demeuré et rendront témoignage de leur capacité, de leur conduite et de leurs vie et mœurs, et MM. les Commissaires s'assureront de la vérité et prendront tous les éclaircissemens nécessaires en pareils cas, après quoi les sujets agréés seront interrogés au Bureau par l'inspecteur, en présence de MM. les Administrateurs, sur ce qui concerne la profession de l'apothicairerie, et s'ils sont trouvés capables, ils seront admis et reçus par le Bureau. — Art. 4. Lorsqu'une place de gagnant maîtrise sera vacante on aura égard à l'ancienneté, mais s'il y avoit des sujets de plaintes contre l'ancien, celui qui seroit en tour après lui sera préféré. Le sujet agréé par le Bureau subira son examen de capacité en la forme ordinaire, et sera interrogé par les médecins de l'Hôtel Dieu et l'inspecteur en présence de MM. les Administrateurs, savoir : le gagnant maîtrise pour l'Hôtel Dieu au Bureau de l'Hôtel Dieu et celui pour les Incurables au Bureau de cet hôpital. — Art. 5. Les gagnans maîtrise et garçons apothicaires seront soumis aux ordres de l'inspecteur pour tout ce qui concernera le service de l'apothicairerie et l'exécution des délibérations du Bureau, et entre eux ils seront subordonnés de degré en degré, depuis le premier gagnant maîtrise jusqu'au dernier garçon. Ils seront obligés de demeurer et résider dans l'Hôtel Dieu, où ils seront logés, nourris, éclairés et blanchis et ils auront d'appointemens par année, savoir : le premier gagnant maîtrise, 100 livres; le deuxième, 90 ₶, et chacun des garçons apothicaires, 75 livres. — Art. 6. Ils se lèveront à 5 heures du matin, ils ne manqueront pas les dimanches et fêtes, aussitôt qu'ils seront levés, d'entendre la messe dans l'église de l'Hôtel Dieu, afin d'être en état de vaquer plus librement et sans interruption aux opérations de l'apothicairerie. — Art. 7. Arrivés à l'apothicairerie, ils feront transporter dans les salles les médecines ordonnées et préparées la veille, ils accompagneront les domestiques, donneront eux mêmes les médecines et les feront prendre devant eux. — Art. 8. Cela fait, ils reviendront à l'apothicairerie attendre les médecins pour les accompagner dans leurs visites. — Art. 9. L'ordre et la distribution des salles entr'eux se fera de manière que le premier gagnant maîtrise choisira le département qu'il jugera à propos, le deuxième gagnant maîtrise ensuite, et à l'égard des autres départemens, ils seront indiqués et réglés par l'inspecteur, qui aura soin tous les mois de les changer, afin que le travail et l'instruction soient également répartis entre les garçons. — Art. 10. Chacun des gagnans maîtrise et garçons apothicaires suivra le médecin de son département avec le registre, sur lequel il écrira exactement les ordonnances qui lui seront dictées par le médecin. En observant de désigner les noms et surnoms des malades pour lesquels les remèdes seront ordonnés, ainsi que les numéros des lits, et de faire ensuite signer les ordonnances par les médecins. — Art. 11. La visite faite, ils rapporteront le registre à l'apothicairerie et feront sur le champ le relevé des saignées, boissons et remèdes pour, à l'égard des saignées, les billets en être remis aux compagnons en chirurgie seuls, à l'égard du relevé des boissons être porté aussitôt aux mères d'offices des salles, et à l'égard des remèdes être procédé sans retard à leur composition. — Art. 12. Les médicamens seront absolument conformes aux ordonnances, sans pouvoir substituer une drogue à une autre, en pesant et mesurant exactement ce qui entrera, et étiquetant chaque vase pour éviter les méprises. — Art. 13. Quand les remèdes seront préparés, les garçons apothicaires les feront porter à leur destination par les domestiques qu'ils accompagneront, soit pour donner eux-mêmes aux malades les médicamens et médecines à prendre sur-le-champ, soit pour laisser dans les salles ceux à prendre dans des tems différens en avertissant la mère d'office. Et si par hazard il étoit oublié quelque chose et qu'on vienne le chercher à l'apothicairerie, ils vérifieront sur le registre et délivreront avec douceur ce qu'il leur sera demandé. — Art. 14. Tout ce qui vient d'être dit ci-dessus pour l'assistance du médecin, la préparation et la distribution des remèdes sera observé également à l'hôpital St Louis quand il sera ouvert. — Art. 15. Aucuns des gagnans maîtrise ni garçons apothicaires ne poutra sortir, ni même quitter l'apothicairerie pour aller dans sa chambre, sans en avoir obtenu la permission de l'inspecteur, qui ne pourra l'accorder qu'après que tous les remèdes auront été préparés et distribués aux malades, quant aux sorties, elles seront arrangées de manière qu'elles n'aient lieu que les dimanches et fêtes après midi, et qu'il y ait toujours à l'apothicairerie l'un des gagnans maîtrise et deux garçons apothicaires au moins, mais il ne sera jamais permis de découcher, à peine d'être congédié, sauf les cas où sur la demande de l'un d'iceux portée au Bureau par l'inspecteur, le Bureau jugeroit à propos d'accorder un congé pour raison de santé ou d'affaires. — Art. 16. Les gagnans maîtrise et garçons apothicaires ne porteront pas de feu dans leurs chambres et n'y feront aucune préparation de médicamens ni opération de chimie ou de pharmacie, le laboratoire de l'apothicairerie étant destiné à tous ces usages. — Art. 17. Ils ne recevront aucune visite et n'introduiront aucunes personnes dans les lieux dépendans de l'apothicairerie ni dans leurs chambres, mais seulement au parloir et ils se comporteront avec décence, circonspection et déférence envers les religieuses qui sont préposées à l'office de l'apothicairerie et envers les médecins. — Art. 18. Ils iront prendre leurs repas au réfectoire et ils ne mangeront ni à l'apothicairerie, ni dans leurs chambres. — Art. 19. Ils seront très attentifs à ménager et économiser les drogues pour qu'il ne s'en fasse pas de dissipation et si l'un d'eux s'avisoit de donner à qui que ce soit des remèdes de son chef, il sera à l'instant congédié. — Art. 20. Les deux gagnans maîtrise étant les coopérateurs de l'inspecteur, ils se rassembleront avec lui tous les soirs pour lui rendre compte de ce dont il les aura chargés dans la journée, et pour aviser ensemble sur ce qui sera à faire pour le plus grand bien du service, et convenir des opérations du lendemain.

152e REGISTRE. — ANNÉE 1782.

(4 janvier 1782.) Par un extrait tiré des registres de l'Hôtel Dieu et de l'hôpital Saint Louis, il paroît que le 1er janvier de l'année dernière 1781, il y avoit 2,006 malades dans ledit Hôtel Dieu; que pendant ladite année il en a été reçu 24,891 dont 21,484 de la ville et de la campagne, des hôpitaux 1,831 dont 1,310 de la

Salpêtrière, 141 de Biscêtre et 380 de la Pitié; enfans nouveaux-nés, 1576 dont 823 garçons et 753 filles, ce qui compose en total 26,897 personnes; que sur ce nombre il en est mort 4,312 dont 2,408 hommes et 1,532 femmes de la ville et de la campagne; enfans nouveaux-nés, 132 dont 68 garçons et 54 filles, des hôpitaux, 240 dont 167 de la Salpêtrière, 35 de Biscêtre et 38 de la Pitié, et comme il n'en restoit le dernier dudit mois de décembre que 1,821, il en est sorti 20,764; qu'il y avoit le premier dudit mois de janvier 1781, 392 malades dans ledit hôpital St Louis; qu'il en a été envoyé dudit Hôtel Dieu pendant ladite année 2,676 dont 2,021 de la ville et de la campagne, des hôpitaux 655 dont 198 de la Salpêtrière, 227 de Biscêtre et 630 de la Pitié, ce qui compose en total 3,068 personnes; que sur ce nombre il en est mort 602 dont 220 hommes et 141 femmes de la ville et de la campagne, des hôpitaux 241 dont 111 de la Salpêtrière, 74 de Biscêtre et 56 de la Pitié, et comme il n'en restoit le dernier dudit mois de décembre 1781 que 520 dont 343 de la ville et de la campagne; des hôpitaux 1,777 dont 34 de la Salpêtrière, 95 de Biscêtre et 48 de la Pitié, il en est sorti 1,946, en sorte qu'au dernier dudit mois de décembre 1781, il y avoit 2,341 malades dans lesdits deux hôpitaux.

(16 janvier.) Monsieur Lecouteulx de Vertron a dit qu'ayant eu occasion de voir la mère Prieure à l'issue du service célébré hier pour le repos de l'âme de feu M[r] l'archevêque, elle lui a témoigné ses craintes que, le jour indiqué pour les réjouissances à l'occasion de la naissance de M. le Dauphin, les domestiques de la maison s'absentassent et privassent l'Hôtel Dieu de leurs services dans une circonstance où ils seroient d'autant plus nécessaires que les accidents du feu étoient plus à redouter et le nombre des blessés qu'on pourroit apporter plus considérable, qu'elle désiroit qu'il fût pris par le Bureau les précautions nécessaires à cet égard. Sur quoi il a été observé que cette réflexion de la mère Prieure méritoit toute l'attention du Bureau, mais qu'il en résultoit comme conséquence d'y joindre une vigilance particulière pour prévenir ou remédier aux accidens du feu, à ceux qui pourroient suivre d'une imprudente curiosité des domestiques, enfin pour empêcher l'introduction furtive et dangereuse des étrangers dans la maison, sur quoi la matière mise en délibération, la Compagnie a arrêté : 1° de donner ordre au s[r] Charton, inspecteur de l'Hôtel Dieu, de faire fermer les portes de l'Hôtel Dieu, tant de l'église que des cuisines et des cours basses, à 4 heures lundy prochain, 21 du présent mois, de deffendre au suisse et aux portiers de laisser sortir aucun domestique sous quelque prétexte que ce soit passé ladite heure, après laquelle lesdites portes seront tenues exactement fermées comme en pleine nuit, et ne seront ouvertes que de la même manière et pour les mêmes cas que dans la nuit, en observant de ne donner connoissance du présent arrêté à personne avant son exécution, comme aussi de ne laisser introduire aucun étranger dans la maison sous prétexte d'y voir le feu d'artifice, sauf et sans préjudice de l'entrée due aux pompiers qui se présenteront en cas d'incendie; enfin de veiller à ce qu'aucun domestique ou autre personne de la maison ne monte sur les toits pour satisfaire une imprudente curiosité de voir le feu d'artiffice; 2° de donner ordre au sieur Bonnot, inspecteur des bâtimens de l'Hôtel Dieu, de prendre ledit jour toutes les précautions que son zèle et sa prudence lui suggèreront pour prévenir les accidens du feu ou y remédier, à cet effet de placer, de concert avec l'inspecteur des salles, des personnes de confiance pour surveiller s'il ne tombe point sur les toits ou dans l'intérieur de la maison des fusées ou quelqu'autre artifice d'où il pût résulter incendie, avec ordre d'en avertir sur le champ, comme aussi de se précautionner de 3 ou 4 ramoneurs qui seront gardés dans la maison jusqu'au lendemain pour prêter secours dans le besoin. Et seront copies de la présente délibération délivrées à l'inspecteur des bâtimens et à celui des salles, chacun pour ce qui le concerne.

(6 février.) Ce jour, M. Colombier, docteur en médecine de la Faculté de Paris, entré au Bureau, a dit qu'il étoit chargé par M. Joly de Fleury, ministre d'État et des finances, d'informer le Bureau qu'il avoit été autorisé par ce ministre à passer un acte sous seing privé fait double avec le sieur Bichois, libraire, locataire d'une maison appartenante l'Hôtel Dieu, size rue Neuve Notre Dame, dont l'emplacement entre dans l'exécution des plans proposés au Bureau, approuvés en l'assemblée générale le 21 mars 1781 et joints aux lettres patentes du 22 avril suivant, enregistrées au Parlement le 11 mai de la même année, par lequel acte ledit s[r] Bichois se soumet à vuider les lieux le 8 avril prochain, et à donner congé à ses sous-locataires le 14 février aussi prochain, au moyen des propositions qui lui ont été faites pour lui tenir lieu d'indemnité, et qui ont été par lui consenties par ledit acte, dont il a été fait lecture, et que mondit sieur Colombier a laissé sur le Bureau avec le plan du lieu où doivent être faites les constructions d'échopes et de magazin qui doivent être faittes en exécution dudit acte, pour l'établissement duquel M. Colombier a fait observer qu'il y avoit une portion de terrein à prendre dans l'extrémité de la cour donnant sur la rue du Marché Palu, qui serviroit à construire audit Bichois le magazin provisoire, sans aucune issue néan-

moins par l'intérieur de la maison, pour la construction duquel magazin M. Colombier a demandé le consentement de la Compagnie, assurant d'ailleurs le Bureau que le gouvernement se chargeoit d'acquitter les loyers dus jusques à ce jour par ledit sieur Bichois et qui écherront jusqu'au premier avril prochain. Mondit sieur Colombier a ajouté qu'il étoit également chargé, de la part de M. Joly de Fleury, d'informer la Compagnie que la prison du petit Châtelet étoit entièrement évacuée, qu'elle alloit être incessamment démolie, tant pour remplir la double vue d'utilité publique, par la plus grande facilité du passage, et celle de l'avantage de l'Hôtel Dieu par l'exécution du projet pour laquelle une portion de cet emplacement est nécessaire. Que les vües de justices qui animent le gouvernement lui avoient fait prendre en considération les indemnités dues aux particuliers qui, ayant des emplois dans cette prison, s'en trouvoient privés par sa supression, qu'on avoit déjà pourvu à plusieurs, mais que l'on avoit été arrêté dans l'exécution de la plus intéressante, à raison des lettres patentes du mois de septembre 1721 qui, en faisant don de cet emplacement à l'Hôtel Dieu, l'a chargé de payer au greffier de la geole le prix de son office, suivant la liquidation qui en sera faitte, qu'il prie l'Administration de se faire remettre sous les yeux lesdites lettres et ce qui en a été la suite, afin d'accélérer autant qu'il sera possible sa délibération sur cet objet, que la situation malheureuse de cet officier ne permet pas de laisser en suspend. Que d'ailleurs une partie de cet emplacement, dont il a laissé le plan sur le Bureau, pourroit fournir un moyen de procurer à l'Hôtel Dieu une portion de l'indemnité qui lui paroît due pour la perte de revenu que l'exécution des projets occasionnera, en formant des boutiques sous la terrasse destinée aux promenoirs qui font partie de ces projets, et en construisant des maisons de l'autre côté de la rue sur le restant de ces emplacemens. Sur quoi il a été observé que ces différents objets exigeant une lecture réfléchie des actes précédens, et des instructions préalables pour mettre la Compagnie en état d'y délibérer, elle a invité M. Colombier à revenir au Bureau le mercredy 20 du présent mois, à l'effet de lui faire part des réflections de la Compagnie sur ces divers objets, ce que mondit sieur Colombier a promis de faire et s'est retiré.

(13 février.) Monsieur Lecouteulx de Vertron a dit qu'ayant appris que la portion de construction qui devoit être faite cette année à l'Hôtel Dieu par ordre du Roy, en exécution des plans approuvés en l'assemblée générale du 31 mars 1781 et joints aux lettres patentes du 22 avril suivant, registrées le 11 may audit an 1781, étoit achevée; que, quoique la réception légale, en vertu de laquelle l'adjudicataire doit être payé, semble regarder uniquement le gouvernement, par les ordres duquel les constructions ont été faites, suivant les règles de l'art et avec les matériaux capables de ne laisser aucun doute sur la solidité de l'édifice, et de ne point donner lieu de craindre des réparations promptes et fréquentes qui se trouveroient à la charge de l'Hôtel Dieu; que dans le cas où il se trouveroit quelque deffaut, le gouvernement même auroit à reprocher à l'Administration de ne l'avoir pas éclairé à ce sujet, ainsi qu'elle l'avoit annoncé par sa délibération du 23 août 1781, adressée à M. Joly de Fleury; qu'en conséquence, il croit devoir proposer à la Compagnie de donner ordre à l'Inspecteur des bâtimens d'examiner lesdites constructions et de remettre au Bureau un rapport sur la nature et l'état desdites constructions, à l'effet de tranquilliser à cet égard le Bureau, ou de le mettre à portée si besoin était de proposer ses observations à M. Joly de Fleury. Sur quoi la matière mise en délibération, la Compagnie a arrêté que l'Inspecteur des bâtimens visiteroit et examineroit le nouvel édifice récemment construit par ordre du gouvernement dans la cour basse des écuries, et rapportera si le bâtiment a la solidité qu'il doit avoir d'après les devis et marchés, s'il est construit suivant les règles de l'art, et notamment si les matériaux qui y ont été employés sont de bonne qualité, ou s'il y a quelques deffauts, soit dans la bâtisse, soit dans les matériaux, qui exigent du Bureau de proposer quelques observations à M. Joly de Fleury, dont et du tout il dressera son rapport d'icelui pour, sur ledit rapport être, par le Bureau, délibéré et statué ce qu'il appartiendra; et sera copie de la présente délibération remise à l'Inspecteur des bâtimens, à l'effet de s'y conformer.

(20 février.) Lecture faite par M. Mopinot d'un mémoire d'observations sur les lettres patentes du mois de septembre 1721, portant don de l'emplacement du petit Châtelet, à la charge de payer par l'Hôtel Dieu le prix auquel seroit liquidé la finance de l'office de greffier de la geole de ladite prison, ensemble sur les propositions faites de l'ordre du ministre des finances par M. Colombier sur l'employ de l'emplacement dudit petit Châtelet; la matière mise en délibération, la Compagnie a approuvé ledit mémoire, ensemble la lettre d'envoy qui a été signée par MM. et a arrêté que ledit mémoire seroit transcrit à la suitte de la présente délibération. Suit la teneur dudit mémoire : Observations des Administrateurs de l'Hôtel Dieu relatives à l'emplacement du petit Châtelet : «M. Colombier a fait part au Bureau que n'y ayant plus et ne devant plus y avoir de prisonniers au Petit Châtelet, l'intention du gouvernement étoit de le faire démolir, de prendre sur le terrein qu'il occupe l'espace nécessaire pour former, au lieu du passage actuel

une rue qui du côté de l'Hôtel Dieu sera allignée au parapet du Petit Pont, et ce qui restera de terrein de chaque côté de cette rue, de le donner à l'Hôtel Dieu en exécution des lettres patentes du mois de septembre 1721, sous la condition portée auxdites lettres de rembourser au greffier du Petit Châtelet la finance de son office qui forme un objet d'environ 12,000 ᵗᵗ; que même pour indemniser l'Hôtel Dieu de ce remboursement et l'indemniser d'autant d'avance de la diminution de revenus qu'il doit souffrir, pour l'exécution du plan arrêté l'année dernière d'agrandissement de son local, le gouvernement se proposoit d'abord de faire faire lui-même la démolition du Petit Châtelet, quoique, d'après les lettres patentes de 1721, elle dût être aux frais de l'Hôtel Dieu; ensuite en ne faisant cette démolition du côté des bâtimens de l'Hôtel que jusqu'à la hauteur de la terrasse qui, suivant le plan dont on vient de parler, doit être laissée entre les salles de la nouvelle rue, de faire établir sous cette terrasse des boutiques et de les donner à l'Hôtel Dieu, qui pourra également disposer du dessous de ces boutiques pour l'ajouter à ses caves, et enfin de faire élever de l'autre côté de la nouvelle rue, sur ce qui restera de l'emplacement du Petit Châtelet et de ses fondations, une maison qui sera également donnée à l'Hôtel Dieu. L'Administration, ayant mûrement réfléchi sur cette proposition, croit devoir présenter au gouvernement quelques observations. Il est vrai qu'en 1721 l'Administration désira réunir le local de cette prison qui dès lors étoit presque inutile à celui de l'Hôtel Dieu, il eut servi en n'en démolissant que le trop élevé, en ne changeant dans ce qui est resté que les distributions intérieures, et en s'étendant dans tout ce qui le constitue, soit d'un côté, soit de l'autre du passage actuel et même au-dessus, à placer un nombre considérable de malades; l'Administration sollicita donc et obtint un arrêt du conseil du 14 août 1721, sur lequel ont été expédiées des lettres patentes enregistrées le 6 septembre suivant, par lequel Sa Majesté fait don à l'Hôtel Dieu du Petit Châtelet, mais du Petit Châtelet en entier et de ses démolitions, à la condition de rembourser l'office du greffier de cette prison; ainsi, ce remboursement étoit comme le prix d'un local et de constructions et démolitions utiles et considérables, et l'Hôtel Dieu étoit dans ce temps là en état de payer ce prix, mais aujourd'hui, d'après la proposition, que donne-t-on à l'Hôtel Dieu, d'abord en matériaux aucun, et dans le fait ils ne lui serviroient de rien, puisqu'il n'est pas dans le cas de bâtir; quand au terrein, une fois l'espace nécessaire pour la nouvelle rue prélevé, il ne restera de tout le Petit Châtelet, du côté de l'Hôtel Dieu, que 8 toises de profondeur; or, ces 8 toises sont comprises dans le nouveau plan d'agrandissement de l'Hôtel Dieu, enregistré au parlement l'année dernière, plan que le Roy s'est chargé de faire exécuter à ses frais, cet espace de 8 toises doit former une terrasse pour la promenade des malades des salles y aboutissantes; ainsi, en les donnant aujourd'huy à l'Hôtel Dieu, c'est ne lui rien donner. La proposition ajoute que le gouvernement fera établir sous cette terasse, le long de la nouvelle rue, des boutiques dont le produit sera abandonné à l'Hôtel Dieu, et que de l'autre côté de la rue il sera élevé une maison qui sera aussi donnée à l'Hôtel Dieu, ce qui présente l'équivalent et même au-delà de 12,000 ᵗᵗ qu'on l'assujettit de rembourser au greffier du Petit Châtelet. Mais d'abord quant aux boutiques sous la terasse, l'Administration pense qu'il sera difficile d'en établir, cette terasse, suivant le plan enregistré doit servir non seulement de promenoir aux malades, mais aussi à fournir dans les salles qui y aboutissent un air circulant pour les rendre saines; or, pour fournir cet air, il faudra, et c'est en effet le plan, que la terasse soit au niveau des salles d'en bas, et pas plus élevée que leur rez de chaussée, est-il lui-même assez élevé au-dessus du sol de la rue pour qu'on puisse pratiquer des boutiques sous la terasse, il n'y aura donc que ses fondations, ou à la vérité quelques cachots noirs du Petit Châtelet, qui pourront être ajoutés aux caves de l'Hôtel Dieu, mais dont l'utilité qu'ils lui seront doit être comptée pour rien; ainsi ce premier objet d'équivalent des 12,000 ᵗᵗ doit être retranché. Reste la maison à élever de l'autre côté de la nouvelle rue sur ce qui restera de fondation du Petit Châtelet; cette maison, suivant un plan particulier présenté au Bureau par M. Colombier doit, pour avoir dans toute son étendue une profondeur suffisante, avancer sur la rue, de manière que la rue, de ce côté là, ne sera pas comme de l'autre allignée au parapet du Petit Pont. Or, une réflexion qui se présente naturellement, est que cette avance difforme dans une rue nouvelle et un passage aussi fréquenté excitera sur-le-champ, de la part du Bureau des finances, de la police et de la ville, des réclamations auxquelles le gouvernement ne pourra se refuser. Il faut donc réduire cette maison à ce qui restera de terrein d'après l'alignement du parapet, ce qui la diminue déjà de beaucoup; mais pour ce restant même, autre difficulté de la part du Bureau de la ville qui, d'après les lettres patentes qu'il a obtenues pour la formation d'un quay sur cette partie de la rivière *sous le nom de quay Bignon*, attend le moment de la destruction du Petit Châtelet pour commencer l'exécution d'un projet reconnu utile et ordonné par le gouvernement. Telles sont les observations que l'Administration croit devoir faire. Au reste, si elle insiste vivement ici, la réflection par laquelle on terminera, ce n'est pas tant à cause du peu de proportion entre ce qu'on lui offre et la somme qu'on lui demande, c'est principalement parceque l'*Hôtel Dieu est dans une situation à ne pouvoir la fournir*. Sa position est bien différente de ce qu'elle étoit en 1721 et, pour la sentir, on n'a besoin que de se rappeller deux évennemens dont cet hôpital se ressent encore et se ressentira longtems : l'un est le sacrifice que le gouvernement a exigé que l'Hôtel Dieu fit en vendant au public pendant le carême des dernières années où l'Hôtel Dieu a exercé son privilège, la viande à perte de six deniers la livre, sacrifice dont le gouvernement promit d'indemniser l'Hôtel Dieu sans qu'il l'ait pu faire encore; l'autre est la dépense énorme que l'incendie de 1772 a occasionné à l'Hôtel Dieu par l'ouverture de l'hôpital Saint Louis et de l'emmeublement des deux hôpitaux, et par la reconstruction des lieux incendiés dont il est dû encore près de moitié, qu'on ajoute deux autres considérations résultantes du plan d'agrandissement de l'Hôtel Dieu qui s'exécute, l'une que par ce plan les maisons appartenantes à l'Hôtel Dieu, rue de la Bûcherie, doivent former des salles de malades ce qui diminuera ses revenus de 7 à 8,000 ͭͭ par année, l'autre que ces nouvelles salles, et surtout les lits seuls qu'on y établira, attireront à l'Hôtel Dieu une quantité prodigieuse de malades et par conséquent une augmentation considérable dans la dépense; qu'on juge d'après cela si l'Administration, au lieu de se prêter à un remboursement d'office de 12,000 ͭͭ, sans équivalent actuel et certain ne doit pas plutôt trembler sur sa situation future et craindre de ne pouvoir suffire à la dépense énorme qui la menace. En cet état l'Administration suplie le gouvernement de vouloir bien ne pas exiger d'elle cette somme de 12,000 ͭͭ, d'employer au contraire à la rembourser les fonds qu'il destinoit à la construction de la maison offerte à l'Hôtel Dieu et comme en attendant la formation entière *du quay Bignon*, ce qui restera de fondation et de terrein du Petit Châtelet sera vacant, de permettre à l'Hôtel Dieu de s'en servir, l'Administration cherchera à en tirer quelque modique revenu en le concédant à la charge d'y faire bâtir ou échopes ou autres constructions légères qui pourront s'enlever au premier ordre. Suit la teneur de la lettre d'envoi. « Monsieur, il a été fait au Bureau par M. Colombier, chargé de vos ordres, différentes propositions relatives au Petit Châtelet et à son emplacement. Nous avons cru que les intérêts de l'Hôtel Dieu qui nous sont confiés nous obligeoient de faire quelques observations sur ces propositions, nous avons l'honneur de vous les adresser et de vous suplier d'y avoir égard. Nous sommes avec respect, etc. »

(27 février.) Lecture faite de la délibération du 28 novembre dernier, ensemble de celle du 5 décembre suivant et du mémoire des médecins y annexé, la matière mise en délibération, la Compagnie a arrêté que dorénavant le service des malades de l'Hôtel Dieu, y compris ceux de l'hôpital Saint Louis, sera divisé en 8 départemens, remplis par huit médecins ordinaires; qu'en conséquence, au lieu de sept médecins ordinaires, un expectant et un surnuméraire qui font aujourd'hui le service, il y aura à compter au premier avril prochain 8 médecins ordinaires et un médecin expectant; que les huit médecins ordinaires feront les huit départemens et le médecin expectant la visite du soir, sauf à se supléer les uns les autres, en cas de maladie, conformément aux règlemens, notamment à celui du 3 juin 1750. Pour remplir la huitième place de médecin ordinaire, la Compagnie a nommé M. Duhaume, médecin expectant actuel, lequel en conséquence jouira des mêmes titres et honnoraires que les sept autres médecins ordinaires. Pour remplir la place de médecin expectant, la Compagnie a nommé M. Philip, médecin surnuméraire actuel, pour par lui jouir de ladite place d'expectant, aux titres et honnoraires qui y sont attachés. Quant à celle de surnuméraire occupée jusqu'à présent par M. Philip, elle demeurera éteinte et suprimée. A l'égard de la répartition des huit départemens, la Compagnie a arrêté que celle proposée par les médecins, dans leur mémoire annexé à ladite délibération du 5 décembre dernier, n'aura pas lieu, que la division des huit départemens présentée dans la délibération du 28 novembre 1781 sera de nouveau proposée aux médecins, et que dans le cas où ils trouveroient quelques difficultés, ils proposeront un projet de répartition où, à l'exception du premier département attaché constamment à la personne du plus ancien, les sept autres seront formés le plus également possible, pour être remplis par les sept derniers médecins ordinaires alternativement, et la répartition qu'ils arrêteront sera par eux remise au Bureau pour en être délibéré. A l'effet de tout ce que dessus, il sera délivré aux médecins, dans la personne du plus ancien, expédition de ladite délibération du 28 novembre 1781, et de la présente à chacun de MM. Duhaume et Philip.

(6 mars.) Monsieur Marchais a dit qu'au mois de janvier dernier il a annoncé au Bureau l'heureuse nouvelle, que des succès déjà multipliés faisoient espérer, qu'enfin alloit cesser ce fléau dont l'Hôtel Dieu s'est vu plusieurs fois affligé, cette maladie cruelle qui attaquoit par intervale les femmes en couche sans que les efforts combinés et des médecins qui ne négligeoient ni soins, ni remèdes et de l'Administration qui, sur leur avis, se livroit à toutes les tentatives possibles, soit relativement au local, soit relativement aux alimens, pussent l'arrêter. Depuis le mois de janvier des succès toujours constans assurent qu'enfin le mal est absolument curable.

M. Doulcet, l'un des médecins ordinaires de l'Hôtel Dieu est celui à qui cet hôpital doit une aussi importante découverte, épiant pour ainsi dire la nature, il a saisi son indication avec cette sagacité, ce zèle et cette justesse de vue qu'on lui connoit, et a trouvé les véritables armes avec lesquelles il falloit attaquer l'ennemi pour le vaincre, il en a triomphé et a arraché ainsi à la mort ces malheureuses victimes qu'elle se dévouoit si impérieusement. Cet évènement vient d'être annoncé dans l'écrit périodique intitulé *Gazette de santé, n° 4.* Qu'il est temps d'en faire part au Bureau et de combler ainsi ses vœux. La Compagnie pénétrée du récit de M. Marchais a arrêté : 1° qu'il en sera fait registre, et qu'un exemplaire de ladite feuille périodique sera annexé à la présente délibération pour constater la maladie et le remède. 2° Qu'elle remercie M. Doulcet et le prie d'agréer les témoignages de sa satisfaction; en conséquence qu'il sera remis par M. le greffier à M. Doulcet, de la part du Bureau, une expédition de la présente délibération. 3° Et comme il est juste que M. le lieutenant général de police qui, à chaque renouvellement de la maladie, partageoit le chagrin du Bureau, partage aujourd'huy sa joie et soit instruit à qui le public et les pauvres sont redevables d'un si grand service, il lui sera délivré expédition de la présente délibération.

(20 mars.) Monsieur Lecouteulx de Vertron a dit que le jour d'hier, M. l'abbé Guillot de Montjoie lui a fait l'honneur de venir chez lui et l'a instruit que la circonstance du transport des prisonniers du Petit Châtelet à l'Hôtel de la Force exigeoit de la part du chapitre quelques changemens pour l'exécution d'une fondation également respectable par son ancienneté et son objet; que précédemment M. l'Archevêque et le chapitre, en revenant processionnellement de Sainte Geneviève, le jour des Rameaux, faisoient une station au Petit Châtelet où, après les cérémonies qui se pratiquent aux portes des différentes églises où, rentrant de la procession des Rameaux, M. l'Archevêque délivroit un prisonnier; que cette cérémonie ne pouvant plus avoir lieu au Petit Châtelet, le chapitre étoit dans l'intention de faire cette station et les cérémonies qui la précèdent à la chapelle qui est à l'extrémité des nouvelles salles de l'Hôtel Dieu où se trouveroit la personne à délivrer, conduite par le concierge de la prison de l'Hôtel de la Force, et qu'ensuite la procession se retireroit par la même porte par laquelle elle seroit entrée, ce qui ne dérangeroit en rien ce qui peut concerner le service des malades. Sur quoi la matière mise en délibération, la Compagnie désirant concourir en toutes occasions à ce qui peut être agréable au chapitre de l'église de Paris, a donné ordre, tant à l'Inspecteur des salles qu'à celui des bâtimens de l'Hôtel Dieu, de prendre de concert toutes les mesures nécessaires pour que M. l'Archevêque à la procession du chapitre de l'église de Paris soient reçus dans ladite chapelle avec tout l'honneur et la décense qui leur sont dus, et à cet effet de se transporter chez M. l'abbé de Montjoie avant dimanche prochain, pour prendre avec lui à cet égard toutes les mesures convenables, et ont été sur le champ mandés lesdits inspecteurs, auxquels la Compagnie a donné à entendre le présent arrêté, à ce qu'ils ayent à s'y conformer, et copie de la présente délibération sera adressée par le greffier à M. l'abbé de Montjoye, au nom du Bureau.

(20 mars.) M. Antoine Léon Leclerc de Juigné, cy devant évêque, comte de Châlons, ayant pris possession ce matin de l'Archevêché de Paris, la Compagnie s'est levée pour aller à l'Archevêché le saluer, et M. de Lambon, doyen, à la tête de la Compagnie lui a dit : « Monseigneur, les Administrateurs de l'Hôtel Dieu et de l'hôpital des Incurables, viennent vous présenter leurs respects et leur hommage et vous témoigner leur joie de voir à la tête du Bureau un prélat dont les vertus sont connues et qui ne se montrera pas moins zélé pour l'interrêt des pauvres des deux hôpitaux que son charitable prédécesseur, dont la mort a excité nos justes regrets. » A quoi M. l'Archevêque a répondu qu'il étoit très reconnoissant de la démarche de MM. les Administrateurs et qu'il sera toujours très disposé à concourir à leur zèle pour la deffence des biens des pauvres de l'Hôtel Dieu et de l'hôpital des Incurables; la Compagnie de retour a décidé qu'il en seroit fait registre.

(17 avril.) M. Lecouteulx de Vertron, a dit, qu'il avoit reçu le jour d'hier une lettre de M. Colombier, docteur en médecine de la Faculté de Paris, par laquelle il lui demandoit de lui indiquer un jour où il pourroit se rendre au Bureau, pour s'acquitter de la mission qu'il avoit reçue de M. Joly de Fleury, de conférer avec la Compagnie sur différents objets; qu'il lui avoit fait réponse que le Bureau s'assemblant aujourd'huy, il pouvoit s'y rendre sur les cinq heures et mondit sieur Colombier, venu au Bureau en conséquence et entré, a fait lecture d'un projet d'arrêt du conseil, par lequel, d'après les observations adressées par la Compagnie à M. Joly de Fleury, le 20 février dernier, le Roy a ordonné que les lettres patentes du mois de septembre 1721 seront rapportées, et en conséquence décharge l'Hôtel Dieu du payement de la finance de l'office du greffier de la geole du Petit Châtelet, et ensuite ayant demandé qu'on fît entrer le sieur de St Fard, inspecteur ingénieur chargé de l'exécution des projets arrêtés par la délibération prise en l'assemblée générale, le 31 mars

1781, ledit sieur de St Fard a été introduit au Bureau auquel il a exposé les plans et profils de la portion desdits projets que le gouvernement se propose de faire exécuter cette année, qui consistent dans la formation des deux entrées, l'une pour les malades, l'autre pour les voitures, l'escalier montant au pont St Charles, le passage couvert à établir sur ledit pont, avec les différents accessoires desdits ouvrages. Sur quoi, après quelques observations faittes par plusieurs de Messieurs, la Compagnie a arrêté : 1° Que le projet d'arrêt dont il venoit d'être fait lecture remplissant l'objet principal sur lequel la Compagnie avoit fait ses représentations, elle ne pouvoit que l'approuver et en témoigner au ministre sa reconnoissance; 2° Que le sr Bonnot, Inspecteur des bâtimens de l'Hôtel Dieu se concerteroit avec ledit sieur de St Fard pour examiner sur les lieux mêmes la manière la plus avantageuse d'exécuter cette portion des projets et plans, et conserver autant qu'il sera possible les endroits nécessaires à la manutention du service ou supléer à ceux qu'on seroit obligé de sacriffier, et prendre connoissance des devis sur tout ce qui peut concerner la solidité des nouveaux ouvrages pour, sur le rapport qui en sera fait à la Compagnie être par elle délibéré et la délibération adressée à Monsieur Joly de Fleury.

(24 avril.) Monsieur Lecouteulx de Vertron a dit qu'il avoit été informé par des personnes d'une autorité respectable par leurs lumières, qu'on avoit observé depuis 5 ou 6 ans que dans le renouvellement de la saison les insisions faites avec des instrumens tranchants étoient suivis des accidens les plus graves, de manière que plusieurs chirurgiens très accrédités et servant dans quelques hôpitaux évitoient de les pratiquer, sinon dans le cas de la plus étroite nécessité, qu'ignorant si pareille observation avoit été faite à l'Hôtel Dieu, il avoit cru pour le bien de l'humanité devoir proposer à MM. vendredy dernier, de mander à cejourd'huy au Bureau le sr Ferrand, premier chirurgien de l'Hôtel Dieu en survivance; que Messieurs l'avoient approuvé et qu'en conséquence le greffier avoit averti ledit sieur Ferrand du désir de la Compagnie; que ledit sieur Ferrand demandoit à entrer. Sur quoi ledit sieur Ferrand introduit au Bureau, il lui a été fait part du récit de M. Lecouteulx de Vertron, à quoi il a été répondu par ledit sieur Ferrand qu'il n'avoit aucune observation conforme à ce dont la Compagnie venoit de lui faire part et qu'il n'avoit remarqué dans la saison indiquée aucun accident qui y fût relatif. Que néanmoins il y feroit la plus grande attention et qu'il s'informeroit tant au collège de chirurgie qu'à plusieurs de ses confrères de ce qu'ils pourroient avoir remarqué à cet égard, et en rendroit compte à la Compagnie qui lui a particulièrement indiqué *M. Tenon*, membre de l'Académie des sciences, et le premier chirurgien de l'hôpital de la Charité; ledit sieur Ferrand sorti, il a été arrêté de faire registre du tout.

(30 avril.) Lecture ayant été faite de la délibération prise au Bureau ordinaire le mercredy 6 mars dernier, Monsieur Marchais a dit que le remède découvert par M. Doulcet continue d'avoir le même succès; que depuis qu'on l'emploie, c'est-à-dire depuis le 4 novembre dernier jusqu'aujourd'huy, plus de 200 femmes ont été attaquées de la maladie et que toutes celles qui n'ont pas refusé obstinément de prendre le remède, sans excepter une seule, ont été guéries, lorsqu'auparavant toutes celles qui étoient attaquées sans en excepter une seule périssoient; que, quoique la *Gazette de Santé, n° 4*, ait déjà annoncé cette découverte, cependant, comme on ne peut trop la répendre, surtout les auteurs de médecine et notamment le *célèbre Moriceau*, dans son traité des accouchemens, ayant décidé cette espèce de maladie sans ressource, il croit que ce seroit un service important à rendre au public de publier dans toutes les gazettes et journeaux et d'apprendre à toutes les écoles de médecine et de chirurgie du royaume et étrangères, qu'une des maladies les plus cruelles qu'eussent à redouter les mères de famille dans le moment le plus critique et le plus intéressant pour elles n'est plus à craindre. Qu'il n'est pas douteux que le gouvernement de qui dépend cette publicité ne se hâte de la donner aussitôt qu'il sera instruit; qu'ainsi il pense qu'on doit lui faire part des succès de Monsieur Doulcet. La Compagnie par là satisfera à un double devoir, celui de ne pas laisser ensevelir une découverte aussi intéressante pour l'humanité, et celui d'en faire connoître l'auteur au gouvernement qui, par la décoration qu'il a accordée il y a quelques années au premier chirurgien de l'Hôtel Dieu, a su, en acquittant la dette des pauvres, exciter une noble émulation parmi ceux qui s'attachent à leur service, en leur faisant appercevoir la récompense la plus flatteuse pour eux. Monsieur Marchais a ajouté qu'il vient de lui être remis, en entrant au Bureau, une notte rédigée par trois médecins ordinaires de l'Hôtel Dieu, dont il a fait à l'instant lecture, et qui constate que depuis 12 jours à peu près il est venu à l'Hôtel Dieu trois femmes accouchées dans la ville et malades; que les médecins ont reconnu au premier aspect que leur maladie étoit celle dont il vient de parler et que sur-le-champ le remède de M. Doulcet leur a été administré, mais que le moment favorable pour en faire usage étoit passé, le remède est venu à tard et que les trois femmes sont péries; que l'ouverture des trois cadavres a donné lieu de constater qu'elles étoient atteintes de cette affligeante maladie, ce qui prouve qu'elle existe aussi dans la ville sans y être dis-

cernée et que ce n'est pas à l'Hôtel Dieu seul qu'elle fait ses ravages. Monsieur Marchais a encore ajouté qu'il croit ne devoir pas laisser ignorer au Bureau que M. Doulcet a été secondé dans l'administration de ce remède, qui exige que l'on saisisse le premier symptôme, par le zèle et l'activité de la d[lle] Dugès, maîtresse sage-femme de l'Hôtel Dieu, qui y a employé et employe encore jusqu'à ses veilles, en sorte qu'elle paroîtroit mériter aussi quelques attentions de la part du gouvernement. La matière mise en délibération, la Compagnie, en adoptant pleinement les vûes de M. Marchais, invite Monseigneur l'Archevêque à exposer à Sa Majesté des faits si dignes d'intéresser son amour pour ses peuples et sa bienfaisance. Et qu'à cet effet il sera remis à Monseigneur l'Archevêque, par le greffier du Bureau, expédition de la délibération du 6 mars dernier, de l'article de la *Gazette de santé*, y annexé, qui comprend le détail de la maladie et du remède, et de la présente délibération.

(1er mai.) A été dit par Monsieur Marchais qu'il reçut hier de M. l'abbé du Bois-Basset, chanoine et agent général de l'église de Paris, un billet portant avis que le procès entre le chapitre de Notre Dame et l'Hôtel Dieu contre le curé de la Madelaine, en la Cité, venoit d'être jugé le matin; que le curé a été débouté de toutes ses demandes, condamné en tous ses dépens et par conséquent le chapitre de l'église de Paris maintenu dans son droit et possession immémoriale d'exercer et faire exercer toutes les fonctions curiales dans l'Hôtel Dieu, à l'exclusion de tous autres.

(31 mai.) Sur l'observation faite par ceux de Messieurs qui ont assisté hier à la procession du Saint Sacrement dans les salles de l'Hôtel Dieu, qu'ils avoient remarqué un reposoir au bout de la salle du Rosaire, décoré avec la plus grande pompe par les soins d'un particulier que de louables intentions avoient déterminé à faire cette dépense, mais qu'il n'est point instruit des conséquences qu'elles pouvoient avoir pour le bon ordre de la maison; qu'ils ont été instruits depuis que ce reposoir avoit été annoncé dans le *Journal de Paris* comme digne de la curiosité du public, qui pourroit la satisfaire pendant toute l'octave. Qu'en conséquence ce reposoir avoit attiré un grand concours de peuple pendant toute la journée, concours peut-être moindre les jours suivants, mais qui ne manquera pas d'être aussi nombreux le jour de l'octave. Qu'ils avoient d'ailleurs été informés que, par raport au maintient du bon ordre dans cette affluence de peuple, que pour la conservation des ornemens de cette décoration, l'Inspecteur avoit été obligé d'y placer des gardes qui se trouveront en conséquence détournés de leurs autres fonctions pendant huit jours; que cette affluence de personnes du dehors dans les salles ne peut que nuire au service des malades, troubler leur tranquillité, et donner occasion à des gens malintentionnés de profiter de cette circonstance au détriment de la maison; qu'enfin ce n'est pas la somptuosité, qui n'est propre qu'à repaître la curiosité des personnes du dehors, au préjudice du bon ordre, mais une simplicité décente, capable d'inspirer aux fidèles de la maison des sentimens de piété, à laquelle on doit principalement s'attacher dans cette cérémonie. Sur quoi, la matière mise en délibération, la Compagnie a arrêté qu'il seroit à l'instant écrit à la mère prieure pour l'inviter, en remerciant la personne qui a fait cette décoration la présente année, à la prier de la part du Bureau à ne la point répéter l'année prochaine, ni les suivantes, ce qui a été sur-le-champ exécuté.

(12 juin.) Le sieur Ferrand, premier chirurgien de l'Hôtel Dieu, en survivance du sieur Moreau est venu au Bureau et a dit qu'il avoit fait toutes les recherches possibles, sur l'observation dont la Compagnie avoit été informée, et dont elle l'avoit instruit le 24 avril dernier, de laquelle il paroissoit résulter que depuis 5 ou 6 ans les incisions, particulièrement à la tête, avoient des suites dangereuses et souvent funestes dans le renouvellement de la saison. Que ny lui personnellement, ny ledit sieur Moreau, qu'il avait consulté à cet égard, ainsi que M. Sue, chirurgien de la Charité et les différents membres de l'Accadémie de chirurgie auxquels il s'étoit adressé n'avoient aucune connoissance de ce fait, et n'avoient rien remarqué de relatif à cette prétendue observation; que même ayant interrogé M. Tenon, de l'Accadémie des sciences, qui avoit été cité à cet égard, celui-ci avoit nié avoir fait cette observation et l'avoir communiquée.

(19 juin.) Lecture faite d'une lettre de Monsieur le Lieutenant général de police à M. Lecouteulx de Vertron, et d'un mémoire y joint du sieur Le Dru, dit *Comus*, pour traiter à l'hôpital Saint Louis dans le Pavillon royal des malades épileptiques, cataleptiques, histériques pris à Bicêtre et à la Salpêtrière, par le moyen *du fluide électrique*, qu'il prétend avoir une affinité avec le fluide nerveux, la Compagnie a chargé Monsieur Lecouteulx de Vertron d'exposer à M. le Lieutenant général de police les inconvéniens qui naîtroient de l'établissement proposé par le sieur Ledru, ce que M. Lecouteulx de Vertron a promis de faire. Suit la teneur de la lettre de M. le Lieutenant général de police : «Ce 15 juin 1782. Le gouvernement désire, Monsieur, que le sieur Ledru, connu sous le nom de *Comus*, soit admis à traiter des épileptiques par des procédés de l'électricité. Ce particulier offre de faire l'emploi de sa méthode sur tels malades

qui seront choisis et en présence de tels médecins qu'il sera ordonné, mais le sieur Ledru demande qu'on lui fournisse un local à sa proximité; il indique l'hôpital Saint Louis et M. de La Milière m'a dit qu'il y avoit un pavillon vacant dont il seroit possible de faire usage pour l'expérience offerte; ayant eu occasion de voir M. Philip, doyen de la Faculté de médecine, à qui j'ai fait part de la proposition du sieur Comus, il ne m'a pas paru éloigné de croire à la possibilité de guérir les épileptiques par des procédés dont on désire faire l'épreuve. Je joins ici le mémoire[1] que le sieur Ledru a donné au ministre; je vous prie de me marquer le plus tôt possible ce que vous pensez de cette proposition, et si l'on peut fournir un emplacement à l'hôpital Saint Louis. Je suis, etc. Signé : Le Noir.

(26 juin.) Lecture faite de la réponse faite par M. Lecouteulx de Vertron à la lettre de M. le Lieutenant général de police, en exécution de la délibération du 19, au sujet de la demande du sieur Ledru, dit *Comus;* la Compagnie a approuvé ladite lettre, et a arrêté que ladite réponse seroit transcritte à la suite de la présente délibération. «Paris, 20 juin 1782. Monsieur, J'ai fait lecture hier au Bureau de la lettre que vous m'avez fait l'honneur de m'écrire le 15 et du mémoire du sieur Ledru qui y étoit joint. La Compagnie m'a chargé d'avoir celui de vous mander que, vouée par état au bien de l'humanité, son premier vœu sera toujours de concourir à ce qui peut tendre à le procurer, mais qu'elle est tenüe par devoir de peser les circonstances et d'examiner si une apparence incertaine d'un bien général proposé ne peut pas nuire au bien réel et reconnu des établissemens qui lui sont confiés. C'est d'après ces principes qu'elle n'a jamais consenti qu'il fût fait, par des étrangers, des expériences de nouveaux remèdes sur les malades qui viennent chercher du secours dans ses maisons; elle a été inflexible à cet égard et vous en sentez, Monsieur, les conséquences. Indépendamment de ce que, dès qu'il s'agit d'expériences, ce n'est qu'au futur qu'on pourra prononcer et que le présent est incertain; que cette facilité une fois accordée ouvriroit la porte à tous les empiriques, l'opinion seule du peuple, qu'on soumet ceux qui se retirent dans ces maisons à des expériences dont le succès est incertain, puisqu'on cherche à s'en assurer sur eux, aux risques qu'ils en soient les victimes, éloigneroit de ces hospices le pauvre qui a besoin de secours, mais qui ne veut pas plus qu'un autre être le sujet d'une expérience et *souvent la victime d'un sacrifice.* Cette opinion une fois propagée et enracinée produiroit un mal sans remède. Tels sont les motifs qui ont établi les barrières que l'Administration a toujours opposées à l'entrée des faiseurs d'expériences dans ses maisons. Ces principes sont certainement les vôtres, Monsieur, il ne s'agit que de savoir si la circonstance présente y est une exception. La Compagnie rend au sieur Ledru la justice qui lui est due. Elle ne le confond pas dans la classe des empiriques, ses tentatives ne doivent être faites que sur des malades déclarés incurables par tous autres remèdes, et qui doivent être pris à Biscêtre ou à la Salpêtrière; enfin, il paroît qu'on ne demande à la Compagnie que de prêter un local. Mais ce local une fois pris dans une de nos maisons, il en résulte : 1° Que soit que le traitement du sieur Ledru soit suivi par nos médecins, soit par des médecins étrangers, il est impossible qu'il ne se répande pas dans Paris qu'on fait à l'hôpital Saint Louis des expériences sur des malades; le peuple ne distinguera pas la nature des maladies, encore moins celle du traitement, si à deffaut du succès, il n'est qu'indifférent et non funeste. C'en est assez pour l'effaroucher et produire tout l'effet que j'avois l'honneur de vous exposer à l'instant, de décréditer notre hôpital au préjudice de ceux qui en ont besoin, d'inspirer à l'imagination une espèce de terreur dont il seroit difficile, peut être impossible de détruire l'impression. 2° Ces malades seront choisis dans le nombre de ceux qui jusqu'à présent ont été regardés comme incurables; or, vous savez Monsieur, que ces malades sont exclus de nos maisons par la constitution même de l'établissement, leur admission dans un local quelconque d'une de nos maisons seroit tiré à conséquence vis-à-vis de ces espèces de maladies et rendroit dans le fait, sous le prétexte de les placer dans un local à part, presqu'impossible l'exécution des règlemens à cet égard que vous savez n'être déjà que trop difficile. 3° Il y aura des malades des deux sexes, dont nécessairement des distributions relatives à établir. 4° Leur séjour même exigera des ameublemens, des domestiques, des chefs d'office pour les surveiller, des alimens, etc. Il faudra donc augmenter le nombre des uns et la quantité des autres; si tout cela est fourni par la maison, c'est un surcroît de dépense et si l'Hôtel Dieu ne contribue en rien, ni à l'établissement, ni à l'entretien, ce sera une portion de notre maison séparée et indépendante du régime général, ce qui est encore un plus grand mal; vous voyez, Monsieur, tous les inconvéniens que la Compagnie prévoit devoir résulter de l'établissement demandé par le sieur Ledru, il y en a peut être beaucoup d'autres qu'on apprendra que par l'exécution et, au fond, de quoi s'agit-il, d'un peu plus ou d'un peu moins de commodité pour le sieur Ledru. Puisque les malades sur lesquels il se propose d'opérer doivent être pris à Biscêtre ou à la Sal-

[1] Ce mémoire n'a pas été inséré dans le registre des délibérations du Bureau.

pétrière; n'est-il pas plus naturel qu'il aille les traiter sur les lieux mêmes et l'avantage particulier de sa facilité personnelle peut elle balancer les motifs que la Compagnie m'a chargé de vous exposer. Elle espère que vous en sentirez toute la force et qu'en conséquence cette affaire n'aura poin d'autres suittes.

(31 juillet.) A été dit par M. de Lambon que la mort du sieur Doulcet fait vacquer une place de médecin ordinaire de l'Hôtel Dieu qu'il remplissoit et qui est demandée par le s[r] Philip, médecin expectant; qu'il paroît nécessaire de remplacer ledit sieur Doulcet; après que MM. les commissaires ont fait leurs observations sur le sujet qui se présente et ont rapellé les témoignages avantageux rendus en sa faveur lorsqu'il a été nommé, tant comme médecin surnuméraire que comme médecin expectant dont il a rempli très exactement les fonctions, la Compagnie a nommé et choisi ledit sieur Philip pour remplir la place de médecin ordinaire de l'Hôtel Dieu vaccante par le décès dudit sieur Doulcet.

(31 juillet.) A été dit par M. Delambon que le choix et la nomination que l'on vient de faire du sieur Philip, pour remplir la place de médecin ordinaire fait vacquer celle de médecin expectant; lecture faite de la liste de ceux qui se sont présentés, la Compagnie a nommé médecin expectant de l'Hôtel Dieu le sieur Le Vacher de la Feutrie, médecin de la Faculté de Paris, dont on a rendu de très bons témoignages.

(31 juillet.) M. de Lambon a dit que dans la dernière assemblée générale, la Compagnie avoit prié Mgr l'Archevêque d'informer Sa Majesté des succès de M. Doulcet, l'un des médecins de l'Hôtel Dieu, dans le traitement d'une maladie à laquelle presque toutes les femmes en couche qui en étoient attaquées succomboient, et contre laquelle il paroissoit, par une expérience suivie, qu'il avoit trouvé un spécifique. Que la mort venoit d'enlever à l'Hôtel Dieu et à la ville un médecin aussi recommandable et le priver lui-même des récompenses que la Compagnie s'étoit flattée d'obtenir pour lui des bontés du Roi; mais que le remède qu'il avoit trouvé contre la maladie qui jusqu'à lui avoit été infructueusement attaquée devoit être universellement connu pour l'intérêt de l'humanité. Que dans cette vûe les médecins de l'Hôtel Dieu avoient dressé un mémoire où la nature, les simtômes, les progrès et enfin le traitement de la maladie étoient exposés dans le plus grand détail, mais que le gouvernement seul étoit en état de le faire publier avec une authenticité capable d'assurer au remède la confiance qu'il mérite. Sur quoi la matière mise en délibération, la Compagnie a arrêté que le mémoire des médecins de l'Hôtel Dieu seroit annexé à la présente délibération[1] et que copie en seroit adressée à M. le Lieutenant général de police, qui a été invité de le faire imprimer aux frais du gouvernement et distribuer dans toutes les provinces, et M. le Lieutenant général de police s'est chargé de procurer l'exécution du présent arrêté.

(7 août.) La Compagnie a arrêté que le s[r] Mathivet, le plus ancien des compagnons chirurgiens sera présenté à l'examen pour gagner la maîtrise de chirurgien audit hôpital des Incurables, au lieu et place du sieur Lemonier, dont le tems expire le 22 du présent mois d'août; qu'en conséquence les lieutenant et prévôts en charge du collège de chirurgie seront avertis en la forme ordinaire, ainsi que le doyen de la Faculté de médecine pour procéder audit examen le samedy sept décembre prochain, au bureau dudit hôpital des Incurables, quatre heures précises de relevée, en présence d'un substitut de M. le Procureur général et de MM. les Administrateurs. 2° Que le sieur Cagnion, en qualité de premier gagnant maîtrise, reviendra de l'hôpital Saint Louis à l'Hôtel Dieu, pour y exercer ses fonctions, et que pour le remplacer audit hôpital Saint Louis jusqu'à ce qu'il y ait un second gagnant maîtrise, ledit sieur Moreau, premier chirurgien dudit Hôtel Dieu, fera choix d'un des compagnons en état de remplir ce service, la Compagnie s'en rapportant à sa prudence et en chargeant sa conscience. A arrêté en outre que, conformément aux règlemens, notamment à celui du 18 août 1725, ledit compagnon ne pourra faire par lui-même aucune opération, si les circonstances en exigeoient quelqu'une, et qu'il sera tenu d'avertir ledit premier chirurgien dudit Hôtel Dieu ou ledit premier chirurgien en survivance.

(14 août.) Sur le rapport fait en exécution de la délibération du 7 de ce mois par le sieur Bonnot, inspecteur des bâtimens de l'hôpital des Incurables, que la salle Saint Nicolas est occupée dans sa totalité et que la cloison qui la sépare des autres salles est placée précisément à l'endroit où finit ladite salle et où commence le cercle qui réunit les 4 salles; que deux des autres trois salles, savoir celle vis-à-vis la salle Saint Nicolas et celle à droite, sont employées à placer les bleds, et que la communication entre elles seroit interceptée, si dans la nécessité où le Bureau se trouve d'augmenter le nombre des salles destinées aux hommes, on ouvroit une desdites salles, mais que celle à gauche peut sans aucun dérangement être la première employée à remplir le veu

[1] Sans doute par suite d'un oubli du greffier, ce mémoire ne se trouve pas dans le registre : peut-être se retrouverait-il aux archives de la Préfecture de police.

du Bureau; qu'en coupant le cercle du milieu par une cloison transversale, on auroit une communication entre la salle Saint Nicolas et la nouvelle salle, sans intercepter *celle des deux autres dont on se sert pour placer du bled;* le plan desdites salles mis sur le Bureau, la Compagnie a arrêté d'ouvrir la salle à gauche de la salle Saint-Nicolas à l'effet d'y placer des malades, en conséquence a donné ordre à l'Inspecteur des bâtimens d'y faire pratiquer des croisées pareilles à celles des autres salles supérieures.....

(6 septembre.) Monsieur Lecouteulx de Vertron a dit que s'étant trouvé au Bureau avec Messieurs Marchais de Migneaux, Marrier de Vossery et Robineau d'Ennemont, hier 5 de ce mois, pour l'interrogat des élèves aspirant à être reçus chirurgiens externes, le suisse est venu avertir le Bureau que les chirurgiens externes de l'année dernière venoient de maltraiter considérablement un desdits aspirans qui devoit être interrogé cette année; qu'un moment après l'Inspecteur est entré et a confirmé le récit du suisse, ajoutant que lesdits chirurgiens avoient chassé avec violence ledit aspirant nommé Lacombe de la cour du Bureau, et lui avoient donné plusieurs coups, et vouloient l'empêcher de se présenter au Bureau. Que la Compagnie informée de ce fait avoit fait monter ce jeune homme, et après l'avoir interrogé sur ledit fait, avoit mandé trois desdits chirurgiens dont il s'étoit particulièrement plaint comme des premiers auteurs des mauvais traitemens qu'il avoit essuyés, et après leur avoir fait une vive réprimande, les avoit congédiés par le petit escalier du Bureau, mais qu'un instant après ils étoient remontés par le grand escalier et avoient demandé à rentrer, ce qu'ils avoient fait avec presque tous les autres externes au nombre de près de 30, prétendant qu'ils étoient tous d'un commun accord pour représenter au Bureau que ce nommé Lacombe ne pouvoit être interrogé parce qu'il n'étoit point fait pour être admis dans leur corps, alléguant différents faits dont les uns se sont trouvés faux par le témoignage de M. Ferrand présent, les autres absolument dénués de preuves, qu'après avoir été réprimandés sur une pareille émeute ils s'étoient retirés dans l'antichambre où, lors de l'apel dudit Lacombe pour son interrogat, ils se sont encore échapés à une manque de respect caractérisé pour la Compagnie. Que le soir, à la fin de la séance, le Bureau avoit été de plus informé qu'un desdits chirurgiens dont on ignoroit le nom avoit donné audit Lacombe des coups d'un bâton d'épine sur les jambes. Sur quoi la matière mise en délibération, la Compagnie a mandé les nommés Pintel, Leblanc et Mathieu en présence du s[r] Ferrand, premier chirurgien dudit Hôtel Dieu en survivance du sieur Moreau, et leur a déclaré que les faits qui s'étoient passés la veille étoient si graves qu'elle ne pouvoit se dispenser de les congédier. Après le prononcé du présent arrêté, ledit sieur Ferrand ayant suplié avec instance la Compagnie de vouloir bien modérer la sévérité de cette peine, qu'il reconnoissoit que lesdits chirurgiens méritoient de subir, mais qu'il espéroit que, sensibles à une moindre punition, ils se comporteroient par la suitte d'une manière à mériter la bienveillance du Bureau, la Compagnie a fait retirer ledit chirurgien et ayant de nouveau délibéré, elle a arrêté : 1° Qu'il seroit fait les plus exactes perquisitions pour connoître celui qui a donné les coups de bâton audit Lacombe et qu'il seroit expulsé aussitôt qu'il seroit connu, soit que ce fût un des chirurgiens présens, soit que c'en fût un autre. 2° Que le tablier seroit ôté jusqu'à nouvel ordre auxdits trois chirurgiens Pintel, Leblanc et Mathieu. 3° Qu'ils continueroient de venir à l'Hôtel Dieu tous les jours et se présenteroient, afin d'en avoir la preuve, audit sieur Ferrand en entrant et en sortant. 4° que si aucun d'eux manque un seul jour à se trouver à l'Hôtel Dieu sans permission expresse dudit sieur Ferrand, il en avertiroit le Bureau et que ledit chirurgien seroit expulsé sur le champ. 5° Que si ledit Lacombe avoit lieu de porter quelque nouvelle plainte au Bureau de mauvais traitemens subséquents, ils en répondroient et que leurs noms seroient sur le champ envoyés à M. le Procureur général et à M. le Lieutenant général de police comme coupables d'émeute, de sédition et d'attroupement avec voyes de fait.

(20 septembre.) Le sieur Ferrand, premier chirurgien de l'Hôtel Dieu, en survivance du sieur Moreau est venu au Bureau au lieu dudit sieur Moreau, qui est indisposé, demander si Messieurs trouvoient bon que l'on fît les opérations de la seconde taille lundy prochain 23 du présent mois, les malades au nombre de dix et tout ce qui est nécessaire étant disposé à cet effet. La matière mise en délibération, a été arrêté de permettre la seconde opération de la taille pour le jour susdit, et M. Boullenois a été prié d'y être présent pour faire observer les règlemens du Bureau; ce qu'il a accepté.

(27 septembre.) A été fait lecture d'une lettre écrite par M. le Lieutenant général de police à l'adresse de M. Marchais de Migneaux dont la teneur suit : « A Paris, ce 25 septembre 1782. En conséquence des ordres qui m'ont été adressés par le ministre de la guerre, Monsieur, j'ai chargé le s[r] Sommellier, inspecteur de police, de retirer des prisons de l'Hôtel de la Force, le nommé Charles Telvenot, soldat déserteur du régiment royal Roussillon et de le conduire à l'Hôtel Dieu, pour y être traitté d'une hydropisie ascyte dont il est attaqué. Comme il est à désirer que ce soldat qui, après sa guérison, sera

conduit à son régiment par la maréchaussée ne puisse pas s'échapper, je vous prie de faire tout ce que les règles de la maison vous permettent sur cet objet, pour remplir les intentions du Ministre, et de vouloir bien me faire part des précautions que vous aurez pu prendre. J'ai l'honneur, etc. Signé : Le Noir.» Après quoi on a fait entrer l'Inspecteur de l'Hôtel Dieu qui a dit que ce soldat avoit été amené à l'Hôtel Dieu par ledit sieur Somellier. Sur quoi la Compagnie a arrêté de faire réponse à M. le Lieutenant général de police comme il suit : A Paris, ce 27 septembre 1782. «Monsieur, le nommé Charles Telvenot, soldat du régiment royal Roussillon, que le sieur Sommellier a amené par vos ordres à l'Hôtel Dieu, y a été reçu; vous savez, Monsieur, que relativement à la surveillance personnelle nous ne pouvons nous charger ni répondre de rien, et nous vous prions d'en instruire le Ministre; pour entrer dans ses vües, autant qu'il nous est possible, nous avons donné ordre à l'Inspecteur de l'Hôtel Dieu d'avertir le s^{r} Somelier si le malade se rétablit. Nous sommes avec respect, etc.»

(13 novembre.) Lecture faite d'une lettre écrite le 19 septembre dernier, à Monsieur Lecouteulx de Vertron, par M. le Lieutenant général de police relativement à la publicité à donner au remède trouvé par feu M. Doulcet, médecin de l'Hôtel Dieu, à la maladie des femmes en couche, qualifiée *fièvre puerpérale* et des pièces qui y étoient jointes; la Compagnie a arrêté que M. Lecouteulx de Vertron demanderoit à M. le Lieutenant général de police de lui indiquer un jour et une heure auxquels il pourroit avoir l'honneur de conférer avec lui sur cette affaire, et a chargé mondit sieur Lecouteulx de Vertron de l'informer du vœu de la Compagnie que le mémoire des médecins de l'Hôtel Dieu fût imprimé seul, ayant par luimême son autorité, et ne devant la recevoir d'aucune approbation étrangère à la Faculté.

(27 novembre.) M. Colombier, chevalier de l'ordre du Roy et docteur en médecine de la Faculté de Paris, entré au Bureau a dit : «Messieurs, le Ministre m'a chargé d'avoir l'honneur de mettre sous vos yeux le plan du terrein du Petit Châtelet attenant à l'Hôtel Dieu, pour vous mettre en état de juger quel en seroit l'usage le plus avantageux à l'Administration, et pour vous faire connoître quelques détails relatifs aux murs de l'Hôtel Dieu donnant de ce côté, où il sera nécessaire de faire des ouvertures pour former des croisées; il paroit que l'emploi du terrein le plus profitable seroit celui d'y établir des boutiques, au dessus desquelles on feroit la terrasse projettée pour les malades, et que toute autre disposition entraineroit des frais considérables sans produire le même bien que les boutiques. M. Joly de Fleury m'a de même chargé, Messieurs, de vous rappeller que l'Administration faisoit livrer tous les ans 60 livres d'huile à brûler à la prison du Petit Châtelet, en exécution d'une fondation dont les titres se sont trouvés gravés sur une pierre de la chapelle de ladite prison, comme les prisonniers qui y étoient détenus sont réunis avec ceux du Grand Châtelet, il vous prie de vouloir bien faire délivrer cette huile à ladite prison, sur le reçu du concierge, ainsi que cela s'est pratiqué pour le Petit Châtelet, suivant une convention faite entre le sieur Bichois, locataire d'une maison appartenant à l'Hôtel Dieu et moi, au nom du ministre, ledit locataire doit recevoir une indemnité équivalente à la somme qu'il doit à l'Administration pour ses loyers. Cette somme est de 611 ₶ 5 s. Je suplie MM. de vouloir bien m'indiquer entre les mains de qui je dois la payer. On s'occupe du plan des divisions de bâtimens à continuer l'année prochaine, avant de la soumettre au jugement des commissaires de l'Académie d'architecture, il paroistra convenable qu'il ait été examiné par MM. les Administrateurs, afin d'accélérer l'exécution que les changemens faits après le rapport desdits commissaires ont retardé jusqu'à présent, en conséquence on le mettra incessamment sous les yeux de Messieurs. Ce 27 novembre 1782, signé Colombier.» Sur quoi la matière mise en délibération, la Compagnie a arrêté : 1° Que Messieurs Lecouteulx de Vertrou, Marchais de Migneaux, Boullenois et Martin, nommés commissaires en cette partie, conviendront d'un jour avec mondit sieur Colombier pour se transporter avec lui, le s^{r} de St Fard, chargé de la conduite des ouvrages ordonnés par Sa Majesté et le s^{r} Bonnot, Inspecteur des bâtimens de l'Hôtel Dieu, sur la partie du Petit Châtelet attenant l'Hôtel Dieu, à l'effet d'examiner le local, le plan à la main, et voir l'usage auquel on peut employer ledit terrein le plus avantageusement pour l'Hôtel Dieu, pour, sur leur rapport, être statué par la Compagnie, ainsi qu'il appartiendra. 2° Information sur-le-champ prise du dépensier de l'Hôtel Dieu, sur la livraison d'huile qui se faisoit au Petit Châtelet, a arrêté que la livraison de 30 pintes d'huile à brûler continuera sur le même pied au Grand Châtelet. 3° Que M. Brochant, receveur général charitable de l'Hôtel Dieu recevra de M. Colombier, en l'acquit du sieur Bichois, les 611 ₶ 5 s. dont il reste redevable à l'Hôtel Dieu pour le loyer de sa maison. 4° Que lorsque les plans de construction à faire l'année prochaine à l'Hôtel Dieu seront communiqués à l'Administration, le Bureau s'occupera de leur examen et proposera à cet égard les observations qui lui paraitront convenables.

(4 décembre.) MM. Basly et Henry, administrateurs de l'Hôpital général sont venus au Bureau en qualité de

députés de l'Administration de l'Hôpital Général et ont été placés, savoir : M. Basly à la première place où se met M. le sous-doyen et ensuite M. Henry. M. Basly a dit qu'il venoit faire part à l'assemblée de Messieurs les Administrateurs de l'Hôtel Dieu des abus qui se commettent fréquemment des billets signés d'eux pour l'envoy des personnes qui sortent de l'Hôtel Dieu, lesquelles étant guéris, on les envoye avec ces billets dans les différentes maisons dépendantes de l'Hôpital Général, ce qui surcharge considérablement ces différentes maisons; que la pluspart de ces personnes qui se présentent à l'Hôtel Dieu et qui y entrent, ne le font que dans le dessein de se faciliter leur entrée dans les maisons de l'Hôpital Général avec un billet de l'un de MM. les Administrateurs de l'Hôtel Dieu, pourquoi MM. les députés prient MM. les Administrateurs de l'Hôtel Dieu de vouloir bien se faire rendre compte de cet objet. A été arrêté en présence de MM. Basly et Henry, que Messieurs Marchais de Migneaux et Mopinot se donneroient la peine d'examiner cette affaire conjointement avec MM. Basly et Henry pour en être ensuite délibéré.

(11 décembre.) Monsieur Lecouteulx de Vertron a dit qu'hier 10 du présent mois, MM. Marchais de Mignaux, Martin et lui se sont rendus au Bureau, en exécution de la délibération du 27 novembre dernier, et qu'ils y ont trouvé M. Colombier avec lequel ils se sont rendus, accompagnés du s[r] Bonnot, sur la portion du terrein du Petit Châtelet dont étoit question dans ladite délibération; que M. Boullenois, l'un des commissaires nommés, avoit fait prévenir qu'il ne pouvoit se trouver à cette visite, étant empêché pour cause de maladie, et que le s[r] de St Fard, architecte du gouvernement, n'ayant pu s'y rendre pour la même cause, avoit remis à M. Colombier un plan et des observations; qu'après avoir visité le local le plan à la main, ils étoient revenus au Bureau où ils avoient fait lecture desdites observations; qu'ils avoient reconnu qu'en exécution des plans précédemment arrêtés, il devoit y avoir une terasse à l'extrémité des salles St Roch et St Antoine, tant pour servir de promenoir aux malades que pour procurer de l'air auxdites salles; qu'en conséquence toute idée d'édifice à construire pour prolonger les salles au dessus du rez de chaussée étoit nécessairement exclue, en sorte que toute la question se réduisoit à savoir si l'on prolongeroit les seules deux salles de Saint Roch et de St Antoine de tout l'espace qui se trouvoit vaccant entre l'extrémité de ces deux salles et l'allignement du pont, ou si on employeroit ce terrein à construire au dessous de la terasse ou promenoir des boutiques, arrière-boutiques, magazins et entresols dont, d'après lesdites observations, on pourroit tirer au moins 3,000 ᵗᵗ de loyer. Qu'après avoir pris les différentes dimensions de cet espace, ils avoient reconnu qu'on pourroit au plus y placer 48 à 50 malades. Que cet accroissement aux lieux hospitaliers, dans la circonstance présente où l'exécution des projets arrêtés devoit en produire une beaucoup plus considérable, ne leur paroissoit pas d'un avantage capable de compenser celui qui résulteroit d'un reveau de 3,000 ᵗᵗ qui seroit un acompte sur les indemnités dûes à l'Hôtel Dieu, pour la perte qu'il éprouvera par la démolition des différentes maisons dont il est propriétaire et dont le terrein entre dans l'exécution des plans; que même le gouvernement qui lui offre aujourd'huy cette portion d'indemnité pourroit objecter à l'Administration d'avoir refusé d'en profiter; qu'en conséquence, ils pensoient que dans l'option à faire, l'employ de ce terrein en boutique étoit préférable à celui de la prolongation des salles St Roch et St Antoine; sur quoi la matière mise en délibération, la Compagnie a arrêté que la portion de terrein vain et vague du Petit Châtelet, depuis le mur mitoyen, entre l'extrémité des salles St Roch et St Antoine jusqu'à l'allignement du pont, sera employée à la construction aux frais du gouvernement (d'après les propositions précédemment faites par mondit s[r] Colombier) de boutiques et entresols au dessus qui appartiendront à l'Hôtel Dieu en déduction des indemnités qui pourront lui être dues, lesquelles boutiques et entresols seront surmontés d'une terasse pour servir de promenoir aux malades des salles St Roch et St Antoine.

(16 décembre.) Monsieur le Lieutenant général de police a dit qu'en exécution de la délibération de la Compagnie du 31 juillet dernier, par laquelle il avoit été invité de procurer au mémoire des médecins de l'Hôtel Dieu sur la méthode employée par feu M. Doulcet contre la fièvre puerpérale une publicité capable d'en répandre la connoissance dans le royaume, il en avoit rendu compte au Ministre de Paris; que cette démarche avoit été suivie d'un rapport de la Société de médecine, du 6 septembre dernier, et d'un décret de la Faculté, du 16 du même mois, tous deux imprimés. Mais que l'un et l'autre ne pouvoient remplir le vœu de la Compagnie constaté par ladite délibération de faire connoître ce traitement dans toutes les paroisses des villes et des campagnes par le concours de MM. les Intendans et de MM. les évêques qui seroient invités de les envoyer aux curés et aux sindics. Qu'il croyoit donc pouvoir proposer à la Compagnie de lui confier la suite de l'exécution; sur quoy la matière mise en délibération, la Compagnie a remercié Monsieur le Lieutenant général de police des soins qu'il a pris jusqu'à présent à cet égard, et l'a prié de continuer de prendre des mesures efficaces, s'en rapportant sur ce à sa prudence pour donner au traitement

dont il s'agit la plus grande publicité possible. A arrêté en outre que M. le Lieutenant général de police sera prié d'employer ses bons offices auprès du gouvernement, à l'effet d'obtenir une gratiffication pour la maîtresse sage-femme au zèle de laquelle, dans l'administration dudit remède, il est constaté que le succès est principalement dû, ce dont M. le Lieutenant général de police a bien voulu se charger.

(16 décembre.) M. Marchais de Mignaux ayant rendu compte de nouveaux enlèvemens commis dans le cimetière de Clamard, à main armée et avec le plus grand scandale, dont le Bureau avoit adressé des plaintes à M. le Lieutenant général de police, ce magistrat a ajouté qu'il avoit sur-le-champ pris des mesures pour arrêter de pareils excès; qu'en conséquence il y avoit eu 4 particuliers d'arrêtés, dont 3 chirurgiens et un ancien soldat milicien qui étoient en prison. Que les informations extrajudiciaires qui avoient été faites mettoient en état de commencer contre les coupables une procédure criminelle, si c'étoit l'intention de la Compagnie. Sur quoi, après qu'il a été observé qu'il y auroit de l'inconvénient à suivre cette espèce de délit d'une manière à faire un certain éclat, nuisible dans les conséquences qu'il pourroit produire dans l'esprit du peuple; qu'il étoit préférable de les prévenir et de les punir par voie administrative. La matière mise en délibération, la Compagnie a remercié Monsieur le Lieutenant général de police de l'attention qu'il a bien voulu donner au mémoire qui lui a été adressé, et l'a prié de continuer à prendre les moyens qu'il jugera convenables pour la punition des coupables arrêtés, et les mesures propres à prévenir et à empêcher de nouveaux délits de la même nature.

(16 décembre.) Monsieur Lecouteulx de Vertron a dit que la Compagnie ayant commencé à s'occuper du *Code général* qui fait le vœu de l'article 6 des lettres patentes du 22 avril 1781, par un règlement concernant l'apothicairerie, elle se propose de suivre cet ouvrage par de pareils règlemens sur les différents objets du service dans l'Hôtel Dieu; qu'en conséquence il en a rédigé un pour les sages-femmes, en suivant autant qu'il lui a été possible l'ordre et la méthode de celui qui a été dressé pour la pharmacie. Que la réunion des divers règlemens intervenus en différents temps sur ce qui concerne les femmes grosses et accouchées lui a présenté trois objets principaux, savoir : la maîtresse sage-femme, les apprentisses, la police de la salle. Qu'il a divisé en conséquence le règlement qu'il propose en trois titres, en rapprochant sur chacun les règlemens épars dans les registres, dans lesquels les différents objets se trouvent souvent cumulés, et y joignant quelques dispositions soit interprétatives, soit additionnelles pour le bien du service. Lecture a été faite dudit règlement dont la teneur suit : *Règlement pour la maîtresse sage-femme, les apprentisses et la police de la salle des femmes grosses et accouchées.* Titre premier. De la maîtresse sage-femme. Les règlemens et délibérations concernant la maîtresse sage-femme, notamment ceux des 25 novembre 1705, 25 juin 1717, 31 décembre 1720, 5 décembre 1724, 19 février 1737, 18 février 1739, 10 février 1751, 6 juin et 5 septembre 1764, 21 janvier et 13 mars 1778, 26 juillet et 18 août 1780 seront exécutés. § 1er. De la nomination, réception et traitement de la maîtresse sage-femme. Article 1er. La maîtresse sage-femme continuera d'être choisie et nommée par le Bureau après les informations prises sur ses religion, mœurs conduite et capacité, et si elle est instruite de l'administration du baptême, en cas de nécessité. Art. 2. Elle ne pourra être prise que dans le nombre de celles qui ont été reçues et admises par le collège de chirurgie pour exercer l'art des accouchemens. Elle ne sera point mariée mais veuve ou fille de maîtresse sage-femme. Dans le choix une ancienne apprentisse sage-femme de l'Hôtel Dieu aura la préférence, toutes choses néantmoins étant égales d'ailleurs. Art. 3. Avant d'être reçue elle sera interrogée en présence de Messieurs les Administrateurs par les médecins et le premier chirurgien de la maison qui donneront leur témoignage au Bureau sur sa capacité. Art. 4. Elle sera logée, meublée, chauffée, éclairée et blanchie par l'Hôtel Dieu et elle aura 400 ₶ de gages qui ne pourront être augmentés, se réservant le Bureau de lui donner par des gratiffications, soit à la fin de l'année, soit même extraordinairement des marques de sa satisfaction suivant les circonstances. § 2. Devoirs et fonctions de la maîtresse sage-femme. Art. 1er. La maîtresse sage-femme n'admettra aucune femme grosse qu'elle ne soit dans son neuvième mois ou au moins le huitième fort avancé, sinon dans le cas où la femme qui se présenteroit seroit dans des circonstances qui feroient présumer que l'accouchement dût être prompt et avant terme. Art. 2. Elle n'admettra aucune femme qu'elle reconnoîtra être attaquée de la maladie vénérienne, si ce n'est dans le cas où il n'y auroit aucun délai à attendre pour l'accouchement, alors elle placera l'accouchée seule, à l'extrémité de la salle et séparée de toutes les autres femmes. Il en sera de même si les indications de cette maladie n'ayant point été reconnües lors de l'admission de la femme, venoient à se développer pendant ou après l'accouchement. Art. 3. La maîtresse sage-femme présidera à tous les accouchemens, soit de jour, soit de nuit, traitera et fera traiter les femmes avec douceur et charité, à l'effet de quoi elle sera assidue et sédentaire à l'Hôtel Dieu, sans jamais pouvoir découcher sous quelque pré-

texte que ce soit, ni s'absenter pour aller accoucher ou opérer dans Paris ou ailleurs. Art. 4. Dans les cas difficiles ou périlleux elle sera tenue de faire appeler le premier chirurgien et seulement à son deffaut le premier gagnant maîtrise. Art. 5. Elle n'exigera rien et ne souffrira point qu'il soit rien exigé des femmes qui viennent accoucher à l'Hôtel Dieu, ni même recevoir ce qui lui seroit volontairement offert par elles, leurs parents ou amis, soit pour l'accouchement, soit pour tout autre service que ce puisse être, et si elle a connoissance que quelque chose ait été exigé ou reçu par qui que ce soit, elle en informera sur-le-champ un de Messieurs les Commissaires pour y être statué par le Bureau. Art. 6. Elle veillera avec la plus grande attention à faire porter les enfans au baptême dans le jour de leur naissance. Art. 7. Dans le cas où la maîtresse sage-femme reconnoîtroit dans quelques-uns de ces enfans des signes de la maladie vénérienne, ou même auroit quelque doute sur leur état, elle en fera mention sur un billet qu'elle attachera au maillot, afin que cet état soit connu à l'hôpital des Enfans trouvés, si l'enfant y est porté, et elle en informera la mère si celle-ci veut allaiter son enfant, afin qu'elle puisse, après sa sortie de l'Hôtel Dieu, prendre les précautions nécessaires, tant pour elle que pour son enfant. Art. 8. Elle fera suivre exactement le régime et administrer les remèdes qui auront été prescrits aux femmes grosses et accouchées par le médecin de service à la salle des accouchées; elle ne permettra point aux femmes grosses de se distribuer dans aucuns des offices de la maison huit jours environ avant leur accouchement; elle les fera voir au médecin de service dans la salle, pour subir le traitement préparatoire qu'il avisera. Art. 9. Elle ne mangera point seule, mais avec les apprentisses sages-femmes, dans le lieu de la salle à ce destiné; les alimens leur seront envoyés journellement de la cuisine tous préparés, et elle veillera à ce que les restes y soient reportés. Deffenses lui sont faites de faire préparer, ny souffrir qu'il soit préparé pour elle et les apprentisses sages-femmes aucuns alimens dans quelque lieu que ce soit de la salle des accouchées. Art. 10. Elle ne recevra dans sa chambre ny dans la salle aucune personne du dehors, même ses parents sous quelque prétexte que ce soit, et si quelqu'un a à conférer avec elle, ce ne pourra être qu'au parloir. Elle veillera à ce que le présent article soit pareillement observé par les apprentisses sages-femmes et autres personnes qui lui sont subordonnées dans la salle. Art. 11. La maîtresse sage-femme n'admettra aucune apprentisse sage-femme qu'elle ne lui ait exhibé un certifficat signé du greffier du Bureau, du jour, du mois et de l'année de son inscription dans la forme ordinaire. Art 12. Elle veillera sur les apprentisses sages-femmes, aura soin qu'elles remplissent les devoirs de religion; qu'elles soient vêtües et cœffées modestement, leur en donnant elle même l'exemple, et qu'elles se conduisent avec sagesse, douceur et charité envers les femmes grosses et accouchées. Art. 13. Elles les instruira dans la théorie et pratique de l'art, et observera avec le plus grand soin de ne leur permettre d'opérer que lorsqu'elle sera assurée autant qu'on peut l'être de leur capacité. Le Bureau à cet égard s'en rapportant à sa prudence et en chargeant sa conscience. Art. 14. Elle ne souffrira point que les apprentisses sages-femmes aillent inviter des pareins et mareines, soit aux portes de l'Hôtel Dieu, soit dehors, et même solliciter des personnes de la maison, ny qu'elles exigent quelques choses que ce soit, même qu'elles reçoivent, ce qui seroit volontairement offert à cette occasion. Art. 15. Lorsque les apprentisses sages-femmes auront fini le temps ordinaire de l'apprentissage, la maîtresse sage-femme sera tenue de leur donner un certifficat par écrit, non seulement du temps qu'elles auront travaillé à l'Hôtel Dieu, mais de leur capacité ou incapacité pour exercer leur profession, suivant le mode prescrit par la délibération du 5 décembre 1724. Art. 16. La maîtresse sage-femme ne pourra ny à l'entrée, ny à la sortie des apprentisses sages-femmes, rien n'exiger d'elle pour leur apprentissage. Art. 17. La maîtresse sage-femme veillera en outre à l'exécution de tous les règlemens de police concernant la salle des femmes grosses et accouchées; il lui est enjoint d'informer MM. les commissaires de toutes les contraventions auxdits règlemens et des abus qui pourroient s'introduire, afin sur leur rapport d'y être pourvu par le Bureau. Art. 18. Si la maîtresse sage-femme étoit attaquée de maladie qui ne lui permît pas de remplir ses fonctions, elle indiquera au Bureau une autre maîtresse sage-femme de Paris pour la substituer, laquelle après l'approbation du Bureau la remplacera et sera tenue de se conformer au présent règlement pour tout ce qui concerne cet employ, jusqu'à ce que la maîtresse sage-femme puisse reprendre par elle même l'exercice de ses fonctions. Titre deuxième. Des apprentisses sages-femmes. Les règlemens et délibérations des 17 janvier 1693, 20 août 1701, 31 octobre 1721, 12 février 1727, 30 juin 1733, 19 février 1737, 5 février 1749, 6 juin et 5 septembre 1764, 12 et 26 juillet et 18 août 1780 seront exécutés; en conséquence : Art. 1er. Le nombre des apprentisses sages-femmes sera fixé à 4 sans qu'il puisse en aucun tems, sous quelque prétexte et pour quelque considération que ce soit en avoir en même tems un plus grand nombre, même une seule de plus. Art. 2. Elles ne pourront être admises qu'après avoir été inscrittes sur un registre à ce destiné, et elles rapporteront lors de leur admission leur extrait baptistaire, celui de la célébration de leur mariage, le consentement de leur mari ou son extrait mortuaire, si elles sont veuves, et enfin un certifficat de leur religion catholique, apostolique et romaine, et bonnes vie et mœurs, et en payeront à la recette générale de l'Hôtel Dieu, la somme de 180 ᵗᵗ. Art. 3. En conséquence de leur inscription, elles seront averties par le greffier, suivant l'ordre et le rang de leur inscription, sans aucune faveur ni préférence, pour quelque cause ou considération que ce soit, et si celle qui est en tour ne se présente pas après avoir été duement avertie, son droit passera à celle qui la suit dans l'inscription et ainsi successivement, de manière qu'il y ait toujours 4 apprentisses dans l'Hôtel Dieu. Art. 4. Ne seront admises à l'apprentissage que des *femmes françaises, mariées ou veuves, et jamais aucunes étrangères ou filles*, pour quelque considération que ce soit, même les filles de chirurgiens. Continueront néanmoins d'être exceptées, les filles de maîtresses sages-femmes qui auroient commencé à être instruites par leur mère, pourvu qu'elles soient âgées au moins de 22 ans accomplis, et qu'elles rapportent le brevet de maîtrise de leur mère avec les autres pièces et certifficats requis par l'article 2. Art. 5. Les apprentisses sages-femmes même inscrittes ne pourront être admises à l'apprentissage si elles sont enceintes, de quoi elles seront averties lorsqu'elles se présenteront pour leur entrée à l'Hôtel Dieu et si néanmoins il étoit reconnu que quelques unes d'elles se fût introduite dans l'état de grossesse, elle sera congédiée sur-le-champ sans espérance de venir après ses couches achever le tems de son apprentissage, et l'Administration lui fera rembourser la portion de la somme qu'elle auroit avancée dans la proportion du tems qui lui resteroit pour completter les trois mois de séjour dans la maison. Art. 6. Dans le cas où une personne qui se seroit fait inscrire auroit changé ensuite de volonté et se seroit fait restituer la somme de 180 ᵗᵗ qu'elle auroit avancée, elle ne pourra plus être admise qu'en s'inscrivant de nouveau et du jour et datte de la nouvelle inscription. Art. 7. Les apprentisses sages-femmes se comporteront suivant les règles les plus exactes de la sagesse et de la modestie dans leur habillement et leurs cœffures, discours et conduite; elles recevront avec déférence et docilité les leçons et avis de la maîtresse sage-femme, à laquelle elles seront subordonnées, et traiteront avec douceur et charité les femmes grosses et accouchées, sous peine en cas de plaintes sur aucuns de ces articles d'y être pourvu par le Bureau, suivant les circonstances, même par leur expulsion, et en ce cas, partie de la somme de 180 ᵗᵗ par elles avancée leur sera restituée dans la proportion du tems qui leur resteroit pour completter leur apprentissage, mais elles ne pourront pour aucune considération être de nouveau admises dans la maison. Art. 8. Elles mangeront avec la maîtresse sage-femme des alimens qui seront apportés de la cuisine; il leur est défendu sous quelque prétexte que ce puisse être de préparer, ny faire préparer dans aucuns des endroits de la salle des femmes grosses et accouchées ou dépendances d'icelles aucuns alimens, sous les peines qu'il appartiendra. Art. 9. Elles ne solliciteront personne du dehors ou même de la maison de présenter les enfans au baptême en qualité de pareins et mareines, mais recevront les personnes de la maison qui s'offriront volontairement et jamais personne du dehors, sinon dans le seul cas où une personne requise par le père ou la mère de l'enfant se présenteroit d'elle même et, dans tous les cas, non seulement elles n'exigeront rien des pareins et mareines quels qu'ils soient, mais refuseront même ce qui leur seroit volontairement offert à cette occasion, sauf aux personnes qui voudroient faire une aumône à la mère de l'enfant, à effectuer ce que la charité leur auroit inspiré à son égard lorsqu'elle sera sortie de l'Hôtel Dieu. Art. 10. Elles n'exigeront rien, sous quelque prétexte que ce puisse être, même ne recevront rien de ce qui leur seroit volontairement offert de la part des femmes qui viendront à l'Hôtel Dieu pour accoucher, ny de la part de leurs parents ou amis, sous peine d'être sur-le-champ congédiées, sans espérance de pouvoir rentrer à l'Hôtel Dieu pour y finir le temps de leur apprentissage. Art. 11. Elles ne pourront introduire ny recevoir aucunes personnes du dehors, à plus forte raison, donner à manger dans l'intérieur de la salle, circonstances et dépendances, sous quelque prétexte que ce soit, même de simple visite à cause de parenté, mais elles iront au parloir conférer avec les personnes qui les demanderont. Titre troisième. Police de la salle des femmes enceintes et accouchées. Les règlements et délibérations des 31 décembre 1720, 7 mars 1725, 5 février 1727, 4 avril 1730, 30 janvier et 8 avril 1732, 31 mars 1751, 6 juin 1764 et 21 janvier 1778, seront exécutés suivant leur forme et teneur. En conséquence : Art. 1ᵉʳ. Il ne sera jamais admis, pour quelque cause et considération que ce soit, aucun chirurgien du dehors dans la salle des femmes grosses et accouchées, soit pour exercer, soit pour apprendre l'art des accouchemens ou pour s'y perfectionner. Art. 2. Nulle personne du dehors ne sera introduite dans ladite salle, même sous prétexte de parenté avec la maîtresse sage-femme, les apprentisses ou autres personnes au service de ladite salle, lesquelles sans exception ne pourront converser qu'au parloir seulement avec toutes personnes étrangères, quelle qu'elle soit. Art. 3. Ne seront pareillement admises dans ladite salle aucunes personnes, même de la maison, à l'exception de l'Inspecteur, des officiers de santé qui y seront employés et des ecclésiastiques, pour y remplir les fonctions de leur ministère. Art. 4. En exécution du règlement du 4 avril 1730, concernant les étudians en médecine qui accompagnent les médecins dans leur visite, lesdits étudians ne pourront, conformément audit règlement, être reçus sous aucun prétexte dans la salle des femmes grosses et accouchées. Art. 5. Il ne sera rien exigé, ni reçu des femmes grosses et accouchées, sous quelque prétexte que ce soit et par quelque personne que ce soit de la maison, soit de la maîtresse sage-femme, soit les apprentisses, soit les domestiques ou autres, tous les services dont elles auront besoin leur seront rendus gratuitement, à peine d'y être pourvu par le Bureau contre les contrevenans, suivant les circonstances. Art. 6. Les layettes pour emmailloter les enfans nouveaux nés, continueront d'être fournies par l'Hôtel Dieu gratuitement, et à cet effet, le dépensier continuera d'acheter tous les ans une certaine quantité de langes piqués, faits avec du vieux linge, lesquels seront à sa garde et par lui délivrés à la maîtresse sage-femme, sous les ordres de MM. les Commissaires. Deffenses en conséquence à qui que ce soit d'exiger, même de recevoir rien des femmes accouchées ny de leurs parents pour les layettes, sous peine en cas de contravention d'y être pourvu par le Bureau. Art. 7. Les noms, âges, pays, diocèzes, paroisses et qualités des femmes grosses qui viennent à l'Hôtel Dieu pour accoucher, continueront d'être pris dans la salle même par la religieuse d'office de la salle, pour par elle les remettre après l'accouchement à l'ecclésiastique qui vient journellement célébrer la messe dans ladite salle, lequel portera la liste au prêtre du banc de réception, qui en tiendra un registre particulier au banc de réception, et dans le cas où lesdites femmes, ayant pris d'abord un faux nom viendroient, se trouvant en danger, à déclarer le véritable, ledit ecclésiastique recevra leur nouvelle déclaration et la fera enregistrer en marge de la première, avec mention que c'est la même personne qui a été enregistrée précédemment sous tel nom, leur décès sera pareillement constaté exactement sur ledit registre. Art. 8. Il est expressément enjoint aux portiers de ladite salle, sous peine d'être congédiés, et aux gardes faisant leur tournée, de veiller à ce qu'il ne soit introduit dans ladite salle par personne aucuns alimens particuliers, si ce n'est de l'ordre ou permission par écrit de la maîtresse sage-femme. Art. 9. Les religieuses des différentes salles ou offices dans lesquels les femmes grosses se distribuent pour travailler sont invitées à ne leur point donner, ny ne leur laisser prendre de lait, et à ne point souffrir qu'elles se livrent à quelque excès de nourriture, ny qu'elles emportent aucuns alimens en retournant dans leur salle. Il est expressément enjoint aux portiers d'avertir la maîtresse sage-femme si aucune desdites femmes introduisoit quelqu'aliment que ce soit dans la salle. Art. 10. Les domestiques de ladite salle seront subordonnés à la maîtresse sage-femme dans tout ce qui est du service des femmes grosses et accouchées, sans préjudice de la surveillance générale de l'inspecteur des salles sur tous les domestiques de la maison, et dans le cas où la maîtresse sage-femme auroit quelques sujets de plaintes contre aucuns desdits domestiques, elle en instruira MM. les commissaires pour y être sur leur rapport pourvu par le Bureau. La matière mise en délibération, la Compagnie a ordonné que ledit règlement seroit exécuté dans tout son contenu, suivant sa forme et teneur.

153ᵉ REGISTRE. — ANNÉE 1783.

(8 janvier 1783.) Le sieur Moreau, premier chirurgien de l'Hôtel Dieu, étant entré au Bureau pour saluer Messieurs, ses infirmités ne lui permettant pas de rendre ses devoirs à chacun d'eux en particulier, Monsieur Martin a dit qu'il alloit profiter de sa présence pour instruire le Bureau que, dans le nombre des pièces jointes aux observations que M. Levacher de la Feutrie, reçu récemment médecin expectant de l'Hôtel Dieu, avoit présentées à M. l'Archevêque, et qui lui avoient été remises pour être par lui examinées et rendu compte au Bureau, en exécution de la délibération du 18 décembre dernier, il avoit trouvé une feuille signée Moreau, contenant le nombre des malades dans chacune des salles de l'Hôtel Dieu, laquelle feuille avoit été affichée dans l'église; que le nombre desdits malades avoit eu d'autant plus lieu de le surprendre, qu'il avoit eu connoissance qu'à la même époque, 8 novembre dernier, datte de laditte feuille il étoit infiniment moindre; que cependant pour s'en assurer il avoit demandé à l'inspecteur des salles de lui donner le nombre des malades qui étoient le même jour à l'Hôtel Dieu, sur une feuille pareille à celle qu'il remet au Bureau les jours d'assemblée, afin de pouvoir lui comparer non seulement le nombre total des malades portés dans la feuille signée Moreau, mais encore celui de chaque salle, et qu'il avoit vu avec le plus grand étonnement que le nombre porté dans la feuille signée Moreau étoit près de moitié plus fort que celui porté dans la feuille de l'inspecteur, cette dernière n'en contenant que 2,267, y compris ceux de l'Hôpital Saint Louis et la première 3,203, ce qui fait une différence de 936. Qu'il avoit remarqué, en comparant le nombre des malades de chaque salle, que celui qui étoit porté dans la feuille signée Moreau étoit absolument arbitraire et sans aucune proportion avec celui de la feuille de l'inspecteur,

y ayant des salles où il y est plus que doublé, d'autres où il n'est que très peu augmenté, d'autres enfin où il est moindre. Qu'il avoit craint que la différence de ces deux feuilles ne vint de quelqu'erreur accidentelle de part ou d'autre, et qu'il avoit demandé au s^r Charton, inspecteur, d'où elle pouvoit venir; qu'il lui avoit répondu que c'était un ancien usage de l'Hôtel Dieu d'enfler ainsi la feuille qui s'affiche dans l'église, et que les chirurgiens qui la font s'y conforment, mais que regardant cette affiche comme une simple formalité, ils n'ont aucun égard au véritable nombre des malades contenus dans chaque salle et en font la liste arbitrairement, de manière cependant qu'elle soit toujours au dessus de la réalité, mais que la sienne étoit exacte. Que pour s'assurer encore mieux de l'espèce de proportion que les chirurgiens mettoient entre le nombre des malades qu'ils portoient dans leur liste, et celui qui existe véritablement, il s'étoit fait donner par l'inspecteur la feuille affichée aujourd'hui dans l'église et copie de celle qu'il a remise au Bureau et qu'il avoit reconnu que la différence étoit à peu près la même entre les deux dernières feuilles qu'entre les premières, mais un peu moins considérable, cependant, puisque dans la première feuille elle étoit de 936 sur 2,267 et que dans la dernière elle n'est que de 927 sur 2,420. Sur quoi ledit sieur Moreau consulté, a dit qu'en effet *c'étoit un ancien usage d'enfler ainsi la liste des malades qui s'affiche dans l'église;* qu'il l'avoit trouvé établi en entrant à l'Hôtel Dieu, qu'il savoit bien qu'elle n'étoit pas exact, mais que les chirurgiens qui la faisoient et lui qui la signoit ayant trouvé cet usage consacré par le tems, ils s'y conformoient, soupçonnant *que c'étoit peut-être un moyen d'exciter la charité du public,* mais que dans le vrai il n'en voyoit pas la nécessité, puisqu'on pouvoit bien savoir que le nombre contenu dans la liste affichée étoit toujours enflé; qu'il se conformeroit, au surplus, aux ordres que le Bureau lui donneroit à cet égard. Lui retiré, la matière mise en délibération, a été arrêté que dorénavant la liste des malades qui s'affiche dans l'église contiendra le véritable nombre des malades de chaque salle, conformément au registre du sieur Charton, inspecteur des salles; que pour cet effet ledit sieur Charton en donnera un relevé au chirurgien chargé de la présenter à signer au sieur Moreau, lequel chirurgien aura soin de la demander tous les jours audit inspecteur, et qu'il sera délivré expédition de la présente délibération au sieur Moreau, premier chirurgien, et au s^r Charton, inspecteur des salles.

(8 janvier.) Monsieur Martin a dit qu'en exécution de la délibération du 18 décembre de l'année dernière, il avoit conféré avec M. Mopinot sur les observations présentées par M. Levacher de la Feutrie, médecin expectant de l'Hôtel Dieu, à M. l'Archevêque qui les avoit renvoyées au Bureau, qu'ils pensent tous deux que ces observations ne sont que de M. Levacher seul, non seulement parce qu'il n'y parle qu'en son nom, mais encore parcequ'il n'y paroit pas instruit de plusieurs choses que ses confrères ne lui eussent pas laissé ignorer, s'il eût voulu le concerter avec eux, notamment des objets réglés dans une assemblée générale, le 27 février de ladite année dernière, sur lesquels tombent précisément ses principales observations, et du nombre des malades qu'il suppose être de près de moitié en sus plus fort qu'il n'est réellement, ce qui lui est d'autant moins pardonnable que, venant à peine d'être nommé, et n'ayant pas même encore été reçu, il ne devoit pas présumer être assés instruit pour n'avoir pas besoin du conseil de ses confrères; qu'au moyen de ce ils croient que ses observations ne sont pas dans le cas d'être discutées au Bureau, et d'autant moins que l'usage de l'Administration n'est pas de recevoir des mémoires d'observations de chacun des médecins de l'Hôtel Dieu en particulier, mais de ne recevoir que ceux que la réunion des lumières et de l'expérience de chacun d'eux les met en état de dresser en corps. Sur quoi la matière mise en délibération, la Compagnie a arrêté qu'il n'y a lieu à délibérer sur les observations de M. Levacher de la Feutrie, et que Messieurs Mopinot et Martin instruiront verbalement Monseigneur l'Archevêque des motifs de la présente délibération, et de ce qui concerne l'état et les fonctions des médecins de l'Hôtel Dieu.

(10 janvier.) Par un extrait tiré des registres de l'Hôtel Dieu et de l'hôpital Saint Louis, il paroît que le premier janvier de l'année dernière 1782, il y avoit 1,821 malades dans ledit Hôtel Dieu; que pendant ladite année il en a été reçu 21,484, dont 20,248 de la ville et de la campagne, des hôpitaux 1,236, dont 3 de la Charité, 925 de Bicêtre, 197 de la Salpêtrière et 111 de la Pitié; enfans nouveaux nés 1,536, dont 778 garçons et 758 filles, ce qui compose en total 24,841 personnes; que sur ce nombre il en est mort 3,902, dont 2,276 hommes, 1,311 femmes de la ville et de la campagne, enfans nouveaux nés 126, dont 79 garçons et 47 filles, des hôpitaux 189, dont 100 de la Salpêtrière, 61 de Bicêtre et 28 de la Pitié, et comme il n'en restoit le dernier dudit mois de décembre 1782 que 1,770, il en est sorti 19,169. Qu'il y avoit le premier dudit mois de janvier 1782, 580 malades dans ledit hôpital Saint Louis; qu'il en a été envoyé dudit Hôtel Dieu, pendant ladite année 3,898, dont 2,769 de la ville et de la campagne, 1,129 des hôpitaux, dont 526 de la Salpêtrière, 262 de Bicêtre et 321 de la Pitié, ce qui compose en total 4,418 personnes; que sur ce nombre il en est mort 899,

dont 321 hommes et 174 femmes de la ville et de la campagne, des hôpitaux 404, dont 204 de la Salpêtrière, 118 de Bicêtre et 82 de la Pitié, et comme il n'en restoit le dernier dudit mois de décembre 1782 que 628, dont 369 de la ville et de la campagne, des hôpitaux 259, dont 112 de la Salpêtrière, 90 de Bicêtre et 57 de la Pitié, il en est sorti 2,891, en sorte qu'au dernier dudit mois de décembre 1782, il y avoit 2,398 malades dans lesdits deux hôpitaux.

(16 janvier.) Monsieur Delambon a proposé M. Vente, fermier général, que la Compagnie a élu pour administrateur de l'Hôtel Dieu, en place de M. Parceval décédé; Messieurs Lecouteulx de Vertron et de Tilière ont été députés pour le prier d'accepter.

(5 février.) L'Inspecteur des bâtimens de l'Hôtel Dieu a représenté au Bureau le devis des ouvrages et réparations nécessaires à faire dans l'intérieur dudit Hôtel Dieu, pour le rétablissement du fourneau de la chaudière à l'eau chaude *des bains des folles*, dans la salle Sainte Martine, estimé à 47 ₶.

(5 février.) Lecture faite d'une lettre de M. Salins, médecin, adressée à M. le Procureur général, et renvoyée au Bureau par ce magistrat; la Compagnie a arrêté que ladite lettre seroit annexée à la minute de la présente délibération, et que copies en seroient adressées aux médecins et premiers chirurgiens de l'Hôtel Dieu, à l'effet de constater certains faits mentionnés en ladite lettre, et d'avoir leur avis sur les propositions faites par ledit sieur Salains.

(19 février.) Messieurs Marchais de Migneaux et Mopinot ayant rendu compte au Bureau de la conférence qu'ils ont eue, en exécution de la délibération du 4 décembre dernier, avec MM. Cochin et du Tremblay, nommés commissaires à cet effet par l'Administration de l'Hôpital général, des différentes mesures proposées dans cette conférence pour réduire à de justes bornes l'admission dans les maisons de la Pitié, de Bicêtre et de la Salpêtrière, sur les billets d'envoi qui sont délivrés à l'Hôtel Dieu, du résultat de cette conférence, et qu'il y avoit été convenu qu'il seroit fait dans chaque administration sur cet objet une délibération en forme de règlement tendant au même but, c'est-à-dire à régler de la part de l'Administration de l'Hôtel Dieu l'envoi, et de la part de l'Administration de l'Hôpital Général la réception. La matière mise en délibération, la Compagnie a arrêté: 1° Qu'il ne sera délivré de billet d'envoi que: 1° aux nourrices et aux femmes et filles grosses qui ne seront pas encore dans leur neuvième mois de grossesse; 2° aux impotens hors d'état de marcher, aux insensés et aux épileptiques; 3° aux pauvres, de quelque espèce qu'ils soient, envoyés à l'Hôtel Dieu des maisons dépendantes de l'Administration de l'Hôpital Général; 4° enfin à tous ceux qui étant âgés de plus de 60 ans et ayant été traités à l'Hôtel Dieu, demanderoient des billets d'envoi; aux enfans au dessous de 12 ans et aux galleux. 2° L'envoi des nourrices et des femmes ou filles grosses pourra se faire tous les jours indifféremment, et elles seront conduites directement à la Salpêtrière, mais le billet des femmes et filles grosses sera accompagné d'un certificat de la sage-femme de l'Hôtel Dieu, qui constate le terme de leur grossesse. 3° L'envoi des impotens, des insensés et des épileptiques pourra également se faire tous les jours indifféremment, et ils seront conduits de même directement aux maisons de leur destination. Mais leur billet sera accompagné d'un certificat de l'un des médecins de l'Hôtel Dieu ou du premier chirurgien, ou de l'un des gagnans maîtrise en chirurgie, qui constatera le degré de leurs maladies et qu'ils sont dans le cas d'être envoyés à l'un des hôpitaux soit de Bicêtre, soit de la Salpêtrière. 4° L'envoi des pauvres venus à l'Hôtel Dieu des maisons dépendantes de l'Administration de l'Hôpital Général pourra également se faire tous les jours indifféremment, et ils seront conduits directement aux maisons d'où ils seront venus sans autre formalité que leur billet d'envoi. 5° A l'égard des pauvres au dessus de 60 ans, des enfans au dessous de 12 ans et des galleux, l'envoi ne s'en fera que le lundi de relevée et ils seront conduits de l'Hôtel Dieu à la Pitié, pour y obtenir du Bureau de l'Administration de l'Hôpital Général un billet de réception à l'effet d'être admis soit à la Pitié, soit à la Salpêtrière, soit à Bicêtre. 6° De convention avec MM. les Administrateurs de l'Hôpital Général, il leur sera envoyé par le s[r] Varin, greffier du Bureau de l'Hôtel Dieu, une expédition en forme de la présente délibération, et l'expédition de celle de MM. les Administrateurs de l'Hôpital Général prise sur le même objet le 17 du présent mois, et qu'ils viennent d'envoyer au Bureau, sera annexé à la minute de la présente.

(26 février.) Lecture faite de l'avis des médecins de l'Hôtel Dieu, en datte du 21 de ce mois, et de celui du premier chirurgien de l'Hôtel Dieu de ce jour, sur une lettre de M. Salin, docteur en médecine de la Faculté de Paris, adressée à M. le Procureur général et communiquée au Bureau par ce magistrat, par laquelle ce médecin demande de pouvoir mettre en usage les occasions qui se présenteront à l'Hôtel Dieu de perfectionner son travail sur la maladie de la rage, sur laquelle lettre et mémoire y joint; la Compagnie a arrêté le 5 du présent mois que lesdits médecins et premiers chirurgiens se-

roient consultés. Lecture faite aussi d'une lettre dudit s^r^ Salin à la Compagnie, en datte du 21 de ce mois et d'un mémoire y joint, par laquelle lettre ledit s^r^ Salin demande à être autorisé à faire avec ses confrères l'ouverture des cadavres qu'ils auront désignés nécessaires à ses recherches, et de lui indiquer un lieu convenable à cet égard. La matière mise en délibération, la Compagnie a arrêté que la lettre du sieur Sallin, du 21 du présent mois de février, les avis des médecins et premier chirurgien de l'Hôtel Dieu, des 21 et 26 de ce mois demeureront annexés à la présente délibération, et désirant contribuer autant qu'il est en elle au secours de l'humanité, à laquelle ses travaux sont consacrés, et concourir au succès qui peut résulter des recherches dudit s^r^ Sallin pour parvenir à trouver un traitement méthodique contre une des plus affreuses maladies dont l'homme étoit susceptible, a arrêté que le doyen des médecins de l'Hôtel Dieu demeure autorisé à donner avis audit sieur Sallin de tous les morts de la maladie de la rage ou autres analogues, à l'effet par ledit s^r^ Sallin de procéder, toutes les fois qu'il le désirera, à l'ouverture desdits cadavres dans l'amphithéâtre de l'Hôtel Dieu, et de laquelle ouverture les premiers chirurgiens de l'Hôtel Dieu et gagnans maîtrise seront avertis, pour y assister s'ils le jugent à propos, et pour prévenir tout tumulte, confusion et désordre, ordonne que ledit amphithéâtre demeurera fermé pendant lesdites ouvertures de cadavres, que nuls autres n'y seront admis que ceux ci-dessus énoncés pour, la Compagnie informée, ainsi qu'il est porté en la lettre dudit s^r^ Sallin, du succès des recherches procurées par lesdites ouvertures, être par elle ultérieurement délibéré suivant les circonstances.

(26 février.) La Compagnie a arrêté que le nouveau mur de séparation entre l'Hôtel Dieu et le terrein du Petit Châtelet seroit de 30 pouces d'épaisseur en pierre de taille à deux paremens, ainsi que les tableaux, feillures et embrasemens des 5 croisées de chaque étage et fondé solidement, ainsi que les circonstances de la proximité de la rivière et la grande hauteur du mur peuvent le requérir; que les corps des cheminées qui pourront se trouver appuyées sur ledit mur seront liées avec des harpes si le cas le requiert; qu'enfin toutes les précautions requises seront prises, à l'effet qu'il résulte de l'opération le moins d'inconvéniens qu'il sera possible pour le service des malades des salles aboutissantes audit mur.

(12 mars.) Monsieur Lecouteulx de Vertron a dit qu'il avoit reçu de M. le Lieutenant général de police une lettre en date du 7 de ce mois, par laquelle il lui adresse 4 exemplaires d'un mémoire imprimé par ordre du gouvernement à l'Imprimerie royale sur la maladie qui a attaqué en différens tems les femmes en couche à l'Hôtel Dieu et le remède trouvé par feu M. Doucet, médecin dudit Hôtel Dieu. Lecture faite de ladite lettre, la matière mise en délibération, la Compagnie a arrêté d'écrire à M. le Lieutenant général de police pour le remercier des soins qu'il a pris pour procurer, suivant le vœu de la Compagnie, la plus grande publicité possible à ce remède, et le prier de continuer ses bons offices pour obtenir, suivant le même vœu, une gratification à la maîtresse sage-femme; a arrêté en outre, qu'un desdits exemplaires demeurera ci-annexé ainsi que la lettre de M. le Lieutenant général de police.

(19 mars.) Monsieur Lecouteulx de Vertron a dit que le sieur Amy, premier chirurgien de l'hôpital des Incurables, étoit dans l'intention de se retirer incessamment dudit hôpital, pour remplir une place dont il est pourvu à la Cour; qu'il faut en conséquence lui donner un successeur. Qu'il croit pouvoir proposer à la Compagnie de nommer le s^r^ François Cabany, maître chirurgien à Paris, non marié, qui a gagné sa maîtrise à l'Hôtel Dieu et dont les mœurs, la conduite et les talens sont particulièrement connus de la plupart de MM. par le séjour qu'il a fait à l'Hôtel Dieu, et la manière dont il s'y est comporté. Sur quoi la matière mise en délibération, la Compagnie a nommé et choisi pour premier chirurgien de l'hôpital des Incurables ledit s^r^ François Cabany.

(2 avril.) M. Lecouteulx de Vertron a dit qu'il avoit reçu mercredi au soir, en revenant du Bureau, une lettre de M. le Lieutenant général de police qui lui annonce que le Roi a bien voulu accorder à la maîtresse sage-femme de l'Hôtel Dieu une gratification extraordinaire de 600 livres, et qu'il y avoit joint la lettre à lui adressée par le ministre des finances qui lui en donne avis; sur quoi la matière mise en délibération, la Compagnie a arrêté qu'il sera écrit à M. le Ministre des finances et à M. le Lieutenant général de police pour le remercier, ce qui a été fait à l'instant, et que les deux lettres du ministre et de M. le Lieutenant général de police seront remises entre les mains de la maîtresse sage-femme, qui sera mandée à cet effet, pour l'informer des bontés de Sa Majesté.

(2 avril.) Lecture faite d'une lettre du s^r^ Cabany, maître chirurgien à Paris, en datte de ce jour, par laquelle il remercie le Bureau du choix qu'il avoit bien voulu faire de sa personne pour premier chirurgien de l'hôpital des Incurables, que, toutes réflexions faites, il croit ne pouvoir accepter. La matière mise en délibération, la Compagnie a révoqué ladite nomination qui, au moyen de la non-acceptation dudit sieur Cabany, n'aura

nul effet et a sursis à mercredi prochain à y statuer définitivement.

(9 avril.) Lecture faite d'une lettre adressée par Monseigneur l'Archevêque à Monsieur Lecouteulx de Vertron, et d'une lettre de M. Levacher de la Feutrie, médecin expectant de l'Hôtel Dieu, à M. l'Archevêque, y jointe, la Compagnie a arrêté qu'il seroit fait réponse à M. l'Archevêque, et que copies de la lettre dudit sieur de la Feutrie et de celle de la Compagnie à M. l'Archevêque seroient annexées à la minute de la présente délibération. Suit la teneur de ladite lettre. «Paris, ce 11 avril 1783, Monseigneur, la lecture de la lettre que M. Levacher de la Feutrie a eu l'honneur de vous écrire le 5 de ce mois nous a d'autant plus surpris, que les premières plaintes qu'il avoit eu celui de vous adresser ayant été suivies d'éclaircissements qui prouvoient qu'elles ne portoient que sur des erreurs de fait, et qu'il n'étoit point autorisé de ses confrères, nous avions lieu de croire qu'il cesseroit de vous importuner, et que s'il lui restoit quelques doutes à éclaircir sur l'étendue de ses obligations personnelles, il s'adresseroit directement au Bureau, qui lui en feroit connoître les bornes, d'après les règlemens plus anciens que lui, fondés en raison et qui n'ont jusqu'à lui excité aucune réclamation. Mais nous vous devons, Monseigneur, et nous saisirons toujours avec empressement les occasions de vous faire connoître les principes et les vues qui, dans tous les temps, ont dirigé l'Administration; son devoir est que les pauvres soient servis aussi bien qu'il est possible et au moindre prix possible. Sept médecins ordinaires et l'expectant lui ont paru, en 1750, suffisans pour concilier ces deux points de vue, l'expérience lui ayant appris, dès 1740, que *jamais* les malades n'avoient été si mal soignés que depuis que le nombre des médecins avoit été augmenté en 1735. L'Administration a eu l'honneur de vous mettre, il y a peu de tems, sous les yeux les délibérations prises à cet égard à ces différentes époques. Le nombre des malades n'a point augmenté habituellement depuis; cependant les circonstances qui ont prolongé plus qu'on ne le comptoit la division des malades en deux maisons depuis l'incendie, a porté l'Administration, quoique leur nombre ne fût pas plus considérable qu'à cette époque, à nommer d'abord un médecin surnuméraire et à l'élever ensuite au rang et au traitement de pensionnaire, mais en supprimant cette place de surnuméraire, de sorte qu'il y a actuellement huit médecins pensionnaires et un expectant pour le service d'un même nombre de malades, que lorsque celui des médecins n'étoit que de sept et d'un expectant. Il n'y a donc aucun motif raisonnable tiré du nombre habituel des malades pour accroître de nouveau celui des médecins. C'est la seconde fois que M. de la Feutrie en forme personnellement la demande qui a déjà été rejettée. Il se sert du prétexte de la maladie de deux médecins qu'il prétend avoir été obligé de suppléer, indépendamment de son service personnel. Mais les règlemens dont il ne paroît pas qu'il ait eu la curiosité de s'instruire, ont pourvu à de pareilles circonstances, de manière à diviser le fardeau et à ne surcharger personne. S'il se fût adressé au Bureau, on lui auroit dit que par délibération du 3 juin 1750, tems dans lequel il y avoit 2 expectans, mais avec la clause expresse que l'un des deux ne seroit plus remplacé, la Compagnie ayant jugé qu'un seul étoit suffisant, l'un de ces expectans, dans le cas de maladie d'un des médecins ordinaires, étoit tenu de le remplacer, et que dans le cas de maladie des deux expectans ou d'un seul, lorsqu'il n'y en auroit plus qu'un, le dernier médecin ordinaire suppléeroit le malade, d'où il suit, par une analogie conséquente à l'esprit du règlement, qu'actuellement qu'il n'y a plus qu'un expectant, s'il se trouve deux médecins ordinaires malades en même temps, l'expectant doit en suppléer un et le dernier des médecins l'autre, et ainsi de suite, de sorte que dans toute circonstance chaque médecin ne puisse être tenu que de deux départemens à la fois. Vous sentez, Monseigneur, qu'en suivant cette règle, la charge ne peut jamais être au delà du pouvoir, et dans des circonstances passagères; qu'autrement, en admettant la proposition de M. de la Feutrie il faudroit, dans chacune de ces circonstances, introduire dans la maison momentanément un étranger peu instruit de ses usages et qui deviendroit inutile lorsqu'il auroit acquis cette connoissance locale, dont les médecins qui exercent à l'Hôtel Dieu connoissent toute l'importance. D'après ces éclaircissemens vous ne devez voir, Monseigneur, dans la lettre de M. de la Feutrie qu'une nouvelle démarche pour en venir au but qui ne lui a pas réussi lors de sa première demande; ses nouveaux calculs, s'ils étoient vérifiés comme l'ont été les premiers, présenteroient probablement les mêmes erreurs, mais sans s'y arrêter; s'il ne connoissoit pas ses obligations, il devoit s'en instruire; enfin si, comme il le déclare, il se croit dans l'impuissance de les remplir par quelqu'un des motifs qu'il articule, et que nous ne devons pas discuter, l'Administration ne peut le retenir malgré lui au service des pauvres, et elle ne peut changer ses règlemens ni augmenter leur dépense pour le conserver. Nous joignons la lettre de M. de la Feutrie. Nous sommes avec respect, etc.»

(9 avril.) La Compagnie a nommé et nomme le sieur Pierre Ignace de Saint Julien, maître chirurgien à Paris, qui a gagné sa maîtrise à Paris, pour premier chirurgien de l'hôpital des Incurables.

(7 mai.) MM. les Commissaires nommés par la délibération du 30 avril dernier pour l'examen du mémoire et du plan relatif aux ouvertures de nouvelles rues et constructions d'égoûts, aux environs de l'hôpital Saint Louis, ayant fait leur rapport, d'après l'examen qu'ils ont fait sur les lieux mêmes des demandes contenues audit mémoire; la matière mise en délibération, la Compagnie a arrêté que copie dudit mémoire seroit annexée à la minute de la présente délibération et qu'il seroit fait sur-le-champ réponse à M. de Caumartin, laquelle seroit transcrite à la suite de la présente délibération. Suit la teneur de la réponse de la Compagnie. «A Paris, ce 7 mai 1783. Monsieur, nous avons examiné avec le plus grand soin le mémoire et le plan relatif aux ouvrages que l'on se propose de faire dans les environs de l'hôpital Saint Louis. Une première observation que nous vous devons, comme au chef du corps municipal de Paris, est que cet hôpital établi à la réquisition de ce corps, à titre de précaution nécessaire dans un tems de contagion, a été construit hors la ville et isolé des demeures des citoyens. Ne seroit-ce pas les frustrer de l'effet des vues du gouvernement, excité par la sage prévoyance du corps de ville même, de rapprocher les habitations particulières d'un établissement qui doit en être éloigné par l'essence même de son institution? Cette première observation, qui n'a que le bien public pour objet, est digne de toute l'attention des magistrats, vos copropriétaires, et particulièrement de vous, Monsieur, dans la place que vous occupez. Quant à ce qui concerne personnellement notre Administration, nous avons l'honneur de vous proposer quelques réflexions sur les deux objets du mémoire. Le premier est de diriger une nouvelle rue directement sur la porte de l'hôpital Saint Louis, en supprimant celle qui y conduit actuellement. L'hôpital est propriétaire des deux côtés de la rue actuelle, suivant la ligne que nous avons fait tracer d'un coup de crayon sur le plan; ainsi l'ancienne rue tient des deux côtés aux propriétés de l'hôpital, et c'est une difficulté de moins. Cette nouvelle direction de plan a assurément un avantage du côté de la décoration, mais il faut avouer qu'il n'en résulte aucune utilité particulière pour l'hôpital. Qu'en conséquence le consentement qu'il donneroit à l'opération ne peut l'assujétir à aucun des frais qu'elle entraîneroit, et qu'il doit être garanti et indemnisé entièrement de toutes les suites. Or, 1° cette direction de la nouvelle rue passe par une maison qui fait l'angle de la rue de Carême-prenant avec la ruelle Saint Louis, et cette maison a coûté 20,000ᵗᵗ à l'hôpital. 2° Le marais est environné de murs, le long de la rue actuelle, qu'il faudroit transporter le long de la nouvelle. 3° Ces murs servent d'appui à des arbres fruitiers en espaliers, appartenans au maraîcher locataire, dont il demandera une indemnité. 4° Le terrein qui lui sera pris, pour la formation de la nouvelle rue ne sera point compensé, ni en quantité ni en qualité, par la cession du terrein de la rue actuelle, terrein non seulement non cultivé, mais élevé en forme de chaussée au dessus du terrein joignant, nouveaux motifs d'indemnité à demander par le locataire. 5° La formation de la nouvelle rue nécessite à un premier établissement de pavé qui, comme on sait, est aux frais des propriétaires riverains. L'hôpital qui n'a pas besoin de cette rue, puisqu'il y en a une, et auquel la direction de la nouvelle est absolument indifférente, ne doit contribuer en rien à ce nouveau pavé; le mémoire fait espérer qu'on obtiendra des secours de l'Administration du pavé de Paris, mais rien ne paroît arrêté sur cet objet, et ce seroit encore une condition nécessoire au consentement de l'Administration que la certitude de sa non contribution à ce changement. Ainsi vous voyez, Monsieur, qu'une rigoureuse justice exigeant que l'hôpital fût totalement indemnisé des suites d'une opération à laquelle il n'a absolument aucun intérêt, il auroit à demander sur cet objet le prix d'une maison de 20,000ᵗᵗ, la reconstruction des murs, la garantie des indemnités dues au locataire, enfin celle de tout payement relatif au nouveau pavé. Le second objet présente autant de difficultés. Le mémoire propose à l'Administration une contribution de moitié ou au moins d'un tiers à la construction d'un égoût dans l'espace de 74 toises, qu'on estime environ 10,000ᵗᵗ. Le motif qu'on présente est de *parer à l'inconvénient du séjour des eaux qui sortent de l'hôpital Saint Louis et qui, n'ayant point d'écoulement*, peuvent nuire à la salubrité de l'air. Ce motif a, suivant le mémoire, plusieurs fois fait proposer la construction d'un aqueduc aux seuls frais de l'hôpital. Nous devons observer d'abord que si cette proposition a été faite à l'Administration, elle ne l'a jamais acceptée, parce que l'avantage qu'on suppose que l'hôpital en retireroit ne compenseroit pas la dépense nécessaire pour cette construction. L'hôpital Saint Louis n'est point institué pour être une demeure permanente et habituelle des malades. Dans son état ordinaire il n'est habité que par un concierge et quelques jardiniers, et pendant une portion de la belle saison, par quelques religieuses qui y viennent prendre l'air. Voilà son état habituel, alors il est évident que la quantité des eaux qui en sortent n'est point capable de faire sensation. Des circonstances malheureuses l'ont tenu ouvert depuis 1773. Mais l'accroissement que le gouvernement procure au local de l'Hôtel Dieu mettra dans peu l'Administration à portée de fermer cet hôpital. L'inconvénient résultant du séjour des eaux, s'il y en a, n'est donc que passager et momentané, et ne paroît pas exiger la mise d'un fonds considérable dont l'avantage ne seroit aussi que passager, et les occasions d'en profiter que très rares.

2° Cet inconvénient tel qu'on puisse le supposer, même dans le moment actuel, ne se fait point sentir dans l'intérieur de l'hôpital. Il ne seroit donc tenu d'y remédier que dans le cas de plaintes fondées de la part des habitans des environs; mais les environs ne sont point habités et ne doivent pas l'être, dans les vues qui ont fait établir l'hôpital, si quelques maraigers isolés, la plupart locataires de l'hôpital, croyoient devoir s'adresser à l'Administration à cet égard, elle auroit plus d'une manière de faire cesser leurs difficultés, sans s'engager à une dépense aussi considérable que celle proposée. 3° Cette dépense monteroit d'après le mémoire à environ 20,000^{tt}. Elle seroit donc de près de 7,000^{tt} pour la contribution de l'hôpital, mais vous savez, Monsieur, combien la situation des finances de l'Hôtel Dieu a changé par la réunion des circonstances malheureuses, depuis le tems où l'Administration, qui auroit pu penser alors à des améliorations, ne croyoit pas cependant devoir se prêter à une dépense sur cet objet, qu'elle regardoit comme absolument inutile à l'hôpital Saint Louis. 4° Enfin l'égoût ne devant point partir immédiatement de l'hôpital Saint Louis, mais être réduit à la longueur de 74 toises pour gagner le grand égoût, les eaux couleroient donc en superficie dans les nouvelles rues jusqu'à cette distance, et c'est assurément la plus grande étendue de leur cours. N'en résulteroit-il pas pour les habitans riverains de ces rues nouvelles un désagrément continuel, bien plus sensible que l'inconvénient auquel on paroît désirer de remédier? Telles sont, Monsieur, les observations que nous avons cru devoir vous proposer sur les deux objets contenus au mémoire. Nous espérons que vous en sentirez toute la solidité, et que vous ne douterez pas combien nous sommes peinés que l'intérêt de l'hôpital qui nous est confié s'oppose impérieusement au désir que nous avions de contribuer à ce qui pouvoit être agréable à vous, Monsieur, et à vos copropriétaires. Nous nous persuadons même que, si la question avoit été traitée dans une assemblée où nous aurions eu l'honneur de jouir de votre présence, nous aurions eu l'avantage de voir votre suffrage réuni aux nôtres.»

(7 mai.) A été dit par M. Marchais de Migneaux, qu'il a été ces jours ci à l'hôpital Saint Louis où il a reçu des plaintes de différens offices, relatives aux vols fréquents qui se font la nuit dans différens endroits de cette maison; qu'il y a grande apparence qu'il existe dans l'intérieur des gens infidèles qui sont d'intelligence avec d'autres du dehors; qu'on lui a fait observer les endroits par lesquels ces derniers montoient aux murs pour s'introduire dans l'hôpital, et que c'est particulièrement par la terrasse appellée du *Bel Air* que leur passage paroît établi; qu'il lui paroîtroit à propos de faire raccommoder et bien fermer la porte de communication du jardin du Bel Air à celui de Belleville, et surtout de rendre sûre la fermeture du jardin intérieur où sont communément les melonnières; qu'il a su aussi que le jardinier locataire du marais au dessous de la terrasse du Bel Air, connoit ainsi que sa femme plusieurs de ces rodeurs de nuit qui souvent, culbutant et foulant aux pieds les planches, escaladent et lui cassent nombre de cloches de verre, mais qu'il refuse de les dénoncer, les connoissant capables de mettre le feu à la maison; qu'il n'y auroit moyen d'arrêter le brigandage qu'en faisant veiller la nuit près des passages, qu'il a reconnus, mais qu'il n'y a pas assés de monde pour user de ce moyen, à moins que l'Administration ne se détermine à prendre des secours extraordinaires. La matière mise en délibération, la Compagnie a arrêté qu'il sera demandé au gouvernement deux soldats invalides, honnêtes et sûrs, pour veiller les nuits où besoin sera, pendant un mois, à raison de 20 sols par nuit, s'en rapportant à M. le commissaire sur le tems et la forme de l'exécution de la présente délibération.

(28 mai.) Monsieur Lecouteulx de Vertron a dit que se trouvant vendredi dernier avec MM. Marchais de Migneaux et Marrier de Vossery à l'Hôtel Dieu, pour assister au service que l'Administration a fait célébrer pour le repos de l'âme de M. l'abbé Guillot de Montjoie, M. Marchais l'avoit averti qu'en sortant du service il conviendroit que MM. qui y étoient présens se rendissent chez la mère Prieure avec M. l'abbé Melon, l'un des visiteurs au spirituel, qui officioit audit service, pour éclaircir un fait intéressant dont il venoit d'être informé, et sur lequel il étoit instant de prendre un parti, conjointement avec le régime au spirituel, que ce fait concernoit également, ainsi que l'Administration. Que s'étant tous en conséquence rendus chez la mère Prieure, à l'issue du service, le sieur de St Far, architecte du Roi, chargé de ses ordres pour les nouvelles constructions qui se font à l'Hôtel Dieu, leur avoit dit qu'ayant fait ouvrir le mur qui sépare des cours basses la portion de l'église la plus voisine du quarré Saint Denis, à l'effet d'y faire construire un escalier à l'usage de la religieuse qui préside à l'entrée des malades, ses ouvriers avoient trouvé un cercueil entier dans lequel étoit enfermé le corps d'une religieuse qui lui avoit paru entièrement conservé, ainsi que les habits; que sur-le-champ il avoit fait remettre les moilons, pour mettre ce corps à l'abri de la curiosité indiscrète, et qu'il croyoit devoir en informer les deux régimes, spirituel et temporel réunis, à l'effet de prendre les précautions convenables dans les circonstances; qu'on étoit unanimement convenu, après avoir remercié le sieur de St Far de son attention, qu'il falloit d'une part éviter tout éclat inutile et capable d'occasionner du

trouble dans la maison, et de l'autre en suivant les règles prescrites dans les cas d'exhumation et de nouvelle inhumation, remplir vis-à-vis de ces restes précieux tous les devoirs qu'un religieux respect dicte à l'égard des corps des chrétiens, et surtout d'une religieuse de la maison, que la Providence avoit conservée pendant un nombre d'années dont personne ne pouvoit indiquer l'époque. En conséquence M. le Maître ayant été mandé, M. le Visiteur au spirituel lui a donné ordre, au nom des deux régimes, de procéder, avec les cérémonies et prières ordinaires à l'exhumation et inhumation à dix heures du soir de ce jour, seul avec le sacristain, secrètement et sans éclat, en présence seulement des personnes nécessaires, savoir l'Inspecteur des salles, celui des bâtimens et le s[r] de St Far, avec chacun des ouvriers dont ils feroient choix entre les plus prudens et les plus discrets, et de dresser du tout un procès verbal; que s'étant informé hier de l'exécution, il avoit appris que M. Marchais étoit présent; qu'en conséquence il le prioit de rendre compte à la Compagnie de ce qui s'est passé à cet égard. Après quoi M. Marchais ayant pris la parole a dit qu'il fut informé dans l'après midi du même jour, vendredi dernier, que l'objet de la conférence tenue chez la mère Prieure le matin étoit public dans la maison et intéressoit la curiosité de tout le monde, qu'il crut alors devoir prendre le parti de se rendre le soir à l'Hôtel Dieu, ne doutant pas qu'on n'essayât de se porter en foule dans l'église, et qu'il ne fût nécessaire qu'en cas de quelque désordre, il se trouvât quelqu'un qui pût en imposer; qu'il s'y rendit en conséquence à dix heures et demie, et que l'Inspecteur auquel il avoit donné ordre de se trouver à la porte des cuisines l'ayant introduit dans l'église, il y trouva, outre les personnes nécessaires, une vingtaine d'autres, dont environ 12 à 13 des religieuses et entr'autres la mère Prieure; mais que les autres étant de la maison et tranquiles, il ne jugea pas nécessaire de les faire sortir; que le s[r] de St Far lui ayant demandé la permission de faire fouiller, aussitôt les ouvriers déchaussèrent le carreau de l'église et étant parvenus à dégager un cercueil, il fut enlevé, porté dans le bas-côté, au dessous de la chaire et ouvert; qu'on y trouva un corps entier revêtu d'habits de religieuse, qu'en relevant le voile, on a vu les chairs desséchées, recouvertes de la peau qui étoit encore flexible, mais que toutes les jointures et articulations étoient adhérentes entr'elles et roides, en sorte que le corps ayant été tiré du cercueil pour le remettre dans un autre, attendu que l'ancien avoit été brisé en partie par les ouvriers, le corps resta ferme, soit debout, soit étant porté horisontalement; que les religieuses ayant tenté sans succès une première recherche, et voulant faire une plus exacte perquisition du parchemin contenant les vœux de religion, qu'il est d'usage d'enfermer dans le cercueil des religieuses, M. Marchais fit retirer tous les hommes; que le corps fut posé sur un drap blanc qui avoit été apporté à cet effet et ses vêtemens visités par lesdites religieuses; qu'elles ne trouvèrent que la croix de bois qui avoit été mise dans ses mains et sa ceinture de cuir qui, ainsi que les vêtemens, n'avoient aucune marque de détérioration ni de pourriture et sans aucune odeur, tant le corps que les vêtemens, la croix étant presque aussi fraîche que si l'on n'eût fait que la mettre dans le cercueil; que, n'ayant pas trouvé autre chose, le corps fut mis dans le nouveau cercueil et qu'alors le maître au spirituel commença les prières et cérémonies ordinaires des inhumations; qu'après l'aspersion sur le cercueil dans la nouvelle fosse, il passa à la sacristie où il fut dressé un procès verbal de tout ce qui venoit d'être fait, qui fut signé par lui, la mère Prieure, une ou deux autres religieuses, le sacristain, le sieur Saint Far, les sieurs Bonnot et Charton et le maître au spirituel qui l'avoit rédigé; qu'il crut devoir donner ordre à l'Inspecteur des bâtimens de faire graver une croix et la datte de ce jour 23 mai 1783 sur la pierre dont on a recouvert la fosse et recommander au sacristain d'en faire mention sur son état des sépultures des religieuses, qu'il renouvella au s[r] de St Far la recommandation que lui avoient faite le matin chez la mère Prieure ces deux administrations réunies, de veiller à ce que les ouvriers se conduisissent avec la même réserve dans les cas semblables, où il est probable qu'il se trouvera par la suite; qu'il a recommandé de plus au maître au spirituel de remettre au Bureau une expédition de son procès-verbal, à l'effet de l'annexer à la minute de la présente délibération, et d'en faire le transcrit sur le registre mortuaire des religieuses; après quoi étant minuit et demi passé il s'est retiré.

(11 juin.) La Compagnie informée que quelques malades de l'hôpital des Incurables se permettent de jouer aux barres dans le jardin, soit entr'eux, soit avec des étrangers; considérant qu'il peut résulter de ce jeu plusieurs inconvéniens, et que récemment une des femmes malades qui se promenoit a été renversée par un des joueurs dans la vivacité de sa course et qu'elle a été blessée, a fait défenses, à quelques personnes que ce soit, de jouer aux barres dans le jardin dudit hôpital.

(18 juin.) La Compagnie a arrêté que pendant tout le tems des travaux projettés dans l'église de l'Hôtel Dieu, le service divin sera fait provisoirement dans une chapelle qui sera établie à l'extrémité des salles neuves; que l'autel étant dans le quarré St Denis y sera transporté, qu'il y sera mis un tabernacle pour la réserve du St Sacrement, et pratiqué à côté desdites salles une sacristie également provisoire pour servir à l'habillement

des ecclésiastiques qui y célébreront, dans laquelle le sacristain ne placera que ce qui sera absolument indispensable et le surplus déposé au 3e étage des archives du Bureau.

(6 août.) Sur le compte qui a été rendu par MM. Sollier de la Romillais et Philip, médecins de l'Hôtel Dieu, venus au Bureau de leur propre mouvement, des offres d'un particulier de guérir certaines fièvres sans administrer aucun remède aux malades et de ce qui a été fait sous leurs yeux à ce sujet, de quoi cependant ils n'étoient pas encore en état de rendre un compte suffisant et lecture faite d'un mémoire dudit particulier à ce sujet; il a été arrêté que MM. Solier de la Romillais et Philip continueroient d'examiner tout ce qui a rapport à la proposition dudit particulier, et MM. Marchais et Vente ont été nommés commissaires pour rendre compte au Bureau mercredi prochain de ce qui s'en sera ensuivi.

(8 août.) A été dit par M. Marchais de Migneaux que le sieur Foulquier qui a reçu au dernier bureau la permission de faire preuve à l'Hôtel Dieu du remède qu'il emploie à guérir très promptement toutes sortes de fièvres intermittentes sans rien faire prendre aux malades, ni même qu'il ait besoin de les voir, mais seulement sur la déclaration exacte du nombre d'accès qu'ils ont eus, lui a représenté que son séjour à Paris s'étant prolongé plus de six semaines au delà de ce qu'il comptoit, à cause des expériences réitérées que les médecins, sous les yeux desquels il opère, ont exigé de lui avant de présenter sa demande au Bureau, il se trouve un peu épuisé d'argent, tant pour des emplettes relatives à son commerce, à Dieppe, que pour les frais des ingrédiens qu'il emploie à son remède simpathique, qui vont pour chaque malade de 8 à 13 sols, il supplie l'Administration de lui permettre de prendre ses repas dans la maison, pendant le temps qu'il emploiera à la nouvelle épreuve que le Bureau a ordonné le 6 de ce mois. La matière mise en délibération, la Compagnie a arrêté, pour cette fois seulement et sans tirer à conséquence pour l'avenir, que pendant les dix à douze jours que doit durer l'épreuve dudit sieur Foulquier, il pourra prendre ses repas au réfectoire des officiers dudit Hôtel Dieu, à compter du jour d'hier sept de ce mois et sera délivré extrait de la présente délibération à l'Inspecteur dudit Hôtel et au sommelier.

(12 septembre.) Lecture faite d'un mémoire adressé à MM. les Administrateurs de l'Hôtel Dieu par les confrères de la congrégation de Saint Julien le Pauvre, par lequel ils exposent que zélés pour tout ce qui peut concourir à la décence du service divin et à la propreté de l'église du prieuré de Saint Julien le Pauvre, ils ont avancé les sommes nécessaires pour le plafonnage et reblanchiment de ladite église, qu'ils ont même fait réparer les vitreaux de la nef et du sanctuaire, qu'ils espèrent que Messieurs voudront bien les aider dans le rétablissement de ladite église, en chargeant seulement l'Hôtel Dieu des frais de vitreaux pour les bas-côtés. Après que l'Inspecteur des bâtimens que l'on a fait entrer a été entendu, et qu'il a été observé que le Bureau n'ayant nulle connoissance, ni donné aucun consentement à l'établissement de cette confrairie dans ladite église de Saint Julien le Pauvre, qui appartient audit Hôtel Dieu, au moyen de la réunion faite en sa faveur du prieuré de Saint Julien le Pauvre, la Compagnie a arrêté de rejetter ladite demande.

(12 septembre.) A été dit au Bureau par un de Messieurs que les plaintes au sujet du lavage trop fréquent des salles de l'Hôtel Dieu se renouvellent, que tant que le Bureau a pu croire que cet usage ne faisoit tort qu'aux bâtimens et aux planchers qu'ils dégradent, il a pu se décider à faire ce sacrifice à la santé des pauvres, mais comme l'eau répandue trop fréquemment et avec trop d'abondance dans les salles des malades pourroit devenir nuisible à un nombre d'entr'eux, par la trop grande humidité qu'elle fait contracter à l'air, le seul moyen d'obvier aux inconvéniens qui pourroient résulter de ce lavage seroit de s'en rapporter à la prudence de chaque médecin dans son département, attendu que la nécessité de laver ou de ne pas laver tenant essentiellement à la salubrité de l'air elle fait partie du régime des malades, qu'il n'appartient qu'aux médecins de régler; qu'en conséquence il croit devoir proposer au Bureau de les engager à se charger de cette partie. La matière mise en délibération, a été arrêté que MM. les médecins seront invités chacun dans leur département à régler le jour que la salle sera lavée et d'en faire mention à la fin du cahier de leur visite; que l'Inspecteur de l'Hôtel Dieu fera exécuter l'ordonnance du médecin, à l'effet de quoi il ira tous les soirs s'assurer à la pharmacie, par l'inspection des cahiers de la visite du matin, des lavages qu'il aura à faire faire le lendemain.

(12 novembre.) Lecture faite au Bureau d'une lettre de M. le Lieutenant général de police adressée à M. Marchais, par laquelle ce magistrat se plaint pour la seconde fois du refus que l'on fait d'admettre à la salle Saint Côme, destinée aux soldats, ceux du régiment de Paris; que ce fait vient d'être renouvellé au commencement de ce mois, quoiqu'il eût été décidé par le Bureau au commencement de septembre, que ces soldats y seroient admis comme tous autres, en représentant un certificat de

l'officier chargé du détail du régiment. L'Inspecteur des salles ayant été mandé, pour savoir de lui les détails du nouveau fait dont se plaint M. le Lieutenant général de police, a déclaré qu'il n'en a aucune connoissance, le soldat ne lui ayant point été adressé, et que toutes les fois qu'ils se sont présentés à lui il les a fait placer conformément aux ordres du Bureau. La matière mise en délibération, la Compagnie, considérant que ce refus réitéré est contraire au bon ordre, à la discipline de la maison et aux ordres particuliers qui avoient été récemment donnés et dont la Compagnie avoit instruit M. le Lieutenant général de police a arrêté : 1° De faire rentrer l'Inspecteur pour lui réitérer les mêmes ordres. 2° Que M. Marchais seroit prié d'engager M. le Lieutenant général de police de faire adresser directement audit Inspecteur des salles les soldats du régiment provincial de Paris venant à l'Hôtel Dieu comme malades, munis du certificat de l'officier ayant le détail du régiment, à l'effet d'être placés par ledit inspecteur dans la salle Saint Côme destinée aux gens de guerre, lui enjoignant d'y tenir la main.

(19 novembre.) Lecture faite d'une lettre adressée à Monsieur Lecouteulx de Vertron, par M. Dejean, doyen des médecins ordinaires de l'Hôtel Dieu, en son nom et en celui de MM. ses confrères, à laquelle étoit joint un mémoire signé de huit desdits médecins, tendant à augmenter le nombre des départemens et celui desdits médecins, duquel mémoire il a été pareillement fait lecture. La matière mise en délibération, la Compagnie a arrêté qu'il seroit surcis à délibérer sur l'objet dudit mémoire jusqu'à ce que les constructions qui se font actuellement à l'Hôtel Dieu étant terminées, les malades de l'hôpital Saint Louis fussent ramenés à l'Hôtel Dieu et ledit hôpital Saint Louis fermé, et a chargé M. Lecouteulx de Vertron d'informer M. Dejean de la présente délibération.

(26 novembre.) Monsieur Dupont a fait rapport de l'expédition d'une délibération adressée au greffier du Bureau de la part de l'Administration de l'Hôpital Général, prise en leur bureau, à la Pitié, le 20 octobre dernier, au rapport de M. Henry, administrateur, portant que le sieur Astley venant d'ouvrir un nouveau spectacle pour la course des chevaux, il a cru, jusqu'à ce qu'il eût des arrangemens pris avec lui, devoir préposer quelqu'un pour recevoir le quart qui appartient aux pauvres sur le produit de tous les spectacles. Que ce quart perçu jusqu'à présent forme une somme de 1,761 ᵗᵗ, mais que ledit sieur Astley observe qu'il vient de faire des dépenses considérables pour monter son spectacle, pourquoi il a supplié le Bureau de vouloir bien se contenter d'un léger abonnement qui le mette dans le cas de recouvrer ses frais, et, après qu'il en a été délibéré, le Bureau a arrêté que ledit sieur Astley payeroit, par forme d'abonnement, une somme de 600 livres pendant la durée de son spectacle, et qu'en conséquence le surplus de cette somme lui sera remis, à la charge néanmoins par lui, de payer ceux qui ont été employés à cette recette. La matière mise en délibération, la Compagnie a arrêté d'adhérer à l'abonnement porté par la délibération dudit Hôpital général, ci-devant dattée et énoncée, moyennant ladite somme de 600 livres, dont les deux cinquièmes reviennent audit Hôtel Dieu, pourvu que ledit habonnement ne dure pas plus d'une année, et sous même condition que celle dudit Hôpital général, qui est de payer ceux qui ont été employés à la recette dudit droit.

(3 décembre.) Monsieur Lecouteulx de Vertron a dit, qu'en exécution de la délibération du 19 novembre dernier et de l'indication donnée par M. le Contrôleur général, il s'est rendu à l'hôtel du contrôle général, le 29 du mois dernier avec MM. Marchais de Migneaux, Marrier de Vossery et Vente; qu'introduits dans le cabinet de M. le Contrôleur genéral (M. de Calonne), ils lui avoient dit qu'ils étoient chargés par la Compagnie de lui porter ses hommages, qu'elle réclamoit sa protection pour deux maisons qui renfermoient ce que l'humanité a de plus touchant, qu'elle espéroit qu'il seconderoit le zêle de citoyens qui s'étoient volontairement dévoués à leur service et que, dans toutes les occasions, il intéresseroit la bienfaisance du Roi pour deux établissemens aussi précieux à l'état qu'à la religion; que M. le Contrôleur général leur avoit répondu qu'il étoit très sensible à cette démarche de la Compagnie, qu'il s'intéressoit véritablement au bien de ces deux hôpitaux, et qu'il prioit la Compagnie de lui fournir les occasions de leur être utile; et la conversation s'étant engagée sur les constructions nouvelles que le gouvernement faisoit faire pour l'augmentation du local, que M. le Contrôleur général a dit regarder comme très nécessaires, il lui a été observé que les vues qui avoient inspiré cette opération étoient certainement très pures et très louables, qu'il étoit à désirer que le succès y répondit, sur quoi, il a témoigné l'envie de visiter la maison et d'examiner par lui-même ces nouvelles constructions. A quoi les députés lui ont répondu que dans l'état actuel des choses il ne pourroit que difficilement en juger; qu'il valoit mieux différer au printems où la partie à laquelle on travailloit auroit reçu sa perfection, ce qu'il a approuvé, en priant la Compagnie de le faire avertir quand elle le jugeroit convenable, après quoi les députés se sont retirés.

(9 décembre.) Monsieur Lecouteulx de Vertron a proposé M. Aubry, avocat au Parlement, que la Compagnie

a élu pour administrateur de l'Hôtel Dieu à la place de M. Delambon qui est décédé.

(9 décembre.) Lecture faite d'un mémoire des enfans de M. Doulcet, décédé médecin de l'Hôtel Dieu, par lequel ils exposent qu'en considération des services de leur père, la Compagnie par délibération du 30 avril 1782, a prié Monseigneur l'Archevêque de mettre sous les yeux du Roi les faits détaillés en ladite délibération, et de supplier Sa Majesté de lui décerner une marque d'honneur à titre de récompense de ces services, mais que leurdit père ayant été prévenu par la mort, il n'a pu profiter personnellement de cette grace, qu'il supplioit la Compagnie en conséquence de s'intéresser pour eux, à l'effet qu'il plût à Sa Majesté leur faire ressentir une partie de la récompense que la bienfaisance de Sa Majesté auroit destinée à leur père, et dont les effets se seroient étendus jusqu'à eux sans cette malheureuse circonstance; la matière mise en délibération, la Compagnie a prié Monseigneur l'Archevêque d'employer ses bons offices en faveur des enfans dudit sieur Doulcet, dont le mémoire à cet effet a été remis entre les mains de Monseigneur l'Archevêque.

(17 décembre.) Le s[r] de St Far, architecte du Roi pour les constructions qui se font à l'Hôtel Dieu par ordre de Sa Majesté, venu au Bureau, a exposé qu'en établissant un nouveau chœur aux dames religieuses, au lieu de la tribune qu'elles occupoient précédemment, on avoit projetté d'abord de destiner à leur sépulture une cave étant sous le maître autel, mais que le sommelier lui avoit représenté que cette cave étoit une des meilleures de la maison pour la conservation des vins, et qu'étant sujète aux inondations, il pourroit arriver des circonstances où il seroit impossible d'en faire l'usage projetté; que la mère prieure lui avoit fait les mêmes représentations et que le sommelier lui en ayant offert une de la même superficie étant sous les orgues, la plus haute n'est point exposée aux inondations, il en avoit conféré avec la mère prieure qui approuvoit la substitution de cette cave à celle qui avoit été précédemment destinée à la sépulture des religieuses; qu'il venoit en conséquence, de la part de M. de la Millière, prendre les ordres du Bureau, auxquels il se conformeroit. La matière mise en délibération, la Compagnie a aprouvé le projet exposé par ledit s[r] de St Far, et en conséquence a arrêté que la cave étant sous les orgues seroit destinée à la sépulture des religieuses, au lieu de celle sous le maître autel, et qu'il y seroit fait les opérations nécessaires à l'effet de ladite destination.

(17 décembre.) Lecture faite d'un mémoire des curé et marguillers de la paroisse Saint-Roch en cette ville, par lequel ils demandent au Bureau la permission de transporter dans le cimetière de Clamart les ossemens de morts étant dans leur ancien cimetière, lesquels ont été exhumés d'après la permission de M. l'Archevêque, offrant de faire à leurs frais ledit transport et la nouvelle inhumation, auxquels ils sont autorisés par M. le Lieutenant général de police; la Compagnie a arrêté que le sieur Bonnot, Inspecteur des bâtimens de l'Hôtel Dieu, s'informeroit de la quantité desdits ossemens, qu'il examineroit si de ce transport et nouvelle inhumation il ne résulteroit aucun inconvénient pour le cimetière de Clamart; enfin, qu'il représenteroit au s[r] curé de Saint Roch que la fabrique ayant fait l'acquisition d'un nouveau cimetière, il sembleroit qu'il pouvoit en commencer l'usage par l'inhumation de ces ossemens, et qu'il rendroit compte du tout à la Compagnie le mercredi 24 de ce mois.

(24 décembre.) Le sieur Bonnot, Inspecteur des bâtimens de l'Hôtel Dieu, entré au Bureau, a dit qu'il s'étoit acquitté de la mission que la Compagnie lui avoit donnée le 17 du présent mois; que les ossemens exhumés de l'ancien cimetière de St Roch étoient renfermés dans des sacs et pouvoient former une toise et demie cube; qu'il ne voyoit point d'inconvénient à les inhumer dans le cimetière de Clamart, à l'endroit d'une ancienne fosse qui s'étoit affaissée; qu'il avoit vu M. le curé de St Roch, et lui avoit fait les observations dont la Compagnie l'avoit chargé; que celui-ci lui avoit répondu que le terrein que la fabrique avoit acquis au bas de Montmartre pour établir un nouveau cimetière, venoit d'être retiré par retrait féodal de la part de Madame l'abbesse de Montmartre, qui ne lui avoit permis d'y inhumer que jusqu'au premier février, et qu'il étoit actuellement en marché avec les dames Filles Dieu, mais qu'elle étoit tenue de rendre vide l'ancien cimetière qui étoit vendu. Sur quoi la matière mise en délibération, la Compagnie a arrêté que ledit sieur Bonnot se transporteroit de nouveau chez M. le curé de St Roch pour lui observer de la part de la Compagnie, qu'ayant actuellement l'usage d'un terrein au bas de Montmartre, et étant d'ailleurs sur le point de conclure un nouveau marché pour l'acquisition d'un autre terrein destiné à établir un cimetière et les délais pour rendre l'ancien vide n'étant point connus de la Compagnie, il ne paroissoit pas qu'il fût d'une nécessité absolue d'employer le terrein du cimetière de Clamart à recevoir les ossemens provenans de son ancien cimetière, d'autant que l'étendue du cimetière de Clamart n'étoit que proportionnée à l'usage de l'Hôtel Dieu sans aucun excédent, et l'Inspecteur des bâtimens entré, il lui a été fait part du présent arrêté, auquel il a dit qu'il se conformeroit.

(31 décembre.) La Compagnie informée que plusieurs personnes qui ont été reçues à l'Hôtel Dieu comme malades, et qui y occupent des lits, sortent journellement dudit Hôtel Dieu sous différents prétextes, et y rentrent pour y prendre leurs repas et y coucher, fixant ainsi leur domicile dans la maison sans qu'il leur soit ordonné par les médecins et chirurgiens ni administré par l'apothicaire de la maison aucuns remèdes, soit qu'ils n'aient effectivement aucune maladie, soient qu'ils soient attaqués d'une de celles qui jusqu'à présent ont été qualifiées incurables. Il a été observé : 1° que l'institution de l'Hôtel Dieu n'a pas pour objet de servir de refuge à ceux qui n'ont point de domicile, ni même de retraite à ceux qu'une maladie ou une infirmité incurable met hors d'état de pouvoir espérer leur guérison par les remèdes ordinaires, mais uniquement d'être l'asile des pauvres attaqués de maladies aigües ou chroniques, de leur nature susceptibles de curation par les secours administrés dans l'intérieur même dudit Hôtel Dieu sur les ordonnances des médecins et chirurgiens de la maison; 2° que cette liberté de sortir et rentrer journellement à volonté, proscrite par l'état même de la maladie, qui seule donne droit au secours de l'Hôtel Dieu, nuiroit au maintien de la police et à la sûreté même des effets mobiliers de la maison; enfin, par le seul accroissement du nombre, préjudicieroit nécessairement à ceux auxquels l'Hôtel Dieu est essentiellement destiné; 3° que cet abus a été réprimé par différens règlemens dont les uns en font les défenses les plus formelles, les autres prennent les précautions les plus efficaces pour le prévenir, en faisant déposer dans un lieu à ce destiné les vètemens de ceux qui sont reçus à l'Hôtel Dieu, lesquels, ne devant en porter d'autres que ceux qui leur sont fournis par la maison pendant leur séjour, seroient aisément reconnus par les suisses et portiers, de manière que cet abus n'ayant pu s'introduire de nouveau que par la négligence dans l'usage de ces précautions; sur quoi la matière mise en délibération, la Compagnie a arrêté que les règlemens des 17 janvier 1693, 1er septembre 1717, du 12 et du 23 novembre 1734 et 1er août 1754 seront exécutés selon leur forme et teneur, en conséquence fait très expresses et itératives défenses à toutes personnes de l'un et de l'autre sexe qui aura été admise et reçue à l'Hôtel Dieu comme malade, de sortir pour aller et venir dans la ville pendant tout le tems de son séjour à l'Hôtel Dieu, et en cas de contravention les suisses et portiers, lors de leur rentrée, en avertiront l'Inspecteur qui les congédiera sur le champ comme guéris. Et pour prévenir toute contravention future au présent règlement, ordonne que conformément à celui du 21 août 1754, le malade admis et inscrit sera, aussitôt après qu'on lui aura attaché au bras le billet contenant son nom, conduit dans la salle qui lui sera destinée, où on lui fera quitter ses vêtemens, qui seront sur-le-champ portés à l'office aux habits où ils resteront jusqu'à sa guérison, sans qu'il puisse pour quelque raison que ce soit être vêtu pendant son séjour à l'Hôtel Dieu d'autres habits que de ceux de la maison, sous peine de n'être point compris dans le compte des malades qui se fait journellement pour la distribution du vin et des alimens, même d'être congédié en cas de récidive, invite à cet égard la mère prieure à recommander aux religieuses d'office de veiller à la remise exacte des habits au dépôt.

154e REGISTRE. — ANNÉE 1784.

(7 janvier 1784.) Par un extrait tiré des registres de l'Hôtel Dieu et de l'hôpital Saint Louis, il paroît que le premier janvier de l'année dernière il y avoit 1,770 malades dans ledit Hôtel Dieu; que pendant ladite année, il en a été reçu 23,283, dont 21,962 de la ville et de la campagne, des hôpitaux 1,321, dont 776 de la Salpétrière, 202 de Bicêtre et 343 de la Pitié, enfans nouveaux nés 1,470, dont 728 garçons et 742 filles; ce qui compose en total 26,523 personnes; que sur ce nombre il en est mort 4,200, dont 2,516 hommes, 1,372 femmes de la ville et de la campagne, enfans nouveaux nés 116, dont 77 garçons et 39 filles, des hôpitaux 196, dont 108 de la Salpétrière, 72 de Bicêtre et 16 de la Pitié, et comme il en restoit le dernier du mois de décembre 1783 que 2,010, il en est sorti 20,312; qu'il y avoit 628 malades le 1er du mois de janvier 1783 dans ledit hôpital Saint Louis, qu'il en a été envoyé dudit Hôtel Dieu pendant ladite année 3,876, dont 2,862 de la ville et de la campagne, des hôpitaux 1,014, dont 498 de la Salpétrière, 269 de Bicêtre et 247 de la Pitié, ce qui compose en total 4,504 personnes, que sur ce nombre il en est mort 818, dont 314 hommes et 155 femmes de la ville et de la campagne; des hôpitaux 349, dont 177 de la Salpétrière, 107 de Bicêtre et 65 de la Pitié, et comme il n'en restoit le dernier du mois de décembre 1783 que 671, dont 482 de la ville et de la campagne, des hôpitaux 189, dont 74 de la Salpétrière, 71 de Bicêtre et 44 de la Pitié, il en est sorti 3,015, en sorte qu'au dernier dudit mois de décembre 1783, il y avoit 2,681 malades dans lesdits deux hôpitaux.

(7 janvier.) La Compagnie a arrêté, pour marquer

aux entrepreneurs de la reconstruction de l'Hôtel Dieu sa satisfaction de leur conduite, de se charger seule des frais de raport d'experts et procès-verbal de la réception. En conséquence, la somme totale de la dépense de ladite reconstruction se trouvera fixée à celle de 499,377 livres deux sols, quatre deniers, et attendu que lesdits entrepreneurs ont reçu jusqu'à présent celle de 492,990 livres, et que l'Hôtel Dieu s'est chargé de 3,482 livres pour les frais de rapport et de réceptions; reste celle de 2,905 livres, deux sols, quatre deniers, dont leur sera délivrée quittance définitive et pour solde de tous payemens sur M. Brochant, receveur général charitable dudit Hôtel Dieu.

(22 janvier.) A été dit par M. Lecouteulx de Vertron qu'il vaque une place de médecin ordinaire de l'Hôtel Dieu par la démission volontaire du s[r] Philip qui la remplissoit, laquelle place est demandée par le sieur Le Vacher de la Feutrie, actuellement médecin expectant; après que MM. les Commissaires ont fait leurs observations sur le sujet qui se présente, et ont rappellé les témoignages avantageux rendus en sa faveur lorsqu'il a été nommé expectant, dont il a rempli très exactement les fonctions. La matière mise en délibération, la Compagnie a nommé et choisit ledit sieur Le Vacher de la Feutrie pour remplir la place de médecin ordinaire de l'Hôtel Dieu vacante par la démission du sieur Philippe.

(22 janvier.) La Compagnie a nommé pour médecin expectant de l'Hôtel Dieu le sieur Millin de la Courvault, médecin de la Faculté de Paris dont on a rendu de très bons témoignages.

(22 janvier.) Monsieur Lecouteulx de Vertron a dit qu'en exécution d'une délibération prise en l'assemblée générale tenue le 22 juillet 1775, il a été passé un marché le 8 août suivant entre l'Administration et le sieur Bellanger, père et fils et Bruslé, entrepreneurs pour la reconstruction des bâtimens incendiés en 1772. Que par ce marché ils se sont soumis à exécuter le devis qui a été annexé moyennant la somme de 500,268 livres deux deniers. Cette somme aux termes dudit marché devoit être payée, savoir, 100,000 livres dans le cours de la première année, le surplus devoit être payé d'année en année, à la volonté de l'Administration, mais en tenant compte des intérêts à commencer du jour de la réception des ouvrages, qui seroit faite aussitôt après leur perfection. Dans le nombre des ouvrages étoit la reconstruction de la salle appellée du Légat, mais l'observation que cette reconstruction nuiroit à l'exécution des projets ultérieurs qu'on pourroit avoir, relativement à l'élargissement de la rue Neuve Notre Dame, a fait supprimer cette partie du devis et on y a substitué d'autres ouvrages accessoires au grand bâtiment, qui ont été depuis estimés par les experts à la somme de 24,909 livres 10 sols, de manière que, calcul fait du prix de la construction supprimée et de celui des ouvrages qui y ont été substitués, le résultat se montoit à 495,895 livres, 8 sols 4 deniers, à laquelle il falloit ajouter moitié des frais de réception montant à 1,741 livres. La somme due aux entrepreneurs se trouve aujourd'hui entièrement acquittée, sans qu'il en ait coûté un sol d'intérêt à l'Hôtel Dieu, tout ce qu'il a payé a été fructueux et en diminution du capital. Au moyen d'une somme plus forte payée la première année, et de la convention exactement tenue de payer pendant les années suivantes 5,000 ℔ tous les mois, et d'y joindre de tems à autre les sommes dont l'Administration pourroit disposer, les entrepreneurs n'ont reçu que le principal sans intérêts, et l'Administration de son côté s'est chargée d'acquitter en total les frais du rapport des experts et de réception dont elle n'auroit dû que la moitié, de manière que la somme totale de la dépense s'est trouvée fixée à la somme de 499,377 livres, 2 sols 4 deniers qui est totalement acquittée; quant aux deniers qui y ont été employés, il en faut distinguer 5 espèces différentes, d'après les délibérations successivement prises en l'assemblée générale. Par une première du 19 juillet 1776, il avoit été arrêté qu'on commenceroit par employer les casuels qui écherroient à l'Hôtel Dieu comme legs, aumônes, le produit des troncs, quelques créances à recouvrer et le prix de quelques ventes de bois. Par une seconde du 13 juillet 1779, il fut reconnu que cette assignation étoit insuffisante, et la Compagnie arrêta que subsidiairement à ces casuels, on emploieroit au payement des entrepreneurs les deniers provenans de remboursemens déjà faits à l'Hostel Dieu et qui pourroient être faits par la suite, ainsi que le prix d'une maison acquise par le Roi dans la grande rue du faubourg St Antoine pour l'établissement d'un marché, et que les payemens qui en seroient faits aux entrepreneurs serviroient de remploi. Enfin il est entré dans ces payemens une petite portion prise sur les revenus ordinaires. Les deniers employés en exécution de la première délibération du 19 juillet 1776 provenans des casuels monte à 117,226 ℔ 6 s. 3 deniers. Les deniers employés en exécution de la même délibération provenans de ventes de bois monte à 70,108 ℔ 17 s. Ceux provenans du prix de la maison grande rue du Faubourg Saint Antoine, en exécution de la seconde délibération du 13 juillet 1779, 12,000 ℔. Ceux en exécution de la même délibération provenans de remboursemens de rentes faits à l'Hôtel Dieu 276,490 ℔. Enfin, sur les revenus ordinaires de l'Hôtel Dieu 23,551 ℔ 19 s. 1 den. Total pareil aux payemens à faire 499,377 ℔ 2 s. 4 den. Sur quoi la matière

mise en délibération, la Compagnie a arrêté qu'en exécution des délibérations ci-devant énoncées et dattées, que les payemens faits suivant lesdites délibérations auxdits entrepreneurs de la reconstruction des bâtimens incendiés en 1772, serviroient de remploi du prix des ventes de bois, de celui de la maison acquise par le Roi et des remboursemens de rentes reçus du clergé, du Roi et de divers particuliers, conformément à un bordereau contenant le détail desdites sommes, lequel est demeuré annexé à la minute de la présente délibération.

(28 janvier.) Monsieur Lecouteulx de Vertron a dit que la dépense totale de la reconstruction des bâtimens de l'Hôtel Dieu incendiés en 1772, montant à 499,377 ⁺⁺ 2 sols 4 deniers étant définitivement soldée et acquittée vis à vis des entrepreneurs, il reste à la Compagnie à témoigner sa satisfaction au s[r] Bonnot, Inspecteur des bâtimens dudit Hôtel Dieu qui a conduit cette reconstruction avec tout le zèle et l'intelligence dont il a donné des preuves multipliées à la Compagnie dans l'exercice de ses fonctions depuis sa nomination, et sans que cette opération extraordinaire et de surcroît ait préjudicié en rien à son service journalier. Que la Compagnie se trouve peut être obligée de mesurer la gratification du sieur Bonnot moins sur l'importance de l'objet, le travail qu'il a occasionné audit sieur Bonnot et sur la satisfaction de la Compagnie, que sur la situation actuelle de l'Hôtel Dieu, et l'accroissement des dépenses. Mais qu'il ne doute point que le s[r] Bonnot, dont la Compagnie connoît les sentimens de désintéressement et l'attachement à l'Hôtel Dieu, n'entre dans ces vues, et qu'il ne soit plus flatté du témoignage autentique qu'elle lui donnera de satisfaction que de la quotité de la récompense. Sur quoi la matière mise en délibération, la Compagnie pour donner personnellement audit sieur Bonnot un témoignage de la satisfaction qu'elle a du zèle, de l'intelligence et de l'assiduité avec lesquels il s'est conduit dans l'exercice de ses fonctions depuis sa nomination à la place d'inspecteur des bâtimens, notamment dans la conduite des ouvrages de la reconstruction des bâtimens incendiés en 1772, a accordé à compter du 1er janvier de cette année audit sieur Bonnot une pension de 300 ⁺⁺ dont il jouira sa vie durant.

(12 mars.) Monsieur Lecouteulx de Vertron a ouvert un paquet cacheté à l'adresse de MM. les Administrateurs de l'Hôtel Dieu, signé de Calonne, dont la teneur suit : «Paris le 10 mars 1784. J'ai reçu, Messieurs, le mémoire que vous m'avez adressé pour me demander le renouvellement, pour l'année 1784, de la faveur dont jouit l'Hôtel Dieu depuis 1721 de faire entrer tous les ans dans Paris 400 muids de vin par supplément de privilège; l'intention du Roi étant que ces sortes de franchises soient incessamment converties en une somme annuelle d'argent, il a été rendu un arrêt du conseil qui ne proroge le secours supplémentaire que vous réclamez que jusqu'au premier avril prochain, et qui le réduit conséquemment à 100 muids, vous pourrez faire lever cet arrêt au greffe du conseil. Je suis bien sincèrement, Messieurs, votre très humble et très obéissant serviteur. Signé, de Calonne. La Compagnie a arrêté : 1° que l'original de ladite lettre sere serré aux archives; 2° et a chargé l'agent des affaires de l'Hôtel Dieu de suivre l'expédition dudit arrêt du conseil et de le retirer du greffe.

(17 mars.) La Compagnie délibérant sur la lettre de M. le Contrôleur général, du dix de ce mois, adressée au Bureau, a arrêté qu'il seroit écrit à M. le Premier président et à M. le Procureur général une lettre contenant les observations de la Compagnie sur l'annonce faite par M. le Contrôleur général, des intentions futures de Sa Majesté, sur les exemtions des deux hôpitaux. Suit la teneur de ladite lettre : «Nous avons reçu vendredi dernier une lettre de M. le Contrôleur général, du dix de ce mois, par laquelle, sur la demande que nous avions eu l'honneur de lui faire de l'arrêt du conseil qui s'accorde annuellement à l'Hôtel Dieu depuis 1721 pour l'exemtion de 400 muids de vin en augmentation des 800 muids de privilège ordinaire, il nous marque que l'intention du Roi étant de convertir les exemtions en une somme annuelle, cette exemtion pour cette année n'aura lieu que jusqu'au premier avril prochain et ne sera conséquemment que de 100 muids. Nous croyons de notre devoir de vous présenter trois observations intéressantes à cet égard pour les deux hôpitaux que nous régissons. La première est qu'un abonnement en deniers comptans substitué à l'exemption en nature, quelque proportionnée que puisse être dans le moment présent la fixation, causera dans la suite un tort considérable à ces deux hôpitaux par la cessation de cette proportion, que l'augmentation des consommations et du prix des denrées rendra inévitable. La seconde qu'un abonnement fixé et déterminé aujourd'hui pour toujours mettra les hôpitaux dans le cas de perdre une partie de leur privilège, si les droits d'entrée venoient à être augmentés par la suite; il faudroit alors que les hôpitaux payassent en suplément l'excédent de leur abonnement; qu'il faudroit que les abonnemens se fissent tous les ans, d'après le taux courant des entrés de chaque année. La 3° qu'en supposant même que ce ne fût pas un abonnement sur chaque objet de consommation; les avances journalières que l'Hôtel Dieu et l'hôpital des Incurables se trouveront obligés de faire jusqu'au moment de la restitution des deniers,

seront singulièrement à charge aux caisses des deux hôpitaux qui se trouveront fréquemment sans deniers pour fournir aux autres dépenses; qu'en conséquence ils seront privés de l'avantage inexprimable de payer tout comptant, qui est peut être le seul moyen qui les ait soutenus.

(14 avril.) Lecture faite d'une lettre écrite le 2 avril à Monsieur Lecouteulx de Vertron par Monsieur le Premier président, à laquelle étoit joint un mémoire tendant à ce que l'Administration consentît à recevoir dans le chariot qui transporte ses morts au cimetière de Clamard ceux de la prison de la Conciergerie, la réponse provisoire de M. Lecouteulx de Vertron, contenant : 1° que le cimetière de Clamard est affecté particulièrement aux morts de l'Hôtel Dieu, et que l'étendue du terrein y est tout au plus proportionnée; 2° que c'est par abus que les malades des prisons étoient autrefois reçus à l'Hôtel Dieu; qu'un arrêt du Parlement a réformé cet abus, qu'ainsi on ne peut en rien inférer contre l'Hôtel Dieu; 3° qu'il ne peut ni ne doit faire de charité étrangères à son objet, surtout lorsque les suites en peuvent être préjudiciables; 4° qu'il n'y a point de prisons dans Paris qui ne pût faire valoir les mêmes raisons que celle de la Conciergerie; 5° que s'il ne s'étoit agi que d'un provisoire pour un tems déterminé, le Bureau se seroit peut être prêté à condescendre à la demande et qu'il l'avoit dit à M. le Procureur général, auquel il en avoit parlé. Qu'au surplus il rendroit compte du tout à la Compagnie et l'informeroit de sa décision. La matière mise en délibération, la Compagnie a approuvé la lettre provisoire écrite par M. Lecouteulx de Vertron à M. le Premier president et l'a chargé de lui mander qu'il étoit entré dans ses vues et d'y ajouter : 1° que depuis l'interdiction du cimetière des Saints Innocens, le terrein de celui de Clamard devenoit d'autant plus précieux que tous les enterremens que l'Hôtel Dieu faisoit aux Innocens, et dont le nombre ne laissoit pas d'être considérable, se trouvent transportés à Clamard où l'Hôtel Dieu a fait un retranchement, pour y établir un petit cimetière particulier servant à ces sortes de convois, ce qui diminue d'autant l'étendue du terrein de l'ancien cimetière; 2° que le nombre des malades et conséquemment des morts ne pourra qu'augmenter par la suite, au moyen des nouvelles salles que le gouvernement fait construire, qui en augmentera le local et attirera plus de personnes à l'Hôtel Dieu; 3° que le chariot ne pourroit aller prendre les morts à la Conciergerie même, qui n'est point sur son chemin, et qu'il y auroit les plus grands inconvéniens pour le bon ordre de la maison à recevoir ces morts à l'Hôtel Dieu, où, de règle étroite, on ne doit recevoir que des malades et non des morts; 4° que lorsque l'Administration s'est prêtée à permettre, dans les premiers momens de l'interdiction du cimetière des Innocens, à l'hôpital Sainte Catherine pour exemple, d'enterrer ses morts à Clamard, ce n'a été que provisoirement, pour un tems limité, et que ces morts y ont été transportés par cet hôpital même à ses propres frais, sans que l'Hôtel Dieu s'en soit mêlé, autrement que de donner la permission et d'en limiter le tems; 5° que ces morts étant présentés dans le mémoire comme étant pauvres, les parroisses dans l'étendue desquelles les prisons sont situées paroissent devoir être chargées de leurs enterremens, comme de ceux de tous les autres pauvres dans la forme des enterremens de charité, qu'elles doivent à tous ceux qui n'ont point personnellement de quoi fournir à leurs funérailles et ce, dans les cimetières affectés à ces paroissiens. Ce dont M. Lecouteulx de Vertron s'est chargé.

(21 avril.) M. Colombier a dit que les religieuses de l'Hôtel Dieu ayant désiré, pour la plus grande commodité, et pour pouvoir se placer sans confusion dans le chœur nouveau qu'on leur accordoit, des stalles autour dudit chœur, il avoit rendu compte au ministre de ces demandes et reçu l'ordre de faire faire un devis de la dépense qu'occasionneroient 85 stalles à établir, et que ce devis portoit une somme de 6,079 livres. Sur quoi M. le Contrôleur général a dit qu'il se chargeroit volontiers, au compte du Roi, de faire la moitié de la dépense, si l'Administration vouloit payer l'autre et agréoit les motifs que M. Colombier présenteroit verbalement au Bureau. La matière mise en délibération, la Compagnie voulant donner aux religieuses un nouveau témoignage de son attention pour tout ce qui peut leur être véritablement utile et commode, a consenti de contribuer d'une somme de 3,000 livres à la construction desdites stalles, sans pouvoir être tenu de plus grande somme en cas d'excédent de la dépense sur la somme de 6,079 livres, et dans la ferme confiance que si la dépense étoit moindre, le gouvernement lui feroit remettre ce qu'il y auroit eu de moins dépensé, en proportion de sa contribution pour cet objet; qu'à cet effet il sera expédié une ordonnance de 3,000 ₶ sur M. le Receveur général charitable de l'Hôtel Dieu, au profit du trésorier du département des hôpitaux.

(21 avril.) Lecture faite d'une lettre de M. de Chavannes à M. Lecouteulx de Vertron, accompagnée de nouvelles observations sur les inhumations de la Conciergerie à Clamard, la Compagnie a arrêté que lesdites observations seroient annexées à la minute de la présente délibération, et que M. Lecouteulx de Vertron seroit prié de faire à Monsieur de Chavannes la réponse

dont la teneur suit. « Monsieur. J'ai fait lecture au Bureau mercredi de la lettre que vous m'avez fait l'honneur de m'écrire et des observations qui y étoient jointes. J'avois eu l'honneur d'adresser à M. le Premier président, précédemment à la réception de votre lettre, et depuis la lettre provisoire que j'avois eu personnellement celui de lui adresser, de nouvelles réflexions au nom et de l'ordre du Bureau, qui avoit tenu une assemblée extraordinaire le mercredi de la semaine de Pâques. Il m'a chargé, mercredi dernier, d'avoir l'honneur de vous répondre : 1° que si les morts de la Conciergerie ont été admis jusqu'ici dans le cimetière de Clamard, aucune délibération du Bureau n'avoit autorisé cette admission, qu'il n'en avoit même eu connoissance que depuis qu'il avoit été question de délibérer sur le premier mémoire, de sorte que cette admission purement de fait, et la suite de la facilité de quelque subalterne qui n'en avoit point instruit le Bureau, laisse en entier tout ce qui a été dit par rapport à l'Hôtel Dieu de réserver le cimetière de Clamard pour les morts de la maison; 2° qu'il est évident que le chariot ne peut aller prendre les morts de la Conciergerie à la prison, de manière qu'il faudroit donc qu'ils fussent transportés à l'Hôtel Dieu avant le départ du chariot; 3° qu'il y avoit dans cette admission des morts de la Conciergerie à l'Hôtel Dieu même deux inconvéniens principaux, inévitables et frapans de primeabord; le premier résulte de ce que la règle étant de transporter tous les 24 heures les morts de l'Hôtel Dieu à Clamard, par la raison de la salubrité de la maison; on ne pourroit savoir précisément la datte de la mort de ceux de la Conciergerie; que si elle étoit plus ancienne que les 24 heures, il y auroit à craindre pour les malades et les habitans de la maison, des conséquences très préjudiciables par le dépôt de cadavres infectes. Que si cette datte étoit plus récente, il y auroit le péril d'une mort non constatée et incertaine; le deuxième que le transport de ces morts de la Conciergerie ne pouvant assurément se faire par les salles, ils ne pourroient entrer à la salle des morts, lieu de dépôt, que par la même porte extérieure par laquelle les morts de l'Hôtel Dieu sortent pour être portés à Clamard. Or, cette porte n'ouvre jamais et ne doit être ouverte sans danger pour la sûreté de la maison qu'une seule fois par jour, et pour cette unique circonstance de la sortie des morts. Or, vous concevez, Monsieur, que s'il arrivoit le moindre retard dans l'apport des morts de la Conciergerie, il faudroit les reporter dans cette prison, ou si (ce qui est impossible pour l'ordre de la maison) on les recevoit dans la salle des morts après le départ du chariot, ils y resteroient encore vingt quatre heures avec le plus grand danger d'infection; 4° si les morts des autres prisons de Paris sont portés dans les cimetières des paroisses où sont situées ces prisons, le Bureau ne voit pas plus d'inconvéniens que ceux de la Conciergerie soient portés au cimetière qui sert actuellement aux morts de Saint Barthélemy, provisoirement ou autrement. Cette paroisse a assurément, sous l'un et l'autre point de vue, un lieu d'inhumation pour ses morts, et ceux de la Conciergerie en font partie; 5° vous concevez, Monsieur, que c'est peut être injustement que les frais de ces inhumations se prennent sur les deniers de charité des pauvres prisonniers, et certainement ces frais sont une dette d'une caisse quelconque, il ne seroit pas juste de l'en décharger aux dépens de l'Hôtel Dieu; 6° le Bureau néanmoins, quoique n'ayant jusqu'à présent aucunement autorisé l'admission au cimetière de Clamard, consent à ne rien changer à l'état actuel des choses, et à donner ordre qu'ils continuent d'y être admis jusqu'au premier juillet prochain, espérant qu'il y aura alors un arrangement définitif qui règlera, comme vous me faites l'honneur de me l'annoncer, en quel endroit sera placé le cimetière de la paroisse de la Conciergerie. Le Bureau croit, Monsieur, que ces motifs, qu'il m'a chargé d'avoir l'honneur de vous exposer, vous persuaderont qu'il ne peut porter plus loin sa déférence pour vos vues.

(5 mai.) M. Mallet, l'un des médecins ordinaires de l'Hôtel Dieu, entré au Bureau, a dit qu'on avoit reçu dans la salle Ste Martine deux jeunes personnes et dans la salle Saint Louis un jeune garçon qu'on avoit annoncés mordus d'un chien enragé; que le chien ayant été tué, on ne pouvoit avoir de certitude actuelle sur leur état, mais que par un usage qui ne pouvoit être qu'abusif, la maladie de la rage étoit traitée exclusivement par les premiers chirurgiens de la maison, que cette maladie étoit essentiellement du nombre des maladies internes dont le traitement appartenoit aux médecins; que dans les circonstances présentes, il étoit d'autant plus essentiel de les réintégrer dans le droit qui leur appartenoit; qu'on étoit occupé de chercher un remède efficace contre une maladie si affligeante pour l'humanité; que ce qu'il venoit de représenter au Bureau étoit au nom de tous messieurs ses confrères; lui retiré, la matière mise en délibération, la Compagnie a arrêté de mander au Bureau à l'instant M. Ferrand, premier chirurgien en survivance, pour lui faire part de la réquisition de M. Mallet et lui demander ce qu'il avoit à y répondre. Ledit sieur Ferrand venu au Bureau, après avoir été instruit par M. le Doyen de la réquisition que venoit de faire au Bureau M. Mallet, a répondu que les premiers chirurgiens de l'Hôtel Dieu étoient dans l'usage immémorial de traiter exclusivement cette maladie, que cette possession étoit fondée sur ce que la cause originelle de la maladie étoit une blessure quelconque qui, jusqu'à ce que les ac-

cidens caractéristiques de l'hydrophobie se fussent manifestés, reste dans la classe des maladies externes de la compétence des chirurgiens qui, dans tous les cas, doivent y apporter les premiers secours; que la méthode employée à l'Hôtel Dieu par lesdits premiers chirurgiens a été expressément approuvée par la Société royale de médecine dans le premier volume de ses mémoires; que cependant, nonobstant la possession constante et reconnue dans laquelle étoient les premiers chirurgiens de traiter exclusivement lesdites maladies, il offroit pour le bien de l'humanité et pour procurer une réunion de lumières, de traiter de concert avec MM. les médecins tous malades apportés à l'Hôtel Dieu qui seroient annoncés comme ayant été mordus de chiens enragés, et notamment les trois personnes y étant actuellement et dont il a été fait mention par M. Mallet. Lui retiré, la matière mise en délibération, la Compagnie persuadée que les médecins et les premiers chirurgiens de l'Hôtel Dieu sont uniquement animés du même zèle qu'elle même pour le soulagement des malades qui viennent à l'Hôtel Dieu et en général pour le bien de l'humanité, et qu'ils n'ont entreux d'autre émulation que celle de pouvoir y contribuer respectivement, a arrêté qu'il seroit remis au Bureau, tant pour les médecins que par les premiers chirurgiens des mémoires sur la question proposée par M. Mallet et cependant que provisoirement, suivant les offres du sieur Ferrand et jusqu'à ce qu'il en soit autrement ordonné, tous malades apportés à l'Hôtel Dieu comme ayant été mordus, blessés ou même simplement égratignés par bêtes enragées, seront traités de concert par lesdits médecins et premiers chirurgiens; qu'à cet effet les premiers chirurgiens continueront de donner les premiers, à l'instant de l'arrivée du malade, et jusqu'à la visite du médecin, et consulteront le traitement subséquent avec le médecin de service dans la salle où lesdits malades auront été portés, et que les remèdes par eux ordonnés seront délivrés à l'apothicairerie sur les billets qui seront signés de l'un et de l'autre, et sera expédition de la présente délibération délivrée tant aux médecins qu'aux premiers chirurgiens et à l'Inspecteur de l'apothicairerie.

(2 juin.) La Compagnie informe que malgré les sages précautions prises par les règlemens précédemment faits, et notamment par ceux des 16 avril et 21 mai 1777 pour l'inscription, visite et réception des malades. on se plaignoit que dans différens tems de la journée et particulièrement le matin, depuis six heures jusqu'à huit les malades qui arrivoient étoient obligés d'attendre pour les deux opérations préliminaires à leur entrée, ou qu'ils étoient distribués dans les salles, sans que ces deux opérations également importantes pour eux mêmes et pour le bon ordre de la maison eussent été remplies. Lecture faite des anciens règlemens, notamment de ceux des 16 avril et 21 mai 1777, a arrêté qu'il en seroit délivré de nouveaux extraits, tant audit sieur maître au spirituel, qu'au premier chirurgien; que M. Marchais de Migneaux seroit prié de les inviter à tenir, chacun en droit soi, la main à leur exécution, a enjoint à l'Inspecteur pour ce mandé de faire avertir, tous les matins avant six heures, tant l'ecclésiastique de service au banc pour l'inscription, que le chirurgien chargé de la visite depuis six heures du matin jusqu'à huit heures, à l'effet de se trouver à leurs fonctions respectives à ladite heure de six heures, et en cas d'absence de leur part, malgré ledit avertissement d'en informer sur-le-champ M. le maître au spirituel et le premier chirurgien, pour y être par eux à l'instant pourvu et d'en instruire la Compagnie au Bureau suivant.

(16 juin.) A été dit par Monsieur Marchais, que la transaction qui vient d'être terminée entre l'Administration et Madame Goislard, touchant le fief terre et seigneurie d'Argeville en Beauce, par laquelle transaction le Bureau, pour éviter un procès et une saisie féodale, faute d'avoir fourni dans le délai de la coutume des lieux l'hommage, déclaration et l'homme vivant et mourant, auxquels le décès du sieur Noblet a donné ouverture, a préféré de payer le double droit à ladite dame Goisllard, conformément à la coutume d'Étampes, dans l'étendue de laquelle ledit fief étoit situé; que cet évènement a eu lieu parce qu'on a ignoré que le sieur Noblet étoit l'homme vivant et mourant qui lui avoit été fourni et que, comme il y a plusieurs autres officiers de l'Hôtel Dieu qui sont dans le même cas, vicaires de différens seigneurs, dont relèvent différens fiefs, appartenans à l'Hôtel Dieu, et qu'arrivant le décès de quelques uns de ces officiers, l'Administration pourroit se trouver exposée à un inconvénient pareil; que pour y obvier il paroîtroit expédient que le Bureau donnât ordre qu'il fût incessamment dressé un tableau de tous les officiers qui sont dans ce cas, lequel seroit attaché à portée d'être vu par les officiers, et surtout par le greffier du Bureau. La matière mise en délibération, la Compagnie a arrêté qu'il sera incessamment formé un tableau contenant les noms de tous ceux que le Bureau a choisis en qualité d'hommes vivans et mourans, qu'il a fournis auxdits seigneurs suzerains des fiefs appartenans audit Hôtel Dieu, avec le nom des terres pour lesquelles ils ont été fournis, qui sera inscrit à côté du leur, lequel tableau sera placé en un lieu évident, et à portée du greffier du Bureau pour y avoir recours quand le cas y écherra, lors duquel, lequel le greffier sera tenu d'en donner avis à celui ou ceux de MM. dans le département

desquels se trouveront les terres pour lesquelles l'officier décédé avoit été nommé, et a prié Monsieur Marchais de veiller à l'exécution de la présente délibération.

(28 juillet.) Monsieur Lecouteulx de Vertron a dit que vendredi dernier, jour indiqué pour l'examen de chirurgiens commissionnaires, à l'effet de choisir et de nommer ceux d'entr'eux qui seroient jugés les plus capables pour remplir les places vacantes de chirurgiens internes, deux des médecins appellés pour cet examen, savoir, les sieurs Sollier de la Romillais et Mallet lui avoient remis une copie d'un rapport par eux dressé, en exécution d'une ordonnance du prévôt de la Villette, rendue sur le réquisitoire du procureur fiscal de ladite justice, duquel il résulte que la marre étant au midi de l'hôpital Saint Louis et infecte, formoit un foyer de putridité dangereux; que l'éloignement des habitations laissoit peu à craindre du vent d'ouest pour ces habitations, mais qu'il pourroit en résulter de grands inconvéniens pour l'hôpital même, dans les circonstances où le vent du midi y apporteroit les exhalaisons de cette marre, à cause de sa proximité dudit hôpital; qu'en conséquence, ils faisoient des vœux pour qu'on procurât un écoulement à cette marre dans le grand égoût de la ville, sur quoi il les avoit informés que le Bureau avoit déjà pris cet objet en considération; qu'il avoit déjà fait curer les puisards, et que son intention étoit de faire curer cette marre, à quoi ils avoient ajouté qu'il y auroit le plus grand danger à en entreprendre le curement dans le moment présent; qu'il n'y avoit point de péril à diférer et qu'il ne falloit y procéder que cet hiver et par un vent du Nord. Sur quoi l'Inspecteur des bâtiments, mandé et entré, a dit que les puisards étant dans ledit hôpital avoient été nétoyés et que, par raport à la marre, il alloit la faire couvrir de fagots pendant le reste de l'été pour en arrêter les exhalaisons et qu'il prendroit les précautions convenables pour procéder cet hiver au curement de la marre; lui retiré, la matière mise en considération, la Compagnie a arrêté de remettre le rapport des médecins entre les mains de l'Inspecteur des bâtimens, à l'effet d'examiner par quels moyens on pourroit préserver l'hôpital et les habitations voisines des dangers qui pourroient résulter de l'état de cette marre qu'il feroit couvrir, ainsi qu'il venoit de le proposer et rendroit compte au Bureau, après la Saint Martin, des moyens qu'il aviseroit d'employer pour remédier définitivement aux inconvéniens de cette marre, pour y être par le Bureau statué.

(1er septembre.) Monsieur Lecouteulx de Vertron a dit qu'il avoit reçu le 24 du mois dernier, une lettre de Monsieur Colombier, dattée du 23, par laquelle il lui mande que M. le Contrôleur général ayant jugé qu'il seroit peut être utile de placer dans une des salles de l'Hôtel Dieu les moins salubres un ventilateur de nouvelle invention et qui a, en différens hôpitaux, mais surtout dans les vaisseaux du Roi, les succès les plus évidens, l'a chargé de faire la dépense de cette machine et d'avoir l'honneur de l'offrir à l'Administration, qui voudra bien juger du lieu où elle sera placée le plus utilement et faire observer ses effets; qu'il lui adresse en conséquence l'auteur de cette machine, afin qu'il puisse la lui montrer et lui en expliquer le mécanisme. Que d'après cette lettre il a eu l'honneur d'en prévenir MM. mercredi dernier, 25 de ce mois, en l'assemblée tenue aux Augustins, et aucuns de messieurs n'ayant pu l'accompagner à cette visite, à l'exception de M. Robineau d'Ennemont, il s'étoit rendu chez l'auteur accompagné de mondit sieur Robineau et du sieur Bonnot, le vingt six du mois d'août; que l'auteur leur avoit fait voir sa machine, tant en petit qu'en grand; qu'elle consiste dans un coffre de bois de chêne ayant environ cinq pieds de longueur, quatre pieds de hauteur et trois pieds de largeur, que dans ce coffre sont placés deux soufflets au dessus l'un de l'autre, ayant la figure d'un quarré long ou parallelogramme, et remplaçant exactement la capacité dudit coffre; que l'intervale entre les deux soufflets est rempli par une espèce de boîte qui correspond aux deux; que le coffre est surmonté d'une cage de bois destinée à recevoir le soufflet supérieur lors de son jeu; qu'enfin ce coffre est percé de trois ouvertures pour faire entrer l'air dans le premier soufflet et de trois autres ouvertures pour procurer la sortie de cet air du second soufflet; que l'une de ces dernières est armée d'un globe de cuivre dans lequel on place si on le désire une éponge imbibée de vinaigre, qu'on adapte à chacune de ces ouvertures des tuyaux formés par un fil d'archal en spirale, revêtu d'un cuir jaune fortement cousu, de manière que ces tuyaux sont capables de supporter une forte pression sans rien perdre de leur forme, et se prêtent à toutes sortes de contours, sans que le diamètre se resserre ou diminue aucune de ses parties; qu'on place au bout de ces tuyaux un entonnoir d'environ 18 pouces de diamètre pour, en présentant une ouverture plus large, embrasser une plus grande quantité d'air; qu'enfin le mouvement s'imprime aux deux soufflets par une bascule avec très peu d'efforts. Que l'objet général des ventilateurs est de renouveller l'air dans les endroits infectés d'un air malsain, et pour y parvenir, l'effet de la plupart de ceux qui avoient précédemment été employés étoit d'introduire un air nouveau qui prend la place de l'ancien. Que celui dont il s'agit procure successivement et suivant les circonstances, le double effet ou de pomper l'air intérieur infecté et de l'expulser au dehors, au moyen de quoi l'air sain et extérieur entre dans la même proportion, ou de pomper l'air extérieur et sain et de l'introduire dans l'intérieur, ce qui expulse dans la même proportion l'air malsain; que ce double effet est produit à volonté par les deux soufflets dont l'opération est, relativement à l'air, ce qu'est à l'eau une pompe aspirante et foulante; le soufflet inférieur, lorsque les tuyaux adaptés aux ouvertures ont la leur dans la salle, aspire l'air intérieur infecté qui passe par la boîte intermédiaire dans le second soufflet, qui foule cet air et le chasse par les autres tuyaux à l'extérieur et prépare un vide à l'air pur et sain qui ne manque pas de remplir ce vide, dans la même proportion, par une opération inverse également à volonté et successive, quand on le juge à propos; les tuyaux adaptés au soufflet aspirant, placés de manière à pomper de l'air pur et sain à l'extérieur; le soufflet aspire cet air pur et sain qui, passant par la boîte ci-dessus décrite dans le soufflet supérieur, est foulé par l'effet de ce soufflet pour entrer par les tuyaux distribués dans l'intérieur de la salle, y introduire cet air pur et sain et expulser en conséquence l'air malsain et infecté; c'est dans cette dernière opération qu'on se sert du globe adapté à l'une des ouvertures; une éponge imbibé de vinaigre et placé dans ce globe, procure à l'air qui y passe une teinture, s'il est permis de parler ainsi, de cet acide salubre; que, se méfiant de ses lumières sur un objet hors de sa portée et de ses connoissances, il y a conduit le lendemain un ami instruit de la mécanique qui, après avoir examiné la machine, lui en a rendu un témoignage avantageux tant du côté de la simplicité que de ses effets; que l'expérience faite dans les vaisseaux du Roi, dans les hôpitaux militaires et notamment au dépôt de mendicité de Saint Denis, mettoit cette machine hors de la classe de celles qui laisseroient du doute sur le succès; qu'en conséquence et surtout dans la circonstance qu'il n'en coûte rien à l'Administration pour l'établissement de cette machine, dont toute la dépense doit être faite par le gouvernement, il lui paroît qu'il ne reste au Bureau que d'indiquer la salle où il convient d'en faire l'essai; que les salles Saint Roch et Saint Landry lui avoient paru celles qui pourroient en avoir le plus de besoin, mais qu'ayant conféré sur le choix avec M. Colombier, il lui avoit paru qu'il penchoit pour celle de Saint Roch comme en ayant, par son peu d'étendue et le nombre des malades qui y sont rassemblés, un besoin plus pressant; que d'ailleurs, lorsque les travaux qui vont se faire au Petit Châtelet, auront procuré de l'air à cette salle, la machine pourra être transportée facilement dans une autre. Que d'après tout ce qu'il vient d'avoir l'honneur d'exposer à la Compagnie, il penseroit qu'elle doit accepter avec reconnoissance l'offre du gouvernement, indiquer à M. Colombier la salle Saint Roch pour y placer la machine, charger l'Inspecteur des bâtimens d'être présent au placement de ladite machine et de faire à l'auteur les observations convenables, relativement au local pour éviter tous inconvéniens, tant pour les salles supérieures que pour les maisons voisines, et de veiller, après que la machine sera placée, au travail qu'elle exigera pour opérer son effet; qu'aussitôt que la machine sera en jeu, les médecins de l'Hôtel Dieu soient invités à en observer les effects et à en rendre compte au Bureau; d'arrêter en outre que la lettre de M. Colombier sera annexée à la minute de la présente délibération, dont copie sera adressée à mondit sieur Colombier et une autre remise à l'Inspecteur des bâtimens. Sur quoi la matière mise en délibération, la Compagnie a accepté avec reconnoissance l'offre du gouvernement; en conséquence, a arrêté que la machine sera placée dans la salle Saint Roch, que l'Inspecteur des bâtimens sera présent au placement de ladite machine, et fera à l'auteur les observations convenables relativement au local, pour éviter tous inconvéniens, tant pour les salles supérieures que pour les maisons voisines, et veillera, après ledit placement, au travail qu'elle exigera pour produire son effet; qu'aussitôt qu'elle aura pu être mise en jeu, les médecins seront invités à en observer les effets et à rendre compte au Bureau.

155e REGISTRE. — ANNÉE 1785.

(5 janvier 1785.) La Compagnie étant informée que l'état de la santé de plusieurs médecins ordinaires de l'Hôtel Dieu ne leur permet pas dans le moment actuel d'y remplir leurs fonctions auprès des malades, il a été observé que ces médecins ne peuvent être tous supplées en même temps par le seul médecin expectant, sans qu'il en résulte un préjudice notable auxdits malades, quelque zèle qu'il puisse avoir; les médecins ayant plusieurs fois reconnu et représenté au Bureau qu'un nombre trop considérable de malades excède les forces d'un seul homme; que néanmoins cette circonstance est assés fréquente, et qu'il est conséquemment nécessaire d'y pourvoir. Lecture faite du règlement du 27 février 1782, portant que les huit médecins ordinaires feront les huit départemens et le médecin expectant la visite du soir, sauf à se suppléer les uns les autres en cas de maladie, conformément au règlement du 3 juin 1755, art. 4, dont il a été pareillement fait lecture; la matière mise en délibération, la Compagnie a arrêté que ledit règlement du 27 février 1782 seroit exécuté selon sa forme

et teneur; en conséquence, pour prévenir les inconvéniens qui naitroient de la surcharge pour un médecin seul de suppléer en même temps plusieurs de ses confrères dont les défauts de service pour cause de maladie concourroient ensemble, a arrêté : 1° que le médecin expectant fera la visite du soir, et en cas de maladie d'un des médecins ordinaires, le département dudit médecin malade; 2° que dans le cas où la maladie d'un autre médecin ordinaire viendroit à concourir avec celle du premier, le dernier reçu des médecins ordinaires en santé, et non de service à St Louis, feroit, outre son département, celui du médecin qui seroit tombé malade le second; 3° qu'il en sera usé de même dans le cas de trois médecins malades, c'est à dire que le médecin expectant et les deux derniers reçus des médecins ordinaires en santé et non de service à Saint Louis, feront chacun, outre leur département ordinaire, celui d'un des médecins malades, et ainsi de suite en remontant suivant l'ordre du tableau, en sorte que jamais aucun desdits médecins, soit expectant, soit ordinaire, ne puisse être tenu de faire plus de deux départemens; sçavoir, le sien et celui d'un des malades, et sera copie du présent règlement adressé par ordre du Bureau à l'ancien desdits médecins, pour en faire part à messieurs ses confrères.

(7 janvier.) Par un extrait tiré des registres de l'Hôtel Dieu et de l'hôpital Saint Louis, il paroît que le premier janvier de l'année dernière 1784, il y avoit 2,010 malades dans ledit Hôtel Dieu, que pendant ladite année il en a été reçu 22,865, dont 21,783 de la ville et de la campagne, des hôpitaux 1082, dont 789 de la Salpêtrière, 156 de Bicêtre et 137 de la Pitié, enfans nouveaux nés 1,502, dont 790 garçons et 712 filles, ce qui compose en total 26,377 personnes; que sur ce nombre, il en est mort 4,680, dont 2,709 hommes et 1,578 femmes de la ville et de la campagne, enfans nouveaux nés 135, dont 86 garçons et 49 filles, des hôpitaux 258, dont 172 de la Salpêtrière, 64 de Bicêtre et 22 de la Pitié, et comme il n'en restoit le dernier dudit mois de décembre que 2,118, il en est sorti 19,579; qu'il y avoit 671 malades dans ledit hôpital Saint Louis, le premier dudit mois de janvier 1784; qu'il en a été envoyé dudit Hôtel Dieu pendant ladite année 4,932, dont 3,525 de la ville et de la campagne, des hôpitaux 1,407, dont 614 de la Salpêtrière, 375 de Bicêtre et 418 de la Pitié, ce qui compose en total 5,603 personnes; que sur ce nombre il en est mort 1,104, dont 390 hommes et 210 femmes de la ville et de la campagne, des hôpitaux 504, dont 252 de la Salpêtrière, 136 de Bicêtre et 116 de la Pitié, et comme il n'en restoit le dernier dudit mois de décembre 1784 que 744, dont 502 de la ville et de la campagne, des hôpitaux 242, dont 93 de la Salpêtrière, 86 de Bicêtre et 63 de la Pitié, il en est sorti 3,755, en sorte qu'au dernier dudit mois de décembre 1784 il y avoit 2,862 malades dans lesdits deux hôpitaux.

(26 janvier.) Monsieur Dupont a fait lecture sur l'expédition qui lui a été remise, tirée des registres des délibérations du Bureau de l'Hôpital Général, tenu à l'Archevêché, le mercredi 29 décembre 1784 dont la teneur suit : M. Henri a dit : «Messieurs, j'ai l'honneur de remettre sous vos yeux un mémoire qui vous est présenté par les sieurs Dorfeuil et Gaillard, nouveaux entrepreneurs des spectacles forains, connus sous la dénomination des *Variétés amusantes* et de l'*Ambigu comique*, par lequel ces entrepreneurs vous représentent que, par le traité qu'ils ont fait avec l'Académie royale de musique, ils ont à lui payer chaque année une somme de 60,000 livres; qu'ils sont de plus chargés d'une pension de 4,000 ⱡⱡ au profit du sieur Lécluse, qu'ils ont avancé une somme de 140,000 ⱡⱡ avec laquelle ils ont acquitté les dettes des Variétés; que nonobstant ces sommes, ils sont dans la nécessité de faire rétablir la salle de la foire Saint Laurent et de faire agrandir celle des élèves dans laquelle le spectacle joue maintenant, dépense de 40,000 ⱡⱡ et plus qui devient indispensable. Que même ils sont entrés en payement d'une partie de la somme de 80,000 ⱡⱡ, qu'ils ont à compter pour la construction d'une salle provisoire, qu'ils font élever dans le Jardin du Palais Royal, où par des arrangemens entre le gouvernement et Monseigneur le duc de Chartres, il a été arrêté qu'on établiroit à demeure le spectacle des Variétés, établissement qui augmente leurs charges de 24,000 ⱡⱡ par an pour loyer du terrein, de 10,000 ⱡⱡ de plus à l'Opéra, d'une troupe plus nombreuse, de décorations nouvelles, d'un magasin plus considérable, et conséquemment de frais journaliers beaucoup plus forts. Qu'après avoir calculé que les premières années de leurs entreprises ne leur rendroient non seulement aucuns bénéfices, mais ne les couvriroient même qu'avec peine de leurs déboursés, ils ont pensé que d'après toutes les considérations ci dessus, les Administrateurs de l'Hôtel Dieu et de l'Hôpital Général ne se refuseroient pas à l'offre qu'ils font de payer annuellement une somme de 80,000 ⱡⱡ de mois en mois, ou quinzaine par quinzaine, et ce pendant les 12 premières années de leur privilège, à commencer du 1er janvier prochain, sçavoir, 60,000 ⱡⱡ pour le spectacle des Variétés résidant au Palais Royal et 20,000 ⱡⱡ pour celui de l'Ambigu comique faisant le service des foires. Que tel est l'abonnement qu'ils proposent et qu'ils regardent comme très raisonnable, d'après toutes les considérations qu'ils ont mises en avant. Pour vous mettre, Messieurs, en état de juger si la proposition qui vous est faite par ces nouveaux entrepreneurs est admissible, j'ai cru devoir

vous mettre sous les yeux un état du produit de ces deux spectacles pendant les 3 années échues depuis Pâques 1781 jusqu'à Pâques 1784. Il en résulte, que le spectacle des Variétés a produit pendant ces 3 dernières années 730,868 livres 11 sols, dont le quart est de 182,717 ᵗᵗ 2 sols 9 deniers, dont l'année commune est de 60,905 ᵗᵗ 14 s. 3 deniers; et que le spectacle de l'Ambigu comique a produit pendant ces mêmes trois années 668,206 livres dont le quart est de 167,051 livres, 10 sols, dont l'année commune est de 55,683 livres, 16 sols 8 deniers. Cet état démontre que si d'un côté l'offre que font ces nouveaux entrepreneurs pour l'abonnement du spectacle des Variétés amusantes, paroît assurer un recouvrement à peu près pareil à celui que présente l'année commune du quart du produit de ce spectacle pendant les trois dernières années, celles qu'ils font pour celui de l'Ambigu comique n'a aucune proportion avec le montant de l'année commune du quart du produit de ce spectacle, étant inférieure à ce produit de plus de 35,000 ᵗᵗ. Mais il est aisé de reconnoître que l'offre faite pour le spectacle des Variétés amusantes est également insuffisante. Si l'on considère : 1° que ce spectacle va être transporté au centre de Paris, dans un quartier très peuplé et dans lequel tous les habitans de la ville affluent journellement et qu'il sera sédentaire, sans être assujéti comme les autres petits spectacles à suivre les foires; 2° que le prix des places sera augmenté sensiblement, qu'il sera porté à 3 livres, 30 sols et 20 sols, au lieu de 30, 20 et 12 sols, ce qui influra nécessairement sur la recette de ce spectacle, je pourrois joindre aux réflexions qui naissent naturellement de l'examen de cet état, des motifs puissans qui démontreroient l'inutilité, même le danger d'un abonnement, et rappeller ce qui a résulté de l'abonnement auquel le Bureau a eu la facilité de se prêter vis-à-vis des comédies françoises et italiennes; mais tous ces détails me paroissent absolument inutiles, le Bureau ne pouvant les perdre de vue. J'observerai seulement que ces nouveaux entrepreneurs sont peut être dans le cas d'obtenir quelques remises de la part du Bureau en raison des dépenses extraordinaires auxquelles ils vont être assujétis, tant par la translation du spectacle des Variétés au Palais Royal, que par la construction qu'ils font actuellement faire d'une nouvelle salle, dans le local qui leur a été accordé. Sur quoi la matière mise en délibération, le Bureau a entièrement rejetté la demande d'abonnement faite par les sieurs Dorfeuille et Gaillard, nouveaux entrepreneurs des deux spectacles de l'Ambigu commique et des Variétés amusantes. Et cependant, ayant égard aux dépenses extraordinaires qu'ils vont supporter, tant à cause de la translation de ce dernier spectacle qu'à cause de la construction de la nouvelle salle qu'ils font élever au Palais Royal, et voulant néantmoins connoître d'une manière certaine le produit de ce spectacle dans le nouveau quartier, a, par grâce et sous le bon plaisir de l'Administration de l'Hôtel Dieu, modéré pendant deux années, à compter du premier janvier, à la somme de 60,000 livres chaque année, le quart que le spectacle des Variétés pourroit produire pendant lesdites deux années. Dans le cas où ce quart monteroit à une somme plus considérable, faisant remise par les considérations ci-dessus auxdits entrepreneurs pendant lesdites deux années, de ce que le quart du produit de ces spectacles pourroit rapporter au delà de ladite somme de 60,000 ᵗᵗ par année, sans cependant que lesdits entrepreneurs puissent prétendre aucune indemnité dans le cas où le quart du produit de leur spectacle ne seroit pas monté à ladite somme de 60,000 ᵗᵗ dans l'une ou l'autre desdites deux années. Et pour assurer le payement desdites 60,000 ᵗᵗ et pouvoir connoître le véritable produit de ce spectacle, il a été arrêté qu'il seroit mis aux différentes portes des commis comme aux autres spectacles; que les receveurs ordinaires continueront à arrêter la recette journalière, à constater tous les jours le montant du quart, même à le percevoir jusques à la concurrence desdites 60,000 livres par an, sauf, après que les deux hôpitaux se trouveront remplis de cette somme, à se contenter de constater le produit du spectacle, sans percevoir aucune somme pour le quart le reste de l'année. Et après qu'il en a été délibéré, la Compagnie a arrêté d'adhérer à l'abonnement dudit spectacle des Variétés amusantes, ci devant désigné, et aux mêmes conditions pour les deux cinquièmes qui reviennent à l'Hôtel Dieu dans la somme fixée pour ledit spectacle, payable dans les termes ci-devant expliqués, et sera délivré expédition de la présente délibération au s^r Resmond, préposé au recouvrement du droit dudit Hôtel Dieu sur les spectacles publics, à l'effet de s'y conformer.

(26 janvier.) A été fait lecture au Bureau d'une lettre de MM. les Administrateurs du collège de Louis le Grand souscrite de MM. les Présidents Rolland et Le Rebours, dont la teneur suit : «Messieurs, le Bureau d'Administration du collège Louis le Grand dont nous avons l'honneur d'être membres, nous a chargés, par délibération du 20 de ce mois, de vous témoigner le désir qu'il a de pouvoir procurer aux élèves de ce collège une maison de récréation hors de Paris, il se flatte que si vos arrangemens vous le permettent, vous voudrez bien en prendre avec nous pour votre maison de Ste Anne; nous savons qu'en la louant vous avés fait des réserves considérables; si vous aviez la bonté d'en céder une partie au collège de Louis le Grand; nous pourrions nous arranger avec votre fermier pour les portions qui nous seroient

nécessaires, nous nous soumettrions à vous remettre les lieux, dans le cas où quelque évènement vous le rendroit nécessaire; nous vous prions de vouloir bien nous faire savoir vos intentions, et si nos propositions vous conviennent, nous indiquer les membres de votre Bureau avec lesquels vous jugerez à propos que nous traitions cette affaire; elle intéresse le bien des écoliers de Louis le Grand, et sous ce point de vue, elle a des droits particuliers à votre attention. Nous avons l'honneur, etc. à Paris, ce 24 janvier 1785.» Après laquelle lecture, Monsieur Lecouteulx de Vertron, doyen, a été chargé de répondre que le Bureau feroit tout ce qui lui seroit possible pour seconder les intentions de MM. les Administrateurs de Louis le Grand, avec les commissaires desquels, Monsieur Marchais de Migneaux, commissaire de l'hôpital Ste Anne, conféreroit à ce sujet lorsqu'il leur plairoit.

(28 février.) M. Lepelletier de Morfontaine, conseiller d'État, ayant été élu Prévôt des marchands, au lieu et place de M. de Caumartin, a pris séance au Bureau pour la première fois.

(28 février.) La Compagnie a choisi et nommé le s^r Pierre Joseph *Desault*, maître en chirurgie, conseiller de l'Académie royale de chirurgie, professeur d'anatomie et de chirurgie à l'École pratique, et chirurgien en chef de l'hôpital de la Charité de cette ville, premier chirurgien de l'Hôtel Dieu, en survivance du sieur Moreau et avec exercice, au lieu et place du s^r Ferrand, décédé, pour aider ledit s^r Moreau, le suppléer et le remplacer dans toutes les fonctions de premier chirurgien de l'Hôtel Dieu, sans aucune exception, à la charge qu'il ne pourra prétendre aucuns appointemens pendant la vie dudit sieur Moreau, pour quelques causes et prétextes que ce puisse être, mais il sera seulement nourri, chauffé, éclairé et logé dans l'Hôtel Dieu où il sera tenu de coucher toutes les nuits, ainsi que l'a fait ledit sieur Moreau, depuis sa nomination à la survivance du s^r Boudon, et de se conformer au surplus aux règlemens faits sur les devoirs et fonctions du premier chirurgien de l'Hôtel Dieu, comme aussi à la charge d'être subordonné audit sieur Moreau dans l'exercice desdites fonctions.

(16 mars.) M. Mopinot a dit que depuis que les constructions que le gouvernement fait faire à l'Hôtel Dieu sont commencées, il a souvent été question, mais sans former de délibération, des effets qu'elles devoient produire, et des différens objets qu'il y avoit à régler quand les choses seroient au point de s'en occuper particulièrement. Que ce moment lui paroît arrivé en ce qu'on peut se promettre qu'insensiblement ces constructions avançant, plusieurs salles nouvelles seront dans le cas d'être habitées; qu'ainsi il lui semble prudent de prévoir ce tems et de prendre les précautions nécessaires, en délibérant expressément sur cette matière qui est de la dernière importance pour l'Hôtel Dieu. La première chose à prévoir est la fermeture de l'hôpital Saint Louis; la Compagnie est trop pénétrée des avantages qui en résulteront, relativement à l'économie, à l'ordre et au bien être même des malades pour qu'il soit besoin de s'étendre à cet égard. Aussi, depuis la reconstruction de l'une des salles incendiées, le Bureau auroit pourvu à cette fermeture, si alors les nouvelles constructions ordonnées par le gouvernement et qui présageoient un arrangement plus commode que celui que le Bureau auroit été obligé de faire, n'eussent suspendu ses projets; que dans les circonstances actuelles il semble nécessaire de s'en occuper expressément, en nommant des commissaires qui examinent les moyens de vider cet hôpital et de retenir à l'Hôtel Dieu l'espèce de malades qui s'envoient à l'hôpital Saint Louis, les lieux où ils pourront être placés à l'Hôtel Dieu, les arrangemens et dispositions à faire en conséquence, en un mot qui discutent tout ce qui est relatif à cette opération, qui rapportent au Bureau leur travail et qui suivent l'exécution des délibérations qui seront prises en conséquence. Premier travail. Mais les constructions que le gouvernement fait faire produiront l'effet, non seulement de fermer Saint Louis, mais encore d'augmenter à l'Hôtel Dieu le nombre des malades qui y sont attirés *par les lits seuls* qu'on va placer dans les salles nouvelles, comme il en sera placé dans la suite et successivement dans les salles anciennes; or, ce changement de manutention et cette augmentation de malades et par conséquent de dépenses que l'Administration a bien prévue, mais dont elle ne s'est occupée relativement jusqu'à présent qu'en général, demandent qu'elle examine actuellement les choses de plus près et en détail. Et d'abord, relativement au changement résultant soit de la plus grande quantité des salles, soit de la forme des lits, il est peut être plusieurs choses à prévoir pour l'ordre, pour la tenue des salles, pour le service des malades. C'est un examen et un second travail à faire par les commissaires. Il en est de même relativement à l'augmentation de dépense. Déjà le Bureau, occupé de cet objet a saisi le 9 février dernier une occasion qui se présentoit pour, par une délibération de ce jour, donner à l'état général de recettes et de dépenses de l'Hôtel Dieu qui se dépose chaque année au greffe une forme tendante à mettre chacun de Messieurs plus à portée de veiller à bonifier la recette, à diminuer la dépense et à découvrir les abus qui peuvent s'introduire à cet égard. Mais ce moyen général n'exclut pas différens projets particuliers d'économie, dont il a été donné des apperçus

dans plusieurs assemblées et dont on a remis à s'occuper plus particulièrement quand les nouvelles constructions seroient suffisamment avancées, ces articles particuliers sont donc encore du nombre de ceux dont il est tems que le Bureau décide, ou du moins qu'il se mette en état. Le premier de ces projets d'économie est celui relatif aux lessives. Il semble même tenir en quelque sorte à l'article de la fermeture de Saint Louis et il y tient en effet, si, pour placer les malades qu'on n'enverroit plus à l'hôpital Saint Louis, on avoit besoin des greniers qui servent de séchoirs. Or, aura-t-on besoin de ces greniers pour placer ces malades? Peut-on aisément s'en passer pour les lessives? *Est-il plus économique de faire faire les lessives par entreprise?* Est-il plus expédient d'en décharger les religieuses et de les rendre ainsi au service direct des malades, qui fait l'objet de leur institution et qui doit faire le principal objet de leur cœur. L'entrepreneur des lessives les fera-t-il dans l'Hôtel Dieu, auquel cas il a besoin de séchoirs, et il y a des précautions à prendre pour que l'ordre de la maison ne soit pas troublé par un étranger et ses ouvriers, ou fera t-il ses lessives au dehors, auquel cas les séchoirs faciliteroient la fermeture de Saint Louis? Mais alors il y a des précautions à prendre pour que le service du linge ne soit pas suspendu. C'est tout cela qu'il s'agit d'examiner. Troisième travail à faire par les commissaires. L'objet des lessives fait naître naturellement l'idée d'une lingerie et semble même la nécessiter, si on admet les lessives par entreprise, parce qu'il faut en simplifier l'opération, aussi est-ce le second projet d'économie. L'avantage qu'un semblable établissement semble présenter est que le linge, *article immense à l'Hôtel Dieu*, pourroit être veillé dans sa distribution, suivi dans son emploi et conservé par un ordre invariable qui le faisant partir d'un endroit unique, où il seroit par compte et où il reviendroit après le blanchissage aussi par compte, le garantiroit des pertes considérables qu'il souffre fréquemment. Ainsi l'établissement d'une lingerie est il nécessaire, soit relativement aux lessives par entreprise? Où la placeroit-on? Sous quelle direction seroit-elle? Quelle seroit sa manutention? Quatrième examen et quatrième travail à faire par les commissaires. Il propose donc au Bureau de prendre son exposé en considération et d'y faire droit. La matière mise en considération, la Compagnie a arrêté qu'il sera incessamment procédé à l'examen des différents objets proposés, et à cet effet a nommé commissaires Messieurs Dupont, Marchais, de Migneaux, Mopinot et Martin. Elle les invite à approfondir chacun des articles avec tout le soin dont ils sont capables et qu'exige une matière aussi importante, d'en conférer avec M. Lecouteulx de Vertron et former du tout un travail qui sera mis sous les yeux du Bureau, et qu'en conséquence il sera délivré à chacun d'eux expédition de la présente délibération.

(6 avril.) Lecture ayant été faite d'un mémoire en datte du 21 mars dernier, adressé au Bureau par les huit médecins ordinaires de l'Hôtel Dieu et signé d'eux, contenant des représentations sur la délibération du 5 janvier dernier. La Compagnie s'est fait représenter ladite délibération et a pesé de nouveau les motifs qui l'ont déterminée et qui sont....... Tels sont les motifs qui ont déterminé la délibération du 5 janvier dernier, laquelle n'est donc que l'expression des règlemens. Passant maintenant à l'examen du mémoire : 1° il est étonnant qu'on y présume que la délibération du 5 janvier dernier porte sur la supposition que l'expectant a, de fondation, un département à faire tous les matins, peut être est-ce parce qu'en parlant des fonctions habituelles de l'expectant, on s'y est servi du mot Département; mais comme cette délibération, dans tout son contexte, n'indique pour fonctions habituelles de l'expectant que la visite du soir, il n'y avoit pas lieu à l'équivoque que le mémoire tire du mot Département; 2° il est bien plus étonnant encore dans le mémoire qu'on y dise : « qu'il ne seroit pas juste que les médecins pensionnaires fussent chargés de deux départemens, tandis que l'expectant n'en feroit qu'un, qu'ils seroient au-dessous de lui en faisant deux visites tandis qu'il n'en feroit qu'une, ce qui seroit contre le droit des gens et ce qui renverseroit en même tems tous les privilèges de l'ancienneté, » etc. Ces inconvéniens existeroient en effet si la place d'expectant ayant le même rang et le même traitement que celle des médecins ordinaires, les fonctions étoient moindres, mais sous tous les aspects elle leur est inférieure, ainsi de même que l'ordre et les privilèges de l'ancienneté n'y sont pas blessés, lorsque l'expectant n'a pour fonctions habituelles que la visite du soir qui, suivant le mémoire, ne doit être comptée pour rien et ne peut en aucune manière être assimilée aux visites du matin, quand au contraire le médecin ordinaire a pour fonctions habituelles un département, c'est-à-dire, une visite du matin, de même ils ne le font pas, lorsque l'expectant ne fait extraordinairement, comme chacun des médecins ordinaires qu'un département; à cet égard même on peut dire que comme de raison il est moins favorisé que les médecins ordinaires, puisque, devant être le premier à remplir les départemens vacants, il y est plus exposé; 3° quant à la conclusion du mémoire par laquelle on demande qu'il soit statué que les médecins ordinaires ne seront tenus de venir au secours de l'expectant, qu'autant qu'il se trouveroit surchargé d'un troisième département, auquel cas les médecins ordinaires offrent de l'aider. Cette demande qui suppose que

l'expectant doit remplir deux départemens est, comme on vient de le dire absolument contraire aux règlemens qui ne le chargent, outre sa visite du soir, que de remplir un département s'il s'en trouve de vacant, ainsi elle ne peut être admise. En conséquence la Compagnie, en ordonnant que ledit mémoire demeurera annexé à la minute de la présente délibération a arrêté de nouveau, conformément aux règlemens : 1° que le médecin expectant fera, comme fonction ordinaire, chaque jour la visite du soir, et comme fonction extraordinaire, en cas de maladie d'un des médecins ordinaires, le département dudit médecin malade; 2° que dans le cas où la maladie d'un autre médecin ordinaire viendroit à concourir avec celle du premier, alors le dernier reçu des médecins ordinaires en santé et non de service à l'hôpital Saint Louis fera, outre son département, celui du médecin qui seroit tombé malade le second; 3° qu'il en sera usé de même dans le cas de trois médecins malades, c'est à dire que le médecin expectant et les deux derniers reçus des médecins ordinaires en santé et non de service à l'hôpital Saint Louis, feront chacun, outre leur service ordinaire, le département d'un des médecins malades et ainsi de suite, en remontant suivant l'ordre du tableau, en sorte que jamais aucuns desdits médecins soit expectant, soit ordinaires, ne puisse être tenu de faire plus d'un département au delà de ses fonctions ordinaires, c'est-à-dire si c'est l'expectant plus que la visite du soir et un département et si c'est un médecin ordinaire plus que deux départemens, dont un comme fonction ordinaire et l'autre comme fonction extraordinaire. Et sera copie de la présente délibération adressée par ordre du Bureau à l'ancien des médecins, pour en faire part à Messieurs ses confrères.

(6 avril.) Me Lefèvre, huissier au Parlement, entré cejourd'hui au Bureau lui a signifié par exploit à la requête de maître Antoine Leprévôt, avocat au Parlement, mari de D[lle] Marie Thérèse Charlotte Grancher : 1° l'extrait de la célébration de leur mariage du 14 juin 1784; 2° de l'ordonnance sur référé rendue par M. le Lieutenant civil le 15 mars dernier; 3° de l'arrêt du Parlement du 22 dudit mois de mars; 4° de l'ordonnance sur référé rendue par M. l'abbé de Lataignant, conseiller au Parlement du jour d'hier; 5° de l'exploit en datte de ce jour, contenant opposition par ledit maître Leprévôt à ce que MM. les Administrateurs ne souffrent qu'on reçoive dans ledit Hôtel Dieu ladite Marie Thérèse Grancher son épouse, enceinte de 8 mois et demi, sous quelque prétexte que ce puisse être; à quoi MM. ont répondu qu'ils ne pouvoient avoir égard à ladite opposition sans déroger à l'institution de l'Hôtel Dieu; qu'il y auroit du danger à fermer aux femmes grosses l'entrée audit Hôtel Dieu, qui d'ailleurs se présentent souvent sous des noms empruntés; laquelle réponse a été de l'ordre de MM. signée du greffier du Bureau, contre laquelle ledit maître Lefèvre pour ledit maître Leprévôt a fait toutes réserves et protestations.

(27 avril.) Monsieur Dupont a fait lecture sur l'expédition qui lui a été remise, tirée des Registres des délibérations du Bureau de l'Hôpital Général tenu à la Pitié le lundi 25 du présent mois d'avril, dont la teneur suit : M. Henry a dit : «Messieurs, les entrepreneurs du privilège de la *guinguette chinoise* qui va s'établir à la foire Saint Laurent, dans le local où étoit la redoute, ont l'honneur de vous représenter que leur établissement se formant sous les plus mauvais auspices, ils seroient dans l'impossibilité de payer un abonnement considérable pour la redevance des pauvres. Pour appuyer cette assertion, ils allèguent : 1° qu'ils ont 48,000 ᵗᵗ de constructions à payer; 2° qu'ils ont 2,500 ᵗᵗ de loyer à payer par année; 3° que le prix des billets est diminué d'un tiers; 4° enfin, qu'ils ont contre leurs produits *le discrédit de la Foire, la vogue du Palais Royal* et l'établissement d'une nouvelle redoute.» M. Henry a ajouté que toutes ces raisons paroissent effectivement devoir mériter quelques considérations, mais que comme l'abonnement payé l'année précédente par le sieur Pleinchêne étoit d'une somme de 1,200 ᵗᵗ, il pense qu'on peut la réduire pour cette année à 800 ᵗᵗ. Sur quoi la matière mise en délibération, le Bureau, sous le bon plaisir de l'Administration de l'Hôtel Dieu a consenti seulement pour la présente année à un abonnement de 800 ᵗᵗ, sous la condition que la susdite somme sera payée par les entrepreneurs de la guinguette chinoise en ouvrant leur spectacle. Et après qu'il en a été délibéré, la Compagnie a arrêté d'adhérer à l'abonnement dudit spectacle de la guinguette chinoise et aux mêmes conditions pour les deux cinquièmes qui reviennent à l'Hôtel Dieu dans ladite somme de 800 ᵗᵗ payable, comme il est ci dessus dit. Et sera délivrée expédition des présentes au sieur Rémond, préposé au recouvrement du droit dudit Hôtel Dieu sur les spectacles publics, à l'effet de s'y conformer.

(18 mai.) M. Colombier étant venu au Bureau, accompagné du s[r] de St Far, d'après l'invitation qui en avoit été faite à M. Colombier et le sieur Bonnot, Inspecteur des bâtimens de l'Hôtel Dieu ayant été mandé et étant entré, M. Mopinot a dit que la Compagnie s'occupant des moyens d'accélérer autant qu'il seroit possible la fermeture de l'hôpital Saint Louis, s'est fait représenter les plans des constructions projetées par le gouvernement, qui sont déposés aux archives. Qu'en détaillant ces plans, elle a été frapée d'un inconvénient considé-

rable qu'elle croit devoir résulter de la construction qu'ils présentent à faire *de deux étages de salles au dessus de celles qui existent déjà sur le Pont aux doubles*. Qu'elle pense que ce surexhaussement seroit capable d'intercepter le courant d'air dans les bâtimens de l'Hôtel Dieu qui bordent la rivière qui tire de ce côté leur principal et la plupart leur unique jour et qui sont précisément ceux où sont les malades. Que les conséquences qui en résulteroient sont telles qu'elle ne doute pas que son observation n'excite toute l'attention du gouvernement et ne le détermine à réformer cette partie des plans. Mais comme d'un autre côté le local qu'auroient fourni ces deux nouvelles salles est absolument nécessaire pour remplir les *vues très utiles du gouvernement de séparer par la rivière les salles d'hommes et celles des femmes*, la Compagnie s'est en même temps occupée des moyens d'y suppléer. Qu'il lui semble qu'on y parviendroit : 1° en formant un étage quarré des deux greniers se joignans, qui sont, l'un au dessus de la salle Saint Denis, l'autre au dessus de la salle Saint Cosme, auquel on parvient par l'escalier neuf qui vient d'être construit; 2° en établissant en salles de malades la pièce au dessous du grenier Saint Denis, appellé le *chiffon* et la pièce au dessous du chiffon appellée chambre, sauf à transporter ailleurs l'office du chiffon et celui de la chambre. Que cette opération auroit l'avantage non seulement de fournir un local presqu'équivalent à celui des deux salles réformées, mais encore de donner à l'escalier nouvellement construit l'utilité de dégager à neuf salles de malades, trois à chaque étage, sans être entremêlées d'aucun service étranger, et à tous les bâtimens de l'Hôtel Dieu qui bordent la rivière, la simétrie agréable d'avoir tous trois étages. Quant à l'exécution, d'abord le transport ailleurs de l'office du chiffon est à désirer, à cause de l'espèce de travail qui s'y fait et parcequ'il est mal placé où il est, à cause du danger du feu, il seroit mieux dans un des souterreins et la Compagnie s'occupe actuellement d'un objet qui pourra lui faire trouver une place commode. Pour l'office de la chambre, il est un endroit qui paroit favorable, le premier étage du bâtiment neuf, cour des écuries, que le gouvernement avoit destiné aux novices, si toutefois ce bâtiment qui n'étoit pas destiné à soutenir un si grand poids est néantmoins assés solide dans le fait, ou s'il peut être assés consolidé pour sa nouvelle destination. Au surplus les ouvrages qu'occasionnera le changement proposé par la Compagnie lui paroissent moins coûteux que la construction des deux étages de salles projetées sur le Pont aux Doubles. Et d'ailleurs si peu longs à faire, que la formation des deux greniers en un étage quarré peut s'exécuter dans le cours de cet été. Mais en même tems il seroit nécessaire de compléter l'arrangement des trois salles nouvellement construites et de l'ancien noviciat et à cet effet : 1° de finir l'escalier et le parloir du nouveau noviciat afin de faire vider l'ancien; 2° de faire arriver des eaux dans chacune des salles pour le service; 3° d'y construire les offices et chambrettes de religieuses nécessaires; 4° enfin, comme les aisances destinées aux trois salles nouvelles n'ont pour fosse que celles des aisances des prêtres et que par l'usage auquel elle va être employée, elle seroit dans le cas d'être vidée toutes les semaines, d'y pratiquer un écoulement dans la rivière, comme il y en a à toutes les fosses des salles de l'Hôtel Dieu. Que ces ouvrages qui sont indispensables finissant en même temps que les premiers, on sera en état l'année prochaine de procéder à la destination des salles de l'Hôtel Dieu, à leur répartition entre les hommes et les femmes et à la fermeture de l'hôpital Saint Louis. Que c'est pour faire part de ces différents objets de demandes à M. Colombier et audit s[r] de St Far, avant de les présenter au gouvernement, que la Compagnie les a invités de se trouver aujourd'hui au Bureau et qu'elle y a mandé le s[r] Bonnot, Inspecteur des bâtimens de l'Hôtel Dieu pour apprendre d'eux s'ils n'y trouvent rien d'opposé aux vues présentes et à venir du gouvernement, de trop difficile et de trop long dans l'exécution. Sur quoi M. Colombier a répondu : qu'il pense que le non exhaussement des constructions déjà existantes sur le Pont aux Doubles, loin d'être contraire aux vues du Gouvernement les favorise puisque son objet est la plus grande salubrité comme la plus grande commodité des salles des malades; que le remplacement du local qu'indique la Compagnie lui semble très avantageux, soit parce qu'il entraîne moins de dépense que la construction des deux salles sur le Pont aux Doubles, soit par l'utilité bien plus grande qu'aura l'escalier nouvellement construit, soit par l'uniformité qu'il donnera à tous les bâtimens de l'Hôtel Dieu, du côté de la rivière. Que les lieux où la Compagnie entrevoit pouvoir transporter les offices du chiffon et de la chambre paroissent favorables, s'il étoit possible d'assurer suffisamment le premier étage du bâtiment neuf, cour des Écuries, pour la nouvelle destination qu'on lui donneroit. A quoi ledit sieur de St Far a répondu que le point de vue qui l'avoit occupé, quand il a construit ce bâtiment étant différent de cette nouvelle destination, c'étoit au sieur Bonnot, qui avoit une connoissance plus détaillée de ce qu'auroit à porter ce premier étage pour cette nouvelle destination, à décider si l'on peut lui donner une solidité; et le s[r] Bonnot consulté sur ce dernier objet a assuré qu'il étoit très possible de pourvoir à la solidité requise pour la nouvelle destination. A l'égard des autres demandes relatives aux nouvelles salles et à l'ancien noviciat, M. Colombier a dit, que chacune d'elles n'étant que le complément des ouvrages ordonnés par le gouvernement, elles en paroissoient à mondit sieur Colombier une suite nécessaire. Enfin, ledit s^r de St Far a ajoûté que tous les ouvrages que la Compagnie vient de détailler, et qu'elle se propose de demander, lui paroissoient si peu longs à exécuter que si le gouvernement les accorde ledit sieur de St Far ne craint pas d'assûrer qu'ils seront tous terminés dans le cours de la présente année. Sur quoi la matière mise en délibération, a été arrêté qu'il sera fait registre du récit de M. Mopinot et de la réponse de M. Colombier, des s^rs de St Far et Bonnot, et qu'il sera envoyé expédition de la présente délibération à Monsieur le Contrôleur général, accompagnée d'une lettre pour le prier d'examiner les demandes de la Compagnie, et dans le cas où le gouvernement les agréoit, de donner ses ordres en conséquence.

(6 juillet.) Le Bureau, sous le bon plaisir de Messieurs les Administrateurs de l'Hôtel Dieu, a arrêté que pour cette année et sans tirer à conséquence pour les suivantes, le sieur Milan payeroit une somme de 12 livres à chaque jour d'ouverture du Vauxhall d'été qu'il vient de construire proche la barrière du Temple.

(3 août.) La Compagnie a arrêté d'adhérer à l'abonnement de 800 ₶ consenti par le Bureau de l'Hôpital Général avec le sieur Ruggieri, artificier.

(16 novembre.) Monsieur Dupont a fait lecture sur l'expédition qui lui a été remise, tirée des Registres des Délibérations du Bureau de l'Hôpital général, tenu à la Pitié le lundi 17 octobre de la présente année 1785, dont la teneur suit : M. Henry a dit : «Messieurs les entrepreneurs *du petit spectacle de S. A. S. Mgr le comte de Beaujollois* ont l'honneur de vous représenter qu'ils ont fait l'ouverture de leur spectacle l'année dernière, après avoir obtenu de vous un abonnement de 4,000 ₶ pour un an. Ils ajoutent que leur recette ne s'est élevée qu'à 80,033 ₶ et qu'ils ont dépensé 350,000 ₶, d'où ils concluent qu'étant obligés d'emprunter 265,966 ₶, qu'ils ne pourront rembourser qu'avec leurs bénéfices, ils sont hors d'état de se prêter à un abonnement qui excèderoit leurs facultés; en conséquence, ils vous suplient de les abonner pour cette année à une somme de 1,000 ₶ et ils vous offrent d'augmenter progressivement chaque année d'une somme de 1,000 ₶.» M. Henry a ajouté qu'il ne pensoit point que cette proposition fût acceptable et que la seule grâce que l'on pouvoit faire à ces entrepreneurs étoit de les abonner seulement pour cette année à une somme de 3,000 ₶. La Compagnie a adhéré à l'abonnement du spectacle cy devant nommé et aux mêmes conditions pour les 2/5 qui reviennent à l'Hôtel Dieu.

(30 novembre.) La Compagnie a arrêté de nommer le s^r Jean Baptiste Dumas pour premier chirurgien de l'hôpital des Incurables, au lieu et place du s^r de Saint Julien.

(21 décembre.) M. Dupont a fait lecture sur l'expédition qui lui a été envoyée, d'une délibération tirée des Registres des délibérations du Bureau de l'Hôpital Général, tenu à la Pitié le lundi 12 du présent mois de décembre, dont la teneur suit : M. Henry a dit : Messieurs le sieur Lasalle, entrepreneur du Panthéon, nouvellement construit au Palais Royal, a l'honneur de vous exposer que les dépenses considérables qu'il a été obligé d'y faire, tant pour l'acquisition d'un terrein, que pour l'acquisition de l'édifice qu'il y a fait élever, le forcent d'avoir recours à vos bontés pour vous prier de ne point user à la rigueur de votre droit envers lui; en conséquence, il vous supplie de vouloir bien vous contenter pour cette année d'une somme de 1,200 ₶, payable de la manière qu'il vous plaira de déterminer............ ... «La Compagnie a arrêté d'adhérer à l'abonnement du spectacle cy dessus qualifié, et aux mêmes conditions pour les deux cinquièmes qui reviennent à l'Hôtel Dieu dans le produit dudit spectacle.

156e REGISTRE. — ANNÉE 1786.

(25 janvier 1786.) La Compagnie désirant maintenir le meilleur ordre possible dans les archives de l'Hôtel Dieu pour la conservation des titres et pièces qui y sont déposés, a arrêté : 1° que les règlements seront exécutés et qu'en conséquence, il ne sera permis à qui que ce soit de déplacer et emporter, soit pour la suitte des affaires ou autrement, aucuns des titres qui sont déposés aux archives, sans s'en charger sur le registre tenu à cet effet au greffe, sauf quand on les rapportera à faire décharger l'article par le greffier, auquel il est fait deffences de permettre la sortie d'aucuns titres des archives sans cette inscription, ny même sur des récépissés particuliers. Dans le cas néanmoins où quelqu'un de MM. les Administrateurs auroit besoin sur-le-champ de quelque pièce, le greffier la lui délivrera sur sa lettre missive contenant récépissé; le jour du Bureau suivant, si le titre n'est pas rapporté, l'inscription sur le registre sera faitte et le récépissé particulier rendu. Si ceux qui auront pris lesdits titres négligeoient de les rapporter, le greffier en référera au Bureau pour y être pourvu; 2° que le ré-

colement des titres déposés aux archives sera perpétuellement ouvert, pour en être fait une portion chaque année sur l'inventaire général; en conséquence, tous les ans au mois de juin ou juillet, il sera pris délibération au Bureau pour convenir par MM. les Commissaires du jour et de la portion du récolement qu'ils feront, de manière qu'après un certain nombre d'années le récolement entier se trouvera fait; l'année suivante il sera recommencé dans la même forme et ainsi successivement. Et sy MM. les Commissaires remarquent ou quelque déficit ou quelque négligence, ils en instruiront le Bureau pour y être par lui pourvu.

(11 janvier.) Par un extrait tiré des registres de l'Hôtel Dieu et de l'hôpital Saint Louis, il paroît que le premier janvier du l'année dernière 1785, il y avoit 2,114 malades dans ledit Hôtel Dieu, que pendant ladite année il en a été receu 21,426, dont 20,237 de la ville et de la campagne, des hôpitaux 1,189, dont 566 de la Salpétrière, 179 de Biscêtre et 444 de la Pitié, enfans nouveaux nés 1,523, dont 761 garçons et 762 filles, ce qui compose en total 25,067 personnes; que sur ce nombre il en est mort 4,091, dont 2,384 hommes et 1,361 femmes de la ville et de la campagne, enfans nouveaux nés 125, dont 73 garçons et 52 filles, des hôpitaux 221, dont 110 de la Salpétrière, 79 de Biscêtre et 32 de la Pitié, et comme il n'en restoit le dernier du mois de décembre 1785 que 1,976, il en est sorty 19,000; qu'il y avoit 744 malades dans ledit hôpital Saint Louis le premier dudit mois de janvier 1785; qu'il en a été envoyé dudit Hôtel Dieu pendant ladite année 1,446, dont 3,256 de la ville et de la campagne, des hôpitaux 1,190, dont 600 de la Salpétrière, 232 de Biscêtre et 358 de la Pitié, ce qui compose en total 5,190 personnes; que sur ce nombre il en est mort 961, dont 383 hommes et 229 femmes de la ville et de la campagne, des hôpitaux 349, dont 170 de la Salpétrière, 84 de Biscêtre et 95 de la Pitié, et comme il n'en restoit le dernier dudit mois que 647, dont 470 de la ville et de la campagne, des hôpitaux 177, dont 88 de la Salpétrière, 39 de Biscêtre et 50 de la Pitié; il en est sorty 3,582, en sorte qu'au dernier dudit mois de décembre 1785, il y avoit 2,623 malades dans lesdits deux hôpitaux.

(15 février.) Lecture faite de la lettre de Mgr l'Archevêque, du 27 janvier dernier, adressée à M. Lecouteulx de Vertron et de celle de M. Bailly, adressée à ce prélat et qui y étoit jointe, la matière mise en délibération, la Compagnie a arrêté que la lettre de Mgr l'Archevêque et copie de celle de M. Bailly demeureront annexées à la présente délibération, et qu'il seroit fait à Mgr l'Archevêque la réponse dont la teneur suit : «Monseigneur, pour répondre à la confiance que vous voulés bien témoigner au Bureau, nous avons l'honneur de vous envoyer nos observations sur la lettre de M. Bailly. Par cette lettre on annonce que le gouvernement a chargé l'Accadémie des sciences d'examiner le projet d'un nouvel Hôtel Dieu proposé par le sieur Poyet; que l'Accadémie a nommé des commissaires pour cet examen et que de ce nombre est M. Bailly. En conséquence, M. Bailly, tant en son nom qu'au nom des autres commissaires, s'adresse à vous, Monseigneur, sans doute comme chef de l'Administration, vous expose que le projet du s^r^ Poyet est accompagné d'un mémoire où l'on prétend que l'Hôtel Dieu actuel est insufisant, qu'ainsi les commissaires doivent avant tout connoître cet hôpital, parceque s'il est sufisant le projet du sieur Poyet est inutile, pourquoi M. Bailly vous demande de procurer aux commissaires : 1° un plan du local occuppé par l'Hôtel Dieu; 2° un plan et les dimensions de chacune des salles qui le composent; 3° le nombre des lits que chacune de ces salles renferme; 4° le nombre des malades entrés à l'Hôtel Dieu, avec le nombre de ceux qui en sont sortis, mois par mois depuis 10 ans et le nombre des morts dans cet intervale de temps. Il finit par dire qu'en parlant de l'Hôtel Dieu ils y comprennent l'hôpital Saint Louis et celui de Ste Anne, pour lequel ils vous demandent les mêmes détails. Voici, Monseigneur, nos observations sur cette lettre. 1re observation. Le projet du sieur Poyet, dont elle parle et qui consiste à transférer l'Hôtel Dieu à l'Isle des Cygnes, sous prétexte d'une plus grande suffisance, d'une plus grande commodité et d'une plus grande salubrité n'est pas nouveau; beaucoup d'autres avant lui ont fait des projets de translation de l'Hôtel Dieu soit à l'Isle des Cygnes, soit ailleurs: or, tous ces projets et les prétextes qui les fondoient ont, avant 1781, fait la matière d'un examen très approfondi de la part du gouvernement. Le ministre des finances voulut bien alors consulter l'Administration, comme le véritable centre des lumières à cet égard. L'Administration remit au gouvernement les plans de l'Hôtel Dieu et des états de toute espèce, elle y joignit des mémoires instructifs et nomma des commissaires qui eurent l'honneur de travailler avec le ministre. La matière fut amplement discutée, et de ce travail, qui dura plusieurs années, il en résulta des lettres pattentes, du 22 avril 1781, enregistrées au Parlement le 11 mai suivant. Ces lettres patentes décident de la manière la plus solennelle la question de la situation de l'Hôtel Dieu. 2e observation. Elles indiquent en même temps aux commissaires de l'Accadémie où ils doivent s'adresser pour avoir les instructions qu'ils vous demandent, puisqu'elles annoncent que les différents projets ont été examinés par le gouvernement, et dans le fait, comme nous venons de le dire, l'Administration a re-

mis dans le temps au gouvernement ces plans de l'Hôtel Dieu et des états de toutte espèce, et le gouvernement les a. Il a même plus. Il a les mémoires et instructions qui ont décidé à ne pas sacrifier les convenances attachées à la situation de l'Hôtel Dieu, *à le laisser où il est* et à préférer d'y faire des agrandissemens et des améliorations qui assurent la commodité, la salubrité et la sufisance du local de l'Hôtel Dieu, ainsi il a été satisfait depuis longtemps aux demandes qui vous sont faittes aujourd'huy. 3e observation. Ce n'est pas que nous pensions que ces plans, ces états remis alors au gouvernement par l'Administration puissent être aujourd'hui d'une grande utilité aux commissaires de l'Accadémie; quand ils les auroient, leur objet, d'après la lettre de M. Bailly, est de s'assurer sy l'Hôtel Dieu est suffisant, et d'après leur demande des états des malades depuis dix ans, il paroît qu'ils se proposent d'y prendre le nombre moyen pour point de comparaison avec le local de l'Hôtel Dieu. Mais pour juger cette question ils n'ont de besoin ni de plans, ni d'états; les lettres pattentes de 1781 la décident. Elles ont dit bien clairement que l'Hôtel Dieu étoit insufisant, c'est cette insufisance même qui en fait toute la base, et le motif des augmentations qu'elles ordonnent, et auxquelles on a toujours travaillé depuis sans interruption. 4e observation. Au reste, ce ne sont pas mêmes les seuls plans de l'Hôtel Dieu qu'il faudroit aux commissaires, il leur faudroit aussi ceux des augmentations projettées par le gouvernement, mais à cet égard ils pourroient être induits en erreur. Ils pourroient croire que ceux qui ont été attachés sous le contre-scel des lettres pattentes de 1781 rempliroient leurs désirs. Ils se tromperoient au moment de l'exécution de chaque partie, le détail en est mis sous les yeux de l'Administration, on y change suivant la nécessité par des délibérations concertées avec le gouvernement, on y augmente même, pour mieux remplir au fur et à mesure l'objet des lettres pattentes. Ainsi ces plans, tels qu'ils sont sous le contre-scel leur seroient inutiles et insufisants. Le gouvernement seul sait jusqu'à quel point il veut étendre le local de l'Hôtel Dieu et porter la dépense. Cependant, sur ces vues du gouvernement les commissaires de l'Accadémie peuvent consulter un mémoire qui vient de paroître, intitulé : *Relevé des erreurs du mémoire du s^r Poyet*, on y donne des états relatifs à la constitution actuelle de l'Hôtel Dieu et à sa construction future qui, rapprochés des lettres pattentes de 1781, leur peuvent fournir des lumières sur les éclaircissemens qu'il vous demandent. 5e observation. Une dernière observation est relative à l'hôpital Saint Louis et à l'hôpital Ste Anne que la lettre de M. Bailly nomme *des décharges de l'Hôtel Dieu.* Il se trompe, ces hôpitaux n'ont pas pour objet de former une simple décharge pour l'Hôtel Dieu. Ils sont spécialement et essentiellement destinés pour les cas de contagion épidémiques. Cette destination a été jugée plus d'une fois ne pouvoir être intervertie, de sorte que dans tous les cas ils sont absolument étrangers à toutte question de translation de l'Hôtel Dieu et si depuis l'incendie on a été obligé de mettre des malades à l'hôpital Saint Louis, ce n'a été que provisoirement et en attendant le remplacement des salles incendiées. C'est d'après ces éclaircissemens, Monseigneur, que nous estimons que votre réponse à M. Bailly doit être rédigée. Nous sommes avec respect, etc.»

(17 février.) Lecture faitte d'une lettre de Mgr l'Archevêque du 15 de ce mois, adressée à M. Lecouteulx de Vertron et d'une nouvelle lettre de M. Bailly qui y étoit jointe, la Compagnie a arrêté que la lettre de Mgr l'Archevêque et copie de celle de M. Bailly y seront annexées à la présente délibération et qu'il sera répondu à Monseigneur l'Archevêque, ainsi que la teneur suit : «Paris, 17 février 1786, Monseigneur, le Bureau vient de recevoir la nouvelle lettre que M. Bailly avoit eu l'honneur de vous adresser et que vous nous avez fait l'honneur de nous faire passer, et que nous vous renvoyons ci jointe. Nous croyons que celle que nous avons eu l'honneur de vous écrire mercredi 15, au dernier Bureau, fait la réponse aux deux lettres de M. Bailly.» Lettre de Monseigneur l'Archevêque à M. Lecouteulx de Vertron. «Vous trouverez ci-jointe, Monsieur, une nouvelle lettre de M. Bailly. Il paroît qu'on est très pressé d'avoir les renseignemens qu'on désire. Au reste, Monsieur, je ne vous communique cette lettre que pour ne pas manquer à la confiance qu'on me témoigne, et je ne prétends aucunement gêner les vues et les opérations de l'Administration. J'ai l'honneur, etc. Ant. E. L. archevêque de Paris.» — Copie de la lettre écrite par M. Bailly, de l'Académie des sciences, à Monseigneur l'Archevêque de Paris. «Monseigneur, les commissaires que, conformément aux ordres du Roi, l'Accadémie des sciences a chargés d'examiner le projet du s^r Poyet, ont pris la liberté de s'adresser à vous pour obtenir du Bureau de l'Hôtel Dieu les connaissances relatives à cet hôpital, connaissances dont ils ont besoin pour le comparer à celui que le sieur Poyet propose de construire dans l'Isle des Cignes. Cette comparaison est la base nécessaire de l'examen que les commissaires vont entreprendre. Vous avez bien voulu, Monseigneur, faire parvenir leur demande au Bureau de l'Hôtel Dieu, ils prennent aujourd'hui la liberté de vous supplier de leur faire obtenir une réponse. Ils espèrent que vous pardonnerez cette importunité, en considérant que leur commission est importante, puisqu'elle intéresse l'humanité, et qu'elle est émanée des ordres du Roi. L'examen qui leur est confié sera long et difficile, ils ne peuvent le commencer qu'au moyen des connais-

sances que peut leur procurer le Bureau de l'Hôtel Dieu. Vous savez, Monseigneur, que leurs vues sont conformes à l'esprit de charité et au désir du bien qui vous animent, ils m'ont chargé d'avoir l'honneur de vous écrire, et ils vous représentent que la suspension de cette réponse arrête leur zèle et retarde l'examen dont ils doivent compte au gouvernement. Je suis avec respect, Monseigneur, votre......... Aux galeries du Louvre, ce 12 février 1786.»

(8 mars.) Lecture faitte d'un mémoire apporté au Bureau par le s^r^ Desault, premier chirurgien de l'Hôtel Dieu en survivance et avec exercice rédigé de concert avec le sieur Moreau, premier chirurgien dudit Hôtel Dieu, contenant diverses plaintes graves contre le sieur Hurel, chirurgien interne. La matière mise en délibération, la Compagnie a arrêté : 1° que ledit mémoire seroit annexé à la présente délibération pour y avoir recours où besoin seroit; 2° que ledit Hurel sera mandé à l'instant au Bureau pour y être entendu, à l'effet de quoy l'huissier du Bureau a été chargé d'en donner avis audit Hurel, ce qu'il a exécuté, et a dit que ledit Hurel n'étoit point à l'Hôtel Dieu; que l'on ne savoit l'heure qu'il entreroit, à l'effet de quoy la délibération a été continuée à mercredy quinze de ce mois, et l'huissier du Bureau chargé d'en prévenir ledit Hurel, à l'effet de s'y rendre sur les 4 heures de relevée. — Mémoire à Messieurs les Administrateurs de l'Hôtel Dieu. Le sieur Hurel actuellement le neuvième chirurgien interne de l'Hôtel Dieu, ayant transgressé plusieurs fois les règlemens concernant les chirurgiens de cette maison, nous avons cru qu'il était de notre devoir de vous en informer. Pendant tout le temps qu'il a été externe, il a été repris souvent d'inexactitude, de négligence dans l'exécution de ses fonctions et de mauvaise conduite envers ses égaux et même ses supérieurs. Lorsqu'il était chirurgien commissionnaire, il n'était pas plus exact à son devoir, ni plus soigneux à en remplir les fonctions. Il a eu le tablier bas à Saint Louis, sous M. Cagnon, et l'a mérité un grand nombre de fois, ainsi que sous M. Mathivet qui a été plusieurs fois forcé, pour empêcher la mauvaise odeur qu'il causait dans cet hôpital, de lui faire ôter des os de plusieurs cadavres et un grand nombre de têtes qu'il y faisoit macérer et bouillir, afin de les vendre. Parvenu à l'Hôtel Dieu en qualité d'interne, il n'y a point changé de conduite; à chaque instant l'on portait des plaintes à ses supérieurs sur son inexactitude, sur la négligence à remplir les fonctions de son état et sur la manière dont il se conduisait envers tout le monde. *Il n'a pas cessé d'arracher toutes les dents aux cadavres dans la salle des morts pour les vendre aux dentistes, de porter des têtes et même des cadavres entiers dans la chambre du garde où il les décharnoit et les faisait bouillir pour en avoir les os qu'il vendait.* Il a encore porté l'automne dernier un cadavre dans l'amphithéâtre non ouvert, l'y a décharné et fait bouillir.....

(22 mars.) Lecture faite par M. Marchais de Migneaux d'une lettre de M. le Lieutenant général de police à lui adressée, qui en contenoit une autre de M. le baron de Breteuil à ce magistrat, par laquelle il demandoit, au nom de l'ambassadeur de l'Empereur, l'entrée de la salle des femmes grosses et accouchées, pour un chirurgien alemand, à l'effet de s'instruire de la théorie et de la pratique de l'art des accouchemens. La matière mise en délibération, la Compagnie a arrêté qu'il seroit fait réponse à M. le Lieutenant général de police, ainsi que la teneur en suit : «à Paris, ce 22 mars 1786. Monsieur. Nous apprenons par les lettres que nous remet de votre part M. Marchais de Migneaux, l'un de nous, la demande que fait M. l'Ambassadeur de l'Empereur à M. le baron de Breteuil de la permission pour le sieur Boir d'être introduit dans la salle des accouchées de l'Hôtel Dieu, en sa qualité de chirurgien accoucheur, pour perfectionner ses études selon les intentions de l'Empereur. Il paroît que M. l'Ambassadeur a connoissance des difficultés qu'emporte sa demande. Pour mettre ces deux ministres à portée de juger de son importance, nous croyons indispensable de rassembler ici sommairement les motifs des règlemens qui ferment l'entrée de cette salle à tout homme en général et même aux femmes non françoises à titre d'instruction. La salle des accouchées de l'Hôtel Dieu n'a rien de commun, quant au régime, avec touttes les autres de cet hôpital; l'accès de ces dernières est libre au public, celle-là au contraire a toujours été consacrée à être l'azile contre le deshonneur et pour assurer la tranquilité des familles, il s'y observe un secret impénétrable sur le nom de celles qui y vont; il n'est inscrit que sur un registre tenu sous la clef par la religieuse de la salle et dont connoissance, *que nous nous interdisons à nous mêmes*, n'est donnée à personne; vous concevez, Monsieur, ce qui a déterminé les règlemens faits à ce sujet. Il vient à l'Hôtel Dieu des mères de familles honnêtes, que des dérangemens de fortune forcent d'y avoir recours secrettement; il y vient des filles même de famille que l'inexpérience, une surprise et une foiblesse amènent aussi; enfin, quelques fois des femmes qui ont intérêt de se cacher, lorsque pendant l'absence de leurs maris elles ont manqué à leurs devoirs. Le trait suivant en est une preuve : Il y a sept à huit ans qu'un homme qui soupçonnoit sa femme la mena à l'Hôtel Dieu et y fit touttes les perquisitions dont il put s'aviser pour s'assurer de la réalité de ses soupçons; mais le secret lui ayant été inviolablement gardé, lorsqu'il se crut

suffisamment rassuré, il fit voir un pistolet sur lequel il avoit la main et déclara qu'il auroit brûlé la cervelle à sa femme sur la place, s'il l'eut reconnu coupable. C'est un point capital de cet établissement que les secours n'y soient administrés que par une sage-femme et quatre apprentisses françoises, et lorsque la nécessité absolüe force d'y appeler du secours, le premier chirurgien seul a droit d'y entrer, ou en son absence le premier gagnant maîtrise seuls y sont introduits; on a même soin de les faire entrer le plus secrètement possible pour épargner l'effroy aux femmes de cette salle qui en sont plus susceptibles que dans toute autre. Vous devés en effet sentir, Monsieur, que la portion de ces femmes chez lesquelles un accident laisse subsister les sentimens d'honneur, de vertu, de décence naturelle au sexe, ne consentiroient jamais à subir un accouchement à découvert en présence d'autres que des femmes; qu'alors elles renonceroient à des secours qui deviendroient répugnans et que ce seroit en exposer plusieurs, par un point d'honneur barbare, à préférer de se perdre avec leurs enfans. Quant aux maris ils ne sont jamais admis à parler à leurs femmes que dans un parloir qui est au dehors. Cette école ne peut donc être ouverte qu'à des femmes, elles ne peuvent être plus de 4 ensemble, parceque un plus grand nombre nuiroit au service et à l'instruction, et la nécessité de fournir de sages femmes tout le royaume par préférence, ne permet d'y admettre que des françoises. Tels sont les motifs de plusieurs délibérations qui ont interdit l'entrée de cette salle au public. Au reste il y a dans Paris plusieurs amphithéâtres tenus par des chirurgiens accoucheurs, ou même des sages femmes pour l'instruction de ceux qui se destinent à l'art des accouchemens, où les secours gratuits donnés aux femmes qui y viennent accoucher, et les gratifications qu'elles reçoivent après qu'elles sont relevées, procurent suffisament de sujets pour l'instruction des élèves. La feue Reyne, ayeule du Roi régnant, feüe Madame la Dauphine sa mère et l'Impératrice Reyne, mère de l'Empereur, que l'on avoit sollicitées d'appuyer de pareilles demandes, ayant été touchées des raisons que nous exposons ici, ont bien voulu s'en désister. Nous vous prions, Monsieur, de faire parvenir ces détails, par la voie de M. de Breteüil à S. Excellence M. l'Ambassadeur de l'Empereur; pénétrés du plus profond respect pour son souverain, nous avons le plus grand regret que notre devoir nous oblige de ne point acquiescer à son désir, et nous espérons qu'il voudra bien, à l'exemple des illustres personnes qu'on avoit engagé à former de pareilles demandes, se désister de la sienne. Nous sommes avec respect, etc.

(23 mars.) Lecture faite d'une lettre de M. le baron de Breteüil, du 10 mars, et d'une de M. Bailly, de l'Académie des sciences, du 16 dudit mois; la matière mise en délibération, la Compagnie a arrêté que lesdittes lettres seront annexées à la présente délibération et l'assemblée convoquée de nouveau, le plutôt qu'il sera possible, pour arrêter et signer une réponse à la lettre de M. le baron de Breteuil. Lettre de M. de Breteuil : «Le Roi a jugé à propos, Messieurs, de communiquer à l'Académie des sciences le projet de la reconstruction de l'Hôtel Dieu dans l'Isle des Cygnes, et de charger cette compagnie de nommer des commissaires pour en faire l'examen et donner leur avis sur les avantages ou les inconvéniens qui peuvent en résulter. Les commissaires nommés par l'Académie ont observé qu'avant tout il était nécessaire qu'ils pussent, sous tous les raports, comparer ce que l'on propose avec ce qui existe; ils demandent en conséquence : 1° un plan du local de l'Hôtel Dieu et des salles qui le composent; 2° le nombre des lits que chaque salle renferme; 3° le nombre des malades entrés à l'Hôtel Dieu, le nombre de ceux qui en sont sortis et le nombre qui y sont décédés depuis dix ans, mois par mois. J'ai rendu compte de cette demande au Roi. Sa Majesté l'a trouvée juste, et elle m'a chargé de vous marquer de sa part que son intention et sa volonté sont que ces différents éclaircissemens soyent donnés aux commissaires de l'Académie des sciences. Au surplus, les commissaires sont disposés à épargner, en ce qui pourra dépendre d'eux, aux personnes attachées soit à l'Administration, soit au service de l'Hôtel Dieu les recherches et le tems que ces éclaircissements peuvent exiger, et il suffira que le Bureau veuille bien ordonner à son architecte de donner les plans, autoriser ceux qui tiennent les registres à les communiquer aux commissaires qui en feront eux-mêmes le relevé, et faire accompagner ces commissaires lorsqu'ils se présenteront pour examiner et acquérir la connaissance des détours de l'Hôtel Dieu par des personnes en état de satisfaire aux questions auxquelles cet examen pourra donner lieu. J'ai l'honneur d'être, etc. Signé : le baron de Breteüil.»

(29 mars.) Lecture faite d'une lettre de M. Colombier, de jour d'hyer, par laquelle il annonce au Bureau un projet d'arrangement pour parvenir à donner plus de salubrité à quelques salles nouvellement construites sur celles de St Denis et de St Cosme, et propose de charger de l'exécution l'architecte de l'Hôtel Dieu; la matière mise en délibération, la Compagnie a arrêté que laditte lettre sera annexée à la présente délibération, qu'il sera en conséquence donné ordre au sieur Bonnot, Inspecteur des bâtimens de l'Hôtel Dieu, de se concerter avec mondit sieur Colombier, relativement auxdits projets et d'en instruire le Bureau. — Lettre de M. Colombier : «Messieurs, M. le Contrôleur général s'étant fait rendre

compte des nouvelles salles construites sur St Denis et St Côme et ayant observé qu'il étoit indispensable de donner plus de salubrité à quelques unes de ces salles, en a rendu compte au Roi; Sa Majesté a agréé les dépenses nécessaires à cet effet, et j'ai été en conséquence chargé d'avoir l'honneur de vous proposer un projet d'arrangement pour remplir ces vües, et d'employer l'architecte de l'Hôtel Dieu à l'exécution de ce projet. Je vous prierai, Messieurs, de vouloir bien donner des ordres à votre architecte pour concerter ce travail avec moi, s'en charger et mettre sous vos yeux les plans dont nous conviendrons ensemble. Je suis avec respect, etc. Signé : Colombier.

(4 avril.) La Compagnie assemblée en exécution de la délibération du 23 mars dernier, a arrêté et signé la réponse à la lettre de M. le baron de Breteüil du 10 mars, dont la teneur suit : «Monsieur le Baron, l'assemblée générale de l'Administration de l'Hôtel Dieu où il a été fait lecture, le 23 mars dernier, de votre lettre du 10, croit vous devoir quelques observations sur la demande que les commissaires de l'Accadémie des sciences ont faitte. La question de la translation de l'Hôtel Dieu a été, à différentes époques, proposée et agitée. Elle a été notamment discutée avec le plus grand soin depuis 1775. Alors, l'Administration donna au gouvernement des mémoires sur les différents projets de translation et de division. Le gouvernement crut que ces mémoires méritoient toutte son attention et le Roy, désirant examiner les moyens d'améliorer les hôpitaux de Paris, établit par arrêt du conseil du 17 août 1777, qui est ci joint, une commission composée des chefs de l'Administration de l'Hôtel Dieu, de magistrats du conseil et de quelques Administrateurs de l'Hôtel Dieu. Le Bureau remit à la commission, en conformité de l'article 3 de l'arrêt tous les renseignemens qu'elle lui demanda. La question concernant la situation locale fut une des principalles; soumise à l'examen de la commission, elle y fut amplement traitée, et le vœu de la commission fut de préférer à toutte translation et à tout démembrement des améliorations successives dans le local actuel. Le Roy, avant de s'expliquer définitivement, voulut connoitre encore plus particulièrement l'Hôtel Dieu dans tous ses détails et sous tous ses rapports. L'Administration fournit des renseignemens sous ce point de vüe. De tout ce travail il résulta des lettres pattentes du 22 avril 1781, enregistrées au Parlement le 11 mai suivant qui sont cy jointes. Par ces lettres le Roy déclare qu'il a adopté un plan qui réunit les opinions et qui n'oblige ni à de grands édifices, ni à des dépenses considérables, ni à une longue attente, ni au sacrifice enfin de touttes les convenances attachées à la situation de l'Hôtel Dieu. En conséquence, il ordonne des améliorations successives, conformément à des plans communiqués à l'Administration et approuvés par ses délibérations, mises ainsi que ces plans, sous le contre-scel. Les constructions ordonnées par ces lettres patentes ont été aussitôt commencées, se continuent sans interruption et s'exécutent d'après les observations, les changemens et même les augmentations que l'Administration propose sur chaque partie. Elle joint ici un état des ouvrages faits et d'autres projettés. *Les dépenses faittes jusqu'à présent par le Roy paraissent monter à 700,000 livres* qui, jointes à la somme de 500,000^tt que l'Administration avoit dépensée auparavant pour la reconstruction du couvent et de deux salles incendiées *forment un total de 1,200,000 ^tt de dépenses faittes.* D'après ces lettres pattentes et l'exécution qu'elles reçoivent chaque jour, l'Administration pensoit que la situation de l'Hôtel Dieu ne pouvoit plus être incertaine. Il résulte encore de ces lettres pattentes et de tout ce qui les a précédé, que tous les mémoires, renseignements, états et relevés des registres à la rédaction desquels l'Administration a été occupée pendant plus de trois années qui ont servi de motif aux lettres pattentes de 1781, sont réunies dans la main du Roy et qu'il les a à sa disposition au département des hôpitaux. C'est dans cet état néantmoins que Sa Majesté juge à propos qu'on examine de nouveau un projet de translation, et que les commissaires de l'Accadémie demandent que l'Administration leur fournisse des plans du local, des états du nombre des lits, de celui des malades entrés, sortis et décédés et des relevés des registres. L'Administration a l'honneur d'observer : 1° que quand il lui seroit possible de satisfaire à ce que demandent d'elle les commissaires de l'Accadémie, leur objet ne seroit pas rempli. Le local s'accroît successivement en exécution des lettres patentes; le nombre des lits suit la progression du local; ainsi, lors du raport des commissaires de l'Accadémie, les livres ne seroient déjà plus les mêmes, l'état des malades, entrés, sortis et décédés depuis les dix dernières années, dans un hôpital qu'on accroît et qu'on améliore tous les jours, seroit plus capable d'induire en erreur que d'éclairer dans toutte comparaison, soit de suffisance, soit de salubrité; 2° pour remplir leur objet, et ils le reconnoissent, puisqu'ils annoncent eux mêmes qu'il leur faudra bien d'autres connoissances, la principale sans doute seroit qu'ils puissent savoir dès aujourd'huy ce que sera un jour l'Hôtel Dieu, mais c'est ce dont l'Administration n'est point en état de les instruire. Elle ignore jusqu'où la bienfaisance du Roy portera l'aggrandissement du local et les améliorations qu'il se propose d'y faire. *C'est le Roy qui fait bâtir* et l'architecte du département des hôpitaux qui conduit les constructions; c'est ce département seul qui peut donc en instruire les commissaires de l'Accadémie; 3° et pour les

autres connoissances, les commissaires de l'Accadémie trouveront à ce département les mémoires, les états, les renseignemens de toutte espèce qui leur procureront des lumières sur tous les détails et sous tous les rapports qu'ils jugent leur être nécessaires et que l'Administration a fourni au gouvernement avant les lettres pattentes de 1781. L'Administration se trouve heureuse que ce travail soit fait, que le Roy l'ait entre les mains, et de pouvoir indiquer aux commissaires de l'Accadémie le dépôt où ils trouveront tout ce qu'ils peuvent désirer. Nous vous prions d'être persuadés du respectueux attachement, etc. État des améliorations faites et de celles qui sont projettées pour l'Hôtel Dieu de Paris, par ordre et aux frais du gouvernement, de concert avec l'Administration de cet hôpital. Une des premières opérations qui ayent été faites à l'Hôtel Dieu a été la suppression du passage de tous les malades par l'église, ce qui étoit aussi incommode qu'indécent. A cet effet on a ouvert une porte sur le côté de celle de l'église, et quoiqu'aux ÿeux du public cette amélioration soit peu sensible, il est évident qu'en y comprenant tous les accessoires, elle a été fort difficile, dispendieuse, et qu'elle procure un grand bien. Quelque désir qu'on eut de faire des salles, il étoit nécessaire d'en procurer la facilité par une distribution qui permît la continuation du service et qui suppléât au local destiné à ces salles; en conséquence, il a fallu établir des dortoirs pour les filles brunes et les filles domestiques, ce qui a obligé à des constructions nouvelles sur la cour des écuries. On a de même été contraint de faire une nouvelle porte de basse cour, vu la suppression de l'ancienne à la place de laquelle on a fait l'entrée des malades. Indépendamment de ces préliminaires indispensables, il a fallu supprimer le chœur des religieuses, placé dans une soupente, sur l'église et sur une partie du quarré St Denis, faire un chœur nouveau et réparer l'église. Enfin, en 1783, on a pu commencer l'établissement de quatre salles sur le quarré St Denis dont 3 ont 190 pieds de longueursur 33 1/2 de largeur et la quatrième qui est au rez de chaussée, comprenant une salle de 90 pieds de longueur sur la largeur ci-dessus et un vestibule large et commode, au bout duquel sont placés les fonts baptismaux. Le vestibule ci dessus est l'abord des salles St Denis et St Cosme, de la salle nouvelle au rez de chaussée et de 11 autres salles dans les étages supérieurs. Les onze salles sont nouvelles, à l'exception de trois, l'ancien noviciat et son retour sur le Rosaire et le dortoir des filles de la chambre d'en bas, qui, déjà construites, avoient une autre destination que celle d'y placer les malades. Il a fallu, pour s'emparer de l'ancien noviciat et son retour qui se trouvoient au dessus et au milieu des salles des malades, établir les novices dans un autre lieu, avec toutes les commodités qui leur sont nécessaires. On n'a rien négligé pour établir la plus grande salubrité dans toutes les salles nouvelles; déjà sur mille lits commandés pour ces salles, il y en a 660 prêts à être montés, on s'occupe sans relâche à rendre lesdites salles habitables, et sous deux mois au plus, celles qui sont ressuyées au nombre de six, seront occupées par des malades et les autres à la fin de l'été. Les premières salles où l'on mettra des malades couchés seuls contiendront environ 450 à 500 malades, les autres un pareil nombre. Les lits seront espacés de manière à ce qu'il n'y ait pas trop de malades dans chaque salle. Outre cela on a ouvert, sur le terrein de l'ancien Petit Châtelet des croisées à chaque étage du bâtiment de l'Hôtel Dieu et allongé chaque salle de ce côté, indépendamment d'une terrasse qu'on a pratiquée sur le terrein sus-dit pour servir de promenoir aux convalescens. Enfin, pour rendre le service de l'Hôtel Dieu facile, on a établi une galerie couverte sur le pont St Charles. Tel est l'état des améliorations déjà faites et sur le point de l'être, on ÿ voit un nombre considérable de salles et beaucoup de places de plus, puisqu'elles contiendront de 900 à 1,000 malades couchés seuls. Les constructions et les lits ont coûté près de 700,000^{tt}. On supprime ici les détails d'une multitude d'accessoires nécessaires pour ce genre d'établissement, qui sont compris dans la dépense ci-dessus. On observera seulement qu'à mesure qu'on avance les travaux, on augmente les moÿens de salubrité et de commodité, et qu'enfin toute l'Administration qui veille sans cesse sur cet objet a déjà fait adopter par le gouvernement plusieurs changemens de la plus grande utilité. A l'égard de la suite des améliorations, on va travailler pendant l'été à l'arrangement des salles Saint Charles, St Antoine et St Roch pour placer les hommes blessés et les coucher seuls; les salles Saint Denis, Saint Cosme et le Rosaire seront de suite arrangées de même, et il a été arrêté par le gouvernement, de concert avec l'Administration, qu'on construiroit le long de la rivière et de la rüe de la Bûcherie un corps de bâtiment qui dans ses souterreins contiendroit les offices et emplacemens nécessaires pour les lessives, et dans ses autres étages un nombre suffisant de salles pour placer 1,200 malades. Indépendamment de cet aggrandissement, le grenier Saint Landry offre le moyen d'établir depuis la pointe du bâtiment qui répond au pont de la Tournelle jusqu'à celle qui aboutit au Petit Châtelet, plusieurs salles dans un espace de plus de 400 pieds de longueur sur 36 de largeur. Enfin, si après tous ces travaux qui doivent augmenter les salles de l'Hôtel Dieu au moins de moitié, on étoit obligé d'en faire encore de nouvelles, il y a sur la rüe du Petit Pont un emplacement où l'on pourroit en établir plusieurs et si, par suite, on étoit dans le cas d'exécuter le plan d'aggrandissement du Parvis Notre Dame, on trouve sur la rue Notre Dame et sur la rüe l'Évêque, non seulement de quoi remplacer les bâtiments qu'on détruiroit, mais encore une augmentation de salles considérable. Il résulte de ce précis que, tant les améliorations déjà faittes ou sur le point de l'être, que celles projettées doivent suffire aux besoins de l'Hôtel Dieu, en suivant les vües du gouvernement; *et pour ce qui concerne le local, il n'est pas moins certain qu'il est très salubre*, que les salles construites nouvellement le sont également, et que parmi les anciennes, celles qui l'étoient moins ont été et seront rétablies de manière à y procurer les mêmes avantages; qu'enfin, toutes les constructions projettées seront faites sur ce même plan. On concevra aisément qu'un projet aussi vaste que celui qui pourroit remplacer l'Hôtel Dieu dans l'état présent et futur ne pourroit qu'entraîner des longueurs effrayantes, des dépenses énormes et *l'on peut assurer qu'il ne pourroit être placé dans un lieu plus convenable à tous égards.*

(5 avril.) «Messieurs, M. Bonnot s'est rendu chez moi suivant vos ordres, je lui ai communiqué la nécessité de donner du jour et de l'air à l'ancien noviciat et à l'ancien dortoir des filles de la chambre d'en bas, qui sont obscurs à leur entrée et qui ne pourroient remplir d'une manière utile les vües du gouvernement et les vôtres pour la salubrité, si l'on ne trouvoit pas le moyen de changer cette disposition. Nous avons vu, Messieurs, qu'il seroit impossible d'y remédier, si l'on n'établissoit pas entre l'ancien noviciat et la pièce voisine nommée office de la chambre, entre l'ancien dortoir des filles et la pièce voisine, nommée Chiffon, une communication par le moyen des arcades semblables à celles qui sont au rez de chaussée entre St Côme et St Denis, et à celles qu'on vient de pratiquer dans les étages au dessus de l'ancien dortoir des filles. Nous avons ensuite examiné le moyen de remplacer l'office de la chambre et le Chiffon, et nous avons trouvé qu'en faisant deux étages en surélévation, au dessus du chiffon au linge gras, nouvellement construit cour du Légat, on y parviendroit. Ce projet qui ne tend qu'à l'amélioration de l'Hôtel Dieu en augmentant la salubrité et le nombre des lits, a fixé toute l'attention de M. le Contrôleur général, qui m'a chargé, Messieurs, d'avoir l'honneur de vous faire passer les plans dressés par M. Bonnot pour la construction des deux étages susdits, afin d'avoir votre avis, et de vous prier, si vous adoptez le projet, de faire une délibération qui autorise M. Bonnot à commencer les travaux le plutôt possible, en exécutant les devis et plans ci annexés ou corrigés, suivant que vous le jugeriez à propos, le tout aux frais du gouvernement. Je suis avec respect, Messieurs, etc. Signé : Colombier.

(19 avril.) A été dit par M. Marchais de Migneaux que samedy dernier 15 du courant, le s^r Ryberolles l'un des compagnons chirurgiens de l'Hôtel Dieu, lui a présenté un ordre signé de M. Lecouteulx de Vertron pour l'inhumation à l'Hôtel Dieu du *s^r Moreau*, premier chirurgien de cette maison[1], décédé dans la nuit, et sur laquelle inhumation on formoit des difficultez dans la maison; que M. Marchais, d'après l'invitation que lui en a fait faire M. de Vertron, par le sieur Ribeyrolles, a signé le même ordre en second et chargé le porteur, en remettant cet ordre au maître au spirituel de lui recommander de sa part de lever les obstacles et les difficultez, si on en fait sur cette inhumation dans la maison. Cette inhumation étant de droit, conforme aux intentions du Bureau et aux vœux dudit deffunct, qui en avoit souvent manifesté le désir pendant sa vie; qu'ayant été averti le lendemain que le scellé avoit été apposé la veille par un commissaire au Châtelet sur les effets dudit sieur Moreau, sans en avoir prévenu l'Inspecteur de l'Hôtel Dieu qui en formoit des plaintes, mondit s^r Marchais se transporta sur le champ à l'Hôtel Dieu, où s'étant éclairci de la vérité des faits, après en avoir conféré avec M. de Vertron, chez lequel il se transporta aussi, il écrivit une lettre aux héritiers dudit sieur Moreau, pour les prévenir que les usages de l'Hôtel Dieu ne comportoient point les suittes d'un inventaire en forme, ni le concours des étrangers, qui en est la suitte nécessaire, l'Administration les prioit de faire procéder à la levée du scellé mercredi prochain, le lendemain des fêtes de Pâques, et de faire enlever les effets sans description, à l'effet de quoi il s'y transporteroit lui même, à 9 heures du matin. Mais que la famille lui ayant fait représenter que deux substitutions, ordonnées par le testament dudit s^r Moreau, exigeoient des formalités et un délai plus long et indispensable, il invita leur procureur à se rendre l'après midi au Bureau pour aviser au parti à prendre. Et le procureur étant venu au Bureau, les mêmes représentations auxquelles on a eu égard (furent faites); il fut convenu que d'aujourd'huy en huit, temps estimé suffisant pour la confection des procédures nécessaires, il seroit procédé, en présence de l'Inspecteur, à la levée des scellez; que les papiers seroient enlevés sur le champ, dans des caisses, ainsi que les gros meubles en évidence, après leur description. Et l'heure de l'inhumation dudit sieur Moreau ayant été réglée pour les 6 à 7 heures du soir, ainsi que la place où il seroit déposé dans le bas côté de l'église, du côté de la sacristie, au lieu du chœur de l'église où la solemnité ne permettoit pas d'ouvrir une fosse selon l'usage, pour les premiers officiers et les ecclésiastiques de la maison, Monsieur de Vertron, doyen

[1] Il exerçait ces fonctions à l'Hôtel-Dieu depuis l'année 1744; voyez tome Ier, page 347.

de l'Administration, a bien voulu s'y rendre et y a assisté. La matière mise en délibération, a été arrêté qu'il sera fait registre du récit de M. Marchais, pour y avoir recours où besoin seroit.

(26 avril.) La Compagnie informée que le sieur *Pelletan*, sur une autorization du commissaire Gillet, et sans que le Bureau en eût été prévenu, a envoyé au cimetière de Clamard plusieurs débris de cadavres qui ont servi à des démonstrations anatomiques, a arrêté qu'il sera écrit à M. le Lieutenant général de police une lettre dont la teneur suit : « Monsieur, nous ne pouvons nous dispenser de vous témoigner notre surprise d'un fait dont nous avons été instruit par le concierge fossoyeur du cimetière de Clamart; il a apporté au Bureau un papier cy joint, signé de M. le commissaire Gillet par lequel, après avoir certiffié que le sieur Pelletan fait des démonstrations anatomiques, il autorize le concierge de notre cimetière à recevoir et inhumer les cadavres humains qui luy seront envoyez par le sieur Pelletan, et lui enjoint, sous les peines y portées de les enterrer de nuit. Nous ne nous arrêterons pas à vous faire observer qu'il est extraordinaire que nous n'ayons été prévenus ny par le sieur Pelletan, ny même par M. le commissaire, et que ce ne soit qu'après l'exécution que nous ayons été instruit d'un fait que la permission du Bureau devoit précéder, et sy notre concierge n'eut pas pris pour un ordre ce qui n'étoit qu'une authorization. Mais nous ne pouvons nous dispenser de vous représenter que jamais pareilles inhumations n'ont eu lieu dans le cimetière de Clamard, et qu'il résulteroit de ce nouvel usage introduit, et qui pourroit se multiplier autant qu'il y a de démonstrateurs dans Paris, les plus grands inconvéniens. Ce cimetière n'est point commun comme étoit celui des Innocens. Il est particulièrement affecté aux morts de l'Hôtel Dieu qui en est propriétaire; le terrein est à peine proportionné à leur nombre; si on l'augmente par celui de cadavres étrangers à l'hôpital auquel ce cimetière est destiné, il seroit à craindre que les terres cessant de pouvoir consommer les corps qu'on y dépose, le cimetière ne put suffire à sa destination spéciale. C'est la raison pour laquelle l'Administration, se prêtant les années dernières à la nécessité de certaines circonstances, n'a perm's l'introduction et l'inhumation de cadavres étrangers que pour un temps, et fixant des délays pendant lesquels ceux qui y avoient eu recours se pourvoireroient d'une autre manière. C'est par les mêmes motifs que les morts des prisons de la Conciergerie n'y ont point été admis. D'après ces observations qui méritent, Monsieur, toute votre attention, non seulement comme Lieutenant général de police, mais comme l'un des chefs de l'Administration de l'Hôtel Dieu, sy quelques circonstances pareilles à celles que nous venons d'avoir l'honneur de vous citer exigeoient que les sujets disséquez chez le sieur Pelletan, et les débris de corps humains qui ont servi à ses démonstrations, fussent pendant quelque temps receus au cimetière de Clamard, le Bureau donnera des ordres conformes à ce que vous aurés jugé nécessaire, jusqu'à ce que vous ayés pris les mesures que votre sagesse vous suggérera pour procurer un dépôt dû par la religion et par l'humanité même *à ces misérables restes de nos semblables*. Nous devons de plus soumettre à votre équité une réflexion qui concerne le concierge de Clamard. Il ne paroitroit pas juste qu'obligé par état de recevoir et d'inhumer tous les jours au premier crepuscule les corps qui lui sont envoyés de l'Hôtel Dieu, il fût en outre assujéti à ces inhumations extraordinaires pendant les nuits, sans salaire de la part du démonstrateur qui en reçoit un lui-même des leçons qu'il donne. Nous nous en rapportons, Monsieur, à votre prudence de régler ce que vous estimerés être dû pour les inhumations faittes, et pour celles que la nécessité exigeroit encore qui fussent faittes. Nous espérons, Monsieur, que vous voudrés bien nous faire part de vos intentions à cet égard. Nous sommes avec respect, Monsieur, etc.

(17 mai.) Lecture faitte d'une lettre de M. Rappe, doyen, curé de Saint Nicolas de Boulogne sur Mer, par laquelle il prie le Bureau de recevoir à l'Hôtel Dieu un particulier *attaqué à ce qu'on croit de la lèpre*, dont la vivacité de l'air de Boulogne sur Mer ne permet pas une parfaitte guérison, il a été observé que si la *galle*, les *dartres* et *autres maladies de la peau*, *contagieuses par le contact*, *ne sont point admises dans l'Hôtel Dieu*, *à moins qu'il n'y ait une autre maladie curable qui y soit jointe*, la lèpre dont les suittes sont plus effrayantes ne doit point à plus forte raison y être admise. Sur quoy la matière mise en délibération, la Compagnie a arrêté qu'il seroit fait réponse à ladite lettre, que ce malade ne pouvoit être admis à l'Hôtel Dieu, et Monsieur Lecouteulx de Vertron a été prié de faire cette réponse à M. le curé de St Nicolas de Boulogne sur Mer.

(5 juin.) « Messieurs, sur le compte qui m'a été rendu de l'état des bâtimens construits à l'Hôtel Dieu, en exécution de la délibération du Bureau, du 5 avril dernier, pour établir les offices du linge, maintenant placés dans des lieux destinés aux malades, j'ai jugé que le transport de ces offices ne pouvoit plus être différé. Je vous prie, en conséquence, Messieurs, de vouloir bien donner des ordres pour qu'on y procède immédiatement après les fêtes de la Pentecôte, et de m'annoncer l'époque à laquelle il sera fini. Je ne doute pas du zèle avec lequel les religieuses de l'Hôtel Dieu se porteront à seconder

vos vües, puisque la célérité de ce déménagement est un moyen qui procurera la facilité d'ouvrir plus tôt les nouvelles salles des malades. Je suis très parfaitement, Messieurs, etc. Signé : de Calonne.»

(26 juillet.) Lecture faitte de deux lettres de M. de Colonia, maître des requêtes et Intendant au département des fermes générales, adressées tant à MM. les Administrateurs de l'Hôtel Dieu qu'à MM. les Administrateurs de l'hôpital des Incurables, relatives à *la conversion en deniers des franchises et exemptions desdits deux hôpitaux sur les objets de consommation*, la matière mise en délibération, la Compagnie a arrêté que lesdites deux lettres demeureront déposées aux archives et à cet effet annexées à la présente délibération et qu'il seroit fait à M. de Colonia les réponses dont la teneur suit : «A Paris, ce 26 juillet 1786. Monsieur, nous avons receu au Bureau les lettres que vous nous avés fait l'honneur de nous adresser relativement à la conversion des franchises dont jouit cet hôpital sur les objets de consommation. Lorsque M. le Controlleur général nous fit l'honneur de nous donner connoissance de la décision du Roy à cet égard, nous eûmes celui de lui adresser, le 30 juin 1784, des états de consommations et des consommateurs et de joindre à ces états un mémoire, tant sur le fond que sur la forme de cette conversion. Son intention, Monsieur, et celle de Sa Majesté ne pouvant être de préjudicier aux intérêts de l'Hôtel Dieu, et la bienfaisance de Sa Majesté nous persuadant qu'il s'occupe plutôt d'améliorer le sort des pauvres, au secours desquels cet établissement est destiné, nous vous prions de remettre sous les yeux de M. le Contrôleur général ces observations. Nous nous proposons d'en joindre incessamment de nouvelles pour éclairer de plus en plus sa religion, et le mettre à portée de prendre dans la loy même projettée touttes les précautions nécessaires pour qu'il ne résulte aucun préjudice à un établissement aussi précieux à l'État sur un objet aussi important à son existence. Nous sommes avec respect, Monsieur, etc.» Lettre de M. Colonia. «Paris, le 22 juillet 1786. M. le Contrôleur général, Messieurs, en exécution de la décision du Roi dont il vous a donné connoissance, est disposé à accorder à l'Hôtel Dieu, pour lui tenir lieu de ses franchises sur les objets de sa consommation une somme annuelle de 212,000 ₶, ou de 73 ₶ 2 sols par chaque consommateur. Le Ministre m'a chargé de vous prévenir de cette évaluation, et de vous annoncer que la loi qui doit notiffier les intentions du Roi sur la conversion des privilèges sera incessamment adressée au Parlement. J'ai l'honneur d'être, etc. De Colonia.»

(26 juillet.) Lecture faitte d'une lettre de M. de la Millière, maître des requêtes, intendant des ponts et chaussées et des hôpitaux, en datte du 24 de ce mois, par laquelle il annonce à la Compagnie, que Sa Majesté a divisé les 3,000 livres de pension éteintes par le décès de feu M. Moreau, premier chirurgien de l'Hôtel Dieu, en attribuant à ladite place de premier chirurgien une pension de 2,400 livres, et à celle du plus ancien médecin de l'Hôtel Dieu 600 livres de pension, en priant la Compagnie d'en faire part aux personnes intéressées, la matière mise en délibération, la Compagnie a arrêté que ladite lettre demeureroit déposée aux archives, et à cet effet annexée à la présente délibération; que le s[r] Dejean, médecin plus ancien, et le s[r] Desault premier chirurgien de l'Hôtel Dieu, seroient mandés au Bureau pour les informer des intentions de Sa Majesté en leur faveur, et qu'il seroit fait à M. de la Millière la réponse dont la teneur suit : «A Paris, 26 juillet 1786, Monsieur, nous avons receu la lettre que vous nous avés fait l'honneur de nous écrire le 24 de ce mois; l'Administration ne peut voir qu'avec la plus grande satisfaction tout ce que la bienfaisance du Roy le porte à faire pour l'avantage de l'Hôtel Dieu. Cette marque de sa bonté pour les officiers de santé chargés du soin de nos pauvres les animera sans doute d'un nouveau zèle à remplir leurs fonctions. Nous vous devons personnellement et nous vous prions d'agréer nos remerciements des égards que vous avez bien voulu avoir pour l'Administration, en la rendant le canal des intentions bienfaisantes du Roy pour ces officiers. Nous allons les en instruire. Nous sommes avec respect, etc.»

(6 décembre.) Monsieur Marrier de Vossery a fait lecture d'un mémoire par lequel M. le président de Lamoignon demande qu'il lui soit permis de faire réparer à ses dépens les ouvrages qui ont été faits par ses ancêtres à une fontaine nommée *La Rachée*, proche le moulin de ce nom, appartenant à l'Hôtel Dieu et dépendant de sa ferme de Blanchefouace, lesdits ouvrages faits tant à ladite fontaine pour lui servir d'ornement et en consolider la source abondante, que dans les lieux qui l'environnent et qui contiennent l'espace de 22 perches ou environ, marquées A B sur le plan qui est joint audit mémoire. La matière mise en délibération, la Compagnie a arrêté d'accorder à mondit sieur le Président de Lamoignon la permission par lui demandée dans son mémoire, en le priant de vouloir bien datter et signer ledit mémoire lequel sera, après qu'il aura été datté et signé, annexé à la présente délibération pour y avoir recours quand besoin sera.

157e REGISTRE. — ANNÉE 1787.

Sur un extrait tiré des registres de l'Hôtel Dieu et de l'hôpital Saint Louis, il paroit que le premier janvier de l'année dernière 1786, il y avoit 1,976 malades dans ledit Hôtel Dieu, que pendant ladite année il en a été receu 21,193, dont 20,261 de la ville et de la campagne, des hôpitaux 932, dont 524 de la Salpétrière, 187 de Biscêtre et 221 de la Pitié, enfans nouveaux nés 1,443, dont 715 garçons et 728 filles, ce qui compose en total 24,612 personnes. Que sur ce nombre il en est mort 4,292, dont 2,408 hommes et 1,507 femmes de la ville et de la campagne, enfans nouveaux nés 196, dont 111 garçons et 85 filles, des hôpitaux 181, dont 103 de la Salpétrière, 57 de Biscêtre et 21 de la Pitié, et comme il n'en restoit le dernier du mois de décembre 1786 que 1,824. il en est sorty 18,496. Qu'il y avoit 647 malades dans ledit hôpital Saint Louis le premier dudit mois de janvier 1786; qu'il en a été envoyé dudit Hôtel Dieu pendant ladite année 3,764 et qu'il y est né un garçon, ce qui compose en total 4,412; que sur ce nombre il en est mort 816 dont 334 hommes et 174 femmes de la ville et de la campagne, des hôpitaux 308, dont 153 de la Salpétrière, 90 de Biscêtre et 65 de la Pitié, et comme il n'en restoit le dernier dudit mois de décembre 1786 que 574, dont 448 de la ville et de la campagne, des hôpitaux 126, dont 54 de la Salpétrière, 42 de Biscêtre et 30 de la Pitié, il en est sorti 3,022, en sorte qu'au dernier dudit mois de décembre 1786, il y avoit 2,398 malades dans lesdits deux hôpitaux.

(27 janvier.) La Compagnie, en acceptant à regret la démission de M. Mopinot, a choisi, nommé et élu pour le remplacer M. Olivier, conseiller au Châtelet.

(27 janvier.) Lecture a été faitte d'une lettre écrite par M. de Crosne, lieutenant général de police à M. Marchais le 23 du présent mois, pour être communiquée à l'Administration, à son premier bureau, ladite lettre contenant copie de celle écrite par M. le baron de Breteuil à mondit sieur de Crosne, le 21 du présent mois et autre copie de celle de M. Bailly, en qualité de commissaire de l'Accadémie des sciences, à M. le baron de Breteuil, le 18 du même mois, lesdites lettres et copies ayant pour objet d'obtenir de l'Administration les ordres nécessaires pour que les commissaires de l'Accadémie et le s^r Poyet, architecte, puissent visiter les hôpitaux de St Louis et de Ste Anne, soit ensemble, soit séparément, et touttes les fois qu'ils le jugeront nécessaire, pour en lever les plans et prendre tous les renseignemens dont ils auront besoin. Sur quoi la matière mise en délibération, a été arrêté : 1° que l'Inspecteur de l'hôpital Saint Louis et le fermier concierge de l'hôpital Ste Anne laisseront aux commissaires de l'Accadémie des sciences et au sieur Poyet, architecte, la liberté de faire dans lesdits deux hôpitaux touttes les opérations relatives à la levée des plans d'iceux, et leur procureront à cet égard les facilités qui deppendront d'eux, et ce touttes les fois qu'ils s'y présenteront ensemble ou séparément; 2° qu'expédition de la présente délibération sera adressée à mondit sieur le Lieutenant général de police; que dans la lettre d'envoi de ladite expédition, la Compagnie témoignera sa vive sensibilité sur les refus dont le rapport de l'Accadémie inculpe l'Administration, lui rappellera que la lettre de l'assemblée générale à M. le baron de Breteuil, du 4 avril 1786, dément absolument l'assertion de ces refus, et priera M. le Lieutenant général de police d'en informer M. le baron de Breteüil, en le suppliant de se faire remettre cette lettre sous les yeux; 3° qu'extrait de la présente délibération sera envoyé à l'inspecteur de l'hôpital Saint Louis et au concierge de l'hôpital Ste Anne en ce qui les concerne, pour qu'ils ayent à s'y conformer et que cependant M. Marchais les informera sur le champ du présent arrêté, afin qu'ils puissent l'exécuter par provision, en attendant l'extrait d'icelle; 4° que la lettre de M. le Lieutenant général de police à M. Marchais, avec les coppies des lettres de M. le baron de Breteüil à M. de Crosne et de M. Bailly à M. le baron de Breteüil, demeureront annexées à la présente délibération, après avoir été paraphées *ne varietur*. Copie de la lettre de M. le baron de Breteüil à M. de Crosne. «Le s^r Poyet, Monsieur, s'occupe de l'exécution du projet des quatre hôpitaux, proposé par l'Académie des sciences. J'ai écrit à cette Compagnie de permettre que cet architecte lui soumit ses idées et concertât ses plans avec elle, mais M. Bailly, l'un des commissaires de l'Académie vient de m'écrire la lettre dont vous trouverés une copie cy jointe, et par laquelle vous verrés sur quels motifs ces commissaires pensent qu'il est indispensable qu'eux et le s^r Poyet puissent visiter, soit ensemble, soit séparément, et toutes les fois qu'ils le jugeront nécessaire, les hôpitaux de Saint Louis et de Ste Anne et l'emplacement des Célestins, pour en lever les plans et prendre tous les renseignements dont on aura besoin. Je vous prie de prendre les mesures nécessaires pour que ces visites n'éprouvent pas d'obstacles, afin que je puisse en donner avis aux commissaires de l'Académie et au sieur Poyet.» — Copie de la lettre de M. Bailly : «Monsieur, les com-

missaires de l'Académie des sciences ont tenu hier un comité où M. Poyet a été invité et où il a exposé plusieurs projets *pour la construction des nouveaux hôpittaux*. Nous avons vu avec satisfaction ces différents projets, mais nous avons pensé que l'on n'aurait jamais que des idées vagues sur cet objet, tant que les projets qu'on pourrait proposer ne seraient pas adaptés aux lieux où ils doivent être exécutés. Les commissaires m'ont chargé d'avoir l'honneur de vous écrire pour vous observer qu'il seroit nécessaire que M. Poyet fût autorisé à visiter les hôpitaux de Saint Louis et de Ste Anne et *l'emplacement des Célestins*, pour en lever les plans et y prendre tous les renseignemens dont on aura besoin. Il est également nécessaire que les commissaires de l'Académie puissent y faire de semblables visites, soit avec M. Poyet, soit sans lui, pour examiner le local et connoistre à fond les avantages et les inconvéniens. Les commissaires vous suplient donc de vouloir bien donner des ordres pour les autoriser ainsi que M. Poyet à ces visites, et pour qu'ils soient libres de le faire non pas une fois, mais toutes les fois et à toutes les époques où le besoin l'exigera.

(31 janvier.) M. Martin a dit que MM. les Commissaires avoient été prévenus par M. Colombier, de la part du gouvernement, que les nouvelles salles que le Roy fait disposer à l'Hôtel Dieu seront bientôt en état d'être habitées, et qu'ils pensoient qu'il conviendroit de prendre d'avance les arrangemens nécessaires pour l'emménagement de ces salles. Que le nombre des lits neufs que le Roy a fait faire pour être placés à l'Hôtel Dieu est de 850, savoir 650 de 3 pieds *à une seule place et 200 de 5 pieds deux pouces pour coucher deux malades, avec une cloison en planches au milieu pour séparer les couchers et les malades*, ce qui fait en tout 1,050 places pour coucher autant de malades seuls; mais que les nouvelles salles ne peuvent contenir qu'environ 300 lits de 3 pieds et 164 de 5 pieds 2 pouces; que les allongemens des salles anciennes, du côté du couchant, pourront en contenir environ 60 de 3 pieds et qu'il en restera à placer environ 300 de 3 pieds et 36 de 5 pieds qui ne pourront l'être que dans les anciennes salles en déplaçant un nombre à peu près égal de grands lits, et qu'il s'agissoit de délibérer : 1° sur les espèces de malades qu'on placera dans les nouvelles salles; 2° sur l'usage qu'on fera des lits neufs fournis par le Roy qui ne pourront tenir ny dans les nouvelles salles, ni dans les allongemens des anciennes. Qu'à l'égard du premier objet il y a une délibération du Bureau du 6 juillet 1785, qui a arrêté un arrangement provisoire des malades pour avoir lieu aussitôt que les nouvelles salles qu'on préparoit pour lors en deçà de la rivière seroient finies, en attendant que les constructions qui devoient avoir lieu au delà fussent faites; mais que cette délibération qui suppose la réunion des malades de l'hôpital St Louis à l'Hôtel Dieu ne peut s'exécuter parce que cette réunion qui porteroit le nombre des malades de l'Hôtel Dieu de 2,500 à 2,700 et qui obligeroit à continuer de les placer de la même manière dont ils le sont actuellement, est absolument opposée aux intentions du Roy notifiées à l'Administration et annoncées au public, qui sont d'améliorer le sort des pauvres malades de l'Hôtel Dieu, en procurant au plus grand nombre d'entr'eux les lits seuls que le gouvernement a fait faire exprès pour cet objet; que cette considération obligeoit donc, non seulement à ne point faire venir les malades de l'hôpital Saint Louis à l'Hôtel Dieu, mais au contraire à faire une distribution des malades dans les anciennes et les nouvelles salles qui pût remplir les intentions de Sa Majesté que, pour y parvenir, MM. les Commissaires pensoient qu'il conviendroit de placer dans les nouvelles salles, les femmes fiévreuses de la salle St Landry, les femmes blessées de la salle Saint Nicolas et les femmes attaquées de la petite vérole actuellement dans la salle Sainte Monique; savoir, les femmes fiévreuses dans les trois étages au dessus du quarré Saint Denis et dans les salles du deuxième étage, au dessus de celles de Saint Cosme et de St Denis; les femmes blessées dans tout le premier étage, au dessus de St Cosme, St Denis et d'une partie de celle du Rozaire et les petites vérolles au troisième, au dessus de St Cosme et de St Denis, et de réserver le quatrième au dessus de St Cosme et de St Denis, pour y loger les filles domestiques de touttes ces salles, plutôt que de les laisser éparses dans les salles où elles occuperoient des places de malades. Qu'à l'égard du second objet qui est l'usage qu'on fera des lits neufs fournis par le Roy, qui ne pourront tenir ny dans les nouvelles salles, ny dans les allongemens des anciennes, MM. les commissaires pensent que pour entrer dans les vûes du gouvernement il convient d'en placer dans les salles St Antoine, St Charles, du Rozaire, St Cosme, St Denis, autant qu'il en pourra tenir, pour continuer d'y recevoir les fiévreux; qu'il y a actuellement dans ces 5 salles 218 lits *à quatre places*, et 100 petits lits à une place, qu'en remplaçant les 218 grands lits par 189 lits neufs de 3 pieds et 36 lits doubles, et laissant subsister les 100 petits lits anciens, il se trouveroit dans ces 5 salles 280 petits lits et 36 lits à cloison pour coucher 352 malades; que cette quantité ne suffira sans doute pas pour recevoir *tous les fiévreux dont il y a lieu de croire que l'appas des petits lits augmentera le nombre*, et qu'il convient de destiner les salles Saint Landry et Ste Monique qui se trouveront vuides par le transport des malades qui les occupent dans les nouvelles salles, pour y placer l'espèce de malades qu'on reçoit actuellement à St Charles et la surabondance des autres salles, s'il s'en trouve, et

qu'en ce cas les cloisons formant les offices qui séparent ces deux salles devenant inutiles, il conviendra de les détruire, pour n'en faire qu'une seulle des deux, et profiter du courant d'air qui par ce moyen pourra pour lors l'enfiler dans toutte sa longueur et s'y renouveller plus facilement. Que la salle Saint Nicolas se trouvant vuide, par le transport des femmes blessées dans les nouvelles salles, on pourra, en détruisant les cloisons qui la séparent de la salle Saint Paul, la réunir à cette dernière pour mettre les blessés plus à l'aise et procurer à ces deux salles, comme à celle de St Landry et de Ste Monique un moyen plus facile d'en renouveller l'air. Qu'après l'arrangement proposé par MM. les Commissaires pour les salles St Antoine, St Charles, du Rozaire, St Cosme et St Denis, il restera encore 120 lits neufs de 3 pieds à placer, qu'on pourroit distribuer dans les anciennes salles, suivant qu'il paroîtra convenable; qu'après que tous les lits neufs fournis par le Roy auront été placés, il y en aura autant dans les nouvelles salles que dans les anciennes, 650 petits à une seule place et 200 doubles à cloison pour des malades séparés qui donneront, avec 492 petits lits anciens et 35 berceaux, 1,577 places pour coucher des malades seuls et en outre 334 grands lits. Qu'on ne doit pas se dissimuler que les 300 petits lits et les 36 lits doubles à cloison qui ne peuvent pas tenir dans les salles neuves ou dans les allongemens des salles du côté du couchant ne pourront être placés dans les anciennes, qu'en y déplaçant à peu près autant de grands lits à 4 places, que ce déplacement d'un grand lit par un petit lit enlève 3 places par chaque petit lit, et deux places seulement par lit double, ce qui fait 900 places pour les 300 lits, 72 pour les 36, en tout 972. Qu'en déduisant de cette quantité les 50 lits qui tiendront dans les allongemens des anciennes salles, il se trouvera dans ces salles 922 places de moins qu'il ne s'y en trouve aujourd'hui. Qu'à la vérité cette perte sera en grande partie compensée par les 628 places que procureront dans les nouvelles salles les lits qui y seront placés, mais qu'elle sera encore de 294. Qu'il a été question, dans une assemblée de MM. les Commissaires de proposer au Bureau de ne point mettre de lits dans l'emplacement nommé le quarré St Charles, entre le pont et les deux escaliers qui montent l'un à St Paul, l'autre à St Nicolas; mais de le laisser vuide pour dégager ce passage et en former un vestibule à ces deux escaliers, et d'y placer les fonds de baptême vis à vis la chapelle du Rozaire qu'on y transporteroit et qu'on placeroit en face de la grille qui ferme la salle du côté du pont, mais qu'il a été observé que cet emplacement contient actuellement 49 lits et en peut contenir au moins un pareil nombre de petits; que si on ne les y place pas, il faudra les substituer à autant de lits à 4 places dans quelques unes des anciennes salles, et diminuer par conséquent dans ces mêmes salles le nombre de places de malades de 120 qui, ajoutées aux 40 qui se trouveroient supprimées feroient une perte de 160 places, indépendamment de celle de 294 qui résulte de l'établissement des autres petits lits à la place d'autant de grands, et que cette considération avoit fait penser à MM. les commissaires que, tout séduisant que fût ce projet, il falloit surseoir à son exécution jusqu'à ce qu'on eût éprouvé l'effet que produira l'établissement des petits lits, parce que, si comme on a lieu de le croire, il augmente l'affluence, loin de perdre les 160 places que la suppression des 40 lits dont il est question enlèveroit, on sera obligé de s'occuper des moyens de les augmenter; que MM. les Commissaires pensoient qu'il étoit de la prudence de prévoir le cas où, soit en raison des petits lits, soit par quelqu'une des causes qui augmentent quelques fois la misère du peuple, cette affluence pourroit devenir telle que tous les petits lits fussent pleins et que tous les grands continssent chacun quatre malades, et qu'ils proposoient au Bureau de prendre des mesures pour empescher, si ce cas arrivoit, qu'on ne se trouva obligé de placer plus de 4 malades dans les grands lits, parce que dans un tems où l'intention connue de Sa Majesté est d'améliorer le sort des pauvres malades à l'Hôtel Dieu, il seroit inconséquent d'y voir environ 1,500 malades couchés seuls, tandis qu'il y en auroit 5 et 6 couchés ensemble dans plusieurs autres lits. Que *les foux traittés dans la salle St Louis* y sont fort à l'étroit, et qu'il y auroit un moyen facile d'aggrandir cette salle à peu de frais, en reculant la cloison qui la sépare de celle au dessus du Rozaire, que MM. les Commissaires proposent de destiner aux femmes blessées, avec celles qui sont au dessus de St Cosme et de St Denis, et dans lesquelles elles seront fort à l'aise. Que les salles St Cosme et St Denis ne contiendront ensemble qu'environ 90 petits lits, si les propositions de MM. les commissaires sont agréées du Bureau, et qu'en ce cas il paroit inutile de conserver deux offices, pour ces deux salles qui sont contigües et parallèles, puisqu'en aucun cas le nombre des malades ne peut y excedder celui des lits, et qu'un seul office est très suffisant pour ce nombre; que non seulement il en résultera de l'œconomie dans les dépenses journalières, mais encore que l'une des deux relligieuses employées à ces deux offices pourra l'être à l'une des nouvelles salles, ce qui est d'autant plus à considérer que le nombre des relligieuses est à peine suffisant pour les offices auxquels elles sont employées. Que si le Bureau adopte la réünion de la salle Sainte Monique à celle de Saint Landry, et celle de Saint Nicolas à celle de St Paul, il y aura aussi deux offices à supprimer, par conséquent les relligieuses de ces deux offices pourront suivre leurs malades dans les nouvelles salles, et les ustensiles des offices supprimez pourront servir dans ceux de ces nouvelles salles; sur quoi la matière mise en délibération, la Compagnie a arrêté : 1° qu'aussitôt que les nouvelles salles construites aux frais du Gouvernement seront entièrement finies et meublées, les femmes fiévreuses de la salle Saint Landry, les femmes blessées de la salle Saint Nicolas et les femmes attaquées de la petite vérolle, actuellement dans la salle Ste Monique, y seront transportées, savoir, les femmes fiévreuses dans les trois étages au dessus du quarré St Denis, et dans les deux salles du second étage au dessus des salles St Cosme et St Denis, les femmes blessées dans tout le premier étage au dessus de Saint Cosme et St Denis et de partie du Rozaire, et les petittes vérolles au troisième au dessus de St Cosme et de St Denis; 2° que le 4° étage au dessus de St Cosme et St Denis sera destiné à loger les filles domestiques; 3° que le surplus des lits fournis par le gouvernement qui ne pourra tenir dans les nouvelles salles sera placé : 1° dans les salles St Antoine, St Charles, du Rozaire, St Cosme et St Denis et que les grands lits en seront enlevés et mis en un lieu de réserve; 2° dans les allongemens des salles St Roch, St Nicolas, des Taillés, Ste Martine, Ste Thérèze ou de la Crèche, Ste Monique et St François; 3° et ce qui en restera dans quelques unes des anciennes salles, suivant qu'il sera jugé convenable; 4° que la salle Saint Landry et la salle Ste Monique qui se trouveront vuides par le transport dans les nouvelles salles des femmes qui les occuppent, seront destinées à recevoir dans les lits qui y sont actuellement l'espèce de malade qu'on est dans l'usage de placer à St Charles, et que les offices qui séparent ces deux salles devenant inutiles seront démolis, afin de ne faire qu'une salle des deux et de procurer quelques places de plus aux malades, et en outre la jouissance du courant d'air qui enfilera pour lors ces deux salles du levant au couchant, dans toutte leur longueur et s'y renouvellera par ce moyen plus facilement; 5° que la salle St Nicolas, qui se trouvera également vuide par la même raison sera réünie à celle de Saint Paul, pour mettre les hommes blessés plus à l'aise, et que les offices qui séparent actuellement ces deux salles devenant également inutiles seront pareillement démolis pour les mêmes motifs que ceux de l'article précédent; 6° qu'il sera sur.is au projet de faire un vestibule entre le pont St Charles et les deux escaliers qui montent aux étages supérieurs au delà de la rivière, d'y placer la chapelle du Rozaire et les fonds de baptême qui se trouvent actuellement dans le quarré Saint Denis, et que cependant ledit emplacement sera garni de lits, mais de manière à laisser les passages plus libres qu'ils ne le sont actuellement; 7° que dans le cas d'une affluence capable de faire craindre que tous les petits lits étant pleins, tous les grands lits garnis chacun de 4 malades, on ne fût obligé d'en placer un plus grand nombre dans ces derniers, il sera établi quelques grands lits dans les salles de malades où il n'y en auroit que des petits, à la place d'autant de ces derniers, et que ces grands lits seront affectés avant tout aux convalescens, mais qu'il sera deffendu d'y mettre plus d'une personne tant qu'il y aura un lit vacant, grand ou petit, dans les salles où ils seront placés, et d'y en mettre plus de deux tant qu'il y aura un grand lit où il n'y en aura pas ce nombre, et de même jusqu'à quatre, mais *qu'on ne pourra sous aucun prétexte mettre plus de 4 malades dans un lit*, tant qu'il existera un moyen de faire autrement, l'inspecteur des salles chargé d'y tenir exactement la main; 8° que la salle Saint Louis où sont traittés les foux sera aggrandie, en reculant la cloison qui la sépare de la partie de celle au dessus du Rozaire qui est destinée aux femmes blessées, de l'espace de 21 pieds 6 pouces de large sur 35 pieds 6 pouces de long, et que les croisées qui se trouveront comprises dans cet espace seront garnyes de barreaux de fer et maillées; 9° que les salles St Cosme et Saint Denis n'auront plus qu'un office commun pour les deux salles qui n'en feront qu'une sous l'inspection d'une seule religieuse, à compter du jour qu'il y sera établi des petits lits à une seule place, et que les ustenciles de l'un des deux offices de ces deux salles seront portés dans l'un des offices des nouvelles salles et remis en compte à la relligieuse de cette salle; 10° que les ustencilles de la salle Saint Nicolas accompagneront en entier les malades de ladite salle dans leur transport dans les nouvelles salles, ainsi que ceux de la salle Sainte Monique, sauf à pourvoir s'il y a lieu à ce qui pourroit manquer aux ustenciles des salles Saint Paul et St Landry, eu égard à l'augmentation du nombre des malades qui pourroit résulter de leur aggrandissement; 11° qu'expédition de la présente délibération sera addressée à la mère prieure.

(31 janvier.) Monsieur Martin a dit que les salles neuves que le gouvernement fait faire à l'Hôtel Dieu seroient achevées incessamment, et qu'il étoit nécessaire de leur donner des noms, afin que dans les arrangemens à prendre pour régler les espèces de malades qui doivent les remplir, on puisse n'être pas toujours obligé, comme on l'a fait jusqu'à présent, de désigner lesdites salles par leur situation. Sur quoi, la matière mise en délibération, la Compagnie a arrêté que la salle du premier au-dessus du quarré Saint Denis sera nommée salle Notre Dame, celle au second, au dessus de la précédente, salle Ste Anne et celle au 3°, au dessus de la dernière, salle St Lazare, que la salle du premier au dessus de St Cosme sera nommée salle St Jean, celle à côté au

dessus de la salle Saint Denis, salle Ste Élizabeth, et celle dans le fond en retour au dessus de partie de celle du Rozaire, salle des Saints Anges. Que la salle du second au dessus de St Cosme, sera nommée salle Saint Agnès et celle à côté au dessus de Saint Denis, salle Sainte Clotilde; que la salle du troisième au dessus de St Cosme sera nommée salle Ste Magdelaine, et celle à côté, au dessus de St Denis, salle Ste Agathe et que l'inspecteur des bâtimens fera faire incessamment des inscriptions conformément aux noms cy dessus arrêtés pour être placées au dessus de la porte desdites salles.

(21 février.) Rapport de MM. les Commissaires, nommés par la délibération du Bureau du 16 mars 1785, concernant le blanchissage. MM. les commissaires nommés par la délibération du 16 mars dernier ont dit que, pour remplir les vues du Bureau, ils s'étoient occupés des objets qui y avoient donné lieu, que la forme actuelle des lessives leur ayant paru renfermer des *abus assés considérables*, ils s'étoient procuré tous les éclaircissemens capables de les mettre en état de rendre compte au Bureau de cette partie de la manutention de l'Hôtel Dieu, et de lui proposer les moyens de les faire cesser, et ont mesdits sieurs les commissaires fait lecture du rapport suivant : il y a à l'Hôtel Dieu plusieurs sortes de blanchissages et différens offices en sont chargés. Les religieuses en office à chaque salle ont le soin de faire blanchir son linge, à l'exception des petits draps de rechange, des chemises d'homme et des tayes d'oreiller. Les salles St Côme, St Charles, St Roch, St Paul, du Rozaire et des opérations ont des offices assés grands pour qu'on puisse y couler leurs lessives, les autres salles et offices coulent les leurs dans les buanderies communes et s'arrangent entr'eux pour ne pas se nuire les uns aux autres, soit pour l'usage des chaudières et cuviers, soit pour celui des séchoirs. La plupart des lessives se font tous les huit jours, quelques unes ne se font que tous les quinze jours; mais, indépendamment de ces lessives hebdomadaires il s'en fait deux tous les mois par l'office de la grande lavanderie. La 1re comprend les draps de tous les domestiques et autres personnes attachées à la maison, et les tayes d'oreiller de toutes les salles de malades; la 2e, qui se fait immédiatement après, comprend les napes des réfectoires, des chirurgiens et domestiques, les serviettes, les essuimains, les tabliers autres que ceux des chirurgiens, les napes de la boucherie, des *napes grasses et torchons gras appelés poulets d'Inde* et des envelopes. Ce sont les emballeurs qui coulent ces deux lessives et qui portent le linge à la rivière et aux séchoirs. On envoie des domestiques et convalescens, hommes et femmes, de toutes les salles et offices pour le laver et aider les emballeurs et on prend des gens du dehors appellés *aubaineurs* pour le tordre au sortir des cuviers et de la rivière. Il y a une religieuse à la tête de cet office qui a l'inspection sur tout ce qui concerne ces deux lessives, et comme elles ne durent que 8 à 9 jours par mois, elle a un autre emploi dans la communauté; c'est actuellement la sous-maîtresse des novices qui en est chargée. Autrefois les religieuses et novices lavoient à ces lessives, mais il paroît que le petit nombre auquel elles sont réduites et l'obligation de remplir des fonctions plus importantes ailleurs ne leur permettent plus guères de suivre cet ancien usage. *Il se salit à peu près 2,000 à 2,400 petits draps de rechange par jour à l'Hôtel Dieu*, et trois raisons essentielles ont fait sagement établir une lavanderie particulière, à la tête de laquelle est une religieuse pour pouvoir y réunir ces petits draps de toutes les salles trois fois par jour, et les laver autant de fois dans la rivière sans lessive, c'est ce qu'on appelle l'office de la petite lavanderie. La 1re raison et la plus nécessaire sans doute de celles qui ont déterminé à établir cet office est l'impossibilité qu'il y auroit eu de garder pendant une semaine dans les offices de chaque salle des draps remplis de matières aussi fétides que celles qui donnent lieu à ces rechanges; la 2e est la quantité considérable qu'il auroit fallu en avoir pour pouvoir ne les laver que tous les huit jours, et la 3e est la trop grande quantité qu'il y en auroit eu à laver et à sécher chaque fois, si cette besogne n'eût été faite que toutes les semaines. Cet office est très bien monté, ce sont neuf domestiques à gages et quatre convalescens qui en font le service et qui ne font que cela sans aucun *aubaineur*. Ces draps lavés journellement sont lessivés toutes les semaines, avec le linge de chaque salle. Indépendamment des offices de la grande et de la petite lavanderie, il y en a 3 autres où il se fait des lessives particulières et à la tête de chacune desquelles il y a des religieuses[1]. L'office de la pharmacie blanchit aussi son linge séparément, mais comme il n'est pas en assés grande quantité pour en faire une lessive particulière, on le joint à celui de quelque petite salle pour des deux n'en faire qu'une. Les chemises d'homme ne sont pas blanchies avec le linge de leurs salles, mais dans un office particulier, appelé l'office des chemises. Ce sont les gens de cet office qui ont le soin de donner des chemises blanches dans les salles d'hommes à chaque malade, en ramassant les salles et ce toutes les semaines pour l'ordinaire, mais plus souvent lorsque le besoin l'exige, et toujours au moment de l'entrée de chaque malade dans la maison. La raison qui paroît avoir déterminé à l'établissement de cet office pour les chemises d'hommes et non pour celles de femmes est la nécessité de les faire raccommoder à

[1] Savoir l'office des chemises, celui du grand essuiment et l'office du chiffon.

mesure qu'elles s'usent. On emploie à ce travail dans les salles de femmes toutes celles qui sont en état d'y travailler, et on n'a pas ce secours dans les salles d'hommes. C'est dans cet office que se blanchissent les chemises appartenant aux hommes malades, lors de leur entrée dans l'hôpital, et l'ordre établi pour rendre à chacun la chemise qui lui appartient lors de sa sortie est tel qu'il ne laisse rien à désirer sur cet article. L'office du grand essuiment blanchit le linge de la sacristie, celui de toutes les chapelles de l'Hôtel Dieu, de l'hôpital Saint Louis et de Clamard, celui des enfans de chœur et celui des réfectoires des prêtres et des officiers; on y repasse tout celui de la sacristie et des chapelles et on y fait tout le linge neuf qui les concerne. L'office du chiffon blanchit généralement tous les linges dont se servent les chirurgiens pour pansemens, emplâtres et bandages, de quelqu'espèce qu'ils soient, tous leurs tabliers, une très grande quantité de linges gras et toutes les tayes d'oreillers qu'on se trouve obligé de changer dans l'intervale des lessives de tous les mois, au tems desquelles elles sont changées partout, on y gratte les emplâtres pour faire resservir les linges qui y étoient employés. Plusieurs hommes sont occupés de cette besogne. Le service de cet office est d'un détail considérable. Les religieuses font le blanchissage du linge de leur communauté et de leur réfectoire; elles y emploient les emballeurs; elles ont une buanderie particulière. Les filles de la chambre d'en haut font aussi celui du leur dans la même buanderie. Le blanchissage des prêtres, des officiers et de plusieurs autres personnes attachées à la maison leur est payé en argent. Indépendamment de toutes ces lessives et blanchissages il y a à l'Hôtel Dieu ce qu'on appelle *les grandes besognes une fois par an*. Elles consistent dans une lessive de coutils, de tous les lits de plumes gâtés, et qui peut aller, année commune, à plus de 500, dans le lavage simple des couvertures de laine, des rideaux de toile, des lits et des robes de malades. Les rideaux de fenêtres se lavent 4 fois l'année. *Le pont Saint Charles, les terrasses et les greniers servent de séchoirs communs.* Dans l'hiver et dans des temps de pluie, ils ne suffiroient pas; on a établi plusieurs étuves pour y suppléer. Jusques là tout paroît aller assés bien, *mais voici où commencent les abus.* Dans les tems antérieurs, les religieuses et les novices étoient en beaucoup plus grand nombre; celui des malades étoit infiniment plus petit; elles se livroient au travail des blanchissages et elles y suffisoient avec un petit nombre de domestiques, sans que le soin personnel qu'elles doivent aux malades en souffrît. Le nombre des malades ayant augmenté et celui des religieuses et novices diminué, elles sont depuis longtemps obligées de se faire aider dans ce travail, elles ont cru vraisemblablement ne pouvoir mieux faire pour l'économie que de profiter des bras des gens que l'Hôtel Dieu nourrissoit pendant leur convalescence, de leur adjoindre même des gens de dehors, qu'elles trouvent le moyen de se procurer pour leur seule nourriture et qu'on nomme aubaineurs et gagner par là à la maison le salaire qu'on auroit été obligé de payer à des gens de journée; il y a même plusieurs salles et offices où pour épargner les bras et empêcher que le service journalier ne soit interrompu, les lessives se font une partie de la nuit. On ne sait si les religieuses ont eu pour cela le vœu de l'Administration ou non, mais l'expérience a démontré que le parti qu'elles ont pris en cette occasion a été malgré la bonté du principe qui le leur a fait prendre une source d'abus : 1° en ce que chaque salle faisant ses lessives soi même, les religieuses qui y veillent et les domestiques qui y travaillent suffisant à peine aux soins personnels des malades en sont détournés pendant le tems du blanchissage; 2° en ce que le nombre des convalescens qui restent habituellement dans la maison pour un service de 2 à 3 jours par semaine est beaucoup plus considérable qu'il ne faudroit, et que la nourriture abondante qu'on leur donne pendant le travail, jointe à celle qu'ils consomment pendant qu'ils ne travaillent point aux lessives est beaucoup plus coûteuse pour l'Hôtel Dieu que ne le seroit le salaire qu'on payeroit à des gens sains et vigoureux, qui ne seroient occupés que de ce travail en beaucoup plus petit nombre; 3° en ce *que ces convalescens ou prétendus tels, puisqu'il y en a parmi eux qui n'ont jamais été traités pour maladie à l'Hôtel Dieu*, et que d'autres y sont depuis fort longtems, *sont pour la plupart le rebut des pauvres;* que les aubaineurs et eux ne recevant aucun payement, se croient peu obligés de travailler, travaillent fort peu en effet, mangent beaucoup, causent beaucoup de déprédations dans les choses dont l'emploi leur est confié, vendent de la nourriture aux malades auxquels leur état ne permet pas d'en donner et causent beaucoup d'autres désordres; les aubaineurs surtout, qui sortent tous les jours en détournant à leur profit ce qui peut tomber sous leur main; 4° en ce que, sous le prétexte que les domestiques et convalescens font une besogne extraordinaire en travaillant à des heures où leur service ordinaire leur permettroit de se reposer, on leur donne une surabondance de nourriture qui n'est pas proportionnée à l'excédent de leur travail; 5° enfin, *en ce que ces convalescens tiennent des places dans les salles qui éloignent les véritables malades*, en obligeant de les multiplier dans les lits plus qu'on ne feroit si leur nombre était moindre. L'administration pénétrée de la grandeur de ces abus et de la nécessité de les faire cesser s'en est occupée en 1770. Il y a eu des commissaires nommés, il reste plusieurs traces de leur travail; ils étoient sur le point d'en rendre compte au Bureau, *lors du changement arrivé dans l'Ad-*

ministration en 1771 par les circonstances que tout le monde connoît. Ils s'étoient fort occupés du soin de mettre les abus en évidence et ils y ont réussi, mais leur travail n'avoit pas été poussé jusqu'à s'assurer du prix auquel revenoient les blanchissages dans l'état actuel, de celui auquel ils reviendroient en les faisant faire dans la maison par des gens gagés à l'année ou pris à la journée, uniquement occupés de cette seule besogne, et enfin de celui qu'il coûteroit en les faisant faire au dehors par un entrepreneur à tant la pièce, et cependant ce n'est que d'après un état de comparaison fondé sur des calculs certains qu'on peut se déterminer à donner la préférence à une nouvelle manière, puisqu'un des principaux objets de la réforme projetée est l'économie qu'on espère y trouver. Plusieurs calculs faits à cette occasion sont si différens les uns des autres, soit dans leurs résultats, soit dans l'estimation de chacune des choses de détail, qu'ils servent bien plus à éprouver l'embarras où on s'est trouvé, et la difficulté de l'ouvrage, qu'à donner les lumières nécessaires pour déterminer à prendre un parti. Cette différence de calculs se trouve non seulement dans la quantité et l'estimation des prix des matières qui s'emploient aux lessives, mais encore dans la quantité du linge à blanchir. On ne savoit même point encore au juste ce qu'il auroit fallu payer à un entrepreneur à raison de la pièce. Les choses étoient dans cet état lorsque MM. les Commissaires se sont occupés du soin de répondre à la confiance du Bureau, en cherchant les moyens de faire cesser les abus dont il a à se plaindre, et après avoir fait un examen aprofondi du travail des anciens commissaires, et s'être procuré tous les éclaircissemens qu'ils ont pu, en entrant dans les détails dont la matière est susceptible, *ils ont unanimement reconnu qu'il falloit expulser de la maison les prétendus convalescens*, et que pour ce il falloit faire faire les lessives et autres blanchissages de manière à n'avoir pas besoin de les employer, non plus que les externes connus sous le nom d'aubaineurs. Ils ont reconnu également que le lavage des petits draps de rechange, qui a lieu 3 fois par jour, et qui se fait par des gens gagés, uniquement occupés de cette besogne, avec 4 convalescens, sous l'inspection d'une religieuse, ne devoit éprouver d'autre changement que la suppression des 4 convalescens, pour être suppléé par un nombre suffisant de domestiques à gages. Ils pensent que le blanchissage du linge personnel des prêtres, officiers et autres gens de la maison, auxquels le Bureau, par sa délibération du, ... a arrêté de le faire payer en argent, doit continuer de l'être, et que le Bureau doit consentir que les religieuses et les filles de la chambre d'en haut continuent de faire elles mêmes le blanchissage de leur linge. Quant aux autres lessives et blanchissages, de quelqu'espèce qu'ils fussent, il a été proposé de les faire faire au dehors par un entrepreneur à tant la pièce. Ce projet avoit l'avantage de décharger entièrement les religieuses du soin des blanchissages et de débarrasser la maison des convalescens et aubaineurs qui y sont employés, mais on y a trouvé trois inconvéniens considérables. Le 1er consiste en ce qu'il seroit plus coûteux de faire faire les lessives par un blanchisseur au dehors que de les faire dans la maison, non seulement parce que les droits dont l'Hôtel Dieu est exemt sur les matières qui s'emploient aux blanchissages et sur les consommations de ceux qui y sont employés deviendroient à sa charge, mais encore parceque le transport du linge sale et blanc, les frais de nouveaux établissemens et le loyer des emplacemens nécessaires, que l'Hôtel Dieu n'a point à payer actuellement, augmenteroient d'autant le prix du blanchissage fait à l'Hôtel Dieu, indépendamment du bénéfice que doit trouver un entrepreneur, toutes ses dépenses et avances prélevées. Le 2e consiste en ce que, dans des saisons rigoureuses, il pourrait arriver que l'entrepreneur, par défaut de moyens ou de volonté ne fît pas son service avec l'exactitude que demande celui des malades, et que l'embarras alors deviendroit extrême. Le 3e en ce que d'abandonner une forme plus économique et plus sûre pour en introduire une absolument différente, avant d'avoir essayé de corriger les abus de la 1re en la modifiant, c'est risquer de regretter l'ancien usage, et se mettre peut être dans l'impossibilité de le reprendre. La vue de ces inconvéniens a engagé à proposer un second projet; il consiste à profiter de tous les établissemens existans dans l'Hôtel Dieu pour y continuer le blanchissage de tout le linge qu'il est question dans le 1er projet, de faire blanchir au dehors par un entrepreneur, mais de le faire faire *en entier*, par des domestiques gagés, nourris et logés dans l'Hôtel Dieu, et par des gens de journée, lorsque les gens gagés ne suffiroient pas, sous l'inspection d'une ou de deux religieuses et d'un inspecteur *ad hoc*, aux ordres immédiats du Bureau, en laissant subsister le lavage des petits draps, le blanchissage du linge des religieuses et de celui qui se paye en argent sur le pied actuel. Ce projet a, comme le 1er, l'avantage de rendre les religieuses, ainsi que les domestiques, aux soins personnels des malades, en les déchargeant de celui des lessives et de débarrasser la maison des convalescens et aubaineurs; mais il a encore celui d'être beaucoup plus économique, s'il est bien conduit, et de pouvoir être quitté, s'il ne réussit pas, pour recourir à un entrepreneur, au lieu que s'il résultoit des inconvéniens majeurs du 1er projet, soit du côté de l'économie, soit du côté du service, il seroit fort désagréable pour l'Administration, et peut être impossible sans des dépenses considérables, de rétablir tout ce qui auroit été détruit, après que les lieux auroient été disposés de manière à ne faire qu'une très petite partie des blanchissages dans la maison. On a proposé plusieurs moyens de détail pour l'exécution de ce projet, mais comme l'article préliminaire étoit l'établissement d'un lieu pour y faire la manutention nécessaire, c'est à dire y recevoir le linge sale, y préparer le blanc, et faire d'ailleurs tout ce qui est relatif aux lessives et à l'ordre à mettre dans cette partie, il a été reconnu que le défaut actuel de ce lieu nécessiteroit à une dépense de 15 à 20,000#, pour préparer à cet effet le seul emplacement qui pût y être employé, qui est la partie supérieure du cagnard Saint Antoine, et Mrs les Commissaires ont trouvé cette dépense, d'autant plus considérable dans le moment actuel que le projet étant d'amener successivement toutes les lessives au point d'être faites aux buanderies communes, et que ces buanderies ne suffisant pas dans l'état actuel, *puisque plusieurs salles coulent leurs lessives dans leurs offices*, elles suffiront encore moins lorsque le nombre de malades sera augmenté, après l'entière confection de toutes les salles neuves qui se préparent, et qu'il sera nécessaire que l'Administration engage le gouvernement à préparer des lieux suffisans, dans le bâtiment qu'il doit faire élever sur la rue de la Bûcherie, pour la mettre en état de faire blanchir et sécher tout le linge de l'Hôtel Dieu dans l'intérieur de la maison. Cette considération qui a fait regarder une dépense de 15 à 20,000# comme trop forte pour une dépense provisionnelle a fait adopter à MM. les Commissaires un 3e projet. C'est : 1° de laisser encore aux religieuses des salles et offices le soin de leurs lessives; 2° de supprimer entièrement les convalescens et aubaineurs, et de les remplacer par un nombre suffisant de domestiques à gages (uniquement destinés au service des blanchissages) et qui, sans être affectés à aucune salle fussent au service de toutes, suivant le besoin de chacune; 3° de prendre des gens de journée les jours où le travail seroit trop considérable pour être fait en entier par les gens de la maison; 4° d'établir un chef des lessives, avec le titre et le rang de sous inspecteur dans la maison, mais dont les fonctions se borneroient à l'inspection sur les blanchissages, sur tous les gens qui y travaillent, sur tous les lieux et ustensiles qui y servent et sur toutes les matières qui y sont employées, à l'effet de quoi le dépensier qui les recevrait dans ses magasins, à mesure de la fourniture qu'en font les marchands, les lui remettroit en détail sur ses reçus, à mesure du besoin qu'il en auroit, pour être par lui employées avec la plus grande économie, et qui auroit en outre le soin de fournir les gens de journée dans les circonstances où il seroit nécessaire d'en prendre; 5° de partager les blanchissages des salles et offices, pendant le courant de la semaine, de manière que le travail fût à peu près égal pour chaque jour et pût occuper sans interruption le nombre des lavandiers à gages qui sera fixé, et se trouver fait en entier dans le courant de la semaine. Ce projet auroit comme les deux autres l'avantage de débarasser la maison des prétendus convalescens et aubaineurs et auroit encore celui de se raprocher davantage de la forme actuelle sans en avoir les inconvéniens, et par conséquent de donner une secousse moins forte au régime actuel et de rendre la continuité du service plus certaine. Il pourroit d'ailleurs se perfectionner par la suite, lorsque tous les travaux projetés par le gouvernement seront achevés. Comme les convalescens dont il est question icy remplissent des fonctions dans les salles et offices, indépendamment du travail des lessives, leur suppression laissera dans le service des salles un vide qu'il faudra remplacer par l'augmentation d'un nombre suffisant de domestiques. Cette augmentation de gens à gages, pour suppléer des gens qui n'en avoient pas et l'établissement de garçon de lessive ou lavandiers, joint aux journées des gens qu'on se trouvera obligé de prendre, suivant le besoin, ne font pas espérer un grand bénéfice sur la dépense apparente que le séjour de ces convalescens dans la maison occasionne, cependant, voici les avantages qui en doivent résulter : 1° on doit y gagner tout le temps pendant lequel les convalescens sont gardés dans la maison sans nécessité, parce que les garçons des lessives qui les remplaceroient suivant ce projet seroient employés toute la semaine, et à toutes les lessives les unes après les autres sans interruption; 2° on doit gagner aussi sur le nombre parce qu'on peut croire que deux domestiques gagés feront au moins la besogne que font 4 convalescens, soit pour le service des salles, soit pour celui des blanchissages; 3° les religieuses de chaque salle devant s'en rapporter à la surveillance de l'inspecteur des blanchissages pour tout ce qui est de ce service hors de leurs salles, pourront d'autant plus s'occuper du service de l'intérieur, qui regarde plus directement les malades; 4° les places qu'occupent les convalescens se trouvant réduites à peu près à moitié par l'établissement de domestiques à gages, il en restera d'autant plus à donner à de véritables malades; 5° enfin, et c'est ici l'avantage essentiel, on mettra fin aux vols et déprédations causés par l'espèce de gens qu'on propose de supprimer, et on pourra d'autant mieux maintenir l'ordre et la discipline de la maison. Voilà, Messieurs, les trois projets examinés par MM. les Commissaires et c'est le dernier qu'ils croient le seul praticable dans le moment actuel. » Lecture faite dudit rapport, la matière mise en délibération, la Compagnie a arrêté : 1° que les gens employés dans les salles et offices de l'Hôtel Dieu sous les noms de convalescens et convalescentes, seront congédiés et qu'il n'en sera plus employé, ni accepté aucun par la suite, sous quelque prétexte que ce soit, que les règlemens concernant le renvoi des malades, aussitôt qu'ils seront guéris, seront exécutés et que l'inspecteur des salles chargé de leur exécution rendra compte au Bureau des obstacles qu'il pourroit y trouver, 2° que le service ordinaire des salles sera fait par les seuls domestiques mâles et femelles de la maison, dont le nombre sera augmenté, et auxquels seront attribués des gages suffisans eu égard à leur travail, à l'effet de quoi M..... est prié de se concerter avec la mère prieure, le dépensier, l'inspecteur des salles et celui des bâtimens, pour déterminer le nombre de ceux qu'il conviendra attacher à chacune des salles et à chacun des offices de la maison, leur logement et leurs gages; du tout dresser l'état et en faire son rapport au Bureau pour y être statué; 3° que lesdits nouveaux domestiques seront nourris et habillés comme les anciens; 4° que le blanchissage des prêtres, officiers et autres personnes auxquelles le Bureau, par sa délibération du..... le fait payer en argent, continuera de l'être comme par le passé; 5° qu'il ne sera rien innové en ce qui concerne le lavage des draps de rechange qui a lieu 3 fois par jour, lequel continuera d'être fait à l'office de la petite lavanderie, sous l'inspection de la religieuse qui y est en office, par les domestiques particuliers qui y sont attachés, sans toutefois qu'il puisse y être employé aucuns convalescens ni aubaineurs, non plus que dans les autres offices, à l'effet de quoi les neufs domestiques gagés au service dudit office seront augmentés en nombre suffisant; 6° que les religieuses et les filles de la chambre d'en haut continueront également de faire les lessives de leur linge, comme par le passé, mais sans aucun aubaineur; 7° que le travail des autres lessives et blanchissages continuera d'être fait par les domestiques de la maison qui y sont ordinairement employés, mais de manière cependant que le service des salles n'en souffre pas et que pour suppléer les gens du dehors nommés aubaineurs, qu'on étoit dans l'usage d'y appeller et qui ne seront plus introduits dans la maison, sous quelque prétexte que ce soit, il sera établi un nombre suffisant de domestiques à gages, uniquement destinés et attachés à ces fonctions, auxquels seront incorporés les 4 garçons des cuviers; qu'ils seront nourris, habillés et logés dans la maison et porteront tous le nom de garçons de lessives, et que dans les circonstances où ce nombre ne suffiroit pas, il sera pris des gens de journée qui seront nourris à l'Hôtel Dieu et payés par le dépensier sur les rôles qui seront arrêtés par l'inspecteur, dont il sera parlé à l'article 8, suivant le prix qui sera fixé par le Bureau; 8° qu'il sera établi par le Bureau un chef des lessives, avec le titre et le rang de sous-inspecteur dans la maison, mais sans autres fonctions que celles qui sont relatives auxdits blanchissages; 9° qu'il aura l'inspection sur les buanderies, lavoirs, séchoirs, étuves et autres lieux servant aux lessives et blanchissages, à l'exception de ceux dont il est parlé aux art. 5 et 6 de l'intérieur des offices où il se coule des lessives, qui continueront d'être sous l'inspection directe de la mère prieure et des religieuses de chaque office, sous les ordres immédiats du Bureau; 10° qu'il sera chargé de la garde de tous les ustenciles servant aux blanchissages et de toutes les matières qui s'y emploient, à l'effet de quoi le dépensier recevra dans ses magasins toutes lesdites matières, à mesure de la fourniture qui en sera faite à l'Hôtel Dieu par les marchands et les lui remettra en détail sur ses reçus, à mesure du besoin qu'il en aura; le pannetier lui fera délivrer également sur ses reçus le bois dont il aura besoin, tant pour les chaudières que pour les étuves, pour être le tout employé par ledit chef des lessives avec la plus grande économie; 11° qu'il aura soin de faire ramasser avec exactitude toutes les cendres des endroits où il se consomme du bois, pour les avoir sous la main et sans servir au besoin, à l'exception de celles des offices où le coulage des lessives continuera d'avoir lieu, lesquelles serviront aux lessives desdits offices; 12° qu'il sera chargé de fournir les gens de journée dont on pourra avoir besoin; 13° que lesdits gens de journée et les garçons de lessive lui seront subordonnés en tout tems et les autres domestiques de la maison qui seront employés aux blanchissages lui seront aussi subordonnés, mais pendant le tems qu'ils devront y travailler seulement; 14° que M..... concertera avec la mère prieure une distribution des lessives de toutes les salles et offices pour les six jours de la semaine, la plus égale que faire se pourra, de manière que le nombre de garçons des lessives une fois réglé, ils soient à peu près également occupés tous les jours, et qu'on ne soit obligé de prendre des gens de journée que le plus rarement et le moins possible, et les jours seulement où lesdits garçons ne pourroient suffire par l'abondance du travail; 15° que ledit chef des lessives fera la distribution tant des gens de journée lorsqu'il en sera pris, que des garçons des lessives, suivant le besoin qu'en auront les religieuses de chaque salle ou office, lors de leurs lessives; 16° qu'aussitôt après la nomination du chef ou inspecteur des lessives, M..... concertera avec lui la mère prieure, le dépensier et l'inspecteur des bâtimens, le nombre, le logement et les gages des domestiques qu'il conviendra prendre pour le travail des lessives et blanchissages, pour en rendre compte au Bureau et y être par lui statué.

(28 février.) La Compagnie considérant que l'ouverture prochaine des nouvelles salles construites par ordre du gouvernement exige qu'elle s'occupe d'y établir un

régime qui dans tous les temps a fait l'objet de ses vœux, est même prescrit en grande partie par plusieurs de ses règlemens, mais dont l'exécution, arrêtée par différens obstacles, notamment par la deffectuosité du local, n'a pu être complette; que les médecins de l'Hôtel Dieu sont par état ceux que leurs connoissances générales sur un objet de cette nature, et celle que leur service habituel dans l'Hôtel Dieu leur a particulièrement acquises, mettent le plus à portée de fournir des lumières à l'Administration pour former à cet égard un nouveau règlement observé dans lesdites salles, a arrêté que les médecins de l'Hôtel Dieu seront invités à proposer au Bureau leurs vües sur cet objet le plus promptement qu'il seroit possible; qu'à cet effet, Monsieur Lecouteulx de Vertron informeroit M. le doyen des médecins de la présente délibération, ce qu'il a fait à l'instant.

(2 mars.) Lecture faitte d'une lettre de M. de la Milière, intendant du département des hôpitaux, en datte du 28 février dernier, par laquelle il mande au Bureau que s'étant assuré par lui même que les constructions, sur le terrein de l'ancien Petit Châtelet, que le Roy a fait élever pour être réünis à l'Hôtel Dieu étoient presque à leur perfection, M. le Contrôleur général l'a chargé de prévenir la Compagnie qu'elle pouvoit s'en mettre en possession et faire en conséquence apposer les affiches pour la location des boutiques et entresols qui en dépendent. La matière mise en délibération, la Compagnie a arrêté que la lettre de M. de la Milière demeureroit annexée à la minutte de la présente délibération, *comme faisant titre de propriété à l'Hôtel Dieu*, en conséquence de faire apposer des affiches pour parvenir à ladite location et d'en informer M. de la Milière.

(7 mars.) La Compagnie, considérant que le nouveau projet proposé par le rapport des commissaires de l'Accadémie des sciences, de diviser l'établissement de l'Hôtel Dieu en 4 ou 5 hôpitaux, l'un à l'hôpital Saint Louis, l'autre à l'hôpital Sainte Anne, *un 3e aux Cellestins*, un 4e au dessus de l'École militaire, *et peut être un cinquième au bas de Montmartre*, après avoir receu la plus grande publicité, paroît acquérir une certaine consistance, et même la faveur du gouvernement; persuadée d'ailleurs qu'il résulteroit de son exécution *les plus funestes conséquences* pour la classe des pauvres, qui sont le véritable objet d'un établissement aussi respectable par son antiquité, que précieux à la religion et à l'humanité; qu'elle *entraîneroit même la ruine totalle de l'Établissement;* qu'espérant de jour en jour que la communication de ce projet la mettroit à portée de proposer ses observations, elle avoit crû jusqu'à présent devoir différer de discuter dans une assemblée généralle une question aussi importante, mais que l'état présent des choses semble ne lui permettre plus de délai; que cependant la circonstance d'une absence nécessaire des chefs de l'Administration forme un obstacle insurmontable à la convocation de cette assemblée. Que pour y suppléer, autant qu'il est en elle, elle croit de son devoir de s'expliquer sur les vices inhérens à ce projet, les suittes malheureuses de son exécution, et donner un témoignage authentique de son vice par un mémoire qui seroit adressé à tous MM. les Chefs de l'Administration séparément. Sur quoi la matière mise en délibération, la Compagnie a unanimement arrêté d'adresser à MM. les Chefs de l'Administration un mémoire contenant des observations sommaires sur le projet des commissaires de l'Accadémie des sciences, et persuadée qu'ils en reconnoîtront l'importance, de les prier d'employer tous les moyens que la prudence leur suggérera pour maintenir l'exécution des lettres pattentes d'avril 1781 et arrêter celle d'un nouveau projet, et sera le mémoire annexé à la présente délibération. Suit la teneur de la lettre d'envoy, tant à M. l'Archevêque qu'à tous MM. les Chefs. «A Paris, 14 mars. Monseigneur, nous avons l'honneur de vous adresser un mémoire arrêté par la Compagnie contenant des observations sommaires sur le projet des commissaires de l'Accadémie des sciences concernant l'Hôtel Dieu. Nous aurions bien désiré discuter un objet aussi important dans une assemblée générale, mais les circonstances ne nous permettant pas de pouvoir en espérer promptement la convocation, et l'état des choses ne nous paroissant plus souffrir de délai, nous avons crû de notre devoir de vous exposer nos réflexions sur un projet qui nous paroît inadmissible et dont les suittes nous font craindre pour l'existence même de l'Établissement. Elles sont fondées sur les mêmes principes qui ont décidé en 1776 les arrêtés pris en l'assemblée générale à l'unanimité, sur la question de la division de l'Hôtel Dieu et dont les motifs ont déterminé les lettres pattentes du 23 avril 1781. Nous vous prions, Monsieur, d'employer tous les moyens que votre prudence vous suggérera pour faire maintenir l'exécution de ces lettres pattentes *et arrêter les suittes du nouveau projet.* Nous sommes avec respect, etc. *Réflexions sommaires sur le projet proposé par les commissaires de l'Accadémie des sciences.* Ce projet consiste, en laissant subsister, pour en faire un azile à des blessés et à des malades qui auroient besoin d'un secours prompt, ce qui restera de l'Hôtel Dieu actuel, après en avoir pris le terrein nécessaire à la construction des *quais* qui doivent embellir la ville et *découvrir en entier les bords de la rivière*, a établir quatre hôtels dieu, capables de contenir chacun 1,200 malades, et même en cas de besoin, en mettant des lits dans les passages 1,800, *tous couchés seuls dans des lits séparés*, à placer ces hôtels dieu, savoir, un au

dessus de l'École militaire, un à l'hôpital Sainte Anne, un aux Célestins et un à l'hôpital Saint Louis; et *comme l'hôpital Saint Louis qui est un chef d'œuvre en ce genre, auquel on ne pourroit toucher sans le gâter*, ne peut contenir que 600 malades, à construire un 5e hôpital au bas de Montmartre, qui supléera et à l'hôpital Saint Louis et même à celui qu'on bâtira au dessus de l'école militaire, si on ne vouloit pas placer 1,200 malades dans ce dernier. Ainsi il pourra être placé habituellement dans ces hôpitaux 4,800 malades et extraordinairement jusqu'à 7,200, ce qui excède de beaucoup le nombre possible des malades de l'Hôtel Dieu, qui n'est communément que de 2,500, et où on n'en a jamais vu plus de 4,000, excepté une seule fois qu'ils ont monté à 4,800. L'établissement de ces hôtels dieu ne sera pas extrêmement coûteux, puisque l'hôpital Saint Louis est tout fait; les terreins des Célestins et de l'hôpital Ste Anne sont tout prêts, il y a même dessus des bâtiments qui pourroient servir; ainsi il n'y auroit à établir complettement que celui au dessus de l'École militaire et celui au bas de Montmartre. Quant à leur dépense journalière, le revenu de l'Hôtel Dieu peut y suffire, *l'Hôtel Dieu a 1,022,520*[#] *de revenu*, déduction faite des charges, ce qui donne 2,800[#], à dépenser par jour et ce qui, en supposant la journée d'un malade à 20 sols, fournit à l'entretien de 2,800 malades, nombre excédent celui commun des malades de l'Hôtel Dieu qui, comme on l'a dit, n'est que 2,500. Tel est le projet des commissaires, suivons le sommairement dans chacune de ses parties; on sera étonné de voir combien ses bases sont fausses, et que si le gouvernement l'adoptoit, il se chargeroit d'une dépense énorme qui n'aboutiroit à rien, ou qui n'aboutiroit qu'à laisser sans secours les vrais pauvres, ceux pour qui l'Hôtel Dieu est fait. *Première réflexion.* Les commissaires de l'Académie ont raison de supposer qu'il faut un hôpital qu'ils appellent *azile*, pour le service du centre de la ville, mais il paroît qu'ils n'ont pas réfléchi à ce qu'ils destinent pour être cet azile; quiconque connoîtra un peu l'Hôtel Dieu saura que si on prend sur son terrein de quoi former des quais et découvrir les bords de la rivière, il faudra abatre toutes les sales des malades, les cuisines, les magazins, le couvent, en un mot tout, à l'exception de l'église. Et comme l'église elle même est destinée depuis longtemps à être abatue pour élargir et rendre régulière la place Notre Dame sur laquelle elle avance, il s'en suit qu'il ne restera rien de l'Hôtel Dieu. Qu'est ce qui formera donc l'azile que réservent les commissaires? *Seconde réflexion.* Un des inconvéniens que les commissaires de l'Académie relèvent, et avec raison, dans le projet du sieur Poyet est l'éloignement où un hôtel dieu, placé dans l'isle des Cygnes, seroit d'un grand nombre des quartiers de la ville, ils auroient pu dire de tous. Car, du faubourg Saint Germain même, le transport en plain air, dans certaines saisons, eût été fort incommode. Mais croira-t-on que des hôtels dieu placés, l'un au dessus de l'École militaire, l'autre à Ste Anne, près du Petit Gentilly, le seront plus commodément? Quoi! les malades seroient transportés en hiver par les neiges, les glaces, les frimats et les vents, en été par la chaleur et à l'ardeur du soleil, en pleine campagne, à 1/4 ou à une 1/2 lieue de Paris? Et si un malade arrivant par exemple à Ste Anne, près le Petit Gentilly, trouve pleins les lits destinés à l'espèce de maladie dont il est attaqué, il faudra après avoir essuyé un premier voyage, qu'il en essuye un second pour aller au dessus de l'École militaire? Et si c'est en hiver et même en été? et si par malheur pour lui il ne se trouvoit pas non plus de lits vacants, ce qui arrivera souvent, si cet hôtel dieu n'est que moitié des autres? L'idée seule de pareils inconvéniens est révoltante. D'ailleurs quels officiers de santé voudroient se charger d'aller en tout temps une fois et peut être deux fois par jour à ces hôpitaux? Il faudroit donc en avoir de sédentaires dans chacun? Et comment les malades pourront ils être visités par leur famille? Qu'un hôpital tel que Biscêtre soit hors de Paris, à la bonne heure; ceux qui s'y retirent quittent à toujours la ville, ce ne sont pas des malades, ils peuvent y venir s'ils veulent; mais un malade qui se rend à l'Hôtel Dieu pour le tems de sa maladie n'abandonne ni la ville, ni sa famille, ni ses affaires; au contraire, il lui est fort intéressant d'entretenir ses relations et de ménager ses ressources pour le moment où il sortira de l'Hôtel Dieu. La seule humanité répugne à ce qu'il soit privé de la consolation de voir son père, son fils, sa femme, son mary. Les inconvéniens qu'on relève dans cette réflection résultent non seulement de l'éloignement des hôtels dieu, mais d'abord de leur pluralité, car, quand ils seroient tous dans Paris, dès que le nombre des lits de chacun dans chaque espèce de maladies est fixé, et qu'il sera rempli, il est évident qu'un malade de plus n'y aura pas de place et qu'ainsi, près ou loin, il faudra le transporter d'hôpital en hôpital pour lui trouver un lit. *Troisième réflexion.* Cette réflexion n'est qu'un coup d'œil sur la dépense énorme qu'entraîneroit l'exécution du projet des commissaires et sur le revenu qu'ils assurent à deux hôtels dieu; ce coup d'œil est nécessaire avant d'examiner le fond du projet qui fera la matière de la réflexion suivante. Et d'abord il ne s'agit pas de faire de simples bâtimens pour loger 1,200 personnes indifféremment et sans suite; il ne s'agit pas encore de simples hospices où l'on n'admettra que certaines maladies, il s'agit d'hôtels dieu, c'est à dire d'hôpitaux où tous les malades, quelle que soit leurs maladies, seront reçus, comme à l'Hôtel Dieu actuel, à l'exception des vénériennes et de la galle, quand il n'y a point d'autre maladie jointe. De là suit que dans chacun de ces hôtels dieu projettés, il faut d'abord des salles pour hommes et des salles pour femmes, puis, comme on ne peut mettre par exemple des petites véroles avec des accouchées, des fols avec des blessés, etc. il faut des salles distinctes pour les différentes natures de maladies; ainsi, à l'Hôtel Dieu, il y a pour les hommes 5 espèces de salles, les salles des fébricitans, les salles des blessés, la salle des fols, la salle des petites vérolles, la salle des scorbutiques, et pour les femmes sept espèces de salles, les salles des fébricitantes, des blessées, des petites véroles, des folles, des scorbutiques, des femmes grosses et accouchées et la salle des petits enfans. Pour traiter ces malades il faut un état major complet en médecins, chirurgiens, apothicaires et la réunion de tous les secours pour tous les cas possibles. Il faut des infirmiers, des infirmières et domestiques, des officiers tant au spirituel qu'au temporel et, pour la police, tous doivent être logés; il faut des cuisines, des réfectoires, des magazins, etc.; il faut une première mise en meubles, linge, ustenciles et habillemens. Un établissement complet de cette espèce n'est pas une entreprise légère et peu coûteuse, que sera-ce donc de 4, 5 ou 6. Ajoutons que, si d'après *la prétention* des commissaires, les malades ne doivent être logés qu'au rez de chaussée et au premier étage, au lieu de l'être comme à l'Hôtel Dieu au rez de chaussée, aux 1er, 2e et 3e étages, chacun des hôtels dieu projettés doit être en étendue pour le local des malades, du double de l'Hôtel Dieu actuel, puisque chacun d'eux doit être établi pour 1,200 lits et que tel est le nombre des lits de l'Hôtel Dieu actuel. Par la même raison, chacun des établissemens qui n'auront que 600 lits au lieu de 1,200 doit être aussi étendu que l'Hôtel Dieu actuel, voilà pour la première mise de l'Établissement. Quand au revenu dont les hôtels dieu projettés auront besoin, le calcul des commissaires est visiblement défectueux, de ce que l'Hôtel Dieu dans une seule maison, dans un seul ménage, a pu avec son revenu soutenir communément, et dans un tems où les denrées n'étoient pas au prix auquel elles sont aujourd'hui 2,500 malades et extraordinairement 4,000 (une fois même 4,800, mais en vendant dans cette circonstance plusieurs de ses fonds pour subvenir à la dépense) s'en suit-il que son revenu actuel de 1,022,520 ᵗᵗ puisse défrayer un nombre ordinaire de 4,800 malades et extraordinairement de 7,200, surtout divisé en 4, 5 ou 6 maisons? N'est-il pas sensible qu'il faudra tripler au moins son revenu, car on ne pense pas que ce soit sérieusement que les commissaires de l'Académie aient conseillé à l'Administration le moyen œconomique de faire traiter les pauvres par des entrepreneurs. *Quatrième réflexion.* Le désir que tous les malades soient couchés seuls et la constitution de l'Hôtel Dieu d'y recevoir tous ceux qui se présentent (et ce seroit faire injure aux commissaires de l'Académie de supposer qu'ils eussent prévu qu'on pouvoit la changer, est une espèce de problème qui a toujours fait la grande difficulté de tous les projets. *Il consiste à concilier un local et un nombre de lits déterminé avec un nombre indéfini de malades à coucher seuls.* Les commissaires de l'Académie prétendent le résoudre en portant à 4,800 le nombre ordinaire et à 7,200 le nombre extraordinaire des lits qu'ils répartissent dans leurs hôtels dieu; voyons si cette solution est satisfaisante. D'abord, sur quoi se fondent-ils pour déterminer leur nombre de lits? Le nombre ordinaire des malades de l'Hôtel Dieu, disent ils, est de 2,500; le plus extraordinaire qui ait jamais été est de 4,800; ainsi en prenant le plus extraordinaire pour nombre ordinaire, et y ajoutant encore 2,400, on aura tout le possible des malades qui peuvent venir à l'Hôtel Dieu. Le problème est résolu, puisqu'on a trouvé à définir le nombre des malades, comme le nombre des lits. Réponse. Les commissaires oublient en ce moment que leur grand reproche contre l'Hôtel Dieu est de repousser les malades qui y viendroient par la crainte de n'être pas couchés seuls; mais si tous les malades qui viendroient sans cette crainte à l'Hôtel Dieu n'y viennent pas, comment calculer, d'après le nombre de ceux qui y viennent malgré cette crainte, le nombre de tous ceux qui y viendront quand cette crainte n'existera plus. Le seul calcul juste qu'on puisse faire d'après le nombre des malades qui viennent à l'Hôtel Dieu et la seule conséquence qu'on puisse tirer de ce calcul est de dire « ceux qui viennent à l'Hôtel Dieu malgré cette crainte sont ceux qui n'ont pas d'autres ressources, et ceux que cette crainte retient sont ceux qui ont d'autres ressources. Ainsi, le nombre des pauvres sans ressources, des vrais pauvres, de ceux pour qui l'Hôtel Dieu est véritablement fait est ordinairement de 2,500 et extraordinairement jusqu'à 4,800. Donc en banissant entièrement cette crainte, on ouvre l'Hôtel Dieu à ceux qui ont d'autres ressources. Or, quel en sera le nombre, nous voilà retombés dans l'indéfini. En effet, comment apprécier ce nombre dans une ville telle que Paris, qui s'accroît tous les jours, où abordent de toutes parts des étrangers, où les provinces envoyent des légions d'artisans, d'ouvriers, de domestiques, de gens de peine, où l'opulence et le luxe, accroissent sans cesse la misère et l'indigence, dans une ville entourrée de villages très peuplés et où il y a beaucoup de pauvres. A la vérité, s'il y a beaucoup de pauvres à Paris, il y a *aussi beaucoup d'assistances; les paroisses assistent un grand nombre de malades;* différents hôpitaux, tels que les hospitalières en soulagent pour un prix modique et d'autres, comme la Charité, par des fondations de lits qui s'y font; on établit des hospices. Les charités particulières abondent. Mais la crainte repoussante de l'Hôtel Dieu une fois entièrement bannie des hôtels dieu multipliés qui, dans chaque quartier de la ville offriront gratuitement à tous les malades des lits seuls et tous les secours et les soins possible, une fois établis, sans qu'on puisse par la constitution essentiellement respectable de l'Hôtel Dieu y refuser personne, n'est-il pas sensible qu'outre ceux qui venoient à l'Hôtel Dieu, viendront aussi tous ceux qui trouvoient des ressources soit dans une grande économie pour s'en garantir, soit dans des assistances particulières pour n'y point venir, n'est il pas sensible que toute la campagne y affluera. N'est-il pas à craindre même que les paroisses qui ont bien d'autres pauvres à assister, en outre des malades, n'y envoient ceux ci qui y seront beaucoup mieux que chez eux, avec l'assistance modique de la paroisse; que les charités même particulières, à l'aide desquelles les malades étoient soignés chez eux, ou chez les hospitalières, ou dans des hospices ne se refroidissent ou ne se détournent d'autres objets, le motif qui les excitoit n'existant plus. Qui peut calculer alors le nombre des malades qui se présenteront à ces hôtels dieu? Quelle base prendre pour ce calcul. Les 7,200 lits ne tarderont pas à être remplis et tous les hôtels dieu pleins. Et à ce moment que faire des malades qui se présenteront, de ces pauvres sans ressources pour qui l'Hôtel Dieu étoit fait et dont les places seront prises par ceux qui avoient des ressources? Car enfin, tous les hôtels dieu seront pleins, les passages mêmes seront obstrués, puisque c'est en les obstruant qu'on placera jusqu'à 7,200 lits. Que faire donc de ces vrais pauvres? Il n'y a pas de milieu, ou il faudra les refuser, les laisser exciter par leurs cris le soulèvement de la populace, et mourir sans ressources à la porte de l'hôpital; ou, les y faisant entrer, substituer de grands lits aux petits dans la proportion du nombre. Ainsi, après avoir engagé le gouvernement dans une dépense énorme, son objet qui est d'assister les vrais pauvres, d'améliorer leur sort, ne sera pas rempli. On l'aura fait aller contre son esprit. La charité publique, qui ouvre ses mains libérales, parce qu'elle espère de mieux soulager les pauvres, sera abusée, et on verra avec regret que ce *n'étoit pas l'entousiasme exalté par des déclamations, mais l'expérience qu'il falloit consulter, avant de se porter à anéantir des lettres pattentes aussi murement délibérées que celles du 22 avril 1781, registrées le 11 mai suivant. Cinquième réflexion.* Les commissaires de l'Académie ne peuvent ignorer de quelle nécessité est, sous une multitude de rapports une *eau courante* et abondante dans les hôpitaux de malades. C'est l'avantage dont jouit d'une manière unique l'Hôtel Dieu actuel traversé par un bras de la Seine, très resserré dans toute la longueur. C'est ce qui a fait dire au Roi dans les lettres patentes d'avril 1781, qu'il ne falloit pas sacrifier à de nouveaux projets la convenance de la situation de cet hôpital; or, quel sera l'équivalent à cet égard dans les 4 ou 5 nouveaux hôpitaux? L'hôpital Saint Louis n'a que des eaux de Belleville qui corrodent par leur nature le linge qu'on y blanchit, dont la crudité ne permet pas l'usage pour la boisson, les remèdes, la cuisson même des légumes, de sorte qu'on est obligé depuis que cet hôpital a été ouvert, à l'époque de l'incendie, d'y envoyer journellement et à grands frais de l'eau de la Seine. On sait à quel éloignement de la rivière sont l'hôpital Ste Anne et le bas de Montmartre. D'ailleurs, quelque soit la quantité d'eau qu'on puisse faire parvenir dans aucun des nouveaux hôtels dieu, peut on espérer rien qui approche du bien qui résulte pour la propreté et pour la salubrité d'une eau courante et toujours renaissante. On a reproché à l'Hôtel Dieu d'être, au centre de la ville un foyer d'infection; l'expérience a démontré la fausseté de cette assertion, mais que sera-ce de 4 ou 5 hôpitaux aux 4 coins de la ville, qui n'auront pas le remède dont l'Hôtel Dieu jouissoit. *Sixième réflexion.* Les sages précautions prises par Henri IV, sur les sollicitations et le vœu unanime de la ville de Paris, par l'établissement de l'hôpital Saint Louis, réservé pour les circonstances de contagion épidémique, et celles de la reine Anne paroissent superflues aux commissaires de l'Académie. Ils voyent dans une meilleure police un préservatif qui doit calmer les allarmes; mais s'il est capable d'éloigner le danger, d'en rendre les cas plus rares, qui peut oser garantir que jamais de pareilles calamités ne paraîtront? Et alors la destination de ces deux hôpitaux une fois intervertie, qu'aura-t-on pour y suppléer? Si l'agrandissement de Paris fait croire que l'hôpital Saint Louis, actuellement renfermé dans les limites de la ville, n'est plus dans une situation capable de remplir son objet, l'objection ne peut s'appliquer à l'hôpital Sainte Anne. Cet hôpital ne devroit donc pas être changé en un hôtel dieu permanent; les dépenses qu'on y destine devroient être employées à le mettre en état de satisfaire à son objet primitif et à supléer l'hôpital Saint Louis. *Septième réflexion.* Si malgré les réflexions précédentes l'exécution des lettres patentes du 22 avril 1781 paroît encore ne présenter qu'un local insufisant, n'y auroit-il donc d'autre moyen de remplir cet objet que celui de transférer ou de diviser l'Hôtel Dieu. Ne pourroit-on pas en proposer un qui, en améliorant le sort des vrais pauvres, entreroit dans les vues du gouvernement pour la décoration de la ville? Qu'on démolisse l'église actuelle de l'Hôtel Dieu, qu'on la reconstruise en face de celle des Enfans trouvés avec un semblable portail; qu'on construise des salles au rez de chaussée, le long de la rue Notre Dame, en donnant à cette rue la largeur anciennement projettée; l'effet qui en résultera sera d'abord de décorer de deux bâtimens pareils et également considérables la rue qui fait avenue à la métropole. D'autre part qu'on construise en addition à l'accroissement de local prescrit par les lettres patentes de 1781 des salles le long de la rue de l'Évêque, à partir de l'angle extérieur de la salle Saint Denis et en retour jusqu'à l'entrée qu'aura alors l'Hôtel Dieu, et que dans le bâtiment le long de la rue Notre Dame, qui ira jusqu'à la rue du Petit Pont joindre la salle Sainte Marthe, au rez de chaussée, et le couvent aux autres étages, on ménage encore une salle au rez de chaussée dans toute son étendue, on aura assurément un local sufisant pour remplir les vues bienfaisantes de Sa Majesté, sans se jetter dans les dépenses énormes de la construction, de l'établissement et de l'entretien de quatre hôtels dieu séparés et sans s'exposer aux inconvéniens qui occasionneroient ensuite de tardifs regrets.

(14 mars 1787.) Monsieur Lecouteulx de Vertron a dit que M. Dejean, doyen des médecins de l'Hôtel Dieu, étoit venu chez lui le huit de ce mois et l'avoit prié d'informer la Compagnie que, pour satisfaire à sa délibération du 28 février, les médecins s'étoient assemblés, et qu'après avoir conféré ensemble de l'objet sur lequel elle leur avoit fait l'honneur de les consulter, ils étoient convenus qu'ils ne pouvoient avoir celui de lui proposer rien de plus sage que ce qui étoit contenu dans les observations remises à la Compagnie par les médecins de l'Hôtel Dieu au mois de novembre 1756; qu'elles contenoient tout ce qui pouvoit servir de base pour obtenir le régime désiré dans les nouvelles salles de l'Hôtel Dieu sans y rien ajouter ny diminuer. Que ledit sieur Dejean lui avoit ajouté qu'il étoit aussi chargé par Messieurs ses confrères, de représenter à la Compagnie que les circonstances rendront nécessaires une augmentation de trois médecins au nombre des pensionnaires, d'un ou deux expectans; qu'ils espéroient aussi que la Compagnie estimeroit qu'il seroit juste d'accroître leurs honoraires. Que Monsieur Lecouteulx de Vertron lui avoit répondu qu'il étoit dans l'intention de la Compagnie d'augmenter le nombre des médecins et leurs honoraires, et qu'il rendroit compte du tout à la Compagnie au premier bureau.

(14 mars.) L'inspecteur des bâtimens de l'Hôtel Dieu a représenté au Bureau le devis estimatif des ouvrages à faire pour la construction d'une partie d'aqueduc et gargouille pour faire écouler les eaux du lavoir des lessives de l'hôpital St Louis, ce nouvel écoulement étant pour ôter et supprimer l'ancien puisard situé sur le haut du grand chemin près la grande porte d'entrée dudit hôpital Saint Louis, dont touttes les eaux staguenantes causent une odeur infectée. Pour cet effet il sera construit une partie d'acqueduc ou égoût, qui prendra depuis ledit lavoir, en traversant la rue jusqu'au devant du mur de terrasse qui sépare la rue du Marais, et depuis ledit mur jusqu'à la ruelle des Vinaigriers, il sera construit un mur sur lequel sera posé des gargoüilles; lesdits ouvrages estimés 16,980 livres, pour la perfection desquels se présentent les sieurs Bellanger et Campion, entrepreneurs de bâtimens à Paris.

(14 mars.) La Compagnie, informée qu'en contravention aux règlemens il s'introduit depuis quelque temps l'usage d'admettre ou de traiter sous différens prétextes dans l'Hôtel Dieu ou dans l'hôpital Saint Louis des malades attaqués de la gale, et qui n'ont point ou ont cessé d'avoir d'autres maladies y jointes; la matière mise en délibération, a arrêté que les règlemens sur cette matière notamment ceux des 30 aoust 1709, 12 novembre 1734, 18 septembre 1739, 14 may 1749, 24 avril 1754, seront exécutés selon leur forme et teneur; qu'en conséquence : 1° il ne sera point receu de galeux à l'Hôtel Dieu, sinon dans le cas où il se trouveroit attaqué en même temps d'une autre maladie; 2° que ceux qui, pour cette raison, auront été admis, seront congédiés lorsque la maladie relativement à laquelle ils auront été admis sera guérie, et qu'ils ne pourront continuer d'y rester pour être traittés seulement de la gale; 3° que les seuls domestiques à gages qui auront gagné cette maladie par leur service dans la maison y seront conservés pour en être traittés.

(17 mars.) La Compagnie assemblée extraordinairement pour délibérer sur le régime et le service des salles neuves, et de celles où l'on établira de nouveaux lits, Monsieur Martin a dit que, d'une part, l'augmentation de lits que l'établissement des nouvelles salles procure dans l'Hôtel Dieu et celle des malades qui en doit résulter, et de l'autre la proposition faitte par le gouvernement d'établir un régime dans lesdites salles exigeoient que le nombre des médecins ordinaires fût augmenté afin de pouvoir augmenter également le nombre de leurs départemens, *mais que le séjour à Versailles, pour l'assemblée des notables, de six chefs de l'administration, met le Bureau dans l'impossibilité de demander une assemblée générale pour y délibérer sur cet objet*, et que cependant l'ouverture prochaine desdites salles et le service qu'elles exigent dès le premier moment de leur ouverture, mettent le Bureau dans le cas de s'occuper des moyens d'y pourvoir au moins provisoirement, en attendant que le retour à Paris des chefs de l'Administration permette de demander une assemblée générale pour y statuer définitivement. Sur quoy la matière mise en délibération, la Compagnie a arrêté : 1° que dès que le retour à Paris des chefs de l'Administration permettra de demander une assem-

blée générale, le Bureau la demandera pour y proposer une augmentation de trois médecins ordinaires et d'un expectant, pour faire en tout le nombre de onze médecins ordinaires et de deux expectans, avec une augmentation d'honoraires pour les médecins ordinaires; 2° que ladite augmentation d'honoraires qui sera réglée dans ladite assemblée générale aura lieu à compter du jour de l'ouverture desdites salles; 3° qu'en attendant que ladite assemblée générale puisse avoir lieu, MM. les Médecins actuels seront invités de partager entr'eux le service qui sera à faire dans toutte la maison à l'ouverture desdites salles, et qu'à cet effet, M. Martin les priera, au nom du Bureau, de s'assembler, se trouvera à leur assemblée et leur fera part du vœu de l'Administration, et demandera leur réponse pour en rendre compte au premier Bureau; 4° que s'ils acceptent de faire tout le service de la maison, en attendant la nomination des nouveaux médecins, ils jouïront des honoraires qui seront attribués aux dits nouveaux médecins, à compter du jour de l'ouverture desdites salles, jusqu'à celui où lesdits nouveaux médecins entreront en fonction.

(28 mars.) A été fait lecture d'un projet de règlement pour le service et le régime à observer dans les salles neuves, et dans celles où il est question d'établir des petits lits. Sur quoi la matière mise en délibération, a été arrêté que ledit projet sera envoyé par M. Martin à M. Dejean, doyen des médecins de l'Hôtel Dieu, pour être communiqué à MM. ses confrères, afin d'être fait par eux sur icelui les observations dont il lui paroîtra susceptible, en le priant de les lui faire parvenir le plus promptement que faire se pourra, pour en être par lui rendu compte au Bureau.

(28 mars.) Projet et règlement pour le service et le régime des salles nouvelles et de celles du rez de chaussée où on ne doit mettre que des petits lits. Les médecins feront une première visite à 7 heures du matin en été et à 8 heures en hyver, et *jamais plus tard*, sous quelque prétexte que ce puisse être, conformément au règlement du 8 may 1735. *Ils en feront une seconde à 4 heures du soir* pour les griefs malades et pour ceux qui seroient entrés depuis la visite du matin. Les salles des blessés et blessées, des foux et des folles, des femmes grosses et accouchées en seront exceptées, à moins qu'il n'y eût dans quelques unes de ces salles des malades dont l'état exigeât qu'ils fussent visités deux fois, auquel cas le médecin qui les aura vus le matin les viendra voir lui-même le soir, mais si le besoin d'une seconde visite ne se fait connoître dans lesdits malades qu'après la visite du matin, les médecins dont les départemens se trouveront les plus voisins de ces salles seront priés de voir ceux qui auroient besoin de leurs secours, et ils ne pourront s'en dispenser. Chaque médecin ne pourra se faire accompagner de plus de 5 étudians en médecine, conformément au règlement du 4 avril 1730, et on priera les étrangers qui seroient dans la salle pendant le tems de la visite d'en sortir, s'il y en avoit une quantité capable de faire trop de mouvement ou de bruit. — Les visites seront annoncées dans chaque salle par le son d'une cloche *suivant l'usage;* ceux des malades qui ne seroient pas pour lors dans leur lit seront tenus de s'y rendre, et si quelques uns négligeoient de le faire, les infirmiers ou infirmières les y obligeront. Les médecins seront accompagnés de la *religieuse cheftaine* de chaque salle, d'un infirmier ou infirmière, du chirurgien du département et d'un garçon apoticaire, ou d'un chirurgien externe, si le nombre des garçons apoticaires ne suffit pas, lequel chirurgien externe continuera d'être désigné sous le nom de *topique.* — Le chirurgien du département et le topique auront chacun un cahier à 7 colonnes; la 1re contiendra le n° du lit, la 2e le nom du malade, la 3e le régime pour le dîner, la 4e pour le souper (lesdites 3e et 4e colonnes contiendront aussi toutes les espèces de nourriture à donner aux malades), la 5e pour les remèdes internes, la 6e pour les remèdes externes ou topiques et saignées, et la 7e la sortie ou la mort du dernier occupant et les sorties que le médecin ordonnera. — Le chirurgien du département écrira le régime pour la nourriture du malade, les remèdes topiques et les saignées et la sortie ou la mort du dernier malade de chaque lit. — L'apoticaire ou le topique écrira tout ce que les 7 colonnes doivent contenir et il fera dans la journée un double de son cahier sur un autre à ce destiné, afin que le médecin puisse le tenir à la main lors de sa visite du lendemain, et savoir ce qu'il a ordonné la veille pour chaque malade, tant en remèdes qu'en alimens. Lesdits 3 cahiers seront cottés et paraphés par un de MM. les Administrateurs, conformément aux anciens règlemens, et le médecin signera chaque jour les deux cahiers tenus par le chirurgien et par l'apothicaire ou le topique. — La religieuse de la salle, le chirurgien du département, les infirmiers et infirmières rendront compte au médecin de tout ce qu'ils sauront de l'état de chaque malade et de l'effet des remèdes qu'ils auront pris. — Les malades seront distribués aux infirmiers et infirmières de chaque salle, afin que chacun d'eux puisse prendre un soin plus particulier de ceux de son département, et ils se tiendront à la tête de leurs divisions pour accompagner le médecin pendant qu'il en fera la visite. — Les médecins règleront la nourriture des malades suivant qu'ils le jugeront convenable; mais pour faciliter la distribution qui doit s'en faire, ils simplifieront le plus qu'ils pourront la portion qui devra en être

donnée à chacun et la désigneront de manière qu'il n'y ait ni équivoque, ni confusion, ni arbitraire à craindre, ce qui pourroit arriver, s'il y avoit une trop grande variété dans leurs ordonnances. *Pour cet effet le régime des malades sera réglé de la manière suivante.* Diète absolue au bouillon, une soupe par jour, plusieurs soupes par jour, nourritures plus légères que la viande, quart de portion ou de ration, demie ration, trois quarts de ration, ration entière; la ration entière sera composée pour 2 repas, de 20 onces de pain, 10 onces de viande désossée, 1 chopine de vin, une soupe à dîner et une petite soupe à déjeuner qui sera trempée avec une partie des 20 onces de pain ci-dessus, le reste se partagera entre le dîner et le souper. — Cette ration sera la plus forte qu'on puisse donner par jour à chaque convalescent; cependant, si, par extraordinaire, un médecin jugeoit que quelqu'un eût besoin d'une plus grande quantité de nourriture, il la pourra ordonner en la faisant écrire sur le cahier tenu par le chirurgien du département. — Les 3/4 de ration et la 1/2 ration seront proportionnés à la quantité de pain et de viande ci-dessus, mais le vin et les soupes seront les mêmes. — Les convalescens qui seront à la ration entière, aux 3/4 de ration et à la demie ration n'auront pas de bouillon dans l'intervalle de leurs repas. — Le 1/4 de ration sera composé de 5 onces de pain, 2 onces 1/2 de viande désossée et un demi setier de vin pour deux repas avec deux soupes, l'une à déjeuner, l'autre à dîner, et lorsque le médecin jugera à propos de convertir la moitié de ce quart de ration en une soupe pour le soir, il l'ordonnera, ainsi que les bouillons qu'on devra donner aux malades qui seront au quart de ration ou à la soupe. Les malades aux bouillons en auront 6 en 24 heures, de manière que le 1er soit à 6 heures du matin *et le dernier à 11 heures du soir*. Il sera fait, de l'avis des médecins une mesure en étain qui contiendra la quantité de bouillon exprimée parce qu'on appelle un bouillon. Cette mesure servira à régler la quantité à en donner à chaque malade, et par suite celle à porter de la cuisine dans chaque salle, suivant le relevé de chaque cahier de visite. — Outre les alimens ci-dessus, les médecins pourront ordonner du lait, des pruneaux, du riz, des œufs et de la volaille, mais il ne sera donné aux malades et convalescens aucune autre nourriture que celle ordonnée ou permise par le médecin, et écrite sur le cahyer de visite. — Les malades une fois placés dans un lit ne pourront en être déplacés que de l'avis ou du consentement du médecin, et en présence du chirurgien qui en prendra notte sur son cahyer et en fera mettre une pareille sur celui qui est destiné à être sous les yeux du médecin. — Les médecins ordonneront les sorties des convalescens qu'ils jugeront guéris, et il en sera donné tous les jours une notte à l'inspecteur des salles par le chirurgien du département, afin qu'il les fasse sortir et leur fasse rendre leurs habillemens. Il n'en pourra être retenu aucun dont la sortie aura été ordonnée. — Dans les salles des blessés et des opérations, le 1er chirurgien ordonnera le régime en se conformant à ce qui est prescrit ci-dessus pour les visites des médecins, sauf les cas de maladies mixtes pour lesquelles il se concertera avec le médecin du département et ce, conformément à la déclaration du   . La visite du médecin finie, le chirurgien fera le dépouillement des cahiers de son département, qu'il aura tenus, en distinguant sur des bulletins séparés, qu'il signera, ce qui concerne chaque salle, et dans chaque salle ce qui concerne chaque nature d'alimens, et ce qui concerne les remèdes chirurgicaux. — Les bulletins concernant la viande et autres alimens préparés à la cuisine y seront portés et remis au contrôleur de la cuisine, ceux du pain à la panneterie et ceux du vin au sommellier. — Les règlemens qui fixent la quantité de viande a mettre dans les marmittes, proportionnément au nombre des malades seront exécutés; en conséquence, les malades seront comptés exactement tous les jours à 3 heures du soir dans chaque salle. La feuille qui en contiendra le nombre sera faite triple pour en être remise une à l'inspecteur de la boucherie, pour délivrer une quantité de viande proportionnée, à raison de 1 livre par tête de malade, laquelle quantité suffira, tant pour leur bouillon et leur nourriture que pour la soupe et la nourriture des domestiques et sur cette quantité sera prise celle qui sera jugée nécessaire pour les rôtis, et la moins grande possible. La viande qui doit faire le bouillon et la nourriture des malades et des domestiques pendant 24 heures sera portée en une seule fois à la cuisine, et ce qui sera destiné à rôtir étant prélevé, le reste sera partagé en deux, de manière qu'il y en ait les 3/5 pour mettre dans les marmittes destinées au dîner et 2/5 seulement pour mettre dans celles destinées au souper. Il y aura dans chaque marmitte 2/3 de bœuf, 1/3 de veau ou de mouton; chaque poule sera comptée pour deux livres de mouton et chaque poulet pour une livre, lorsque les médecins croiront convenable d'en ordonner. — On mettra 3 pintes d'eau par livre de viande dans les marmittes soir et matin, et le contrôleur de la cuisine aura des jauges qui lui serviront à connoître à quelle hauteur chaque marmitte contient la quantité d'eau requise pour la quantité de viande à y mettre chaque fois, et pour que le calcul en soit plus juste, la viande ne sera mise dans les marmittes qu'après l'eau. — La viande sera mise dans les marmittes à 8 heures du soir pour le dîner du lendemain qui sera fixé à 10 heures, suivant l'ancien usage, et à 7 heures du matin pour le souper qui sera fixé comme ci-devant à 5 heures, et pour cet effet, il y aura 4 marmittes, dont

2 pour le dîner et 2 pour le soupe— Le contrôleur de la cuisine aura soin d'y ménager un feu doux qui puisse cuire la viande de manière à ne pas tarir le bouillon au-delà des justes bornes. — Il fera retirer la viande des marmittes à 8 heures du matin pour le dîner et à 3 heures du soir pour le souper, fera désosser la quantité qui sera à peu près nécessaire pour la portion des malades et n'attendra pas qu'il ait les bulletins des chirurgiens pour la diviser en portions et demi portions, mais il n'en completlera le nombre que lorsqu'il aura fait la récapitulation de tous les bulletins. — Les bassins dans lesquels on portera la viande de la cuisine dans les salles seront à compartimens, pour contenir séparément les portions entières, les 3/4, les 1/2, les 1/4 de portion. — Le pain sera apporté entier de la panneterie dans chaque salle, pour y être divisé d'après le cahier de visite, sous les yeux de la religieuse de la salle, et pour que les pains puissent être divisés en portions, le plus exactement possible et sans reste, leur poids sera réglé de manière que pour avoir des portions, des 1/2 et des 1/4 de portion du poids requis, sans être obligé de pezer chacune, il n'y ait qu'à couper chaque pain en deux portions égales et chaque partie toujours en deux jusqu'au quart de portion. — Si les médecins jugent convenable d'ordonner du pain plus léger que le pain ordinaire pour de certains malades qui commencent à manger, ils le feront écrire sur le cahier de visite. — Le vin sera apporté de la sommellerie et remis à la religieuse de la salle qui en prélèvera la quantité que ce médecin pourroit avoir prescrit de donner pur à quelques malades et coupera le reste avec une quantité égale d'eau pour le donner tout coupé à chaque malade. — S'il y a des œufs à la coque ordonnés par le médecin, ils seront apportés crus et seront cuits dans l'office de chaque salle, au moment de la distribution. — S'il y a d'autres alimens prescrits, ils seront apportés dans les salles immédiatement avant l'heure du repas pour lequel ils seront destiné. — Le bouillon sera apporté de la cuisine dans chaque salle en deux fois, proportionnément au besoin qui résultera pour chacune du relevé des cahiers de visite, la 1re fois à 5 heures du matin pour les soupes du déjeuner qui se distribueront à six heures et pour les bouillons des malades à la diète, la 2e fois à 9 heures du matin pour les soupes du dîner, et pour les bouillons à donner dans le reste de la journée; le 1er proviendra de la marmitte mise pour le souper de la veille et le 2e de celle mise pour le dîner du jour et du reste de la précédente. — Tous les alimens qui doivent servir à chaque repas des malades étant portés dans chaque salle, et l'heure à laquelle la distribution doit s'en faire étant sonnée, les malades seront avertis par le son de la cloche de se rendre à leurs lits, les étrangers seront priés et obligés de sortir, et les portes de chaque salle seront fermées pendant le temps de la distribution des alimens et des repas des malades. — La distribution des alimens se fera par la mère cheftaine de la salle, accompagnée des infirmiers ou infirmières qui lui seront nécessaires; le chirurgien de chaque département assistera à la distribution, tenant en main le cahier des visites et nommant à la religieuse la qualité et la quantité d'alimens à distribuer à chaque malade, et il prendra garde à ce que la distribution se fasse exactement et sans méprise, conformément à ce qui sera prescrit dans chaque cahier de visite. — Comme il n'y a qu'un chirurgien par département, et qu'il y a des départemens qui pourront contenir plusieurs salles, il sera nécessaire que les distributions s'y fassent l'une après l'autre, et l'ordre en sera réglé dès que les départemens le seront. — On ne donnera aux malades et convalescens aucune nourriture hors l'heure des repas, et il sera deffendu de leur en apporter, sous peine, pour les personnes du dehors, de ne pouvoir plus entrer dans l'Hôtel Dieu, et pour celles de la maison d'être punies et même congédiées, suivant les circonstances, et cette deffense sera affichée dans chaque salle. — S'il arrivoit dans l'état des malades un changement qui ne permît pas de lui donner la nourriture ordonnée sur le cahier de visite, le chirurgien la suspendra jusqu'à la visite suivante, ou lui en fera donner moins suivant les circonstances, et en rendra compte au médecin. — Il sera tenu par la religieuse de chaque salle une notte des malades qui y entreront entre la visite du médecin et le repas suivant, afin de faire parvenir au contrôleur de la cuisine par le chirurgien du département et par forme de supplément au bulletin résultant du cahier de visite la demande des alimens qui seroit nécessaire pour ces malades. Il en sera usé de même pour le pain et le vin, s'il y a lieu, à l'égard de la panneterie et de la sommellerie. — Après la visite du médecin, le garçon apoticaire ou le topique portera à l'apoticairerie les cahiers qu'il aura tenus, afin d'y faire le dépouillement de ce qui concerne les médicamens à préparer pour chaque salle. Ils y seront préparés pour les heures indiquées et tous étiquetés du nom de la salle, du n° du lit et du nom des malades. — Les purgatifs ainsi étiquetés seront apportés dans les salles à 5 heures 1/2 du matin et remis à la mère de la salle pour être par elle remis au chirurgien du département, pour les distribuer aux malades ayant le cahyer de visite à la main. Il sera accompagné des infirmiers ou infirmières qui auront soin de faire prendre à chaque malade les remèdes qui lui auront été distribués. Les boissons à prendre par chaque malade leur seront également distribués par le chirurgien, et les infirmiers et infirmières auront soin d'en faire prendre tant aux ma-

lades qui ne pourroient se servir eux-mêmes qu'aux autres. — S'il y a des remèdes ordonnés pour être pris sur le champ et nommés *illico*, ils seront demandés à l'apoticairerie sans perte de tems et donnés tout de suite aux malades par le chirurgien. — Lors de la distribution des alimens, le chirurgien veillera à ce que les malades qui auront pris des purgatifs ou d'autres remèdes internes, ne puissent en avoir qu'après l'effet des remèdes, et celle qui leur aura été ordonnée sera mise en réserve pour leur être donnée un peu plus tard s'il y a lieu; il prendra les mêmes précautions à l'égard des saignées. — Le chirurgien du département préparera ou fera préparer, soit à l'apoticairerie, si cela est nécessaire, soit par un des élèves chirurgiens de son département les remèdes topiques qui auront été ordonnés et les appliquera ou fera appliquer à chacun des malades auxquels ils seront destinés, ayant le cahier de visite à la main, et il veillera à ce que les saignées soient faites avec soin et dans les tems convenables à chacun des malades auxquels elles seront ordonnées. — Les anciens règlemens pour le service général de la maison continueront d'être exécutés en tout ce qui n'y est pas dérogé par le présent.

(5 mai.) Lecture faitte d'une lettre de M. le baron de Breteüil du 27 avril dernier, la matière mise en délibération, la Compagnie a arrêté qu'elle seroit annexée à la présente délibération et qu'il y seroit fait la réponse dont la teneur suit : « Monsieur le Baron, nous avons receu au Bureau, mercredi 3 de ce mois, la lettre que vous nous avez fait l'honneur de nous écrire le 27 avril; vous ne devés pas douter de notre soumission aux intentions du Roi, mais nous devons avoir l'honneur de vous exposer, d'abord que l'importance de l'objet rend la question relative à leur exécution de la nature de celles qui régulièrement doivent être discutées et délibérées dans une assemblée générale de l'Administration. La destination spéciale des hôpitaux de Saint Louis et de Ste Anne pour un objet particulier est telle qu'ils ne peuvent même être ouverts ny fermés sans une délibération prise en cette assemblée; *vous savez que les circonstances actuelles ne permettent pas d'en convoquer une dans le moment présent*, cependant nous croyons devoir prendre sur nous de vous proposer provisoirement quelques observations. L'hôpital Saint Louis à l'instant actuel est occupé par 707 personnes, dont 607 malades. Ce nombre croît dans tous les hyvers, il a été quelquefois jusqu'à 1,100, et il est communément de 7 à 800 malades; l'Hôtel Dieu étoit depuis l'incendie dans l'impossibilité de les loger et c'est la raison pour laquelle l'hôpital Saint Louis a été ouvert. Il est vrai que les nouvelles constructions dues à la bienfaisance du Roy ont augmenté le nombre des salles à l'Hôtel Dieu, mais ses vües ont été uniquement d'améliorer le sort des pauvres qui y étoient, en procurant au plus grand nombre des lits seuls. Ces vües ont été annoncées au public par une loi revêtue d'une sanction sollennelle. Ce public qui a été témoin de tout ce qui a été fait pour les remplir, en attend avec empressement l'exécution réelle, il est sur le point de la voir et d'en joüir; *encore quelques semaines et ces salles seront ouvertes, remplis de lits où les malades sont couchés seuls.* Plusieurs des anciennes salles même vont joüir de cet avantage par la suppression d'un nombre de grands lits et la substitution de petits lits pour un seul malade. Or, un nombre de 700 personnes de plus à placer dans l'Hôtel Dieu interdit l'usage de la plus grande partie des petits lits que le Roy vient de faire établir, de ceux même qui existoient déjà dans l'Hôtel Dieu et forceroit à laisser les choses dans l'état ancien. La situation des malades qui sont à l'Hôtel Dieu n'est donc plus améliorée, l'espérance du public est frustrée, dès le premier moment où il se flattoit de joüir, et le seul effet de la bienfaisance du Roy sera, en retranchant du local actuellement occupé par des malades, celui de l'hôpital Saint Louis d'avoir cumulé dans l'Hôtel Dieu un nombre de personnes qui n'en seront pas mieux, et qui, par leur présence, priveront les autres du bien-être que le Roy leur vouloit procurer et qu'ils devoient regarder comme prochain. Mais il y a plus, le mal causé par cette privation ne feroit que s'accroître, au premier hyver le nombre des malades augmentera comme touttes les années, il en faudra placer 2,600, 2,700, 2,800 et peut-être plus, au lieu de 17, 18 et 1,900, car l'augmentation du nombre des salles ne devoit produire celui des places de malades que par l'exécution totale des plans arrêtés par les lettres pattentes d'avril 1781; la conséquence de cette opération seroit donc de détériorer le sort des malades plutôt que de l'améliorer; nous savons combien cette idée répugne à votre humanité. Vous voyez donc, M. le baron, qu'il seroit physiquement impossible de concilier l'évacuation de l'hôpital Saint Louis avec les intentions connües de Sa Majesté pour le sort des malades de l'Hôtel Dieu; l'effet des dépenses faittes jusqu'à présent, enfin, l'attente du public. Quant à l'hôpital Ste Anne, indépendamment des motifs tirés de sa destination pareille à celle de l'hôpital St Louis, mais dont nous ne parlons pas ici, l'Administration s'étant plusieurs fois expliquée sur cet hôpital, son local sert à emmagasiner une quantité d'effets de touttes sortes pour l'usage de l'Hôtel Dieu, ses bergeries y sont placées; tous les bestiaux pour la consommation journalière y sont déposés, ainsi que les fourrages pour leur nourriture et nous ne voyons absolument aucun endroit à y substituer pour ce service indispensable. Nous vous devions, Monsieur le Baron, ces éclaircissemens sans retard, et préalablement à tout; nos

observations sont fondées sur le désir de concourir à l'exécution des intentions de Sa Majesté, en procurant aux malades de l'Hôtel Dieu le plus promptement possible la joüissance de tout ce que sa bienfaisance l'a porté à faire jusqu'à présent pour eux. Elles sont dictées par notre zèle et par les vûes d'humanité et de charité dont nous osons dire que nous avons toujours été animés. Nous sommes avec respect, etc. *Copie de la lettre de M. le baron de Breteuil.* «L'intention du Roi, Messieurs, est d'employer l'hôpital Saint Louis, et les terreins de l'ancien hôpital Ste Anne, à deux des quatre nouveaux hôpitaux qu'elle se propose d'établir. Sa Majesté m'a chargé de vous en prévenir, afin que vous puissiez prendre d'avance vos mesures, soit pour faire sortir de ces établissemens les choses qui peuvent être nécessaires au service de l'Hôtel Dieu, soit pour toutes autres dispositions que la circonstance peut rendre nécessaires. J'ai l'honneur d'être, etc. Signé : le baron de Breteüil.»

(16 mai.) Lecture faitte d'une lettre de M. la Millière, intendant au département des ponts et chaussées et des hôpitaux, en datte du 10 de ce mois, la matière mise en délibération, la Compagnie a arrêté que ladite lettre demeureroit annexée à la présente délibération et d'y faire la réponse dont la teneur suit : «A Paris, ce 16 may 1787. Monsieur, nous venons de faire lecture au Bureau de la lettre que vous nous avés fait l'honneur de nous écrire, en datte du 10 de ce mois. Si nous avons la satisfaction de voir que vous pensés comme nous que ce n'est point à l'Hôtel Dieu à supporter la dépense d'un objet qui est une suitte de l'exécution des lettres pattentes de 1781, nous ne pouvons voir qu'avec peine que les circonstances vous forcent à nous proposer non seulement de faire une avance de plus de 34,000 livres, mais encore pour notre remboursement un délai aussi éloigné. Cet objet a été précédé d'un achapt, fait des deniers de l'Hôtel Dieu, de différents ustenciles pour le service des nouvelles salles, dont l'acquisition avoit été confiée par le gouvernement au dépensier de l'Hôtel Dieu et qu'il a exécutée, il va être suivi de plusieurs autres également nécessités par l'exécution des mêmes lettres patentes; le premier, plus instant et presque aussi considérable que celui de l'établissement des lescives, est de compléter le linge pour fournir à trois rechanges. Le même motif sans doute vous fera penser que ces dépenses ne doivent point être prises sur les revenus de l'Hôtel Dieu, mais ces revenus, par la raison des mêmes circonstances dont vous nous faittes part, vont encore être chargés de cette avance. Nous ne pouvons vous dissimuler que nous sommes effrayés des suittes. Nos dépenses courantes vont accroître, par l'augmentation du nombre et du traittement des médecins, chirurgiens, officiers et domestiques, nous ne parlons point icy de l'accroissement du nombre des malades, dont on ne peut douter. S'il y a lieu d'espérer une œconomie par la suite du nouveau régime, c'est l'expérience qui la prouvera, et elle ne peut être que l'effet du temps. Mais en attendant le fruit qu'on s'en propose, nous sommes convaincus que la caisse de l'Hôtel Dieu ne peut suffire pendant deux années à un pareil prélèvement sur les deniers destinés aux dépenses ordinaires, quelque œconomie que nous y puissions mettre. Nous vous devons, Monsieur, de vous communiquer nos craintes, nous aurons l'honneur de vous informer de touttes les circonstances qui pourront les réaliser, bien persuadés que vous viendrés au secours d'un établissement qui vous est cher, mais que nous ne pourrions voir s'endetter et marcher à sa ruine sous notre administration. D'après ces réflexions, nous nous en rapportons aux sentimens que nous vous connoissons pour l'Hôtel Dieu. C'est entre vos mains que nous remettons, nous ne disons pas ses intérêts, mais la con ervation de son existence. Nous avons, Monsieur, et vous le savés, le même empressement que vous pour ouvrir les nouvelles salles. M. Bonnot qui le connoît travaille avec ardeur à remplir vos vûes et les nôtres en ce qui les concerne, et nous avons écrit la semaine dernière deux fois aux médecins, pour qu'ils nous donnent enfin leurs observations sur le projet de règlement que nous leur avons communiqué, et qu'ils nous mettent en état d'y délibérer. Soyez bien sûr, Monsieur, que nous ne perdons pas un moment pour parvenir à un but dont nous sentons plus que personne l'importance. Permettés que nous profitions de l'occasion pour vous prier de faire faire la réception juridique, d'après laquelle le gouvernement nous mettra en possession des nouvelles salles. Nous sommes avec respect, etc.» *Copie de la lettre de M. de La Millière.* «J'ai reçu, Messieurs, la lettre que vous m'avez fait l'honneur de m'écrire le 25 du mois dernier, relativement à la dépense qu'entraînera l'exécution de ce qui reste à faire à l'Hôtel Dieu pour l'établissement du nouveau régime et qui doit être un objet de plus de 34,000^tt^, que vous exposez ne pouvoir être à la charge de cette maison. Je pense comme vous, Messieurs, que cet objet étant une suite des ouvrages faits en exécution des lettres patentes de 1781, ce n'est pas à vous à en supporter la dépense, mais toutes celles qui ont été faites depuis quelque tems pour mettre les nouvelles salles de l'Hôtel Dieu en état de recevoir des malades, me forcent de vous proposer de faire l'avance de cette somme et de ne vous la rendre qu'au 1er avril 1789. J'ai tout lieu d'espérer que vous voudrez bien vous prêter à cet arrangement et dès que vous m'aurez fait l'honneur de me répondre à cet égard, je prendrai un *Bon* de M. le Contrôleur général, dont je ne manquerai pas de vous

faire passer une ampliation. Permettez-moi, Messieurs, de profiter de cette occasion pour vous représenter à quel point il seroit important de placer plutôt que plus tard les malades dans les nouvelles salles et de vous engager en conséquence à vouloir bien presser tant les arrangemens relatifs aux lessives que la réponse définitive des médecins concernant leur service, car il me paroît qu'il n'y a plus que ces deux points qui arrêtent dans ce moment, et j'espère qu'en me faisant l'honneur de me répondre sur l'objet de l'avance que je vous propose de faire, vous voudrez bien me marquer en même tems où vous en êtes sur ceux-ci. J'ai l'honneur d'être, etc. Signé : La Millière.»

(30 mai.) Lecture faitte d'une lettre de M. le baron de Breteüil, en date du 24 du présent mois de may, en réponse à celle de la Compagnie du 5 de ce mois; la Compagnie a arrêté qu'elle seroit annexée à la présente délibération pour y avoir recours ou besoin seroit : *Copie de la lettre de M. de Breteüil.* «J'ai reçu, Messieurs, la lettre que vous m'avez écrite le 5 de ce mois, en réponse à ce que je vous ai marqué le 27 du mois dernier, au sujet des hôpitaux de Saint Louis et de Ste Anne, il est facile de dissiper les inquiétudes dont vous me faites part. L'intention du Roi n'a jamais été de faire refluer à l'Hôtel Dieu les malades qui sont à l'hôpital Saint Louis; il est au contraire très important que ce dernier hôpital soit toujours ouvert aux malades. Lorsque le temps d'y faire travailler sera arrivé, on commencera par faire construire une galerie neuve pour que cette maison puisse contenir 1,200 malades couchés chacun dans un lit; quand il faudra travailler aux bâtimens actuels, on transportera les malades dans cette galerie et successivement des parties à réparer dans les parties finies. Il seroit contre tous les principes, il seroit même absurde de faire porter à l'Hôtel Dieu tous ces malades pour y augmenter la confusion et le malaise. A l'égard de l'hôpital Sainte Anne, je vous avoue, Messieurs, qu'il me paroîtroit étonnant qu'on ne pût pas trouver dans les grosses fermes qui appartiennent à l'Hôtel Dieu, dans les environs de Paris, des lieux comodes où l'on puisse porter les magazins, les bestiaux, les bergeries et les fourrages qui sont dans cet hôpital. Il est possible qu'en les éloignant il en résulte quelque embarras dans le service, mais un grand et utile service tel que celui que le Roi se propose de faire, ne s'opère point sans quelque difficulté momentanée et sans causer quelque incomodité passagère, mais les motifs d'utilité et le bien qui en doit naître doivent tout aplanir. Au reste, on s'occupera de la difficulté dont il s'agit lorsque l'architecte aura établi les plans. Comme on ne fait pas tout à la fois, peut-être que la disposition sera telle qu'elle permettra de laisser subsister pendant le temps de la plus grande partie des constructions, les magazins et les bergeries. Je présume, Messieurs, que d'après ces explications les intentions du Roi au sujet des deux hôpitaux de Saint Louis et de Ste Anne ne vous paroîtront devoir désormais éprouver aucun obstacle. J'ai l'honneur d'être, etc. Signé : le baron de Breteüil.»

(27 juin.) Lecture faitte d'une lettre du baron de Breteüil du 23 de ce mois, à laquelle étoit jointe une copie d'un arrêt du Conseil du 22 portant établissement de quatre nouveaux hôpitaux pour la ville de Paris; la matière mise en délibération, la Compagnie a arrêté que ladite lettre et la copie de l'arrêt du Conseil y jointe demeureroient annexées à la présente délibération, qu'il en seroit fait rapport à la prochaine assemblée générale et qu'à l'instant il seroit répondu à M. le baron de Breteüil. Suit la teneur de la réponse faitte à M. le baron de Breteüil : «A Paris, le 27 juin 1787. Monsieur le Baron, nous recevons au Bureau à l'instant la lettre que vous nous avés fait l'honneur de nous adresser le 23, avec la copie de l'arrêt du Conseil du 22, pour l'établissement de quatre nouveaux hôpitaux pour la ville de Paris. Cet objet est de nature à être porté à une assemblée générale de l'Administration. Nous aurions profité de celle qui étoit indiquée à demain 28, mais elle se trouve nécessairement différée par celle des princes et pairs, qui depuis a été remise au même jour. Nous sommes avec respect, Monsieur le Baron, etc.» *Copie de la lettre de M. le baron de Breteüil.* «J'ai Messieurs, l'honneur de vous envoyer une copie de l'arrêt que le Roi a jugé à propos de rendre concernant l'établissement de 4 hôpitaux pour la ville de Paris à l'hôpital Saint Louis, à l'hôpital Sainte Anne, aux religieuses hospitalières de la Roquette et à l'abbaye de Sainte Périne de Chaillot. Sa Majesté m'a chargé de vous en donner connoissance, elle espère de votre zèle pour l'humanité que vous concourrez en tout ce qui pourra dépendre de vous à la plus prompte exécution d'un établissement aussi intéressant. J'ai l'honneur d'être, etc. Signé le baron de Breteüil.» Copie de l'arrêt du Conseil. «Le Roi s'étant fait représenter en son Conseil l'état des offres et souscriptions qui avoient été faites par divers citoyens charitables et zélés pour concourir à la construction de 4 hôpitaux pour la ville de Paris, conformément aux vues bienfaisantes de Sa Majesté énoncées dans le prospectus publié à cet effet par ses ordres, et considérant Sa Majesté que le montant desdites offres ne forme quant à présent une somme d'environ 2,200,000 ₶, laquelle est fort au-dessous de la dépense qu'exigeront les bâtiments et édifices de ces grands établissements, devenus nécessaires au soulagement des pauvres malades, et si ar-

demment désirés depuis longtemps dans la capitale, que malgré les espérances fondées de voir de nouvelles offres succéder aux premières, indépendamment des fonds que les circonstances permettront à Sa Majesté d'appliquer à cet établissement d'utilité et de salubrité publiques, il devient indispensable de rassembler tous les moyens qui pouront accélérer l'exécution de cette importante entreprise, Sa Majesté auroit reconnu que l'un des principaux serait d'épargner les sommes considérables qui seraient employées à l'acquisition des terreins et emplacemens, en profitant de ceux qui, déjà consacrés par les titres de leur fondation à des usages pieux et charitables seroient convenablement placés pour cet objet, et reconnus pouvoir y être employés et appliqués; que la maison de Saint Louis située entre les fauboburgs de Saint Martin et du Temple présente déjà un hôpital capable de recevoir un grand nombre de malades et susceptible d'être augmenté; que sur le terrein de la maison de Ste Anne ou de la Santé, à l'extrémité du faubourg Saint Jacques, on pourra construire un second hôpital, en sorte qu'il ne restera plus que deux établissements de cette nature à former, l'un au levant et l'autre à l'occident de la ville, à portée de la population nombreuse et indigente qui est répandue sur les paroisses de Ste Margueritte, de Saint Paul, de Saint Laurent et du faubourg Saint Honoré, et Sa Majesté s'étant fait rendre compte des différens emplacemens qui pouraient servir à recevoir ces deux nouveaux hôpitaux, elle auroit, d'après l'avis de son Académie des sciences, reconnu que celui destiné à la partie occidentale pourait être convenablement placé sur les terreins occupés par l'abbaye royale des religieuses de Sainte Périne, ordre de Saint Augustin, situé paroisse de Chaillot, faubourg de la Conférence, et celui de la partie orientale sur les terreins occupés par les sœurs hospitalières de la Roquette, faubourg Saint Antoine, le tout néantmoins après que les formalités requises en pareil cas auront été observées, et désirant Sa Majesté donner au peuple de sa bonne ville de Paris la satisfaction de voir incessament s'effectuer ses vues de bienfaisance pour la perfection et l'achèvement de ces établissemens également précieux à la religion et à l'humanité, elle aurait résolu d'expliquer ses intentions à ce sujet; à quoi voulant pourvoir, oüi le rapport et tout considéré, le Roi étant en son conseil a ordonné qu'il sera incessamment pourvu à l'établissement de deux hôpitaux d'une étendue convenable, circonstances et dépendances, sur les terreins et emplacemens respectifs de l'hôpital de Saint Louis et de celui de Sainte Anne ou de la Santé, en faveur des pauvres malades des paroisses circonvoisines et autres de ladite ville de Paris qui étaient dans l'usage de recourir à l'Hôtel Dieu, comme aussi qu'à la diligence et requête de qui il appartiendra, il sera procédé par-devant le sieur archevêque de Paris à l'effet d'obtenir, s'il y a lieu, en suivant les formes requises et accoutumées, l'érection en titre d'hôpital de la maison, bâtiments, édifices, emplacements et terreins occupés à la Roquette par les sœurs hospitalières, mesme l'union audit hôpital des biens et revenus affectés audit œuvre, ainsi qu'à l'entretien desdites sœurs hospitalières, le tout aux charges, clauses, réserves et conditions qui seront jugées convenables et nécessaires par le décret à intervenir, ordonne pareillement Sa Majesté qu'à la même requête et diligence, il puisse être procédé par-devant ledit sieur archevêque de Paris, en suivant également les formes ordinaires à la translation, s'il y a lieu de l'abbaye royale de Sainte Perinne de Chaillot, ordre de Saint Augustin, communauté, conventualité et titre d'icelle en tels autres lieux, emplacements et bâtiments qui seront jugés propres et convenables pour recevoir ladite abbaye et communauté, le tout aux charges, clauses et conditions qui seront reconnues nécessaires pour les bâtimens, terreins et édifices actuellement occupés par ladite abbaye être appliqués et demeurer affectés à un quatrième hôpital qui sera établi pour le service et secours de pauvres malades des paroisses voisines et autres de la ville de Paris, le tout pareillement aux charges, clauses et conditions qui seront jugées nécessaires, et seront les décrets à intervenir présentés à Sa Majesté pour être, s'il y a lieu, revêtus de lettres patentes conformément à l'édit de 1718. Sera le présent arrêt notiffié et signifié, de l'ordre et exprès commandement de Sa Majesté, à qui de droit et exécuté, nonobstant toutes oppositions et empêchements quelconques, pour lesquels ne sera différé, et dont si aucuns interviennent, circonstances et dépendances, Sa Majesté s'est réservé et se réserve et à son conseil la connoissance, icelle interdisant à toutes ses cours et autres juges. Fait au conseil d'État du Roy, Sa Majesté y étant, tenu à Versailles, le 22 juin 1787. Signé : le baron de Breteüil.

(7 juillet.) M. Martin a dit qu'ayant envoyé à M. Colombier les observations qu'il avoit été chargé par le Bureau de lui adresser au sujet des lits doubles à cloisons fournis par le Roy, pour les mettre sous les yeux de M. de La Millière, il en avoit receu une réponse qu'il a lüe au Bureau. Sur quoi la matière mise en délibération, la Compagnie a arrêté : 1° que lesdites observations, une copie de la lettre d'envoi écrite par M. Martin à M. Colombier, le 27 janvier dernier et la réponse de mondit sieur Colombier à mondit sieur Martin, en datte du 5 de ce mois, demeureront annexées à la présente délibération; 2° qu'il sera surcis jusqu'après l'expérience à juger si les inconvéniens dont il est parlé dans lesdittes observations sont en effet aussi grands qu'il a été

représenté au Bureau, et que pour les diminuer d'autant, lesdits lits à cloisons seront placés de manière que les malades qui les occuperont puissent être vus facilement de toutes les personnes chargées de les soigner.» Copie de la lettre de M. Martin à M. Colombier. «Le 27 juin 1787. Je suis, Monsieur, chargé par le Bureau de vous adresser des observations au sujet des lits à cloison, qu'il vous prie de mettre sous les yeux de M. de la Millière. Les vacances du Parlement depuis la fin de l'assemblée des notables, les visites pastorales de M. l'Archevêque et les assemblées fréquentes du Parlement et des Pairs se sont tellement succédées, *qu'il n'a pas été possible de trouver un jour pour une assemblée générale; nous n'en avions cependant jamais eu si grand besoin. Toutes nos opérations sont suspendues* et nous ne sommes pas en état de tenir la promesse que nous avons faite à M. l'Archevêque de Toulouse pour le 1er juillet. Les salles nouvelles seroient habitées depuis deux mois, si on n'avoit pas cru indispensable d'y observer le régime au moment même de leur ouverture, et le public en seroit en possession depuis ce tems-là.» Observation sur les lits doubles à cloison. L'usage qu'on fait à l'Hôtel Dieu des lits doubles à cloison depuis qu'on en a placé dans quelques unes des salles allongées du côté du Petit Châtelet, a fourni aux religieuses quelques observations que la mère prieure a addressées au Bureau. Plusieurs de ces observations et quelques autres faites par des membres du Bureau lui ont paru de nature à mériter qu'il le fit parvenir au gouvernement. Les lits sont rangés dans les salles de l'Hôtel Dieu de manière à laisser deux passages libres pour le service ordinaire, et des ruelles seulement pour les chaises à bassin et pour le service extraordinaire, dans les salles où il n'y a que trois rangées de lits il y a deux passages et deux ruelles, ces dernières sont le long des murs et les deux passages sont de chaque côté de la rangée du milieu. Dans les salles où il y a 4 rangées de lits, il y a une ruelle de plus qui se trouve entre les deux rangées de lits qui sont au milieu, cette ruelle ne sert de passage que pour le service extraordinaire; mais les passages ordinaires sont fréquentés à toute heure de la journée par les religieuses, par les gens de la salle et même par les gens du dehors. Dans les salles où il n'y a que trois rangées de lits, si la rangée du milieu est de lits à cloison, chaque côté de ces lits donnera sur un des passages destinés au service ordinaire. Mais si on met des lits à cloison dans les salles où il y en a 4 rangées, en supposant deux rangées de lits simples à une seule place et deux rangées de lits doubles à cloison, de quelque manière que ces derniers soient placés le long des murs, les malades qui seront au delà de la cloison seront absolument isolés, ils n'auront que le mur en vue d'un côté et leur cloison de l'autre. S'ils sont placés dans les deux rangées du milieu, ceux qui seront au delà des cloisons, par rapport aux passages ordinaires, n'auront en vûe que leur cloison d'un côté, un autre malade dans le lit voisin d'eux et la cloison de ce lit. Ceux qui seront placés le long des murs et ceux qui seront dans les deux rangées du milieu ne seront apperçus ni par les religieuses ni par les personnes préposées au soin des salles, lors de leurs allées et venues continuelles dans les passages ordinaires. Les médecins ne pourront les visiter; le service relatif à leur nourriture ne pourra se faire parce que les ruelles qui se trouveront ou le long des murs ou entre les deux rangées du milieu seront à peine suffisantes pour y placer des chaises, et que ces chaises gêneront les passages. Si on élargit les ruelles, les médecins pourront y passer, le service pourra s'y faire, mais les passages ordinaires, déjà rétrécis d'un pied, par le remplacement d'un grand lit ordinaire par un lit à cloison, deviendront absolument trop étroits, et en supposant pour un moment qu'ils pussent suffire, malgré leur rétrécissement, il sera toujours vrai que les malades au delà des cloisons ne verroient personne et ne pourroient être vus, et les malades ainsi cachés aux regards des religieuses et des gens commis à leurs soins ne pourroient demander les secours de plusieurs espèces dont ils auroient besoin. Leur état peut empirer, ils peuvent avoir des faiblesses et ne pouvoir se remettre dans leurs lits, après en être sortis pour des besoins; ils peuvent avoir le transport et attenter sur eux-mêmes dans ces moments de délire; ils peuvent être à l'agonie sans que personne s'en apperçoive et mourir même sans secours ni spirituels ni temporels. D'ailleurs un isolement de cette espèce est d'une tristesse mortelle, capable seule d'augmenter le mal des malades et de favoriser de mauvais desseins. D'un autre côté, personne ne pouvant voir ce qui se passe derrière la cloison, des parens ou des amis ont le moyen de leur apporter des choses capables de les incommoder, et les malades peuvent manger tout ce qu'ils voudront sans en être empêchés. A ces inconvéniens qui regardent l'intérêt des malades, il faut ajouter ceux qui regardent les intérêts de la maison. On sçait que dans le nombre des malades qui viennent à l'Hôtel Dieu, il y en a beaucoup qui en emportent ce qu'ils peuvent; une partie de ceux qui viennent les voir ne sont pas plus scrupuleux, et rien n'est plus capable de favoriser les vols de linge que les cloisons qui empêchent de voir ce qui se fait au delà. Les malades ne sont pas toujours couchés et un homme mal intentionné qui en viendroit voir un au n° 4 prendra ce qu'il pourra prendre en passant devant le n° 3 qu'il trouvera vacant. Les malades mêmes peuvent favoriser les vols, en changeant une bonne chemise dont ils seroient vêtus pour une très mauvaise qu'on leur auroit apporté; eux mêmes, en s'habillant pour sortir de l'Hôtel Dieu peuvent facilement, et sans être vus, s'envelopper le corps d'un drap par dessous leur habillement. S'il y en a des exemples, malgré la difficulté de le faire dans l'état actuel sans être vu, on doit attendre que cela arrivera fréquemment s'ils peuvent n'être pas vus. On pourra faire des règlemens pour obliger de faire des tournées fréquentes dans les ruelles formées par les lits à cloison hors des passages ordinaires, mais il sera difficile pour ne pas dire impossible de les faire exécuter, et d'ailleurs, le nombre de ces rondes seroit nécessairement borné, et les inconvéniens dont il est question ici peuvent arriver entre chaque ronde. Outre ces inconvéniens communs aux hommes et aux femmes, il y en a d'autres à craindre de la part de femmes ou filles enceintes qui ont intérêt de cacher leurs grossesses. Il y a des exemples d'entreprises criminelles formées par des femmes de cette espèce qui n'auroient pas été découvertes si elles avoient été commises à l'abry d'une cloison de planches. Les inconvéniens ci dessus ne regardent que les lits placés le long des ruelles dans lesquelles on ne passe pas, mais il y en a d'autres commun à tous. La cloison empêchera l'air des lits doubles de circuler aussi facilement. Ces lits n'ayant que deux pieds et demi de large, les malades, en se remuant, se donneront des coups contre la cloison. Il y en a desjà quelques uns d'occupés et les malades s'y trouvent fort mal, soit par la solitude où se trouvent ceux qui sont du côté de la ruelle, soit par la cloison qui les gêne dans leurs mouvemens. Si ces lits doubles pouvoient tenir tous dans les salles où il n'y a que 3 files de lits, et se trouvoient par là donner tous sur les deux passages principaux de la salle, une partie des inconvéniens ci-dessus disparoîtroit et on pourroit attendre l'effet de l'expérience pour bien juger des autres, comme le Bureau se propose de le faire pour connoître la valeur d'autres observations relatives à la construction même de ces lits, avant de les faire parvenir au gouvernement, mais comme on sera obligé d'en placer une très grande partie dans les salles à 4 files de lits, les inconvénients qui résultent de la manière dont on sera obligé de les y arranger doivent engager à supprimer la cloison dans ceux qui y seront placés, ou du moins, à baisser assés cette cloison pour qu'on puisse voir les malades qui sont au delà, et qu'ils puissent voir eux mêmes au delà de leurs lits, de manière cependant que les deux malades soient assés séparés pour ne pouvoir se nuire l'un à l'autre et pour qu'on ne les croye pas couchés sur le même matelat et dans les mêmes draps.» *Copie de la lettre de M. Colombier.* «Paris, ce 5 juillet 1787. J'ai mis, Monsieur, sous les yeux de M. de la Millière la lettre que vous m'avez fait l'honneur de m'écrire le 27 du mois dernier, et les observations qui y étoient jointes concernant les lits doubles à cloison. Je me suis chargé, Monsieur, d'y répondre et d'avoir l'honneur de vous prier d'en faire part au Bureau. Les lits doubles à cloison ont été adoptés il y a 8 ans, et je n'ai en cela que le mérite d'avoir proposé ce qui étoit déjà exécuté dans plusieurs hôpitaux *et notamment à Caën*, ce que j'ignorois alors. Les motifs de cette adoption ont été : 1° la facilité de coucher seuls un plus grand nombre de malades que dans des lits simples, lorsque l'espace n'étoit pas suffisant; 2° d'éviter qu'on pût réunir deux malades comme cela est encore pratiquable dans un lit de 3 pieds. L'expérience de six années a confirmé ces deux avantages, tant à l'hôtel dieu de Provins, où il y a 40 lits de cette espèce, que dans les infirmeries du dépôt de Saint Denis où il y en a 80 et dans le bâtiment neuf de Bicêtre. Les malades s'y trouvent bien; on fait aisément le lit, les couvertures sont facilement arrêtées, et la commodité de pouvoir s'acôter est même précieuse pour la plupart des individus. A la vérité, les grandes blessures, les fractures, les opérés et peut être aussi les maladies graves ne comportent pas ce genre de lits, mais le nombre des uns et des autres n'est jamais le plus considérable. Reste maintenant à examiner les inconvéniens qu'on reproche à ces lits, relativement à leur position dans les salles et à leur construction. Il est évident que ces lits ne peuvent être placés le long des murs tête à pied, sans qu'il en résulte que le malade placé du côté du mur échappe à la vigilance des infirmiers, aussi ne doit-on jamais les poser de cette manière. Mais si on les place de manière que la tête réponde au mur, chaque ruelle sera pour deux malades, et les infirmiers peuvent les voir tous. Dans ce cas les lits doubles n'occupent pas plus d'espace qu'en les plaçant tête à pied, puisqu'en établissant trois pieds de ruelle entre chacun, on regagne chaque ruelle sur la longueur de chaque lit. On observera que le placement des lits doubles, en adossant la tête au mur, permet encore un rang de lits doubles dans le milieu de la salle. A l'égard de l'inconvénient des cloisons, même dans les lits placés au milieu des salles, soit à raison de la difficulté de voir les deux malades en même temps, lorsqu'on passe dans un rang, soit pour le courant d'air qu'elle intercepte, soit pour les chaises percées qui se trouvent dans les passages, il ne mérite pas de fixer l'attention : 1° il est inutile qu'une religieuse ou une infirmière vöye, quand elle est dans un rang, le malade qui est dans l'autre (on suppose ici les lits tête à pied); l'arrangement du service suffit pour que chaque rang soit exposé à la vue de ceux qui doivent en prendre soin; 2° l'élévation de la cloison, surtout du côté de la tête, a pour objet d'éviter que les respirations des deux malades ne se confondent, ce qui est souvent dangereux. Du reste, si l'air ne passe pas directement à l'endroit de cette élévation, il vient de tous côtés sur le malade, et véritablement cette objection ne peut avoir aucune valeur; deux lits seuls placés à côté l'un de l'autre sur la même ligne, à quelque distance, auroient un plus grand inconvénient si les rideaux ne restoient pas toujours ouverts; 3° on place maintenant et on sera toujours obligé de placer quelques sièges d'aisance auprès des lits des malades dans les rangs, tant qu'il y aura trois rangées de lits dans les salles; ainsi le placement des lits doubles, tête à pied dans le milieu d'une salle ne présente rien à cet égard qu'on n'observe déjà. Il résulte de ce qui vient d'être exposé : 1° que les lits doubles à cloison ne doivent pas être placés tête à pied le long des murs des salles; 2° qu'on y supplée aisément et avantageusement en adossant la tête de chacun de ces lits au mur; 3° que ce placement permet dans toutes les salles de mettre dans leur milieu un rang de lits simples et que dans celles qui sont larges, il est possible de mettre un rang de lits double dans ce milieu; 4° que ces mêmes lits, placés tête à pied ou même en travers dans le milieu des salles ne doivent point empêcher que chaque malade ne soit vû par les personnes destinées au service de chaque rang; 5° que l'élévation de la cloison du côté du chevet est nécessaire et ne présente aucun inconvénient; 6° enfin, que des cloisons mobiles ou baissées auroient les unes, le danger de coucher bientôt plusieurs malades ensemble et les autres celui de la communication des respirations des malades. En conséquence, il ne paroît pas possible de rien changer à la construction, ni à la destination de ces lits, et quant à leur placement on vient de voir la manière dont ils doivent remplir leur objet. M. de la Millière, Monsieur, a paru touché du retard que les circonstances apportent à la tenue du Bureau général, et il est bien persuadé que Messieurs les Administrateurs sont aussi empressés que lui sur cet objet, et aussi convaincus que l'ouverture des salles exige l'établissement d'une règle pour leur service. J'ai l'honneur d'être avec un respectueux attachement, etc. Signé : Colombier.»

(13 juillet.) En l'assemblée générale tenüe extraordinairement à l'Archevêché. Lecture faite d'une lettre de M. le baron de Breteuil, du 23 juin et de la copie d'un arrêt du conseil du 22 qui y étoit jointe, la matière mise en délibération, la Compagnie, pour donner à Sa Majesté une nouvelle preuve du zèle qui l'a toujours animée pour l'humanité souffrante, a unanimement arrêté qu'il seroit dressé un mémoire d'*observations qui lui paroissent de la plus grande importance*, sur l'exécution de cet arrêt et que M. le baron de Breteuil seroit informé du présent arrêté par une lettre dont la teneur suit : «Monsieur le baron, l'assemblée générale de l'Administration de l'Hôtel Dieu vient de prendre connoissance de la lettre que vous nous avés fait l'honneur de nous écrire de la part du Roy, en nous envoyant la copie de l'arrêt du Conseil du 22 juin, portant établissement de quatre nouveaux hôpitaux dans la capitale. Ces institutions nouvelles, de quelque manière qu'on puisse les envisager, présentent des observations à faire, et qui méritent d'être approfondies, d'autant plus que deux de ces hôpitaux sont établis par des édits enregistrés dans les cours; elles seront l'objet d'un mémoire dont nous allons nous occuper et que nous vous demanderons de mettre sous les yeux du Roy. Nous nous bornerons aujourd'huy, M. le baron, à vous prier de porter aux pieds du thrône les nouvelles protestations du zèle que nous avons voué à l'humanité souffrante, et le sincère hommage de notre respectueuse déférence pour les intentions de Sa Majesté. Nous vous prions, etc.»

(16 juillet.) En l'assemblée générale tenue extraordinairement à l'Archevêché, six heures de relevée, assistans : Monseigneur l'Archevêque, Monseigneur d'Aligre, premier président, Monseigneur Nicolay, premier président de la Chambre des comptes, Monseigneur Barantin, premier président de la Cour des aides, Monseigneur Joly de Fleury, procureur général, M. de Crosne, lieutenant général de police, Monsieur Le Pelletier de Morfontaine, conseiller d'État, prévôt des marchands, Messieurs Lecouteulx de Vertron, Dupont, Marchais de Migneaux, Marrier de Vossery, de Tilière, Boullenois, Martin, Robineau d'Ennemont, Vente et Ollivier; Monsieur Martin a rendu compte des délibérations du Bureau, prises depuis la dernière assemblée générale tenue extraordinairement le 13 de ce mois, relatives aux nouvelles salles construittes aux frais du Roy, ainsi qu'il suit : «Monseigneur, la lecture de toutes les délibérations importantes prises au Bureau ordinaire depuis la dernière assemblée générale, qui seroient dans le cas d'être mises sous les yeux de Messieurs demanderoit un temps beaucoup plus considérable que celui de la tenue d'une assemblée, et le Bureau a pensé qu'il suffiroit peut être d'en présenter l'extrait pour instruire la Compagnie de ce qu'il est essentiel qu'elle sache. Le Bureau a été informé à la fin de janvier dernier, c'est à dire dans le temps qu'il n'étoit plus possible de tenir une assemblée générale, que les constructions faittes par ordre du Roy à l'Hôtel Dieu pour y disposer de nouvelles salles avançoient, et il a été invité à prendre les mesures nécessaires pour les mettre en état d'être ocuppées aussitôt qu'elles seroient finies. Il savoit déjà que le Roy faisoit faire de petits lits de 3 pieds pour coucher des malades seuls, et des lits doubles de 5 pieds deux pouces pour en coucher deux, avec une cloison en planche qui sépare les couchers et les malades. Il a seu pour lors que le nombre de petits lits

étoit de 650 et celui des lits doubles de 200, ce qui fait en tout 1,050 places pour coucher des malades seuls, mais les nouvelles salles n'en peuvent contenir qu'environ 600, tant en lits simples qu'en lits doubles. L'intention du Roy étoit que tous les lits neufs qu'il a fait faire fussent placés dans l'Hôtel Dieu, afin qu'il y eût un plus grand nombre de malades couchés seuls; il en restoit encore 350 simples et 50 doubles à placer; ils ne pouvoient l'être qu'en déplaçant un pareil nombre de grands lits dans les anciennes salles, à la réserve d'environ 50 qui tiennent dans les allongements des salles produits par le reculement du mur du côté de l'ancien emplacement du Petit-Châtelet, au moyen de quoi le Bureau a eu à délibérer sur l'espèce de malade qu'on placeroit dans les nouvelles salles, et sur les places qu'on destineroit dans les anciennes aux lits neufs restans, et il a arrêté par sa délibération du 31 janvier dernier, que les nouvelles salles seroient occupées par les femmes blessées, actuellement à la salle Saint Nicolas, par les femmes fiévreuses, actuellement à Saint Landry, et par les femmes attaquées de la petite vérolle, actuellement à Ste Monique, et que dans le surplus des lits fournis par le gouvernement, il en seroit pris une quantité suffisante pour remplacer tous les grands lits qui sont au rez de chaussée dans les salles St Antoine, St Charles, du Rozaire, St Cosme et St Denis, ce qui fera dans ces salles tant en lits simples qu'en lits doubles, et en y comprenant cent petits lits anciens qui y sont déjà, environ 350 places, pour y coucher seuls autant de fiévreux, et que les petits lits restants seroient distribués dans les anciennes salles suivant qu'il paroîtra plus convenable, pour être destinés, avec les petits lits qui y sont déjà, aux plus griefs malades. Le Bureau a arrêté depuis, par sa délibération du 30 may dernier, que les grands lits de la salle Ste Marthe, la 1re au rez de chaussée, en entrant à l'Hôtel Dieu seroient portés dans les salles nouvelles du 4e étage, et destinés à y mettre des femmes convalescentes, et que dans le nombre des petits lits qui meublent ces dernières salles, il en seroit pris une quantité suffisante pour remplacer dans la salle Sainte Marthe ceux qu'on en enlèvera; son motif a été que, puisqu'il étoit nécessaire qu'il y eût des grands lits pour y recevoir la surabondance des salles de femmes fiévreuses où il n'y en a que de petits, il étoit plus convenable aux circonstances qu'ils fussent placés au 3e que de l'être dans la première, en vûe, en entrant à l'Hôtel Dieu; par ce nouvel arrangement, touttes les salles du rez de chaussée, à la réserve de la petitte salle St Roch ne seront meublées que de petits lits. Le nombre de ceux qui se trouveront dans touttes les salles de l'Hôtel Dieu sera d'environ 1,500 pour coucher autant de malades seuls, en y comprenant les anciens petits qui y étoient déjà, et il y en aura environ 330 grands. La salle Saint Landry et la salle Sainte Monique se trouveront vuides, ainsi que la salle Saint Nicolas, par le transport de leurs malades dans les nouvelles salles, et le Bureau a arrêté par la même délibération du 31 janvier que les deux premières seroient destinées à recevoir les hommes fiévreux qui ne pourront tenir dans les salles du rez de chaussée qui leur sont destinées; que la salle Saint Nicolas seroit réunie à celle Saint Paul pour mettre les hommes blessés plus à l'aise, et que les offices des salles de Ste Monique et Saint Nicolas, qui séparent la salle Saint Landry de celle de Sainte Monique, et la salle St Nicolas de celle de Saint Paul devenant inutiles, les cloisons qui les forment seront démolies, afin de procurer à ces salles la jouissance du courant d'air qui les enfilera pour lors du levant au couchant dans toutte leur longueur. Le Bureau a crû qu'il étoit de la prudence de prévoir le cas où, soit en raison des petits lits, soit par quelqu'une des causes qui augmentent quelques fois la misère du peuple, l'affluance des malades pourroit devenir telle que tous les petits lits fussent pleins, et que tous les grands continssent chacun 4 malades; et pour empêcher, si ce cas arrivoit, qu'on ne se trouva obligé d'en placer plus de 4 dans ces derniers, il a arrêté qu'aussitôt qu'il y auroit lieu de le craindre, il seroit établi quelques grands lits dans les salles où il n'y en auroit que des petits à la place d'autant de ces derniers, dans lesquels grands lits il seroit deffendu de mettre plus d'un malade, tant que la nécessité n'y obligera pas, mais qu'on ne pourroit, sous aucun prétexte en mettre plus de 4, tant qu'il existera un moyen de faire autrement, et que ces grands lits seront toujours affectés par préférence aux convalescens. Par la même délibération du 31 janvier, le Bureau a arrêté que la salle Saint Louis, où les fous sont traités et où ils étoient fort à l'étroit, seroit agrandie de 21 pieds, en reculant la cloison qui la sépare d'une autre salle qui fait partie des emplacemens destinés aux femmes blessées, et où elles seront fort à l'aise, cela a été exécuté; ce qui procure à cette salle une augmentation de 15 lits à une seule place. Il a été remis au Bureau, de la part du gouvernement, des mémoires dont l'objet étoit de proposer à l'Administration des projets de service et de régime pour les nouvelles salles, et pour celles où il ne seroit établi que des petits lits. Ces mémoires ont été soumis à l'examen des commissaires du Bureau qui, en les combinant avec les anciens règlemens et les mémoires relatifs au même objet que les médecins ont donné en différents temps, en ont formé un projet de règlement qui a été discuté au Bureau, et ensuite communiqué par son ordre aux médecins de la maison, et au premier chirurgien pour y faire les observations dont ils le croiroient susceptible. C'est après l'examen de ces observations et les changemens que le Bureau a cru devoir faire en conséquence au projet de règlement qu'il va le proposer à la Compagnie pour être exécuté provisoirement et à titre d'essai, attendu les difficultés qui pourroient survenir dans l'exécution. Cette exécution exigeoit un nouvel arrangement pour les blanchissages; l'usage ancien étoit que les relligieuses en chef de chaque salle fussent chargées de tout le linge de leur salle, à la réserve des chemises dans les salles d'hommes et des tayes d'oreillers dans touttes les salles, lesquelles chemises et tayes d'oreillers se blanchissent dans des offices particuliers, les relligieuses employoient à leur blanchissage les domestiques de leurs salles. Ils ne suffisoient pas pour ce service et pour celui des malades et il avoit fallu depuis longtems y suppléer; pour cet effet, l'usage s'étoit introduit de garder dans chaque salle un certain nombre de convalescens ou prétendus tels, qu'on employoit non seulement aux blanchissages, mais encore à tout le service de la salle. Cet usage qui, originairement, pouvoit être fort utile, en ce qu'il diminuoit le nombre de domestiques à gages, étoit devenu abusif en bien des manières, et au point qu'il n'eût pas été possible de faire exécuter le règlement concernant le service et le régime des malades, en conservant cette ancienne forme de blanchir le linge. L'Administration avoit reconnu depuis longtems ces abus et s'étoit occuppée dès avant 1771 des moyens d'y remédier, et il y avoit même sur cet objet un travail considérable que les circonstances du temps ne permirent pas de suivre. Il fut repris dès qu'elle se trouva en état de s'en occuper; le rapport des commissaires qui en furent chargés est consigné dans les délibérations. Il y avoit deux partis à prendre pour suppléer à l'usage ancien; c'étoit ou de faire faire le blanchissage de ces salles dans la maison même ou de le faire faire au dehors par des entrepreneurs. Le Bureau pensoit qu'il vaudroit mieux le faire faire dans la maison, pour la sûreté du service et pour l'œconomie; mais le deffaut de lieux nécessaires pour l'établissement d'un office général des lescives, que cet établissement et tous les accessoires devoient entraîner, a déterminé l'Administration à essayer de faire faire hors de l'Hôtel Dieu le blanchissage du linge des salles où il est question d'établir le nouveau régime; elle a voulu profiter pour cela de l'occasion de deux buanderies qui s'établissent l'une au petit Bercy et l'autre à la Briche, près Saint Denis. Elle a nommé des commissaires pour les aller voir et prendre sur les lieux mêmes tous les éclaircissemens capables de la mettre en état de délibérer avec maturité sur un projet aussi important; ceux qu'ils y ont pris des entrepreneurs eux-mêmes, et dont ils ont rendu compte au Bureau, lui avoient fait juger que ces deux buanderies étoient très en état, l'une et l'autre, de se charger de tout le linge de l'Hôtel Dieu qu'on voudroit leur donner à blanchir, et il avoit lieu d'espérer que les entrepreneurs de l'une des deux s'en chargeroient; mais, après l'avoir laissé quelque temps en suspens, ils ont déclaré, les uns et les autres, que la crainte de nuire au succès de leurs entreprises, les mettoit dans le cas de ne pouvoir le faire par ménagement pour la délicatesse du public. L'administration s'est trouvée forcée par ce refus de prendre d'autres moyens pour que le service du linge ne manque pas; elle n'avoit consenti à faire blanchir, par l'une des deux buanderies dont on vient de parler, le linge des nouvelles salles que parce qu'elle s'étoit assurée qu'elles seroient assez bien montées pour ne manquer leur service ny dans un temps de pluyes continuelles, ny dans un temps de fortes et longues gelées; mais ne pouvant se promettre un service aussi exact des blanchisseurs ordinaires, elle n'a pas voulu risquer la sûreté du service en s'adressant à eux, et elle a crû qu'il seroit infiniment plus sûr de profiter des chaudières, cuviers, lavoirs et séchoirs établis dans l'Hôtel Dieu et d'y faire préparer ce qui y manque pour faire faire sous l'inspection d'une relligieuse et par des domestiques qui ne seroient occupés que de ce soin, le blanchissage qu'il étoit question de porter au dehors, et même par la suitte celui de touttes les salles, et c'est l'objet de deux délibérations du Bureau des onze et dix huit avril. Les ouvrages pour remplir cet objet sont une suitte des projets d'amélioration annoncées par les lettres pattentes du mois d'avril 1781, dont l'exécution est entièrement aux frais du Roy, le Bureau s'est trouvé obligé d'en faire le payement, après en avoir prévenu le gouvernement qui, en approuvant les ouvrages, a pris des engagemens pour rembourser cette dépense à la caisse de l'Hôtel Dieu. L'ouverture des nouvelles salles augmentera nécessairement le nombre des malades; la manière dont le projet d'un nouveau règlement prescrit la visite des médecins les obligera à un service plus long et plus pénible dans chaque département; ces deux motifs ont fait penser au Bureau qu'il seroit nécessaire d'augmenter le nombre des médecins ordinaires de trois et d'avoir un médecin expectant de plus pour faire en tout onze médecins ordinaires, deux expectants, et d'augmenter même leurs honoraires. Ces deux objets ne pouvant se traitter que dans une assemblée générale, le Bureau, dans l'incertitude du temps où il pourroit s'en tenir une, a engagé les médecins, dans le cas où les nouvelles salles seroient ouvertes avant qu'on pût en nommer de nouveaux, à faire provisoirement eux seuls le service de touttes les salles, avec promesse de les faire joüir, à compter du jour de l'ouverture des salles, de l'augmentation d'honoraires qui leur seroit accordée, et même de ceux des nouveaux médecins qui seroient nommés et ils l'ont promis, mais les cir constances ayant retardé l'ouverture des salles, il y a lieu de croire que ces arrangemens ménagés par le Bureau n'auront pas lieu. L'augmentation de 3 médecins ordinaires et d'un expectant, et celle de leurs honoraires, feront une augmentation de dépenses assés considérable, mais ce n'est pas la seule; par la manière dont les blanchissages se faisoient anciennement, la main d'œuvre paroissoit ne rien coûter, parce que les domestiques qui y étoient employés étoient payés et nourris indépendamment de ce service, et que les prétendus convalescens qui les aidoient étoient nourris dans les salles comme malades. Le parti de les faire de la manière dont il a été cy devant expliqué obligera à avoir des gens uniquement occuppés à ce service, dont les gages et la nourriture feront une augmentation de dépense. Ces prétendus convalescens n'étoient pas seulement employés aux lescives, ils l'étoient encore au service des salles, et tenoient lieu d'un certain nombre de domestiques, et leur renvoi obligera à en remplacer au moins la moitié par des domestiques gagés. Il est vrai que la vacance des lits de ceux qui ne seront pas remplacés par des domestiques procurera l'avantage de pouvoir y placer autant de véritables malades. Mais le nombre des individus étant toujours le même, il n'en résultera aucune œconomie dans les consommations, mais au contraire une augmentation de dépenses considérable, causée par les gages et l'habillement des nouveaux domestiques, et par l'obligation de leur donner une nourriture plus abondante qu'aux prétendus convalescens. Il y a longtemps qu'on a reconnu que les gages des domestiques étoient trop modiques, et il avoit déjà été question de les augmenter. Le Bureau avoit toujours différé, et les choses restoient sur l'ancien pied, mais la suppression des prétendus convalescens et le surcroît de travail qui en résultera pour les domestiques des salles, dont un tiendra lieu de deux convalescens, sera une occasion forcée d'augmenter leurs gages. Cette augmentation de gages, celle de leur nombre de celui des médecins et de leurs honoraires, de plusieurs chirurgiens, d'un inspecteur pour l'exécution d'un nouveau régime, joint aux dépenses qu'occasionneront les blanchissages, feront annuellement un objet considérable. L'augmentation des malades qui doit résulter de l'ouverture des nouvelles salles, doit aussi produire nécessairement une augmentation de dépenses, mais ce ne sera qu'après l'expérience qu'on en pourra bien juger. Le Bureau a cru devoir instruire la Compagnie de ces augmentations de dépenses, et la prévenir que les revenus de l'Hôtel Dieu ne pourront y suffire, et qu'il sera nécessaire, lorsque les états en seront arrêtés, de faire des demandes auprès du gouvernement pour obtenir une augmentation de revenus proportionnée à celle des dépenses que tous ces objets entraînent, comme étant une suitte de l'exécution des lettres pattentes de 1781, quels que puissent être d'ailleurs ses projets sur l'Hôtel Dieu pour l'avenir.

(18 juillet.) Monsieur Martin a dit que le Bureau s'étoit occupé plusieurs fois des domestiques à établir pour les salles nouvelles, de ceux qui doivent remplacer, dans les anciennes où le règlement nouveau doit avoir lieu, les gens connus sous le nom de convalescens, et des gages à leur donner; que tous ces points avoient été murement discutés, mais que le Bureau avoit remis à statuer par une délibération jusqu'à ce que le projet de règlement qui devoit être proposé à l'assemblée générale fût adopté; que ce règlement ayant été approuvé dans celle tenüe à l'Archevêché, lundy dernier, 16 du présent mois, ainsi que tout ce que le Bureau a fait depuis la dernière assemblée, relativement aux nouvelles salles, et à celles où il est question de faire exécuter ledit règlement, il lui paroissoit convenable de statuer deffinitivement sur ce qui concerne les domestiques des deux sexes dans la maison; qu'il avoit recueilli tout ce qui lui avoit paru être le vœu du Bureau à cet égard et en avoit formé un projet de règlement qu'il a lu et dont la teneur suit : *Règlement pour les domestiques.* 1° Les anciennes salles tant d'hommes que de femmes auxquelles l'ouverture des nouvelles salles ne cause aucun dérangement resteront sur le pied où elles sont, à l'égard des domestiques mâles et femelles qui les servent, tant à gages que sans gages, jusqu'à ce qu'il en ait été autrement ordonné; 2° ils y feront leurs services conformément aux anciens règlemens, comme par le passé; 3° il sera dressé un état de tous les infirmiers et infirmières nécessaires pour le service des nouvelles salles, de celles du rez de chaussée, où le régime doit être établi, et de celles de St Landry et de Sainte Monique, relativement aux hommes qui doivent l'occuper pour être arrêté par le Bureau, à raison d'un infirmier ou infirmière pour chaque dizaine de places de malades, dans les salles où les malades seront couchés seuls, et pour chaque quinzaine seulement dans celles qui contiendront plus de grands lits que de petits, sauf à en augmenter le nombre s'il est jugé nécessaire après l'expérience, et en outre de deux hommes de peine pour chaque salle de femmes qui contiendra plus de 60 malades, comptant touttes les salles gouvernées par une relligieuse pour une seule salle; 4° les infirmiers auront 60 livres de gages, un habit neuf tous les quatre ans, une veste et une culotte d'étoffe chaude et solide pour l'hiver et une veste et une culotte d'étoffe plus légère mais solide aussi pour l'été et seront entretenus de linge; 5° dans le nombre desdits infirmiers, il y en aura un sixième qui aura 90 livres de gages lequel sixième sera choisi moitié parmi les plus anciens, à tour de rolle, et moitié parmi ceux dont la bonne conduite, l'intelligence

et l'affection au soin des malades mériteront des égards, de manière cependant qu'il sera nécessaire d'avoir au moins 5 ans de service pour obtenir cette plus forte paye, soit à titre de plus ancien, soit à titre de plus méritant; 6° les infirmières auront 48 livres de gages et seront habillées comme le sont actuellement les filles de la chambre d'en bas et entretenues de linge; 7° il y en aura un sixième qui aura 72 livres de gages, lequel sixième sera composé moitié des plus anciennes, à tour de rolle et moitié de celles dont la conduite, l'intelligence et l'affection au soin des malades, mériteront d'être distinguées, mais de manière cependant qu'il sera nécessaire, comme pour les infirmiers, d'avoir au moins 5 ans de service pour obtenir cette plus forte paye, soit à titre de plus ancienne, soit à titre de plus méritante; 8° pour suppléer les infirmiers et infirmières en cas de maladie, de retraite ou de mort, il y aura huit infirmiers et huit infirmières sans gages, mais nourris et habillés comme ceux à gages, à la réserve de l'habit qu'ils n'auront que lorsqu'ils seront en pied, lesquels surnuméraires seront employés dans la maison, lorsqu'ils ne remplaceront pas les autres, savoir, les filles à la chambre ou aux autres ouvrages auxquels la mère Prieure pourra les occuper, et les hommes par le panetier aux gros ouvrages de son département, lesquels surnuméraires remplaceront les infirmiers et infirmières en pied, par ordre d'ancienneté, soit par intérim en cas de maladie, soit définitivement, en cas de retraite, de mort... 9° l'habillement des infirmiers sera assés distinct de la forme ou couleur des habillemens ordinaires, pour qu'on puisse les reconnoître partout, dans la maison et à la porte, pour infirmiers, et ne le sera cependant pas assés pour paroître extraordinaire au dehors de la maison; cette distinction pourra consister soit dans un petit parement ou dans un collet à leurs vestes de couleurs différentes; l'habillement des filles de la chambre d'en bas est tel qu'il suffit pour les distinguer de touttes autres femmes; 10° les infirmiers ou infirmières à plus haute paye ne seront pas habillés différemment de ceux qui auront la plus basse, mais les premiers infirmiers auront une marque distinctive, savoir le collet ou le parement de leur veste d'une couleur différente et les premières infirmières auront une cornette différente, afin que les uns et les autres puissent être facilement reconnus; 11° les infirmiers et infirmières ne pourront jamais paroître dans l'Hôtel Dieu, ny sortir au dehors sans avoir l'habit de la maison, sous peine de privation de vin; 12° les infirmiers et infirmières à plus haute paye feront une classe différente des autres et il y aura toujours dans chaque salle un nombre proportionné à celui des autres, à raison d'un au moins sur six; 13° les infirmiers seront payés tous les trois mois, comme touttes les autres personnes de la maison, mais de manière qu'il y aura toujours un quartier en arrière pour répondre de leur conduite....... 15° les infirmiers et infirmières seront subordonnés principalement à la mère Prieure, aux relligieuses sous les ordres desquelles ils serviront, à l'inspecteur et aux sous inspecteurs des salles, mais ils porteront encore honneur et respect à tous les prêtres, à touttes les relligieuses et novices, et à tous les officiers de la maison, à peine d'être congédiés..... 20° les domestiques qui deviendront infirmes au service de l'Hôtel Dieu après 15 années de service ou qui se trouveront par vieillesse hors d'état de remplir leur service, continueront d'y être nourris et habillés, comme les autres domestiques, et pour empêcher que cette clause ne devienne par trop à charge à l'Hôtel Dieu, il ne sera pas reçu de domestiques passé l'âge de 40 ans. Sur quoi la matière mise en délibération, la Compagnie a arrêté que ledit projet de règlement pour les domestiques demeurera deffinitif et sera exécuté à compter du jour de l'ouverture des nouvelles salles.

(8 août.) Copie de la lettre de M. Martin à Monsieur Colombier. «Paris, 3 août 1787. Nous venons, Monsieur, d'envoyer à M. de la Millière une expédition de la délibération du Bureau, du 25 du mois dernier, qui fixe l'ouverture des nouvelles salles au 2 du présent mois, et de l'informer qu'elle a eu lieu en effet, et qu'elle va continuer sans interruption. Le Bureau me charge de vous en donner avis, et de vous rappeller par la même occasion qu'il n'y a eu que 750 oreillers fournis pour les 1,050 couchers donnés par le Roy, et qu'il en manque 300, à n'en donner qu'un par lit, quoiqu'il y ait toujours dans chaque salle plusieurs malades dans le cas d'avoir besoin de plusieurs oreillers, et de vous prier de faire fournir au moins les 300 qui manquent, ainsi que les secondes couvertures que le gouvernement s'est engagé de fournir, avant le besoin qu'en auront les malades et qui n'est pas très éloigné. Je suis aussi chargé de vous rappeller qu'il reste encore 1,200 paires de draps et 1,200 tayes d'oreiller à fournir de ceux que le gouvernement doit donner. J'ai l'honneur, etc. Signé : Martin.»

(22 août.) A été arrêté qu'attendu la translation de Messieurs composant le Parlement de Paris à Troyes en Champagne, il n'y aura pas d'assemblée le jour et fête de Saint Louis, 25 du présent mois d'août, pour l'exécution de la fondation de Nevers, dans la salle du Procureur des Grands-Augustins, Monsieur le Président, Monsieur le Procureur général ny Messieurs les gens du Roy ne pouvant s'y trouver, étans à Troyes.

(29 août.) *Observations de l'Administration de l'Hôtel*

Dieu sur l'arrêt du Conseil du 22 juin 1787. La piété de nos Rois et la charité des fidèles ont concouru, avec les vues d'une saine politique, à former un établissement peut-être unique en son genre pour soulager l'humanité indigente et souffrante; son institution est d'en exiger d'autres conditions pour y être admis que celle d'être attaqué d'une maladie curable. L'expérience a fait ajouter, pour les tems de contagion ou d'épidémies, des maisons destinées à préserver des suites de la première et à servir de ressource dans la seconde. La tendresse paternelle de Sa Majesté est depuis longtemps occupée des moyens de donner à un établissement aussi précieux toute la perfection possible, et d'améliorer le sort de ceux qui y sont reçus. C'est après la plus mûre délibération, et après avoir discuté tous les projets dans une commission composée des premiers magistrats, qu'au mois de mai 1781, le Roi s'est déterminé à adopter un plan qui réunissoit toutes les opinions, et n'obligeoit ni à des dépenses considérables, ni au sacrifice de toutes les convenances attachées à la situation de l'Hôtel Dieu. Il lui a donné la sanction par une loi, et le plan attaché sous le contre-scel a reçu une partie de son exécution. L'arrêt du Conseil du 22 juin 1787, substitue à ce plan 4 hôpitaux aux 4 extrémités de Paris, pour les maladies communes et ordinaires, et comprenant au nombre de ces hôpitaux ceux consacrés par leur institution aux maladies contagieuses ou épidémiques; il fait disparoître la ressource établie pour ces tems malheureux. L'Administration de l'Hôtel Dieu doit, dans cette circonstance, compléter les preuves du zèle qui l'a toujours animée pour le bien de l'humanité, dont la première et la plus forte est de s'être consacré aux fonctions qu'elle remplit, et exposer à Sa Majesté les inconvéniens qu'elle croit résulter de l'exécution de cet arrêt. *Ce n'est point la voix des vieux préjugés qui se fera entendre*, c'est celle des vérités que l'expérience lui a apprises sur un objet aussi important; elle ne pourroit les laisser ignorer sans mériter les justes reproches du Roy et de la postérité. *Première observation.* Quatre hôpitaux substitués à un seul peuvent avoir l'avantage de multiplier les places pour les malades, en présentant à eux tous un local plus considérable que celui qu'on pourroit donner à un seul hôpital, et de faciliter vis à vis d'un nombre de malades moindre dans chacun d'eux l'exactitude des soins et du service; mais ces avantages, quels qu'ils puissent être, doivent être balancés avec les inconvéniens. On ne fera pas le calcul des dépenses du premier établissement de ces quatre hôpitaux; mais l'Administration doit à Sa Majesté un détail sommaire de celles que nécessitera l'entretien annuel. Ce n'est pas assés de construire, de meubler, d'amener des eaux en assés grande abondance pour tous les besoins, enfin d'établir tous les accessoires nécessaires au service dans quatre hôpitaux de malades, il faut pourvoir au logement, à la nourriture, au payement de ceux qui serviront les pauvres. La seule division quadruple, les états-majors en ecclésiastiques, chirurgiens, sages-femmes, officiers de toute espèce; le nombre des domestiques est le seul qui puisse être moindre dans chacun qu'il ne seroit dans un hôpital unique, mais la somme totale en présente un beaucoup plus considérable que celui dont un seul hôpital a besoin. Enfin, il faut dans chacun des quatre tout ce qui est nécessaire dans l'Hôtel Dieu actuel. Ses revenus n'ont donc plus de proportion avec les dépenses. Il faudra ou doter personnellement chacun de ces hôpitaux ou assurer à l'établissement actuel un accroissement de revenus proportionné à l'accroissement des dépenses. *Seconde observation.* Les quatre hôpitaux étant établis en faveur des pauvres malades des paroisses de Paris respectivement circonvoisins, qui étoient dans l'usage de recourir à l'Hôtel Dieu (ce sont les termes de l'arrêt), il paroît qu'ils ne sont destinés *qu'aux pauvres de Paris*, et le silence de l'arrêt sur l'Hôtel Dieu actuel donne lieu de présumer qu'ils lui sont substitués. Alors que devient l'institution primitive de l'Hôtel Dieu? *Institution unique en son genre, et qui fait sa gloire, d'être l'hôpital du royaume, de l'Europe, et on peut le dire, de l'humanité entière.* Que deviendront les pauvres des campagnes, où il n'y a aucun secours, ceux mêmes des villes, des provinces, où dans mille circonstances on est souvent forcé de reconnoître que la capitale seule peut en fournir de proportionnées au mal? Ces hôpitaux d'ailleurs, pour Paris même sont, ou limités à certaines paroisses circonvoisines, généralement destinés à tous les malades, quelle que soit sa paroisse. Dans le premier cas, si les lits de l'un de ces hôpitaux se trouvent remplis par des malades des paroisses de son ressort, où ira un nouveau malade de ces paroisses mêmes, qui se présentera à son hôpital? Il ne pourra dans le cas supposé se présenter à un autre, parce qu'il ne sera d'aucune des paroisses de l'arrondissement. Si, pour prévenir cet inconvénient qui a été senti, on a ajouté à l'expression de *paroisses circonvoisines*, le mot *ou autres*, ces hôpitaux sont donc destinés à tous malades indifféremment lorsqu'il n'y aura point de places dans l'hôpital voisin; alors ce malade présenté et non reçu, faute de place, sera donc obligé de faire un nouveau trajet pour se présenter à un autre et ainsi de suite, jusqu'à ce qu'il puisse trouver une place vide dans un des quatre. L'éloignement justement reproché au projet du sieur Poyet n'est cependant pas comparable à l'espace à parcourir pour ces transports successifs, dont il n'est pas possible qu'on ne sente l'incommodité et le danger; mais quel seroit le sort du malade, si les quatre hôpitaux se trouvoient remplis? *Troisième observation.* Dans tous les projets de translation ou de division de l'Hôtel Dieu, on avoit reconnu la nécessité de conserver au centre de Paris une maison spécialement affectée aux maladies dont la nature ne permet au secours aucun délai, tels que les blessés et les femmes grosses. L'arrêt, comme nous venons de l'observer, ne s'explique point à cet égard. Cependant mille circonstances journalières prouvent combien cette réserve est indispensable. Or, quand ce ne seroit qu'un simple dépôt pour les premiers secours du moment, il faudroit dans cet azile un nombre proportionné de salles. Car, ne seroit-ce que pour une nuit, les sexes doivent être séparés; il faudroit donc au moins trois salles, leurs accessoires, le logement des officiers de santé et autres, et des domestiques destinés à ce service; mais les effets funestes d'un nouveau transport qui suivroit les premiers secours ne permettent pas l'idée d'un dépôt momentané. Les maladies que nous venons d'indiquer devroient donc y être traitées jusqu'à parfaite guérison, et alors, c'est véritablement un cinquième hôpital indispensable, où il faut au moins cinq salles, deux pour les blessés des deux sexes, une pour les opérations, une pour les femmes grosses, une pour les accouchées, et tous les accessoires d'un hôtel dieu. Ces seuls malades forment communément dans l'état actuel un nombre de 500 personnes, au logement et au service desquelles il faut pourvoir. *Quatrième observation.* L'Hôtel Dieu avoit été placé par nos pères au centre de la ville comme au point le plus également voisin de la circonférence, conséquemment le plus à portée de ceux qui ont besoin de ses secours. Sur un bras de la rivière, comme ressource contre les incendies, comme facilité pour les approvisionnemens et le blanchissage, comme préservatif contre le mauvais air, qu'elle emporte par la force de son courant, comme moyen même de guérison par une propreté qu'entretient une abondance d'eau toujours renaissante, qui ne laisse séjourner aucune immondice. Ce sont ces avantages qui ont été reconnus par Sa Majesté et qui lui ont dicté, dans les lettres patentes du mois d'avril 1781, de ne pas sacrifier toutes les convenances attachées à la situation de l'Hôtel Dieu. C'est d'après ces vues que l'agrandissement du local a été ordonné et en partie exécuté. Les quatre hôpitaux ne jouissent d'aucun de ces avantages. Leur éloignement respectif aux quatre extrémités de la ville rend le transport des malades plus difficile, plus dispendieux, même dangereux dans les chaleurs de l'été, le froid et le mauvais tems de l'hiver. Si l'on dit que chacune de ces maisons est spécialement destinée aux quartiers qui l'avoisinent, nous venons de voir qu'il y a tel malade, et le cas ne sera pas rare, qui sera obligé de se présenter à tous avant de trouver une place vide, ou, si les lits remplis ne forment point un obstacle à la réception du malade qui se présente dans cette circonstance, un ou deux des hôpitaux seront surchargés, tandis qu'il y aura des places vacantes dans les autres; la pluralité est donc même un inconvénient ajouté à celui de la distance. Cette distance rend le service onéreux et presque impraticable aux officiers de santé. Qui, d'entre ceux dont les occupations répondent à la réputation et aux talens, se chargera d'aller, une fois même par jour, à l'hôpital Ste Anne habituellement ou au haut de Chaillot. Le choix de l'Administration sera donc réduit à la classe de jeunes médecins dont le titre de docteur certifiera seul la capacité, qui n'y joindront l'expérience qu'au péril de la vie des malades, ou à un nombre de médecins à perpétuelle résidence dans chaque hôpital, dont le traitement sera très dispendieux, et qui, quelque soit l'émolument attaché à ces places, ne se voueront à ces fonctions exclusives que parce que le tems écoulé depuis la sortie des études ne leur aura procuré ni considération, ni pratiques. Cet éloignement prive la France entière d'une école de chirurgie infiniment précieuse. Indépendamment des chirurgiens internes, cent jeunes chirurgiens font à l'Hôtel Dieu un service gratuit. Ils en sont payés par l'instruction qu'ils reçoivent, des leçons, de l'exemple et de l'expérience; mais leur subsistance dépend d'un travail journalier dans la ville, que la proximité du lieu leur permet, mais qu'une double course hors la ville leur enlèveroit. Seront-ils logés et nourris dans les quatre hôpitaux? Surcroît de dépense, et la plupart y perdroient et l'avantage présent qu'ils retirent de leurs pratiques, et l'espérance d'en acquérir. Cet éloignement aux quatre extrémités de la ville met tous ceux de ces malheureux qui n'auront point trouvé de place à l'hôpital voisin dans l'impossibilité, eux et leur famille, de jouir de la consolation de se voir dans un tems où ils en ont le plus de besoin. Enfin, rien ne peut suppléer une vigilante assiduité dans de pareilles maisons, tant de la part des supérieurs au spirituel que de celle de l'Administration temporelle. Leur présence habituelle et des visites fréquentes pourront seules assurer l'exécution des règlemens, maintenir l'ordre et la discipline, prévenir ou réprimer les abus et procurer surtout l'économie nécessaire à leur soutient. L'exemple d'autres hôpitaux où les pauvres ont une habitation fixe et permanente, où les dépenses se réduisent à un petit nombre de classes, où tout enfin est toujours le même, ne peut être cité, vis-à-vis d'hôpitaux de malades où les individus changent à tout heure, où l'entrée, le séjour, la sortie présentent journellement des questions à résoudre, où les objets de consommation aussi multipliés que les infirmités humaines demandent une inspection quotidienne et personnelle des administrateurs. La pluralité des nouveaux hôpitaux et leur situation aux quatre extrémités de Paris forceroit de ne plus voir que par les yeux des subalternes, ôteroit toute possibilité de visites fréquentes, retarderoit les éclaircissemens à recevoir, suspendroit l'expédition des ordres, et leur exécution souvent nécessaire à l'instant. L'ouverture de l'hôpital Saint Louis, prolongée par des circonstances impérieuses, l'a démontré par l'expérience. Ce devoir de vigilance assidue, sur des hôpitaux placés aux quatre extrémités de la ville, ne peut être remplie par des citoyens tirés la plupart des différens corps de la magistrature, ou chargés d'autres emplois publics, qui n'ont consenti à partager leur tems entre leurs fonctions ordinaires et les soins de l'Administration, qu'autant qu'il leur seroit possible de les allier, et d'y satisfaire concurremment dans toute leur étendue. Il en résulte un changement nécessaire dans la constitution de l'Administration, son organisation et la composition de ses membres. Tous les avantages résultans de la position sur la rivière sont perdus pour les quatre hôpitaux. Elle seule peut procurer ceux dont on a présenté le détail; l'Administration ignore quelles ressources on se propose d'employer pour les suppléer, mais elle peut affirmer qu'en faisant un surcroît de dépense considérable pour y amener des eaux, jamais quelles que soient ces ressources, elles ne remplaceront l'économie que la rivière procure pour les approvisionnemens, la facilité du service pour un blanchissage continuel, la salubrité par le courant d'air que celui de la rivière produit, et surtout par le transport non interrompu de toutes les immondices, qu'elle atténue au point de les faire entièrement disparaître, de manière qu'il a été prouvé, par des expériences, que l'eau est bonne et saine à une très petite distance. On a reproché à l'Hôtel Dieu d'être au centre de la ville un foyer d'infection. la même expérience a démontré la fausseté de cette assertion; mais que sera-ce de quatre hôpitaux qui n'auront point, ou que très foiblement, le préservatif dont la rivière fait jouir l'Hôtel Dieu? Ce seront quatre foyers d'infection inévitable placés aux quatre coins de la ville, de manière que par cette seule considération de l'avantage procuré par la rivière à cet égard, si l'Hôtel Dieu devoit être divisé, chacune des parties de la division ne pourroit être salubrement placée que comme l'est l'Hôtel Dieu. On va maintenant examiner les emplacemens désignés dans l'arrêt. *Cinquième observation.* Entre ces emplacemens, ceux de la Roquette et de Sainte Perrine n'intéressent l'Administration de l'Hôtel Dieu que sous le point de vue général qui vient d'être traité, d'hôpitaux placés aux extrémités de Paris, qui présentent tous les inconvéniens relatifs à la distance, aux transports successifs des malades, au défaut d'une eau courante, etc. Celui de Sainte Perrine a de plus l'inconvénient personnel d'obliger les malades du Gros Caillou et d'une portion du faubourg Saint Germain à passer l'eau pour y arriver. L'Administration croit devoir observer que dans des tems de glaces et d'inondations, cet hôpital leur sera interdit, qu'ils n'auront plus d'autre ressource que l'hôpital Ste Anne, placé à une distance très-considérable. Mais cet hôpital et celui de Saint Louis exigent de l'Administration de l'Hôtel Dieu, à laquelle leurs fondations sont spécialement confiées, de mettre sous les yeux de Sa Majesté les titres de leur établissement, la destination constitutive de l'établissement même et les motifs de cette destination. *Sixième observation.* Dès 1519 le danger de réunir dans un même hôpital les maladies communes et ordinaires et les maladies contagieuses et épidémiques attira l'attention du gouvernement. François Ier ordonna par des lettres patentes du 3 août 1519 leur séparation par l'établissement d'une maison, au faubourg Saint Germain, près de la rivière, qui seroit réservée pour les maladies contagieuses. Il confia le soin de l'exécution à l'Administration de l'Hôtel Dieu par lettre du même jour. Elle la commença dès le mois de septembre suivant par l'acquisition de maisons et de terreins. Elle fit achat de matériaux qui y furent transportés, mais les fonds manquant pendant l'absence du Roi, les constructions furent interrompues. A son retour, de nouvelles lettres patentes du 13 décembre 1527 les firent entièrement cesser, par le double motif de l'inconvénient de la proximité de cet *hôtel de la charité* avec le château du Louvre, et de l'impossibilité où se trouvoit le Roi de faire procéder à la continuation. Les choses restèrent longtems en cet état, mais une funeste expérience, attestée par Henri IV, dans son édit du mois de mai 1607, apprit combien les vues de François Ier étoient sages et de quel prix on payoit la négligence ou le délai de les avoir suivi. Il avoit péri, en 1562, *68,000 personnes à l'Hôtel Dieu* par les suites de cette réunion d'une maladie contagieuse avec les maladies ordinaires dans un même hôpital. Ce ne fut cependant qu'en 1606 qu'on s'occupa de prévenir de pareils malheurs. MM. les gens du Roi, conjointement avec la ville de Paris, firent l'acquisition de deux maisons et terreins y joints dans le fauxbourg St Marcel pour (portent les contrats) loger les maladies contagieuses, et n'être destinées à autre effet. Ces acquisitions furent suivies de constructions et c'est de cet hôpital, sous le nom d'hôpital Saint Marcel, dont il est parlé dans l'édit de Henri IV, du mois de mai 1607, portant établissement de l'hôpital Saint Louis. Le projet de ce second établissement est dû au zèle patriotique des prévôts des marchands, échevins et autres notables de la ville de Paris. Ils exposèrent au Roi leurs justes allarmes sur les suites funestes du mélange, dans des tems de contagion, de ceux qui en étoient atteints avec les autres malades. L'hôpital St Marcel faisoit une ressource, mais il n'étoit point encore parfaitement achevé, et il étoit de plus à craindre que le transport de pareils malades d'une extrémité de la ville à l'autre ne leur fût aussi préjudiciable qu'aux autres habitans mêmes. On discuta un objet aussi important dans plusieurs assemblées de la grande police, où les Administrateurs de l'Hôtel Dieu furent invités; *il y fut jugé que la cause des mortalités précédentes, notamment celle de 1562, étoit le défaut d'hôpitaux destinés pour la retraite de maladies de contagion, et de leur confusion avec les autres malades de l'Hôtel Dieu, qu'il étoit nécessaire pour y remédier de bâtir un hôpital du côté de la ville Saint Denis, outre celui jà commencé du côté de l'Université, faubourg Saint Marcel.* L'Administration de l'Hôtel Dieu offrit de contribuer autant qu'il seroit en elle à ce nouvel établissement. Henri IV accepta ces offres qui étoient d'employer 120,000 livres à la construction tant du nouvel hôpital, du côté septentrional, qu'à la continuation de celle de l'hôpital Saint Marcel, et de payer 24,000 livres pour l'achat de la place et l'ameublement des deux hôpitaux. *Sous ces conditions, que le Roi déclare avantageuses pour le bien et soulagement des habitans de la ville de Paris, il fait don à l'Hôtel Dieu de 5 sols à prendre à perpétuité sur chaque minot de sel qui se distribue en la généralité de Paris, et continue pour quinze années la jouissance d'autres cinq sols, faisant dix sols au total, qui se lèvent au profit de l'Hôtel Dieu.* Cet édit fut registré dans toutes les cours. Ces 15 années expiroient en 1622. Les constructions du nouvel hôpital n'étoient point encore achevées en 1613, quoiqu'au lieu de 120,000 livres, que l'Administration de l'Hôtel Dieu s'étoit chargée d'y employer, elle eût dépensé plus de 700,000 livres. Louis XIII, animé des mêmes vues que Henri IV, de *séparer les malades atteints de maladies contagieuses qui infectoient en peu de tems les autres détenus de maladies communes, ce qui causoit de grandes et extraordinaires mortalités* (ce sont les termes de l'édit d'avril 1613), confirme l'établissement fait par le Roi son père, et pour imiter la charité et la libéralité du feu Roi, son seigneur et père, et à son exemple donner moyen aux administreteurs de l'Hôtel Dieu, de construire et parachever le bâtiment le long dudit hôpital Saint Louis pour être bâti en mémoire du roi Saint Louis, son ancien ayeul, il donne à perpétuité à l'Hôtel Dieu les 5 sols accordés seulement pour 15 années par l'édit du mois de mai 1607, qui seront employés premièrement à ce qui reste à parfaire auxdits hôpitaux de Saint Louis et de St Marcel, et ameublement d'iceux, et pour tenir lieu de dotation desdits hôpitaux nouvellement construits. Cet édit a pareillement été registré dans toutes les cours. La construction de l'hôpital Saint Louis fut analogue à sa destination et aux motifs de cette destination. Elle est une preuve subsistante que l'architecte n'eut en vue que la contagion et ses dangers. Il employa toutes les ressources de son génie pour en préserver ceux qui se consacreroient à un service aussi périlleux. Il détacha leurs habitations respectives les unes des autres en les isolant des salles des malades, il ménagea pour les communications indispensables des galeries en équerre et à jour que l'air traverse de toutes part; il établit un vaste tour pour passer, sans danger pour l'extérieur, les alimens dans les salles. Il a mérité des éloges dans tous les tems, en particulier de M. Duhamel du Monteeau, de l'Académie des sciences, dans son *Traité de la santé des marins*, art. 20, pages 215 et suivantes. L'hôpital Saint Marcel subsistoit, mais ne jouissoit pas des mêmes avantages, tant à raison de son étendue, qu'à raison de sa construction. Il attira les regards de Louis XIV. Ce prince, dans les lettres patentes du mois de mai 1651, rappelle les motifs de la destination des deux hôpitaux établis, dit-il, afin que les personnes touchées de ce mal et qui seroient logées d'un côté de la ville et dans les villages circonvoisins ne fussent point en danger de l'infecter par leur passage en la traversant, ou de mourir dans la longueur et l'incommodité du chemin. Il observe ensuite que l'hôpital Saint Marcel, quoiqu'accru et augmenté de bâtimens, se trouve aujourd'hui trop petit pour tous ceux qui peuvent y affluer, qu'il est trop voisin de l'abbaïe du Val de Grâce, où la Reine sa mère se retire fréquemment. Il ajoute qu'ayant chargé les administrateurs de l'informer d'un lieu, en ces mêmes quartiers, propre et d'une assés grande étendue, ils lui ont indiqué une pièce de terre de 21 arpens 1/2 au terroir de Saint Jean de Latran, entre le chemin dit des Prêtres et le chemin bas d'Arcueil, hors la rue de la route d'Orléans, que la Reine, sa mère, a acquis ladite pièce de terre pour la délaisser à l'Hôtel Dieu et donner ce qui peut convenir pour l'échange. En conséquence, et pour des considérations aussi importantes, il agrée, alloue et approuve la translation de l'ancienne maison de santé du faubourg Saint Marcel en celle qui sera bâtie audit lieu, qui sera appellée l'hôpital Sainte Anne, et construite des deniers qui seront donnés en contre échange, et accorde différentes exemtions à cet hôpital. Ces lettres ont été pareillement registrées en toutes les cours. Le local de ce dernier hôpital changea, mais sa destination reçut une confirmation nouvelle. Tels sont les titres d'établissement des hôpitaux de Saint Louis et de Ste Anne, ils remontent à l'an 1519, sous François Ier. Il n'y en a point de plus respectables; la sanction qu'ils ont reçu les a placés dans le dépôt des loix du royaume, et en rend les dépositaires gardiens et conservateurs. La destination de ces hôpitaux est irrévocablement fixée, et les motifs de cette destination sont si précieux à l'humanité, qu'elle doit triompher d'opinions qui n'ont pour fondement que des présomptions. L'expérience a prouvé la sagesse de cette destination spéciale; l'hôpital Saint Louis a rempli son objet en 1619, 1630, 1631, 1668, 1699.

1709, 1729, 1754, et la ville lui a été redevable à ces diverses époques d'avoir été préservée des mortalités effrayantes qui avoient précédé son établissement. Et que seroient devenus les malades de l'Hôtel Dieu en 1772, si on n'eût trouvé dans cet hôpital une ressource dans une calamité différente à la vérité par sa nature, mais qui privoit les pauvres d'asile sans cet hôpital, dont la constitution présente une réserve pour tous les cas extraordinaires. L'hôpital Sainte Anne, quoique moins considérable a sauvé, en 1767, l'Hôpital Général d'une mortalité qui causoit des allarmes d'autant plus vives qu'on ne pouvoit en prévoir les suites: il a été ouvert aux frais de l'Hôtel Dieu pendant trois mois, et il a mis fin à la contagion. La destination de ces hôpitaux, fondée sur des motifs aussi puissans, justifiée par l'expérience, a toujours été tellement respectée qu'elle n'a jamais été rappellée au gouvernement sans succès, quoique l'usage qu'on se proposoit d'en faire ne fût que momentané. Louis XIV à qui, dans la famine de 1693, on avoit donné l'idée d'établir des fours à l'hôpital Saint Louis, informé par le Parlement de la destination exclusive de cet hôpital, préféra de placer ces fours dans son palais des Thuileries. En 1719, l'Administration, consultée par Monsieur le Régent sur le projet de faire battre monnoie à l'hôpital Saint Louis, seulement pour un tems, et à la charge de payer 30,000 livres et de rendre l'hôpital au premier besoin, présenta les mêmes observations par l'organe de Monsieur le cardinal de Noailles. Le projet n'eût point d'exécution et son A. R. assura le prélat qu'on ne toucheroit point à cette fondation. On lit dans les registres de l'Hôtel Dieu, à l'époque de cet évènement, que quand les administrateurs y consentiroient, le Parlement, à qui le soin de cette maison est particulièrement confié, seroit en droit de s'y opposer. En 1726 et 1740, il y eut des bleds placés quelque tems à l'hôpital Saint Louis, et dans l'hiver de 1749, des circonstances impérieuses exigèrent qu'on y plaçât un dépôt de mendicité, mais ce ne fut qu'en reconnoissant la nécessité de maintenir sa destination constitutive et en annonçant des mesures prises pour rendre l'hôpital libre, et en fixant à un court délai cet usage emprunté. Cet usage à la vérité, dans les différentes circonstances dont on vient de rendre compte, étoit tout-à-fait étranger aux secours des malades, mais la constitution essentielle de ces hôpitaux a toujours été reconnue irrévocable, celle d'être une réserve pour les tems de contagion, et s'ils devenoient des hospices habituels pour les maladies ordinaires, la capitale seroit privée d'une ressource jugée nécessaire par l'expérience antérieure à l'établissement, et par celle acquise dans dix époques postérieures. Aussi les lettres patentes du mois de mai 1773 ne furent enregistrées qu'à la charge que ces deux fondations seroient transférées sur tel autre objet qu'il plairoit au Roi désigner. Il fut donc jugé que le local seul pouvoit être susceptible de changement, mais que la fondation est invariable, et les intentions des fondateurs inviolables. Avant tout il faut pourvoir à leur exécution par d'autres monumens, et avant que de changer la constitution et la forme de l'hôpital Saint Louis, avant que de sacrifier tout ce que le génie de l'architecte avoit imaginé de plus parfait pour l'objet qui l'occupoit, il est indispensable de construire, pour le même objet, un hôpital semblable. Celui de Sainte Anne a les mêmes titres, la même destination pour une des parties de la ville, et quoique ses constructions n'ayent pas la même perfection, la sagesse des motifs de son établissement a été également justifiée par l'expérience; son éloignement, le défaut d'une eau assez abondante ne le rend point propre à un hôpital habituellement occupé par des malades ordinaires; mais en le perfectionnant il remplira avec plus d'étendue l'objet auquel la reine Anne l'a consacré; de loger et traiter une portion de malades atteints d'épidémie contagieuse et de prévenir les inconvéniens de leur passage à travers de la ville. C'est un acte digne de la bienfaisance de Sa Majesté, qui compléteroit ceux de ses augustes ayeux, et dont la dépense n'approche pas de celles qui lui sont proposées pour détruire les établissemens qu'ils ont fondés. *Huitième observation.* L'Administration ne se contentera pas d'exposer au gouvernement ses allarmes sur les conséquences de quatre hôpitaux de malades placés aux quatre extrémités de Paris, et du choix particulier des maisons de Saint Louis et de Sainte Anne pour former deux de ces hôpitaux habituels et permanens, en intervertissant leur destination spéciale à un objet dont la nécessité ne peut être méconnue. Elle ira plus loin, elle se doit à elle-même, au Roi, à la charité publique, qui s'empresse de concourir à ses vues bienfaisantes, d'indiquer un moyen bien plus simple et assurément moins dispendieux de satisfaire aux désirs de son cœur pour l'amélioration du sort des pauvres, en le combinant même avec les vues de décoration et d'embellissement de la ville. Ce moyen est : 1° de donner aux lettres patentes du mois d'avril 1781 leur exécution entière et parfaite, d'après les plans déposés au greffe du Parlement; 2° de démolir l'église actuelle de l'Hôtel Dieu, de la reconstruire en face de celle des Enfans trouvés avec un semblable portail, de bâtir ensuite des salles le long de la rue Notre Dame, en donnant à cette rue la largeur anciennement projetée. Que ces constructions soient à la même hauteur et dans la même forme que le bâtiment des Enfans trouvés et viennent jusqu'à la rue du Petit Pont joindre en retour la salle Sainte Marthe, au rez de chaussée, et le couvent des religieuses aux autres étages. L'effet qui en résultera sera d'abord de décorer de deux bâtimens pareils et également considérables la rue qui fait l'avenue de la Métropole. Que d'un autre côté, après avoir dégagé le Pont aux Doubles du bâtiment au dessus de la salle du Rozaire, on construise le long de la rue l'Évêque, à partir de l'angle extérieur de la salle Saint Denis et en retour, jusqu'à l'entrée qu'aura alors l'Hôtel Dieu, les vues bienfaisantes de Sa Majesté seront remplies. Ce quartier de la ville sera décoré, toutes les convenances attachées à la situation de l'Hôtel Dieu ne seront pas sacrifiées. Les dépenses annuelles d'entretien seront simplifiées par la seule circonstance de l'unité d'établissement. Enfin la capitale ne sera pas privée de la précieuse précaution qui l'a préservée des plus grands malheurs à la fin du dernier siècle et dans celui-ci, dont on est redevable à la sage prévoyance de Henri IV, de Louis XIII, de Louis XIV et de la reine Anne. *On améliorera, on perfectionnera, mais on ne détruira pas.* Telles sont les observations qu'il étoit d'un devoir rigoureux pour l'Administration de mettre sous les yeux de Sa Majesté. Elle y joint l'indication d'un projet qui remplit les intentions de Sa Majesté pour l'amélioration du sort des pauvres, et ne présente aucun des inconvénients capables d'exciter de tardifs regrets. Après avoir ainsi libéré sa conscience, et s'être déchargée pour les siècles futurs des reproches de la postérité, l'Administration n'a plus qu'à attendre en silence la décision de Sa Majesté, et à former des vœux pour que de nouvelles institutions, dont le but est le bien de l'humanité, ne produisent pas un effet tout contraire.

(12 octobre.) M. Colombier entré au Bureau a dit qu'il venoit par ordre de M. le Controlleur général communiquer à la Compagnie un mémoire addressé à ce ministre par les relligieuses de l'Hôtel Dieu, le 30 septembre dernier, au sujet du règlement arrêté à l'assemblée générale le 16 juillet dernier, concernant le service des nouvelles salles et le régime à y observer, et a mondit sieur Colombier fait lecture dudit mémoire. Il a pareillement fait lecture des observations par lui faittes sur ledit mémoire pour être présentées à mondit sieur le Controlleur général. Sur quoi la matière mise en délibération, la Compagnie a approuvé le rapport fait par mondit sieur Colombier et les observations qu'il contient, et a arrêté : 1° que ledit mémoire et lesdites observations seront remis ès mains de MM. les Commissaires de l'intérieur, pour y ajouter celles dont lesdites deux pièces leur paroîtront susceptibles, et en faire leur rapport à la première assemblée qui se tiendra après la rentrée du Bureau, pour en être par lui délibéré; 2° qu'il sera envoyé expédition de la présente délibération à M. de la Millière et qu'il sera prié d'en informer M. le Controlleur général, et lui représenter que la vacance du Bureau occasionnant l'absence de plusieurs de ses membres, ceux de MM. présens avoient trouvé la matière assés importante pour en remettre le rapport à la rentrée et que, comme cette affaire étoit de nature à être portée ensuite à l'assemblée générale de l'Administration, et qu'il se passeroit du temps avant qu'elle fût en état d'être terminée, et que cependant il est nécessaire que le règlement soit observé par provision, M. de la Millière sera également prié d'engager M. le Controlleur général à écrire à la mère Prieure que par le compte qu'il s'est fait rendre du règlement qui fait l'objet de la réclamation des relligieuses, il apprend qu'il a été concerté avec le gouvernement et qu'ayant d'ailleurs été arrêté dans une assemblée générale à laquelle ont assisté tous les chefs de l'Administration, il a tous les caractères qu'il peut avoir pour faire loy dans l'Hôtel Dieu, et qu'il doit être exécuté par provision. Suit la teneur de ladite lettre : «Monsieur, nous avons l'honneur de vous adresser une expédition de la délibération de ce jour, nous vous prions d'en informer M. le Controlleur général et de lui représenter que la vacance du Bureau occasionnant l'absence de plusieurs de ses membres, nous avons trouvé la matière assés importante pour en remettre le rapport après la rentrée; mais comme cette affaire est de natture à être portée à une assemblée générale, et qu'il se passera nécessairement quelque tems avant que l'Administration puisse faire parvenir ses observations au gouvernement, et que le règlement doit être exécuté provisoirement, nous vous prions d'engager M. le Controlleur général à écrire à la mère Prieure qu'il est informé que le règlement dont elle se plaint a été concerté avec le gouvernement, et qu'ayant été arrêté dans une assemblée générale, il a les caractères suffisans pour faire loy dans l'Hôtel Dieu, et qu'il doit être exécuté par provision; cette lettre nous paroît nécessaire pour *calmer la fermentation* que des espérances mal fondées sans doute ne laissent pas d'entretenir. Nous sommes avec respect, etc.»

(19 octobre.) Ce jour, a été signiffié au Bureau, de la part des relligieuses de l'Hôtel Dieu un acte dont la teneur suit : «L'an 1787, le 19 octobre, heure de midy, à la requête de la révérende mère de la Croix, prieure de l'hôpital de l'Hôtel Dieu, stipulante pour la communauté des discrettes relligieuses sœurs de l'Hôtel Dieu, y demeurantes, où elle fait élection de domicile; nous, Jean Simon de Ligneül, huissier au Parlement, demeurant à Paris, rue des Marmouzets, paroisse Saint Pierre aux Bœufs, soussigné avons signiffié et déclaré à Messieurs les administrateurs du temporel de l'Hôtel Dieu, en leur Bureau d'assemblée, sis Parvis Notre Dame, où nous les avons trouvés assemblés, en parlant à mesdits sieurs administrateurs trouvez assemblés, que maditte

dame de la Croix, prieure de l'Hôtel Dieu, stipulant tant en son nom qu'en celui de toutte sa communauté, *a protesté de nullité* des articles 23, 41 et 42 du règlement rendu par Messieurs les administrateurs le 16 juillet dernier, en leur Bureau général d'assemblée, et de l'exécution provisoire qu'on s'efforce de leur donner, sans que les articles de ce règlement ayent receu aucune sanction légale, *contre et au préjudice des droits desdites dames requérantes; déclarant en outre qu'elles s'y opposent*, et qu'en tant que besoin elles interjettent appel des trois articles de ce règlement, et qu'elles entendent relever leur appel par devant nos seigneurs du Parlement, juges directs et en premièie instance de touttes les causes de l'Hôtel Dieu, protestant de nullité de tout ce qui pourroit intervenir au préjudice des présentes protestation et appel. — *Bon pour pouvoir :* sœur de la Croix, prieure. Lesquels nous ont dit pour réponse de remettre la présente signiffication au greffier dudit Bureau, suivant l'usage, à quoi obtempérant, nous avons laissé la présente copie ès mains de maître Varin, greffier dudit Bureau. Signé : de Ligneul. Sur quoi la matière mise en délibération, la Compagnie a arrêté : 1° que ledit acte demeurera annexé à la présente délibération; 2° que M. Martin en enverra une copie à M. de la Millière, intendant des finances ayant le département des hôpitaux pour en informer M. le Controlleur général; 3° que sur le surplus la délibération seroit continuée après la rentrée du Bureau.

(19 octobre.) A été fait lecture d'une lettre addressée à la Compagnie par M. de la Millière, dont la teneur suit : «Paris, le 16 octobre 1787. J'ai receu, Messieurs, avec la lettre que vous m'avés fait l'honneur de m'écrire le douze de ce mois, la délibération qui y étoit jointe, et qui est relative à l'exécution du règlement concernant le régime et le service des nouvelles salles de l'Hôtel Dieu. Je n'ai pas perdu un instant à mettre cet objet sous les yeux de M. le Controlleur général, et à lui proposer d'écrire, ainsi que vous le désiriés à ce sujet à la mère prieure des relligieuses de cette maison. M. Lambert lui a en conséquence adressé la lettre dont j'ai l'honneur de vous envoyer copie. Je ne doute pas, Messieurs, que cette lettre ne remplisse vos vües à cet égard, et ne produise l'effet que vous en attendés. J'ai l'honneur d'être, etc.» Copie de la lettre de M. le Controlleur général à la mère prieure dont il est parlé dans la lettre de M. de la Millière au Bureau. «J'ai examiné, Madame, avec la plus grande attention, le mémoire que vous m'avez adressé relativement à l'exécution du règlement, concernant le service et le régime des nouvelles salles de l'Hôtel Dieu, et *Sa Majesté a jugé*, sur le compte que je lui ai rendu, que *ce règlement qui a été concerté avec le gouvernement dont il remplit les vues*, ayant été arrêté d'ailleurs dans une assemblée générale, à laquelle ont assisté tous les chefs de l'Administration de cette maison, devoit être exécuté par provision. Je ne doute pas, Madame, que vous ne preniez toutes les mesures que votre zèle pour le bien du service et votre prudence vous suggèreront, pour que les intentions de Sa Majesté à cet égard soient exactement remplies. Je viens au surplus de communiquer le mémoire dont il s'agit à l'Administration de l'Hôtel Dieu pour qu'elle en fît l'examen, lorsque tous ses membres seront assemblés. Je mettrai sous les yeux du Roi les observations que cette Administration croira devoir faire sur cet objet important, et je m'empresserai de vous faire part des intentions définitives de Sa Majesté à cet égard. Je suis avec respect, etc. Signé : Lambert.» Sur quoi la matière mise en délibération, la Compagnie a arrêté que la lettre de M. de la Millière au Bureau, et la copie de celle de M. le Controlleur général à la mère prieure, qui y étoit jointe, demeureront annexées à la présente délibération et que M. Martin en envoyant à M. de la Millière, suivant autre délibération de ce jour, copie d'un acte signiffié au Bureau, de la part des relligieuses de l'Hôtel Dieu, lui fera des remercimens au nom du Bureau, de ce qu'il a bien voulu l'informer de la décision du Roy contenue dans la lettre de M. le Controlleur général à la mère prieure.

(5 décembre.) État des domestiques dans les offices de l'Hôtel Dieu, arrêté au Bureau. — *Office aux habits*, 5 domestiques à 60 ₶ de gages; 2 filles à 48 ₶. — *Office aux chemises*, 5 garçons domestiques à 62 ₶; 2 filles à 48 ₶. — *Office du chiffon*, 6 garçons à 60 ₶; 4 filles à 48 ₶. — *Office du grand essuyement*, 4 filles à 48 ₶. — *Office des sœurs malades*, 1 garçon à 60 ₶; 2 filles à 48 ₶. — *Office de la chambre*, 1 garçon à 60 ₶; 2 filles à 48 ₶. — *La communauté*, 2 filles à 48 ₶. — *Réfectoire des religieuses*, 1 domestique à 60 ₶; 1 fille 47 ₶.

(20 décembre.) En l'assemblée générale tenue extraordinairement à l'Archevéché, sur le récit fait à la Compagnie par Monsieur Martin des évènemens qui, pendant les vacances du Bureau, ont suivi l'exécution commencée avant leur ouverture du règlement arrêté en l'assemblé générale le 16 juillet dernier. Lecture faitte, 1° d'un mémoire adressé par les dames prieure et relligieuses de l'Hôtel Dieu à M. le Controlleur général dont il a donné communication à l'Administration, à l'effet d'y faire les observations dont il seroit susceptible; 2° de la copie d'une lettre écrite par M. le Controlleur général, le 16 octobre dernier, à la dame prieure de l'Hôtel Dieu, en réponse à celle par laquelle elle lui avoit adressé ce mémoire, contenant que l'intention de Sa Majesté est

que ce règlement, concerté avec le gouvernement, et émané de l'assemblée générale, fut exécuté par provision; 3° d'un acte extra judiciaire signiffié au Bureau, le 19 octobre, à la requête de la dame prieure, au nom de la communauté, contenant opposition à l'exécution de trois articles dudit règlement, protestations de nullité et de se pourvoir par voie d'appel contre ledit règlement; 4° d'un projet de mémoire contenant des observations demandées à l'Administration par M. le Controlleur général sur le mémoire des relligieuses; enfin, d'un exploit d'assignation signiffié le douze du présent mois de décembre au Bureau, à la requête desdites dames prieure et relligieuses de l'Hôtel Dieu, en la grand'chambre du Parlement, à l'effet par les administrateurs temporels de voir déclarer nul ledit règlement, et en conséquence ordonner que neuf chefs de demandes détaillés dans ledit exploit leurs seroient adjugés; la matière mise en délibération, la Compagnie a unanimement arrêté : 1° d'approuver ledit mémoire, lequel Monseigneur l'Archevêque a été prié d'adresser au nom de la Compagnie à M. le Controlleur général, ce que Monseigneur l'Archevêque a accepté; 2° de ne point défendre aux demandes desdittes dames prieure et relligieuses formées par l'exploit d'assignation susdatté et de remettre à M. le Procureur général ledit exploit, les autres pièces dont il a été fait lecture, ensemble touttes autres pièces qui seroient jugées nécessaires pour la décision d'une question dont l'objet intéresse directement l'ordre public, la police générale et un établissement appartenant à l'État, à l'effet de par lui requérir ce qu'il jugera convenable, et être par la Cour ordonné ce qu'il appartiendra; arrête en outre qu'expédition de la présente délibération sera adressée à Monsieur le Procureur général.

(28 décembre.) La Compagnie assemblée extraordinairement, après midy, Monsieur Martin a dit que, conformément à la délibération prise en l'assemblée générale de l'Administration tenüe à l'Archevêché le 20 du présent mois, il avoit adressé à Monsieur le Procureur général le 22 du même mois : 1° une expédition de cette même délibération; 2° une expédition de celle du 16 juillet dernier, prise également en l'assemblée générale pour l'exécution provisoire du règlement qui y est annexé; 3° une copie du récit fait par lui à ladite assemblée générale du 20 du présent mois; 4° une copie du mémoire des relligieuses à M. le Controlleur général, dont communication a été donnée par son ordre au Bureau, ainsi qu'il appert par la délibération du 12 octobre dernier; 5° une copie des observations faittes sur ce mémoire et données par M. de la Millière à M. le Controlleur général, dont communication a été donnée au Bureau en même temps que dudit mémoire; 6° une copie de la lettre écrite par M. le Controlleur général à la mère Prieure le 16 octobre, en réponse à son mémoire, et qu'il a fait communiquer au Bureau; 7° l'acte extrajudiciaire signiffiée au Bureau le 19 dudit mois d'octobre à la requête des relligieuses, contenant opposition à trois articles du règlement provisoire du 16 juillet, avec protestation de nullité et de se pourvoir par voye d'appel; 8° copie du mémoire contenant les observations demandées par M. le Controlleur général à l'Administration, sur celui des relligieuses, lesdittes observations lues et approuvées à l'assemblée générale et addressées par Mgr l'Archevêque à mondit sieur le Contrôleur général, en vertu de la délibération du 20 du présent mois; 9° des *extraits des mémoires présentés par les médecins de l'Hôtel Dieu à l'Administration en 1756 et en 1780, sur les abus qui se commettent dans la manière de nourrir les malades et de disposer des vivres dans l'Hôtel Dieu.* Et que le 23 du présent mois, M. le Procureur général lui avoit répondu qu'il avoit receu les mémoires et autres pièces qu'il lui avoit addressées, et qu'il auroit beaucoup de plaisir à causer de cette affaire avec lui, et à lui demander tous les éclaircissemens qui lui paroîtront nécessaires, lorsqu'il aura pris une connoissance plus particulière de l'objet. A quoi mondit sieur Martin a ajouté que les observations remises par M. de la Millière à M. le Controlleur général, ainsi que celles envoyées à ce ministre par Mgr l'Archevêque au nom du Bureau, n'ayant pour objet que de répondre à ce mémoire des relligieuses, il avoit cru devoir faire un projet de suplément de mémoire, contenant des observations plus directes sur les nouvelles demandes énoncées dans l'assignation donnée à la requête des relligieuses à l'Administration, le douze du présent mois, et a mondit sieur Martin fait lecture dudit projet. Sur quoi la matière mise en délibération, la Compagnie a arrêté : 1° que le récit fait par mondit sieur Martin à l'assemblée générale du 20 de ce mois, copie du mémoire envoyé à M. le Controlleur général par Mgr l'Archevêque, en vertu de la délibération dudit jour 20 décembre, et copie des mémoires des médecins, joints audit mémoire, *seront annexés à la présente délibération;* 2° que le mémoire dont mondit sieur Martin vient de faire lecture au Bureau sera addressé au nom du Bureau par mondit sieur Martin à mondit sieur le Procureur général, sous le titre de *supplément au mémoire remis à Monsieur le Procureur général*, en vertu de la délibération prise en l'assemblée générale le 20 du présent mois, en lui observant quel en est l'objet, et que copie dudit mémoire sera annexé à la présente délibération. — *Récit fait par un de Messieurs à l'assemblée générale de l'Administration de l'Hôtel Dieu, tenue à l'Archevêché le 20 décembre 1787.* Monseigneur, nous avons eu l'honneur de rendre compte à la Compagnie,

les 14 et 16 juillet dernier, de l'état où étoit la construction des nouvelles salles ordonnées par le Roi et exécutées à ses frais dans l'Hôtel Dieu, et nous lui avons annoncé l'ouverture prochaine de ces salles; nous l'avons instruit du nombre de lits complets que le gouvernement avoit fait faire, non seulement pour ces nouvelles salles, mais encore pour plusieurs autres, ainsi que des ustenciles de toute espèce et du linge qu'il avoit fourni pour les salles nouvelles, et nous lui avons dit que le gouvernement avoit fait remettre au Bureau des mémoires dans lesquels il proposoit à l'Administration des projets de règlemens pour le service et le régime de ces salles, et de celles où il ne seroit établi que des petits lits. Que ces mémoires avoient été remis à des commissaires du Bureau qui, en les combinant avec les anciens règlemens et les mémoires relatifs au même objet, que les médecins ont donné en différens tems à l'Administration, en avoient formé un projet de règlement qui avoit été examiné et discuté au Bureau, et ensuite communiqué par son ordre aux médecins de la maison et au premier chirurgien, pour y faire les observations dont ils le croiroient susceptible. C'est après l'examen de ces observations et les changemens que le Bureau a cru devoir faire en conséquence, au projet de règlement, qu'il a été proposé à la Compagnie pour être exécuté provisoirement et par forme d'essai. Et le 16 juillet la Compagnie a arrêté qu'il seroit exécuté provisoirement et à titre d'essai, ainsi qu'il lui avoit été proposé. Il a pour objet la réforme de plusieurs abus dans la distribution des alimens, *qui retardoient la guérison des malades et ruinoient la maison*. Les salles ont été ouvertes le 2 août; le nouveau règlement n'a pas tardé à y être exécuté, une partie des religieuses des nouvelles salles s'y est soumise sans difficulté, quelques autres n'ont pu supporter la présence des chirurgiens chargés par le Règlement d'assister à la distribution des alimens, le cahier de visite à la main, et de lire les ordonnances du médecin pour chaque malade, et le 17 du même mois, la mère Prieure écrivit au Bureau une fort longue lettre, contenant quelques plaintes de très peu d'importance contre la manière dont le règlement étoit exécuté, et d'autres plus graves sur la conduite de quelques chirurgiens envers les religieuses, relativement à cette exécution, mais sans les nommer. Le Bureau les manda tous et en présence du premier chirurgien, mandé aussi à cet effet, il leur fut ordonné, sous peine d'être punis et même renvoyés, de ne pas manquer au respect qu'ils devoient aux religieuses, et d'avoir pour elles tous les égards que leur caractère exigeoit, dans la manière d'exécuter les articles du règlement qui les concernoient, et le Bureau leur donna les ordres les plus précis de n'employer que la voye de la représentation, et non celle de l'autorité, auprès des religieuses qui ne se conformeroient pas aux ordonnances des médecins dans la distribution des alimens aux malades, et cependant d'en informer le Bureau, et il fut enjoint au premier chirurgien de tenir la main à l'exécution des ordres que le Bureau venoit de donner. La mère Prieure en fut instruite, et depuis ce tems, elle n'a fait parvenir au Bureau aucune plainte contre aucun d'eux; mais le Bureau, informé qu'une religieuse s'étoit plaint que le chirurgien de sa salle avoit manqué, dans une circonstance aux égards qui lui étoient dus, fit offrir à cette religieuse de renvoyer le chirurgien, si elle croyoit sa faute assez grave pour mériter cette punition et elle désira qu'on lui pardonnât. Cependant le Bureau fut informé que les religieuses avoient adressé à M. l'Archevêque de Toulouse, et à M. le Contrôleur général, un mémoire au sujet du règlement provisoire du 16 juillet, il sceut aussi qu'elles en avoient adressé un à chacun de MM. les Chefs de l'Administration, et depuis il s'est assuré que ces derniers mémoires n'étoient pas entièrement conformes à ceux qu'elles avoient adressés aux ministres; ceux-ci contenoient des expressions sur l'autorité et la jurisdiction du Bureau dans l'Hôtel Dieu qu'elles ne se sont pas permises dans les autres. Celui adressé à M. le Contrôleur général fut renvoyé le 30 septembre à M. de la Millière, intendant des finances ayant les hôpitaux dans son département. Il ne se trouvoit pas à Paris pour lors, et le Bureau ne fut exactement informé du contenu en ce mémoire que par la communication qui lui en fut faite par ordre de M. le Contrôleur général le 12 octobre. M. Colombier, chargé de faire cette communication, communiqua en même temps au Bureau des observations sur ce mémoire qui devoient être mises par M. de la Millière sous les yeux de M. le Contrôleur général, afin de savoir si le Bureau les approuvoit, le Bureau n'y trouva rien qui ne fût conforme à la vérité, et par sa délibération du même jour, il arrêta : 1° que la copie du mémoire et celle des observations que M. Colombier lui laissa seroient remises à MM. les Commissaires de l'intérieur, pour en faire leur rapport à la première assemblée après la rentrée du Bureau, et y joindre toutes les observations dont la matière étoit susceptible; 2° qu'il seroit envoyé expédition de cette délibération à M. de la Milière, en le priant d'en informer M. le Contrôleur général et de lui représenter que la vacance du Bureau occasionnant l'absence de plusieurs de ses membres, ceux de MM. présens avoient trouvé la matière trop importante pour en délibérer seuls, et qu'ils en avoient remis le rapport à la rentrée, et que comme cette affaire étoit de nature à être portée ensuite à l'assemblée générale de l'Administration, de laquelle le règlement étoit émané, et qu'il se passeroit du tems avant qu'elle pût en délibérer, et que cependant il étoit nécessaire que le règlement fût observé par provision, M. de la Millière seroit également prié d'engager M. le Contrôleur général à écrire à la mère Prieure en conséquence. Le 16 du même mois, M. de la Millière informa le Bureau qu'il n'avoit pas perdu un instant à mettre cet objet sous les yeux de M. le Contrôleur général, et lui envoya copie de la lettre que ce ministre avoit écrite en conséquence le même jour 16 octobre à la mère Prieure. Nous reçûmes cette lettre et la copie qui y étoit jointe le 19, et le même jour la mère Prieure fit signifier au Bureau un acte extrajudiciaire, portant opposition à l'exécution provisoire du règlement, avec déclaration qu'elle entendoit en interjetter appel. Par cette opposition les religieuses se sont tellement crues dispensées d'exécuter le règlement qu'elles n'ont eu aucun égard à la lettre par laquelle M. le Contrôleur général leur faisoit connoître que l'intention du Roi étoit que le règlement fut exécuté provisoirement. Il a été rendu compte du tout au Bureau depuis sa rentrée, et il a attendu que les circonstances permissent d'assembler la Compagnie pour lui en faire le rapport. En conséquence nous allons, Monseigneur, faire lecture du mémoire des religieuses, des observations sur ce mémoire présentées par M. de la Millière à M. le Contrôleur général, de la lettre écrite par ce ministre à la mère Prieure de l'Hôtel Dieu et de l'opposition signifiée au Bureau au nom des religieuses (*Et après ladite lecture*). Nous voyons avec la plus grande douleur cette *fermentation dans l'esprit des religieuses* et les suites qui en résultent. Nous sommes obligés de faire parvenir à M. le Contrôleur général les observations qu'il attend de la Compagnie sur le mémoire qui lui a été adressé et qu'il nous a communiqué. Nous allons, Monseigneur, les soumettre à l'examen de la Compagnie. Les détails dans lesquels nous entrons dans le mémoire qui les contient seront suffisans pour la mettre au fait de la question qu'elles élèvent (après la lecture dudit mémoire). Nous voudrions n'avoir qu'à plaindre les religieuses des mauvais conseils qui les ont entraînés dans une démarche aussi peu réfléchie et aussi extraordinaire. Nous voudrions même pouvoir les excuser et rejetter ou sur de bonnes intentions, ou sur l'ignorance, ou sur tout autre motif la singularité de leur conduite à l'égard de l'Administration, mais leurs démarches ultérieures ne nous laissent aucun moyen de les excuser; malgré les représentations réitérées de leurs supérieurs spirituels, qui ont fait tous leurs efforts pour les ramener à une conduite plus sage et plus modérée, tant au fond que dans la forme, elles persistent tellement dans leur obstination, qu'elles ont fait signifier le 12 de ce mois au Bureau un exploit d'assignation en la grande chambre du Parlement, dont voici la lecture (Après ladite lecture). Nous avons été informés depuis cette signification *que le chapitre de Notre-Dame s'étoit assemblé, et avoit chargé plusieurs de ses membres, du nombre desquels étoit M. le Doyen, de se transporter à la communauté pour la déterminer à se désister de ce dernier acte, leurs efforts ont été infructueux et l'acte subsiste encore.* Les religieuses, en demandant d'être maintenues dans l'observation de leurs constitutions, font beaucoup d'autres demandes relatives au gouvernement intérieur de l'Hôtel Dieu, qui tendent à anéantir l'autorité de l'Administration, que les constitutions mêmes reconnoissent. Elles exposent, dans le mémoire qu'elles ont présenté au gouvernement, que leurs supérieurs ecclésiastiques, en recevant leurs vœux, sont garans envers elles de la continuation de leurs fonctions, et que de cette garantie naît de leur part l'obligation de les y maintenir, défendre et protéger. Il est vrai que leurs constitutions les mettent dans une dépendance presque totale de leurs supérieurs spirituels pour leur conduite personnelle; on pourroit donc avant tout examiner si elles ont qualité suffisante pour agir en justice en leur propre nom, sans y être autorisées et si, conformément à leurs principes, elles n'auroient pas dû s'adresser d'abord à leurs supérieurs ecclésiastiques, et sur leur refus de prendre leur fait et cause juridiquement constaté, s'adresser à M. le Procureur général. Les démarches qu'elles font en leur nom, sans autorisation, *même malgré l'opposition connue de leurs supérieurs* sont de la plus grande conséquence, et méritent d'être scrupuleusement examinées par le ministère public. En effet, l'Hôtel Dieu est un établissement public d'une telle importance, qu'il est impossible de le soustraire à l'Administration publique; les conséquences qui résulteroient de l'abandonner à une administration privée, telle que les religieuses la prétendent, sont trop grandes et trop à craindre pour l'intérêt de l'hôpital, et celui de chaque malade en particulier, pour qu'on puisse donner le moindre degré d'attention à leurs prétentions. Les circonstances dans lesquelles elles se présentent pour élever cette prétention sont on ne peut pas moins favorables pour elles. L'Hôtel Dieu vient d'être augmenté. Il en résultera une augmentation de malades, et par conséquent de dépenses. Ses revenus étoient à peine suffisans avant ces augmentations, ils ne suffiront plus; le gouvernement sera obligé de donner des secours. Il en donne déjà beaucoup. *Il a le droit d'en demander l'emploi*, et, prévenu que la demande de ces secours ne tarderoit pas à avoir lieu, il a fait entendre qu'on ne pourroit raisonnablement en demander, avant d'avoir employé tous les moyens de se suffire à soi-même et cela est juste. Ces moyens ont été insinués à l'Administration; ils consistent principalement à réformer des abus qui, prolongeant les maladies dans l'Hôtel Dieu, y prolongent le séjour des malades au delà du terme ordinaire des maladies. Ces abus ne sont pas douteux. Ils sont détaillés d'une manière très claire et très précise dans les deux mémoires remis par les médecins de l'Hôtel Dieu à l'Administration. La longueur des maladies dans l'Hôtel Dieu peut avoir quelques-unes des causes auxquelles on les attribue dans quelques écrits publics, mais la véritable et la plus certaine vient : 1° de la distribution arbitraire et irrégulière des alimens que les religieuses donnent aux malades, trop souvent en trop grande quantité et sans aucun discernement; 2° de la facilité qu'ils ont de s'en procurer de tous ceux auxquels les religieuses les prodiguent dans la maison, par forme de gratification, quoiqu'ils y soient suffisamment nourris. Cette nourriture, et trop abondante et souvent peu convenable à l'état des malades, occasionne, disent les médecins, des rechutes très fréquentes et souvent pires que la première maladie. Cette cause jointe au peu d'exactitude avec laquelle les malades guéris sont renvoyés, et qui leur donne lieu de retomber malade par la trop grande abondance de nourriture, qu'ils ont presque à discrétion, prolonge leur séjour dans l'Hôtel Dieu, augmente par là le nombre des malades, et par conséquent les dépenses. L'Administration a voulu, dans différens tems réformer ces abus, elle a fait les délibérations les plus sages pour y remédier. Les religieuses ont paru s'y soumettre et, *dans le vrai, ont toujours éludé l'exécution des règlemens que l'Administration avoit crus suffisans pour y parvenir.* Enfin, pénétrée de la nécessité d'employer des moyens plus efficaces que ceux qu'elle avoit pris jusqu'ici, elle vient de faire un règlement que les religieuses ne peuvent éluder; il les oblige d'observer les ordonnances des médecins pour le régime des malades. Des chirurgiens sont chargés dans chaque salle d'assister à la distribution des alimens, de lire aux religieuses les cahiers de visites qui contiennent ces ordonnances, et d'informer le Bureau des inobservances qui pourroient avoir lieu. C'est ce moment précis que choisissent les religieuses pour demander d'être maintenues dans l'exercice des fonctions qu'elles prétendent que leurs constitutions leur attribuent, comme si ce règlement leur en enlevait aucune de celles qu'elles doivent raisonnablement exercer, elles demandent, comme elles l'expliquent elles-mêmes dans les mémoires qu'elles ont présenté, *de gouverner les malades comme elles l'ont toujours fait*, c'est-à-dire de perpétuer les abus dont les médecins se plaignent, de retarder la guérison des malades, de les garder dans la maison, même au delà du terme de leur guérison, de leur faciliter par là des rechutes, et par tous ces moyens d'augmenter tellement les dépenses que les revenus ne puissent plus suffire. Voilà dans l'exacte vérité ce que demandent les religieuses et elles le demandent juridiquement. Il est à remarquer que tant qu'elles ont pu éluder les règlemens faits par l'Administration, elles lui ont paru soumises, et n'ont pas élevé la prétention de se soustraire à son autorité, mais aujourd'hui elles ne mettent point de bornes à leurs prétentions; à leur première demande concernant l'indépendance dans le gouvernement des malades, elles en joignent d'autres non moins absurdes, qui ne tendent à rien moins qu'à mettre ces administrateurs dans leur dépendance même. Chargés de régir les revenus de l'Hôtel Dieu, ils seroient obligés de fournir à toutes les dépenses qu'il plairoit aux religieuses de faire dans l'intérieur de la maison, et de ne pouvoir arrêter certains comptes de dépenses qu'avec l'attache de la mère Prieure. Il suffit d'exposer de pareilles demandes pour en sentir le ridicule et l'inadmissibilité. *Mais enfin les religieuses traduisent l'Administration en justice pour se voir condamner à les reconnoître pour les seules maîtresses dans l'intérieur de l'Hôtel Dieu.* Je ne crois pas que les administrateurs soient disposés à plaider pour conserver une Administration qu'ils n'ont acceptée que dans l'espérance de travailler à procurer l'avantage des pauvres malades, en faisant celui de la maison où ils sont reçus. L'autorité dont jouissoit l'Administration, au moment de leur élection, a dû leur persuader qu'ils pourroient, en prenant les soins qu'un pareil établissement exige, y faire, sans opposition, tout le bien que leur zèle et leur charité leur dicteroit. Ils voyent aujourd'hui avec douleur que le moment où ils croyoient être prets d'atteindre au but que chacun d'eux s'étoit proposé, en acceptant une place aussi honorable à la vérité, mais cependant aussi pénible et aussi ingratte, est celui de la plus grande contradiction qu'ils pussent éprouver. Ils ne devoient pas s'attendre que les personnes chargées par leurs vœux de rendre aux pauvres malades tous les services corporels et spirituels que demande leur état, fussent les plus opposées à la réforme des abus les plus nuisibles à ces mêmes pauvres. Ce sont eux qui sont les vrais seigneurs et maîtres de l'Hôtel Dieu, suivant les constitutions mêmes des religieuses *qui n'y sont qualifiées que leurs servantes.* C'est donc au défenseur né des pauvres à prendre fait et cause pour eux contre des prétentions qui, sous le prétexte de leur avantage, leur porteroient en effet le plus grand préjudice. Dans ces circonstances, je pense donc que l'Administration doit dénoncer à Monsieur le Procureur général, non seulement comme ministère public chargé de veiller à la police générale, mais encore comme défenseur né de tous les établissemens de pauvres, et spécialement chargé des droits à exercer en leur faveur, l'assignation donnée à l'Administration, à la requête des religieuses, quant au fond et quant à la forme, et lui remettre à ce sujet toutes les pièces qui pourront le mettre en état de requérir ce qui lui paroîtra convenable sur une question qui intéresse essentiellement l'ordre public. *Mémoire en réponse à celui présenté par les religieuses de l'Hôtel Dieu de Paris à M. le Contrôleur général.* L'Hôtel Dieu de Paris est gouverné par deux administrations très distinctes, l'une purement spirituelle, l'autre purement temporelle; elles sont indépendantes l'une de l'autre. Le chapitre de l'église de Paris est supérieur spirituel. On connoît l'administration temporelle, présidée par M. l'Archevêque et par les premiers magistrats, et composée de citoyens du premier ordre, présentés par le corps de Ville au Parlement, où ils prêtent serment, on croira facilement que leur unique objet, dans l'exercice des fonctions charitables qu'ils remplissent, est le plus grand avantage de la maison et des malades confiés à leurs soins. L'administration spirituelle, en donnant des constitutions aux religieuses de cet hôpital, s'est un peu étendue au delà des bornes du spirituel, mais elle reconnoit dans plusieurs endroits de ces constitutions l'autorité de l'administration temporelle, et recommande aux religieuses de s'adresser à elle-même dans les plus petites choses de son ressort, jusqu'à obliger la mère Prieure de prendre, si besoin est, l'autorité de cette administration pour le renvoi d'un domestique trop peu retenu de la langue avec les religieuses. Elle la reconnoît aussi pour la consommation des vivres et le renvoi des malades guéris, et c'est ici l'essentiel. Au reste, l'autorité de l'administration temporelle est assez bien établie pour n'avoir pas besoin d'être confirmée par les constitutions des religieuses, et on n'en fait la remarque que parce que les religieuses invoquent leurs vœux pour fonder leurs réclamations contre trois articles du règlement dont il est question. D'ailleurs cette autorité n'est contestée à l'administration temporelle dans aucune circonstance par le Chapitre de Notre-Dame. Ces constitutions ont été faites en 1652 et confirmées en 1725. C'est en cet état qu'elles ont été homologuées au Parlement le 17 mai de la même année, sur la requête présentée le 14 du même mois par un membre du Chapitre ayant pouvoir *ad hoc*. L'administration temporelle ne paraît pas avoir eu connoissance de ces constitutions, et encore moins de l'homologation. La requête du Chapitre à fin d'homologation ne lui a point été communiquée, ni la constitution de l'homologation ne lui ont été signifiées, au moyen de quoi s'il s'est glissé dans ces constitutions quelques articles contraires à l'autorité de l'administration temporelle, on ne peut exciper contr'elle de l'homologation qui en a été ordonnée, puisqu'elle lui est étrangère. Mais elle doit avoir son effet à l'égard des religieuses, leurs constitutions ont la sanction qu'elles doivent avoir pour les obliger de les observer. Elles se trouvent par là subordonnées de droit à l'administration spirituelle pour tout ce qui concerne leur conduite personnelle, en tant que les droits de l'administration temporelle n'y sont pas compromis, et pour les soins envers les malades, qui y sont très détaillés, et très bien distingués en charités corporelles et charités spirituelles: ces dernières sont annoncées par tout comme les principales qu'elles aient à remplir auprès d'eux; cependant les charités corporelles y sont ordonnées au point qu'il est défendu aux cheftaines (1res religieuses des salles) et aux sœurs de se décharger pour le service des malades sur les convalescens. Ces charités consistent à rendre aux malades toutes sortes de services, même les plus bas et les plus pénibles, comme de faire leurs lits, de vider leurs bassins, de laver leur linge, etc. Les constitutions rappellent sans cesse aux religieuses qu'elles sont les servantes des pauvres; et pour leur ôter toute idée de propriété, elles déclarent qu'il est constant et connu de tout le monde que l'Hôtel Dieu n'a été fondé et institué que pour les pauvres malades qui en sont les vrais seigneurs et maîtres et qui, en cette qualité, doivent être servis et assistés principalement par toutes les religieuses. On ne cite pas ce qu'on vient de dire pour rabaisser leur état, il est infiniment respectable et jamais il n'y a eu plus de ferveur pour l'embrasser que lorsque les constitutions étaient rigoureusement observées. Les religieuses ne sont pas seulement subordonnées à leurs supérieurs spirituels pour leur conduite personnelle et le service des malades, elles le sont encore, de droit et de fait, à l'administration temporelle, pour toutes les choses qu'on ne peut pas appeler spirituelles, elles le sont de droit par leurs constitutions, qui les obligent de recourir à l'autorité de cette administration dans toutes les circonstances nécessaires, et elles le sont de fait par la possession où est l'administration temporelle d'ordonner et de régler tout ce qui regarde le temporel de quelqu'espèce qu'il soit, et qui doit être exécuté soit par les religieuses, soit par les officiers de santé, soit par les autres officiers et par les domestiques de la maison, c'est-à-dire tout ce qui regarde les revenus, la dépense et la police; les registres des délibérations du Bureau sont une preuve incontestable de cette possession; ils sont remplis de règlemens et de délibérations sur ces objets, qui s'exécutent sans avoir besoin d'être homologués. Le maniement que les religieuses ont, elles le tiennent du Bureau, et lui rendent compte tous les ans de l'emploi qu'elles ont fait des choses qu'il lui a fait délivrer. Il ne suffit pas que les religieuses demandent de certaines choses au Bureau pour les obtenir. Il décide seul du besoin que peut avoir la maison des choses demandées, et il n'accorde que ce qu'il croit nécessaire. Les religieuses peuvent faire à cet égard toutes les représentations qu'elles jugent convenable, mais le Bureau est absolument le juge du mérite de ces représentations, nulle autorité ne peut le forcer à agir selon le vœu ou la demande des religieuses. Il n'y a que la conviction du besoin des choses demandées qui puisse l'y déterminer. L'autorité de l'Administration sur les choses temporelles est si bien établie, que la recette et les dépenses de la sacristie même sont entièrement de son ressort, tous les prêtres de l'Hôtel Dieu sont subordonnés au chapitre de l'église de Paris pour ce qui concerne leurs fonctions, mais le sacristain, qui est à la nomination du Bureau, n'est subordonné qu'à lui, parce que ses fonctions n'ont que du temporel pour objet. Les ornemens, la cire et tout ce qui coûte ou rapporte de l'argent en font partie. Si l'autorité de l'administration temporelle s'étend jusques sur le temporel même de l'Église, on doit croire qu'il n'y a dans l'Hôtel Dieu aucune nature de consommation qui ne lui soit soumise. Quant à la police, il est connu de tout le monde que l'administration temporelle a non seulement le droit de l'exercer dans l'intérieur de l'Hôtel Dieu, mais qu'elle l'y exerce seule, elle a droit et est en possession de faire tous les règlemens qu'elle juge nécessaire à cet égard et de punir les réfractaires; les registres des délibérations du Bureau en font foi. On a cru devoir entrer dans ces détails préliminaires pour mettre M. le Contrôleur général en état de mieux connoître sous quel rapport les religieuses de l'Hôtel Dieu sont chargées du soin des malades, et quel est véritablement l'état qu'elles réclament. Si, comme on vient de le voir, l'administration temporelle a le droit, et est en possession de faire les règlemens qui lui paroissent nécessaires pour l'avantage de la maison et des pauvres malades confiés à ses soins, et que ces règlemens aient toujours été reçus sans réclamation de la part des religieuses, quoique la plus grande partie n'ait pas été homologuée, on a peine à concevoir comment elles peuvent attaquer ce droit aujourd'hui, et prétendre que l'Administration ne peut en promulguer aucun dans l'Hôtel Dieu sans l'avoir fait homologuer au Parlement. *On ne peut attribuer une prétention aussi nouvelle qu'à de mauvais conseils.* On leur a fait entendre que leur état est compromis et qu'un règlement, dont la lecture suffit pour convaincre qu'il n'a pour objet que la plus promte guérison des malades, et la réforme de plusieurs abus qui s'y opposoient, et qui étoient ruineux pour la maison, tende à altérer leur état en détruisant l'essence de leurs fonctions et soit très préjudiciable aux malades. Ces deux motifs sont le fondement de leurs réclamations. Si ce règlement ne peut altérer l'état des religieuses, et s'il est avantageux aux malades, ces réclamations tombent et le règlement doit subsister en entier. Et en effet, de deux sortes de fonctions qu'on a vu que les religieuses ont à remplir auprès des malades, le règlement ne touche en aucune manière à celles qui sont purement spirituelles, et laisse subsister en entier celles qui sont temporelles, en subordonnant seulement aux officiers de santé celles qui ont pour objet le régime des malades. De 52 articles, dont ce règlement est composé, il n'y en a que 3 contre lesquels les religieuses réclament dans leur mémoire, savoir le 23ᵉ qui concerne le renvoi des malades guéris, le 41ᵉ qui porte que la distribution des alimens aux malades se fera en présence des chirurgiens, conformément aux ordonnances des médecins, et le 42ᵉ qui indique les précautions à prendre pour que cette distribution se fasse successivement dans les 2 ou 3 salles qui doivent former le département de chaque chirurgien. Il ne doit donc être question pour répondre à leur mémoire que de justifier ces trois articles. A l'égard du 23ᵉ, qui concerne le renvoi des malades guéris, il n'est que le renouvellement et la confirmation des anciens règlemens qui enjoignent à l'inspecteur des salles de prendre, sur les cahiers de visites, les noms des malades désignés guéris par les médecins, et de les faire sortir; les registres des délibérations du Bureau en sont une preuve incontestable. Dès 1700, c'est-à-dire 25 ans avant que les constitutions des religieuses fussent homologuées, l'Administration ordonnoit aux médecins de désigner les malades guéris, et à l'inspecteur de les faire sortir. La délibération du Bureau du 31 juillet de la même année y est précise; elle a été renouvellée le 14 décembre 1708, et réitérée le 22 du même mois à une assemblée générale; depuis, et selon toute apparence longtems avant, ce renvoi s'est toujours fait par l'autorité de l'Administration. Quelques touchantes que soient les expressions du mémoire des religieuses, relativement à cet article, il faut convenir cependant que cette fonction qui est souvent un ministère de rigueur, par la difficulté de faire sortir de l'Hôtel Dieu des gens qui s'y trouvent mieux que chez eux, est plus convenablement placé entre les mains d'un homme qu'entre celles des religieuses, et si ce renvoi des malades jugés guéris par les médecins n'avoit pas été fait jusqu'à ce jour en vertu des ordres du Bureau, il faudroit réformer cette partie du régime de l'Hôtel Dieu, parce qu'il convient que, dans un hôpital où le nombre des malades excède celui des lits, on tienne rigoureusement la main au renvoi de ceux qui sont guéris, afin de faire place et de donner plus d'aisance aux véritables malades, et que des religieuses ne sont nullement propres à cet acte de rigueur. Mais les religieuses sont d'autant plus mal fondées à réclamer contre cet article que leurs constitutions mêmes les obligent d'en référer à l'autorité de l'administration temporelle, plutôt que de contester avec les médecins dans le cas où, malgré les représentations qu'elles sont autorisées à leur faire, ils croiroient devoir passer outre, et renvoyer des malades qu'elles ne jugeroient pas en état de sortir, elles sont obligées de les laisser faire et il leur est défendu de garder, soit par faveur ou recommandation, des malades après qu'ils auront été renvoyés, ou de les employer dans leurs offices à quoi que ce soit. L'exécution de cet article, tel qu'il est énoncé dans le règlement, ne diminue donc en rien les fonctions des religieuses, il n'altère point leur état, et loin d'être en aucune manière préjudiciable aux malades, il ne peut que leur être avantageux en débarrassant les salles de ceux qui y séjournent trop longtems après leur guérison, les réclamations des religieuses à cet égard n'ont donc aucun fondement. L'article 41 concernant la distribution des alimens et la présence d'un chirurgien à cette distribution suppose ce qui a été établi par les articles 12 et 16 du même règlement : savoir que le médecin a ordonné et fait écrire sur le cahier de visite la nourriture qui convient à chaque malade et l'a désignée, de manière qu'il n'y ait ni équivoque, ni confusion, ni arbitraire à craindre, c'est ce cahier de visite que le chirurgien qui l'a écrit sous la dictée du médecin doit avoir à la main, pour lire à la religieuse qui fait la distribution des alimens aux malades ce que le médecin a ordonné pour chacun d'eux. Cet article excite les plus vives réclamations de la part des religieuses. Elles reconnoissent le droit des médecins d'ordonner les alimens aux malades, mais elles se plaignent amèrement de la présence des chirurgiens à la distribution qu'elles sont chargées d'en faire, comme d'une innovation injurieuse pour elles. Elles demandent si l'on a à se plaindre de leur inexactitude et de leur légèreté, et disent que rien n'autorise la méfiance de MM. les Administrateurs, et que leur conduite passée doit les rassurer sur l'avenir. A cela on répond que, puisque les religieuses offrent de distribuer les alimens aux malades avec la plus grande régularité, conformément aux ordonnances des médecins écrites sur les cahiers de visite, la présence des chirurgiens et la lecture qu'ils sont chargés de faire de ces ordonnances ne doit et ne peut nullement les gêner, comme on conçoit qu'elle devroit le faire si elles n'avaient pas cette intention, parce que ce seroit autant de témoins incommodes de la manière arbitraire dont elles se proposeroient de faire cette distribution, mais supposez, comme on le doit faire, l'intention des religieuses de suivre exactement les ordonnances des médecins, les chirurgiens ne sont plus à leur égard que de simples lecteurs pour ce qui concerne la distribution des alimens aux malades. Mais indépendamment de cette fonction, les chirurgiens sont encore chargés par l'article 44 du même règlement, de suspendre jusqu'à la visite suivante la nourriture ordonnée aux malades dans l'état desquels il seroit survenu quelque changement, ou d'en faire diminuer la quantité, suivant les circonstances, et d'en rendre compte aux médecins, leur présence est donc doublement nécessaire à la distribution des alimens, et quelque science dans l'art de conduire les malades que puissent avoir quelques religieuses, il est cependant certain que les fonctions attribuées aux chirurgiens par cet article sont celles qui conviennent à des officiers de santé, et ne doivent pas faire plus de peine aux religieuses que les autres fonctions qu'ils ont à remplir dans toutes les salles de l'Hôtel Dieu. Au reste, ces précautions ne diminuent en rien les fonctions des religieuses, elles n'ont d'autre objet que de faire cesser l'arbitraire, et conséquemment l'inexactitude, dans la distribution des alimens, en leur ôtant la liberté dangereuse de la faire suivant leurs propres idées, ainsi qu'aux sœurs auxquelles elles en confient souvent une partie. Et comme leur état ne consiste pas à faire cette distribution d'une manière plutôt que d'une autre, puisque leurs constitutions n'en parlent même pas, l'exécution de cet article, tel qu'il est énoncé dans le règlement, ne peut donc ni l'altérer, ni le compromettre, et bien loin de pouvoir nuire aux malades, comme les religieuses le prétendent, on voit qu'il doit leur être d'un grand avantage en leur assurant une nourriture réglée et conforme à ce qu'exige l'état de leur maladie, leurs réclamations à cet égard ne sont donc pas fondées. Quant au reproche fait à l'Administration du manque de confiance qui l'a portée à employer une précaution que les religieuses regardent comme humiliante pour elles, on sait que la confiance ne s'exige pas, mais qu'elle se gagne, et l'Administration, en avouant avec plaisir et sincérité même, qu'il n'y a rien à désirer pour les soins personnels que les religieuses rendent aux malades, se trouve malheureusement obligée de déclarer qu'il n'en est pas de même pour ce qui concerne non seulement la distribution des vivres aux malades, mais même leur consommation en général; à l'égard de la distribution des alimens aux malades, deux mémoires remis par les médecins de l'Hôtel Dieu à l'Administration, le 1er en 1756, l'autre en 1780, découvrent une foule d'abus qui se commettent dans cette distribution. Le 1er entre dans de grands détails et contient même des plaintes de ce que quelques religieuses se permettent de réformer des ordonnances de médecins relativement aux remèdes; le 2e parle de nouveaux abus et rappelle ceux cités dans le 1er comme toujours subsistans. A l'égard de la consommation des vivres en général, l'Administration se plaint depuis longtems, mais sans effet, de leur déprédation. Ses plaintes sont fondées, non seulement sur les mémoires des médecins, mais encore sur les propres connoissances de plusieurs administrateurs, qui ont été très souvent témoins que les religieuses s'en servoient comme de mémoire pour payer les services qu'elles se font rendre, soit par les domestiques mêmes de la maison, qui ont une nourriture suffisante aux réfectoires, soit par les convalescens qui sont nourris dans leurs salles, soit par des gens du dehors, et même pour faire des aumônes à des pauvres valides, le tout contre la teneur même de leurs constitutions, qui défendent très expressément cet abus des vivres. Le détail de tous ceux contenus dans les mémoires des médecins, ainsi que les conséquences qui en résultent pour le retard de la guérison des malades seroient trop longs à rapporter ici, il y en a une partie citée dans les observations déjà remises par M. de la Millière à M. le Contrôleur général, mais l'importance de cet objet, et la nécessité de faire connoître le degré de confiance qui est dû aux religieuses, dans leurs manières de disposer des vivres, obligent l'Administration à joindre au présent mémoire des extraits de ceux des médecins qui en contiennent le détail. Le Bureau a renouvellé les anciens règlemens et en a fait de nouveaux pour la réforme de tous les abus venus à sa connoissance. On a toujours promis de s'y conformer et on les a toujours éludés, rien ne prouve mieux combien la précaution prise par l'article 41 étoit nécessaire pour assurer l'exécution du dernier. Quant à l'article 42 qui concerne la distribution successive des 2 ou 3 salles qui doivent former le département de chaque chirurgien, il est inconcevable qu'il ait excité une réclamation de la part des religieuses, elles n'ont aucune espèce d'intérêt à y opposer, il est une suite presque nécessaire du précédent, on leur répond très bien dans les observations déjà présentées à M. le Contrôleur général par M. de la Millière, ce qui dispensera de le faire ici. Au reste l'inconvénient prétendu, dont les religieuses se plaignent, n'a pas encore eu lieu, parce qu'on a cru devoir dans les premiers tems placer un chirurgien dans chacune des salles où le règlement doit s'exécuter. Les faits cités par les religieuses dans leurs mémoires pour justifier leurs réclamations sont la plupart étrangers au règlement, et n'y ont aucun rapport, d'autres prouvent que les chirurgiens ont cru devoir exécuter trop à la lettre les fonctions dont ils sont chargés, d'autres sont dénués de preuves et niés par ceux qu'ils inculpent, d'autres sont si vagues qu'on ne peut compter sur leur allégation, mais quand il seroit vrai que les intentions du Bureau n'auroient pas été exactement suivies, dans les commencemens, par les personnes chargées de l'exécution du règlement, on n'en doit rien conclure contre le règlement lui-même. Les écarts, faux ouvrages qu'on impute aux chirurgiens ne sont ni une suite nécessaire du règlement, comme on voudroit le faire entendre, ni tolérés par l'Administration; mais au contraire, sur les premières plaintes de la mère Prieure contre quelques chirurgiens, ils ont tous été mandés au Bureau où, en présence du 1er chirurgien, mandé aussi à cet effet, il leur a été défendu de s'écarter en rien du respect et des égards qu'ils doivent aux religieuses, sous peine d'être punis et même renvoyés, suivant la nature de leurs fautes. La lettre de la mère Prieure qui contient ces plaintes est du 17 août, le mémoire des religieuses est du 28 septembre, et dans l'intervale il n'est sans doute rien arrivé d'important, puisque les faits contenus dans le mémoire se trouvent presque tous dans la lettre. Le Bureau instruit depuis qu'un chirurgien avoit manqué à quelques égards dus a une religieuse, a fait offrir à cette religieuse de le renvoyer, si elle l'exigeoit, et elle a désiré qu'on lui pardonnât. On ignore la formule des vœux des religieuses, mais les seuls dont elles puissent parler ici sont de servir les malades, conformément à leurs constitutions, ces constitutions les assujétissent à leurs supérieurs spirituels, et à l'administration temporelle pour toutes les fonctions qu'elles ont à remplir dans l'Hôtel Dieu, comme on l'a déjà dit, elles n'en citent aucuns passages qui puissent favoriser leurs prétentions au moyen de quoi on se trouve dispensé de réfuter ce qu'elles disent de leurs vœux. On observera seulement que, de quelque manière qu'ils soient conçus, ils ne peuvent sous aucun rapport donner atteinte à l'autorité de l'administration temporelle. La garantie des supérieurs ecclésiastiques envers les religieuses ne peut être pour elles un moyen contre l'Administration. Si cette garantie existe telle qu'elles le supposent dans leur mémoire, on en peut conclure que ces supérieurs ne regardent pas l'état des religieuses comme compromis par le règlement, puisque malgré leurs recours à eux, non seulement ils n'appuient pas les réclamations des religieuses, mais déclarent même que c'est contre leur avis qu'elles les ont formées, désaprouvent ouvertement les démarches qu'elles font à cet égard, et ont même fait ce qui dépendoit d'eux pour les ramener à une conduite plus raisonnable. L'Administration de l'Hôtel Dieu est obligée d'employer en tout tems tous les moyens qui sont à sa disposition pour procurer la plus promte guérison des malades et pour renfermer les dépenses dans de justes bornes, mais depuis l'établissement des nouvelles salles, elle a cru devoir redoubler ses soins pour ces deux objets et faire tout ce qui dépendoit d'elle pour que l'augmentation des malades qui en doit résulter et opérer celle des dépenses, ne la mît dans le cas d'avoir recours au gouvernement pour y pourvoir, qu'après avoir épuisé tous les moyens de se suffire à elle même. Le règlement qu'elle vient de faire n'a pas d'autre objet; le traitement plus exact des malades, pour lequel elle a augmenté le nombre et les honoraires des médecins, la juste distribution des alimens, conformément à leurs ordonnances, le renvoi des malades jugés guéris par eux, et la réforme des abus qui nuisoient à leur guérison, autant qu'ils étoient ruineux pour la maison en font toute la substance, ce qui suffiroit pour le justifier, si M. le Contrôleur général n'avoit déjà déclaré qu'il remplit les vues du gouvernement avec lequel il a été concerté. — Extraits d'un mémoire[1] présenté par les médecins de l'Hôtel Dieu, à l'Administration de cet hôpital au mois de novembre 1756 et déposé aux archives de l'Hôtel Dieu. *Observations générales.* MM. les Administrateurs de l'Hôtel Dieu ayant fait aux médecins de cette maison l'honneur de les consulter sur les abus qu'ils pourroient avoir observé dans le service des malades et sur les moyens d'y remédier, les médecins se sont fait un devoir essentiel de seconder le zèle de MM. les Administrateurs, et de répondre à la confiance qu'ils leur ont marquée dans cette occasion, en satisfaisant dans le plus grand détail à la réquisition qui leur en a été faite. Ils observent premièrement en général que la réforme des abus est une affaire très épineuse et très délicate, en ce que les abus, en ce qu'ils sont anciens, ont des partisans et des protecteurs, et plus souvent encore parce qu'il y a des gens intéressés aux abus, de sorte qu'en voulant les réformer on fait souvent qu'aigrir et aliéner les esprits, sans réussir dans le bien qu'on se proposoit de faire ou de procurer. Les médecins, uniquement occupés du service des malades confiés à leurs soins, n'ont aucun égard à cette considération, en se confiant dans la justice de MM. les Administrateurs. Une seconde observation générale que font les médecins, c'est qu'il est impossible de réformer les abus, à moins que toutes les personnes employées au service des malades, *sans exception*, ne s'y prêtent avec zèle et sincérité, la plus légère omission dans l'exécution de ce qui est proposé, soit qu'elle se fasse à dessein, soit par une autre raison est capable de faire déclarer la réforme impossible. Les médecins observent 3° en général que la manière de nourrir les malades à l'Hôtel Dieu est absolument différente de celle qui se pratique dans tous les hôpitaux du Royaume, et n'est dirigée ni assujétie par aucun principe. La façon de distribuer les alimens est *si ancienne et si enracinée*, pour ainsi dire, qu'il ne seroit pas possible de la changer, toute vicieuse qu'elle est, à moins que les religieuses ne sentissent elles-mêmes de quelle conséquence est la juste administration des alimens pour guérir les maladies, pour ne les point prolonger, pour éviter les récidives, et enfin combien il est essentiel que la distribution de la nourriture soit subordonnée à l'administration des remèdes; 4° il est nécessaire d'observer en général qu'il faudroit faire en sorte que les religieuses ne se prévinssent pas contre les remèdes ni contre le régime prescrit par les médecins. Il n'est pas sans exemple que les unes soient prévenues pour ou contre la saignée, d'autres contre l'émitique, d'autres contre le kermès minéral, d'autres contre le quinquina, d'autres contre les vessicatoires, etc., et que suivant ces différentes préventions, l'administration de ces remèdes essentiels se trouve retardée dans différentes salles de l'Hôtel Dieu au grand préjudice des malades, puisque le retardement d'un remède placé à propos décide très souvent du sort et de la vie d'un malade. — *Observations particulières des alimens.* La quantité du pain, de la viande, du vin, des volailles, etc., que l'on fournit aux malades de l'Hôtel Dieu ne laisse rien à désirer; mais la distribution des alimens présente un vaste champ à un grand nombre de réflexions intéressantes. Il seroit nécessaire de fixer la ration qui devroit être distribuée à chaque malade convalescent; on la diviseroit en deux distributions qui se feroient l'une sur les dix heures du matin pour le diner, l'autre entre 4 à 5 heures de l'après midi pour le souper. Il est absolument indispensable que les religieuses veuillent bien s'en rapporter à ce que les médecins prescrivent par rapport au régime, et se faire rendre compte de ce que les médecins ont ordonné à cet égard lors de leurs visites. Rien n'est plus ordinaire que les médecins soient obligés de faire retirer des demi-pains qui ont été distribués à des malades le jour même qu'ils doivent être saignés du pied, après avoir été saignés jusqu'à deux fois la veille, ou bien le jour même qu'ils ont à prendre des boissons émétisées. Il arrive journellement que des purgatifs ordonnés ne peuvent être administrés, ou que les médecins ne peuvent purger les malades qui en ont besoin, parce que dès le grand matin on a donné une soupe très forte et très épaisse à ces malades. Ce sont des abus très essentiels à réformer. Si l'on veut que les malades guérissent, qu'ils guérissent promptement, qu'ils ne récident point, qu'ils ne tombent point dans des maladies de langueur fort à charge et fort dispendieuses à la maison, il faut que la distribution des alimens soit faite avec la plus grande circonspection, et qu'elle ne contrarie pas les effets des remèdes, c'est une vérité incontestable sur laquelle il est inutile d'insister davantage. On doit absolument supprimer tout aliment solide pendant la nuit, il est absurde de réveiller les malades pour leur donner des œufs et autres espèces de nourriture, le bouillon doit suffire pendant la nuit, lorsqu'il est nécessaire de faire prendre quelque chose à un malade. Il faut penser la même chose de la grosse soupe qui se distribue aux malades dès 5 heures du matin; elle devroit être absolument supprimée. Les malades qui commencent à manger une ou deux soupes par jour, suivant l'avis du médecin, peuvent attendre les distributions ordinaires et il ne leur faut que du bouillon dans les intervales, aussi bien

[1] Ce mémoire n'a pas été reproduit dans le registre des délibérations de l'année 1756.

qu'à ceux qui commencent à manger de la viande. Pour ceux qui ont des rations plus fortes ou la ration entière, ils n'ont pas besoin de cette soupe du matin qui est un aliment superflu. En général, les soupes qui se distribuent toutes faites aux malades sont très mal entendues et très mal ordonnées, ce sont de gros morceaux de pain qui, à force de bouillir, sont devenus racornis et gluans comme de la colle; souvent ces soupes sont composées avec des légumes ou de l'ognon, et pour comble de malheur la distribution de cette soupe dégoûtante est ordinairement confiée à des novices qui ne connoissent pas ou qui ne distinguent pas assés les malades, ou bien à une sœur ou à un infirmier peu intelligent qui donnent indistinctement de la soupe à tous les malades qui en demandent, et même à ceux qui n'en demandent pas, et qui en mettent dans toutes les écuelles qu'on leur présente. Il y a si peu d'ordre dans la distribution de la soupe que les mêmes malades trouvent souvent le moyen d'en avoir deux et trois écuellées dans leurs salles, encore vont-ils en prendre d'autres portions aux salles Saint Antoine et du Rosaire, où elle a la réputation d'être meilleure, et on a la mauvaise coutume d'en distribuer aux malades des autres salles, de sorte que les médecins peuvent certifier qu'ils ont vu plusieurs fois arriver qu'un convalescent eut mangé dans la même journée 6 à 7 écuellées de soupe et qu'il soit mort dans la journée, et que d'autres soient tombés grièvement malades. Il est nécessaire que les sœurs donnent toute leur attention pour le manger pour les malades qui sont à la diète, sans le prodiguer, comme il se pratique ordinairement à tous ceux qui en demandent, et qui présentent leurs écuelles à toute heure, quoiqu'ils aient déjà reçu des alimens solides lors des distributions ordinaires, tandis que les malades absorbés et affoiblis par leurs maux se trouvent privés du seul aliment qui leur convient, parce qu'ils n'ont pas la force de le demander, ou de se le faire donner. Lorsqu'après la distribution faite dans les salles, il reste de la viande, c'est un abus que de donner des rations superflues à des malades des autres salles, c'est le moyen de pervertir tout l'ordre de la distribution des alimens, et de produire tous les inconvéniens dont on a parlé ci-dessus. Il est nécessaire que la viande superflue soit très fidèlement et très exactement renvoyée à la cuisine... Lorsque l'on commence à donner du vin aux malades, on en donne une pareille quantité à ceux qui ne font que commencer à être en état d'en boire et à ceux dont la convalescence est tout à fait assurée et qui sont à la veille de sortir de l'hôpital, les uns et les autres sont cependant dans des états différens, et méritent d'être traités différemment relativement à la distribution du vin. Les malades et les convalescens de l'Hôtel Dieu reçoivent de la maison même une nourriture très suffisante et proportionnée à leurs maladies ou à leur état; il faut veiller à ce que leurs amis n'apportent dans les salles aucune espèce d'alimens, toutes les personnes chargées du soin des malades devroient avoir la commission de donner toute l'attention possible à cet article; les médecins assurent qu'ils observent tous les jours les plus funestes effets de ces alimens apportés du dehors, et qu'ils voient très fréquemment des malades guéris de leurs premières maladies retomber dans de plus fâcheuses, mener pendant longtems une vie languissante et périr enfin par le mauvais régime qu'occasionnent les alimens apportés du dehors. C'est une régularité mal entendue et un abus considérable que de donner des légumes, de la bouillie et des alimens maigres les vendredi et samedi, et les autres jours d'abstinence aux malades convalescens; car si on les juge en état de faire maigre, ils sont encore plus en état de sortir de l'Hôtel Dieu, il faut dans un hôpital ne s'occuper que de bien et promtement guérir les malades en écartant toutes les occasions de récidive. Le goût que les malades convalescens ont pour le maigre les détermine à se gorger de ces alimens. Les malades mêmes emploient toutes sortes d'artifices pour s'en procurer. Il faut retrancher tous ces prétextes, en retranchant toute distribution d'alimens maigres, même pour les femmes enceintes, à raison des abus qui peuvent en résulter. Un abus encore bien plus préjudiciable, c'est celui de donner dans toutes les salles de l'Hôtel Dieu le vendredi saint des harengs, de la morue, de la carpe et des légumes préparés avec du beurre ou en fricassée, bien loin que ce soit pour les malades un jour de mortification, ils le regardent au contraire comme un jour de plaisir et de bonne chère. On voit des gens qui sortent des maladies les plus dangereuses, des poumoniques, des dissenteriques, etc., dont on a eu toutes les peines du monde à calmer les accidens, se gorger avidement de ces fricassées, et retomber dans des accidens encore plus cruels et plus obstinés. Les médecins attestent qu'il n'y a pas de salle dans l'Hôtel Dieu *où cette dévotion mal entendue ne fasse périr chaque année plusieurs malades de la façon la plus marquée*, sans compter les récidives nombreuses qui deviennent fort à charge à la maison. C'est un abus très considérable que d'abandonner à une sœur servante ou à un convalescent grossier la distribution des alimens qui est un des services de l'Hôtel Dieu de la plus grande importance. — *Des lits des malades.* On sait que la louable coutume de ne refuser aucun des malades qui se présentent à l'Hôtel Dieu, et le défaut d'emplacement, entraînent l'inconvénient de mettre plusieurs malades dans un même lit, mais il seroit possible de le diminuer considérablement : 1° en réformant les abus qui peuvent prolonger les maladies et occasionner les récidives; 2° en faisant sortir de l'hôpital avec la plus grande exactitude les malades dès qu'ils sont guéris, et qu'ils ont mangé pendant trois jours la ration entière. — *De la propreté des salles.* Il ne faudroit pas laver les salles aussi souvent qu'on le fait. Ces lavages faits par inondations dans des tems froids et humides, sont très préjudiciables aux malades; d'ailleurs l'eau qui se ramasse sous les lits et dans les inégalités des planchers s'insinue entre les carreaux, y croupit, pourrit les solives et envoie des exhalaisons putrides; il devroit suffire de nétoyer avec une éponge ou avec des linges mouillés les endroits du plancher qui auroient été gâtés, et jetter ensuite du sable par dessus. Les lavages généraux pourroient se pratiquer deux à trois fois par an, en choisissant les jours et les saisons. — *De la visite des médecins.* Il arrive très souvent que les religieuses ou les sœurs qui conduisent le médecin dans sa visite ne sont point en état de rendre compte de ce qui s'est passé d'une visite à l'autre, ni de l'effet des remèdes, ni même d'assurer s'ils ont été exécutés ou non, il seroit très à propos que mesdames les supérieure et religieuse d'office connussent les différens sujets qui sont sous leurs ordres, et ne commissent pour conduire les médecins dans leurs visites que celles qui ont quelqu'intelligence auprès des malades. La novice ou la sœur, qui conduisent les médecins dans leur visite, rendent à la dame religieuse d'office dans la salle les ordonnances des médecins au sujet du régime des malades qu'on leur fait voir, mais comme le défaut de mémoire est inévitable en pareil cas, il conviendroit mieux que le topique (garçon apothicaire ou chirurgien) écrivît ce que le médecin ordonne, par rapport au régime, en même tems qu'il écrit les remèdes, la visite étant faite, le topique extrairoit de son registre le régime qui auroit été prescrit par le médecin à ceux des malades qu'il auroit visités, pour le communiquer à la religieuse d'office, par ce moyen, il n'y auroit point d'omission ni d'erreur au sujet de la distribution des alimens. Indépendamment de l'apothicaire qui suit le médecin à sa visite pour écrire tout ce qu'il ordonne,. Il est d'usage dans tous les hôpitaux qu'il y ait pareillement un chirurgien qui suive le médecin pour écrire les saignées, et ce qui concerne l'application des remèdes topiques ou extérieurs. Il paroît même que ça été de tout tems l'usage et la règle de l'Hôtel Dieu de Paris; la dénomination de topique, que l'on donne encore aujourd'hui à celui des garçons apothicaires qui écrit la visite du médecin en est une preuve de fait, dont par abus et par négligence il n'est resté que le nom. Il seroit très à propos de rétablir cet usage; d'ailleurs un chirurgien qui suivroit le médecin seroit très à portée de lui rendre compte de certaines maladies, surtout dans les salles Saint Paul, Saint Nicolas et des Taillés. Les saignées et les remèdes topiques seroient exécutés plus fidellement et plus ponctuellement dans toutes les salles lorsque les billets ne passeroient pas par les mains des apothicaires qui, étant déchargés de ce soin, seroient en état de distribuer les remèdes plus promtement. On ne peut alléguer qu'il n'y a pas à l'Hôtel Dieu un nombre suffisant de chirurgiens attachés à la maison pour remplir cet office essentiel. — *Des femmes enceintes et accouchées.* Quoique l'entrée de la salle Saint Joseph soit interdite à tout le monde, il est cependant étonnant combien on y apporte du dehors toutes sortes d'alimens aux femmes grosses et aux accouchées; il n'est aucune de ces dernières dont la tablette ne soit garnie de bouteilles de vin, de gâteaux, de fruits, etc., ce qui occasionne des fièvres, des suppressions, des laits répandus et d'autres maladies dont la longueur devient très dispendieuse pour la maison. Les femmes grosses, par le même défaut de régime, se farcissent de toutes sortes de mauvaises nourritures qui occasionnent pendant leurs couches des cours de ventre très obstinés et très dangereux. Les alimens de la maison devroient leur suffire, et la porte de cette salle devroit être remise à une personne de confiance qui ne la quittât jamais, et qui ne laissât rien entrer du dehors. Tous les jours cette porte se trouve abandonnée à une des femmes enceintes qui laisse entrer tout ce qu'on apporte. Il est très juste et très à propos d'occuper les femmes grosses et de les faire travailler au linge de la maison, mais la façon dont on les récompense de ce travail a les plus funestes conséquences. On leur donne, en outre des alimens qu'elles ont à la salle Saint Joseph, des morceaux de viande et des parts de gâteaux; ces femmes vont vendre ces alimens superflus dans les autres salles, dans celles de Saint Charles, de St Cosme par exemple, à des malades qui ne sont pas encore en état de manger, ce qui occasionne ou des prolongations de maladies ou des récidives qui tombent à la charge de la maison. Ces mêmes femmes portent aussi une partie de ces alimens indigestes dans leur salle et les vendent aux femmes en couche, ce qui entraîne les accidens dont il est parlé ci-dessus. Il faudroit ne rien donner du tout à ces femmes pour leur travail, ou bien seulement un verre de vin que la religieuse de la lingerie leur feroit boire avant de les renvoyer, ou bien leur donner leurs alimens dans des endroits où on les fait travailler, en supprimant ceux qui leur sont distribués à la salle Saint Joseph. — *Des infirmiers.* Pour faire les gros ouvrages de l'Hôtel Dieu les religieuses sont obligées de prendre des hommes et des femmes qui relèvent de maladie et que pour cette raison on appelle des convalescens. On récompense ces gens de leur travail en leur donnant un surcroît d'alimens en pain, en viande et en vin, ce qui entraîne les plus grands abus : 1° pour avoir plus d'alimens, on voit des gens encore malades ou trop foibles se mettre à travailler, ce qui les fait récidiver; 2° l'excès d'alimens joint au travail est une autre source de récidives; 3° les convalescens vendent aux malades partie de ces alimens qui sont le fruit de leur travail, ce qui sert encore à prolonger les maladies. *Enfin l'on voit ces convalescens se perpétuer dans les salles pendant des années entières*, et être alternativement malades et infirmiers, ce qui est fort à charge à la maison et aux malades. Les salaires que l'on paie en alimens paroissent ne rien coûter à la maison et cependant rien n'est réellement aussi dispendieux par la prolongation des maladies, par les récidives qu'ils occasionnent, et par la gêne que causent aux autres malades des gens qui restent des années entières à l'Hôtel Dieu, qui y occupent des lits, et que la facilité d'y trouver des alimens entretient dans la paresse. Il faut ajouter à ces observations que ce qui produit 2 à 3 s. à ces convalescens par la vente qu'ils en font en a coûté au moins 10 à la maison. Délibéré dans notre salle de l'Hôtel Dieu à Paris le 18 novembre 1756. Signé Lehoc, Fontaine, Baron, Dejean, Belletête, Payen et Majault. Les abus cités dans le mémoire ci-dessus ont été rappelés dans un autre mémoire présenté par les médecins à l'Administration le 6 mai 1780 et dans lequel on en cite de nouveaux. Extraits d'un mémoire présenté à l'Administration de l'Hôtel Dieu par les médecins de cet hôpital en mai 1780, et remis à chacun de ses membres[1]. Nous ne voulons que supprimer ce qui est nuisible, ce qui journellement s'oppose à la guérison de plusieurs milliers d'entre eux et nous trouverons par cette suppression un bénéfice réel pour augmenter le bien être des malades et contribuer davantage à leur guérison. Vous ignorez sans doute, MM., qu'au milieu de la nuit on réveille les malades pour leur faire manger des œufs. Cet aliment qui peut être sain dans le jour et aux heures convenables aux repas, ne manque jamais de charger l'estomac, de préparer des indigestions, de nuire aux effets des remèdes qu'on vient ordonner le matin et d'être la source d'une foule d'inconvéniens. Quel est l'homme en santé qui se réveillera pour manger dans la nuit? Les convalescens et les malades surtout ont encore moins besoin de nourriture, on leur fait donc un double mal à la fois, on les surcharge et on trouble leur sommeil. Le nombre de ces œufs pris dans la nuit ne va pas à moins de 12 à 15,000 par semaine. En supprimant l'usage de ces œufs, c'est écarter loin d'eux une cause qui entretient leurs maladies, les renouvelle souvent et plus souvent encore leur procure les accidens les plus funestes, qui les font succomber à leur intempérance plutôt qu'à leurs maux. Nous retranchons avec encore plus de raison l'usage des biscuits, dont la quantité monte à un nombre énorme chaque année, on en donne la nuit, on en donne le jour, et cet aliment est malfaisant dans tous les tems, les malades ne devroient jamais en faire usage, quelque spécieuses que seroient les raisons qu'on allégueroit pour l'autoriser, il est toujours nuisible, il doit donc être toujours proscrit. (Nota. Les médecins ne parlent pas ici des gâteaux qu'on distribue dans toute la maison, dont on ne donne peut être pas aux grands malades, mais qu'ils se procurent à peu de frais de ceux à qui on en distribue). L'usage de donner de la soupe aux malades à 5 heures du matin est encore pour la plupart une cause fréquente de rechûtes, on les réveille pour manger, tandis qu'ils ont plus besoin de sommeil que d'alimens, de là nouvel embarras dans l'estomac, mauvais effet et souvent funeste des remèdes qu'on leur ordonne le matin, quelque précaution qu'on prenne pour leur défendre de manger en les prévenant la veille. Le tableau des malheureux effets de ces trois abus seroit trop effrayant, s'il étoit présenté sous ses véritable couleurs. Nous épargnons à votre sensibilité le détail des catastrophes sans nombre promtement arrivées après les remèdes les plus salutaires et les mieux indiqués, mais trop tôt reçus dans un estomac rempli de ces alimens dangereux, ou pris à contre tems. La suppression de ces abus feroit donc le bien non seulement de contribuer à la sûreté de la guérison des malades, mais encore d'économiser sur une dépense nuisible qui doit excéder 30,000 francs. Nous pourrions faire ici les mêmes observations sur l'usage de la bouillie, qu'on donne indistinctement à tous les malades qui en demandent au repas qu'on a coutume d'appeller la collation entre midi et une heure. Cette bouillie, composée de lait, de farine et de jaunes d'œufs est une vraie colle qu'on ne peut digérer et qui devroit être à jamais proscrite. Sa consommation donne cependant lieu à une dépense assés forte qu'il vous sera facile d'apprécier. Quand à nous, vous faire d'abord sentir tout le danger de ces usages, c'est là notre première mission, vous représenter un résultat de bénéfice qui n'est pris que sur la suppression de choses nuisibles, c'est une satisfaction d'autant plus douce que nous contribuons plus essentiellement au véritable bien des malades. Cette suppression également utile aux yeux du médecin et du calculateur nous fait naturellement porter nos vues sur d'autres branches d'économie non moins essentielles. Les médecins de l'Hôtel Dieu avoient, en 1756, présenté à MM. les Administrateurs un mémoire où la réforme qu'ils proposoient d'une foule d'abus, aussi préjudiciables à la santé des malades qu'aux revenus de l'Hôtel Dieu, devenoit une source féconde

[1] Ce mémoire n'a pas été inséré au registre des délibérations de cette année, mais il est mentionné dans une délibération du 10 mai 1780 (voir page 86 du présent volume) qui nomme des commissaires pour aviser aux moyens de faire cesser les abus signalés.

d'épargnes et d'améliorations. Rien n'est omis dans ce mémoire : la salubrité de l'air, les boissons des malades, leur régime, les lits, les habillemens, la propreté des salles, la visite des médecins, l'article des femmes enceintes et accouchées, tout y est traité dans un détail à ne laisser rien à y ajouter. Il a suffi, MM., de vous montrer ces abus pour que vous vous occupassiez à les réformer, sans doute que des obstacles insurmontables, des circonstances imprévues n'ont pas permis encore de faire tous les changemens utiles qui étoient l'objet du mémoire. Nous désirerions très ardemment, Messieurs, que vous le prissiez de nouveau en considération. Votre sagesse trouveroit sans doute aujourd'hui des moyens efficaces pour opérer ces révolutions aussi nécessaires que profitables. Mais comme ce qui est abus, et qui se trouve malheureusement fondé sur un long usage est rarement détruit par les premiers coups qu'on peut lui porter, nous vous verrions alors, avec votre prudence ordinaire, n'attaquer le tout que par parties, et sapper ainsi peu à peu les fondemens que l'habitude a fortifiés et qu'elle seule soutient encore. En attendant, la réforme des trois abus, discutée dans le mémoire que nous avons l'honneur de vous présenter aujourd'hui, nous paroît la plus urgente et la plus facile en même tems. Ces trois abus peuvent être attaqués tout à la fois et séparément des autres abus indiqués dans le mémoire de 1756; leur réforme accoutumeroit peu à peu les esprits à celles que vous voudriez faire par la suite, et vous feriez cesser promtement un des fléaux d'autant plus destructeur qu'il se renouvelle sans cesse. A l'Hôtel Dieu ce 6 mai 1780, signés Dejean, Majault, Doucet, Danié Despatureaux, Montabourg, Sollier, Mallet, Duhaume et Philip. — *Supplément au mémoire remis à monsieur le Procureur général par l'Administration de l'Hôtel Dieu de Paris.* Les abus qui se commettent dans la distribution des alimens aux malades, et, en général dans la consommation des vivres, ne sont pas les seuls à détruire dans l'Hôtel Dieu. S'il est presque impossible qu'il n'y en ait pas dans un établissement d'un aussi grand détail, et dont le soin est confié à tant d'individus, il est cependant vrai qu'il est du devoir de l'Administration de n'en laisser subsister que le moins possible et c'est ce dont elle s'occupe constamment. Depuis le mois de juillet dernier elle a augmenté le nombre et les honoraires des médecins, afin que les malades fussent visités et traités avec plus d'exactitude et que le régime pour chacun d'eux fût fixé et écrit, ce qui ne se faisoit pas avant ce tems là. Elle a supprimé dans les salles où les petits lits fournis par le gouvernement ont été placés, et pour lesquelles le règlement du 16 juillet a été fait, les infirmiers sans gages connus sous le nom de convalescens, et a donné des gages à tous ceux dont elle a réglé le nombre pour chaque salle, et a même augmenté les gages ordinaires, afin de pouvoir choisir de meilleurs sujets et que le service des salles fût mieux fait. L'usage étoit d'avoir dans chaque salle plus de ces prétendus convalescens que de véritables infirmiers. Cette espèce de gens, de la lie la plus méprisable et la plus paresseuse du peuple, ne consentoit à rester sans gages dans l'Hôtel Dieu, que dans l'espérance de s'en dédommager, soit en recevant des gratifications en vivres pour les vendre aux malades, soit *en volant tout ce qui leur tomboit sous la main, soit en rançonnant les malades* pour les petits services qu'ils leur rendoient; leur suppression a détruit la source de ces abus dans les salles où elle a eu lieu et l'Administration se propose d'étendre cette réforme dans toutes les autres, à mesure que les circonstances pourront le permettre. Pour remédier à l'abus qui résulte de l'usage où sont les religieuses de faire faire chacune tous les huit jours le blanchissage du linge de leurs salles par les infirmiers et convalescens de ces mêmes salles, et d'y appeller même des gens du dehors qu'elles ne payent qu'en vivres, l'Administration a établi un office général de blanchissage, avec un nombre suffisant de lavandiers à gages, pour y faire blanchir le linge de toutes les salles pour lesquelles le règlement du 16 juillet a été fait. Par cet établissement, les religieuses de chacune de ces salles, débarrassées du soin de leurs blanchissages, sont rendues en entier, elles et leurs infirmiers, aux soins personnels des malades dont ils étoient nécessairement détournés pendant deux à trois jours de chaque semaine, et les gratifications en vivres données tant aux gens du dehors qu'aux domestiques même de la maison, malgré leur nourriture ordinaire, n'ont plus lieu dans ces salles. N'ayant pu parvenir à faire exécuter par les religieuses chargées du soin de la cuisine les règlemens anciens, qui proportionnent la quantité de viande à cuire chaque jour au nombre des malades, et des autres personnes de la maison, l'Administration vient de charger le préposé qu'elle a établi à la cuisine pour l'exécution du règlement du 16 juillet, en ce qui concerne les portions de viande à envoyer dans les salles toutes coupées, en vertu des ordonnances des médecins, de veiller exactement à ce qu'il ne soit apporté de la Boucherie à la cuisine qu'une quantité de viande proportionnée au nombre des malades comptés tous les jours, et dont la feuille lui est remise, et à celui des autres consommations dont les états sont arrêtés. Depuis cette époque, c'est-à-dire du 1er septembre au 30 novembre, l'économie que l'exécution exacte des anciens règlemens a produite a été de 30,498 livres de viande sur la consommation de ces 3 mois, comparés aux 3 mois correspondans de l'année dernière, à nombre égal de consommateurs, ce qui fait pour chaque mois une épargne réelle de 10,166 livres de viande sur la consommation antérieure. L'Administration se propose de porter la même réforme dans la consommation du vin, du pain, du bois, et successivement dans les autres branches de dépenses. Elle avoit commencé à s'occuper de celle qui concerne le pain, lorsque les religieuses ont fait connoître leurs nouvelles prétentions. Les anciens règlemens, sur toutes les parties du gouvernement intérieur de l'Hôtel Dieu, ne laissent rien à désirer. Il n'est question que d'en maintenir l'exécution, mais pour qu'elle ne soit plus éludée comme elle l'est depuis longtemps, l'Administration se trouvera obligée d'employer les moyens qui seront à sa disposition, comme elle l'a fait, pour que la quantité de viande à faire cuire chaque jour fût réglée, et que la distribution des alimens aux malades fût faite conformément aux ordonnances des médecins, sans cela, c'est-à-dire si les prétentions des religieuses, de gouverner seules l'intérieur de l'Hôtel Dieu, comme elles disent l'avoir toujours fait ne sont pas réprimées, ce seroit fort inutilement que l'Administration s'étudieroit à porter la réforme dans toutes les parties qui en sont susceptibles, car il est presque certain que le succès ne répondroit point à ses soins; son autorité deviendroit même illusoire si, ayant le droit de faire des règlemens, elle n'avoit pas celui de les faire exécuter. La véritable question à examiner dans cette affaire, et peut être l'unique, est donc de savoir jusqu'où doit s'étendre l'autorité de l'Administration dans l'intérieur de l'Hôtel Dieu; se contentera-t-elle, après avoir connu les abus, de renouveller les anciens règlemens, d'en faire même de nouveaux pour les choses non prévues par les anciens, et de s'en rapporter pour l'exécution aux religieuses, *qui se prétendent indépendantes de l'Administration?* ou employera-t-elle les moyens qui lui paraitront nécessaires pour procurer cette exécution dans le cas où elles continueroient de refuser de reconnoître son autorité, ou, ce qui produiroit le même effet si, en paroissant s'y soumettre, elles persévèreroient à l'éluder; ou enfin les obligera-t-on à être subordonnées en ce qui concerne l'exécution des règlemens. De la manière dont cette question sera résolue dépend le succès des moyens déjà employés pour procurer aux malades un traitement plus capable d'opérer leur prompte guérison, et en même temps une plus grande économie dans les dépenses. L'Administration, instruite par une étude suivie des anciens règlemens et par une expérience journalière, sçait comment l'Hôtel Dieu doit être gouverné. Il ne s'y propose rien qui ne soit murement examiné, discuté et délibéré; les affaires les plus importantes sont portées à l'assemblée générale de l'Administration, et on rend compte à chacune de ces assemblées de celles qui ont été faites depuis la dernière, pour peu qu'elles le méritent, au moyen de quoi le gouvernement de l'Hôtel Dieu est véritablement l'ouvrage de l'assemblée générale de l'Administration, et tout ce qui le concerne est aussi bien traité qu'il puisse l'être. On n'en pourroit pas dire autant si chaque religieuse, dans la salle qui lui est confiée, étoit libre de la gouverner suivant ses lumières. Il en résulteroit d'abord une bigarrure singulière entre toutes les salles, et comme les religieuses en sont changées chaque année, à la réserve de quelques unes, la manière de gouverner chaque salle changeroit tous les ans. En second lieu si les religieuses peuvent acquérir une expérience suffisante dans la manière de soigner les malades, il n'en est pas de même des lumières nécessaires pour le traitement de chacun d'eux, et pour le gouvernement des salles relativement à tout ce qui, hors de ces salles, concerne cependant leur service. Il y a une telle relation entre toutes les salles et toutes les autres parties de la maison, qu'il est nécessaire qu'une même autorité conduise le tout. Si on prétendoit que toutes les religieuses étant soumises à leur supérieure, c'est à cette supérieure à avoir cette conduite générale, on pourroit répondre que chaque religieuse en chef, dans les salles ou dans les différens offices de la maison, croit être indépendante pour le gouvernement de son district, et qu'en effet, soit mauvais régime, soit insubordination, elles se sont tellement accoutumées à cette indépendance, qu'on auroit peine à les soumettre sur cet objet à l'autorité de leur Prieure qui d'ailleurs, étant ordinairement une des plus anciennes religieuses, n'a pas toujours toute la fermeté qui seroit nécessaire pour sa place. Mais en lui supposant cependant, contre toute vraisemblance, beaucoup de talent pour le gouvernement d'un établissement aussi vaste, plus de fermeté et aux religieuses plus de subordination, il en résulteroit toujours que, pendant le tems de sa *supériorité* qui n'est que de trois ans, ou de six si elle est continuée, elle gouverneroit la maison d'après ses propres idées et qu'une autre après elle en feroit autant, sans avoir, ni les unes ni les autres, de plan déterminé, ni même l'économie pour objet, puisque dans cette hipothèse l'Administration seroit obligée de fournir à toutes les demandes que chaque religieuse lui feroit faire par la mère Prieure. Mais il y a une considération bien plus importante à faire, c'est qu'il seroit extrêmement dangereux que le gouvernement très compliqué d'une maison aussi immense fût confié à une seule personne, qui ne seroit assujetie à aucune règle, quelque talent qu'on puisse lui supposer. Il est donc infiniment plus avantageux que le gouvernement de l'intérieur de l'Hôtel Dieu soit dirigé par des principes invariables et nullement arbitraires, que les personnes chargées de l'exécution des règlemens faits pour ce gouvernement ne puissent, en quelque manière que ce soit, se soustraire à l'autorité qui les a faits, et que tout tende toujours à la plus sûre et à la plus prompte guérison des malades, et en même temps à la plus grande économie dans les dépenses. Il n'y a qu'une administration composée de citoyens ecclairés, et charitables qui puissent remplir ces vues; ce sont les seules qui les ont animés, lorsqu'ils se sont voués au service des pauvres. On pourroit peut être objecter que les religieuses, demandant à gouverner l'Hôtel Dieu conformément à leurs constitutions, et offrant de suivre exactement les ordonnances des médecins pour la distribution des alimens aux malades, elles seront assujéties à des règles certaines. A cela on répond : à l'égard des constitutions, 1° que, quelles que choses qu'elles puissent contenir, ce seroit une illusion de la part des religieuses de prétendre les opposer à une administration établie dans l'ordre public pour gouverner dans toutes ses parties un établissement appartenant à l'État; 2° que dans l'état actuel les religieuses se dispensent d'exécuter plusieurs des dispositions de leurs constitutions et se donnent même la liberté de faire plusieurs choses qu'elles défendent. Le mémoire remis par l'Administration à M. le Procureur général, et les extraits des médecins qui y sont joints, entrent dans quelques détails à ce sujet. A l'égard des offres des religieuses, de se conformer exactement aux ordonnances des médecins pour la distribution des alimens aux malades, à voir ce qui se passe depuis l'opposition qu'elles ont formée à l'exécution de trois articles du règlement du 16 juillet, il y a lieu de craindre qu'elles ne soient pas bien sincères. Ces ordonnances devroient faire leur loi, cependant elles se croyent par leur opposition tellement dispensées de les exécuter que, malgré la présence des chirurgiens qui leur lisent ces ordonnances et qui, témoins de la manière dont elles les suivent, doivent en informer le Bureau, plusieurs d'elles n'y ont aucun égard et font venir des réfectoires ou de l'infirmerie de leur communauté et achètent même, avec des aumônes qu'elles scavent se procurer, des alimens que les médecins n'ont point ordonné et qu'elles font préparer dans les offices de leurs salles, celles mêmes qui n'en viennent pas jusques là, ne laissent pas de passer les ordonnances des médecins, en donnant souvent des alimens solides à des malades auxquels ces ordonnances n'en accordent pas. Après cet exposé, on peut juger de la manière dont elles feroient la distribution des alimens, si elles n'avoient aucun témoin capable de les contenir, quelque fût la loi qui les obligeât à la faire, conformément aux ordonnances des médecins, puisque dans plusieurs autres circonstances, elles n'observent pas même ce que leurs vœux exigent d'elles, comme religieuses hospitalières. La présence du chirurgien est donc de la plus grande nécessité pour empêcher une multitude d'abus, ou au moins pour que l'Administration en soit informée et puisse aviser aux moyens d'y remédier. Il sera très facile de contenir les chirurgiens dans les bornes du respect qu'ils doivent aux religieuses, et il ne leseroit pas de faire observer le règlement par les religieuses sans la présence des chirurgiens. Ils remplissent d'autres fonctions dans toutes les salles, et les religieuses ne se plaignoient pas d'eux avant qu'ils exerçassent celles qui leur sont attribuées par le règlement du 16 juillet, elles ne s'en plaignent aujourd'hui que parce que leur présence et leurs représentations sont importunes, mais ces plaintes mêmes sont une des meilleures preuves de la nécessité de la précaution prise par les règlemens. Il paroîtroit, par le mémoire des religieuses, qu'elles ne refusent de se soumettre au règlement du 16 juillet que parce qu'il n'est pas homologué, quoique par l'assignation donnée à l'Administration le 12 décembre, elles portent leurs prétentions bien au delà. Mais 1° la plus grande partie des règlemens faits pour le gouvernement de l'intérieur de l'Hôtel Dieu n'est point homologuée, et les religieuses n'avoient pas cru jusqu'à ce jour que ce fût une raison pour elles de réclamer contre leur exécution; 2° celui du 16 juillet n'est que provisoire, comme le porte la délibération de l'assemblée générale dans laquelle il a été arrêté. Il ne devoit s'exécuter que dans une partie des salles de l'Hôtel Dieu, jusqu'à ce que l'essai démontrât son avantage, et qu'on eût pris des mesures pour le faire exécuter dans toutes les autres, ce ne devoit être qu'alors, et après les changemens, retranchemens ou augmentations que l'expérience auroit pu exiger, que l'Administration en auroit demandé l'homologation, si elle eût été jugée nécessaire. Cette formalité l'est sans doute dans plusieurs cas qu'il est inutile de rapporter ici, mais lorsqu'il s'agit de règlemens qui ne doivent avoir d'exécution que dans l'enceinte d'une maison où l'autorité qui les fait est établie depuis longtems, et n'a pas encore été contestée, elle paroît superflue, et il y a plusieurs circonstances où il seroit dangereux d'en établir la nécessité, parce que, dans une maison d'un détail aussi considérable, il peut arriver souvent que la connoissance de nouveaux abus mette l'Administration dans le cas de prononcer sur le champ pour arrêter le désordre, et pour toutes les choses importantes qu'il s'agit de régler définitivement, elle ne le fait, comme il a été dit ci-dessus, qu'avec les premiers magistrats qui la président, ce qui supplée en quelque sorte à une homologation qui pourroit être plus nécessaire sans cela. L'Administration de l'Hôtel Dieu déterminée à faire le bien de cette maison, tant qu'elle le pourra, a trouvé toutes ces considérations de la plus grande importance, et a cru devoir les mettre sous les yeux de M. le Procureur général. C'est à sa sagesse à les peser pour en faire l'usage qu'il jugera convenable.

158e REGISTRE. — ANNÉE 1788.

(2 janvier 1788.) L'inspecteur des bâtimens de l'Hôtel Dieu a représenté au Bureau le devis des ouvrages à faire dans l'intérieur dudit Hôtel Dieu, pour la formation d'un amphitéâtre ou salle de démonstration dans l'emplacement de la salle St Yves, entre l'escalier de Saint Landry et de St Nicolas, estimés 2,850 ††, par lui dressé en exécution de la délibération de cejourd'huy. La Compagnie, sur le rapport de M. Martin, a arrêté que lesdits ouvrages seront faits incessamment, conformément audit devis qui a été remis à l'inspecteur des bâtimens, à l'effet de s'y conformer, après avoir été enregistré sur le livre à ce destiné.

(2 janvier.) M. Martin a dit qu'en exécution de la délibération du Bureau du 21 novembre dernier, le sr Bonnot, inspecteur des bâtimens de l'Hôtel Dieu avoit fait le plan d'un amphitéâtre à placer dans la salle Saint Yves pour l'instruction des chirurgiens de l'Hôtel Dieu, et le devis de ce à quoi il pourroit monter, et qu'en exécution d'autre délibération du 28 du même mois, ledit plan avoit été communiqué au sieur Desault, premier chirurgien de l'Hôtel Dieu pour avoir son avis, et qu'il le lui avoit adressé, et mondit sieur Martin en a fait la lecture. Sur quoi la matière mise en délibération, la Compagnie a arrêté : 1° que l'avis dudit sieur Desault sera annexé à la présente délibération; 2° que le plan dudit amphitéâtre sera réformé et réduit à 120 places au plus, pour être exécuté dans la salle Saint Yves, conformément au nouveau devis qui en sera fait, lesquels plans et devis demeureront pareillement annexés à la présente délibération; 3° que la petite salle Ste Margueritte étant immédiatement au dessus de la salle Saint Yves, et de la même grandeur, sera préparée pour y recevoir les pauvres prêtres malades qui étoient receus à St Yves; que ladite nouvelle salle sera pareillement nommée St Yves, et qu'à cet effet l'inscription qui est au dessus de la porte de la salle St Yves sera placée au dessus de celle de ladite nouvelle salle; 4° qu'une expédition de la présente délibération sera remise à la mère Prieure, affin de l'instruire de cette nouvelle disposition, une au sr Bonnot, inspecteur des bâtimens, affin qu'il puisse l'exécuter, et une à l'inspecteur des salles. *Avis du sr Desault.* «Messieurs, j'ay lu avec toute l'attention possible le devis qui m'a été communiqué par M. Bonneau, sur le projet d'un amphithéâtre dans la salle Saint Yves. Sous quelle face que l'on considère cet établissement, les avantages que l'on y considère sont si multipliés et si grands, et les inconvéniens (s'il en existe) si foibles, que cet emplacement devient pour ainsi dire nécessaire dans la disposition actuelle de l'Hôtel Dieu. L'instruction des élèves en chirurgie a toujours été regardée, et le sera toujours par l'Administration, comme un des objets essentiels de sa bienveillance, elle n'a cessé dans tous les tems de leur donner des preuves de sa protection, et ils ont toujours été pour elle un dépôt sacré que luy confioit la société, dans laquelle les jeunes chirurgiens devoient un jour aller répandre le fruit des connoissances qu'ils auroient puisé dans cet hôpital; bien persuadée que le chirurgien ne peut être utile qu'autant qu'il est instruit, elle n'a négligé aucun des moyens propres à faciliter son instruction; comme il est démontré qu'il ne peut y avoir d'instruction sans enseignement, et l'enseignement ne peut se faire sans un lieu favorable, sans amphithéâtre. L'Administration ayant disposé de celui qu'elle leur avoit autrefois accordé, et désirant leur en rétablir un autre, ne peut espérer de trouver un emplacement qui occupe moins d'espace, exige moins de dépense et soit plus favorablement située. Dans la salle Saint Yves il ni aura plus que huit lits à sacrifier, aucun changement à faire dans la disposition des murailles et des fenêtres; les élèves pourront s'y rendre du dehors sans causer aucun tumulte, ni nuire au service de salles. Ils n'auront que la salle St Charles à traverser et l'escalier d'un premier à monter; ainsy sous ce point de vue, c'est à dire relativement aux élèves, la salle Saint Yves réunit pour l'emplacement d'un amphithéâtre toutes les conditions qu'on peut désirer. Mais il est deux autres considérations plus importantes et bien propres à lever les doutes, s'il pouvoit encore en rester sur cet objet : 1° le défaut d'un lieu commode et décent où le premier chirurgien puisse donner ses consultations aux malades du dehors, et leur faire luy même, ou faire exécuter sous ses yeux par les élèves les opérations et pansements qu'exige leur maladie, et où se puisse également faire la visite tant des hommes que des femmes attaquées de hernies et qui viennent demander des bandages; 2° l'utilité, disons mieux, la nécessité d'une salle séparée des autres malades où se puisse pratiquer les grandes opérations. La salle Saint Yves, disposée en amphithéâtre, peut servir commodément à l'un et à l'autre. Les malades de la ville, jouissants d'une fortune bornée, et pas assez étendue pour satisfaire aux honoraires d'un médecin ou chirurgien qu'ils appelleroient à leur secours, cependant suffisante pour fournir à leur entretien pendant leur maladie, viennent à l'Hôtel Dieu consulter le premier chirurgien, et le nombre en est tous les jours assez grand, au moins de 20 à 30. Cette

visitte ne se fait qu'après celle des malades de la maison qui, à raison du plus ou moins d'opérations qu'il y aura eu à pratiquer, finit plus tôt ou plus tard, d'où il suit que l'heure où se fait cette seconde visitte ne peut être précisément fixée, et quand même elle le seroit, la crainte d'y manquer feroit arriver le plus grand nombre beaucoup auparavant. Ils attendent à la porte de la salle Saint Paul et dans l'escalier que le premier pansement soit fait, ou on les fait entrer dans la salle Saint Paul à mesure qu'ils arrivent; dans le premier cas ils sont exposés au froid pendant l'hiver, obligés de rester debout. Ils embarrassent la porte et l'escalier, gènent le service des domestiques ou autres, tant de la salle Saint Paul que de celles qui sont situées au dessus; dans le second cas, c'est à dire si on les fait entrer dans la salle lorsqu'ils se présentent, ou ils se promènent ou se rassemblent proche le lieu ou doit se faire cette visite, ils lient conversation entr'eux, parlent fort haut, font beaucoup de bruit, troublent le repos des malades et empêchent le service des infirmiers; on ne peut les visiter que dans le milieu de la salle entre deux lits de fractures, dans un espace très étroit, où ils sont exposés à la vue de la multitude, ce qui est de la dernière indécence pour les femmes attaquées de hernies ou d'autres maladies, qu'il faut découvrir et qui quelquefois conservent assez de pudeur pour se refuser à une pareille visite. Le premier chirurgien, lui même à la gêne dans cet endroit, peut y être à peine avec un ou deux élèves, et ne peut leur faire donner par écrit les ordonnances des médicaments qu'il leur prescrit, il ne peut que leur indiquer de vive voix, ils ont bientôt oublié ce qu'il leur a dit et souvent prennent des quiproquo dont les suittes ne sont jamais indifférentes. L'amphithéâtre placé dans la salle Saint Yves remédieroit à tous ces abus; ces malades pourroient y être reçus et visités; les hommes dans l'amphithéâtre même, et les femmes dans la petite chambrette qui en est dépendante, où elles le seroient séparément et tour à tour. Le premier chirurgien pourroit commettre un ou deux élèves auxquels il feroit faire les ordonnances et les feroit remettre aux consultants, écrites sur une carte ou un petit quarré de papier. Cette visite, qui est ordinairement sans fruit par le peu d'ordre qui y règne, deviendroit allors très avantageuse, on pourroit y faire panser un grand nombre de malades qui, faute de ce secours sont obligés de venir coucher à l'Hôtel Dieu et surchargent d'autant l'hôpital, et par ce moyen l'Administration feroit ressentir les effets de son amour pour les pauvres, non seulement à ceux de l'Hôtel Dieu, mais même les étendroit jusques sur ceux du dehors. Enfin, avons nous ajouté, la nécessité d'une salle séparée où se pratique les grandes opérations, telles que amputations, tailles, hernies, etc. devroit seul fixer les opinions sur cet objet. Celui qui n'est pas aguerri par l'habitude au spectacle de ces opérations, quoique bien portant et n'ayant pas à craindre pour lui de semblables opérations, peut à peine en soutenir le récit sans frémir; qu'on se représente cet homme malade et couché à l'Hôtel Dieu, attaqué par exemple de la pierre, et devant être opéré dans un jour de grande taille, c'est à dire avec 9 ou 10 autres. Il voit dès le matin les préparatifs et pour ainsi dire l'appareil de ses souffrances. Il voit arriver les chirurgiens, et s'empresser autour de son lit de douleur; ces apprêts sont déjà plus que suffisants pour le glacer d'effroy, mais il ne doit être opéré que le dernier, et il faudra encore qu'il se repaisse des cris que poussent les malheureux qui le précèdent, et qu'il entend souvent dans la force de la douleur invoquer la mort et maudire l'instant où ils consentirent à cette opération; qu'on se représente dis-je ce même homme et qu'on juge de sa situation, peut-on en imaginer une plus cruelle. Quelle influence ne doit pas aussi produire sur les autres malades un pareil spectacle? Tous sont émus, troublés et fatigués par le tumulte et le bruit inévitables dans une petite salle telle que celle des opérations, où une multitude de jeunes gens animés du désir de s'instruire, et impatients de ne rien voir, *montent sur les chaises ou les bancs qu'ils peuvent trouver, sur le ciel des lits des voisins, même sur celui où se pratique l'opération*, s'exposent à l'enfoncer et tomber sur le malade et l'opérateur, blesser l'un et l'autre, se poussent mutuellement pour pouvoir approcher du lit, poussent même quelquefois le bras de celui qui opère dans l'instant où la faute la plus légère peut avoir les suittes les plus funestes pour le malade, enfin gêner de toutes parts le malade et l'opérateur, se gêner les uns les autres, et encore il n'y en a qu'un très petit nombre qui puisse voir opérer. La salle Saint Yves située approchant dans le centre du département de la chirurgie, répondant par une de ses extrémités à celle de la salle des taillés et de la salle Saint Nicolas, par l'autre répondant à l'entrée de la salle St Paul, peu éloignée de la salle des opérations ne peut être plus favorablement située pour remplir cet objet; elle pourroit même servir pour les femmes de la salle Saint Jean, surtout si le nombre des maladies chirurgicales venant à augmenter, et les salles St Paul et Saint Jean ne pouvant suffire, l'Administration jugeoit à propos un jour d'aggrandir ce département, en établissant entre les salles une continuité, fermée toutefois par une grille, et transférant ailleurs la salle Saint Louis, même dans la disposition actuelle, on pourroit facilement les y transporter sur un brancart couvert, en passant à travers cette dernière salle; ainsi les opérations se faisant dans cet amphithéâtre, les malades des autres salles ne seroient pas agités par les cris de ceux qu'on opère, ceux-ci ne seroient pas d'avance effrayés par la vue des préparatifs nécessaires pour leur opération, ne seroient pas épouvantés par la présence des élèves qui accourent autour de leur lit pour y avoir une place favorable. L'opérateur et ses aides ne seroient pas gênés et étourdis par ceux-ci, qui tous pourroient voir commodément, et les opérations se feroient avec beaucoup plus de calme et de tranquillité. Quant aux inconvénients attachés à l'emplacement de l'amphithéâtre dans la salle St Yves, je n'en vois aucun. On déplace il est vray M[rs] les prêtres, mais cela doit leur être indifférent, puisque l'on peut leur donner une autre salle de même grandeur, située immédiatement au dessus et qui, même, à raison de sa plus grande élévation, est beaucoup mieux éclairée. Il est vrai qu'elle a un peu moins de hauteur, mais elle en a bien suffisamment pour être salubre, ni ayant que huit lits dans cette salle, dont il y a à peine la moitié qui soient constamment occupés. Telles sont les réflections que je soumets au jugement de l'Administration. A l'Hôtel Dieu ce 15 décembre 1787. Signé : Desaut.»

(9 janvier.) Par un extrait tiré des registres de l'Hôtel Dieu et de l'hôpital Saint Louis, il paroît que le premier janvier de l'année dernière 1787, il y avoit 1,824 malades dans ledit Hôtel Dieu; que pendant ladite année il en a été receu 20,193, dont 19,534 de la ville et de la campagne, des hôpitaux 659, dont 288 de la Salpêtrière, 146 de Biscêtre et 225 de la Pitié. Enfans nouveaux nés 1,507, dont 779 garçons et 728 filles, ce qui compose en total 23,524 personnes; que sur ce nombre il en est mort 3,694, dont 2,125 hommes, 1,236 femmes; enfans nouveaux nés 165, dont 87 garçons et 78 filles, des hôpitaux 168, dont 61 de la Salpêtrière, 92 de Biscêtre et 15 de la Pitié, et comme il n'en restoit le dernier du mois de décembre 1787 que 1,799, il en est sorti 18,031. Qu'il y avoit 574 malades dans ledit hôpital Saint Louis, le premier dudit mois de janvier 1787; qu'il en a été envoyé dudit Hôtel Dieu pendant ladite année 2,987, ce qui compose en total 3,561 personnes; que sur ce nombre il en est mort 654, dont 303 hommes et 105 femmes de la ville et de la campagne, des hôpitaux 246, dont 102 de la Salpêtrière, 91 de Biscêtre et 53 de la Pitié, et comme il n'en restoit le dernier dudit mois de décembre 1787 que 501, dont 453 de la ville et de la campagne, des hôpitaux 48, dont 9 de la Salpêtrière, 18 de Biscêtre et 21 de la Pitié; il en est sorty 2,406, en sorte qu'au dernier dudit mois de décembre 1787 il y avoit 2,300 malades dans lesdits deux hôpitaux.

(9 janvier.) A été fait lecture d'une lettre de M. le Lieutenant général de police à M. Marchais, en datte du 2 de ce mois, du placet dont il est parlé dans ladite lettre, et d'un projet du mémoire demandé à ce sujet par mondit sieur le Lieutenant général de police en réponse audit placet. Sur quoi la matière mise en délibération, la Compagnie a approuvé ledit mémoire et a arrêté : 1° qu'il sera envoyé par le Bureau à mondit sieur le Lieutenant général de police, avec une lettre qui a été signée sur le champ; 2° que la lettre de mondit sieur le Lieutenant général de police à Mr Marchais, et copie du mémoire qui doit lui être envoyé seront annexés à la présente délibération; 3° qu'il sera pris copie du placet dont il est question pour être également annexé à la présente délibération, et que l'original sera renvoyé à mondit sieur le Lieutenant général de police. *Lettre de M. de Crosne.* «Paris, le 2 janvier 1788. J'ai l'honneur de vous envoyer, Monsieur, un mémoire adressé au Roi par les femmes grosses qui sont actuellement à l'Hôtel Dieu. Je vous prie de vouloir bien me marquer si leurs plaintes sont fondées, et m'adresser un mémoire très détaillé que je puisse mettre sous les yeux du Ministre. J'ai l'honneur d'être, etc. De Crosne. — Au Roi, Sire, les malheureuses femmes grosses de l'Hôtel Dieu de Paris, ont l'honneur de mettre devant les yeux de Votre Majesté l'affligeant tableau de leur situation. Depuis le nouveau règlement que l'Administration a mis en usage dans la maison, on a mis coucher ces malheureuses femmes dans des lits séparés par des planches, espérant alléger leurs peines, mais elles se trouvent multipliées par la gêne qu'elles éprouvent de ne pouvoir se retourner sans être exposées à se blesser. Plusieurs d'entr'elles ont eu des couches malheureuses, des chûtes qu'elles ont faites de leur lit. Elles croyent trouver un prompt remède à leurs maux que d'oser se jetter aux pieds du trône d'un Roi bienfaisant et le père de ses sujets. — *Mémoire en réponse au placet* présenté au Roi par les femmes grosses reçues à l'Hôtel Dieu. Le placet présenté au Roi au nom des femmes grosses reçues à l'Hôtel Dieu pour y faire leurs couches, et renvoyé par M. le Lieutenant général de police à l'Administration de cet hôpital, pour avoir son avis, ne contient qu'une seule vérité; savoir *que c'est dans l'espérance d'alléger leurs peines* qu'on a mis les femmes coucher seules dans des lits doubles séparés par des planches. Le nouveau règlement dont il est question dans ce placet n'a aucun rapport à l'objet de leurs plaintes qui n'est autre que la gêne qu'elles prétendent éprouver dans leurs nouveaux lits, et il est cité mal à propos comme la cause de cette prétendue gêne. Pour prouver combien ces plaintes sont injustes, on va entrer dans quelques détails, suivant le désir de M. le Lieutenant général de police. Les femmes grosses et accouchées, occupoient ci-devant une salle qui n'avoit que 252 pieds de longueur. Ce peu d'espace obligeoit à les mettre plusieurs

ensemble dans le même lit. Leur trop grand rapprochement, le peu de hauteur des platfonds et le défaut de jours suffisans pour renouveller l'air, faisoient qu'il n'étoit pas aussi salubre dans cette salle qu'il eût été à souhaiter. Le désir d'améliorer le sort de ces femmes, en leur procurant un air plus pur et assez de lits pour pouvoir les coucher seules, a porté l'Administration à les transférer dans une autre salle de 160 pieds plus longue que l'ancienne, plus élevée de 18 pouces et infiniment plus aerée, non seulement par une plus grande quantité de croisées dans sa longueur, mais aussi par celles qui se trouvent aux deux extrémités, procurent un courant d'air du levant au couchant et donnant par là le moyen de renouveller celui de la salle en très peu de tems. On y a placé 92 lits de trois pieds et de 3 pieds 1/2 pour coucher seules les femmes nouvellement accouchées et celles qui, malades des suittes de leurs couches, ont besoin de rester plus longtemps à l'Hôtel Dieu. Pour procurer le même avantage aux femmes grosses, il eut fallu en placer de pareils dans la partie de cette même salle qui leur étoit destinée, mais 1° il n'y en avoit plus dans l'Hôtel Dieu; 2° il n'auroit pas été possible d'y en placer assez pour y en recevoir un nombre égal à celui qui s'y trouve ordinairement; cependant il falloit ménager le terrein, et il n'y a eu d'autre ressource pour pouvoir coucher ces femmes seules que dans les lits doubles. Le gouvernement est venu au secours et en a fourni 52 de cinq pieds deux pouces de large avec une séparation qui, n'ayant que deux pieds de hauteur, n'empêche pas l'air d'y circuler; ils peuvent coucher 104 femmes. Sans ce secours on eût été obligé de leur donner d'anciens grands lits, comme elles en avoient dans leur ancienne salle, et l'amélioration qu'on s'étoit proposée n'eût pas été complette. *Avant le nouvel arrangement les femmes grosses n'avoient le plus souvent que le quart, quelquefois le tiers et jamais plus de la moitié d'un lit de 4 pieds ou 4 pieds et demi de large.* Depuis elles jouissent seules d'un espace de 2 pieds et demi. La planche qui les sépare de leur voisine les garantit en même temps d'un voisinage incommode par plus d'une raison, de la respiration et des exhalaisons d'un corps quelquefois malsain et de mouvemens qui pourroient causer des accidens, elles les retient d'un côté et ne produit absolument que l'effet d'un lit en niche appuyé sur un mur ou sur une cloison. Cette forme de lit remplit deux objets bien précieux, qui sont de pouvoir coucher les malades séparément, et de ménager cependant assez le terrein pour y en placer un plus grand nombre, et il y a déjà beaucoup d'hôpitaux où on se trouve bien de l'avoir adoptée. Il y en a près de 200 de cette espèce dans les nouvelles salles de l'Hôtel Dieu, et les malades qui les occupent y sont infiniment mieux et pour la tranquilité et pour la salubrité qu'ils ne pourroient être dans ceux où ils étoient 3eme ou 4eme. Les femmes grosses sont dans le même cas et doivent éprouver le même bien être. Leur avantage seul a pu déterminer à faire une dépense qui n'a eu pour objet que d'améliorer leur sort. L'exposé ci-dessus prouve suffisamment l'injustice de leurs plaintes, mais ce qui y met le comble, c'est la certitude qu'elles ont qu'au moment de leur accouchement elles passeront dans un lit de 3 pieds ou de 3 pieds et demi pour y rester seules jusqu'au moment de leur sortie de l'Hôtel Dieu. Avantage qu'elles n'avoient pas dans leur ancienne salle. Non seulement les plaintes de ces femmes sont injustes, mais encore elles portent sur des allégations fausses. Elles avancent dans leur placet que plusieurs d'entr'elles ont eu des couches malheureuses, causées par des chûtes qu'elles ont faites de leurs lits. L'Administration pour être instruite de ce fait a mandé la maitresse sage femme au Bureau, et elle a attesté qu'aucune femme grosse ne s'étoit plaint à elle d'être tombée de son lit, et qu'il n'étoit résulté aucune couche malheureuse de ces chûtes supposées; qu'au reste il n'y avoit nulle comparaison à faire entre la manière dont les femmes grosses et les femmes accouchées sont actuellement à tous égards dans leur nouvelle salle, et celle dont elles étoient dans l'ancienne, parce qu'elles jouissent dans ce moment de tous les avantages qu'il est possible de leur procurer dans un hôpital. Si à l'injustice de ces plaintes et à la fausseté des faits qui leur servent de motif, on ajoute que les femmes sous le nom desquelles on les a fait parvenir jusqu'au pied du thrône, n'avoient aucun intérêt au succès de leurs démarches, puisqu'elles devoient passer dans un autre lit avant la réponse à leur placet, on sera bien fondé à croire qu'un moteur secret et intéressé à attirer des affaires à l'Administration a été l'agent de celle-ci, car il est évident que les femmes enceintes reçues à l'Hôtel Dieu, libres dans l'expression de leurs sentimens, auroient infiniment plus de grâces à rendre des soins que l'Administration de concert avec le gouvernement a pris d'améliorer, on pourroit même dire de perfectionner leur traitement, que de plaintes à porter d'une prétendue incommodité qui, comparée avec celles qu'elles éprouvoient dans les grands lits où elles couchoient, est un véritable bien être. Au reste, dans le même emplacement où sont les 52 lits doubles, il y en a une quinzaine de simples pour y recevoir celles qui, étant d'un plus gros volume, se trouveroient trop gênées dans les lits doubles.

(16 janvier.) Monsieur Martin a dit que le Bureau avoit, par sa délibération du 9 du présent mois, arrêté que la salle Saint Joseph, devenue vacante par le transport dans les salles Saint Landry et Ste Monique des

femmes grosses et accouchées qui l'occupoient, serviroit à y placer les hommes fiévreux qui, aux termes de la délibération du 31 janvier 1787, devoient être placés dans les salles Saint Landry et Ste Monique, et qu'elle seroit affectée par préférence aux convalescens de cette espèce de malades. Mais que pour remplir exactement le vœu de la délibération à ce sujet, il étoit nécessaire d'engager MM. les Médecins à y concourir pour ce qui les concerne, et à proposer à l'Administration les moyens qui peuvent dépendre d'eux pour mieux remplir cet objet; que dans cette vûe, il avoit fait un mémoire à consulter, contenant cet objet et plusieurs autres qui interressent également la santé des malades, et sur lesquels il avoit pensé qu'il seroit bon d'avoir l'avis des médecins. Et a mondit sieur Martin fait lecture dudit mémoire contenant dix articles. Sur quoi la matière mise en délibération, la Compagnie a arrêté : 1° que ledit mémoire sera annexé à la présente délibération; 2° qu'il sera remis avec une expédition de la présente délibération à M. le doyen des médecins de l'Hôtel Dieu lundy prochain, jour que doit se faire l'examen d'un apothicaire pour être reçu gagnant maitrise, pour en conférer à MM. ses confrères, et donner au Bureau leur avis sur les objets qu'il contient, le plus promptement qu'il leur sera possible. — *Objets sur lesquels le Bureau prie Messieurs les Médecins de donner leur avis.* — 1er *Objet.* La salle Saint Joseph, ci devant occupée par les femmes grosses et accouchées est destinée à suppléer aux salles du rez de chaussée qui ne pourront plus contenir tous les hommes fiévreux qui se rendent à l'Hôtel Dieu, lesquelles ne seront meublées que de petits lits. Il a paru au Bureau que comme la salle St Joseph est encore meublée de grands lits, il conviendroit mieux que les convalescens fiévreux y fussent reçus, et que les petits lits des salles du rez de chaussée fussent réservés pour les véritablement malades. Le Bureau désireroit que Messieurs les Médecins contribuassent de leur part à l'exécution de ce projet et lui fissent part des moyens d'y parvenir. — 2e *Objet.* Les ordonnances de Messieurs les Médecins ne sont point exécutées exactement dans les salles pour lesquelles le règlement du 16 juillet a été fait, malgré la présence des chirurgiens chargés de lire aux religieuses les cahiers où elles sont écrites, et les représentations qu'ils font à ce sujet. Non seulement la destination des alimens apportés de la cuisine en conséquence du bulletin qui est le relevé des cahiers de visite est intervertie, en donnant aux malades des choses différentes de ce qui leur est ordonné, mais on fait même apporter des alimens du dehors qui sont apprêtés dans les offices des salles, et surtout des alimens maigres, et donnés arbitrairement aux malades. Quel seroit le meilleur moyen de parvenir à faire exécuter les ordonnances pour la nourriture des malades. — 3e *Objet.* Les collations se donnent toujours aux malades dans ces mêmes salles comme dans les autres, quoique le Bureau sur l'avis de Messieurs les Médecins les ait proscrites par le règlement du 16 juillet. Elles se donnent communément deux heures après que le diner des malades est fini. Messieurs les Médecins sont priés d'indiquer à l'Administration le moyen qui leur parroitra le plus propre à faire cesser les abus qui en résultent. — 4e *Objet.* Les quantités de vin données aux malades, en vertu du règlement du 16 juillet dernier, paroissent trop fortes, le Bureau a déjà consulté Messieurs les Médecins sur les moyens de mieux proportionner la quantité de vin au reste de la portion ordonnée pour chaque malade, et ils ne lui ont point encore fait parvenir leur avis sur cet objet; ils sont priés de le donner. — 5e *Objet.* La nouvelle salle des femmes grosses et accouchées ne contient que des lits où elles sont couchées seules; on s'est toujours plaint qu'on leur donnoit trop à manger ou du moins aux femmes accouchées, et qu'on n'avoit pas assez d'attention à empêcher qu'on ne leur apportât à manger du dehors. Messieurs les Médecins sont priés d'indiquer les meilleurs moyens d'observer dans cette salle le régime qui lui convient. — 6e *Objet.* Messieurs les Médecins sont aussi priés de donner leur avis sur la manière d'observer le meilleur régime possible dans les salles qui ont encore de grands lits; savoir, les salles Saint Roch, Saint François, Ste Martine, St Louis et St Joseph. — 7e *Objet.* Messieurs les Médecins sont priés de donner leur avis et de prendre ensemble les mesures les plus convenables sur la manière la plus économique de médicamenter les malades, soit en n'ordonnant que les remèdes les moins coûteux à vertu égale, soit en employant tout autre moyen qui leur paroîtra le plus propre à remplir cet objet, et surtout en diminuant autant qu'il sera possible l'usage fréquent des sirops, qui se multiplie considérablement depuis quelques années. L'usage des sangsues est aussi un article sur lequel le Bureau prie Messieurs les Médecins d'être le plus réservés qu'ils pourront, en leur observant que l'usage en a été de tout tems beaucoup moins fréquent dans l'Hôtel Dieu. — 8e *Objet.* Il y a déjà deux pœles dans la nouvelle salle des femmes grosses et accouchées, on en demande un troisième; Messieurs les Médecins sont priés de dire s'ils le croyent nécessaire. — 9e *Objet.* Il y a dans l'Hôtel Dieu des malades qu'on y garde depuis des tems considérables, sous le prétexte qu'ils ne sont pas entièrement guéris. La plus grande partie de ceux dont il est question ici ont des maladies qui sont de nature à ne jamais guérir et l'Hôtel Dieu ne doit pas les garder. Le Bureau prie Messieurs les Médecins de prendre cet objet dans la plus grande considération et de lui donner leur avis sur la meilleure manière d'en débarrasser la maison et en général sur celle de renvoyer les malades guéris.

(25 janvier.) Lecture faite d'une lettre de M. Colombier à Monsieur Lecouteulx de Vertron, en datte du 24 de ce mois, et en réponse à celle par laquelle mondit sieur Lecouteulx de Vertron lui avoit addressé le 17 du même mois, en exécution de la délibération du seize, trois copies de devis arrêtés par ladite délibération, pour réparations à faire à quelques partyes des constructions faittes par le gouvernement. La Compagnie a arrêté : 1° que ladittc lettre de M. Colombier sera annexée à la présente délibération pour y avoir recours où besoin seroit; 2° d'autorizer le s^r^ Bonnot à se charger, sous les ordres qui lui seront donnés par le gouvernement, de la direction des travaux à faire à la terrasse construite sur le terrein du Petit Châtelet, et de dresser un devis estimatif de la dépense qu'occasionnera cet ouvrage; 3° de prier M. Colombier d'instruire M. de la Millière du vif désir qu'à la Compagnie de faire le plutôt possible jouir le public des salles qui restent à établir; à l'effet de quoi elle donne tous ses soins pour en accélérer l'arrangement; 4° de lui adresser un état par mois, depuis le premier juillet dernier, jusqu'au premier janvier de la présente année, des malades des différentes maisons de l'Hôpital général qui ont été receus pendant cet interval, soit à l'Hôtel Dieu, soit à l'hôpital Saint Louis, et le nombre de ceux qui y étoient audit jour; 5° enfin de lui envoyer copie de la présente délibération. *Copie de la lettre de M. Colombier.* «Paris, ce 24 janvier 1788. J'ay communiqué, Monsieur, à M. de la Millière la lettre que vous m'avez fait l'honneur de m'écrire de la part du Bureau, le 17 de ce mois, et les copies des devis qu'il a arrêtés pour réparer les différentes parties de construction dont le s^r^ de St Far a été chargé. J'ay également fait part à ce magistrat de la copie du rapport que le sieur Bonnot a fait au Bureau concernant les réparations à faire à la terrasse construite sur le terrein du Petit Châtelet. Il a vu avec douleur, Monsieur, que le premier objet exigeait des additions et des réparations qu'on auroit pu éviter, et il m'a chargé d'avoir l'honneur de vous mander qu'il prioit Messieurs les Administrateurs d'être assurés qu'il ne manqueroit pas de joindre cette observation à toutes celles que vous avés déjà faites sur vos dépenses extraordinaires, pour les nouveaux arrangemens de l'Hôtel Dieu, lorsqu'il sera temps de les mettre sous les yeux de M. le Contrôleur général. A l'égard de la terrasse, il attend avec impatience le moment où l'on pourra y travailler, pour prier le Bureau de vouloir bien permettre que M. Bonnot en soit chargé, et il désireroit qu'en attendant cet architecte fit un devis estimatif de la dépense qu'occasionnera cet ouvrage. Ce magistrat ne désire pas moins, Monsieur, de voir terminer le plus tôt possible l'arrangement des salles qui restent encore à établir, suivant le nouveau plan convenu, et il m'a chargé d'avoir l'honneur de vous mander que M. le Contrôleur général, instruit qu'il restoit encore des malades de l'Hôpital général tant à l'Hôtel Dieu qu'à l'hôpital Saint Louis, désiroit que le Bureau voulut bien lui en adresser l'état, mois par mois, depuis juillet dernier. J'ay l'honneur d'être, etc. Signé : Colombier.»

(30 janvier.) A été fait lecture d'une lettre écrite ce jour au Bureau par le sieur de Sault, premier chirurgien de l'Hôtel Dieu, dont l'objet est de faire connoître à l'Administration les véritables raisons pour lesquelles les salles Saint Paul et St Nicolas réunies sont aussi chargées de blessés ou prétendus tels depuis leur réunion, et en même temps le moyen qu'il y auroit de débarrasser ces salles de toutes les personnes qui devoient en être renvoyées, et de procurer à celles qui ont véritablement besoin des secours de la chirurgie une plus prompte guérison. Sur quoi la matière mise en délibération, la Compagnie a arrêté : 1° que la lettre dudit sieur Desault demeurera annexée à la présente délibération; 2° que le règlement du 16 juillet de l'année dernière sera exécuté dans les salles Saint Paul et Saint Nicolas, et en conséquence que le premier chirurgien fera écrire sur le cahier de visite les alimens qu'il croira devoir prescrire aux malades de maladies purement chirurgicales, conformément à l'article 24 dudit règlement; que lesdits alimens leur seront distribués conformément à l'article 41, en présence du chirurgien du département qui lira les ordonnances pour chaque malade à la relligieuse chargée de faire la distribution; que ledit premier chirurgien désignera tous les malades qu'il croira guéris ou incurables, et dans le cas d'être renvoyés, pour la notte en être donnée par le chirurgien du département à l'inspecteur des salles, afin qu'il les fasse sortir conformément à l'article 23. Et qu'au surplus les articles dudit règlement relatifs au service, à l'ordre et à la police des salles seront exécutés selon leur forme et teneur dans celles de St Paul et de St Nicolas.» — *Lettre de M. De Sault.* «Messieurs, lorsque vous réunites la salle St Nicolas et la salle St Paul en une seule salle, uniquement destinée pour le traitement des hommes blessés, je jouissois d'avance du plaisir de voir ces malades, pour la guérison desquels le repos et la situation constante sont si essentiels et si nécessaires, n'estre plus entassés les uns sur les autres dans des lits très raprochés, mais se trouver à leur aise, la plupart couchés seuls, un très petit nombre à deux dans le même lit. Mon plaisir ne fut pas de longue durée. Le nombre des malades semble augmenter en raison du surcroît des lits, et malgré que je redoublasse de soins

pour hâter leur guérison et leur sortie, j'eus toujours le désagrément de les voir comme auparavant réunis trois et même quatre dans le même lit, et leur nombre se monte à 330, 340. Si ce nombre eut augmenté dans la même proportion dans la salle Saint Jean, où sont aujourd'hui couchées les femmes blessées, on eut peut-être été fondé à renouveller l'objection déjà plusieurs fois répétée *qu'à mesure que les malades seroient mieux dans l'hôpital, ils y viendroient en foule et que quelque fut l'agrandissement qu'on put donner à l'Hôtel Dieu, il seroit toujours trop petit.* Mais cette objection tombe d'elle même par la comparaison du nombre des malades qu'il y a dans ces deux salles, puisque dans la salle St Jean, qui remplace l'ancienne salle Saint Nicolas, ce nombre est aujourd'hui diminué, et que de 100 à 110 qu'elles étoient autrefois (c'est le terme moyen), elles n'ont encore été que 80 à 90. Il faut donc chercher ailleurs les raisons de cette différence; il ne sera pas, je crois, difficile d'en dévoiler la vraie cause et de démontrer que ce n'est qu'au défaut d'ordre, tant dans la réception que dans la sortie des malades, et au défaut de régime qu'on doit l'attribuer. En effet comme l'on reçoit indistinctement sans inscription et sans visite tous les malades qui se présentent pendant la nuit, il arrive qu'un grand nombre de gens ivres qui, en tombant par terre, se sont fait quelque égratignure, sont couchés dans la salle Saint Paul. L'inconvénient ne seroit peut être pas grand si on pouvoit les renvoyer le lendemain ou aussitôt après leur guérison, mais il faudra attendre le jour de la sortie et il n'a lieu que trois fois la semaine, souvent que deux fois et même moins, lorsqu'il y a une ou plusieurs fêtes, ou que les religieuses préposées aux chemises et aux habits ont quelqu'autre affaire, qu'il y a quelque cérémonie dans leur communauté, telle que lundi dernier ou, parce qu'une novice prenoit le voile, on n'a pu faire le renvoi des malades, mais il ne pourra pas encore partir le 1er jour de sortie parce que sa chemise qui aura été mise à la lessive n'est pas blanche et ne peut lui être rendue, il restera donc au moins 8 jours dans l'hôpital et plus longtems, s'il le désire et a quelque recommandation auprès de la religieuse; il y a en outre dans cette salle une infinité de paresseux et de désœuvrés qui ne sont plus malades et qui s'en vont de leur lit le matin et le soir à l'heure des pansements afin de n'être point apperçus par les chirurgiens qui les feroient renvoyer, et qui y reviennent lors de la distribution des alimens, conservant une bande autour d'un bras ou d'une jambe et disant à la religieuse qu'il ne sont pas guéris. Il y en a encore beaucoup qu'elle sçait être guéris et n'avoir plus besoin de pansement mais qu'elles gardent, comme elles le disent, par principe de charité, parce qu'ils sont pauvres, qu'ils n'ont point un lit, qu'ils s'y trouvoient bien autrefois et qu'il y auroit suivant elles de l'inhumanité de renvoyer ces malheureux puisqu'elles peuvent les auberger. Enfin ajoutons à toutes ces causes le défaut de régime et de police dans l'intérieur des salles. Il n'y a point de maladies où la trop grande quantité d'alimens ait autant d'influence que dans les maladies chirurgicales, elle retarde la guérison des ulcères les plus simples, et même souvent les fait dégénérer en ulcères de mauvaise nature, et il est prouvé qu'en général les religieuses donnent trop à manger. Je ne répéterai point ici toutes les fautes en ce genre qu'elles peuvent commettre, elles ne sont que trop connus de l'Administration. Le défaut de police dans l'intérieur des salles fait qu'ils se gorgent encore d'aliments qu'on leur apporte de la ville, tels que pain, viande, vin, etc., qu'ils boivent et même souvent s'enivrent avec leurs parents ou amis qui viennent les voir; ils se lèvent, se promènent sans que personne puisse les empêcher et l'on sçait combien le marcher est contraire aux plaies de jambes et retarde leur guérison. Je crois cet exposé suffisant pour mettre hors de doute et rendre évidente la source de ce nombre excessif de malades dans la salle St Paul et je suis intimement persuadé qu'il diminuera au moins d'un tiers aussitôt qu'il plaira à l'Administration d'y établir le régime et elle peut le faire quand elle le jugera à propos, quoique les lits destinés pour cette salle ni soient point encore placés, et elle ne doit point craindre de confusion, ni de quiproquo, puis qu'outre le nom de chaque malade qui doit être écrit en entier, tant sur le registre du chirurgien du département que sur celui du topique, on pourroit encore ajouter à la tête de chaque nom le nombre 1 ou 2, lorsqu'ils seroient couchés plusieurs, ou telle autre marque qui les désigneroit d'une manière infaillible. J'ai l'honneur d'être, Messieurs, etc. Signé : De Saut. »

(6 février.) Monsieur Martin a dit que par l'article 1er du règlement, arrêté le 18 juillet dernier, concernant les domestiques des salles dans lesquelles celui du 16 du même mois doit être exécuté, le Bureau s'étoit réservé de statuer sur ce qui concerne les domestiques des anciennes salles; que le Bureau désirait depuis longtemps supprimer les domestiques sans gages employés dans la maison sous le nom de convalescens et les remplacer par des domestiques gagés à proportion du besoin de chaque salle, pour faire cesser les abus qui résultent de ce que cette espèce de domestiques cherche à se dédommager par toutes sortes de moyens des gages qu'ils ne touchent pas, abus qui ont été mis plusieurs fois sous les yeux du Bureau; que cette réforme avoit déjà été effectuée dans les offices de la maison en vertu de la délibération du Bureau, du 5 décembre dernier, à la réserve

de l'apothicairerie où il reste encore 2 garçons et 3 filles sans gages, qui ont été oubliés dans l'état arrêté le 5 décembre dernier. Que le nombre des garcons auxquels il s'agit de donner des gages est de 59 et celui des filles de 19, pour remplacer 103 convalescens et 24 convalescentes, suivant l'état que mondit sieur Martin a mis sous les yeux du Bureau. Que les gages et l'habillement de ces nouveaux domestiques feront sans doute un surcroît de dépense, mais que les avantages qui résulteront de la suppression de ces prétendus convalescens à beaucoup d'égards seront bien capables de la compenser; que la mère Prieure représente que dans les salles Notre Dame et Ste Anne il n'y a pas assez de filles pour répondre à tout le service; que les filles de la chambre d'en haut ont pour faire leur gros ouvrage un convalescent sans aucuns gages qui est dans le cas d'être supprimé, et que ces filles, qui n'ont aucuns gages et dont le service est bien essentiel, méritent qu'on leur laisse ce domestique et qu'on lui donne quelques gages. Sur quoi la matière mise en délibération, la Compagnie a arrêté : 1° qu'à compter du 1er mars prochain, les domestiques sans gages de l'un et de l'autre sexe employés dans la maison sous le nom de convalescens seront supprimés dans toutes les salles et offices ou il en reste encore et remplacés par des domestiques à gages, suivant l'état présenté par Monsieur Martin qui demeurera annexé à la présente délibération; 2° que lesdits nouveaux domestiques auront tous comme les anciens, savoir les garçons 60 livres de gages et les filles 48 livres, qu'ils seront habillés et entretenus de linge, conformément à l'article 4 du règlement concernant les domestiques, arrêté le 18 juillet dernier; 3° que ledit règlement sera exécuté à leur égard dans tout son contenu, soit relativement aux avantages accordés auxdits domestiques, soit relatiment aux conditions à eux imposées; 4° qu'il sera pris une nouvelle fille domestique dans chacune des deux salles Notre Dame et Ste Anne aux mêmes conditions que les anciennes.

(15 février.) Ouverture a été faite à l'instant d'une lettre sous enveloppe à l'adresse de MM. les Administrateurs dont la teneur suit : «Paris, ce 15 février 1788. Messieurs, je vous prie de vouloir bien me faire donner copie de la lettre du sieur De Sault qui paroît avoir motivé votre délibération du 30 janvier dernier, il est interressant pour ma communauté de la connoitre. Je pense aussi, Messieurs, que vous voudrés bien encore sursoire quelque temps l'exécution de cette délibération, l'opposition judiciaire que j'ai formée, et mes réclamations contre le règlement méritent cette déférence. Je suis avec respect, Messieurs, votre très humble et très obéissante servante. Signé : sœur de la Croix, Prieure.» La matière mise en délibération, a été arrêté que ladite lettre demeurera annexé à la présente délibération; 2° et de répondre à ladite lettre comme il suit : «Paris, le 15 février 1788. Madame, le Bureau n'est point dans l'usage de communiquer les lettres et les mémoires qui lui sont addressées, soit par les médecins, soit par tout autre qu'autant qu'il auroit à prendre des éclaircissemens nécessaires. La délibération du 30 janvier, qui ne consiste qu'à appliquer aux salles Saint Paul et Saint Nicolas le régime a eu pour principal motif de parer à l'inconvénient de la surcharge de ces deux salles, et le Bureau ne pense pas que les circonstances doivent lui faire surseoir son exécution; d'ailleurs étant moins nombreux le vendredy, il seroit déplacé que trois de ses membres arrêtassent l'exécution d'une délibération prise le mercredy à l'unanimité de la Compagnie. Nous sommes bien respectueusement, Madame, etc. Signé : Le Couteulx de Vertron, Marrier et Martin.»

(20 février.) Le Bureau délibérant sur l'exécution du règlement arrêté en l'assemblée générale de l'Administration le 16 juillet dernier et sur tout ce qui s'en est suivi, a arrêté d'envoyer à M. le Procureur général et lui a envoyé à l'instant les observations dont suit la teneur. Observations sur quelques circonstances de l'affaire de l'Hôtel Dieu de Paris. L'Hôtel Dieu est un établissement public appartenant à l'État, dont l'Administration doit être dirigée en entier par l'autorité publique. C'est une vérité qu'on a reconnue lorsqu'en la confiant à douze des principaux citoyens de la capitale on leur a donné pour président le chef du diocèse et ceux de la magistrature. Une administration ainsi composée a été nécessairement revêtue d'une autorité suffisante, non seulement pour faire tous les règlemens que l'avantage des pauvres malades et celui de l'hôpital sont dans le cas d'exiger, mais encore pour les faire exécuter, elle représente l'autorité publique dont elle a les pouvoirs, et ses délibérations prises au Bureau général ne peuvent être soupçonnées d'abus d'autorité; elles doivent donc ne trouver aucun obstacle à leur exécution, et toutes personnes chargées du soin des pauvres malades dans l'Hôtel Dieu qui prétendroient avoir une autorité intermédiaire entre l'Administration et les malades, et être par là ou par quelqu'autre raison que ce fut en droit de ne point exécuter les règlemens faits par l'Administration, soit en les éludant, soit en s'y opposant ouvertement, n'affaibliraient pas seulement celle dont l'Administration doit nécessairement et absolument joüir, mais la détruiraient dans le fait, si leurs prétentions étaient accueillies, car cette autorité ne subsistant plus dans son entier, les parties du gouvernement de l'Hôtel Dieu qui se trouveraient sous des autorités différentes, seraient conduites par des prin-

cipes différens, qui ne rempliraient pas les vues générales qui doivent conduire l'ensemble et tendre au même but. Ces vérités résultent de toutes les pièces et mémoires remis à M. le Procureur général, on a cru devoir les lui rappeller ici, pour le mettre en état de voir combien il serait dangereux de prendre pour parvenir à la décision de l'affaire dont il est question une forme dont les suites pourroient occasionner l'affaiblissement de l'autorité dont l'Administration a besoin. Les religieuses de l'Hôtel Dieu prétendent aujourd'hui que cette autorité doit être renfermée dans certaines bornes, au delà desquelles le gouvernement intérieur de l'Hôtel Dieu leur appartient sans partage. Si les religieuses ont des titres pour fonder leurs prétentions, elles les ont sans doute exposés dans le mémoire qu'elles ont remis à M. le Procureur général, et il doit être facile de juger sur ce mémoire seul si ces titres quels qu'ils soient doivent l'emporter sur le bien public, qui réclame cette autorité toute entière pour l'administration d'un établissement public. Si elles n'en ont pas, la question doit être bientôt décidée. Mais les conséquences qui peuvent résulter de l'admission d'une seule des demandes des religieuses tendantes à partager l'autorité de l'Administration sont telles, que pour les prévenir, elle ne doit pas dissimuler à M. le Procureur général qu'elle regarderoit ce parti comme un obstacle invincible à la réforme des abus, et même comme une source de nouveaux, et que rien ne serait plus capable de lui faire croire que ses services ne peuvent plus être utiles, dès que la réforme des abus qui s'opposent à la guérison des malades et qui ruinent la maison n'est plus en son pouvoir. Elle prend donc la liberté de lui représenter qu'il serait au moins inutile, et peut être d'une conséquence dangereuse, d'entendre les religieuses personnellement : 1° parce qu'il n'y a qu'un seul point à examiner dans cette affaire, qui est de savoir s'il est plus avantageux pour l'Hôtel Dieu que l'autorité réside dans l'Administration seule, ou soit partagée avec les religieuses; 2° parce que, s'il est reconnu qu'il est impossible que l'Hôtel Dieu soit bien gouverné sans que l'autorité réside toute entière entre les mains du Bureau, quelles que soient les prétentions des religieuses, et de quelque manière qu'elles soient présentées, elles ne peuvent prévaloir contre la nécessité de procurer le plus grand avantage des pauvres malades et celui de l'hôpital; 3° parce que les prétentions des religieuses étant déjà établies, soit dans l'assignation qu'elles ont fait donner au Bureau, soit dans le mémoire qu'elles ont remis à M. le Procureur général, ce qu'elles pourraient dire de nouveau devant un commissaire de la cour n'en serait qu'une répétition et ne pourroit rien ajouter à leur valeur; 4° parce qu'une affaire qui intéresse aussi essentiellement le bien public ne peut être décidée d'après les demandes ou les opinions particulières des partis intéressées, mais sur le mérite même de la chose. Ce n'est ici ni l'affaire de l'Administration ni celle des religieuses, mais celle des pauvres malades, indépendamment des droits et des intérêts particuliers de l'Administration et des religieuses, qui ne doivent avoir en vue les uns et les autres que le bien de l'Hôtel Dieu, pour lequel ils sont établis. C'est donc l'affaire de M. le Procureur général seul. Il n'est pas moins inutile et dangereux d'entendre les médecins et les autres officiers de santé. Ces officiers sont subordonnés à l'Administration, et les entendre dans une affaire où son autorité est contestée, c'est les mettre dans le cas de s'expliquer d'une manière à lui nuire ou à la fortifier, et ce n'est pas plus sur leur opinion que sur celle des religieuses que l'autorité supérieure doit juger de celle dont doit jouir l'Administration de l'Hôtel Dieu. D'ailleurs c'est pour vouloir maintenir l'exécution exacte de leurs ordonnances pour la nourriture des malades, que l'Administration se voit troublée dans la possession de son autorité. La forme qu'elle s'est crue obligée d'employer pour assurer cette exécution est étrangère à leurs fonctions, et ils ne doivent avoir aucune opinion en justice sur ce qui n'intéresse pas ces fonctions. Mais ce qui pourroit arriver, c'est que les médecins, mécontens des articles du règlement du 16 juillet 1787 qui les assujétissent à faire toutes leurs visites à une heure réglée, et qui, par leurs dispositions les obligent à employer plus de tems à ces visites qu'ils n'en employoient cy devant, et quelques uns ne s'y conformant même pas, pourroient oublier l'augmentation considérable d'honoraires que l'Administration leur a accordée, en vertu de cette augmentation de peine, et celle de trois nouveaux médecins pour la partager avec eux et la diminuer d'autant, et n'avoir pour objet dans leurs dépositions que l'abrogation des articles de ce règlement qui les gênent. Mais quelles qu'elles pussent être, il paroît toujours dangereux de compromettre l'autorité légitime des supérieurs, en écoutant ce que les personnes qui leur sont subordonnées peuvent dire contre les règlemens qui les obligent de remplir leurs fonctions avec exactitude. Dans le fait il s'agit de l'exécution d'un règlement arrêté dans un Bureau général après avoir été concerté avec le gouvernement, lequel, en remédiant aux abus dénoncés à l'Administration par les médecins mêmes concernant la manière de nourrir les malades, doit nécessairement leur procurer une plus prompte guérison, et à l'Hôtel Dieu tous les avantages qui doivent résulter et de cette plus prompte guérison et du rétablissement de l'économie dans les consommations des vivres. Ce règlement est, suivant M. de la Millière, le résultat de toutes les lumières acquises par la Compagnie sur l'Administration de l'Hôtel Dieu, et est conforme à toutes les délibérations prises à cet égard depuis le commencement du siècle. Il lui paroît le seul propre à assurer le bien du service et à faire jouir par là le gouvernement du fruit des dépenses très considérables qu'il fait depuis plusieurs années pour améliorer l'Hôtel Dieu. C'est le témoignage qu'il en rend dans une lettre écrite le 5 décembre dernier au Bureau, pour l'engager à faire valoir auprès de tous messieurs les Administrateurs la nécessité de maintenir dans toute son intégrité un règlement auquel on ne pourroit donner atteinte sans être forcé de renoncer à tous les avantages que le nouveau régime doit produire dans l'Hôtel Dieu, et dont on sent déjà les heureux effets. Cy joint copie de cette lettre. Si malgré toute l'attention et la maturité apportées à la rédaction de ce règlement, il était possible que M. le Procureur général en jugeât quelques articles susceptibles de quelques légères modifications, on prend la liberté de lui représenter qu'il serait très important, pour le maintien de l'autorité de l'Administration, que ces modifications ne fussent pas ordonnées par la cour, mais qu'elles fussent l'ouvrage de la même autorité qui a fait le règlement, et ce sur la proposition qui en serait faite par M. le Procureur général au Bureau, parce que le plus petit changement émané d'une autorité supérieure à celle du Bureau pourroit avoir les conséquences les plus fâcheuses pour la suite. Il paroitroit donc préférable dans ce cas là que M. le Procureur général commençat par requérir l'exécution provisoire du règlement, en attendant que sur la demande du Bureau il put en requérir l'homologation, après qu'il aurait été rendu définitif. C'est la marche qu'a suivie M. le Contrôleur général dans la lettre qu'il a écrite à la mère Prieure le 16 octobre dernier, en réponse au mémoire par lequel elle demandoit que le règlement du 16 juillet fut cassé par un arrêt du Conseil. Il lui fit savoir par cette lettre que l'intention du Roi étoit que ce règlement concerté avec le gouvernement dont il remplissoit les vues, et arrêté dans un Bureau général, fût exécuté provisoirement, en la prévenant qu'il s'empresserait de lui faire part des intentions définitives de Sa Majesté à cet égard, après que les observations de l'Administration auraient été mises sous les yeux du Roi. Copie de cette lettre est au nombre des pièces remises par l'Administration à M. le Procureur général.

(27 février.) Lecture faitte d'une lettre de M. le Baron de Breteuil addressée à l'Administration le 16 du présent mois de février, ensemble des observations arrêtées le 13 juillet dernier sur l'arrêt du Conseil du 22 juin précédent, la matière mise en délibération, le Bureau a arrêté que la lettre de M. le baron de Breteuil demeureroit annexée à la minutte de la présente délibération, a approuvé lesdites observations et a en outre arrêté de prier monseigneur l'Archevêque, en les addressant à M. le baron de Breteuil au nom du Bureau, de le prier de mettre sous les yeux du Roy les enregistremens des lettres pattentes portant fondation, établissement et destination spécialle des hôpitaux de Saint Louis et de Ste Anne. Copie de la lettre de M. de Breteuil. « Versailles, 16 février 1788. J'ai, Messieurs, l'honneur de vous prévenir que l'intention du Roi est qu'au mois d'avril prochain, il soit mis des ouvriers à l'hôpital Sainte Anne. Je vous prie en conséquence de vouloir bien prendre des mesures pour que les choses soyent disposées de manière que les ouvriers qu'on y mettra puissent travailler. S'il n'est pas possible d'évacuer entièrement les lieux d'ici au mois d'avril, l'architecte s'entendra avec les gens de cette maison pour commencer à travailler dans les parties qui seront libres. J'ai l'honneur d'être : Signé le baron de Breteuil. »

(27 février.) Le Bureau délibérant sur les réclamations des prieure et relligieuses de l'Hôtel Dieu contre les articles 23, 41 et 42 du règlement du mois de juillet dernier, ayant eu connoissance du peu de succès des démarches de M. le Procureur général pour prévenir ou au moins arrêter touttes voyes judiciaires de la demande formée par les prieure et relligieuses, pour que M. le Premier Président veuille bien leur nommer un procureur pour occupper en leur nom, informé enfin de la distribution du mémoire imprimé pour lesdite prieure et relligieuses répandu dans le public avec profusion, a arrêté que M. le Premier Président sera prié de nommer pour procureur auxdites prieure et relligieuses soit Me Paulin, qu'elles auroient chargé, soit tel autre qu'il jugera à propos, que M. le Procureur général sera également prié de se constituer, et que l'audiance sera indiquée au lendemain de quasimodo. Néantmoins le Bureau, considérant que, quoiqu'il soit étranger à cette contestation qui ne peut être soutenüe que par M. le Procureur général, voit avec douleur des filles qui, en se consacrant à la relligion, se sont voüées spéciallement au service des pauvres malades, distraites d'occupasions aussi utiles qu'elles ont toujours remplies avec ardeur, par les plaintes qu'elles forment en justice contre trois articles d'un règlement qu'elles envisagent comme détruisant une partie des règles qui leur sont tracées par leurs constitutions, et comme les plaçant dans un état de dépendance qui semblerait leur enlever la juste confiance que leur ont mérité jusqu'ici leurs soins et leurs veilles auprès des malades. Que ce règlement destiné uniquement à entretenir l'ordre si nécessaire dans un hôpital pour ceux qui viennent y chercher des secours, n'a jamais eu pour objet d'altérer en rien la considération deue

à celles que leur piété et leur charité ont portées à embrasser une vie si laborieuse et si précieuse à l'humanité, et que le Bureau se doit à lui-même de tirer à cet égard les relligieuses de l'erreur dans laquelle elles paroissent être. Ce sont les différentes considérations qui le déterminent à arrêter que monseigneur l'Archevêque, monsieur le Premier Président de la Cour des aides, monsieur le Procureur général, monsieur le Doyen et deux des membres du chapitre de l'Église de Paris supérieurs au spirituel, seront engagés de vouloir bien se transporter tel jour de la semaine prochaine qu'ils jugeront à propos d'indiquer, ainsi que deux de ceux de MM. les Administrateurs qui se livrent plus particulièrement aux détails intérieurs de cette maison, en cet hôpital où, le chapitre assemblé, ils écouteront et discuteront les plaintes et observations des relligieuses, ensuite de quoi monseigneur l'Archevêque indiquera le jour et l'heure ou la Prieure assistée de douze des relligieuses de la communauté se rendront en son palais où, en présence de tous ceux qui auront accompagné monseigneur l'Archevêque en la maison et au chapitre de l'Hôtel Dieu, elles viendront rendre compte de la délibération prise entr'elles capitulairement assemblés d'après les réflexions qui leur auront été faittes par monseigneur l'Archevêque et les autres membres du Bureau, ou par leurs supérieurs spirituels, et sur le tout il sera convoqué un Bureau général pour y référer de ce qui se sera passé, tant à l'Hôtel Dieu que dans la conférence tenue chez monseigneur l'Archevêque, le Bureau connoissant son zèle et son amour pour la paix et le maintien du bon ordre, forme des vœux sincères pour qu'il puisse, de concert avec ceux qui coopéreront avec lui à une mission aussi interressante, rétablir la tranquilité parmi les relligieuses de l'Hôtel Dieu et les mettre à portée de n'avoir plus à partager leur temps entre des discutions, sans doute affligeantes pour elles, et les œuvres méritoires et pœnibles qui occuppent tous les instants de leur vie et auxquelles elles pourront alors uniquement se livrer.

(18 mars.) Monseigneur l'Archevêque a fait récit au Bureau qu'en exécution de la délibération prise en la dernière assemblée générale tenue le 27 du mois dernier, il s'étoit rendu à l'Hôtel Dieu avec monsieur le Premier Président de la Cour des aydes, monsieur le Procureur général, messieurs Lecouteulx de Vertron et Martin, que monsieur le Doyen du chapitre de l'église de Paris et deux de messieurs les chanoines visiteurs au spirituel de l'Hôtel Dieu qui, aux termes de ladite délibération, y avaient été invités, s'y étaient pareillement rendus, qu'il avait exposé aux religieuses qui y étaient assemblées l'objet de sa mission qui était d'entendre leurs observations sur le règlement dont elles se plaignaient, de les discuter avec elles dans un esprit de paix, sous le véritable point de vue qui avait dirigé le Bureau, infiniment éloigné d'altérer en rien la considération due à des personnes qui se sont consacrées par piété au service des pauvres malades, qu'elles s'étaient expliquées de manière à ne point donner d'espérance de sortir de l'erreur où elles étaient sur leurs prétentions, qu'il les avait ensuite invitées à dresser un mémoire d'après les réflexions que cette conférence les mettoit à portée de faire, et à députer la Prieure avec douze des religieuses à l'archevêché le samedy suivant pour y apporter ledit mémoire et savoir leurs dernières intentions. Que ledit jour ces députées étoient venues à l'archevêché où s'étaient trouvés tous ceux qui avaient assisté à la première conférence, et qu'elles avaient déclaré n'avoir rien à changer aux demandes formées par elles et contenues dans leur requête et dans leur mémoire, de sorte qu'il n'avait à présenter au Bureau que des regrets du peu de succès de cette démarche. Sur quoi la matière mise en délibération, le Bureau a unanimement remercié monseigneur l'archevêque de la manière dont il a bien voulu remplir le vœu du Bureau, *et voyant avec douleur qu'une démarche dont l'éloquence tendre et paternelle de monseigneur l'archevêque lui donnait lieu d'espérer le plus heureux succès avait été absolument infructueuse, a arrêté de persister dans le surplus de la délibération du 27 février dernier.*

(14 mai.) Lecture faite d'une lettre de M. le baron de Breteüil en datte de ce jour, le Bureau a arrêté qu'elle serait annexée à la présente délibération et qu'il serait fait à M. le Baron la réponse dont la teneur suit : «Monsieur le Baron, nous recevons à l'instant la lettre que vous nous avez fait l'honneur de nous écrire en datte de ce jour. Nous allons donner des ordres, tant à l'hôpital Ste Anne qu'à l'hôpital Saint Louis pour que les ouvriers qui y seront envoyés y soient reçus. Nous aurions seulement l'honneur de vous faire observer que les salles de l'hôpital Saint Louis sont occupées par des malades, que leur nombre est aujourd'hui même de 644, et que s'il s'agissait de la démolition des bâtimens qu'ils habitent, nous ne voyons pas où ces malades pourroient être placés.» *Lettre de M. de Breteuil.* «Versailles, 14 may 1788. Le Roi, Messieurs, ayant définitivement approuvé les plans et les distributions des nouveaux hôpitaux de Ste Anne et de Saint Louis, et l'*intention de Sa Majesté étant qu'il soit très incessamment procédé à la démolition des anciens bâtiments* de ces deux hôpitaux, j'ai l'honneur de vous prévenir que, sous peu de jours, il y sera envoyé des ouvriers. Vous voudrez bien, s'il vous plaît, prendre sans délai toutes les mesures convenables pour que les travaux ordonnés par Sa Majesté ayent leur exécution.

J'ai l'honneur d'être, etc. Signé : Le baron de Breteüil. »

(4 juin.) Monsieur Lecouteulx de Vertron a dit que le Bureau venait de recevoir et de signer la quittance du prix de 11 arpents 18 perches et demi de terre cédés au Roy pour la nouvelle clôture de Paris, que la somme montait à 44,740 ᵗᵗ; qu'elle était représentative d'un fond aliéné et qu'en conséquence il devait en être fait employ, que cet employ ne pouvoit être fait qu'en acquisition de rentes de la nature de celles désignées par l'édit de 1749, mais qu'il devait observer au Bureau qu'un nombre de dépenses extraordinaires, occasionnées par les nouvelles constructions ordonnées par le gouvernement dans l'Hôtel Dieu, et par les changemens faits de l'ordre du Bureau dans plusieurs salles auxquelles il avait fallu satisfaire, ne permettrait peut-être pas de faire dans le moment emploi en rentes de la totalité de cette somme, d'autant plus que le Bureau allait incessamment être obligé de pourvoir à l'établissement d'une nouvelle bergerie, qu'il serait dans la nécessité de faire construire pour placer les moutons destinés à la consommation de l'Hôtel Dieu, ainsi que les fourages pour leur nourriture, et qu'il fallait faire sortir de l'hôpital Sainte Anne, à raison de la démolition des bâtimens de cet hôpital déjà commencé et de sa reconstruction par ordre du gouvernement. Sur quoi la matière mise en délibération. Le Bureau a arrêté qu'il seroit incessamment fait employ d'une somme de 24,000 ᵗᵗ en acquisitions de rentes sur le Roy sur et autant moins de celle de 44,740 ᵗᵗ, sauf et après le payement des frais occasionnés par l'établissement de la nouvelle bergerie et greniers pour les fourages, à faire pareil employ du surplus suivant les circonstances, qu'à cet effet, monsieur le Receveur charitable seroit prié d'avertir le notaire du Bureau de faire les démarches nécessaires pour ledit employ, lors duquel il sera fait déclaration que les deniers employés à ladite acquisition proviennent et font partie de la somme de 44,740 livres, prix des 11 arpents 18 perches et demie cédés au Roy pour la clôture de Paris.

(18 juin.) Lecture faite de deux lettres de M. Douet de la Boulaye en datte du 13 de ce mois, l'une adressée à MM. les Administrateurs de l'Hôtel Dieu, l'autre à Messieurs les Administrateurs de l'hôpital des Incurables, lesdites deux lettres contenant qu'il étoit chargé par M. le Contrôleur général d'adresser à l'Administration desdits deux hôpitaux la copie d'un arrêt du Conseil qui convertit, à compter du 15 de ce mois, l'exemption des droits d'entrée à Paris dont ont joui jusqu'ici lesdits deux hôpitaux sur les objets de leur consommation et leur franc-salé, en une somme annuelle d'argent que le Roy a fixée à 212,000 ᵗᵗ pour l'Hôtel Dieu et à 36,000 ᵗᵗ pour l'hôpital des Incurables, auxquelles lettres étoient jointes les copies de l'arrêt du Conseil et le tarif des augmentations ou diminutions proportionnées au nombre des individus consommateurs, sur le pied de 73 ᵗᵗ 2 sols pour ceux de l'Hôtel Dieu et de 75 ᵗᵗ 11 sols 9 deniers pour ceux de l'hôpital des Incurables. La matière mise en délibération, le Bureau a arrêté : 1° que lesdites deux lettres et les pièces y jointes seroient déposées aux archives des deux hôpitaux, dans les liasses des exemptions à eux précédemment accordées; 2° qu'il seroit écrit à M. de la Boulaye pour lui accuser la réception desdites deux lettres et l'informer que, quoique le Bureau eut des observations importantes à faire sur cet arrêt, il avoit par soumission aux ordres du Roy, pris des mesures pour l'exécution provisoire de l'arrêt en ce qui concerne lesdits deux hôpitaux; 3° qu'il étoit de son devoir de le prier de mettre sous les yeux de M. le Contrôleur général trois observations qui méritoient toute son attention. La première, que les titres des exemptions dont jouissent lesdits deux hôpitaux sont des édits, des déclarations et des lettres patentes enregistrées dans toutes les cours. La seconde que l'arrêt n'indique point la caisse qui acquittera le payement du remplacement en argent de la franchise qu'il supprime. La 3ᵉ qu'il résulte de l'article 11 de l'arrêt que la caisse de l'Hôtel-Dieu se trouvera habituellement en avance d'une somme de plus de 70,000 ᵗᵗ, le remplacement de l'exemption ne devant se faire que dans le 4ᵉ mois, que cette somme iroit au double dans le quartier de janvier, pendant lequel la provision de vin arrive à l'Hôtel Dieu, que la situation ordinaire de cette caisse ne peut permettre un vuide aussi considérable qui se trouvera permanent, que l'Administration ne peut qu'être effrayée des suites de ce vuide, que ses soins pour procurer les recouvremens, et l'économie possible qu'elle met dans ses dépenses, l'ont mise jusqu'à présent à l'abri d'employer la ressource ruineuse d'un crédit à demander aux fournisseurs, mais qu'elle serait indispensablement obligée d'y avoir recours, si les deniers de sa caisse éprouvoient une pareille diminution, qu'il en résulteroit des achats plus chers dans la proportion, et l'impossibilité de satisfaire aux dépenses, prouvée par le fait incontestable que c'est tout ce qu'elle peut faire de les balancer avec la recette, que, dans des circonstances où la bienfaisance du Roy le porte à s'occuper de l'amélioration du sort des pauvres de l'Hôtel Dieu, une opération qui tendroit aussi évidemment à accroître leur dépense habituelle contrediroit réellement ses intentions, qu'enfin si l'ordre général de finances demande cette conversion d'une exemption en nature en un payement en deniers, l'Administration le supplie d'abréger le délai du remplacement et de le distribuer

en payements par mois. Que l'Administration le supplie de prendre ces observations en considération et de se faire remettre sous les yeux les mémoires qui ont été précédemment présentés par elle sur cet objet, auxquels elle ne peut que se référer. Arrête en outre que copies de la lettre écrite à M. de la Boulaye seront adressées à M. l'Archevêque, à M. le Premier Président et à M. le Procureur général.

(16 juillet.) Lecture faite d'une lettre de M. de la Boulaye en réponse à celle qui lui avait été écrite par le Bureau le 25 juin dernier, au sujet de la conversion de l'exemption des droits d'entrée en une somme annuelle; la matière mise en délibération, le Bureau a arrêté qu'elle seroit annexée à la présente délibération pour y avoir recours où besoin seroit, et qu'il seroit adressé à mondit sieur de la Boullaye une seconde lettre pour le remercier des soins et de l'intérêt particulier qu'il avoit pris pour faire valoir auprès de M. le Contrôleur général les observations du Bureau et le prier de les continuer pour obtenir que le délay pour le payement de la somme fixée en remplacement de la franchise soit abrégé. — *Copie de la lettre de M. de la Boullaye.* «Paris, le 15 juillet 1788. J'ai mis sous les yeux de M. le Controlleur général, Messieurs, les observations que vous m'avez fait l'honneur de m'adresser sur quelques unes des dispositions de l'arrêt du 3 juin qui convertit en une somme annuelle d'argent l'exemption des droits d'entrée à Paris, dont l'Hôtel Dieu jouissoit avant cette époque sur ses différents approvisionnemens, et je rends trop de justice aux motifs qui ont dicté ces observations pour n'avoir pas mis un soin et un intérêt particuliers à les faire valoir auprès du ministre. Vos réclamations présentent trois chefs principaux : 1° vous auriez désiré que la modification que viennent de subir des privilèges qui avoient été conférés à l'Hôtel Dieu par les lois enregistrées eût pareillement reçu la sanction de l'Enregistrement; indépendamment de l'obstacle que les circonstances actuelles sembloient mettre à ce que cette formalité pût être remplie en tems utile, permettez moi de vous observer que les secours dont le Roy a gratifié l'établisssement que vous administrez forment aujourd'hui, par l'effet même de la bienfaisance de Sa Majesté, une portion trop essentielle de la dette nationalle, pour qu'ils puissent jamais éprouver de réduction, et pour qu'elle ait besoin de rendre les tribunaux garants de leur conservation; d'ailleurs il ne faut pas perdre de vue que les franchises originairement accordées à l'Hôtel Dieu n'étoient que le remplacement des attributions pécuniaires que l'état des finances ne permit pas lors de leur fondation de leur assigner sur le trésor royal; que l'enregistrement des lois qui ont déterminé cette franchise ne pouvoit pas devenir pour lui un moyen de garantie, puisque tout privilège reste par sa nature et son objet essentiellement dépendant de l'autorité qui le concède, qu'enfin si l'Administration a employé dans le principe le concours des tribunaux en faisant présenter à leur enregistrement le titre de la concession primitive, le motif de cette précaution n'a pas été de donner une nouvelle sûreté à l'Hôtel Dieu, mais seulement de consacrer par une loi publique l'état d'exception dans lequel elle le plaçoit, et de mettre par là cet hôpital à l'abry des réclamations du percepteur des droits. Ces explications, Messieurs, me paroissent répondre au premier chef de vos observations. Vous demandez en second lieu quelle est la caisse qui sera chargée de vous payer l'indemnité annuelle et proportionnelle fixée par l'arrêt. C'est au trésor royal que cette somme sera acquittée, et ce nouvel article de dépense est compris dès à présent parmi les charges ordinaires de l'État qui doivent être toutes supportées par le trésor royal. Quant aux inconvénients qui pouroient résulter pour l'Hôtel Dieu de l'avance trop considérable que sa caisse seroit dans le cas de faire pour le payement des droits, dont elle ne recevroit le remplacement qu'un mois après la révolution de chaque quartier, M. le Controlleur général est très disposé à adopter tous les moyens de conciliation qui, sans s'écarter du nouveau plan, pourroit faciliter les opérations de votre Administration et vous dispenser d'employer la ressource onéreuse des crédits ou des emprunts, et vous devez être bien persuadés, Messieurs, de l'empressement que je mettrai à seconder les dispositions favorables que le ministre m'a témoignées à cet égard. J'ai l'honneur d'être, etc., de la Boullaye.» — Lecture faite d'un projet de lettre à M. de la Boulaye, en exécution de la délibération du 16 de ce mois, le Bureau l'a approuvé et la lettre a été sur le champ écrite et signée par tous Messieurs. Suit la teneur de ladite lettre : «Monsieur, nous vous prions de recevoir nos remercîmens du soin et de l'intérêt particulier que vous avez pris pour faire valoir auprès de M. le Contrôleur général nos observations sur la conversion de l'exemption des droits d'entrée dont jouissaient l'Hôtel Dieu et l'hôpital des Incurables en une somme annuelle pour chacun de ces hôpitaux. C'est à ces soins et à cet intérêt que nous devons les favorables dispositions de M. le Contrôleur général pour abréger le délay des payemens de la somme fixée pour l'Hôtel Dieu. Nous vous réitérons la prière, que nous avons eu l'honneur de vous faire, d'obtenir du ministre que la somme fixée pour le remplacement de nos exemptions supprimées soit divisés en douze portions, dont nous en recevrions une tous les mois, ce qui feroit environ 17,000 ᵗᵗ et un excédant pour le dernier mois, sur lequel se feroient les calculs du nombre plus ou moins grand des

consommateurs de l'année. C'est le seul moyen de parer aux inconvéniens que nous avons eu l'honneur de vous exposer dans notre précédente lettre dont vous avez senti, Monsieur, ainsi que M. le Contrôleur général, toute l'importance et que vous désirez prévenir l'un et l'autre. Nous sommes avec respect. Signé : Lecouteulx de Vertron, Dupont.»

(20 août.) Le Bureau a arrêté que provisoirement, et sous le bon plaisir de l'assemblée générale, le sieur Bosquillon, l'ancien des médecins expectant rempliroit les fonctions de médecin ordinaire, vacante par la mort du sieur Millin.

(27 août.) A été fait lecture d'une lettre adressée au Bureau et signée de M. Coutavoz, médecin de l'Hôtel Dieu, de service à l'hôpital Saint Louis, du sieur Desault, premier chirurgien de l'Hôtel Dieu et du sieur Vassou, inspecteur de la pharmacie de cet hôpital, ladite lettre contenant des observations au sujet de l'hôpital Saint Louis. Ladite lecture finie, Monsieur Martin a dit que cette lettre étoit le résultat d'une conférence qu'il avoit eue avec lesdits officiers de santé dans une visite qu'il a faite à l'hôpital Saint Louis le 21 du présent mois, dans laquelle les observations contenues dans ladite lettre lui ayant été faites de vive voix, il avoit engagé ces officiers de les mettre par écrit; sur quoi la matière mise en délibération, a été arrêté : 1° qu'attendu les projets du gouvernement concernant l'hôpital Saint Louis, dont le Bureau n'a pas connoissance, il sera surcis à délibérer sur tout ce qui dans les susdites observations a pour objet quelque instruction à faire ou à changer aux portes, aux fenêtres ou aux latrines; 2° qu'il sera écrit à M. le Lieutenant général de police pour l'engager à donner des ordres pour faire éloigner de l'hôpital Saint Louis les fours à plâtre ou à chaux qui en sont assez près pour que les vapeurs qu'ils exhalent soient nuisibles aux malades; 3° qu'il sera donné ordre au sieur Resmond, inspecteur de l'hôpital Saint Louis, d'afficher des placards pour défendre de la part du Bureau à qui que ce soit de faire des ordures dans les cours et principalement le long des murs des salles, sous peine de punition, de faire enlever journellement toutes les immondices qui proviennent des ballayures des salles ou d'ailleurs, de faire nétoyer tous les jours les abords des puisards où se rendent les écoulemens de toute espèce, d'avertir MM. les Commissaires du Bureau lors qu'il s'appercevra que quelques uns des puisards ont besoin d'être vuidés, afin que les ordres en soient donnés à l'inspecteur des bâtimens, et enfin de renouveller au portier et au garde les défenses de laissser entrer aucuns des comestibles que les parents ou amis des malades pourroient leur apporter, et même de confisquer ceux qui auroient pu passer en cachette et qui seroient trouvés dans les salles; 4° que le sieur Bonnot, inspecteur des bâtimens se transportera à l'hôpital Saint Louis, à l'heure de la visite du médecin, et saura de lui en quoi peut consister le changement à faire aux fourneaux de pharmacie pour remédier aux inconvéniens dont il est question dans les susdites observations, et qu'il fera un devis de la dépense que ce changement occasionera, pour être mis sous les yeux du Bureau; 5° que ledit sieur Bonnot fera aussi le devis de la dépense que la suppression des cloisons inutiles qui sont à l'extrémité de la salle, et la réduction à sept pieds de haut de celles qu'il sera bon de conserver pour séparer les malades attaqués de la petite vérole, pourra coûter, pour être pareillement mis sous les yeux du Bureau.

(26 novembre.) M. Coutavoz, médecin de l'Hôtel Dieu, qui avoit été averti de se trouver au Bureau, en exécution de sa délibération du 19 du présent mois, est entré, et sur la demande qui lui a été faite s'il avoit cessé de faire exécuter dans la salle Saint Antoine où il est de département le régime établi par l'article 16 du règlement du 16 juillet 1787, il a dit qu'il n'avoit pas connoissance de ce règlement et que voyant le salles Saint Charles et Saint Roch, voisines de celle de Saint Antoine où il ne s'observe pas, il avoit cru pouvoir conduire ladite salle Saint Antoine comme les autres, mais qu'ayant été informé depuis que le régime prescrit pour plusieurs salles de l'Hôtel Dieu avoit été établi à la salle Saint Antoine, il se proposoit de l'y faire observer, et qu'au reste il étoit très disposé à faire tout ce que le Bureau lui prescriroit, le reconnoissant pour son supérieur dans la discipline à observer dans la conduite des malades, mais qu'il supplioit le Bureau de lui faire remettre une copie du règlement du 16 juillet 1787, afin qu'il put s'y conformé et s'est mondit sieur Coutavoz retiré. Sur quoi la matière mise en délibération, le Bureau satisfait de la réponse de mondit sieur Coutavoz et de ses dispositions pour l'avenir, a arrêté de lui faire remettre une copie du règlement du 16 juillet 1787, ainsi qu'à ceux des nouveaux médecins qui n'en auroient pas, afin qu'ils puissent l'exécuter en ce qui les concerne, et en a donné l'ordre au sieur Levéville, greffier du Bureau.

(26 novembre.) Monsieur Martin a dit que le sieur de Sault, premier chirurgien de l'Hôtel Dieu lui avoit remis mercredi dernier un mémoire contenant les arrangemens à faire à la salle Saint Paul dont il avoit parlé au Bureau le 12 du présent mois, mais qu'il avoit cru devoir en prendre une connoissance plus exacte et vérifier sur les lieux mêmes, avec l'inspecteur des bâtimens, la possibilité

ou l'impossibilité de faire les changemens proposés dans ledit mémoire, et l'avantage dont ils pourroit être pour les malades de ladite salle, et a mondit sieur Martin fait lecture dudit mémoire. Les changemens et arrangemens qui y sont proposés consistent: 1° à supprimer trois tambours en charpente faisant saillie dans ladite salle, qui interceptent le jour et l'air et tiennent la place de plusieurs lits, qu'un de ces tambours formant un caveau servoit autrefois à la salle Saint Yves, pour laquelle il avoit été fait, et étoit devenu absolument inutile depuis que l'amphitheâtre de chirurgie y a été établi; qu'un autre placé à l'entrée des latrines tient une place considérable et cause beaucoup d'infection dans l'endroit de la salle où il est placé, par la négligence des malades qui s'y arrêtent, et que le troisième placé en face de la chapelle et à l'entrée de la salle Saint Louis tient une place encore plus considérable; 2° à faire auxdites latrines un petit tambour intérieur, à l'instar de celui des latrines de l'ancienne salle Saint Nicolas, dont le tambour extérieur a été supprimé; 3° à construire des commodités à l'anglaise, comme celles des nouvelles salles, pour diminuer la mauvaise odeur et d'y établir un tuyau de fonte, afin de pouvoir le laver plus facilement; 4° à ôter de la salle une pierre à laver avec un robinet qui occasionne beaucoup d'épanchement d'eau, et par conséquent beaucoup d'humidité dans les environs; 5° à enlever toutes les dalles de pierre qui sont aux environs des commodités et de cette pierre à laver, qui donnent beaucoup de fraîcheur et d'humidité, et qu'étant par cette raison très glissante, exposent les malades à tomber et à se blesser, lesquelles dalles il faudroit remplacer par des carreaux de terre cuite, comme dans le reste de la salle..... 7° à diminuer l'espace occupé par la chapelle, afin de placer quelques lits dans celui qu'on en retranchera; 8° à faire une nouvelle distribution de lits dans cette salle, moyennant laquelle ledit sieur De Sault croit pouvoir certifier au Bureau qu'il en pourroit tenir 320 au lieu de 210 qu'il y a actuellement.

159ᴱ REGISTRE. — ANNÉE 1789.

(7 janvier.) Par un extrait tiré des registres de l'Hôtel Dieu et de l'hôpital Saint Louis, il paroît que le premier janvier de l'année dernière 1788, il y avoit 1,799 malades dans ledit Hôtel Dieu; que pendant ladite année on en a reçu 24,244 et qu'il y est né 1,578 enfans, dont 798 garçons et 780 filles, ce qui compose en total 27,621 personnes; que sur ce nombre il en est mort 4,040, dont 2,359 hommes et 1,403 femmes de la ville et de la campagne; enfans nouveaux nés 137, dont 71 garçons et 66 filles, des hôpitaux 141, dont 12 de la Salpêtrière, 76 de Bicêtre et 53 de la Pitié, et comme il n'en restoit le dernier décembre de ladite année 1788 que 2,835, il en est sorti 20,746; qu'il y avoit 501 malades dans ledit hôpital Saint Louis; que pendant ladite année, il en a été envoyé dudit Hôtel Dieu 2,731, ce qui compose en total 3,232 personnes; que sur ce nombre il en est mort 744, dont 336 hommes et 145 femmes de la ville et de la campagne, des hôpitaux 263, dont 57 de la Salpêtrière, 129 de Bicêtre et 77 de la Pitié, et comme il n'en restoit le dernier dudit mois de décembre que 588, dont 482 de la ville et de la campagne, des hôpitaux 106, dont 13 de la Salpêtrière, 55 de Bicêtre et 38 de la Pitié, il en est sorti 1,900, en sorte qu'au dernier dudit mois de décembre il y avoit 3,423 malades dans lesdits deux hôpitaux.

(7 janvier.) A été fait lecture d'une lettre du sieur de Sault, premier chirurgien, contenant les observations que le Bureau, par sa délibération du 31 du mois dernier, a chargé le greffier de lui demander de sa part sur la lettre de la mère Prieure dont il est question dans la même délibération; sur quoi la matière mise en délibération, le Bureau voyant, par la feuille des malades de ce jour, que leur nombre dans les salles des femmes blessées n'excède celui des lits de ladite salle que parce qu'il y a un nombre trop considérable de filles domestiques de ladite salle qui y sont couchées, a arrêté : 1° qu'il n'y avoit lieu à supprimer aucun des petits lits fournis par le gouvernement, qui meublent cette salle, pour les remplacer par des grands; 2° que pour placer des enfans qu'on est actuellement obligé de mettre dans des lits ordinaires; il sera fourni le nombre de mannes qu'il sera possible de placer dans lesdites salles, suivant le nombre des enfans qui y seront traités; qu'il sera pareillement fourni des lits de sangles, qui seront placés momentanément dans les espaces vuides, pour recevoir les malades qui excèderont le nombre des lits, lesquels seront enlevés, dès qu'ils ne seront plus nécessaires; 4° que dans le cas où, les places pour des lits de sangle étant remplis, et lesdits lits entièrement occupés, il viendroit encore des malades, on placera les femmes dont les blessures le permettront deux dans des lits de trois pieds; 5° que pour diminuer d'autant la nécessité des lits de sangle et l'obligation de mettre deux malades ensemble dans quelques lits, il ne couchera dans lesdites salles que le nombre des filles domestiques nécessaires pour le service de la nuit..... — *Copie de la lettre du sieur Desault annexée à la présente délibération.* « Messieurs, il m'a été remis mer-

credi au soir une lettre de M. Levéville, écrite au nom du Bureau, pour me communiquer le contenu d'une lettre adressée à l'Administration par la mère Prieure, par laquelle elle l'instruit : 1° que le nombre des malades de la salle des femmes blessées étant plus considérable que le nombre des lits qui ne doivent contenir qu'un seul malade, et qu'il y en a actuellement beaucoup de couchés deux dans des lits de trois pieds, et plusieurs qu'on a été obligé de renvoyer dans des salles de fiévreuses où elles ne sont pas pansées, il est nécessaire de remplacer une partie de ces petits lits par des grands; 2° que plusieurs malades blessées sortent de l'Hôtel Dieu sans être guéries, qu'à l'appui de cette assertion elle cite trois femmes renvoyées lundi dernier, dont 2 avoient eu la jambe cassée et la 3ᵉ avoit sur la main une plaie qui n'étoit pas encore fermée. En examinant séparément chacun des articles que renferme cette lettre, il est facile de voir que la mère Prieure, se laissant trop entraîner par son zèle pour le bien des malades, n'a pas donné à ces objets, avant d'écrire au Bureau, toute l'attention et la réflection dont elle est susceptible, et s'en est laissé imposer par de fausses apparences. Le plus grand nombre de malades qu'il y ait eu dans la salle des femmes blessées est de 117, et il n'y a eu qu'un seul jour (comme l'attestent les listes), où ce nombre ait été tel, car pendant les froids rigoureux il n'a été communément que de 106 à 112. Il y a dans ces salles 114 lits, tant en petits lits qu'en lits à cloison; savoir, 68 petits lits et 23 lits à cloison (qui égalent 46 petits lits); de ce nombre il en faut déduire 12 lits, savoir 2 lits seuls et 10 moitiés de lits à cloison occupés par les sœurs de la salle, restent donc 102 lits employés pour les malades. Ainsi il n'y a qu'un seul jour où il y ait eu quinze malades de plus qu'il y avoit de lits pour les coucher seules, et ordinairement le nombre des malades n'a excédé que de 4 à 6 celui des lits. A-t-on pu, sans inconvénient pour les jours de presse, faire coucher deux dans des petits lits de trois pieds ce nombre excédent de malades? Ou étoit il et est il encore nécessaire de démonter ces lits pour les remplacer par des grands. On a lieu d'estre surpris que cet objet ait pu même paraître une question à la mère Prieure. Les malades ne seront pas plus commodément couchées, et l'établissement de ces lits entraîne une foule d'inconvénients. Les grands lits qu'elle demande ont 4 pieds et demi de largeur; si on y couche les malades quatre, ou on leur mettra à toutes la tête au même bout du lit et elles auront chacune 13 pouces 1/2 de place, ou on les couchera de manière que la moitié ait la tête à un bout et l'autre moitié à l'autre bout, c'est à dire qu'elles soient couchées de la tête aux pieds, et alors elles auront chacune 2 pieds 3 pouces de place. Les lits à cloisons ont 5 pieds 2 pouces de largeur, et en diminuant les deux pouces pour l'épaisseur de la cloison, chaque côté a deux pieds et demy de largeur, deux malades couchées dans ces moitiés de lits à cloisons, la tête au même bout, auront chacune 15 pouces de place, par conséquent 1 pouce et demi de plus que dans les grands lits, et si on les couche l'une à la tête du lit et l'autre aux pieds, elles auront chacune 2 pieds et demi de place; c'est à dire 3 pouces de plus que dans les grands lits. Si dans les petits lits de 3 pieds on les couche deux, la tête du même côté, chacune aura 1 pied et demi de place, c'est à dire 4 pouces et demi de plus que dans les grands lits couchées à quatre, et même autant de place qu'elles en auroient quand elles ne seroient couchées que trois; mais si on les couche de la tête aux pieds, elles auront dans les petits lits 9 pouces de plus que dans les grands lits, dans l'une et l'autre supposition on doit faire abstraction de la place qu'occupent les pieds. D'après ce rapport qui est simple et exact, la question se réduit à demander s'il est possible que les malades soient plus commodément couchées dans un espace plus petit qu'ils le seroient dans un plus grand. Mais pour détruire la demande de la mère Prieure, il ne faut que consulter l'expérience. J'ai interrogé en présence de la religieuse, mère d'office de cette salle, les malades qui avoient été couchées deux dans des petits lits; si elles y étoient à leur aise, elles ont toutes répondu qu'elles étoient fort bien. J'ai ajouté si elles ne préféroient pas coucher quatre dans des grands lits, toutes ont dit qu'elles aimoient beaucoup mieux n'être que deux dans les petits lits; ainsi, si l'on fait attention qu'il y a toujours dans ces salles de malades un grand nombre qui sont guéries et convalescentes, d'autres qui n'ont que des blessures très légères, telles qu'engelures, brûlures, gonflements, etc., et qu'il y a en outre plusieurs enfants, il est évident qu'on peut sans inconvénient en coucher beaucoup à deux dans des petits lits; mais d'ailleurs je suppose qu'on ne peut pas les coucher ainsi deux; ne vaudroit il pas mieux pour ces jours de presse, ou mettre des lits de sangles, ou des couchettes d'enfans dans l'intervalle des lits, ou les rapprocher les uns des autres pour en monter plusieurs autres de surcroit, plutôt que de démoncer les lits qui existent (ce qui les détruit), pour les remplacer par des grands lits qui peut être dans 8 jours seront inutiles, ce qui bouleverseroit et causeroit beaucoup de tumulte dans la salle et feroit que pendant le temps employé à les monter et à les démonter, on seroit obligé d'en coucher deux un nombre beaucoup plus grand. Quant à l'assertion de la mère Prieure qu'on a été obligé d'en renvoyer plusieurs dans les salles de fiévreuses où elles ne sont pas pansées, je nie le fait, et si il y en a eu quelqu'unes qui ont été transférées dans ces salles, elles n'avoient plus besoin de pansements. Je ne crois pas pouvoir mettre le Bureau mieux en état de juger, et d'estimer si les dernières plaintes de la mère Prieure sont mieux fondées que les premières, qu'en lui envoyant la liste des malades qui sont sorties lundy dernier, suivant le relevé que j'en ai fait sur les registres du chirurgien du département et du chirurgien topique, et sur les observations qu'ont fait de leurs maladies les chirurgiens chargés de les panser. Vous y verrez, Messieurs, qu'en effet il est sorti une malade qui avoit un ulcère sur la main, qui n'étoit pas encore cicatrisé; mais qu'elle avoit demandé sa sortie. Une autre qui avoit resté 56 jours pour une fracture simple de jambe, et qui a été au moins 24 jours convalescente et marchoit facilement quand elle est sortie. On aura sans doute pris pour la seconde fracture une entorse légère au pied qu'avoit eu une femme qui est restée 36 jours dans cette salle et qui marchoit depuis 19 jours. Je terminerois ces preuves désagréables en vous priant, Messieurs, d'être persuadés que si j'avois vu quelque changement avantageux a faire dans les lits de cette salle, relativement au plus grand nombre de malades, je me serois empressé de vous en faire part, scachant que vous n'avez rien plus à cœur que de connoître ce qui peut intéresser le bien et le soulagement des malades. J'ai l'honneur d'être, etc. Signé : De Saut.»

(9 janvier.) Le Bureau informé et averti par M. l'Archevêque qu'il se répandoit des doutes sur la salubrité de la salle Saint Henry, à l'hôpital Saint Louis, ordonnée être préparée par la délibération prise en l'assemblée générale le 17 décembre dernier, et celle du 24 qui a suivi pour l'exécution de la précédente, a chargé M. Lecouteulx de Vertron de demander l'avis des médecins sur deux questions y relatives, la première de savoir si dans *l'affluence actuelle et extraordinaire de malades à l'Hôtel Dieu, occasionnée par les circonstances,* il y avoit du danger à placer dans cette salle des convalescens de l'Hôtel Dieu qui diminueroient d'autant le nombre des malades, et les mettroit plus à l'aise. La seconde si, dans le cas où la continuité de la rigueur de la saison augmenteroit encore ce nombre, on pourroit sans inconvénient certain et marqué, y placer même des malades, en leur faisant observer que dans plusieurs circonstances, cette salle avoit servi à cet usage, et de les prier de faire passer leur avis au Bureau le mercredy quatorze, ce que mondit sieur Lecouteulx de Vertron a sur le champ exécuté.

(14 janvier 1789.) Le Bureau informé que les circonstances actuelles ne permettent pas de faire descendre à Paris les provisions de charbon destinées pour l'Hôtel Dieu et *arrêtées par les glaces depuis plus d'un mois à St Mammerts près Moret,* a arrêté d'écrire à M. le Prévot des marchands pour lui représenter le besoin que l'Hôtel Dieu a de charbon et le prier de donner des ordres pour qu'il en fût délivré pour l'usage de cet hôpital 100 à 120 voyes, et la lettre dont la teneur suit a été aussitôt écrite, signée et envoyée : «Paris, le 14 janvier 1789. Monsieur, les circonstances actuelles, dont tout citoyen gémit, forment un obstacle invincible à l'arrivée de la provision de charbon de l'Hôtel Dieu. Elle se trouve arrêtée à St Mammerts près de Moret. L'affluence énorme des malades, dont le nombre dans nos deux maisons monte aujourd'huy à 3,595, augmente malgré nous la consommation, de manière que, quelque économie que nous puissions mettre dans le peu qui nous reste de charbon, nous ne pouvons espérer de n'en pas manquer absolument à la fin du mois. Nous vous prions donc, dans un besoin aussi pressant, dont nous ne pouvions prévoir la cause et les effets, de donner vos ordres pour qu'il soit délivré à l'Hôtel Dieu 100 à 125 voyes de charbon, sur nos certifficats, que c'est pour le service indispensable d'une maison chère à la ville, et à l'intérêt de laquelle vous prenez personnellement, comme l'un des chefs de son Administration, le plus grand intérêt.»

(4 mars.) Le Bureau informé qu'il s'est élevé quelques difficultés pour l'entrée des malades qui sont envoyés, soit à l'Hôtel Dieu, soit à l'hôpital Saint Louis par la maison de l'Hôpital Général, et que M. Tillet, l'un des administrateurs dudit hôpital, avoit été chargé par ladite Administration de conférer avec quelque membre du Bureau sur lesdites difficultés, le Bureau n'ayant rien plus à cœur que d'entretenir l'union et le concert qui doit régner entre les deux administrations, pour opérer le bien des pauvres qui leur sont respectivement confiés, a arrêté de prier Monsieur Martin de prendre des éclaircissemens sur lesdites difficultés, d'en conférer ensuite avec mondit sieur Tillet, à l'effet d'aviser aux moyens capables de les résoudre et de les prévenir par la suite, pour, sur le rapport qu'il en fera au Bureau, y être délibéré et statué ainsi qu'il appartiendra.

(18 mars.) Monsieur Lecouteulx de Vertron ayant fait lecture d'un mémoire qui lui a été remis ce matin par M. Le Preux, l'un des médecins de l'Hôtel Dieu, par lequel il réclame contre une des clauses insérées dans la lettre qui lui a été écrite par le greffier dans la forme ordinaire, pour l'inviter à se trouver le 21 de ce mois à l'archevêché, pour être reçu à l'assemblée générale médecin ordinaire de l'Hôtel Dieu; *cette clause portant d'y venir sans chaperon;* ledit sieur Lepreux prétendant que, d'après un décret de la Faculté joint à ce mémoire, et les statuts de ladite Faculté, il ne doit se présenter en robe à aucune cérémonie, réception, etc., que revêtu de son cha-

peron écarlate, sur quoi il a été observé que cette demande étoit une innovation à l'usage immémorial, d'après lequel les médecins ne se présentoient pour leur réception en assemblée générale du Bureau qu'en robe et sans chaperon; que tous les médecins s'y étoient conformés sans aucune exception, qu'on peut même dire que c'étoit à l'assemblée générale seule à décider cette question; en conséquence il a été arrêté qu'il lui seroit écrit sur le champ par M. Lecouteulx de Vertron, pour l'informer que le Bureau étoit surpris de cette innovation, qu'il étoit d'ailleurs le maître de se présenter dans le costume qu'il jugeroit à propos, mais de le prévenir qu'on ne pourroit se dispenser d'en instruire MM. les Chefs avant qu'il fût ordonné de le faire entrer.

(21 mars.) Monseigneur Bochart de Saron, premier président du Parlement, au lieu de M. d'Aligre, a pris séance au Bureau pour la première fois.

(21 mars.) Monseigneur Hocquart, premier président de la cour des Aydes, au lieu de M. Barentin, a pris séance au Bureau pour la première fois.

(21 mars.) Lecture faite d'un mémoire des médecins nommés en l'assemblée générale du 16 juillet 1787 par lequel ils exposent que, pénétrés de respect pour le Bureau d'Administration, ils ne croient pas devoir paroître devant lui avec moins de solennité que devant la cour des Pairs quand ils y sont mandés, et même devant Sa Majesté lorsqu'ils accompagnent le recteur de l'Université, et demandent en conséquence, et conformément à un décret de la Faculté du 20 octobre 1788, dont il a été pareillement fait lecture, à être introduits en l'assemblée du Bureau pour leur réception, non seulement revêtus de leurs robes, suivant l'ancien usage, mais de plus décorés de leurs chaperons rouges; la matière mise en délibération, le Bureau a arrêté que les sieurs Le Preux, Coutavoz et Bosquillon, nommés médecins ordinaires, et le sieur Thaureaux, nommé médecin expectant en l'assemblée générale du 16 juillet 1787, seront introduits pour leur réception revêtus de leurs robes et décorés de leurs chaperons, qu'à l'avenir les médecins nommés par le Bureau ne s'y présenteront qu'avec leurs robes et chaperons, et qu'en conséquence, les lettres qui leur seront écrites à cette fin par le greffier seront libellées conformément au présent arrêté.

(21 mars.) Le Bureau a choisi et nommé le sieur Baget, médecin de la Faculté de Paris, sur le compte duquel se sont réunis les meilleurs témoignages, pour second médecin expectant de l'Hôtel Dieu, et Messieurs les Commissaires ont été priés de l'informer de sa nomination.

(2 avril.) Monsieur Martin, chargé par la délibération du Bureau du 21 du mois dernier de prendre des informations sur les faits contenus dans un mémoire remis à M. le Procureur général par le sieur Prévôt de Saint Lucien, au nom des prieure et religieuses de l'Hôtel Dieu, a fait lecture de son rapport, et a pareillement fait lecture du mémoire justificatif du sieur de Sault, premier chirurgien de l'Hôtel Dieu, en réponse à celui desdites religieuses; sur quoi la matière mise en délibération, le Bureau a arrêté que le mémoire des religieuses, le rapport de mondit sieur Martin et le mémoire dudit sieur De Sault demeureront annexés à la présente délibération, et qu'attendu que les faits dont il y est question sont la plus grande partie une suite de l'affaire qui existe entre M. le Procureur général et lesdites religieuses, il sera délivré à mondit sieur le Procureur général une expédition de la présente délibération, pour être jointe au dossier de ladite affaire.

Copie du Mémoire des Religieuses.

Messieurs les Administrateurs de l'Hôtel Dieu, Messieurs,

Les prieure et religieuses de l'Hôtel Dieu de Paris ont l'honneur de vous représenter très humblement

Qu'il existe un règlement de 1706 par lequel il est dit :

Qu'il y aura dans l'Hôtel Dieu un amphithéâtre d'anatomie à l'usage seul des élèves de cette maison;

Que les étrangers n'y seront point admis, à l'exception de six seulement avec l'attache du bureau;

Que les leçons seront données tous les jours, depuis deux heures jusqu'à trois, pour ne point interrompre le service.

Par ce règlement il a été ordonné que les pansements se feraient tous les jours à six heures du matin, et le soir à trois heures.

Ces jours ont été prescrits pour l'ordre du service.

Tout cet ordre est renversé par le s[r] Desault, chirurgien-major de l'Hôtel Dieu.

Les pansements ne commencent que sur les sept heures et demie du matin, et le soir sur les cinq heures et demie six heures.

D'où il résulte que les pansements se font à l'heure du service des aliments... Tout souffre de cette inversion des heures.

Ensuite, le s[r] Desault rend son amphithéâtre public... Le journal de Paris du 19 de ce mois l'a annoncé.

Deux à trois cens personnes étrangères y sont admises; les leçons commencent à dix heures du matin et finissent à midy.

Elles recommencent le soir à six heures jusques à sept.

Les médecins faisant leur visite le matin sur les neuf heures, aucunes de leur ordonnance n'est exécutée, car pendant la leçon on ne peut avoir aucun élève.

En sorte que les médicamens, pansemens, et saignées, qui doivent être donnés illico ne sont administrés que plus de trois heures après.

En attendant que les leçons du matin et du soir commencent,

les quatre à cinq cens personnes qui suivent ce cours se disputent dans les salles des malades.

Les jeunes gens y font un tapage insupportable. Mais ce qui scandalise les mœurs et afflige l'humanité, c'est que le s^r^ Desault se permet de faire apporter au milieu de son amphithéâtre les malades qu'il juge à propos d'opérer.

Une femme attaquée d'une hernie a été apportée cette semaine, découverte malgré ses réclamations vis à vis de cinq cens spectateurs, opérée malgré elle...

En la reconduisant à la salle, elle est expirée sur le pont.

Les religieuses demandent l'exécution du règlement de 1706. En conséquence :

L'amphithéâtre réservé aux seuls élèves de la maison;

Une leçon seule par jour depuis deux heures jusqu'à trois du soir;

Que les malades ne soient opérés que devant peu d'élèves;

Que les femmes surtout ne soient pas transférées de la salle St Jean, ni qu'elles traversent le pont pour passer par les salles d'hommes, et conduites à l'amphithéâtre.

Mais qu'il leur soit affecté une pièce près leur salle pour les opérations;

Que le s^r^ Desault soit tenu, et invariablement, de suivre ses pansements le matin à six heures et le soir à trois heures;

Et de panser tous les jours les malades, et de n'en omètre aucuns, arrivant fort souvent que les malades blessés ne sont pas même visités.

Messieurs les Administrateurs sont trop éclairés pour ne pas sentir toute la justice des réclamations des religieuses.

Paris, le 20 mars 1789.

Réponse au mémoire présenté contre le s^r^ Desault par les dames religieuses de l'Hôtel-Dieu.

Dans toute accusation intentée contre quelqun, deux motifs, soit seuls, soit réunis, peuvent porter les délateurs à se plaindre : ou l'envie de nuire à l'accusé, qui falsifie les faits et lui suppose des crimes dont il n'est point coupable; ou le scandale du mal que celui-ci fait et la nécessité d'en arrêter les progrès; ou enfin la haine qui profite d'une faute véritable pour perdre son adversaire. Avant de répondre par article au mémoire présenté contre moi au Bureau de l'Administration de l'Hôtel-Dieu par les dames religieuses, qu'on me permette de démontrer quel est celui de ces motifs qui les fait agir. Seroit-ce le premier? qu'on se donne la peine de lire, j'espère en fournir la preuve.

Lorsque je fus nommé chirurgien en chef de l'Hôtel Dieu, les dames religieuses furent les premières à m'en féliciter, par lettre et de vive voix. Elles s'applaudissoient de m'avoir pour chirurgien en chef. Je m'efforçai de répondre à leur honnêteté par des devoirs réciproques. La paix et l'union régna entre nous pendant quelque temps : je jouissois alors de cette tranquilité, si désirable pour un homme occupé de fonctions aussi importantes que les miennes. La plupart des dames religieuses, témoins de mon zèle, et de la fatigue que me donnoit l'exercice de mes devoirs, portèrent les attentions à mon égard jusqu'à me dire qu'elles craignoient que mon exactitude à les remplir n'influât sur ma santé, que je ne fusse la victime de passer ainsi une grande partie du jour à l'hôpital, de me relever souvent pendant la nuit quand il y avoit des maladies graves qui exigeoient de ma part des soins suivis. Mais ce bonheur ne fut pas de longue durée.

L'Administration, convaincue du désordre avec lequel se faisoit la distribution des aliments, du danger pour les malades auxquels les religieuses donnoient à manger quand ils devoient être à la diette, ou qu'elles tenoient à la diette quand ils pouvoient manger, où à qui elles donnoient toujours trop ou trop peu d'aliments à la fois..., etc., rendit la prescription du régime aux officiers de santé à qui elle appartient de droit, faisant une partie essentielle de leur état. Elles n'eurent pas plutôt connu les règlements qui en ordonnoient l'établissement que leurs dispositions changèrent à mon égard. Elles me soupçonnèrent d'avoir présenté des mémoires à MM. les Administrateurs en faveur de ce nouveau régime. Enfin le jour vient où l'Administration donne des ordres pour qu'il fut suivi. Je mets à leur place les chirurgiens de département, places qui avaient été créées *ad hoc;* je leur lis l'article des règlements qui les concernoit, et leur recommande de s'y conformer avec exactitude, et surtout avec la plus grande honnêteté. Moi même je commence à prescrire et faire exécuter le régime dans la salle St Jean. Alors elles ne conservent plus aucune retenue; elles se répandent en injures contre l'Administration et contre moi, maltraitent les chirurgiens de département, leur prodiguent des épithètes outrageantes, veulent les forcer de se retirer. Je soutiens dans leur devoir ces chirurgiens qu'elles découragent, et les engage à persister jusqu'à ce qu'il plaise à l'Administration d'en ordonner autrement. Dès ce moment, elles me vouent une haine implacable, forment le projet de me perdre, et publient partout dans la maison qu'elles me susciteront tant de tracasseries qu'elles viendront enfin à bout, ou de me dégoûter, ou qu'elles me feront chasser de l'Hôtel Dieu.

Elles font afficher des placards, me font écrire des lettres dans lesquelles on m'avertit charitablement de prendre garde à moi, qu'on en veut à mes jours et que ma vie est en danger. Cela ne me dégoute pas.

On adresse au Ministre un mémoire contre moi, où l'on me peint comme un ignorant qui fait périr les malades par son incapacité. On fait imprimer un mémoire injurieux contre MM. les Administrateurs, et je ne suis pas oublié dans les injures. On ne cesse de porter des plaintes contre les chirurgiens; toutes ces accusations me sont communiquées : je donne satisfaction en tout, soit en punissant les coupables lorsqu'il s'en est trouvé, soit en démontrant l'injustice des plaintes faites contre eux. Ces deffauts de succès, loin de les rebuter, ne les rendent que plus ardentes à me poursuivre. Ne pouvant me prouver aucun mal, elles cherchent à me troubler dans le bien que je m'efforce de faire; et, pour y réussir, dans un dernier mémoire présenté à M. le Procureur général, elles me peignent comme un homme qui néglige ses devoirs, qui transgresse les règlements, qui intervertit l'ordre, qui cause le scandale et l'indécence dans la maison, etc. etc. Mais j'espère que ce mémoire est leur dernier effort contre moi, car elles s'y sont permis des mensonges si évidents, qu'à moins d'avoir perdu tout reste de pudeur et de retenue, elles ne doivent jamais oser articuler aucune plainte contre qui que ce soit, après s'être deshonorées par des impostures aussi marquées. Il semble qu'elles ayent pris à tâche de ne pas avancer un seul fait vrai, excepté peut-être un règlement de 1706 qu'elles citent et qui m'est inconnu. Il faut qu'elles soient bien tourmentées du désir de la vengeance pour ne pas s'appercevoir de l'injustice et du ridicule de leurs prétentions. Si leur but n'étoit que de me susciter des désagrémens, leur triomphe doit être parfait; car rien ne peut être plus rebutant pour moi que d'avoir toujours à me deffendre contre la calomnie, et de perdre ainsi un temps toujours précieux, et toujours trop court pour faire le bien. Cependant, pour ne laisser aucun doute sur leurs accusations, je veux bien encore y répondre.

ART. 1er et 2e.

«Règlement de 1706 par lequel il est dit qu'il y aura dans l'Hôtel-Dieu un amphithéâtre d'anatomie à l'usage seul des élèves de cette maison, que les étrangers n'y seront pas admis à l'exception de six seulement avec l'attache du Bureau.»

N'ayant aucune connaissance de ce règlement, j'ai dû prendre l'usage pour guide, n'y trouvant rien qui blessât l'honnêteté, ni portât préjudice à personne. Or il est constaté que M. Moreau permettoit à qui bon lui sembloit d'assister à ses leçons, qu'il y avoit autant d'étrangers que d'élèves de la maison, qu'il y avait un cabinet d'anatomie où il faisoit disséquer les chirurgiens du dehors, qu'il leur faisoit pratiquer des opérations dans la salle des morts. Il y a plus : c'est qu'il recevoit de l'argent, même des élèves de la maison, pour les exercer à la pratique des opérations. (Ce que je n'ai jamais fait et ne ferai jamais, quoique leur procurant d'ailleurs de plus grands avantages.)

ART. 3.

«Que les leçons seront données tous les jours depuis deux heures jusqu'à trois pour ne point interrompre le service.»

Cette heure n'a pu être qu'une heure de convenance, M. Moreau la trouvoit pour lui plus commode et il s'y conformoit. M. Feraud sentoit la gêne de faire une leçon aussitôt après son diner, et il l'a faite le matin pendant neuf ans. MM. les Administrateurs de l'Hôtel-Dieu l'ont honoré de leur présence; il n'y a jamais eu de réclamation de leur part. On dit : l'heure a été fixée depuis deux jusqu'à trois heures pour ne point interrompre le service. Comment se peut-il que cette leçon, faite à une autre heure, nuise au service, à moins qu'on ne la fasse pendant le temps que les chirurgiens devroient employer aux visites, pansemens et opérations des malades? Elle se fait dans un lieu séparé des salles, où l'on ne peut troubler en aucune manière la distribution des médicamens et des alimens. Celui qui fait ces leçons comme ceux qui les écoutent n'ont alors aucun devoir à remplir dans l'Hôtel-Dieu, et ne peuvent donc point interrompre ce service.

ART. 4.

«Que les pansements se feroient tous les jours à six heures du matin, et le soir à trois heures.»

Je conviens que dans une maison aussi nombreuse que l'Hôtel-Dieu, les heures du service relatif aux malades doivent être invariablement fixes, surtout lorsque deux services qui se suivent ont un tel rapport entre eux que l'un ne devrait, pour ainsi dire, être que l'exécution de l'autre : telles, par exemple, que la distribution des alimens et celle des médicamens, qui sont supposés ne se faire que d'après les visites et les ordonnances des médecins et du chirurgien en chef, chacun dans leur département. Plût à Dieu que les dames religieuses eussent senti comme moi l'importance de ce principe, l'ordre n'auroit pas été aussi souvent interverti, et les malades en auroient été soignés avec plus de soins et d'exactitude.

ART. 5.

«Tout cet ordre est renversé par le s^{r} Desault, chirurgien major, de l'Hôtel-Dieu : les pansemens ne commencent que sur les sept heures et demie du matin, et le soir sur les cinq heures et demie. D'où il résulte que les pansemens se font à l'heure du service des alimens : tout souffre de cette inversion des heures.»

Je ne commence les pansemens que sur les sept heures et demie..., etc. Qu'on me pardonne l'expression, cette accusation est le comble de l'extravagance : les dames religieuses n'ont donc pas craint un démenti public? A qui vouloient-elles que l'Administration s'adressât qui ne l'eût assurée du contraire? Suisse, gardes de la porte, domestiques de la maison, sœurs de la salle St Jean, malades de la même salle, il n'en est aucun qui n'eût dévoilé leur fausseté. Je ne sache pas avoir commencé jamais cette visite après six heures un quart. Il m'est arrivé souvent il est vrai de ne commencer la visite du soir qu'à quatre heures, ce que faisoit avant moi M. Feraud; mais on sait que cette visite du soir est bientôt terminée; souvent même elle n'est que de forme : tous les pansemens et opérations ont été faits le matin; le soir il n'y a que les nouveaux arrivés à visiter, revoir ceux qui ont des maladies graves et auxquels il peut être survenu de nouveaux accidents depuis le matin. Il n'en est qu'un très petit nombre qu'on soit obligé de panser deux fois le jour; et, à moins qu'il n'y aye quelque opération extraordinaire, cette visite du soir est toujours terminée avant cinq heures moins un quart. J'accomplis donc encore l'esprit des règlemens, puisque ce n'est qu'à cette heure que devroit se faire le souper des malades et la distribution des alimens.

Mais, diront-elles, ne faut-il pas, avant que les *garde-manger*, c'est-à-dire la viande et les autres alimens, soient apportés de la cuisine, avoir le temps de distribuer le pain et le vin?

Qu'elles me permettent de leur demander à mon tour à quelle heure il faudrait que le chirurgien eût fait sa visite pour ne pas se rencontrer avec elles dans les salles, lorsqu'elles font leur distribution? A cinq heures et demie du matin elles donnent ou font donner la soupe, à 8 heures elles distribuent le pain, à 9 heures le vin, à 9 heures 3/4 la viande (ce qu'elles appellent le diner) à midi et demi elles donnent la colation, à 3 heures après-midi elles recommencent la distribution du pain, à 4 heures celles du vin, à 4 heures 3/4 celle de la viande, ou le souper. Or, à moins qu'elles n'exigent aussi que le chirurgien en chef n'aye pansé ou fait panser 4 à 500 blessés en moins d'une heure et demie ou deux heures, il se trouvera toujours avec elles dans les salles à l'heure de leur prétendu service. Il est inconcevable qu'elles ayent porté des plaintes de cette espèce à l'Administration, et qu'elles ayent pu se persuader qu'elles seroient écoutées. Elles disent qu'on les trouble dans la distribution de leur pain et de leur vin à 8 et à 9 heures..., etc. Ont-elles donc oublié que l'Administration, en établissant le régime, a rendu un règlement qui fixe à dix heures la distribution totale des alimens? Il faut être bien aveuglé par la prévention, pour réclamer la protection des législateurs afin de s'autoriser à enfreindre les lois.

ART. 6.

«Enfin le s[r] Desault rend son amphithéâtre public... Le journal de Paris du 19 de ce mois l'a annoncé.»

Je n'ai jamais eu la prétention de regarder l'amphithéâtre de l'Hôtel-Dieu comme le mien. Je défie ces dames religieuses de citer un exemple où je me sois permis de l'appeler mon amphithéâtre. Qu'elles relisent le journal de Paris, elles verront si l'on s'y est servi de cette expression.

Je ne rends point cet amphithéâtre public si je n'admes à suivre mes leçons que des chirurgiens que je connois et que ceux de l'honnêteté et de la bonne conduite desquels j'ai des garants.

Le journal de Paris l'a annoncé... Mais, annoncer à tout Paris qu'une chose se fait, n'est pas dire qu'elle se fait publiquement. De combien d'actions particulières le journal de Paris ne rend-il pas compte! Avant de parler, les dames religieuses auroient dû se faire instruire par leur *savant conseil* de la différence qu'il y a entre publier une chose et rendre une chose publique. Il ne peut y avoir que des personnes envieuses, et les plus grands ennemis qu'aye peut-être jamais eû l'Hôtel-Dieu, qui ayent pû voir avec peine le bien que l'on s'efforçoit d'y faire, et qu'en le publiant on donna de justes éloges aux vues bienfaisantes de l'Administration qui protégeoit mes efforts.

ART. 7.

«Deux à trois cens personnes étrangères y sont admises : Les leçons commencent à dix heures du matin et finissent à midi.»

Ici l'exagération des dames religieuses ne connoit plus de bornes. Elles font entrer 300 personnes étrangères avec les élèves de la maison au nombre de 107, c'est-à-dire plus de 400 personnes dans un amphithéâtre qui n'a été construit que pour 120, et où, en se pressant beaucoup, peuvent tout au plus être contenues 150 personnes. Parmis ces étrangers sont des médecins de la Faculté, des maîtres en chirurgie de Paris, qui se font un plaisir d'assister à ces leçons, des protégés de quelques uns de MM. les Administrateurs, de MM. les Médecins de l'Hôtel-Dieu, et même plusieurs recommandés par mesdames les religieuses. Et qu'elles disent avec quel désintéressement j'en ai toujours agi à l'égard des jeunes gens pour qui elles se sont intéressé. Lorsque ceux-ci, réunis aux élèves de la maison, auront remplis presqu'en totalité l'amphithéâtre, où donc placeront-elles ces 300 étrangers?

Pour ne pas violer le parti que les dames religieuses ont formé de ne pas accuser une seule fois la vérité, elles se sont même trompées dans la citation d'un fait, indifférent par lui-même. La leçon du matin commence toujours à 9 heures et demie et est toujours finie à onze heures; mais il y a une demi-heure consacrée à donner dans cet amphithéâtre des consultations gratis aux malades du dehors. (Il est surprenant que ces dames religieuses ne se soient pas aussi plaint que ces consultations des malades étrangers fussent données dans l'amphithéâtre, et non comme autrefois dans le milieu de la salle St Paul, entre deux lits de malades, où étoient interrogés et visités indistinctement les hommes et les femmes.)

ART. 8.

«Les médecins faisant leur visite le matin sur les 9 heures, aucunes de leurs ordonnances ne sont exécutées, car pendant la leçon on ne peut avoir aucun élève.»

Qu'on juge par cet article des motifs qui font agir les dames religieuses ; elles disent tranquillement que, les médecins faisant leur visite à 9 heures, aucunes de leurs ordonnances ne sont exécutées. Mais ces visites doivent être aussi probablement fixées par le règlement de 1706 à 6 heures dans l'été et à 7 heures dans l'hiver. Pourquoi donc ne portent-elles pas aussi des plaintes? Pourquoi cachent-elles même à l'Administration qu'il est plusieurs de ces médecins qui ne les font constamment qu'à dix heures, et que quelques uns même ne les commencent qu'à onze heures? Répondront-elles que cette inversion des heures ne peut être préjudiciable aux malades, qu'elle ne dérange en rien leur service ni celui des apothicaires?

L'administration des médicamens ordonnés *illico* n'a jamais été du ressort des chirurgiens; elle regarde les apothicaires.

Les dames religieuses, en se plaignant que pendant la leçon on ne peut avoir aucun élève, veulent sans doute parler du chirurgien de garde : car il est le seul qui soit de service dans l'intervalle des pansemens. Il est même deffendu aux autres élèves d'être alors dans les salles, et d'y faire aucun pansement : s'il n'y avoit point de leçon, aucun d'eux ne seroit dans l'Hôtel-Dieu. Mais le chirurgien de garde n'assiste point aux leçons, ou si quelquefois, n'ayant rien à faire, il se permet d'y assister, il a toujours soin de se placer à l'entrée de l'amphithéâtre, afin de pouvoir sortir facilement lorsque le domestique de la chambre de garde vient l'avertir qu'on le demande dans telle ou telle salle. Si quelquefois il s'est rendu coupable de négligence et a manqué à son devoir, la faute est personnelle. Si les dames religieuses m'en eussent porté plainte et que le cas eût été grave, je n'aurois pas manqué de faire part du délit à messieurs les Administrateurs. Si la faute eût été légère, j'aurois au moins pris des mesures pour en empêcher la récidive.

ART. 9.

«En attendant que les leçons du matin et du soir commencent, les 4 à 500 personnes qui suivent ce cours se disputent dans les salles des malades.»

Les dames religieuses, dans la crainte de n'avoir pas poussé assez loin l'exagération à l'art. 7, au lieu de 300 chirurgiens qu'elles supposoient suivre le cours, en admettent 400, 500 même : rien ne leur coûte : Elles les font tous attendre dans les salles des malades que les leçons commencent, les font se disputer entre eux et faire un tapage insupportable. J'ai fait voir plus haut la soustraction qu'il convenoit de faire à ce nombre supposé, et quel étoit au juste celui des chirurgiens étrangers qui suivoient les leçons. Mais tous ces chirurgiens n'assistent pas aux pansemens qui se font dans les salles; d'ailleurs il leur est deffendu d'y entrer avant moy, et les portiers et portières leur en ferment l'entrée; il leur est aussi enjoint de n'y plus être après moi, et j'ai toujours grand soin de les faire sortir avec moi. S'ils faisoient du tapage, ce ne pourroit donc être qu'en ma présence, et on croira bien que je ne le souffrirais pas. L'amphithéâtre est ouvert longtemps avant que la leçon commence, et c'est là où ils attendent, s'ils sont arrivés avant l'heure. Ainsi, s'il se fait dans les salles un bruit insupportable, et je l'ai entendu plusieurs fois, ce n'est point à ces jeunes gens qu'il faut l'attribuer, mais bien au deffaut d'ordre avec lequel les dames religieuses gouvernent ces salles : querellant sans cesse les sœurs, ne sachant point se faire respecter ni obéir des domestiques; ceux-ci, leur répondant avec insolence, se battant entre eux, disputant avec les malades et les maltraitant; les malades eux-mêmes chantant, sifflant, fumant dans leurs lits sans que personne les en empêche. Enfin, il n'y a pas un instant où l'on n'entende, soit une mère qui appelle les domestiques d'un bout de la salle à l'autre, soit une sœur qui demande des convalescents, une autre qui crie après le garçon aux draps, un domestique qui répète à pleine tête dans toute la salle le nom d'un malade qu'on est venu demander, afin de savoir où il est couché, une sœur qui crie : *qu'est-ce qui veut du bouillon?* etc. Pourquoi chercher ailleurs la cause de ce bruit insupportable?

ART. 10.

«Mais ce qui scandalise les mœurs et afflige l'humanité, c'est que le s[r] Desault se permet de faire apporter au milieu de son amphithéâtre les malades qu'il juge à propos d'opérer.»

Quelle contradiction dans la conduite des dames religieuses! Faut-il leur rappeller que, dans le mémoire publié l'année dernière en leur nom, contre MM. les Administrateurs du temporel de l'Hôtel-Dieu, page 54, elles s'y sont élevées avec force sur le danger et la cruauté d'opérer les infortunés au milieu de la salle où sont réunis ceux qui ont été opérés et ceux qui doivent l'être; et où, pour appuyer leurs réclamations, elles ont cité en son entier un passage de mémoire, en forme de rapport, de MM. les Commissaires de l'académie des sciences dans lequel ces inconvéniens sont exprimés avec énergie. Ce n'est qu'après avoir acquis la connaissance et la certitude des maux qu'entrainoit cet ancien usage, que MM. les Administrateurs rendirent une délibération qui ordonnoit l'établissement du nouvel amphithéâtre d'après une demande que j'eus l'honneur de leur adresser dans le temps, et dans laquelle sont énoncées les raisons de son emplacement, de sa construction et de ses usages. Plusieurs de ces Messieurs ont honorés de leur présence les opérations que j'y ai faites : ont-ils rien vû qui puisse scandaliser les mœurs et affliger l'humanité? Ainsi, en faisant transporter dans l'amphithéâtre les malades qui doivent être opérés, je ne fais que mon devoir, que ce qui m'est prescrit par les réglemens, et a été autrefois sollicité par les dames religieuses elles-mêmes. Devois-je m'attendre à en être blâmé un jour?

ART. 11.

«Une femme attaquée de hernie a été apportée cette semaine, découverte malgré ses réclamations vis à vis 500 spectateurs, opérée malgré elle; en la reconduisant à la salle elle est expirée sur le pont.»

Je n'ai qu'un mot à répondre à cet article; il doit couvrir de honte les dames religieuses. Cette femme qu'elles font expirer sur le pont, et dont elles m'imputent la mort, est vivante; elle est encore aujourd'hui dans la salle St Jean, presque entièrement guérie des suites de son opération. Qu'on l'interroge, et elle apprendra si elle a été transportée et découverte dans l'amphithéâtre malgré ses réclamations, si elle y a été opérée malgré elle, s'il lui est survenu le plus léger accident, soit sur le pont, soit dans son lit, depuis qu'elle a été opérée.

Si cette preuve ne suffisoit pas, qu'on consulte d'autres femmes qui sont encore dans la salle St Jean, qui ont de même été opérées dans l'amphithéâtre, et dont la mort avoit aussi été malicieusement publiée par les dames religieuses; qu'on leur demande si ce n'est pas après avoir obtenu leur consentement qu'elles ont été opérées dans l'amphithéâtre; elles seroient mortes que ma conscience ne me feroit aucun reproche de leur mort; j'aurois fait mon devoir en suivant les lois qui me sont prescrites, et je ne me crois pas plus responsable des opérations que j'ai crû devoir faire, que le médecin, de l'émétique, de la manne, de la casse, des vésicatoires, ni que les dames religieuses de l'effet du bouillon, souppe et autres aliments qu'elles distribuent aux malades. Mais j'ai eû le bonheur, ce dont je ne cherche pas à tirer vanité, que de toutes celles qui ont été opérées dans l'amphithéâtre, il n'en est morte aucune, ni sur le pont, ni même dans les salles, des suites de leur opération. Mais je le répète : je n'en ai jamais opéré aucune dans l'amphithéâtre sans avoir obtenu leur agrément, et, lorsque j'en ai trouvé qui m'en témoignoient quelque répugnance, je les ai opérées dans la salle et sur leur lit, ce qui m'est arrivé plusieurs fois, et dont je pourrois citer des exemples.

ART. 12.

«Les religieuses demandent l'exécution du réglement de 1706 : en conséquence..., etc.»

Une Administration aussi sage et aussi éclairée que celle de l'Hôtel-Dieu ne prend pas seulement pour guide de sa conduite d'anciens réglemens; elle juge par elle-même, et, quand elle voit mieux à faire, quelle que soit d'ailleurs la sagesse de ses anciens réglemens, elle y supplée par de nouveaux.

ART. 13.

«L'amphithéâtre réservé aux seuls élèves de la maison...»

Accorder cette demande seroit agir contre le bien public, l'instruction des élèves de la maison, l'intérest des malades, et, par une suite nécessaire, contre l'honneur de l'Hôtel-Dieu et de MM. les Administrateurs.

On ne contestera pas sans doute combien il est important pour le public d'avoir des chirurgiens instruits. Le riche comme le pauvre a tous les jours besoin de leurs secours : plus ou moins de connaissance de leur part peut les arracher des bras de la mort, ou les plonger dans le tombeau. Ils exercent un art, bien dangereux entre les mains des ignorants, art dont il n'est malheureusement que trop difficile d'acquérir la perfection. Ce n'est que dans les hôpitaux où l'on puisse espérer d'y parvenir; ce n'est que là où puissent se former des chirurgiens véritablement instruits; encore ne s'y formeront-ils pas d'eux-mêmes; il leur faut des guides qui conduisent leurs pas chancelans, qui leur fassent voir et distinguer les maladies, qui les rendent attentifs sur la marche et les ressources de la nature, sur l'effet des médicamens; enfin il leur faut un maître de qui ils apprennent la manière de faire, et qu'ils puissent prendre pour modèle dans les opérations qu'ils pratiqueront un jour. Les connaissances théoriques qu'ils pourroient acquérir d'ailleurs sont insuffisantes; ce n'est qu'après avoir vu les maladies avec les malades qu'on vient à bout de guérir. Vouloir retirer à l'Hôtel-Dieu le privilège de donner à la nation des chirurgiens qu'elle puisse appeler avec confiance dans ses maladies, n'est-ce pas un meurtre contre l'humanité? n'est-ce pas priver en pure perte la société de l'avantage qu'elle devroit retirer de cet établissement public? quel autre inconvénient en effet que celui de déplaire aux dames religieuses, d'admettre aux leçons autant d'élèves que l'amphithéâtre en peut contenir, et même un plus grand nombre s'il étoit possible? Le service dans les salles et le repas des malades ne peuvent en être troublés, puisque l'amphithéâtre est isolé, et qu'il n'y a pour s'y rendre que l'extrémité de la salle St Charles à traverser, où sont ordinairement couchés des convalescents. Cela ne peut porter aucun préjudice aux élèves de la maison, puisqu'ils y auront toujours leur place assignée; ce ne peut-être au contraire pour eux qu'un motif d'æmulation. Sensibles à l'estime de leurs confrères, ils tâcheront de la mériter en cultivant avec plus d'ardeur leur instruction, donnant plus d'attention à leurs pansemens et soignant les malades qui leur sont confiés avec plus d'exactitude. Alors l'Hôtel-Dieu ne sera pas seulement un asile pour les malheureux qui viennent y chercher des secours dans la maladie, mais il répandra son utilité, non seulement dans toute la France, mais même dans les pays étrangers, en donnant des chirurgiens instruits qui illustreront l'école où ils se seront formés, et publieront avec reconnaissance le nom de MM. les Administrateurs qui auront favorisé leur instruction.

ART. 14.

«Une leçon seule depuis deux jusqu'à trois heures du soir.»

Ce n'est plus, comme autrefois, la crainte que les peines que je me donne pour l'instruction des élèves n'influent sur ma santé qui porte les dames religieuses à demander que je ne fasse qu'une leçon par jour : elles font souvent des vœux contraires; mais bien l'envie seule de me contrarier. Si j'eusse préféré mon intérest personnel au plaisir qu'éprouve une âme honnête à faire le bien, je leur aurois épargné cette demande; et, au lieu de faire deux leçons par jour, et de passer une grande partie de mon temps auprès des malades et à instruire les élèves, je l'employerois comme mes prédécesseurs beaucoup plus lucrativement à voir des malades dans Paris, et ne ferois comme eux pendant un mois seulement qu'une leçon d'une heure par jour. Qu'importe aux dames religieuses que je fasse une ou deux leçons par jour, que je les fasse à deux ou à trois heures, puisque, comme je l'ai prouvé ailleurs, cela ne peut les gêner en rien dans leur service! Mais je l'ai déjà dit : elles sont fâchées qu'un homme dont elles ont juré la perte puisse faire plus de bien qu'elles.

ART. 15.

«Que les malades ne soient opérés que devant peu d'élèves...»

Pourquoi priveroit-on ainsi de ce moyen d'instruction les élèves? C'est la seule récompense des peines qu'ils se donnent auprès des malades : pourquoi les empêcheroit-on d'assister aux opérations, lorsque leur présence, loin d'intimider, ne peut qu'inspirer plus de confiance à celui qui doit être opéré? La multitude, loin d'effrayer les malades, est plus propre à les rassurer. Il n'est aucun de ceux qui ont été opérés qui n'en fasse l'aveu. Ils sont persuadés de l'habileté de celui qui fait ainsi au grand jour ses opérations, et qui ne craint pas qu'elles soient trop éclairées : cette confiance n'est pas sans fondement. Les hommes, toujours jaloux de leur réputation, s'observent davantage, et évitent avec plus de soin de faire quelques fautes quand ils ont pour spectateurs des hommes instruits. D'ailleurs il doit être indifférent pour un malade d'être opéré devant trente ou devant 150 personnes, quand il sait que ce sont autant de chirurgiens, et qu'on lui représente qu'il y en a peut-être un parmis ces élèves qui lui sauvera la vie un jour, ou à quelqu'un de ses proches, en lui faisant une semblable opération, et mettant à profit les connaissances qu'il aura acquises en ce jour. Au surplus, quoi qu'en ayent voulu dire les dames religieuses, je me flatte qu'on voudra bien croire que je ne ferois jamais rien à cet égard qui puisse être préjudiciable aux malades, et que quand il s'en rencontrera dont je ne pourrai vaincre la répugnance, je les opérerai, ou dans leur lit, ou dans l'amphithéâtre en présence d'un petit nombre d'élèves.

ART. 16.

«Que les femmes surtout ne soient point transférées de la salle St Jean, ni qu'elles traversent le pont, pour passer par les salles d'hommes et conduites à l'amphithéâtre.»

Il est impossible que, de la manière dont les malades sont transférés à l'amphithéâtre, de la salle St Jean, il puisse leur arriver aucun accident. Elles y sont portées sur un brancard garni d'un matelas, couvert de draps et de couvertures, accompagnées par un chirurgien interne, quelquefois par moi lorsque le cas l'exige. Plusieurs fois on leur a fait passer le pont par la difficulté de passer un brancard à travers la salle St Louis, à cause de la grille des bains qui en gêne le passage, et qui oblige de les porter sur un fauteuil, ce qui est plus incommode. Au reste il n'y a aucun inconvénient qu'elles passent par l'un ou l'autre endroit.

Pourquoi donc les dames religieuses, qui paroissent trouver indécent que ces femmes traversent des salles d'hommes, en font-elles aussi transporter tous les jours sur le pont, et à travers la même salle St Charles, pour les conduire aux bains de la salle Ste Martine. Pourquoi ne demandent-elles pas aussi un autre passage pour toutes les malades de la salle Ste Martine, celles de la crèche, et pour celles de la salle des accouchées; car il faut aussi que ces malades traversent la salle St Charles.

ART. 16. (*Suite.*)

«Mais qu'il soit affecté une pièce près de la salle pour les opérations.»

Cette salle dispendieuse, qui occupoit un terrein précieux, est absolument inutile; les femmes pouvant, comme nous l'avons démontré, être transportées à l'amphithéâtre sans le moindre danger.

ART. 17 et 18.

«Que le sr Desault soit tenu, et invariablement, de suivre les pansemens, le matin à six heures et le soir à trois heures, et de panser tous les jours les malades, et de n'en omettre aucuns, arrivant fort souvent que les malades blessés ne sont pas visités.»

Ma réponse à ces deux derniers articles est renfermée dans ce que j'ai exposé cy dessus. Les dames religieuses ont voulu finir comme elles avoient commencé; elles mettent le comble à leurs mensonges par l'accusation la plus vague et la plus fausse. Ce serait m'avilir que de chercher à m'en disculper; l'opinion publique sera ma deffense. Il seroit à souhaiter que les dames religieuses s'acquitassent de leurs devoirs avec autant de zèle et d'exactitude que je m'acquite des miens, et qu'au lieu de passer une partie de la journée renfermées dans leurs chambrettes avec des conseillers perfides, et ne s'y occuper qu'à tramer quelques méchancetés, ou ourdir quelque nouveau mensonge, elles fussent dans leurs salles, suivant leur institution, rendant elles-mêmes l'hospitalité aux malades, et donnant l'exemple de la charité et des vertus chrétiennes.

A l'Hôtel-Dieu, ce 31 mars 1789.

DESAULT.

Rapport du mémoire des religieuses au sujet de M. Desault, fait par M. Martin à l'assemblée générale tenue à l'archevêché le 2 avril 1789.

Les religieuses accusent M. Desault de contrevenir au réglement du Bureau, de 1706, concernant l'ordre et la police à observer à l'amphithéâtre de l'Hôtel-Dieu :

1° En ce que, au lieu de faire ses pansemens à 6 heures du matin et à 3 heures de l'après-midi, il les fait à 7 heures 1/2 du matin, et à 5 heures 1/2, 6 heures du soir;

2° En ce qu'il rend son amphithéâtre public, au lieu de ne donner ses instructions qu'aux seuls élèves de la maison;

3° En ce qu'au lieu de donner ses leçons depuis 2 heures jusqu'à trois, il les donne depuis 10 heures du matin jusqu'à midi, et le soir depuis 6 heures jusqu'à 7. Ce qui fait que les ordonnances des médecins qui viennent vers les 9 heures ne sont pas exécutées, parce que pendant la leçon on ne peut pas avoir d'élèves chirurgiens, en sorte que les médicamens, pansemens et saignées qui doivent être donnés *illico* ne sont donnés que plus de trois heures après.

Les religieuses ajoutent qu'en attendant que les leçons du matin et du soir commencent, les 4 à 500 personnes qu'elles disent suivre les cours d'anatomie se disputent dans les salles des malades, et y font un tapage insupportable.

Elles accusent M. Desault de scandaliser les mœurs et d'affliger l'humanité, en se permettant de faire apporter au milieu de son amphithéâtre les malades qu'il *juge à propos* d'opérer.

Et, pour le prouver, de tous les malades apportés dans cet amphithéâtre depuis son établissement, en janvier 1788, elles citent une femme attaquée de hernie, qui y a été apportée et découverte malgré ses réclamations, et opérée malgré elle vis à vis de 500 spectateurs. Elles ont dit dans leur mémoire que cette femme était expirée sur le pont, en la reportant dans la salle; elles reconnoissent aujourd'hui qu'on les avoit trompées; elles disent qu'elle n'est morte que 3 jours après l'opération.

Pour remédier à tous ces désordres, les religieuses demandent l'exécution du réglement de 1706; et, en conséquence :

1° Que l'amphithéâtre soit réservé aux seuls élèves chirurgiens de la maison;

2° Qu'il n'y ait qu'une seule leçon par jour à l'amphithéâtre depuis deux heures jusqu'à 3 heures;

3° Que les malades ne soient opérés que devant quelque peu d'élèves;

4° Que les femmes ne soient pas transférées de la salle St Jean ni qu'elles ne traversent pas le pont St Charles pour être conduites à l'amphithéâtre; mais qu'il leur soit affecté une pièce près leur salle pour leurs opérations;

5° Que le sr Desault soit tenu de suivre ses pansemens le matin à 6 heures et le soir à trois heures; de panser tous les jours les malades, et de n'en omettre aucuns, arrivant fort souvent que les malades blessés ne sont pas même visités.

Le réglement, dont les religieuses parlent dans leur mémoire, est du 31 décembre 1706. Il ne regarde que la police de l'amphithéâtre, et ne dit rien des pansemens des malades ni des heures auxquels ils doivent être faits.

Il a pour objet :

1° De fixer l'époque de l'ouverture et celle de la cessation des leçons à l'amphithéâtre.

2° La police à observer pour prendre à la salle des morts les cadavres nécessaires pour les démonstrations.

3° De fixer les heures auxquelles les préparations des cadavres ou de partie d'iceux seront faites, ainsi que les démonstrations; les premières doivent être faites depuis 8 heures du matin jusqu'à 11, et les autres depuis 2 heures jusqu'à 3. Cependant comme il est défendu à tous les compagnons de faire aucune préparation ni démonstration pendant la nuit, ni ailleurs qu'à l'amphithéâtre, il semble que le Bureau ait voulu permettre qu'ils en fissent à toutes les heures de la journée, puisque sans cela le réglement auroit porté défense d'en faire à d'autres heures qu'à celles indiquées. Ce qui justifie cette manière d'interpréter le réglement, c'est qu'il y est dit que le premier chirurgien, nommé *maître* alors, fera disséquer les six premiers compagnons, qui seront obligés de faire venir leurs élèves externes pour être présens, non seulement aux préparations et aux démonstrations que fera le maître, mais encore aux préparations et démonstrations qu'ils feront eux-mêmes. Les six derniers compagnons doivent aussi faire venir leurs externes aux préparations qu'ils sont chargés de faire, mais ils ne peuvent faire aucune démonstration *publique*, c'est à dire générale à tous les chirurgiens de la maison, comme les six premiers le peuvent et le doivent même faire; ce qui parroit supposer que les six derniers compagnons peuvent faire des démonstrations à quelques élèves, et, en ce cas, que l'amphithéâtre peut être fréquenté pendant toute la journée, pourvu qu'il ne le soit pas la nuit. Le 4e objet du réglement est que l'entrée de l'amphithéâtre ne soit ouvert qu'aux chirurgiens de l'Hôtel-Dieu et aux personnes qui auroient une permission par écrit de MM.

Les heures de pansemens des malades ont été fixées par d'autres réglements, et notamment par celui du 16 juillet 1787, qui ne fait que renouveller les anciens à cet égard : ils doivent être faits à 6 heures du matin et à 3 heures du soir.

Vous venez, Messieurs, de voir les plaintes des religieuses, et les réglemens qu'elles invoquent. Il s'agit de savoir en quoi le s[r] Desault y a réellement contrevenu.

Il paroit d'abord, par les informations que j'ai prises, que le mémoire présenté en leur nom et avoué par la mère Prieure, à la réserve de la femme opérée à l'occasion d'une hernie, qu'on dit être morte sur le pont au retour de l'opération, n'a point eu le vœu de la communauté, qu'il a été fait et présenté sans l'avis des discrettes, sans avoir même consulté les supérieurs spirituels : ainsi on doit le regarder comme l'ouvrage de la mère prieure seule, ou tout au plus de quelques unes des religieuses, quoique présenté au nom de la communauté. Il m'a paru que la partie la plus saine, mais malheureusement la moins nombreuse, le désaprouvoit, non seulement parce qu'il contient des faits faux, mais encore à cause des suites qu'elles en craignent. C'est par une des discrettes que je me suis assuré qu'elles n'ont pas été consultées, non plus que les supérieurs spirituels.

Mais de quoi que ce soit que ce mémoire provienne, comme il contient des faits graves qui intéressent la santé des malades, le bon ordre de l'Hôtel-Dieu, et la réputation d'un des premiers officiers de santé, le Bureau doit le prendre en considération.

La première des plaintes portées contre M. Desault concerne l'heure des pansemens.

Les réglemens portent qu'ils se feront à 6 heures du matin, et à 3 heures du soir. M. Desault ne les fait, dit-on, qu'à 7 heures 1/2 du matin, et à 5 heures 1/2, 6 heures du soir. La mère Prieure a été mal informée, et elle auroit pû l'être mieux si elle se fût adressée directement à la religieuse de la salle St Jean, par laquelle M. Desault commence ses pansemens. Cette religieuse m'a dit qu'elle alloit tous les jours à la messe à 6 heures, qu'elle duroit à peine un quart d'heure, qu'elle revenoit sur le champ, et qu'à son retour, elle trouvoit M. Dusault en train de faire ses pansemens, parce qu'il venoit tous les jours entre 6 heures et 6 heures 1/4; qu'il n'étoit pas aussi exact pour ceux du soir, qu'il ne les commençoit qu'à 4 heures, 4 heures 1/2. Ce qui s'accorde avec ce que les religieuses disent dans leur mémoire, page 55. M. Desault, exhorté par MM. les Commissaires de l'intérieur, et quelquefois par le Bureau, de rapprocher l'heure de ses pansemens du soir de celle fixée par les réglemens, a toujours répondu qu'il étoit plus convenable que les deux pansemens qui se font tous les 24 heures fussent à une distance telle que celui du lendemain ne fût pas trop éloigné de celui de la veille, qu'en faisant celui du matin à 6 heures et celui du soir à 3 heures, il n'y avoit que 9 heures de distance entre ces deux pansemens, tandis qu'il y en avoit 15 entre ce dernier et celui du lendemain. Ce raisonnement parroit plausible; mais il y a lieu de croire que l'heure actuelle des repas influe aussi sur le changement de celles des pansemens. On dinoit à midi dans la ville lorsque les premiers réglemens ont été faits.

La 2e plainte des religieuses porte sur ce que M. Desault rend l'amphithéâtre de l'Hôtel-Dieu public, et qu'il l'a fait annoncer dans le journal de Paris le 19 du mois dernier.

Le réglement du 31 décembre 1706, qui sert de base à ceux qui ont été faits depuis sur la même matière, est précis sur cet objet : il dit formellement que les chirurgiens qui ne sont point de l'Hôtel-Dieu, et toutes autres personnes n'auront point entrée dans l'amphithéâtre sans permission par écrit de Messieurs. Les religieuses sont donc fondées à dénoncer toute contravention à cet égard. Il ne s'agit que de savoir jusqu'où celles dont elles se plaignent a été portée.

L'annonce que M. Desault a fait mettre dans le journal de Paris pour l'ouverture d'un cours à l'amphithéâtre de l'Hôtel-Dieu est un fait qu'il ne peut nier; il n'a pas eu l'agrément du Bureau; il ne l'a même pas demandé, et il ne pouvoit ignorer à cet égard ni les réglemens, ni les intentions de l'Administration : il a donc à se justifier sur cet objet.

Quant au nombre d'élèves qu'il introduit dans l'amphithéâtre et au tapage qu'on leur reproche, il y a beaucoup à en rabattre.

Après la démolition de l'ancien amphithéâtre, dont l'emplacement a été pris pour les accessoires de la nouvelle salle des femmes en couches, le Bureau a ordonné qu'il en seroit établi un nouveau, capable de contenir 120 personnes. Les plans qui ont été mis sous ses yeux paroissoient annoncer un amphithéâtre plus grand que le Bureau ne le désiroit; il a ordonné qu'il seroit réformé et réduit à 120 places au plus. L'inspecteur des bâtimens certifie qu'il faut se presser beaucoup pour pouvoir y tenir 150. Le nombre des chirurgiens de l'Hôtel-Dieu seroit de 100. S'il étoit complet, c'est donc 50 chirurgiens étrangers que M. Desault a pu introduire au delà de ceux de l'Hôtel-Dieu, et tout au plus ceux qui, indépendamment des places de l'amphithéâtre, ont pu se tenir debout sans gêner ceux qui étoient assis. Ce nombre est loin de celui de 4 à 500 personnes qu'on dit suivre les cours. Quant au tapage qu'on attribue à ces chirurgiens en attendant le commencement des leçons, j'ai pris, de l'inspecteur des salles et de deux religieuses dont la salle de l'une sert nécessairement de passage pour aller à l'amphithéâtre, et l'autre a la porte de la sienne immédiatement au dessus de celle de l'amphithéâtre, les renseignemens nécessaires pour m'assurer du fait; et il en résulte qu'on ne s'en apperçoit pas plus que de celui que font les autres personnes qui fréquentent l'Hôtel-Dieu. Quant à l'embarras et au bruit qu'ils peuvent faire dans les salles en attendant l'heure des leçons, il faut croire que, s'il en vient en effet plus que l'amphithéâtre n'en peut contenir, chacun de ceux qui arrivent est plus occupé de se procurer une place que de se répandre dans les salles; et en effet l'inspecteur ne s'en plaint pas, et il y mettroit ordre si cela étoit.

Quoique le nombre des élèves du dehors introduits par M. Desault, dans l'amphithéâtre de l'Hôtel-Dieu, soit infiniment moindre que celui qu'on lui reproche d'introduire, il est encore trop grand pour pouvoir le justifier au préjudice des réglemens qui sont précis sur cet objet. Cependant je pense qu'il sera nécessaire de l'entendre.

Les religieuses demandent en 3e lieu que l'amphithéâtre soit réservé aux seuls élèves de la maison. Mais le Bureau, dans son réglement de 1706, a suposé qu'il pourroit être avantageux à d'autres personnes d'y être admises, et s'est réservé de donner des permissions par écrit aux étrangers. On conçoit en effet que cette école doit être la meilleure du royaume, et il seroit dur, pour ne pas dire cruel, d'en refuser totalement l'entrée à des étudians en médecine et à de jeunes chirurgiens, qui, devenus maîtres, sont encore dans le cas de ne pas négliger des instructions qu'ils ne peuvent trouver ailleurs. Mais s'il est bon de procurer à quelques autres qu'aux élèves de l'Hôtel-Dieu des leçons aussi utiles, il est nécessaire que le nombre des étrangers soit borné et connu du Bureau, parceque les places de l'amphithéâtre le sont; et que, s'il étoit ouvert indistinctement au public, il y auroit une trop grande confusion; et c'est ce qui a déterminé le Bureau à en deffendre l'entrée aux étrangers qui n'auroient pas sa permission.

Les religieuses ne se contentent pas de demander que l'amphithéâtre soit réservé aux seuls élèves de la maison; elles demandent aussi qu'il n'y ait qu'une seule leçon par jour, depuis 2 heures jusqu'à 3. Le réglement de 1706 fixe en effet cette heure pour la leçon publique. Mais, en défendant aux compagnons de faire aucune démonstration la nuit, il parroit leur laisser la faculté d'en faire à toutes les heures de la journée. Si les compagnons ont cette faculté, il seroit étonnant qu'on fit un crime au chirurgien en chef de ce qu'il en fait deux par jour au lieu d'une à laquelle il se trouve seulement obligé. Il commence celle qu'il fait le matin aussitôt après ses pansemens, et il est ordinairement 9 heures 1/2 lorsqu'elle commence; elle est toujours finie à onze heures, et souvent plus tôt. Les religieuses disent que, les médecins faisant leurs visites le matin sur les 9 heures, aucune de leurs ordonnances ne sont exécutées parceque pendant la leçon on ne peut avoir d'élèves.

1° Il n'est pas vrai que tous les médecins fassent leurs visites à 9 heures; quelques uns la font plus tôt, et quelques autres beaucoup plus tard, malgré le réglement du 16 juillet 1787 qui fixe le moment de ces visites entre 6 et 7 heures en été, et entre 7 et 8 en hiver.

2° S'il étoit vrai qu'on ne pût avoir d'élèves pendant la leçon du matin parce qu'il y a des médecins qui n'exécutent pas le réglement de 1787, il seroit plus simple d'obliger les médecins à s'y conformer pour les heures de leurs visites, ou d'obliger les chirurgiens qui doivent les accompagner d'être à leurs ordres, que de suprimer les leçons dont l'utilité est démontrée et profite à 150 individus; et uniquement parce que quelques médecins ne font pas ce qu'ils doivent.

Les leçons du soir, depuis 6 heures jusqu'à 7, ne paroissent entraîner aucun inconvénient, ou du moins il n'en est pas question dans le mémoire des religieuses. Puisqu'il est aussi facile de rémédier à celui qu'on attribue à la leçon du matin, j'aurois peine à me déterminer à proposer au Bureau de la supprimer; je pense au contraire que l'instruction qui en résulte est trop prétieuse pour ne pas la favoriser.

La 4e plainte des religieuses contre M. Desault est de ce qu'il se permet de faire apporter au milieu de son amphithéâtre les malades qu'il *juge à propos* d'opérer : ce sont leurs propres termes. L'usage ancien étoit de faire toutes les opérations dans les salles; d'où il résultoit de grands inconvéniens cités par les religieuses elles-mêmes, dans leur mémoire imprimé contre l'Administration; en voici les termes :

« L'Académie a remontré avec énergie, dans son rapport, combien il étoit dangereux d'opérer les infortunés au milieu de la salle où sont réunis tous ceux qui ont été opérés ou qui doivent l'être. On y voit, disent les commissaires, les préparatifs du suplice; on y entend les cris du suplicié. Celui qui doit l'être le lendemain a devant lui le tableau de ses soufrances futures, et celui qui a passé par cette terrible épreuve doit être profondément affecté, et sentir renaître ses douleurs à des cris semblables aux siens; et ces terreurs, ces émotions, il les reçoit au milieu des accidents de l'inflammation ou de la suppuration, au préjudice de son rétablissement et de sa vie. »

Les religieuses citoient avec complaisance, en 1788, cet endroit du mémoire des commissaires de l'Académie : sans doute elles en partageoient les sentimens; et en 1789 elles se plaignent de ce qu'on épargne aux malades qui doivent être opérés à leur tour la vue et les cris de ceux qui doivent l'être avant eux, en les transportant dans un autre lieu.

Le 2e inconvénient occasionné par la nécessité de faire les opérations dans les salles, faute de pouvoir les faire ailleurs, a été travesti dans le mémoire imprimé des religieuses, mais on l'y reconnoit; c'est que le peu de place que les élèves pouvoient se procurer pour voir faire l'opération ne permettoit qu'à un petit nombre d'entr'eux d'en être spectateurs; il n'y avoit pas de moyen qu'on n'employât pour se procurer une place : on montoit sur les lits voisins, sur tous les bancs qu'on pouvoit trouver dans la salle, et on étouffoit tellement le chirurgien qui devoit faire l'opération, qu'à peine avoit-il la jouissance libre de ses membres.

Le Bureau, obligé comme je l'ai dit cy devant de faire reconstruire l'amphithéâtre qui étoit cy devant au troisième, a choisi un emplacement à portée de toutes les salles de maladies chirurgicales, et de plein pied avec elles, pour que les opérations pussent s'y faire; et par la délibération qui en ordonne la construction, il a ordonné que l'avis du premier chirurgien consulté sur cet emplacement, et dans lequel sont détaillés tous les avantages qui en doivent résulter, demeureroit annexé.

Les religieuses demandent que les malades ne soient opérés que devant un petit nombre d'élèves, et que les femmes surtout ne soient point transférées à l'amphithéâtre pour y être opérées, mais qu'il leur soit affecté une pièce près leur salle pour leurs opérations.

Le Bureau a toujours cru qu'il étoit utile, pour les progrès de la science chirurgicale, que les opérations fussent vues d'autant d'élèves qu'il seroit possible, puisqu'il n'y a aucun réglement pour en fixer le nombre, malgré le peu de place qu'il y a eu jusqu'à l'établissement de l'amphithéâtre actuel pour leur en procurer la vue. Il ne parroit donc pas raisonnable, aujourd'huy qu'il y a des facilités pour cet objet, sans craindre aucun des anciens inconvéniens, de borner le nombre des élèves qui doivent y assister, parce que les opérations sur le vif sont infiniment plus instructives pour les spectateurs que celles sur le cadavre. Autrefois le Bureau toléroit la présence des chirurgiens du dehors aux opérations, comme il parroit par une délibération du 14 juillet 1717 que j'ai sous les yeux; et ce n'a été que pour éviter le tumulte, et procurer plus de facilité aux chirurgiens de la maison pour voir les opérations, que ceux du dehors en ont été exclus.

Quant à la demande des religieuses concernant les femmes à opérer, les élèves chirurgiens ont toujours assisté, en aussi grand nombre qu'ils l'ont pu, aux opérations faites sur les femmes, et on ne voit aucune raison de changer les usages à cet égard. S'il y avoit un lieu à portée de la salle des femmes blessées qu'on pût destiner aux opérations des femmes, les élèves y assisteroient, comme ils le faisoient cy devant dans leur salle, et depuis dans l'amphithéâtre; et, à cet égard, elles ne gagneroient rien du côté de la présence des hommes. Les opérer dans leur salle, c'est retomber dans l'inconvénient reproché par les religieuses elles mêmes dans les termes empruntés des commissaires de l'Académie. Il parroit donc plus convenable que les femmes soient transportées comme les hommes à l'amphithéâtre. Leur salle est de plein pied, et il sera facile de les y apporter, sans les descendre et sans les faire passer sur le pont. Si cependant il y en avoit quelques unes qui eussent une telle répugnance pour y être transportées, que la violence qu'on pourroit leur faire fût capable de nuire au succès de l'opération, il conviendroit beaucoup mieux de les opérer dans la salle; mais pour lors, les inconvéniens contre lesquels les religieuses elles mêmes s'élèvent renaitroient.

Enfin le plus grave des plaintes des religieuses contre M. Desault est d'avoir fait apporter à l'amphithéâtre une femme attaquée d'une hernie, malgré ses réclamations, et de l'avoir opérée malgré elle; on ajoute que cette femme est morte sur le pont en la rapportant dans la salle, ce qui semble insinuer que sa mort est la suite de la violence qu'on a employée pour l'opérer.

Je puis ici rendre justice à la vérité. La mère Prieure m'avoit prié, environ 15 jours avant de faire présenter son mémoire à M. le Procureur général, d'informer le Bureau que M. Desault avoit fait porter une femme à l'amphithéâtre malgré elle, pour lui faire l'amputation du sein, ce qui lui avoit causé une révolution capable de la faire mourir. Sur le compte que j'en ai rendu au Bureau, il a cru qu'un fait de cette nature méritoit d'être examiné. Je me suis transporté à la salle des femmes blessées; j'ai demandé à voir la femme à laquelle on avoit fait cette opération; on m'a dit qu'il y en avait deux : je les ai vues toutes les deux et questionnées séparément. L'une, qui étoit encore au lit mais à son séant, m'a dit qu'elle savoit bien qu'on la menoit à l'amphithéâtre pour être opérée, et qu'elle ne s'y étoit pas opposée; qu'au reste l'opération avoit bien réussi, qu'on l'avoit bien soignée, et qu'elle seroit bientôt en état de sortir. L'autre, qui étoit levée et qui se promenoit, m'a dit formellement qu'elle avoit demandé à être opérée à l'amphithéâtre, pour épargner aux femmes qui pouvoient être dans le même cas qu'elle dans la salle, le spectacle d'une pareille opération et les cris qu'elle devoit occasionner, et qu'elle ne s'en repentoit pas puisqu'elle alloit bien et qu'elle seroit bientôt entièrement guérie. Je me suis assuré qu'il n'y avoit pas eu d'autre opération de la même nature depuis quelque temps, et on m'a montré par occasion une femme opérée d'une hernie au nombril depuis peu de jours; je l'ai questionnée : elle m'a dit qu'on l'avait menée à l'amphithéâtre sans qu'elle sût où elle alloit; mais qu'arrivée là et voyant l'amphithéâtre garni de monde, et sur la table des instrumens de chirurgie, elle avoit bien vu de quoi il étoit question; mais que souffrant horriblement depuis plusieurs jours, et rendant les excrémens par la bouche, elle avoit sur le champ pris son parti, qu'elle avoit laissé faire tout ce qu'on avoit voulu sans dire un seul mot, et s'étoit tellement roidie contre la douleur de l'opération qu'elle n'avoit pas jetté un cri. Elle étoit pour lors en bon état. J'ai su depuis par la religieuse de la salle, qui n'étoit pas présente à mes conversations avec ces femmes, qu'elle avoit contribué à tromper cette dernière pour qu'elle se laissât conduire à l'amphithéâtre, persuadée qu'il vaudroit mieux qu'elle fût opérée là que dans la salle. Cette religieuse, témoin tous les jours de la manière dont M. Desault traite les malades de sa salle, est bien en état d'en juger : elle ne partage pas l'animosité de plusieurs des autres religieuses, et notamment de la mère Pieure contre lui. A la lecture du mémoire contre M. Desault, que je me suis cru obligé de lui communiquer, pour prendre d'elle les informations qu'elle étoit en état de me donner, elle s'est écriée : «*Elles perdront la maison avec leurs menteries.*» Je lui ai demandé si elle avoit connaissance d'autres femmes opérées d'une hernie depuis quelques jours; elle m'a assuré qu'il n'y en avoit pas d'autre que celle que j'avois déjà vue, et qu'elle se portoit bien. Je l'ai vue le moment d'après : elle avoit commencé à manger de la viande. Ainsi, il n'est pas plus vrai qu'elle soit morte au bout de trois jours, comme le dit aujourd'hui la mère Prieure, qu'il ne l'étoit qu'elle étoit morte sur le pont en sortant de l'amphitheâtre, lorsqu'elle a fait écrire et présenter son mémoire. Il n'est pas plus vrai qu'elle ait été conduite à l'amphithéâtre malgré ses réclamations et opérée malgré elle. Mais quand il serait vrai qu'elle seroit morte au bout de trois jours, il seroit injuste de rendre un chirurgien responsable du succès d'opérations aussi critiques que celle d'une hernie engagée.

La charité chrétienne défend de soupeonner la mère Prieure d'avoir connu la vérité et de l'avoir trahie dans le dessein de nuire à M. Desault. Mais il est impossible de l'excuser de ce que, ayant été informée de ces faits, elle n'a pas fait ce qui dépendoit d'elle pour les vérifier. Personne n'étoit plus en état de le faire que la religieuse de la salle où ces faits s'étoient, disait-on, passés. Mais cette religieuse est du petit nombre de celles qui ne sont pas d'avis de plaider, et la mère Prieure est une des plus ardentes.

Ainsi, de toutes les plaintes portées contre M. Desault dans le mémoire des religieuses, il n'y a de fondées que celles qui regardent l'espèce de publicité donnée à ses leçons d'anatomie dans l'amphithéâtre de l'Hôtel-Dieu, et les étrangers qu'il y introduit sans permission du Bureau, l'heure des pansemens du soir n'est pas non plus celle que les réglemens prescrivent. Il faut l'entendre sur ces trois objets.

Quant aux plaintes vagues concernant sa négligence à panser les malades dans le cas de l'être, elles sont destituées de fondement. Elles ne sont que renouvellées ici, elles ont été déjà portées au Bureau par la mère Prieure, qui l'accusoit aussi de ne point guérir ses malades, et d'en renvoyer beaucoup sans qu'ils le fussent. M. Dusault, entendu au Bureau sur ces plaintes, s'est justifié; et ses moyens de justification examinés, les plaintes se sont trouvées injustes, ainsi qu'il paroit par la délibération du Bureau, du 7 janvier 1789.

(2 avril 1789.) M. Lecouteulx de Vertron a proposé Monsieur Sylvestre de Sacy, conseiller en la cour des Monnoyes, que le Bureau a élu pour administrateur de l'Hôtel Dieu, au lieu de M. Marier de Vossery, décédé.

(24 avril.) A été fait lecture d'une lettre écrite de Charmantray par le sieur de Launay, pannetier de l'Hôtel Dieu, au sieur La Perche, sous pannetier, le 22 du présent mois, pour l'informer que les achats de bleds que le Bureau l'avoit chargé de faire conjointement avec le sieur Béjot, commissionnaire de l'Hôtel Dieu, étoient très avancés, mais avec une peine incroyable, et qu'il falloit envoyer 115 muids de sacs, que les vendeurs de ces bleds ne vouloient pas les livrer sans être surs d'une permission, dans la crainte d'être saisis en route; qu'il falloit donc voir Messieurs les Administrateurs pour les en informer, afin qu'ils pussent faire de suite les démarches nécessaires pour se la procurer, et Monsieur Martin a dit qu'ayant été informé la veille du contenu en ladite lettre, il avoit fait plusieurs démarches pour s'assurer de qui la permission nécessaire dépendoit; qu'il avoit appris qu'elle dépendoit de M. l'Intendant de Paris dans sa généralité, qu'il s'y étoit transporté, et que n'ayant pu le voir, il s'étoit adressé au premier commis de l'Intendance ayant ce département, qui lui avoit conseillé d'envoyer à M. l'Intendant un mémoire sur cet objet; et a mondit sieur Martin fait lecture d'un projet de mémoire tendant à obtenir ladite permission, et d'une lettre d'envoy. Sur quoy la matière mise en délibération, le Bureau a arrêté : 1° que ledit mémoire sera mis au net, ainsi que ladite lettre et envoyé sur le champ à M. l'Intendant de Paris; 2° que copies de l'un et de l'autre demeureront annexés à la minute de la présente délibération; 3° que M. Martin informera M. de la Millière du contenu en la présente délibération, et lui enverra copie du mémoire envoyé à M. l'Intendant. — *Copie du mémoire addressé à M. l'Intendant de Paris le 24 avril 1789 par l'Administration.* L'Administration de l'Hôtel Dieu a fait acheter dans le pays Mulcien environ 115 muids de bled, pour la provision de cet hôpital et celui de Saint Louis. Les fournisseurs de ces bleds ne veulent pas les livrer sans être surs d'une permission, *dans la crainte d'être saisis en chemin.* Cette crainte est fondée sur ce qu'il est défendu de porter les grains ailleurs qu'aux marchés, sous peine de confiscation en faveur des cavaliers de maréchaussée qui auront découvert des contraventions. D'un autre côté, l'Administration de l'Hôtel Dieu est dans l'usage de ne faire sa provision dans aucun marché, soit pour ne pas se trouver dans le cas d'y faire des enlèvemens trop sensibles, qui pourroient y mettre la rareté, et influer par conséquent sur les prix, soit pour profiter des bons marchés qu'elle a lieu d'espérer, en faisant faire ses achats auprès des fermiers. Cependant la provision de l'Hôtel Dieu tire à sa fin, et les 115 muids qu'elle a fait acheter ne peuvent pas suffire pour 3 mois, en y comprenant celui qui lui reste encore, eu égard surtout à l'augmentation considérable de malades que la misère, suite inévitable d'un hiver rigoureux et de la cherté du pain, a occasionnée pendant tout l'hyver, et qui dure encore, le nombre en est aujourd'hui de 3,864, y compris les personnes destinées à leur service. Dans ces circonstances, l'Administration de l'Hôtel Dieu s'adressera à vous, M. l'Intendant, et vous prie de lui procurer une permission au moyen de laquelle les bleds qu'elle a fait acheter puissent être voiturés tant par terre que par eau du pays Mulcien jusqu'à l'Hôtel Dieu, dans des sacs marqués à sa marque, à la quantité d'environ 115 muids, sans que les conducteurs en soient inquiétés. L'Administration de l'Hôtel Dieu espère que M. l'Intendant accordera d'autant plus volontiers la permission qu'elle lui demande, qu'il s'agit de la nourriture des pauvres. — *Réponse de M. l'Intendant.* «Paris, 27 avril. J'ay reçu, Monsieur, la lettre que vous m'avez fait l'honneur de m'écrire le 24 de ce mois, et le mémoire qui y étoit joint. Je dois vous observer que la quantité de 13 à 1,400 septiers de bled que l'Administration de l'Hôtel Dieu demande permission d'enlever chés les fermiers pour la consommation de ses pauvres me paroît si considérable, que je ne puis prendre sur moy d'accorder cette permission qui fait exception aux deffenses portées par les règlemens. J'ay cru devoir, Monsieur en refférer à M. le Directeur général, et j'écris en conséquence au Ministre, en le priant de me faire connoître promptement ses intentions. Signé : Berlier.» — *Deuxième mémoire à M. l'Intendant de Paris, du 27 avril.* La manière dont l'Administration de l'Hôtel Dieu s'est exprimée dans le mémoire qu'elle a eu l'honneur d'addresser à M. l'Intendant le 24 de ce mois, a en effet besoin d'explication, car on pourroit conclure qu'il y en avoit des marchés de faits et qu'il ne s'agissoit que de transporter à Paris des bleds déjà achetés, cependant ces marchés n'étoient pas conclus, ils n'étoient que conditionnels et dépendoient absolument de la permission du gouvernement qui étoit à la charge de l'Administration de l'Hôtel Dieu; informée de cette circonstance, elle a cru qu'il suffisait d'avoir une permission pour faire voiturer les bleds que son commissionnaire pourroit acheter, et c'est cette permission qu'elle a demandée à M. l'Intendant, mais dans l'examen qu'elle a fait pour répondre d'une manière précise aux questions qui ont été faites à M. Martin, l'un des administrateurs de l'Hôtel Dieu,

dans les bureaux de M. l'Intendant, il a été reconnu que la permission demandée a autant la vente pour objet que l'enlèvement, puisque les propriétaires de ces bleds n'ont vendu qu'à condition que l'Administration de l'Hôtel Dieu leur procureroit une permission, et ont déclaré, ainsi qu'il est porté dans le premier mémoire, qu'ils ne livreroient pas sans cela; c'est donc véritablement une permission de vendre que les fermiers et laboureurs auxquels le commissionnaire de l'Hôtel Dieu s'est adressé demandent, et cette permission une fois accordée, l'Administration de l'Hôtel Dieu supplie M. l'Intendant de leur accorder celle de les faire voiturer à Paris sans courir les risques d'une saisie. D'après cet exposé, la note jointe au présent mémoire ne peut contenir que les noms des fermiers et laboureurs qui ont promis de vendre au commissionnaire de l'Hôtel Dieu, à condition qu'on leur en procureroit la permission, les quantités qu'ils ont promises et le lieu de leur demeure. Si les quantités contenues dans cette notte ne montent qu'à 102 muids, quoique le premier mémoire porte 115, c'est qu'il en restoit environ 15 muids à trouver lors de l'envoy de cette notte, et que le commissionnaire espérait se les procurer avant que la permission lui parvînt. Quant à la forme des achats du bleds qui se font pour l'Hôtel Dieu, il n'y en a pas d'autre que de charger, par une délibération du Bureau, le sieur Béjot, commissionnaire de l'Hôtel Dieu, de faire des achats de telle ou telle quantité, suivant le tems et les prix. Sans les circonstances actuelles de la rareté et de la cherté, le Bureau l'auroit chargé d'en acheter au moins 240 muids. Il fait ces achats pour l'Hôtel Dieu, comme le font tous les commissionnaires de bled en prenant la parolle des fermiers et laboureurs auxquels il s'adresse, et leur donnant la sienne; à mesure qu'il en a une quantité suffisante pour en faire le chargement d'un batteau, il l'expédie. Les bleds qu'il est question de faire venir à Paris sont destinés pour l'approvisionnement de l'Hôtel Dieu et de l'hôpital Saint Louis, comme le porte le premier mémoire. La consommation de ces deux hôpitaux est de 5 à 600 muids dans des tems ordinaires, c'est à dire lorsqu'il y a de 3,000 à 3,200 bouches à nourir; mais depuis l'augmentation des salles à l'Hôtel Dieu, la rigueur de l'hiver dernier et la cherté du pain, le nombre en a passé 4,100 et est encore de 3,864, ce qui porte la consommation à plus de 60 muids par mois, au moyen de quoi les 115 muids qu'il est question de faire venir à l'Hôtel Dieu dureront environ 2 mois.

(1er mai.) Monsieur Martin a dit que le Bureau n'étant pas encore informé de la décision de M. le Directeur général des finances, au sujet de la permission demandée par l'Administration pour faire venir à Paris les bleds achetés pour l'Hôtel Dieu, et la provision actuelle s'avançant, il croyoit que le Bureau devoit, dans l'incertitude de cette décision, et aux termes de la délibération du 29 avril dernier, s'occuper des moyens d'avoir des bleds ou des farines de quelque manière que ce fut. Sur quoi la matière mise en délibération, le Bureau a arrêté que Monsieur Martin sera prié de voir M. le Lieutenant général de police pour l'informer de la position où se trouve l'Hôtel Dieu relativement à la provision de bled, des craintes du Bureau sur le sort des bleds achetés conditionnellement, et de son inquiétude sur la décision de M. le Directeur général des finances pour la permission demandée, et pour lui représenter que dans le cas même où cette permission seroit accordée, les retards déjà éprouvés et à éprouver encore dans les précautions à prendre pour assurer l'arrivée de ces bleds à Paris, donneront le tems à la provision actuelle de s'épuiser et peuvent mettre l'Hôtel Dieu dans le cas d'en manquer, et que mondit sieur Martin priera M. le Lieutenant général de police de trouver bon que l'Administration en fasse acheter à la halle, ou sur le port au bled, chaque semaine une quantité suffisante pour lui permettre d'attendre que celui pour lequel elle sollicite une permission soit arrivée, et ce jusqu'à ce que ce dernier soit arrivé, et que mondit sieur Martin fera d'ailleurs tout ce qu'il jugera convenable pour procurer du bled ou des farines à l'Hôtel Dieu.

(6 mai.) A été fait lecture d'une lettre de la mère Prieure dont suit la teneur. «Messieurs, M. Bonnot est venu ce matin me dire que je fasse déménager des domestiques qui couchent dans des petites chambres construites dans la chapelle de Saint Paul. Il me paroît que vous avez intention d'exécuter le *plan du sieur Desault* pour mettre tous petits lits à la salle Saint Paul. En conséquence j'ai l'honneur de vous dire, Messieurs, *que je m'y oppose*, ainsi que ma communauté, pour de très bonnes raisons. Il y a eu presque tout l'hiver près de 500 malades et ils y ont été les 500 à plusieurs reprises, sans tous ceux qui ont restés dans les autres salles, et il y en a encore qui devroient être à Saint Paul, et actuellement il y a à Saint Paul 350 et la semaine dernière ils étoient 380 et plus, s'il n'y avoit que des petits lits lorsqu'il arrive des choses extraordinaires, ce que nous voyons très souvent. que ferions nous? Je vous prie, qu'il ne vienne pas d'ouvriers pour abattre quelques caveaux ou autre chose, *parce que j'en empêcherai.* Au surplus, les affaires de la maison étant en instance, il faut attendre qu'elles soient finies. Nous nous en tenons à l'opposition que M. le Procureur général a fait pour arrêter les ordres que le sieur Desault avoit donnés pour la salle Saint Paul. Je suis, etc.» Sur quoi la matière mise en délibé-

ration, le Bureau a arrêté que ladite lettre sera remise à M. le Procureur général par M. Martin, avec une expédition de la présente délibération et de celle du Bureau du 26 novembre de l'année dernière, concernant les arrangemens à faire à la salle Saint Paul, pour la rendre plus saine et capable de contenir un plus grand nombre de lits, laquelle a donné lieu à la susdite lettre, et copie de la lettre à M. Colombier à M. Martin le 5 dudit mois, et de la réponse de mondit sieur Martin, ensemble de l'expédition de la délibération du Bureau du 10 du même mois de novembre. A été arrêté en outre que mondit sieur Martin adressera à Mgr l'Archevêque et à M. de la Millière une copie certiffiée par le greffier du Bureau de la susdite lettre de la mère Prieure, avec une expédition de la délibération du 26 novembre dernier.

(6 mai.) Monsieur Martin a dit qu'en exécution de la délibération du Bureau du premier de ce mois, il s'étoit rendu chez M. le Lieutenant général de police, le deux du présent mois, et lui avoit remis un mémoire expositif de la situation de l'Hôtel Dieu, relativement à sa provision de bled et aux démarches faites par l'Administration pour s'en procurer; que ce magistrat lui avoit conseillé de s'adresser à M. de Montaron, maître des requêtes, ayant le département des subsistances, qui pouvoit procurer à l'Hôtel Dieu des farines de celles appartenantes au gouvernement, et actuellement en réserve à l'École royalle militaire, et lui avoit offert une lettre pour lui, ce que mondit sieur Martin ayant accepté, il l'a fait écrire, l'a signé et la lui a remise, que cependant il avoit donné ordre au commissaire Sereau pour lors présent, de procurer quelques sacs de bleds jusqu'à concurrence de 25 à 30 septiers, chaque marché, aux personnes qui se présenteroient de la part de l'Administration de l'Hôtel Dieu à la halle, et qui s'adresseroient à lui. Qu'étant informé que M. l'Intendant de Paris étoit dans ce moment chez M. le Lieutenant de police, il avoit demandé à lui parler, et avoit appris de lui que M. le Directeur général trouvoit bon que les bleds achetés pour le compte de l'Hôtel Dieu lui parvinsent; qu'il n'en avoit point encore reçu l'ordre ministériel, mais qu'il devoit le recevoir dans la journée. Qu'il l'avoit prié de vouloir bien, lorsqu'il l'auroit reçu, donner ceux qui dépendroient de lui pour favoriser l'arrivée de ces grains, ce que mondit sieur l'Intendant lui avoit promis, *mais en lui recommandant que les envois qu'on feroit à l'Hôtel Dieu fussent médiocres, afin de ne point faire sensation dans le pays d'où on tiroit ces bleds.* Qu'il avoit appris que M. de Montaran étoit pour lors à l'École militaire, et qu'il avoit été conseillé de s'y rendre sur le champ avec la lettre de M. le Lieutenant de police pour lui, afin qu'il put donner des ordres aux personnes préposées à la garde des bleds et farines qui y sont en réserve, d'en délivrer les quantités qu'il en pourroit accorder. Que s'étant rendu à l'École militaire, il avoit en effet trouvé mondit sieur de Montaran, qu'il lui avoit remis la lettre de M. le Lieutenant de police; que ce magistrat lui avoit répété ce que M. Bertier, intendant de Paris, lui avoit appris, savoir que M. le Directeur général des finances avoit consenti à ce que les bleds achetés par l'Administration de l'Hôtel Dieu lui fussent apportés; qu'il étoit chargé par ce ministre d'en donner avis à M. l'Intendant, et qu'il le feroit dans la journée, qu'il faudroit concerter avec lui les mesures convenables pour assurer le transport de ces bleds, mais qu'il lui avoit recommandé, comme M. l'Intendant, et par les mêmes raisons, de ne faire venir ces bleds que par petites parties; qu'il avoit représenté à ce magistrat que depuis plus d'un mois que l'Administration de l'Hôtel Dieu avoit fait ce qui dépendoit d'elle pour se procurer du bled, elle n'avoit pu encore recevoir celui qu'elle avoit fait acheter, parce que les permissions qu'elle demandoit depuis plusieurs jours ne lui étoient pas encore accordées; que cependant la provision diminuoit tellement qu'il y avoit lieu de craindre qu'elle ne put aller jusqu'à ce que celui acheté hors Paris put lui parvenir, et l'avoit supplié de faire délivrer au moins 60 sacs de farine par semaine pour l'Hôtel Dieu, jusqu'à ce que celui qu'on attendoit fut arrivé, ce que M. de Montaran avoit bien voulu lui permettre, et qu'il avoit même permis que le pannetier vint avec un boulanger pour choisir les meilleures farines, et qu'il en prit même quelques échantillons pour en faire des essays, ce dont il l'avoit beaucoup remercié. Que de retour chez lui il avoit fait venir le sieur de Launay, pannetier de l'Hôtel Dieu, l'avoit instruit du succès de ses démarches et l'avoit chargé d'aller, dès le soir même, à la Halle et de s'adresser au commissaire Serreau, mais de ne point prendre de voiture de l'Hôtel Dieu, afin que personne ne pût s'appercevoir de l'achat qu'il y feroit pour cet hôpital; qu'il faudroit aller dès le lundi à l'École militaire prendre quelques échantillons de farine, suivant la permission de M. de Montaran et en faire des essais, afin de demander de celles dont l'essai réussiroit le mieux. Que dans l'après midy il avoit reçu un billet de M. de la Millière, qui contenoit une copie de la réponse qu'il avoit reçue de M. de Montaran à la lettre qu'il lui avoit écrite sur le même sujet, en conséquence de l'avis que mondit sieur Martin lui avoit donné de la position où se trouvoit l'Hôtel Dieu relativement à sa provision de bled. Par cette lettre M. de Montaran donnoit avis à M. de la Millière des ordres qu'il avoit reçus de M. le Directeur général, dont M. Martin a déjà parlé, et il prioit de faire les mêmes recommandations à l'Administration pour extraire les bleds achetés pour l'Hôtel Dieu successivement et par parties,

32.

pour prendre avec M. l'Intendant les mesures convenables à ce sujet, et a mondit sieur Martin fait lecture tant du billet de M. de la Millière que de la lettre de M. de Montaran à M. de la Millière. Monsieur Martin a ajouté que n'étant point informé des moyens que M. l'Intendant se proposoit d'employer pour protéger l'arrivée des bleds achetés pour l'Hôtel Dieu, en conséquence des ordres qu'il devoit avoir reçus, il s'étoit transporté à l'Intendance pour concerter avec lui les mesures à prendre, conformément à la lettre de M. de Montaran à M. de la Millière; qu'il avoit vu M. de Montaran et M. l'Intendant ensemble, qui lui avoient recommandé de nouveau de ne faire venir ces bleds qu'en petites quantités, et que sur la demande de M. l'Intendant, il lui avoit donné la notte de ceux achettés et des ports où se chargeroient les premiers qu'on feroit venir, sur quoi il avoit promis de donner les ordres d'en favoriser l'embarquement et la conduite à Paris, et les avoit en effet donnés devant lui à un secrétaire; mais en recommandant de n'en faire venir que 25 muids à la fois. Sur quoi la matière mise en délibération, le Bureau a arrêté : 1° qu'il sera fait registre du récit fait par mondit sieur Martin; 2° que la copie de la lettre de M. de Montaran à M. de la Millière et le billet de M. de la Millière à M. Martin seront annexés à la présente délibération; 3° que le sieur de Launay, pannetier de l'Hôtel Dieu, continuera d'aller ou d'envoyer acheter à la Halle le bled que le commissaire Serreau pourra laisser enlever pour l'Hôtel Dieu, et fera prendre à l'École militaire les farines que M. de Montaran a consenti qu'on y prit pour l'Hôtel Dieu, et choisira celles qu'il croira les plus convenables, suivant la permission de ce magistrat.

(8 juillet.) Le Bureau a arrêté que le sieur Thaureaux, l'ancien des médecins expectans, continuera provisoirement les fonctions de médecin ordinaire, qu'il remplit depuis le décès du sieur Coutavoz, et qu'à compter du premier de ce mois, ledit sieur Thaureaux recevra les honoraires de médecin ordinaire, et qu'à cet effet seront délivrées expéditions de la présente délibération, tant à M. le doyen des médecins de l'Hôtel Dieu qu'à M. Brochant, receveur général charitable.

(22 juillet.) Lecture faite d'un mémoire des malades de l'hôpital des Incurables signé *Dudouit*, prêtre, *Bidault de Montréal*, *Bouillon et Sarro*, tant en leurs noms qu'en celui de tous les autres malades; la matière mise en délibération, le Bureau a arrêté que ledit mémoire seroit annexé à la présente délibération, et sous le bon plaisir de l'assemblée générale, à laquelle il en sera référé, suspend l'exécution du réglement du 24 mars 1777, en ce qu'il fait défenses aux malades dudit hôpital de sortir sans en avoir obtenu permission par écrit de l'économe, ordonne que le règlement continuera d'être exécuté selon sa forme et teneur pour le surplus, notamment pour l'heure de la rentrée, pour les défenses de découcher sans en avoir obtenu préalablement permission du Bureau, et les défenses de sortir les dimanches et fêtes célébrées dans ledit hôpital, sauf les circonstances particulières et indispensables, lors desquelles les malades seront tenus d'en instruire l'économe et de lui en demander la permission, se réservant le Bureau, dans le cas où il naîtroit, de la disposition de la présente délibération, des abus qui intéresseroient le bon ordre et produiroient du trouble dans la maison, de rétablir l'entière exécution dudit règlement; ordonne qu'expédition en sera délivrée à l'économe pour en être fait lecture dans toutes les salles, et tenir la main à son exécution.

(29 juillet.) Monsieur Lecouteulx de Vertron a dit que M. Brochant, receveur général charitable de l'Hôtel Dieu de Paris, désirait pour sa libération, comme exécuteur testamentaire du feu s[r] Louis *Mathieu Goudon*, interressé dans les affaires du Roy, et pour celles du sieur Guillon, négociant à Nantes, resté son seul héritier, verser dans sa caisse la somme *de 320,000 livres*, qu'il a réservée sur les deniers comptants qui lui avaient été remis dans le cours de l'inventaire du sieur Goudon, à laquelle somme, par arrêt de la grande chambre du Parlement, rendu le 8 de ce mois, sur les conclusions de Monsieur Séguier, avocat général du Parlement, a été réduit le legs universel fait aux pauvres de l'Hôtel Dieu de Paris, par ledit sieur Goudon, suivant son testament olographe du 11 juin 1785, contrôlé par Lezan le 20 février 1789, insinué à Paris le 9 avril suivant, dont l'original a été déposé pour minute à Me Havard, notaire à Paris, de l'ordonnance de M. le Lieutenant civil du dix neuf dudit mois de février, insérée au procès-verbal de Me Prestat, commissaire au Châtelet. Sur quoi la matière mise en délibération; le Bureau a arrêté qu'en exécution de l'arrêt du Parlement, du 8 de ce mois, qui a réduit à 320,000 livres le legs universel du sieur Goudon, qui formoit une masse de plus de 1,200,000 livres, suivant le relevé de son inventaire, M. Brochant demeure autorisé à verser dans sa caisse la somme de 320,000 ᵗᵗ à laquelle a été réduit ledit legs universel, au moyen duquel enregistrement il demeurera déchargé de ladite somme de 320,000 ᵗᵗ, comme exécuteur testamentaire dudit feu sieur Goudon, ainsi que le sieur Guillon, en sa qualité de seul héritier.

(5 août.) Lecture faite d'une lettre de plusieurs des malades des Incurables, par laquelle ils demandent qu'il soit délivré à six d'entr'eux qui, dans les circonstances

présentes, forment à la porte dudit hôpital une garde bourgeoise commandée par un caporal de la garde française, sept bouteilles de vin pendant les 24 heures que dure cette garde. Le Bureau a arrêté que ladite lettre sera annexée à la présente délibération, et que jusqu'au règlement général concernant l'établissement de la garde de Paris, le sommellier de l'hôpital des Incurables délivrera 6 bouteilles de vin, pour les malades qui feront la garde à la porte dudit hôpital, et une bouteille pour celui qui sera chargé de commander ladite garde.

(12 août.) Le Bureau a signé une lettre adressée à M. Necker, premier ministre de finances, dont la teneur suit : «Monsieur, nous avons l'honneur de vous envoyer les états généraux de recette et de dépense pour les neuf dernières années, depuis et compris 1780 jusques et compris 1788, plus deux états particuliers des recettes et dépenses du dépensier pour les années 1787 et 1788, qui justiffient l'emploi de la somme portée en dépenses, comme payée au dépensier par la caisse générale, dans les états de ces deux années. Nous y joignons l'état général des revenus de l'Hôtel Dieu; les revenus fixes y sont portés à leur valeur réelle au premier janvier 1789, et chacun des revenus casuels y est estimé sur le pied d'une année commune sur les dix dernières. Nous aurions voulu pouvoir y joindre un état général des dépenses année commune, mais le montant de celles de chaque année dépend de tant de circonstances, et est si sujet à varier, soit par la différence du nombre des malades d'un mois à l'autre, soit par celle du prix des denrées, qu'il n'est pas possible de juger d'une année par une autre, et qu'en faisant une année commune sur dix, il en arrive qu'on diminue les dépenses des dernières années, qui se trouvent communément les plus fortes, pour augmenter les dépenses des premières années, qui se trouvent naturellement plus faibles. Nous sommes avec respect, etc.»

(12 août.) Le Bureau ayant égard à l'ancienneté des services du sieur Bonnot, au zèle avec lequel il a ménagé les intérêts de l'Hôtel Dieu et ceux de l'hôpital des Incurables dans toutes les occasions, au désintéressement connu avec lequel il a rempli les fonctions d'inspecteur des bâtimens dans les deux hôpitaux, et à la modicité des appointemens dont il a joui en ladite qualité, a arrêté qu'au moment de la retraite dudit sieur Bonnot, et à compter dudit jour, les appointemens qu'il reçoit actuellement desdits hôpitaux, montant à 600 livres pour l'Hôtel Dieu et à 300 ₶ pour l'hôpital des Incurables, y compris une gratification annuelle, seront convertis en pensions viagères, qui lui seront payées par quartier, et ce, indépendamment de celles de 300 livres sur l'Hôtel Dieu et de 150 sur l'hôpital des Incurables, à lui accordées par délibérations du Bureau du 28 janvier 1784 pour les motifs y contenus, lesquels continueront de lui être payées conformément auxdites délibérations. Le Bureau laisse ledit sieur Bonnot juge lui même du moment où il croira être obligé deffectuer sa retraite, mais il l'engage, au nom de l'attachement qu'il a toujours témoigné pour les deux hôpitaux, de leur continuer ses services le plus longtems que sa santé pourra le lui permettre. Arrête en outre que le Bureau ne cessera de remettre sous les yeux du gouvernement les peines extraordinaires et soins que le sieur Bonnot s'est donnés, relativement aux ouvrages et constructions dont le gouvernement lui avoit confié la direction dans l'Hôtel Dieu.

(19 août.) Le Bureau, considérant que les cahiers remis aux députés de la ville de Paris à l'Assemblée nationale portent *un vœu formel des citoyens de donner à l'Administration une nouvelle organisation*, que c'est en cette qualité de citoyens que les membres qui forment le Bureau ont été présentés au Parlement par le corps municipal, et qu'il doit en conséquence faciliter l'exécution des vues des citoyens, a arrêté qu'il seroit écrit à Monsieur le Maire, *à l'effet de remettre entre les mains du corps municipal l'administration qui lui a été jusqu'à présent confiée*, et cependant que le Bureau continuera de remplir les fonctions dont il étoit chargé comme par le passé, jusqu'à ce qu'il ait été pourvu par le corps municipal; arrête en outre que copies de cette lettre seront adressées à Monseigneur l'Archevêque et aux autres chefs du Bureau. Suit la teneur de ladite lettre : «Monsieur, les cahiers remis aux députés de la ville de Paris à l'Assemblée nationale présentent un vœu des citoyens de donner à l'Administration de l'Hôtel Dieu une nouvelle organisation. C'est en cette qualité de citoyens que nous avons été présentés par le corps municipal au Parlement, où nous avons prêté serment pour l'Administration de l'Hôtel Dieu et de l'hôpital des Incurables. C'est en cette même qualité que nous avons consenti à nous charger des fonctions pénibles, que des vues d'humanité et de religion pouvoient seules nous faire accepter et remplir. Nous devons donc, dans les circonstances présentes, faciliter autant qu'il est en nous l'exécution des vues de nos concitoyens. En conséquence, nous avons l'honneur de vous remettre, Monsieur, et en votre personne au corps municipal dont vous êtes le chef, l'administration qui nous avoit été confiée. Cependant, les mêmes sentimens qui nous ont animés, en acceptant ces fonctions et en les remplissant, ne nous permettent pas de laisser à l'abandon des maisons aussi précieuses à la religion et à l'État, et de donner lieu à la moindre interruption dans la gestion des biens et dans la manutention du bon ordre. Nous continuerons donc à

veiller comme par le passé au gouvernement de ces maisons et des lieux qui en dépendent, jusqu'à ce que le corps municipal y ait pourvu, et nous lui donnerons tous les documens, éclaircissemens et renseignemens dont il pourra avoir besoin, tant pour la régie des biens que pour la discipline de ces deux établissemens.

• (26 août.) L'an 1789, le mercredi 26 aoust, nous, maîtres, gouverneurs et administrateurs de l'Hôtel Dieu de Paris soussignés, nous étant successivement présentés pour entrer dans la maison où se tient le Bureau, sise parvis Notre Dame, à l'effet de nous assembler à l'ordinaire pour les affaires de l'Hôtel Dieu, et *ayant trouvé la porte de ladite maison garnie de deux canons et gardée par les soldats en faction*, et en ayant apperçu d'autres dans la salle d'assemblée au premier, nous sommes retirés au bureau du dépensier dudit Hôtel Dieu, dans l'intérieur d'y celui, où étant tous réunis, le s[r] Levéville, greffier du Bureau, qui nous y attendoit, nous a fait le récit suivant : «Messieurs, j'ai été informé jeudy 20 du présent mois dans la matinée, ainsi que le sieur Bertrand, huissier du Bureau, que le *district de Notre Dame* avoit choisi la maison du Bureau pour y former la *caserne de ce district*; allarmés des suites de ce projet, nous avons cru devoir en informer aussitôt quelques uns de Messieurs, sans attendre que le Bureau fût assemblé. Nous nous sommes en conséquence transportés chez M. Martin, où étoit alors M. Lecouteulx de Vertron; instruits de cette nouvelle, Messieurs Martin et Lecouteulx de Vertron ont à l'instant écrit à MM. du Comité militaire de la ville la lettre dont la teneur suit, que ledit sieur Bertrand et moi avons ensuite portée à l'Hôtel de Ville, et l'avons déposée entre les mains d'un homme qui nous a été indiqué, et qui s'est chargé de la remettre au Comité. Suit la teneur de ladite lettre : «Messieurs, le Bureau de l'Administration de l'Hôtel Dieu a vu, par la copie, qui lui a été remise hier, du mémoire présenté par le district de Notre Dame à M. le marquis de La Fayette, que ce district destineroit à une caserne, ou la maison appellée le Bureau de l'Hôtel Dieu, ou l'église de cet hôpital, le chœur des religieuses et les logemens qui sont au dessus de l'église. Depuis, et dans le moment, deux membres du Bureau, qui ont l'honneur de vous écrire, viennent d'être instruits, le Bureau non assemblé, qu'un de Messieurs du Comité de la ville s'est donné la peine de venir ce matin au Bureau pour en examiner le local, le Comité devant en délibérer aujourd'huy. Dans les circonstances présentes, et d'après la lettre que le Bureau a eu l'honneur d'écrire hier à M. le Maire, nous n'aurions peut être qu'à attendre en silence la décision du corps municipal, mais l'expérience que nous avons acquise pendant notre administration, et les sentimens que nous ne perdrons jamais pour un établissement au service duquel nous nous étions consacrés, nous imposent encore le devoir de vous présenter encore quelques observations intéressantes sur les deux locaux sur lesquels le district a jetté les yeux : 1° la maison appellée le Bureau de l'Hôtel Dieu n'est pas un simple lieu d'assemblée, il contient les archives de l'établissement, ses titres de propriétés, et les actes en tous genres qui constatent ses droits, la caisse de cet hôpital, le Bureau de recettes et de payemens, le greffe et les bureaux des commis, des logemens d'officiers, des magasins considérables et des caves très étendües. Il a été construit à grands frais dans ces vues, avec un soin et des précautions relatives à sa destination. Il ne peut sans être dégradé servir à tout autre. Il n'y a dans l'Hôtel Dieu aucun lieu qui puisse y être substitué, et il ne peut être remplacé dans quelqu'autre situation que ce soit sans des dépenses énormes, parceque celui qu'on lui substituerait exigeroit les mêmes soins et les mêmes précautions. N'y auroit il que le déplacement, le transport et le dérangement des papiers occasionneroit les plus grands inconvéniens, et peut être des pertes irréparables; 2° l'emplacement de l'église, quoique moins effrayant dans ses conséquences, entraîne des inconvéniens considérables; le transport du culte divin, qui doit être acquitté à titre de fondation, et du chœur des religieuses dans une des chapelles des salles, ne peut se faire sans nuire à l'étendue du local de ces salles, et conséquemment diminue celui destiné aux pauvres, dont le nombre augmente tous les jours, et ne peut que s'accroître successivement. On en a fait l'expérience par nécessité momentanée et provisoirement, et on en a ressenti tous les inconvéniens, mais on patientoit, parceque ce n'étoit que pour un tems, et d'ailleurs les logemens au dessus de l'église, occupés par les ministres du culte, conservoient leur destination. Dans le projet cette destination seroit absolument changée et ne reviendroit plus, et cependant il n'y a dans l'Hôtel Dieu aucun lieu à y substituer. Un de nous, Messieurs, avoit proposé au district de Notre Dame quelques maisons appartenantes à l'Hôtel Dieu, situées rue Neuve Notre Dame, qui pourroient remplir l'objet proposé sans tous ces inconvéniens, il n'y en aurait d'autre qu'une indemnité à donner aux locataires en résiliant leurs baux, et ils ne pourroient s'y opposer, s'agissant de l'intérêt public. Nous vous devions, Messieurs, ces observations, c'est à vous à les peser dans votre sagesse, et à prendre en conséquence le parti que vous jugerez convenable. Nous sommes, etc.» De retour au Bureau, deux députés du district sont venus m'annoncer qu'ils attendoient le lendemain matin 40 hommes de troupes réglées, qu'il s'agissait de loger, et qu'ils me prioient en conséquence de faire préparer, pour les recevoir, la salle d'assemblée et

toutes les pièces qui en dépendent; sur l'interpellation que je leur ai faite, s'il étoit définitivement arrêté au Bureau de la ville que la maison du Bureau dut servir de cazerne, ces Messieurs m'ont seulement réitéré la même demande, sans autre réponse affirmative ou négative, et se sont retirés, après avoir exigé que les lieux fussent prêts au plustard à midi. J'ai fait part aussitôt de cette nouvelle circonstance à M. Lecouteulx de Vertron, et me suis occuppé de suite à faire emporter, et mettre en sûreté, les papiers et effets transportables qui se trouvaient dans ces pièces, et le lendemain vendredi, le sieur Bonnot, inspecteur des bâtimens de l'Hôtel Dieu, que j'avois prévenu dès la veille, a fait enlever par ses ouvriers les gros meubles, qui ont été serrés dans les archives, dont j'ai fait intercepter la communication avec les pièces susdittes. Le même jour vers midi les soldats du district se sont transportés, de l'église de Notre Dame où ils étoient, dans les endroits de la maison du Bureau qu'ils ont trouvés libres, et s'y sont établis, et deux canons ont été placés aux deux côtés de la porte cochère. Un moment après leur arrivée les membres du district ont fait demander qu'on leur abandonnât encore : 1° pour faire un corps de garde, le magasin situé sous le passage de la porte cochère, vis-à-vis la loge du portier, dans lequel sont déposés le sucre, la cassonnade, la cire et d'autres objets; 2° une des armoires étant dans la chambre du conseil, pour y déposer les papiers des archives commencées du district; après avoir fait vuider une de ces armoires, dont j'ai transporté les papiers dans les archives, j'ai remis la clef de cette armoire à M. Houdet, président du district, et comme cette clef ouvroit les trois armoires, j'ai fait poser des cadenats aux deux autres; quant au magazin, comme il n'existe dans l'intérieur de l'Hôtel Dieu aucun endroit où il soit possible de déposer les effets qu'il contient, on a fait refus d'en ouvrir les portes. »
Le greffier ayant fini son récit, est entré le sieur Maubert, agent des affaires dudit Hôtel Dieu, lequel a dit : « Messieurs, ayant appris, dimanche dernier 23 du courant, que le district de Notre Dame attendait 80 à 100 hommes de troupes réglées, et que, pour les loger dans la maison du Bureau, il s'agissait d'en faire sortir les officiers de l'Hôtel Dieu qui y ont leurs logemens. J'ai cru devoir prévenir, s'il étoit possible, l'invasion entière de cette maison, et à cet effet je me suis transporté hier lundy matin à l'assemblée des représentans de la commune, qui nous a renvoyé au comité des cazernemens, avec le sieur Bonnot, muni des plans des maisons de l'Hôtel Dieu, sises rue de Notre Dame, et dont il en avait été offert quelques unes au district pour y établir sa cazerne. J'ai réitéré ces offres à l'architecte de ce département, et l'ai instruit de l'offre obligeante faite par Mgr l'Archevêque de différentes salles de l'Archevêché pour loger provisoirement les soldats, en attendant que les maisons offertes par l'Hôtel Dieu fussent prêtes à les recevoir; on m'a laissé espérer que les choses pourroient s'arranger de cette manière. Je suis venu ensuite communiquer ce projet au comité du district, où, après de longs débats, le greffier de l'Hôtel Dieu présent, après la discussion de différens autres projets dont l'exécution est impossible, puisqu'ils tendent à entamer et à morceler les archives, nous nous sommes convaincus *que le district étoit irrévocablement déterminé à prendre en entier la maison du Bureau;* peu de tems après, nous avons acquis la pleine conviction de cette vérité lorsque, retournés dans l'après midy au comité des cazernemens pour avoir la réponse à mes propositions du matin, il m'a été remis l'écrit dont je vais avoir l'honneur de vous faire lecture : *Assemblée des représentans de la Commune de Paris, comité des cazernes.* Si l'Hôtel Dieu veut se charger de faire loger provisoirement les soldats de la compagnie soldée dans les salles de l'Archevêché, de faire l'établissement permanent de la cazerne dans les deux maisons appartenantes à l'Hôtel Dieu, rue Notre Dame, et de construire un corps de garde sur la place du Parvis, adossé aux Enfans trouvés, on rendra à l'Hôtel Dieu le Bureau et les archives, où sont déjà établies les troupes. La cazerne doit contenir les objets suivans : un corps de garde de 12 pieds sur 15 environ, une salle d'armes de 15 pieds sur 18, des réfectoires pour 100 soldats, un réfectoire de 6 sergents de 12 pieds sur 15, une chambre de discipline, une cuisine de 12 pieds sur 15, 6 chambres de sergens, des chambres pour 50 lits; chaque lit doit occupper 8 pieds 6 pouces de long sur 4 pieds 3 pouces de large, une ruelle de 2 pieds entre deux, une chambre d'infirmerie s'il est possible, un magasin d'habits et d'armes de 15 à 18 pieds, un magasin à poudre dans les greniers, petite pièce, ce 24 aoust 1789. Signé : Buisson, Viot, Lesserier, Dumont, secrétaire, Thuriot de la Rosière, président. Nous avons appris en même temps, que le comité du district, aussitôt après que nous en avons été sortis le matin, a envoyé à l'Hôtel de Ville un mémoire contre le projet de placer la cazerne dans les maisons de la rue Neuve, dans lequel il a représenté l'insalubrité de ces maisons, relativement aux tueries de l'Hôtel Dieu qui sont placées, disent-ils, derrière ces maisons, ce qui est contraire à la vérité. Il résulte de tous ces faits qu'il ne faut pas s'attendre à aucun accommodement, ni avec le comité des cazernemens, ni avec celui du district, et que les officiers de l'Hôtel Dieu logés dans la maison du Bureau vont être obligés de l'évacuer, avec le bureau des commis, pour l'abandonner tout entière au district. Dont et de tout ce que dessus nous avons dressé le présent procès verbal pour servir et valoir ce que de raison. Fait au Bureau de la dépense, enclos dudit Hôtel Dieu les jour et an que

dessus. Signé : Lecouteulx de Vertron, Dupont, de Tilière, Martin, Ollivier, Marchais, Boullenois, Robineau d'Ennemont, Silvestre de Sacy, Brochant, receveur charitable. Et ledit jour mercredy 26 août 1789, vu le procès verbal des autres parts, le Bureau, considérant que l'offre qui avoit été faite par l'un de Messieurs les Administrateurs, de céder quelqu'une des maisons appartenant à l'Hôtel Dieu, sises rue Neuve Notre Dame pour l'établissement de la caserne, ne pouvoit être faite et ne l'avoit été en effet que dans l'intime persuasion que les dépenses que cet établissement pourroit occasionner, soit pour les indemnités à donner aux locataires de ces maisons, soit pour les frais de constructions, ne seroient aucunement à la charge de l'Hôtel Dieu, et qu'il en seroit payé à l'Hôtel Dieu un loyer convenable. Qu'aucun des biens appartenans à un établissement de charité tel que l'Hôtel Dieu ne peut être abandonné par l'Administration, pour quelque motif que ce soit, sans que l'emploi ou le produit de ces biens tourne au profit et à l'utilité directe de l'hôpital. Que d'ailleurs l'établissement d'une caserne ayant pour objet la sûreté générale, il est absolument contraire aux idées les plus simples de la justice que les dépenses de cet établissement, au lieu d'être également réparties sur tous les citoyens, soient entièrement à la charge des pauvres. A arrêté que, pour l'intérêt des pauvres, il proteste contre l'établissement fait d'une caserne dans la maison dite le Bureau de l'Hôtel Dieu, et contre toutes les suites qui pourroient en résulter, au préjudice d'un hôpital consacré par la religion à l'humanité souffrante, et qu'expédition du procès verbal cy dessus, et de la présente délibération sera adressé à M. le Procureur général, lequel sera prié d'en faire le dépôt au greffe du Parlement. Arrête en outre que copie dudit procès verbal, ensemble de la lettre écrite par le Bureau à M. le Maire mercredy dernier, en exécution de la délibération du même jour, sera adressée à l'assemblée des représentans de la Commune, et qu'il sera écrit deux lettres, l'une à ladite assemblée, pour la prier de pourvoir au plutôt à l'Administration de l'Hôtel Dieu, et l'autre à M. le Maire pour lui donner avis de l'envoi fait desdits procès verbal et délibération à ladite assemblée.

(26 août.) Lecture faite d'une lettre adressée au Bureau par M. Hocquart, premier président de la Cour des aydes, en datte du 21 de ce mois, en réponse à celle qui lui avoit été écrite par l'Administration le 19 du courant, a été arrêté qu'il en sera fait registre, et que l'original de laditte lettre sera annexé à la présente délibération. Copie de la lettre de M. Hocquart. «Paris, le 21 août 1789. J'ai reçu, Messieurs, avec la lettre que vous m'avés fait l'honneur de m'écrire, la copie de celle que vous avés adressée à M. Bailly, maire de la ville de Paris, relativement à l'Administration de l'Hôtel Dieu et de l'hôpital des Incurables. Quelque soit, Messieurs, la forme d'administration que le nouveau corps municipal veuille introduire, je ne doute pas qu'il ne rende hommage au zèle dont vous avés été toujours animés dans des fonctions pénibles et désintéressées, qui n'ont jamais eu pour objet que l'avantage de vos concitoyens et le bien des pauvres, auxquels vous avez consacré vos travaux. J'ai l'honneur d'être, etc. Signé : Hocquart.»

(26 août.) Lecture faite d'une lettre adressée au Bureau par M. de la Boullaye, Intendant des Finances, en datte du onze du présent mois, en réponse à celle qui lui avoit été écrite par l'Administration le 29 juillet dernier, en lui envoyant l'état des consommateurs de l'Hôtel Dieu, a été arrêté qu'il en sera fait registre, et que l'original de ladite lettre sera annexé à la présente délibération : «Paris, 11 août 1789. J'ai reçu, Messieurs, avec la lettre que vous m'avez fait l'honneur de m'écrire le 29 du mois dernier, l'état des consommateurs et malades qui ont été reçus et entretenus à l'Hôtel Dieu depuis le 15 juin jusqu'au 31 décembre 1788, il paraît en résulter que leur nombre excède de 316 celui d'après lequel a été fixée l'indemnité qui a été accordée à cet établissement. Je mettrai ces états sous les yeux du Ministre, et je ne négligerai rien pour accélérer le paiement de l'indemnité proportionnelle que vous réclamez. J'ai l'honneur d'être, etc. Signé : de la Boullaye.»

(2 septembre 1789.) L'an 1789, le mercredi deux septembre, Nous, maître, gouverneurs et administrateurs de l'Hôtel Dieu de Paris, soussignés, étant assemblés au Bureau de la dépense, dans l'intérieur dudit Hôtel Dieu, pour les affaires de cet hôpital, le sieur Leréville, greffier du Bureau, qui nous y attendoit, nous a fait le récit suivant : Messieurs, plusieurs membres du district de Notre Dame sont venus dans l'appartement que j'occupois, dans la maison du Bureau de l'Hôtel Dieu, jeudi dernier 27 du mois d'août, sur les huit heures et demie du soir, pour me prévenir de déménager le lendemain, ainsi que les autres personnes qui occupoient des logemens dans la maison du Bureau, afin qu'ils pussent y recevoir une compagnie de troupes réglées qu'ils attendoient le samedy 29 suivant. En conséquence, j'ai commencé à faire déménager jusqu'au vendredi à midi, où Messieurs, assemblés à l'ordinaire, ayant été informés que les membres du district avoient répandu dans le public que l'Administration avoit cédé volontairement la maison dite *le Bureau*, m'ont ordonné d'interrompre mon déménagement, et de laisser enfoncer les portes des lieux non occupés par les troupes, afin de constater

qu'ils n'avoient donné aucun consentement à l'invasion qui avoit été faite de cette maison. Sur les neuf heures et demie du soir du même jour vendredi 28, M. Houdet, président du district, s'est transporté chez moi, accompagné de trois autres membres pour m'inviter à continuer mon déménagement, qu'ils savoient que j'avois suspendu, et m'ont sommé de leur livrer les lieux au plus tard à huit heures du matin, avec le magasin situé sous la porte cochère. Je leur ai répondu que j'avois reçu des ordres de Messieurs de leur refuser les portes, et qu'à l'égard du magasin je n'en étois pas chargé et que la clef n'en avoit pas été remise. Le lendemain samedi 29, sur les dix heures et demie du matin, deux membres du district se sont présentés à ma porte pour me réitérer la même demande, en me présentant un ordre signé de M. de La Fayette, qui leur enjoignoit de recevoir à la cazerne du district 50 hommes qui devoient y arriver dans la matinée. Je leur ai fait la même réponse, en leur exposant toujours la défense que m'avoit faite le Bureau de leur livrer aucuns lieux. Sur les huit heures du matin du même jour, ces deux membres sont revenus me prier de descendre à leur comité, où étant, il m'ont réitéré la même sommation, en me présentant un nouvel ordre de M. de La Fayette qui indiquoit la maison du Bureau pour caserne, et sur mon refus constant de leur livrer tant mon logement que le magasin en question, ils ont envoyé chercher le sieur Garnier, maître serrurier, rue Saint Pierre aux Bœufs, au coin du cul de sac Sainte Marine, pour procéder à l'ouverture de la porte dudit magasin, ainsi qu'il est porté dans le procès verbal que j'en ai dressé sur le champ ledit jour 29, et que j'ai laissé sur le Bureau. Le même jour samedi à midi les troupes sont arrivées, et ont occupé les lieux qui se sont trouvés vides; on a déménagé successivement toutes les autres pièces, dont il ne reste plus que les greniers qui seront dégarnis demain dans la matinée. Et à l'instant Monsieur Martin a rendu compte des démarches qu'il avoit faites samedy dernier auprès de M. de Vauvilliers, président de l'assemblée des représentans de la commune, et de M. le marquis de La Fayette, commandant général de la garde nationale parisienne, pour leur donner de nouveaux éclaircissemens sur la nécessité dont est le Bureau pour la gestion de l'Hôtel Dieu, et sur le préjudice énorme que lui cause l'usurpation qui en a été faite par le district de Notre Dame. Et ledit jour, vu le procès-verbal cy dessus et les pièces y annexées, vu aussi le procès-verbal du mercredy 26 août dernier et la délibération du même jour, le Bureau, persistant dans les protestations contenues en sa délibération dudit jour, et protestans de nouveau, en tant que de besoin et par les mêmes motifs, au sujet des faits mentionnés au procès-verbal cy dessus, a arrêté qu'expédition dudit procès-verbal et de la présente délibération sera envoyée à M. le Procureur général, lequel sera prié d'en faire le dépôt au greffe du Parlement, et qu'il en sera pareillement adressé expédition à l'assemblée des représentans de la commune, arrête en outre que copie du procès verbal cy dessus, ensemble de celuy du 26 août dernier, sera envoyé à chacun de Messieurs les Chefs. « L'an mil sept cent quatre vingt neuf le 29 août, 8 heures du matin, se sont présentés chez moi, greffier du Bureau, Messieurs les membres du Comité du district de Notre Dame, lesquels m'ont sommé de leur livrer la pièce située sous le passage de la porte cochère de la maison dite Bureau de l'Hôtel Dieu, et tout le surplus des lieux de cette maison, et sur le refus que je leur ai fait de leur faire l'ouverture des portes desdits lieux, d'après les ordres du Bureau qui me l'a défendu, ils m'ont déclaré qu'ils alloient procéder à faire faire l'ouverture desdites portes par un serrurier, et m'ont invité à descendre au lieu de leur assemblée, où étant, ils m'ont exhibé un ordre de M. La Fayette, commandant général de la milice parisienne, datté du 28 du présent mois, à eux adressant et portant ordre de loger jusqu'à nouvel ordre dans ladite maison les troupes qu'il leur envoie, copie duquel ordre, signée du président, secrétaire et autres membres du district, est demeurée annexée au présent, ils m'ont sommé de rechef de faire l'ouverture des portes, ce dont j'ai été refusant; alors ils ont dressé procès-verbal de mes dire et refus, et m'ont demandé de signer leur procès-verbal, ce que j'ai pareillement refusé. Après quoi ils m'ont invité à être présent à l'ouverture de la porte dudit magazin, qu'ils ont fait faire par un serrurier pour ce par eux mandé, et que j'ai accepté afin de pouvoir faire veiller à la sureté des effets y contenus; étant descendus sous ladite porte cochère, le serrurier s'est mis en devoir d'ouvrir ladite porte d'abord avec des rossignols, ensuite avec un marteau, et tandis qu'il y procédoit est survenu le sieur Lordelot, dépensier dudit Hôtel Dieu, lequel voyant l'entreprise commencée pour l'ouverture de ladite porte, et pour empêcher qu'elle ne fût endommagée, a offert la clef et l'a fait ouvrir à l'instant, aussitôt j'y ait fait poster un homme pour être présent jusqu'à la fin du déménagement, dont et du tout j'ai dressé le présent procès-verbal les jour et an que dessus, en présence du sieur Pierre Peltier, commis du Bureau, de Claude François Parossel, batelier dudit Hôtel Dieu, de Claude Bourgoin, portier du Bureau et de Rémy Hadot, dit Saint Louis, domestique du sieur Bertrand, huissier du Bureau, lesquels ont signé avec moi. » — *État major général, 2e Division. 4e District de Notre Dame.* Il est ordonné à la première moitié de la compagnie de Cloyes, du régiment des cy devant gardes françoises, de quitter avec armes et bagages demain matin à huit heures la cazerne de la rue de Loursine pour se rendre à celle du Bureau de l'Hôtel Dieu, où elle logera jusqu'à nouvel ordre et où elle transportera moitié de ses fournitures et ustancilles. A Paris, le 28 aoust 1789, signé : La Fayette.» M. Touvenain, lieutenant et M. Baland sous-lieutenant, voudront bien se transporter à la même heure à cette compagnie, à laquelle ils ont été nommés, pour la conduire à sa nouvelle destination. Pour copie conforme à l'original représenté par M. Touvenain et a luy remis, signé Oudet, président, de la Chesnaye, commandant.

(Du mercredy 2 septembre 1789.) Assistans Messieurs Lecouteulx de Vertron, Dupont, Marchais de Migneaux, de Tillière, Boullenois, Martin, Robineau d'Ennemont, Ventes, Ollivier, Silvestre de Sacy et Monsieur Brochant, receveur général charitable. Lecture faite de l'extrait du procès-verbal des représentans de la commune de Paris du lundy 31 août 1789, remis au Bureau cejourd'huy, a été arrêté qu'il en sera fait registre et que l'original dudit extrait sera annexé à la présente délibération, arrête en outre que le Bureau consent à continuer ses fonctions, conformément et aux termes de la délibération du 19 août dernier, dans le cas néanmoins où les obstacles apportés à l'exercice des fonctions de l'Administration, par l'établissement d'une caserne dans le Bureau, seront levés, et l'Administration rétablie dans la jouissance de ladite maison; arrête pareillement qu'expédition de la présente délibération sera envoyée à l'assemblée des représentans de la commune, et qu'il sera adressé à MM. les Chefs copie de l'extrait du procès-verbal de ladite assemblée et de la présente délibération. *Assemblée des représentans de la commune de Paris.* Extrait du procès-verbal des représentans de la commune de Paris, du lundi 31 août 1789. Lecture faite de la lettre adressée à l'assemblée par Messieurs les Administrateurs de l'Hôtel Dieu, et vu l'extrait des registres des délibérations de leur bureau, l'assemblée rendant justice aux sentimens qui les animent, et comptant sur le patriotisme dont ils ont donné des preuves si constantes, a arrêté qu'ils seraient priés de vouloir bien continuer leur administration, et remplir les fonctions qui leur sont confiées, jusqu'à ce que le plan de municipalité ait été définitivement arrêté, et qu'on ait prononcé sur l'établissement et les détails des administrations des hôpitaux. Signé : Vauvilliers, président, Vincendon président; Brousse, Desfauchères, secrétaire, de Joly, secrétaire.

(Mercredi, 2 septembre.) Lecture faite de trois lettres adressées au Bureau, la première en datte du 27 août dernier par M. de Nicolay, premier président de la chambre des comptes, la seconde par M. l'Archevêque, en datte du 28 dudit mois. la 3e par M. le Procureur général, dattée de cejourd'huy, et d'une quatrième adressée à M. Lecouteulx de Vertron, doyen de Messieurs les Administrateurs, en datte dudit jour 28 du mois dernier, par M. le Premier Président, lesdites quatre lettres en réponse à celle qui leur avoit été écrite par l'Administration le 19 dudit mois dernier, a été arrêté qu'il en sera fait registre, et que les originaux desdites quatre lettres seront annexés à la présente délibération. *Copie de la lettre de M. de Nicolay.* J'ai reçu, Messieurs, avec la lettre que vous m'avés fait l'honneur de m'écrire la copie de celle que vous avés cru devoir adresser à M. Bailly. Je vous ai lus avec intérêt, mais avec un sentiment de douleur et d'amertume, je désire pour la religion, pour l'humanité et pour les pauvres que le dépôt que vous voulés remettre soit confié à des mains aussi pures que les vôtres, et que l'Hôtel Dieu soit toujours administré avec le même zèle, la même intelligence et le même désintéressement. Je me trouve heureux, dans les circonstances douloureuses où nous sommes, de pouvoir offrir à des citoyens recommandables à toutes sortes de titres, l'hommage public et sincère de mon estime et de ma vénération. J'ay l'honneur d'être, etc. Signé : Nicolay. — *Copie de la lettre de M. l'archevêque de Paris.* J'ai reçu, Messieurs, la lettre que vous m'avez fait l'honneur de m'écrire et la copie de celle que vous avez jugé à propos d'adresser au corps municipal. Je suis extrêmement sensible à la perte que va faire l'Hôtel Dieu de Paris. C'est avec la plus grande peine que je vois des administrateurs aussi éclairés que vous l'êtes, Messieurs, aussy zélés pour le bien des pauvres, renoncer aux fonctions qu'ils remplissoient d'une manière si honorable. Permettez-moi de vous témoigner tous mes regrets de ce que les circonstances présentes vous ont mis dans le cas de donner votre démission. Ils sont aussi sincères que les sentimens avec lesquels j'ai l'honneur d'être, Messieurs, votre très humble et obéissant. Ant. E. L. arch. de Paris. — *Copie de la lettre de M. Joly de Fleury.* Paris, ce 2 septembre 1789. Messieurs j'ai reçu la lettre que vous m'avés fait l'honneur de m'écrire, et la copie qui y étoit jointe de celle que l'Administration a adressée au corps municipal. Le sentiment de déférence que vous marqués en ce moment aux vues de vos concitoyens est une nouvelle preuve du zèle qui vous a toujours animés dans l'exercice des fonctions importantes que vous avés remplies jusqu'à présent avec autant de courage que de désintéressement. J'en ai été souvent le témoin et dans tous les tems; vous ne devés pas douter de mon empressement à rendre l'hommage que je dois, en mon particulier, aux soins multipliés en tous genres que vous vous êtes donnés pour le soulagement des pauvres. J'ai l'honneur d'être, etc. Signé : Joly de Fleury.

(11 septembre.) Le Bureau ayant été informé que quelques-uns des membres du comité du district de Notre-Dame répandent le bruit qu'ils attendent incessamment des ordres de l'assemblée des représentans de la commune, pour se mettre en possession des archives de l'Hôtel Dieu, a arrêté que dans le cas où il seroit présenté au greffier un ordre de l'assemblée des représentans de la commune pour remettre entre les mains des officiers du district de Notre Dame les archives de l'Hôtel Dieu, il en informera sur le champ deux de Messieurs, auxquels il remettra les clefs desdites archives, et qu'ils se retireront vers ladite assemblée pour lui remettre lesdites clefs, et pour lui demander acte de ladite remise, et de la déclaration que font Messieurs les Administrateurs que, vu le trouble apporté à leurs fonctions, et l'impossibilité où ils se trouvent de les continuer plus longtemps, ainsi qu'ils l'ont précédemment offert, ils remettent dès cet instant l'administration de l'Hôtel Dieu *entre les mains de la municipalité*, en la priant d'y pourvoir.

(18 septembre.) Lecture faite du mémoire dont copie est cy annexée, le Bureau, ne voulant négliger aucun moyen d'obtenir justice contre l'entreprise du district de Notre Dame, dont il est parlé dans ledit mémoire, et aiant de justes raisons de l'espérer des représentans de la commune assemblés à l'Hôtel de Ville, a arrêté que ledit mémoire sera envoyé manuscrit à l'assemblée générale des représentans de la commune, et qu'il sera imprimé pour en être envoyé un exemplaire à chacun des membres de ladite assemblée. Le Bureau a arrêté en outre qu'il en sera envoyé quatre exemplaires à chacun de MM. les Chefs, douze au comité du district de Notre-Dame, un à chacun de MM. les Chefs au spirituel et douze à la communauté des religieuses, qu'il en sera pareillement envoyé un à M. le Maire et un à M. le marquis de La Fayette, commandant de la milice nationale parisienne, avec une lettre d'envoi à chacun d'eux. *Mémoire au sujet de l'établissement fait par le district de Notre Dame d'une caserne dans le Bureau de l'Hôtel Dieu.* Il est question de savoir si la caserne de la troupe soldée du district de Notre Dame sera établie aux frais des pauvres malades de l'Hôtel Dieu. Le district de Notre-Dame, chargé comme les autres districts de procurer une caserne à la compagnie soldée, a trouvé sans doute qu'il seroit plus commode et moins coûteux de prendre pour cet objet une portion d'établissement public, que de chercher à louer ou à acquérir une maison particulière, et il s'est emparé de la maison dite le Bureau de l'Hôtel Dieu, sans attendre la décision de l'assemblée des représentans de la commune, à laquelle il avoit adressé un mémoire dont copie a été envoyée à l'un des membres de l'administration de l'Hôtel Dieu. Par ce mémoire le district reconnoit que « c'est à Messieurs de la municipalité à obtenir et donner le Bureau, ou l'église de l'Hôtel Dieu, ou de la justice de la cause publique ou de l'agrément de MM. les Administrateurs, » ce sont les termes du mémoire. Quoique les administrateurs de l'Hôtel Dieu ayent remis l'administration de cet hôpital au corps municipal, *pour se conformer au vœu des citoyens qui demandent, dans les cahiers remis aux députés, une nouvelle organisation de l'administration de l'Hôtel Dieu*, et que d'après cette démarche ils pussent croire que la simple dénonciation, à l'assemblée des représentans de la commune, d'une entreprise faite par un district sur un établissement qui intéresse toute la commune, put suffire pour acquitter leur conscience, et les mettre à l'abri du reproche qui pourroit leur être fait de n'avoir pas deffendu les intérêts des pauvres qui leur étoient confiés, cependant, comme ils ont offert en même temps de continuer leurs fonctions jusqu'à ce qu'il eut été pourvu à leur remplacement, ils se sont cru obligés de faire connoître l'impossibilité où l'Administration se trouveroit de gérer les affaires de l'Hôtel Dieu, si elle n'avoit pas un lieu où elle put s'assembler et avoir sous sa main archives, greffe, bureaux de commis, etc., et le préjudice énorme qui résulteroit pour l'Hôtel Dieu de l'obligation où il se trouveroit de faire construire un nouveau bâtiment pour remplacer celui dont le district de Notre Dame s'est emparé, si ce local ne lui étoit pas rendu, et c'est là l'objet des lettres, mémoires et procès-verbaux que les administrateurs de l'Hôtel Dieu ont adressés à l'assemblée des représentans de la commune. Depuis que cette assemblée, en rendant justice aux sentimens qui animent les administrateurs de l'Hôtel Dieu, et comptant sur le patriotisme dont ils ont donné des preuves si constantes, a arrêté qu'ils seroient priés de vouloir bien continuer leur administration, et remplir les fonctions qui leur sont confiées jusqu'à ce que le plan de la municipalité ait été définitivement arrêté, et qu'on ait prononcé sur l'établissement et les détails des administrations des hôpitaux, ces administrateurs se croient encore plus obligés de plaider, pour les intérêts des pauvres qui leur sont confiés, contre le district de Notre Dame, et de mettre en évidence d'une part toute l'injustice de son usurpation et de l'autre les dépenses dans lesquelles elle entraîneroit l'Hôtel Dieu si on la laissoit subsister. Ce sera au corps municipal à prononcer, et quelque soit sa décision, les administrateurs de l'Hôtel Dieu auront satisfait au serment qu'ils ont prêté de bien, fidèlement et charitablement remplir les fonctions de cette Administration. Mais jusqu'à cette décision, ils regarderont comme un devoir sacré de réclamer contre toute entreprise tendante à détériorer le bien des pauvres qui leur sera

confié tant que l'Administration s'en trouvera en leurs mains. L'usurpation du district de Notre Dame est injuste, non seulement à l'égard de l'Hôtel Dieu, mais encore à l'égard de la commune. Ce district, obligé comme tous les autres de se procurer une caserne pour la troupe soldée, ne pouvoit par cette obligation acquérir le droit d'attenter à la propriété de qui que ce fut; personne n'a jamais eu ce droit, et les représentans de la nation viennent de reconnoître la vérité d'un principe aussi ancien que les sociétés, savoir que la propriété étant un droit inviolable et sacré, personne ne doit en être privé, et que lorsque la nécessité publique légalement constatée l'exige évidemment, ce ne doit être que sous la condition d'une juste et préalable indemnité. Comment, au préjudice d'une déclaration aussi formelle, le district de Notre Dame a-t-il pu se permettre une entreprise que chaque mot de cette déclaration condamne. La nécessité de se procurer une caserne étoit sans doute une nécessité publique, mais elle n'exigeoit pas évidemment que le district de Notre Dame s'emparât d'une maison quelconque pour cet objet; il y a dans l'étendue de ce district assés de maisons qu'on pouvoit loüer ou acheter. Ce ne pouvoit être que dans le cas d'une impossibilité absolue d'en trouver une de gré à gré, qu'après avoir légalement constaté cette impossibilité, et s'être fait autoriser par l'assemblée des représentans de la commune, il se seroit trouvé forcé d'en prendre une; de toutes celles qu'on pouvoit prendre pour cet objet, le Bureau de l'Hôtel Dieu devoit être la dernière, à cause de son utilité et de son importance et parce qu'enfin c'est un bien appartenant aux pauvres, mais quelque maison qu'on eût pris, on ne le pouvoit faire qu'après être convenu avec le propriétaire d'une juste indemnité, et l'avoir préalablement payée ou assurée. Le district de Notre Dame n'a rempli aucune des conditions imposées en pareil cas, et il a agi d'une manière toute opposée à ce que la réclamation générale pour la sûreté des propriétés exigeoit de lui, même avant que l'assemblée nationale se fut expliquée sur cet objet, et depuis qu'elle l'a fait, il n'a pas changé de principes. Il a prétendu que l'Hôtel Dieu étant un établissement public, il valloit mieux prendre une de ses dépendances pour un autre objet public qu'une maison particulière; en cela il supposoit évidemment qu'il n'en devoit rien coûter pour établir une caserne, ce qui n'a jamais pu être. S'il y avoit une circonstance où cette supposition put se réaliser, ce ne pourroit être que celle où il se seroit trouvé dans son arrondissement quelque établissement public qui n'eut servi qu'à l'utilité de ce seul district; dans ce cas, personne sans doute n'eût trouvé mauvais qu'il en changeat la destination, pour un autre établissement public qu'il eut jugé plus nécessaire, si toutefois d'autres intérêts ne s'y fussent pas trouvés compromis. Il ne peut pas en être de même d'un établissement utile à toute la commune et c'est en quoi l'usurpation faite par le district de Notre Dame est injuste à son égard. L'utilité particulière d'un district ne peut prévaloir sur l'utilité générale. La commune seule peut disposer d'un établissement auquel toute la ville a intérêt. Le principe du district de Notre Dame ne pouvoit donc pas s'appliquer à l'Hôtel Dieu. Il devoit donc, ou chercher un établissement dont il eût seul le droit de disposer pour en faire une caserne, ou chercher à louer ou acheter une maison particulière, ou enfin se faire autoriser à en prendre une d'autorité. Mais il y a plus, c'est que l'Hôtel Dieu de Paris dépendant de la municipalité pour sa manière d'être et pour son administration, n'en dépend pas pour la disposition de ses propriétés. Il est sans doute sous la tutelle du corps municipal comme mineur perpétuel, mais cette tutelle ne peut tendre qu'à son avantage et non à son détriment. L'Hôtel-Dieu est capable de posséder, et dès qu'il possède, ses propriétés sont aussi sacrées et aussi inviolables qu'aucune propriété puisse l'être; elles sont acquises aux pauvres des charités du public, elles subsistent par elles, et la municipalité n'a le droit de lui en enlever aucune sans une juste et préalable indemnité, même sous le prétexte de bien public, à plus forte raison le district de Notre Dame ne le peut il faire. Il ne le peut pas, même en offrant de payer cette indemnité, parce qu'il ne peut être seul juge dans une affaire qui intéresse toute la commune, et qu'il faut avant tout que les représentans de la commune prononcent, qu'ils décident s'il ne seroit pas plus convenable de prendre une autre maison, dans le cas où, faute d'en trouver une de gré à gré, on se trouveroit obligé d'en prendre une d'autorité, que s'il n'est pas possible de prendre une autre maison que celle du Bureau, ils fassent régler l'indemnité düe à l'Hôtel Dieu, et enfin qu'ils autorisent l'administration de cet hôpital à aliéner une portion aussi essentielle de ses propriétés. Ce ne pouvoit être qu'après ces formalités remplies que le district de Notre Dame pouvoit entrer en jouissance du Bureau de l'Hôtel Dieu. L'Administration auroit également gémi sans doute de se voir privée des moyens nécessaires à la gestion des affaires dont elle est chargée, et de voir l'Hôtel-Dieu obligé à une nouvelle dépense, que l'indemnité n'auroit vraisemblablement pas couverte, mais enfin il ne lui seroit resté aucun moyen de réclamation. Ce n'est pas assez de dire que l'Hôtel Dieu est utile à toute la commune, il lui est nécessaire, et dès là il doit être protégé par elle envers et contre tous ceux dont les entreprises, quelqu'elles puissent être, tendroient à détériorer ses biens ou son existence, parce que ce sera toujours à la commune à réparer les pertes et les usurpations qu'il pourra éprouver; c'est même à elle à venir à son secours dans les tems où, par quelque raison que ce puisse être, ses dépenses excèderoient ses revenus, parce que cet établissement est du petit nombre de ceux dont la nécessité est tellement impérieuse que son existence ne peut souffrir aucune altération. On vient de démontrer l'injustice de l'usurpation faite par le district de Notre Dame, tant à l'égard de l'Hôtel Dieu qu'à l'égard de la commune. Il ne reste plus qu'à parler des dépenses auxquelles cette usurpation entraîneroit l'Hôtel Dieu, si elle pouvoit subsister. Quelque puisse être la nouvelle organisation de l'Administration de l'Hôtel Dieu, quelque puissent être même les nouveaux arrangemens qu'on prendra pour augmenter le nombre des lits à donner aux pauvres malades, toujours faudra-t-il un chef lieu où le corps de l'Administration puisse s'assembler, un greffe, un lieu spacieux et sûr pour les archives, une caisse, des bureaux de commis. Il sera nécessaire que ce chef lieu soit au centre de Paris, pour être également à portée, et des citoyens qui composeront l'Administration et des personnes qui auront des affaires à traiter avec elle. Ce seroit n'avoir aucune idée d'administration que de prétendre, comme l'ont fait quelques uns des membres du comité du district de Notre Dame que toutes les choses réunies ci-devant dans l'enceinte du Bureau de l'Hôtel Dieu peuvent être séparées. De quelque manière que la nouvelle Administration soit organisée, les affaires seront à peu près les mêmes, et il est nécessaire, pour la plus prompte expédition, que tout ce qui les concerne soit réuni et sous la main de ceux qui les régissent, sans quoi on perd un tems infini dans le déplacement perpétuel de ceux qui doivent être toujours à portée de donner les réponses ou les ecclaircissemens, ou de fournir les pièces dont on a besoin; cette vérité est sentie par toutes les personnes qui connoissent la gestion des grands établissemens, et l'expérience ne tarderoit pas à la démontrer à la nouvelle Administration, si elle en pouvoit douter. Le bâtiment du Bureau actuel de l'Hôtel Dieu comprend tous ces avantages; au centre de Paris et également à portée des nouveaux hôpitaux projettés, il réunit par sa disposition et son emplacement tout ce qu'on peut désirer pour les assemblées de l'Administration et le travail journalier du greffier et des commis. Mais ce qui est d'une très grande importance, c'est que la partie de ce bâtiment où sont les archives a été faite avec le plus grand soin, on a pris toutes les précautions nécessaires pour la mettre à l'abri des dangers du feu, elle est presque isolée, ses murs sont fort épais et de pierre de taille, au lieu de charpente, c'est une voute en pierre qui supporte le toit; les portes, les contrevents et les chassis des fenêtres sont en fer. Elle comprend quatre étages, tous garnis de vastes et belles armoires, dans lesquelles sont rangés par ordre tous les titres de propriété et autres intéressant l'Hôtel Dieu. Il a été jugé convenable que les archives fussent séparées de cet hôpital pour éviter le danger des incendies qui ne sont que trop à craindre dans une maison où il y a tant de feux allumés dans toutes les saisons. Il n'y a aucun lieu vacant dans l'Hôtel Dieu, et s'il faut absolument y établir ce que renfermoit le bâtiment du Bureau, il seroit nécessaire de prendre quelques salles, et par là de supprimer une très grande quantité de lits dans un tems où on s'occupe des moyens d'augmenter le nombre des places à donner aux pauvres malades. Mais quant aux archives, il seroit de la plus grande imprudence de les renfermer dans l'enceinte de l'Hôtel Dieu, et tout bien considéré, on ne pourroit se dispenser de faire faire un nouveau Bureau et de nouvelles archives, à portée de l'Hôtel Dieu, mais hors de son enceinte, et il en coûteroit à cet hôpital, pour avoir été forcé de fournir une caserne, trois fois plus qu'il n'en auroit coûté pour acheter ou construire un bâtiment pour cet objet. Il arriveroit de là qu'un établissement public, comme l'est une caserne de soldats, qui doit être fait aux frais du public, le seroit non seulement aux frais des pauvres, qui en devroient seuls être exempts, mais encore de manière que cette dépense leur deviendroit à eux seuls trois fois plus onéreuse qu'elle ne l'auroit été à tout le district, s'il se fut pourvu d'un lieu moins important. Indépendamment de tout ce qu'on vient de dire que renferme le bâtiment du Bureau, il contient encore des magasins dont on manque à l'Hôtel Dieu, et des caves très étendues qu'il faudroit remplacer. Tous ces bâtimens construits exprès pour l'usage auquel ils étoient destinés, et de la manière la plus solide, ont coûté plus de 300,000 livres; on en a conservé les devis; ils couteroient aujourd'hui beaucoup davantage pour les faire d'une aussi bonne construction, et ce sont des bâtimens de cette nature qu'on s'obstine à vouloir convertir en caserne, tandis qu'une maison ordinaire peut suffire. S'il arrivoit qu'on put décider que la caserne restera dans ce bâtiment, ce ne pourroit être qu'à la charge de payer à l'Hôtel Dieu l'indemnité qui lui seroit due, et en ce cas, le payement d'une pareille indemnité doit seul obliger à trouver une maison d'une construction plus ordinaire, et par là plus facile à acquérir. Ce mémoire venoit d'être terminé lorsque l'Administration de l'Hôtel Dieu a eu connoissance d'un récit imprimé, de ce qui s'est passé de la part du district de Notre-Dame, au sujet de l'établissement d'une caserne dans le Bureau de l'Hôtel Dieu, par l'envoi qui en a été fait à chacun de ses membres; elle se contentera de quelques observations sur ce récit, sans entrer dans tous les détails qu'il contient, pour n'être pas obligée de relever plusieurs inexactitudes peu importantes au fond de l'affaire. Qu'importe en effet aux droits de l'Hôtel Dieu, comme propriétaire du bâtiment dont on s'est emparé, que ses officiers, c'est-à-dire le greffier, l'agent des affaires et l'huissier, ayent tenu tels ou tels discours, ayent fait telles ou telles tentatives, que ces tentatives ayent eu pour objet de conserver un bâtiment aussi précieux à l'Hôtel Dieu, ou de conserver leurs logemens, qu'ils ayent mis plus ou moins de temps à enlever des meubles qu'ils étoient forcés de déménager sans savoir où les transporter. N'étoit-il pas naturel que ces officiers, auxquels le logement tient lieu d'une partie d'appointemens (et par cette raison il n'est pas gratuit, comme on l'avance dans le récit), qui ne voyoient dans l'entreprise du district de Notre Dame qu'un acte de violence, qu'ils espéroient que les représentans de la commune réprimeroient, n'étoit-il pas naturel, dit-on, qu'ils résistassent à l'oppression dans laquelle ils se trouvoient par contre-coup? Mais, encore une fois, qu'importent tous ces détails au fond de l'affaire? Le district de Notre Dame avoit-il droit ou non de s'emparer d'une propriété à laquelle toute la commune se trouve intéressée? S'il n'avoit pas ce droit par lui-même, l'a-t-il reçu d'une autorité supérieure? Voilà les seules questions à résoudre, il ne faut pas s'en écarter. La solution de la première question se trouve dans ce qu'on vient de lire, et le récit imprimé du district la confirme. Il n'a pas cru sans doute avoir le droit de s'emparer du Bureau de l'Hôtel Dieu; le mémoire qu'il a envoyé à la municipalité (page 3 du récit) et les démarches qu'il a faites auprès d'elle par ses députés, et dont il rend compte (pages 11, 12, 14, 15), le prouvent suffisamment. Si le district de Notre Dame n'avoit pas ce droit par lui-même, l'a-t-il reçu d'une autorité supérieure? On voit bien ses démarches et ses tentatives pour obtenir une décision, en sa faveur, de l'assemblée des représentans de la commune, mais loin de voir cette décision, on voit au contraire (toujours dans le récit imprimé pages 14 et 15) que ses députés ont été renvoyés au Bureau des casernemens, ils n'ont pu en avoir de délibération par écrit, c'est-à-dire de délibération qui les authorisat, comme ils le désiroient. Ainsi le district de Notre Dame administre lui-même, par son récit, les preuves que ses tentatives pour se faire autoriser à s'emparer du Bureau de l'Hôtel Dieu, ou à le garder, ne lui ont pas été plus heureuses que celles que les officiers de l'Hôtel Dieu avoient faites auprès de lui, pour l'engager à prendre d'autres maisons pour une caserne, avec cette différence que le défaut de succès, de la part du district de Notre Dame, prouve évidemment qu'on a jugé à la Ville qu'il n'en avoit aucun, et qu'on a trouvé son entreprise intolérable. Il ne prétendra pas sans doute que ce qui a été dit à ses députés par un des membres du bureau des cazernemens (page 15) fut une autorisation suffisante. Si ce propos eut été l'avis du plus grand nombre, rien n'eût empêché qu'on ne leur donnât une délibération conforme à leur désir, et de ce qu'ils n'ont pu l'obtenir, on en doit conclure que l'avis du Bureau ne leur étoit pas favorable. Il reste donc prouvé, et par tout ce qui est exposé dans ce mémoire, et par le récit même imprimé du district de Notre Dame, qu'il ne se croyoit pas suffisamment autorisé à s'emparer du Bureau de l'Hôtel Dieu, qu'il a fait plusieurs tentatives pour s'y faire autoriser, qu'elles ne lui ont pas réussi, et que cependant il n'a pas laissé de s'en emparer et d'employer même la force pour se faire ouvrir les pièces qu'on refusoit de lui livrer. (Voyez pages 16, 17, 18, 19 et 20.) L'ordre de M. le marquis de la Fayette (cité page 19) ne peut être regardé comme une autorisation : 1° parce que M. le Commandant général n'a le droit de disposer de la propriété de personne; 2° parce que, en signant un ordre à des soldats de se rendre à la caserne du Bureau de l'Hôtel Dieu, M. le Commandant général supposoit l'établissement de cette caserne fait comme on le lui avoit dit, mais ne légitimoit pas l'usurpation du lieu où elle étoit établie. Plusieurs membres du comité du district ont dit qu'il ne s'étoit emparé du Bureau de l'Hôtel Dieu qu'avec le consentement des administrateurs, cette assertion est dénuée de preuves, et la preuve du contraire se trouve établie dans les lettres, mémoires et procès-verbaux envoyés par l'Administration à l'assemblée des représentans de la commune. Il est certain que personne de ce district ne s'est adressé ni à l'Administration assemblée, ni à aucun de ses membres, pour faire la demande de ce bâtiment. Il est vrai au contraire que, sur le bruit qui a couru que le district jettoit ses vües sur le Bureau de l'Hôtel Dieu pour en faire une caserne, un seul administrateur, persuadé que c'étoit faute de connoître l'importance du local, sa destination et l'impossibilité du remplacement, qu'on pensoit à en faire une caserne, a suivi les mouvemens de son zèle, et s'est transporté au comité du district, dans l'espérance de le faire revenir d'un projet aussi préjudiciable aux intérêts de l'Hôtel Dieu et au respect dû aux propriétés d'un hôpital. Son dessein étoit, après avoir informé le comité de ce que c'étoit que le Bureau de l'Hôtel Dieu, de l'engager à envoyer quelques commissaires pour en prendre une connoissance exacte, pour, sur leur rapport, être plus en état de juger s'il devoit persister dans son projet. A la première ouverture qu'il en fit, il fut instruit que cette visite avoit été faite, à la demande du greffier, et il lui fut dit que sur le rapport des commissaires, le comité avoit jugé que le local seroit très bon sans doute pour une caserne, mais qu'en effet ce bâtiment étoit trop utile et trop important pour l'employer à cet objet, et que ce seroit véritablement un meurtre. Ce fut le terme dont on se servit, mais en convenant de l'importance du Bureau, et en reconnaissant que ce seroit causer un dommage essentiel à l'Hôtel Dieu que de prendre cette maison pour en faire une caserne; le comité prévint cet administrateur qu'en renonçant au projet de prendre le Bureau, il lui faudroit absolument l'église de l'Hôtel Dieu, le chœur des religieuses et les logemens qui sont au dessus de l'église. Il trouva cette idée si extraordinaire qu'il ne crut pas devoir la combattre sérieusement, persuadé qu'elle tomberoit d'elle même à la moindre réclamation. Il n'a pas été difficile en effet de faire sentir la nécessité d'une église pour un hôpital qui a 24 prêtres, 80 religieuses, et près de 600 autres personnes attachées à son service. Mais alors le district est revenu à son premier projet, et il n'a pas été possible de l'engager à se désister de ses vües sur le Bureau, quoiqu'il y eût dans son arrondissement plusieurs autres emplacemens très propres à faire une caserne. Mais l'Administration de l'Hôtel Dieu, loin de donner son consentement à l'entreprise du district, a toujours protesté contre cette usurpation. Et en effet, on ne dit pas un mot de ce consentement dans le récit imprimé. On s'y borne à dire (page 4) que ce fut sans doute du consentement de MM. les Administrateurs que le sieur Levéville, greffier du Bureau, en livra le premier étage, après en avoir fait enlever les meubles. Le fait est que le sieur Levéville, prévenu qu'on devoit agir d'autorité pour se procurer le Bureau, en avoit informé l'Administration, et en avoit reçu ordre de ne pas résister à la force dont il étoit menacé, pour le mettre lui-même à l'abri de toute violence. Ce fut le même motif qui engagea ceux des administrateurs qui se trouvèrent le 21 août au Bureau du dépensier à consentir qu'on livrat le magasin auprès de la porte d'entrée; ce consentement fut même révoqué dès qu'on fut informé que les répresentans de la commune à l'Hôtel de Ville désapprouvoient la conduite violente du district de Notre Dame. Ce district dit dans son récit (page 5), que les administrateurs de l'Hôtel Dieu ayant remis l'administration de cet hôpital à la municipalité, ne pouvoient plus lui refuser pour une caserne un local qui ne dépendoit plus d'eux. Ils ne l'ont jamais refusé à la municipalité qui ne le leur a jamais demandé, et ils s'expliquent assez nettement sur cet objet dans le courant du présent mémoire, pour n'avoir pas besoin d'y revenir. Il dit (page 9) que Messieurs de la municipalité ayant voulu s'instruire des faits envoyèrent trois commissaires, entr'autres M. Celerier, architecte, et qu'ils furent convaincus que l'on ne pouvoit placer la caserne ailleurs que dans les bâtimens du Bureau. Comment accorder cette opinion des trois commissaires avec ce qui est dit (page 15 du même récit) d'un billet signé Célérier, Viot et Buisson, apporté au comité contenant que : « Si MM. les Administrateurs de l'Hôtel Dieu veulent, ainsi qu'ils l'ont proposé, céder la maison de la rue de la Colombe, et construire un corps de garde sur le Parvis adossé aux Enfants Trouvés, en face de Notre Dame, alors il sera possible de conserver leur Bureau. » Si les trois commissaires dont il est parlé furent convaincus que l'on ne pouvoit placer la caserne ailleurs que dans les bâtimens du Bureau, comment en faisant leur rapport à la municipalité, par laquelle ils avoient été envoyés, ne l'ont-ils pas engagée à autoriser le district de Notre Dame à prendre ce Bureau pour la caserne, et comment M. Célérier président du Bureau des casernemens, l'un des commissaires, a-t-il signé qu'on pourroit conserver le Bureau de l'Hôtel Dieu en donnant la maison rüe de la Colombe. Il dit (page 9) que les archives de l'Hôtel Dieu peuvent être facilement placées dans une des salles des Incurables, dont l'établissement et l'administration sont les mêmes que celles de l'Hôtel Dieu : 1° Les archives de l'Hôtel Dieu contiennent trois salles de 60 pieds de long; 2° il n'y a pas de salles vacantes à l'hôpital des Incurables; 3° la distance seule de ces deux hôpitaux seroit un obstacle suffisant, quand d'autres raisons d'ailleurs ne s'opposeroient pas à cette proposition; 4° mais ce qui décide absolument l'impossibilité de ce transport, c'est que l'Hôtel Dieu et l'hôpital des Incurables n'ont rien de commun que l'Administration. Ce dernier hôpital est un établissement absolument distinct, qui n'a aucun rapport ni avec l'Hôtel Dieu, ni avec aucun autre hôpital. Il appartient aux fondateurs qui en ont confié l'administration à celle de l'Hôtel Dieu, et *qui peuvent la reprendre quand ils le voudront.* Les biens de cet hôpital lui ont été donnés par eux, à condition qu'eux mêmes ou leurs ayans cause en nommeroient les malades, et proposer de faire servir l'Hôpital des Incurables à des choses qui ne regardent que l'Hôtel Dieu, c'est ne pas connoître la nature de son établissement.

(30 octobre.) M. Durand, président du district de Notre Dame est entré au Bureau, où se trouvoient seulement Messieurs Dupont, Marchais de Migneaux et Martin, et a dit qu'il étoit député par le district pour venir demander au Bureau qu'il voulût bien ordonner le déménagement des archives de l'Hôtel Dieu, parce qu'il n'étoit pas possible de se passer du local où elles sont placées, pour ajouter au bâtiment qui contient la cazerne de la troupe soldée, qui n'est pas suffisant pour la loger en entier. Il lui a été répondu que le Bureau étoit en vacances, et *que le déménagement des archives étoit une affaire tellement importante, soit par la qualité, soit par l'immensité des titres et autres papiers qui y sont rassemblés*, soit par

l'impossibilité où le Bureau se trouveroit de les placer ailleurs, qu'il ne seroit pas possible que le Bureau en délibérat sans en référer à une assemblée générale, qu'à plus forte raison ne le peut-il faire dans un tems de vacance, où la plus grande partie des membres du Bureau sont absens, et où ceux qui se trouvent à Paris ne s'assemblent que pour les affaires provisoires ou de peu d'importance. — Ledit jour et depuis la rédaction du procès-verbal de l'autre part, Messieurs de Tilière, Boullenois et Silvestre de Sacy s'étant rendus au Bureau, lecture leur en a été faite, et le Bureau a arrêté qu'il sera porté à MM. les Représentans de la commune par Messieurs Martin et Silvestre de Sacy, que le Bureau commet à cet effet, une expédition du susdit procès-verbal, et qu'ils leur représenteront que les administrateurs de l'Hôtel Dieu, ayant remis l'administration dudit hôpital à MM. de la Municipalité, n'attendent que le moment où ils seront remplacés pour se retirer, et que dans cette position et l'impossibilité de placer ailleurs les archives de l'Hôtel Dieu, le Bureau les avoit chargés de représenter à MM. de la Commune que toute disposition ou aliénation des propriétés de l'Hôtel Dieu concernoit dans ce moment *la municipalité bien plus que l'Administration actuelle* de cet hôpital et que, dans le cas où le district de Notre Dame obtiendroit quelqu'ordre relatif à la remise qu'ils demandent du bâtiment des archives, ils avoient ordre du Bureau de remettre les clefs desdites archives à Messieurs les Représentans de la commune, afin qu'ils en disposent ainsi qu'ils l'aviseront, et de les prévenir que toute administration leur deviendra impossible dès qu'ils n'auront plus la libre disposition des archives. Le Bureau a arrêté en outre qu'il sera remis une expédition de la présente délibération à MM. les Représentans de la commune par messieurs Martin et Silvestre de Sacy.

(6 novembre.) MM. Martin et Silvestre de Sacy ont dit qu'en exécution de la délibération du Bureau, du 30 du mois dernier, ils s'étoient transportés le lendemain à l'Hôtel de Ville; qu'ils s'étoient présentés à l'assemblée de messieurs les Représentans de la Commune, dans laquelle ils avoient été introduits, qu'ils avoient remis à l'un de MM. les Présidens l'expédition qu'ils étoient chargés de remettre à ladite assemblée, tant du procès verbal de la visite faite au Bureau ledit jour 30 octobre par M. Durand, président du district de Notre Dame au nom et comme député dudit district, que de la délibération du Bureau prise ledit jour à l'occasion de ladite visite, qu'ayant été invités de s'asseoir, il a été fait lecture de ladite expédition, et qu'ensuite M. le Président leur avoit dit que ladite assemblée ne donnoit aucune décision sur les affaires qui lui étoient portées, sans les avoir préalablement renvoyées aux bureaux que ces affaires concernoient pour avoir leur avis; que celle dont ils venoient de lui rendre compte regardoit le Bureau des hôpitaux, dont M. de Jussieu étoit le Président, qu'ils alloient la lui renvoyer et qu'ils les prioient de s'adresser à lui et de lui donner sur l'affaire dont il étoit question les éclaircissemens qu'ils jugeroient convenables, pour le mettre en état d'en faire son rapport à l'assemblée, et pendant que l'un de MM. les Présidens inscrivoit en marge de ladite expédition le renvoi au Bureau des Hôpitaux, il a été observé par l'un de MM. les Représentans de la Commune que cette affaire regardoit aussi le Bureau militaire, et qu'il conviendroit d'y renvoyer également pour avoir l'avis du Bureau, sur quoi Messieurs Martin et Silvestre ont dit qu'ils n'étoient chargés par le Bureau de l'Hôtel Dieu ni de faire aucune demande relative à la conservation des archives, ni d'élever aucune discussion sur cet objet, mais seulement d'observer à MM. les Représentans de la Commune, ainsi que le portoit la délibération qui venoit d'être lue, que, depuis que les Administrateurs de l'Hôtel Dieu avoient remis l'administration de cet hôpital à la municipalité, ils n'attendoient que la nomination de leurs successeurs pour se retirer, et que dans cette position, ils devoient s'en rapporter à messieurs les Représentans de la Commune, et leur remettre les clefs des archives, s'ils vouloient en disposer, qu'ainsi l'Administration de l'Hôtel Dieu n'avoit point à traiter avec le Bureau militaire pour cet objet, et que pour lors, au lieu de renvoyer l'administration audit Bureau, on s'étoit contenté d'ajouter au renvoi fait au Bureau des hôpitaux qu'il s'entendroit avec celui du militaire, qu'alors ils s'étoient retirés; que depuis ils avoient été voir séparément mondit sieur de Jussieu, qu'il leur avoit paru à l'un et à l'autre disposé à faire rendre à l'Hôtel Dieu la justice qui lui étoit due, et qu'ils avoient appris en effet que son avis lui avoit été favorable. Sur quoi la matière mise en délibération, le Bureau a arrêté qu'il sera fait registre du récit fait par mesdits sieurs Martin et Silvestre de Sacy.

(18 novembre. Lecture faitte d'une lettre en datte du 16 du courant, adressée au Bureau par M. le marquis de la Fayette, commandant général de la garde nationale parisienne, la matière mise en délibération, le Bureau a arrêté que l'original de ladite lettre sera annexé à la présente délibération, et qu'il sera fait à M. de la Fayette la réponse dont la teneur suit : « Monsieur le Marquis, nous avons été surpris de l'objet pour lequel vous nous avez fait l'honneur de nous écrire. Nous n'avions aucune connoissance de l'envoi qui vous a été fait des comptes de l'Administration de l'Hôtel Dieu. Cet envoi ayant été fait sans notre participation, nous ignorons si ces comptes sont conformes à ceux que nous avons adressés au gou-

vernement, en exécution des lettres patentes du mois d'avril 1781. Nous avons cru devoir vous en prévenir, afin d'éviter toute méprise à cet égard. Nous sommes, etc. — *Copie de la lettre de M. de la Fayette.* Paris, ce 16 novembre 1789, «Messieurs, j'ai reçu les exemplaires du compte rendu de toutes les opérations de la caisse de l'Hôtel Dieu de Paris que vous avez bien voulu m'adresser. Je vous prie d'agréer mes remerciments de cette marque de votre attention. Je me suis empressé de faire remettre à M. de St Martin, lieutenant de maire, la note que vous m'avez envoyée sur *l'invasion* faite de votre Bureau d'administration, et désire beaucoup que les arrangemens que vous proposez puissent s'accorder avec le bien du service. J'ai l'honneur d'être. Signé : Lafayette.»

(25 novembre.) Le sieur Levéville, greffier du Bureau a dit : «Messieurs, j'ai été invité ce matin à me rendre à la cazerne du district de Notre Dame, établie dans le Bureau de l'Hôtel Dieu, avec les clefs des archives, à l'effet d'en ouvrir les portes, et d'y accompagner messieurs les Commissaires de la Commune et messieurs du district dans la visite qu'ils se proposoient de faire de ce bâtiment. A une heure après midy plusieurs commissaires de la Commune, au nombre desquels j'ai reconnu MM. de Jussieu, Dangy et Célérier, sont arrivés audit Bureau, où étoient assemblés MM. des comités civil et militaire dudit district. Ces messieurs, accompagnés des membres desdits comités se sont rendus au nombre d'environ 40 aux archives, dont je leur ai ouvert les portes, ils en ont visité les différens étages les uns après les autres, pendant laquelle visite MM. desdits comités se sont répandus dans les différentes pièces desdites archives, dont ils ont ouvert et mesuré les armoires. MM. les Officiers se sont plaints que le Bureau n'étoit pas suffisant pour loger la troupe soldée, et ont demandé *avec beaucoup de vivacité* qu'on leur livrât au plus tôt les pièces dans lesquelles est placée la caisse de l'Hôtel Dieu et le bâtiment des archives. Ils se sont plaints de ce que depuis longtems on refusoit de faire droit sur leurs demandes, et ils ont déclaré qu'à plusieurs reprises ils avoient eu beaucoup de peine à empêcher les soldats de s'emparer desdits lieux à force ouverte. MM. les Commissaires de l'Hôtel Dieu ont représenté la difficulté, l'impossibilité même qu'il y avoit à déplacer les archives, les dommages, les pertes irréparables qui pouvoient résulter de ce déplacement. Ils ont fait valoir tous les motifs qui militent en faveur de la conservation d'un *établissement aussi beau et aussi précieux.* Malgré toutes ces représentations, MM. des comités civil et militaire du district ont prétendu qu'ils étoient dans l'impossibilité de renoncer à la demande qu'ils ont formée des lieux susdits, alors un de messieurs les Commissaires de l'Hôtel de Ville a proposé un accomodement, qui consiste à abandonner par supplément à la caserne les pièces du bureau occupées par la caisse et les deux étages supérieurs du bâtiment des archives, et de conserver à l'Hôtel Dieu le rez de chaussée et le premier étage de ce bâtiment, dans lesquels on transfèreroit les armoires et les papiers contenus dans les deux autres étages; ils ont ajouté qu'ils feroient samedi leur rapport, afin que l'assemblée des représentans de la commune put donner une décision sur cet objet, après quoi mesdits sieurs commissaires se sont retirés. Sur quoi la matière mise en délibération, le Bureau voulant éviter toute discussion avec le district de Notre Dame, et ne participer en rien aux opérations qui pourroient avoir lieu relativement à l'établissement des soldats dudit district dans les archives, a arrêté que MM. Martin et Silvestre de Sacy se rendront, samedi 28 du présent mois, à l'entrée de l'assemblée de MM. les Représentans de la commune, et remettront les clefs des archives, soit au président, soit à tel autre des membres de l'assemblée qui leur sera indiqué, de laquelle remise ils demanderont acte pour servir à la décharge de l'Administration, et cependant a continué sa délibération au mercredi deux décembre prochain.

(Bureau de Ville, 28 novembre 1789.) Le Bureau de Ville, après avoir reçu la députation de MM. Martin et Sylvestre de Sacy, administrateurs de l'Hôtel Dieu, qui sont venus au nom de l'Administration remettre à la Municipalité les clefs des archives dudit Hôtel Dieu, et qui s'en rapportent absolument à elle pour le sort desdites archives, après avoir entendu le rapport de MM. Dangy et Cahier de Gerville, nommés par lui pour, en présence de MM. Jouane de Saint Martin, Célérier et de Jussieu, lieutenants de Maire, l'un au département des cazernements, l'autre au département des travaux publics, et le troisième au département des hôpitaux, pareillement en présence de deux commissaires du district de Notre Dame, examiner le bâtiment sis au parvis Notre Dame, connu sous le nom de Bureau de l'Hôtel Dieu, qui depuis quelques mois a été transformé en çazerne pour le logement de la compagnie soldée dudit district. Considérant que ce bâtiment est insufisant pour loger tous les soldats de ladite compagnie, qu'il n'est pas possible d'étendre ce logement sur le derrière, où il est adossé au presbytère très circonscrit de Saint Pierre aux bœufs, ni sur le côté gauche occupé par une maison qui tombe en vétusté et n'offre pas un local convenable, que cependant il n'est pas possible, à l'approche de l'hyver, de laisser ces soldats sans un domicile propre à les contenir tous. Considérant d'ailleurs qu'il existe à gauche du Bureau de l'Hôtel Dieu un autre bâtiment renfermant ses archives, lequel a été construit exprès pour cet usage avec le plus grand soin, de manière à être à l'abri de l'incendie, que ce bâtiment est composé d'un rez de chaussée et de trois étages, formant chacun une galerie de 54 pieds de longueur sur 18 de largeur, garnie d'armoires dans lesquelles sont contenus les titres et papiers de l'Hôtel Dieu, qu'il seroit difficile de trouver ailleurs à portée de l'Hôtel Dieu et de l'Administration un local propre à contenir toutes lesdites armoires dans un aussi bon ordre et dans une position aussi sûre, que cependant il est possible, en doublant les rangs d'armoires au premier étage, d'y transporter la plus grande partie de celles qui occupent le second qui, par cette disposition, se trouveroit vuide et offriroit une salle propre à loger 30 soldats; que ce transport, quoique très préjudiciable pour les archives, devient cependant praticable à la rigueur parce que les armoires du second étage ont environ un pied de hauteur moins que celles du premier étage. Observant encore qu'il existe dans l'entresol du Bureau de l'Hôtel Dieu deux grandes pièces occupées encore par l'Administration, dont l'une, ayant vue sur le parvis, a été disposée avec soin pour y établir la caisse dudit Hôtel Dieu et le Bureau du trésorier, l'autre servant de vestibule à la première et étant d'une utilité moins urgente pour ledit Bureau, a arrêté : 1° que la destination du Bureau de l'Hôtel Dieu pour former une cazerne seroit regardée comme provisoire, et que MM. les Lieutenants de Maire aux départements des hôpitaux et des cazernements seroient chargés et autorisés à chercher dans l'étendue du district un autre local propre à être transformé en cazerne, et à servir de logement à la compagnie soldée du district; 2° que le lieutenant de Maire au département des hôpitaux seroit autorisé à recevoir des mains de MM. les Administrateurs de l'Hôtel Dieu les clefs des archives dudit Bureau, à leur en donner bonne et valable décharge, à en rester dépositaire pour y faire les changements cy après déterminés, à se choisir les coopérateurs nécessaires pour le transport des papiers contenus dans lesdites archives, et à remettre ensuite les clefs auxdits administrateurs pour qu'ils puissent continuer à remplir leurs fonctions; 3° que provisoirement encore, et pour ajouter aux logements de la cazerne actuelle, dans la circonstance présente et aux approches de l'hyver, les armoires du second étage seroient descendues au premier étage, aux frais de la ville, sous la direction du lieutenant de maire des hôpitaux, et que ledit second étage seroit aussitôt après livré à la cazerne pour y placer des lits; 4° que le troisième étage des mêmes archives sera également cédé, quelque temps après, à la compagnie soldée du district, lorsqu'on aura pu transporter ailleurs les papiers et les armoires qui y sont contenus; 5° que de plus le vestibule de la caisse, situé dans l'entresol du Bureau sera également cédé sur le champ à la cazerne pour lui servir de réfectoire ou pour tout autre usage, et qu'on ouvrira sur le petit escalier une autre porte donnant entrée dans la pièce qui contient la caisse; 6° qu'il seroit fait par le lieutenant au département des hôpitaux la recherche d'un autre local propre à contenir ladite caisse, dans lequel elle fût également assurée, et que cependant, jusqu'à ce que ledit local soit trouvé, la caisse ne sera point déplacée, et le trésorier conservera la jouissance de la pièce qui la contient. Fait et arrêté au Bureau de Ville, le 28 novembre 1789. Signé : Bailly, maire; Desmousseaux, secrétaire.

(2 décembre.) Messieurs Martin et Silvestre de Sacy ont dit : «Messieurs, en exécution de la délibération du Bureau du 25 du mois dernier, nous nous sommes transportés le 28 à l'Hôtel de Ville où M. de Jussieu, l'un des membres du Bureau de la Ville, en qualité de président du Bureau des hôpitaux, nous a trouvés au moment de notre entrée, et nous a conduits et introduits audit Bureau où les membres qui le composent, savoir : M. le Maire, messieurs les Présidens des différens bureaux ayant la qualité de lieutenans de maires, et quelques autres de MM. les Représentans de la Commune, au nombre de 20 en tout, n'étoient pas encore assemblés, nous avons conversé avec quelques uns d'eux de l'objet de notre commission. M. le Maire étant arrivé, nous lui en avons dit également le sujet et il nous a parlé avec beaucoup d'honnêteté du désir qu'il avoit que messieurs les Administrateurs de l'Hôtel Dieu voulussent bien continuer d'en remplir les fonctions le plus longtemps possible, persuadé qu'elles ne pouvoient être en meilleures mains. Voyant les membres du Bureau prendre place, nous nous disposions à nous retirer jusqu'à ce qu'on nous fît appeller, pour donner le tems à MM. les Commissaires, nommés par le Bureau de la Ville pour la visite de la caserne établie dans le Bureau de l'Hôtel Dieu et celle des archives, de rendre compte de leur commission. Mais on nous a priés de rester et de dire au Bureau le sujet de notre députation; on nous a fait entrer dans l'enceinte formée par les sièges des membres qui composent le Bureau et prendre place avec eux. Monsieur Martin a lu, pour lors, la délibération du Bureau de l'Hôtel Dieu du 25 du mois dernier, contenant le récit de la visite de MM. les Commissaires du Bureau de l'Hôtel Dieu, concernant la remise à faire des clefs des archives à MM. les Représentans de la Commune, et ensuite les a déposées sur le Bureau, ainsi que l'expédition de ladite délibération. Sur quoi il a été observé qu'avant de délibérer pour savoir si le Bureau recevroit ces clefs, il étoit nécessaire d'entendre le rapport de

MM. les Commissaires nommés par le Bureau de la Ville. et nous nous sommes retirés en reprenant les clefs qu'on nous a dit de reprendre. M. de Jussieu nous a accompagné et nous a fait entrer dans une pièce séparée où il nous a laissés, avec promesse de venir nous reprendre aussitôt que le Bureau pourroit nous recevoir. Il est en effet revenu une demie-heure après, et nous a fait remettre aux places que nous avions occupées d'abord. M. le Maire nous a dit que le Bureau n'avoit pu délibérer, d'après le rapport qui lui avoit été fait par ceux de ses commissaires qui étoient présens, sur la demande du district de Notre Dame, parce que deux desdits commissaires, savoir M. de Saint Martin, président du Bureau des cazernemens et M. Célérier, président du Bureau des travaux publics, n'étoient pas encore arrivés, et que le Bureau vouloit avoir leur avis, mais qu'après avoir délibéré sur la remise des clefs des archives de l'Hôtel Dieu, offerte par MM. les Administrateurs de cet hôpital, le Bureau avoit déclaré qu'il les trouvoit très bien entre leurs mains et les prioit de les garder. Nous avons prié pour lors messieurs du Bureau de la Ville d'observer que l'Administration de l'Hôtel Dieu ne voulant avoir aucune espèce de discussion avec le district de Notre Dame, relativement à sa demande des archives pour les ajouter à la caserne de la troupe soldée établie dans le Bureau de l'Hôtel Dieu, avoit cru que le moyen le plus sûr de l'éviter étoit de remettre les archives à la Ville, afin qu'elle en disposat comme elle le jugeroit convenable, et qu'après avoir donné une décision sur la demande du district de Notre Dame, elle put ou faire elle même les arrangemens que sa décision nécessiteroit, si elle accordoit la demande du district en tout ou en partie, ou le contenir si elle la refusoit. Ces motifs ont été combattus par des raisons qui ne nous ont pas paru suffisantes pour y adhérer; quelques membres du Bureau de la Ville ont prétendu que les clefs des archives seroient plus en sûreté contre toute violence dans les mains de l'Administration de l'Hôtel Dieu, que dans celles du commissaire que le Bureau de la Ville nommeroit pour les recevoir; d'autres ont cru que si le district savoit que ces clefs fussent à la Ville, il regarderoit cette démarche de l'Administration de l'Hôtel Dieu comme un abandon des archives, et demanderoit avec plus de force que la Ville les lui donnât. Nous nous sommes trouvés pour lors obligés d'employer notre dernière ressource, pour vaincre la résistance du Bureau de la Ville à recevoir les clefs que nous étions chargés de lui remettre, et nous lui avons dit que *l'Administration de l'Hôtel Dieu étoit tellement déterminée à ne prendre aucune part à la remise d'aucune partie des archives pour être employée en caserne*, ni aux arrangemens qui en devoient résulter, si la ville jugeoit nécessaire de céder à la demande du district de Notre-Dame, et à éviter toute occasion de discussion avec ce district, soit dans ce cas là, soit dans celui où elle croiroit pouvoir la lui refuser entièrement, que si elle ne pouvoit obtenir ce qu'elle demandoit à la Ville, elle se trouveroit forcée d'employer le seul moyen qui lui resteroit, qui étoit de donner sa démission pure et simple. Il nous a été dit pour lors que si nous voulions attendre que le Bureau eût décidé la question relative aux archives, ce qui ne pourroit être qu'après que les deux membres du Bureau qu'on attendoit pour en délibérer seroient arrivés, et peut-être fort tard, le Bureau nous rendroit une réponse positive sur les clefs. Nous avons demandé de pouvoir savoir la décision du Bureau par M. de Jussieu le lendemain matin, ce qui nous a été accordé et nous nous sommes retirés, accompagnés de M. de Jussieu, qui nous a conduits jusque sur l'escalier, en nous disant qu'il croyoit notre demande juste, et qu'il nous instruiroit le lendemain de la décision du Bureau de la Ville. Nous sommes convenus que malgré ces offres de M. de Jussieu, M. Martin, l'un de nous, se transporteroit le lendemain matin chez lui avec les clefs des archives, pour les lui remettre s'il étoit chargé de les recevoir; et monsieur Martin a dit qu'en conséquence de cette convention il s'étoit transporté seul le lendemain chez M. de Jussieu, qu'il avoit appris de lui que le Bureau de la Ville avoit consenti à ce que l'Administration de l'Hôtel Dieu remit à la Ville les clefs des archives, et l'avoit chargé de les recevoir et de lui en donner décharge, et qu'en conséquence il les lui avoit remises, que mondit sieur de Jussieu lui en avoit donné décharge, dont mondit sieur Martin a fait lecture, et il a ajouté que M. de Jussieu lui avoit dit que le Bureau de la Ville avoit décidé que le second et le troisième étages des archives seroient réunis provisoirement à la caserne, que la Ville payeroit toutes les dépenses nécessaires pour les arrangemens à faire en conséquence, et qu'au surplus il seroit remis au Bureau de l'Hôtel Dieu une expédition de la délibération du Bureau de la Ville. Sur quoi la matière mise en délibération, le Bureau a arrêté que la décharge donnée par M. de Jussieu pour les clefs des archives qui lui ont été remises par messieurs Martin et Silvestre de Sacy, comme commissaires du Bureau, sera annexé à la présente délibération, et qu'il sera fait registre du récit fait par mesdits sieurs Martin et Silvestre de Sacy. — Je soussigné, Antoine Laurent de Jussieu, lieutenant de maire au département des hôpitaux et l'un des membres du Bureau de Ville, nommé par délibération du 28 novembre, faite au Bureau de Ville, pour recevoir les clefs des archives de l'Hôtel Dieu, qui ont été apportées audit Bureau par MM. Martin et Sylvestre de Saci, administrateurs de cet hôpital et députés de leur compagnie pour ledit objet par délibération du Bureau de l'Hôtel Dieu, reconnois que mesdits sieurs Martin et Sylvestre de Saci m'ont remis lesdites clefs, dont je les décharge, ainsi que l'Administration de l'Hôtel Dieu, en vertu du pouvoir qui m'en a été donné, et je promets à mesdits sieurs Martin et Sylvestre de Saci de remettre, à eux ou au Bureau de l'Hôtel Dieu, une expédition de l'arrêté du Bureau de la Ville qui me donne ledit pouvoir. A Paris, ce 29 novembre 1789. Signé : A. L. de Jussieu.

160e REGISTRE. — ANNÉE 1790.

(13 janvier 1790.) Le Bureau a nommé et nomme le sieur Le Brun survivancier du sieur Bonnot, pour la place d'inspecteur des bâtimens de l'Hôtel Dieu, aux mêmes conditions et avec le même traitement dont jouit ledit sieur Bonnot, consistant en 600 livres d'appointemens, 60 livres par année pour frais de voitures et 36 livres aussi par année pour son blanchissage, et en outre, à condition d'être logé dans l'intérieur de l'Hôtel Dieu, nourri, chauffé et éclairé.

(13 janvier.) Monsieur Silvestre de Sacy a dit qu'en exécution de la délibération du 30 décembre 1789, par laquelle il a été ordonné que les vieilles espèces tant d'or que d'argent, tirées de la caisse de réserve de l'hôpital des Incurables, seroient changées en espèces courantes, il a fait remettre au change de l'Hôtel des Monnoyes toutes les vieilles espèces d'or, que suivant le tarif du 30 octobre 1785, les louis de France de toutes fabrications avant 1726 doivent être payés à raison de leur titre fixe à 21 karats vingt deux trente deuxièmes, sur le pied de 748ᵗᵗ 15 sols 2 deniers le marc, que cependant le directeur de la Monnoye fait difficulté de prendre sur ce pied lesdites vieilles espèces d'or, qu'il observe que toutes lesdites espèces, à l'exception d'un très petit nombre, sont de la fabrication ordonnée par l'édit d'août 1723 à la taille de 37 et demi au marc, reconnue pour être la plus défectueuse de toutes celles qui ont eu lieu vers cette époque, et que si, par le tarif d'octobre 1785, toutes les fabrications antérieures à 1726 sont évaluées à raison du titre de 21 karats, vingt deux trente deuxièmes, c'est que, parmi ces fabrications, il y en a dont le titre supérieur peut bonifier celui des autres, qu'en conséquence, pour ménager les intérêts du directeur, sans compromettre ceux des pauvres, il propose à l'Administration de consentir que toutes lesdites vieilles espèces d'or soient fondues, qu'il en soit fait un lingot, lequel sera essayé et payé à raison du titre qui sera rapporté par l'essayeur. Sur quoi la matière mise en délibération, le Bureau a accepté la proposition faite par mondit sieur Silvestre de Sacy, et l'a autorisé à en suivre l'exécution.

(20 janvier.) A été fait lecture d'un mémoire présenté au Bureau par le sr *Clavâreau*, juré expert et contrôleur des bâtimens de l'Hôtel Dieu, dans lequel il représente qu'il exerce cette place depuis l'année 1766, que pendant tout cet intervalle son zèle ne s'est jamais rallenti, mais que son âge et une incommodité survenue depuis quelque tems à une de ses jambes l'empêcheroient de faire les courses considérables qu'exigeroient les vérifications, s'il n'étoit aidé par le sr Clavareau son neveu, lequel, depuis sa plus tendre jeunesse, n'a cessé de travailler sous ses yeux tant à ses affaires particulières qu'aux vérifications et règlemens des mémoires relatifs aux bâtimens de l'Hôtel Dieu, que de plus ledit sieur Clavareau son neveu, depuis environ 10 ans, a été chargé de faire sous les ordres du sr Bonnot les états des maisons appartenantes à cet hôpital. Que dans ces cerconstances, et plein du souvenir des bontés dont l'Administration a bien voulu l'honorer, il la supplie de vouloir bien lui donner une nouvelle marque de sa satisfaction, en accordant à son neveu la survivance de sa place. La matière mise en délibération, le Bureau après avoir entendu le sieur Bonnot, qui a rendu le témoignage le plus avantageux de la probité, de l'activité et de l'intelligence du sieur Clavareau neveu, l'a nommé et nomme contrôleur des bâtimens de l'Hôtel Dieu en survivance, et aux mêmes conditions que ledit sieur Clavareau son oncle.

(17 février.) Monsieur Dupont a fait lecture d'une délibération prise au Bureau de l'Hôpital général, tenu à la Pitié le lundi premier février présent mois, dont la teneur suit : M. Henry a dit : «Messieurs, malgré la délibération que vous avez prise le 16 novembre dernier en faveur des spectacles en régie, je vais avoir l'honneur de vous mettre sous les yeux les nouvelles demandes de leur part qui paraissent mériter votre attention. Depuis l'époque de la Révolution, ces différens spectacles éprouvent une diminution si sensible dans leurs recettes journalières, qu'elles paraissent insuffisantes pour couvrir leurs dépenses. Il paroît même, d'après l'exposé de leur situation, qu'ils seroient nécessités d'abandonner leur exploitation, si vous ne veniez à leur secours en continuant les faveurs que vous leur avez accordées par votre délibération susdattée. Avant de me déterminer à vous faire mon rapport, je me suis fait

représenter, par l'inspecteur aux recouvremens de nos droits, un état comparatif des produits pour les neuf derniers mois 1788 et pour les neuf derniers mois 1789. Cet état présente une diminution de 88,327 # sur l'année dernière aux Variétés; de 107,089 # à l'Ambigu comique; de 66,294 # chez le sieur Nicolet et 19,459 # chez les associés. D'après une diminution aussi considérable, d'après les dépenses de leur exploitation, je vous proposerai, Messieurs, pour ne pas décourager des entrepreneurs qui font tous leurs efforts pour soutenir leur entreprise, d'arrêter sous le bon plaisir de l'Administration de l'Hôtel Dieu : 1° que l'abonnement des Variétés porté à 80,000 # pour l'année actuelle, par votre délibération du 14 janvier 1789, restera comme par le passé à la somme de 60,000 #, payables de la même manière et dans les mêmes termes que l'année dernière; 2° que les sieurs Audinot et Nicolet, d'après les pertes qu'ils ont éprouvées, méritent de jouir jusqu'au premier juillet prochain de la faveur qui leur étoit accordée par votre délibération du 16 novembre dernier; 3° les associés ayant éprouvé, comme j'ai eu l'honneur de vous le faire voir par l'état cy joint, une perte considérable, il paroitroit convenable de ne payer le quart que les dimanches et jeudis jusqu'au premier juillet prochain, excepté à la foire Saint Germain, où ils seront tenus de payer trois jours de la semaine au choix des préposés à la recette, à la charge par les directeurs de ce spectacle de payer les commis qui y sont employés, les jours exempts de perception. Je dois aussi vous entretenir du spectacle de Monsieur, dont l'abonnement a été fixé à un douzième par votre délibération du 26 janvier 1789, au lieu du quart pour l'année qui a fini le 31 décembre dernier. Les entrepreneurs éprouvent aussi des pertes considérables depuis la Révolution, outre les frais occasionnés par le déplacement forcé de leur spectacle et la location d'une salle à la foire Saint Germain, ils demandent une continuation d'abonnement sur le même pied que l'année dernière. Ils désirent en outre que le douzième du produit ne soit payé qu'à la fin du mois, relativement à la forme de comptabilité qu'ils ont adoptée. Je ne vois point d'inconvénient, d'après l'exactitude du caissier de ce spectacle, et le Bureau peut à cet égard se reposer sur le zèle et l'exactitude des préposés au recouvrement des droits. Sur quoi la matière mise en délibération, le Bureau sous le bon plaisir de l'Administration de l'Hôtel Dieu a arrêté : 1° de continuer, pour cette année seulement, l'abonnement des Variétés à la même somme de 60,000 # paiable aux mêmes époques et de la même manière que l'année précédente; 2° le quart ne sera perçu chez le sieur Audinot, jusqu'au 1er juillet prochain, que les dimanches et jeudis de chaque semaine; mais à la foire Saint Germain le quart sera perçu lesdits jours sur la recette entière, qu'elle excède ou non la somme de 1,000 #; quant au sieur Nicolet, il ne sera, jusqu'à la même époque du premier juillet, sujet au payement du quart que de jour à autre; les entrepreneurs de ces deux spectacles seront tenus de paier les commis tous les jours exempts de perception; 3° les *associés* ne seront assujettis, comme par le passé, à paier le quart jusqu'à la susdite époque, que les dimanches et fêtes et les jeudis de chaque semaine, excepté pendant la durée de la foire Saint Germain où la perception aura lieu trois fois la semaine, et les commis payés par l'entrepreneur les jours exempts de perception; 4° enfin que l'abonnement, fixé à un douzième par la délibération du 26 janvier 1789 pour le spectacle de Monsieur, continuera d'avoir lieu encore pour cette année, sauf aux préposés à la Recette à se prêter à ce qui est désiré par les entrepreneurs, de ne payer le douzième que vers la fin de chaque mois et à le percevoir pendant dix jours consécutifs, si les circonstances et la sûreté des droits l'exigeaient. Quant aux petits jeux qui pourroient ouvrir soit au boulevard, soit à la foire Saint Germain, le Bureau s'en rapporte au zèle et à l'activité de Mrs Paillette et Resmond chargés de la recette des spectacles. La matière mise en délibération, le Bureau a arrêté d'adhérer à la délibération cy-dessus et des autres parts transcrite.

(17 février.) MM. Garnier, Pia de Grandchamp et Quatremer, membres de l'assemblée des représentans de la Commune, sont entrés au Bureau et ont dit qu'ils étoient nommés commissaires, à l'effet de prendre des renseignemens sur la proposition, faite à ladite assemblée par un de ses membres, d'accorder une indemnité à l'Hôtel Dieu pour les lieux dépandans dudit hôpital qui sont occupés par le district de Notre Dame, et qu'en conséquence ils venoient prier le Bureau de leur faire part de ses prétentions à cet égard, en lui observant que l'indemnité dont il étoit question avoit principalement pour objet les frais occasionnés par le déplacement du Bureau d'une partie des archives, et celui des officiers de l'Hôtel Dieu qui avoient leur logement dans lesdits bâtimens, que l'état actuel des finances de la Ville ne lui permettait pas de s'occuper d'aucune autre indemnité pour les lieux mêmes. Il leur a été répondu que le Bureau étoit bien sensible à la démarche que l'intérêt que MM. les Représentans de la Commune prennent à l'Hôtel Dieu faisoit faire à ses commissaires auprès de son administration, et qu'il prioit mesdits sieurs commissaires d'en témoigner toute sa reconnoissance à l'assemblée desdits représentans, qu'il alloit délibérer sur l'objet de leur mission, et qu'il leur feroit remettre une expédition de sa délibération. Et se sont mesdits sieurs commissaires retirés. Eux retirés, le Bureau, après en avoir délibéré a arrêté

qu'il sera répondu à mesdits sieurs commissaires que l'intérêt des pauvres confiés à son Administration le met dans l'impossibilité de faire aucune démarche dont on puisse conclure qu'il abandonne l'espérance de voir l'Hôtel Dieu rentrer en possession des bâtimens à lui appartenans, dont le district de Notre Dame s'est emparé sans son consentement, parce que ces bâtimens qui contenoient le Bureau d'administration, le greffe, la caisse, plusieurs logemens de ses officiers, quelques magazins, des caves très considérables et une partie de ses archives dont le reste même se trouve, par cette invasion, séparé entièrement du greffe, sont d'une telle importance et d'une telle nécessité pour l'Hôtel Dieu qu'on se trouvera obligé d'en reconstruire de semblables, si ceux cy ne leur sont pas restitués. Que le Bureau a réclamé fortement et à plusieurs reprises auprès de la municipalité contre l'invasion de ces bâtimens, dont la propriété devoit être d'autant plus respectée qu'elle appartient à des pauvres dont les revenus ne suffisent pas dans le moment actuel pour la dépense de leur hospice. Que c'est pour cette raison que l'Administration, qui d'ailleurs ne gouverne actuellement l'Hôtel Dieu que par intérim, et en attendant qu'elle soit remplacée, suivant la demande qu'elle en a faite il y a longtems et réitérée depuis, n'a cru devoir demander aucune indemnité pour les frais que cette invasion a nécessités tant à l'Hôtel Dieu qu'à ses officiers délogés, et ne croit devoir entendre à aucune proposition à ce sujet, pour laisser à l'Administration qui lui succédera le droit de poursuivre, par devant qui il appartiendra, la restitution des propriétés enlevées à l'Hôtel Dieu et de demander, après cette restitution, l'indemnité qui sera due à cet hôpital, non seulement pour les frais de déplacement et pour ceux qu'ils ont occasionnés, mais encore pour les frais de rétablissement des lieux dégradés. Le Bureau a arrêté en outre qu'il sera adressé une expédition de la présente délibération à mesdits sieurs les commissaires des représentans de la Commune.

(17 février.) Il a été fait lecture d'une lettre écrite au Bureau par M. de Jussieu, lieutenant de maire au département des hôpitaux, le 15 du présent mois, dont suit la teneur : «le Bureau de Ville, messieurs, est sur le point d'ordonner la vente par adjudication, devant le tribunal du contentieux, des matériaux provenant de la démolition de l'hôpital Ste Anne, pour le prix de l'adjudication servir au payement des entrepreneurs employés soit à la démolition dudit hôpital, soit aux préparatifs de la nouvelle reconstruction. J'ai cru devoir vous en donner avis, pour que vous prissiez à cet égard les arrangemens que vous croirez convenables; l'Administration pouvant avoir des droits sur la propriété de ces matériaux. J'ai l'honneur d'être, etc.» Sur quoi la matière mise en délibération, le Bureau a arrêté de lui faire la réponse suivante : «Nous avons reçu, Monsieur, la lettre que vous nous avez fait l'honneur de nous écrire pour nous informer que le Bureau de Ville est sur le point d'ordonner la vente par adjudication des matériaux provenant de la démolition de l'hôpital Ste Anne pour, le prix de l'adjudication servir au payement des entrepreneurs employés soit à la démolition dudit hôpital, soit aux préparatifs de la nouvelle reconstruction. Nous vous remercions, Monsieur, de l'avis que vous voulez bien nous donner, et nous allons vous faire part de nos observations à cet égard. L'hôpital Ste Anne fait partie des propres de l'Hôtel Dieu; cet hôpital avoit été construit pour servir, en cas de besoin, aux maladies contagieuses. L'Hôtel Dieu y avoit des greniers à bled et à fourrages; il y avoit aussi une bergerie considérable qu'il a fallu remplacer par une autre, les emplacemens où il n'y avoit point de bâtimens étoient loués au fermier des terrains dépendans de cet hôpital, et augmentoient le prix de sa ferme. Un arrêt du conseil du 22 juin 1787 ordonne que cet hôpital fera partie des quatre hôpitaux projettés pour l'aggrandissement de l'Hôtel Dieu, et M. le baron de Breteuil écrivit à l'Administration dès le 27 avril pour l'en prévenir, mais ce ne fut que le 14 may 1788 qu'il écrivit au Bureau que l'intention du Roy étoit qu'il fût très incessamment procédé à la démolition des anciens bâtimens de cet hôpital, ce qui en effet fut exécuté peu de tems après et sans autres formalités. L'Hôtel Dieu n'a point été dépouillé de cette propriété, et la loi à la main, en justice réglée, il auroit des dommages et intérêts à répéter. Aujourd'hui on parle de faire vendre les matériaux provenans de la démolition des bâtimens qui lui appartenoient. L'Administration, obligée de prendre jusqu'au dernier moment les intérêts des pauvres qui lui sont confiés, se trouve forcée d'agir par les voyes de droit pour revendiquer ce qui leur appartient; tant qu'on a agi contre leur propriété par des voyes de fait, elle n'a pu opposer une force qu'elle n'avoit pas, mais dès qu'il est question d'employer des voyes juridiques, elle seroit coupable de ne pas intervenir. Nous vous prions donc, Monsieur, de lui continuer vos bons offices, en lui faisant savoir à la requête de qui la vente des matériaux dont il est question est provoquée, et s'il y en a une, d'obtenir qu'elle lui soit communiquée, afin qu'elle puisse prendre le parti que l'intérêt des pauvres exigera. Nous croyons superflu de vous observer que toute vente faite de la seule autorité du Bureau de Ville est aussi contraire aux lois que la démolition l'a été, et qu'il seroit bien étonnant que sous l'empire de la loi on vendît, sans le consentement du propriétaire, des matériaux provenant de la démolition faite malgré lui de bâtimens qui

lui appartenoient, et cela pour payer des ouvriers employés à cette démolition.

(10 mars.) Monsieur Lecouteulx de Vertron a dit que M. Levacher de la Feutrie, l'un des médecins ordinaires de l'Hôtel Dieu, étant décédé la semaine dernière, la place qu'il occupoit devroit régulièrement être remplie par la promotion que l'assemblée générale feroit d'un médecin expectant à ladite place de médecin ordinaire, et celle qui deviendroit vacante par cette promotion par le choix d'un autre médecin à titre d'expectant; qu'il seroit encore nécessaire de nommer un second médecin expectant pour remplacer M. Thaureaux, qui fait provisoirement les fonctions de médecin ordinaire en vertu de la délibération du Bureau du 8 juillet de l'année dernière, au lieu du sieur Coutavoz, décédé dans le courant dudit mois. Que les circonstances dans lesquelles se trouve actuellement l'Administration ne lui permettent point de suivre les formes ordinaires pour ces nominations, et cependant, que les secours dus aux malades exigent d'une manière impérieuse qu'il y soit pourvu. Sur quoi la matière mise en délibération, le Bureau a arrêté que provisoirement M. Baget, médecin expectant, remplira les fonctions de médecin ordinaire de l'Hôtel Dieu, et qu'en conséquence il recevra les honoraires attachés à cette place, à compter du premier avril premier jour du prochain quartier; 2° le Bureau a nommé MM. de Frasne et de Montaigu, docteurs régens de la Faculté de médecine de cette ville, pour remplir aussi provisoirement les fonctions de médecins expectans, et a arrêté qu'ils recevront les honoraires de médecins expectans à compter dudit jour premier avril prochain.

(28 avril.) A été fait lecture d'une lettre adressée à messieurs les Administrateurs de l'Hôtel Dieu par messieurs les Commissaires de l'Assemblée Nationale pour l'extinction de la mendicité, et signée le duc de Liancourt, président, Prieur et l'abbé de Bonnefoy secrétaires, de laquelle lettre l'original est annexé à la présente délibération. Sur quoi la matière mise en délibération, le Bureau a nommé Messieurs Boullenois, Martin et Silvestre de Sacy pour rédiger un mémoire instructif sur la fondation et l'objet de l'Hôtel Dieu, sur son administration et sur la manière dont les pauvres malades y sont reçus et traités, et en faire ensuite lecture au Bureau pour y être approuvé. — Paris, le 27 avril 1790. Chargés par l'Assemblée Nationale de lui proposer des lois sur l'amélioration des hôpitaux, des maisons de force et des prisons, nous pensons, Messieurs, devoir faire précéder nos rapports à cet égard des observations que nous procurera la visitte des grands établissemens des pauvres et l'examen de leur régime. Nous avons donc le projet d'aller les visitter très prochainement, mais pour que nous puissions le faire avec fruit, nous avons l'honneur de vous prier de nous adresser le plutôt qu'il vous sera possible les règlemens, tant de police que d'économie, de la maison que vous administrés, de nous faire connaître la division de cette administration dans le plus de détails que vous en pourrés réunir. Nous sommes disposés à donner à cet examen et à cette visitte tout le tems et tous les soins qui seront nécessaires. Nous avons l'honneur d'être, etc. Les commissaires chargés de l'extinction de la mendicité. Signés : Le duc de Liancourt, président; Prieur secrétaire, de Bonnefoy, deuxième secrétaire.

(12 Mai.) Lecture faite d'une lettre adressée au Bureau par M. de Jussieu, lieutenant de maire au département des hôpitaux en datte de cejourd'hui. La matière mise en délibération, a été arrêté que l'original de ladite lettre sera annexé à la présente délibération, et qu'il y sera fait la réponse dont la teneur suit : Monsieur, nous avons délibéré sur la lettre que vous nous avez fait l'honneur de nous écrire en datte de ce jour, nous ne pensons pas que ce soit dans un tems, que vous qualifiez vous même de tems de trouble et d'anarchie, qu'il convienne d'apporter une sévérité rigoureuse à l'observation des règlemens. Nous croyons d'autant moins pouvoir nous prêter à la démarche que vous désirez de notre part, qu'il nous semble qu'il seroit trop dur de rappeller l'exécution d'un règlement général, et de priver des infortunés d'un état dont ils jouissent depuis longtems, uniquement pour parvenir à satisfaire l'intention d'un fondateur particulier. *Au reste, comme il est vraisemblable que le moment auquel la municipalité pourra remplir nos vœux, en prenant elle-même l'Administration dont nous sommes chargés, est peu éloigné*, nous vous engageons s'il est impossible d'accélérer cet instant, à différer jusques là les démarches que vous croirez dévoir faire pour l'exécution des règlemens. Et à l'instant ladite lettre a été écrite et signée, et le greffier chargé d'en faire l'envoi. — *Copie de la lettre de M. de Jussieu.* Paris, ce 12 may 1790. Messieurs, je viens de recevoir une lettre de M. le Maire de Paris qui, me rappellant les règlemens de la maison des Incurables, observe que malgré votre vigilance il s'est introduit dans cette maison plusieurs abus, surtout relativement à l'admission des malades. Ces règlemens indiquent les genres de maladies qui donnent entrée dans l'hôpital et celles qui en sont exclües. Cependant il paroît que MM. les Officiers de santé, peu attentifs à faire cette distinction donnent trop facilement, des certificats au moyen desquels on se trouve forcé de recevoir des personnes qui ne sont point malades, ou qui n'ont que de légères indispositions. De plus, l'Administration,

trompée quelquefois par de fausses déclarations de pauvreté, est encore dans le cas d'admettre des citoyens qui ont une fortune suffisante pour exister hors de la maison. C'est probablement pour remédier à ce double abus que les règlemens enjoignent aux administrateurs de faire tous les ans, entre Pâques et la Pentecôte, une visite exacte dans la maison, et de renvoyer ceux qui ne sont point dans les cas énoncés par ces règlemens. M. le Maire instruit de cette circonstance, me charge, Messieurs, de vous prier de procéder maintenant à cette visite, et il désire particulièrement que je me joigne à vous, au nom de la municipalité, dans le cas où vous pourriez éprouver quelque obstacle dans cette recherche de la part des malades, dont quelques uns ont paru méconnoître les droits de l'Administration. Une réclamation du corps des avocats détermine cette demande de M. le Maire. Ce corps nomme par son bâtonnier à un lit des Incurables qui est toujours occupé par un avocat. Le corps croit que le titulaire actuel n'est ni assez malade ni assez pauvre pour rester dans la maison et il voudroit en placer un autre qui, malheureusement pour lui, réunit au suprême degré les qualités requises pour son admission. M. le bâtonnier s'est adressé à vous, Messieurs, pour pouvoir substituer son confrère malade à celui qui ne l'est pas. Vous lui avez dit que vous ne croyez pas avoir en vous les moyens de satisfaire à sa demande, mais vous avez ajouté que vous vous prêteriez aux démarches étrangères qui tendroient à opérer cette mutation. C'est en conséquence de cette réponse que M. le Bâtonnier s'est adressé à M. le Maire qui, pénétré de la justice de cette demande, en supposant ses faits prouvés, s'est empressé de m'écrire pour me charger de faire avec vous la vérification des faits. Il a crû en même tems devoir généraliser la demande pour chercher à produire un bien général, en même tems qu'un avantage particulier. Je vous prie, Messieurs, de vouloir bien me faire connoître ce que vous pensez sur la mission qui m'est donnée par M. le Maire, et sur la manière de l'exécuter. Je souhaite plus que personne que la règle soit exactement observée dans tous les hôpitaux, et si j'attache quelque prix à l'autorité que la municipalité m'a confiée, c'est particulièrement lors qu'elle me met dans le cas de seconder les diverses administrations préposées à la direction des hôpitaux, et de les aider à faire cesser les abus que l'on cherche à y introduire dans des momens de trouble et d'anarchie. J'ai l'honneur d'être, etc. Signé : de Jussieu.

(15 may.) Ce jour le Bureau, assemblé extraordinairement pour la lecture du mémoire rédigé par Messieurs les Commissaires, nommés par la délibération du 28 avril dernier, pour être envoyé à Messieurs les Commissaires de l'Assemblée Nationale chargés de l'extinction de la mendicité, Monsieur Lecouteulx de Vertron a dit que ceux de Messieurs qui étoient au Bureau tenu la veille avoient reçu de mesdits sieurs les commissaires de l'Assemblée Nationale un billet datté du 12, pour donner avis au Bureau qu'ils devoient venir visiter l'Hôtel Dieu cejourd'hui samedi à neuf heures du matin, qu'il avoit chargé le greffier d'en informer ceux de Messieurs qui n'étoient point alors au Bureau, mais qu'ayant été instruit dès hier au soir que le jour pris pour cette visite étoit changé et remis au vendredy 21 à la même heure, le greffier avoit été chargé d'en prévenir tous Messieurs, et il a observé que cette remise étoit heureuse, en ce qu'elle donnoit le tems de faire parvenir à mesdits sieurs les commissaires les instructions qu'ils ont demandées au Bureau par leur lettre du 27 avril, et qu'ils pourroient en prendre connoissance avant leur visite et la faire par ce moyen avec plus de fruit. Il a été arrêté qu'il sera fait registre du récit cy-dessus.

(26 mai.) Monsieur Lecouteulx de Vertron a dit que M. l'Évêque de Rodez et M. Guillotin, deux des commissaires de l'Assemblée Nationale chargés de l'extinction de la mendicité, accompagnés de M. de la Millière, intendant des finances au département des hôpitaux, et de deux autres personnes, s'étoient rendus vers les onze heures au Bureau de la Dépense, où l'Administration tient ses assemblées *depuis l'invasion par le district de Notre Dame* du Bureau de l'Hôtel Dieu, que quatre de Messieurs s'y sont trouvés et ont accompagné mesdits sieurs les commissaires dans la visite qu'ils ont faite, après que M. l'Évêque de Rhodez a eu dit qu'il avoit lu le mémoire contenant les instructions demandées au Bureau et toutes les pièces qui y étoient jointes, qu'il en avoit trouvé les détails fort clairs et en avoit été très satisfait. Que mesdits sieurs les commissaires avoient commencé leur visite par le Bureau, où les malades sont inscrits à leur entrée, et appellé *le Banc*, qu'ils avoient examiné dans le plus grand détail la tenue des registres, les moyens de constater la mort de ceux qui décèdent dans l'Hôtel Dieu, et avoient fait quelques observations sur ce que la sortie de chacun de ceux qui guérissent ne se trouve pas constatée sur les registres, et qu'il leur avoit été répondu que les malades une fois guéris n'avoient aucun intérêt à annoncer leurs sorties de l'hôpital, et qu'il arrivoit souvent qu'ils sortoient sans qu'on s'en apperçut, n'ayant rien qui les distinguât, et que si on croyoit devoir enregistrer les sortans, la liste en seroit bien incomplette et sujette à induire en erreur, quelque précaution qu'on prit, que dès qu'on avoit les noms de toutes les personnes entrées et ceux des personnes mortes, il étoit certain que toutes celles qui n'étoient pas mortes et qui

n'étoient plus dans la maison en étoient sorties. Que du Bureau d'entrée mesdits sieurs les commissaires étoient allés voir la mère Prieure et le couvent, ensuite touttes les salles de malades, en commençant par la partie sur la rive méridionale de la rivière, ensuite la partie septentrionale, la boucherie, les caves, les lavoirs, les séchoirs, les buanderies, la cuisine, la panneterie; qu'ils ont trouvé la viande d'une qualité supérieure, le pain et le vin très bons et hors de toute critique, qu'ils ont paru assez satisfaits de la tenue des salles, et surtout de ce que dans la plus grande partie l'air y est assez pur pour n'y exhaler aucune mauvaise odeur, malgré la quantité des malades qu'elles contenoient. Qu'après avoir visité tout l'Hôtel Dieu, mesdits sieurs les commissaires ont été conduits aux archives, qu'on leur a fait voir par l'extérieur le bâtiment qui servoit du Bureau pour l'Administration, et qu'on leur a rendu compte des moyens employés par le district de Notre Dame pour s'en emparer, ainsi que d'une partie des archives, et il leur a été remis un exemplaire du mémoire donné par l'Administration aux représentans de la commune. Cette visite, pendant laquelle on a donné à mesdits sieurs les commissaires tous les éclaircissemens sur les objets qui leur en ont paru susceptibles, et dont ces Messieurs ont été satisfaits, a duré quatre heures. Sur quoi la matière mise en délibération, le Bureau a arrêté qu'il sera fait registre du récit fait par mondit sieur Lecouteulx de Vertron.

(2 juin.) Sur la demande faite au Bureau par le sieur Rivey, artiste méchanicien, sous locataire d'une portion de terrein faisant partie d'un terrein plus considérable appartenant à l'Hôtel Dieu sis rue du fauxbourg Montmartre, au lieu dit la Roule Rouge, et loué par bail à vie, passé devant Mᵉ Girard le 6 septembre 1780, au sieur Charles Louis, maître menuisier, et Anne Defer sa femme, et sʳ Jean Pierre Louis, leur fils, lequel sieur Rivey a exposé qu'il a trouvé le moyen de simplifier considérablement les métiers destinés à la fabrication des étoffes de soie, et que par les changemens qu'il y a faits, il est parvenu à les rendre d'un usage beaucoup plus facile, moins fatiguant pour les ouvriers, moins dispendieux, et plus propre à donner aux étoffes de soie toute la perfection dont elles sont susceptibles, que ces découvertes en ce genre, soumises à l'examen et au jugement de l'Académie royale des sciences de cette ville, ont mérité l'approbation et les éloges les plus flatteurs de la part des commissaires de cette compagnie, qu'il a même obtenu en faveur de ses travaux une pension de Sa Majesté, que pour exécuter et mettre en activité ses nouveaux métiers pour la fabrique des étoffes de soie, il a sous loué une portion du terrein que les sieur et dame Louis et leur fils tiennent par bail à vie de l'Hôtel Dieu et qu'il a fait construire sur cette portion de terrein un bâtiment où il a déjà établi plusieurs métiers, mais que désirant donner plus d'étendue à cet établissement, et multiplier les avantages que le public peut retirer de ses découvertes, il a formé le projet de construire sur le même terrein un nouveau bâtiment plus vaste que le premier, et a trouvé un entrepreneur qui consent à lui avancer tous les frais de cette construction, pourvu qu'il soit assuré d'une jouissance assez longue pour pouvoir en être indemnisé. Que les sʳ et dame Louis et leur fils ne peuvent lui assurer qu'une jouissance dont la durée est incertaine et absolument éventuelle, que s'ils venoient à décéder, tous les bâtimens que ledit sieur Rivey aurait fait construire sur le terrein qu'il tient d'eux à titre de sous bail appartiendroient à l'Hôtel Dieu et que la location en seroit suivant l'usage adjugée sur publications et enchères, ce qui pourroit le mettre dans l'impossibilité de satisfaire aux engagemens qu'il auroit contractés envers son entrepreneur, et ruiner toutes les espérances qu'il auroit pu attendre de cet établissement, pourquoi il prioit le Bureau de vouloir bien lui assurer que dans le cas où l'Hôtel Dieu rentreroit dans la libre disposition desdits terreins avant le terme de 25 ou 30 années, la location de la portion de terrein occupée actuellement par ledit sieur Rivey, et des bâtimens qui seront construits sur ledit terrein, ne sera point adjugée sur publications au plus offrant et dernier enchérisseur, mais sera accordée audit sieur Rivey, suivant la valeur que lesdits terreins et bâtimens auront à cette époque, et qu'il lui en sera passé bail à vie, sur sa tête et sur celle de sa femme et de ses enfants. La matière mise en délibération, vu le certificat délivré audit sieur Rivey par le secrétaire perpétuel de l'Académie des sciences, le 19 avril de cette année, la grosse du sous bail fait audit Rivey par les sʳ et dᵉ Louis et le sieur Louis leur fils le 13 décembre 1784, ensemble les plans des bâtimens construits par ledit sieur Rivey et de ceux qu'il se propose de faire construire, le Bureau voulant favoriser autant qu'il est en lui un établissement utile au public a arrêté que dans le cas ou les sʳ et dame Louis et leur fils viendroient à décéder avant 20 années révolues, à compter du jour de l'acte qui sera passé entre l'Hôtel Dieu et ledit sieur Rivey, la portion de terrein occupée actuellement par le sieur Rivey faisant partie de celui qui est loué par bail à vie auxdits sieur et dame Louis et au sieur Louis leur fils, ensemble tous les bâtimens qui se trouveront construits sur cette portion de terrein seront loués audit sieur Rivey et à sa femme par bail à vie, suivant la valeur tant dudit terrein que desdits bâtimens, à la charge : 1° que dans un an au plus tard à compter du jour dudit acte, ledit sieur Rivey fera élever sur ledit terrein les bâtimens dont le plan par lui présenté de-

meurera annexé à la présente délibération; 2° que lesdits bâtimens seront construits sous l'inspection de l'inspecteur des bâtimens de l'Hôtel Dieu; 3° que lesdits terrein et bâtimens, lors de la location qui sera faite audit sieur Rivey, s'il y a lieu, seront estimés par l'inspecteur des bâtimens de l'Hôtel Dieu, à laquelle estimation ledit sieur Rivey se soumettra, 4° que dans le cas où le s^r et dame Louis et le s^r Louis leur fils ou l'un d'eux auroit continué à jouir 20 années durant dudit terrein, à compter du jour dudit acte, ladite promesse demeurera nulle et sans effet, et qu'au décès du dernier desdits locataires, le terrein occupé par ledit sieur Rivey pourra être adjugé à l'enchère et sur publications, comme s'il n'y avoit eu aucune convention particulière entre ledit sieur Rivey et l'Administration de l'Hôtel Dieu; 5° et qu'enfin tous les frais dudit acte et dudit bail à vie, dans le cas où il viendroit à avoir lieu, seront à la charge dudit sieur Rivey.

(23 juin.) M. Dupont a fait lecture au Bureau d'une délibération prise au Bureau de l'Hôpital général, tenu à la Pitié le lundy 10 may dernier, dont la teneur suit. «Il a été fait lecture au Bureau d'un mémoire présenté par les entrepreneurs de spectacle des Variétés, par lequel ils exposent que leurs recettes qui montoient annuellement à 500,000 ₶ avant l'année 1789 sont baissées de 104,000 ₶ pendant le cours de cette dernière année. Que la première salle qu'ils ont occupée leur a coûté 110,000 ₶, sans y comprendre d'autres frais qui leur ont été occasionnés, et qu'ils ont même été dans l'impossibilité d'acquitter entièrement pendant l'espace de quatre ans. Que d'un autre côté la nouvelle salle qu'ils vont occuper sur la rue de Richelieu leur a occasionné, tant en constructions qu'en décorations, machines et autres détails de théâtre des dépenses qui montent à 150,000 ₶ en déboursés, et qui doivent leur occasionner une dépense annuelle de 108,000 ₶. Que dans des circonstances aussi fâcheuses, il seroit injuste que pour satisfaire aux besoins des hôpitaux ils fussent hors d'état de payer leurs dettes, et qu'il paroît naturel que l'hôpital n'exerce point à la rigueur ses droits contre les entrepreneurs des spectacles dont les dépenses surpassent les bénéfices. D'après ces réflexions, ils concluent à ne donner à l'hôpital qu'une somme de 24,000 ₶, au lieu de celle de 60,000 ₶ fixée pour leur abonnement, en proposant encore qu'il en soit déduit l'exédent de payement qu'ils ont déjà fait pendant le mois de janvier, février et mars dernier sur le pied de 60,000 ₶, ce qui réduisoit le surplus de ce dont ils resteroient redevables à 6,000 ₶ pour les neufs derniers mois de 1790. Ils finissent par demander que le premier payement de cette dernière somme soit pris sur les premiers mois d'hiver, tems où leur recette est plus considérable, et, en conséquence, de ne payer aucuns droits pendant l'espace d'a peu près neuf mois.» Lecture faite de ce mémoire, M. Henry a dit: «Messieurs, *les droits des pauvres sur les spectacles sont chaque jour menacés d'une diminution considérable et semblent même marcher vers leur anéantissement.* Si cependant il existe une propriété sacrée et un droit respectable, c'est cette rétribution qui n'est prise que sur un objet de luxe et sur le superflu des citoyens. Les spectacles se multiplient journellement dans la capitale, ils se doublent et se triplent dans les mêmes genres, et leur concurrence partageant nécessairement les spectateurs, le produit de chaque spectacle doit baisser dans la même proportion. C'est donc sur la portion des pauvres que les entrepreneurs dirigent aujourd'hui leurs spéculations, et, pour les appuyer, ils ne manquent point de raisons spécieuses, suivant eux les produits de leurs salles sont les fruits de leur industrie et semblent devoir exclusivement leur appartenir. Mais les moindres observations vont ramener sur ce point les idées qui pourroient s'égarer. Il a sans doute été libre à l'État, et aux citoyens qui le représentent, de penser qu'ils pourroient ajouter au prix d'une place qu'ils prendroient au spectacle un quart en sus pour les pauvres, ce quart tiré de leur poche à titre d'aumône est indépendant de ce qui doit revenir à la direction de chaque spectacle; ils ont mis le prix d'une jouissance à côté d'un sacrifice pour la pauvreté, et c'est ainsi que les ordonnances du royaume l'ont établi. Ainsi, quoi qu'il soit libre à tout entrepreneur de monter une salle, il doit cependant calculer que le quart de ce qui sera payé pour y être admis ne lui appartiendra pas. C'est sur cette déduction qu'il doit établir le payement qu'il pourra exiger pour son indemnité, et il ne peut pas prendre pour lui ce qu'on ne lui a pas destiné. Il doit donc compter sur cette dépense bien plus certainement encore que sur celle des décorations, de l'orchestre et des autres objets qui forment l'ensemble de son spectacle. D'après cette basse, c'est à lui à considérer s'il doit ou non établir un théâtre public, et c'est sur ces considérations que doit se régler l'activité de son industrie, car il n'y a pas d'industrie à prendre ce qui n'a pas été donné et ce qui appartient à autrui. Dans un tems où les finances de l'État sont épuisées, où les citoyens ressentent particulièrement les effets de la détresse publique, où les pauvres privés de leurs ressources ordinaires, et plus multipliés que jamais, ont aussi besoin de plus de secours et même de secours extraordinaires, la commune ne peut s'occuper sans doute qu'à consolider leurs droits sur les spectacles, au lieu de souffrir qu'il y soit porté d'atteinte. En effet, il n'y a nul inconvénient, pour une grande ville qui renferme beaucoup de théâtres, qu'un d'entre eux tombe parce qu'il n'a pas assez de ressource pour soutenir ses

charges. Peu importe que d'autres profitent de sa chute, ou qu'il s'en élève de nouveaux mieux conçus pour attirer la foule, pourvu que le droit qu'elle en perçoit au profit des pauvres soit assuré. Mais il résulteroit pour elle un très grand mal de l'établissement de beaucoup de théâtres si, pour aider à les soutenir, il falloit mettre un nouvel impôt sur les citoyens, et c'est ce que l'anéantissement ou la diminution du droit des pauvres sur les spectacles nécessiteroit infailliblement. Dès que l'existence des théâtres est indispensable dans les grandes villes, il faut que le droit des pauvres y soit assuré dans la même proportion, car c'est principalement au profit des infortunés qu'on doit faire tourner autant qu'il est possible ce que le luxe et la richesse ont de besoins superflus. Ces observations ne peuvent pas s'appliquer en général au spectacle des Variétés dont il s'agit ici, mais elles s'y rapportent au moins en grande partie. En effet il existe une délibération prise au Bureau de la Pitié, le 14 janvier 1789, qui prouve que les hôpitaux, en abonnant ce spectacle sur le pied de 60,000 livres par année, ont fait aux entrepreneurs une remise de près de moitié des droits qui leur seroient revenus s'ils les avoient exigés à la rigueur. Cette remise très considérable, puisqu'en 4 ans elle a excédé 200,000 ⁺⁺ a eu pour objet de les mettre à portée d'effectuer leur changement dans la nouvelle salle dont ils viennent aujourd'hui de prendre possession. Comment donc les entrepreneurs de ce spectacle veulent ils encore faire suporter aux pauvres une perte considérable en raison de cette dépense, puisqu'ils l'ont déjà payée en plus grande partie, et que les hôpitaux ne l'ont pour ainsi dire acquittée par avance que pour ne point se voir exposés à essuyer une nouvelle diminution dans leurs revenus, lorsque ce changement seroit arrivé. Cependant aujourd'huy que ces directeurs sont installés dans la nouvelle salle dont ils ont fait les fonds, comme on vient de le voir, avec les secours des hôpitaux, lorsque le local le plus vaste et le plus brillant leur permet d'espérer des recettes plus abondantes, ils proposent de retrancher pendant trois saisons le droit entier des pauvres. De pareils traités peuvent ils être proposables. Le seul prétexte plausible qu'ils puissent donner à une diminution quelconque seroit que depuis quelque tems les spectacles sont moins fréquentés, mais aussi leur première salle, trop petite dans certains jours de l'année, ne leur permettoit pas de faire les recettes aussi complettes qu'ils seront à portée de les faire aujourd'hui, en raison de la grandeur de leur nouvel emplacement. Au surplus si les entrepreneurs de ce théâtre croyent l'ancien abonnement trop considérable, rien ne doit les empêcher de consentir à ce que la perception du quart des pauvres se fasse sur leurs recettes journalières par les préposés de l'Hôpital Général. Elle devroit même se faire actuellement de cette manière, car lorsque les administrations des hôpitaux ont consenti dans l'origine à des abonnemens inférieurs aux recettes qu'ils auroient eu droit d'exiger, ils ne l'ont fait que parceque les directeurs des Variétés ont assuré qu'ils n'étoient que provisoirement dans la salle qu'ils occupoient alors, que leur premier objet seroit d'en construire une nouvelle et qu'il en résulteroit pour eux une dépense pour laquelle ils devroient mettre à part les fonds nécessaires. Ils ont donc fait ces fonds en quatre années, les pauvres y ont contribué pour une portion considérable. Les directeurs jouissent enfin de la salle payée de ces deniers et ils prétendent que les hôpitaux soient actuellement écartés des bénéfices qu'ils en attendent. Sans doute il est juste que des entrepreneurs de spectacles recueillent les fruits de leurs travaux et de leur industrie, mais il n'est pas nécessaire qu'ils en retirent des produits aussi considérables qu'ont passé pour l'être, jusqu'ici, ceux des entrepreneurs des Variétés. Il est affligeant de penser que ces bénéfices puissent s'augmenter de la propriété des indigens et des infortunés. D'après ces réflexions, M. Henry a été d'avis qu'il n'y a pas lieu d'accepter les nouvelles propositions faites par les entrepreneurs du spectacle des Variétés, et que jusqu'à nouvel ordre la perception du quart des pauvres continuera à être faite sur le pied de 60,000 livres, taux fixé pour le dernier abonnement. Sur quoi la matière mise en délibération, le Bureau déclare qu'il n'est pas en son pouvoir de se prêter à la demande des entrepreneurs du spectacle du Palais Royal, que la position désastreuse de l'Hôpital Général nécessite, de la part de l'Administration, la plus sévère surveillance pour la rentrée des revenus dudit hôpital, et qu'il croit qu'il n'est pas en son pouvoir de rien diminuer sur le dernier abonnement. En conséquence il a été arrêté que les préposés à la recette du quart des pauvres continueront d'en faire le recouvrement suivant ce qui est déterminé par le dernier abonnement, et qu'expédition de la présente délibération sera adressée à MM. les Administrateurs de l'Hôtel Dieu, pour par eux prendre sur la demande desdits entrepreneurs telle décision qu'ils jugeront à propos. Ladite lecture faite, la matière mise en délibération, le Bureau, pénétré des principes posés par M. le Rapporteur, et guidé par les mêmes motifs qui ont fait prendre à MM. les Administrateurs de l'Hôpital Général la délibération cy dessus et des autres parts transcrite, a cru ne pouvoir s'empêcher d'y adhérer en tout son contenu. En conséquence il a arrêté que les préposés à la recette du quart des pauvres continueront d'en faire le recouvrement suivant ce qui est déterminé par le dernier abonnement, et qu'expédition de la présente délibération sera adressé à MM. les Administrateurs de l'Hôpital Général, à l'effet de leur faire part de la susdite adhésion, arrête en outre qu'il en sera remis un extrait au sieur Resmond, préposé à la recette dudit droit pour la part de l'Hôtel Dieu.

(4 août.) A été dit par M. Marchais de Mignaux que dimanche premier août, le sieur Thiriet, inspecteur de l'Hôtel Dieu, étoit venu chez lui, pour lui faire part d'une démarche faite par M. le Président du comité de Sainte-Opportune au cimetierre de Clamard. Cette démarche avoit eu pour objet de prévenir le fossoyeur que dans la nuit suivante on lui amèneroit des ossemens humains, trouvés dans une nouvelle fouille faite dans l'ancien cimetierre des Innocens. D'après l'observation de ce fossoyeur, qu'il ne pouvoit se charger de l'inhumation de ces ossements sans une autorisation expresse du Bureau, ledit sieur Président s'étoit adressé aux mère prieure et sous prieure des religieuses de l'Hôtel Dieu, et par suite audit inspecteur lequel, après avoir approuvé le refus fait par le fossoyeur, s'étoit chargé d'obtenir de l'un de Messieurs la permission demandée et de la faire parvenir au comité; qu'en effet, sur cet exposé de l'inspecteur, Monsieur Marchais a signé et remis audit sieur Thiriet un ordre au fossoyeur de Clamard d'inhumer les ossemens qui lui seroient apportés, avec recommandation à l'inspecteur de se faire remettre une expédition du procès-verbal de la levée des ossemens et de leur déposition dans ledit cimetierre, et ledit sieur Thiriet mandé au Bureau, a représenté et déposé sur le Bureau ledit ordre de M. Marchais en datte dudit jour premier août, et l'expédition du procès-verbal dudit comité Ste Opportune en datte du deux dudit mois. Sur quoi la matière mise en délibération, le Bureau a approuvé tout ce dont est fait récit cy dessus et a arrêté que l'original dudit ordre, et l'expédition dudit procès-verbal, seront annexés à la présente délibération; il a été arrêté en outre que ledit sieur Thiriet verra M. le Président du comité de Sainte Opportune, et lui représentera que la fouille des fosses dans le cimetierre de Clamard forme un objet de dépense distinct de celle des gages du fossoyeur, et que les frais de l'inhumation des ossemens dont est question ne paroissent pas devoir retomber sur la caisse des pauvres, il le priera de vouloir bien pourvoir au paiement de ces frais.

(1er septembre.) Il a été fait lecture d'une lettre dattée de Paris du 27 août 1780, signée Bailly, adressée à Messieurs les Administrateurs des hôpitaux, de laquelle la teneur suit : « Je suis souvent sollicité, Messieurs, pour faire placer dans les hôpitaux des personnes indigentes à qui il ne reste que cette ressource pour subsister, l'incertitude où je suis sur le nombre de places qui sont à ma nomination ne me permet pas de statuer sur cette espèce de demandes. Je vous prierai en conséquence, Messieurs, de vouloir bien m'instruire de la quantité de ces places dont je puis disposer, et particulièrement des nominations auxquelles j'ai droit à l'hôpital des Incurables. J'ai l'honneur d'être, etc. » La matière mise en délibération, le Bureau a arrêté de faire à M. le maire la réponse suivante : « Monsieur, la lettre que vous nous avez fait l'honneur de vous écrire le 27 avoit été adressée à MM. les Administrateurs des hôpitaux en leur Bureau, à la Trinité, de sorte qu'elle ne nous est parvenue qu'à notre Bureau de cejourd'hui. La plus grande partie des lits de l'hôpital des Incurables est à la nomination des particuliers qui les ont fondés ou à leurs héritiers et représentans, une autre partie est à la nomination des curés de Paris et de la campagne, à la charge de prendre et choisir sur leurs paroisses des malades incurables. Il n'y a qu'une foible partie de ces lits à la nomination de l'Administration qui y nomme à tour de rôle, qui ne revient que de 3 en 3 ans communément, et c'est à ce titre que vous avez nommé l'année dernière, c'est le seul qui vous donne droit à une nomination. Nous sommes avec respect, etc., et à l'instant ladite lettre a été écrite et le greffier du Bureau a été chargé de l'envoyer à sa destination.

(15 octobre.) Le sieur Delaunay, panetier de l'Hôtel Dieu est entré au Bureau et a représenté que le sieur Béjot, chargé des achats de bled pour l'Hôtel Dieu, lui avoit écrit qu'il ne pouvoit faire ces achats avec quelque avantage sans donner une grande partie du prix en argent et non en assignats, et qu'il ne pouvoit même payer le dernier achat de 69 muids avec les assignats qu'il lui avoit passer, parceque les fermiers vouloient le tiers en argent ou refusoient de lui en vendre d'autres. Que Monsieur Brochant, receveur charitable de l'Hôtel Dieu, avoit été autorisé par délibération du Bureau du 28 juillet dernier à changer pour 17,000 livres d'assignats en écus, au cours de la place, pour aider à payer l'achat de 69 muids, et favoriser celui de 80 muids que ledit sieur Béjot étoit chargé de faire pour lors. Que par délibération du Bureau du 17 septembre dernier, il est chargé d'en faire un nouveau de 150 muids, et que les mêmes raisons de lui procurer les moyens de faire cet achat en partie en argent subsistoient toujours. Sur quoi la matière mise en délibération, le Bureau a arrêté que mondit sieur Brochant sera autorisé à échanger pour 17,600 livres d'assignats en écus au cours de la place, pour faciliter audit sieur Béjot les moyens de faire les achats dont il est chargé à des prix favorables, et que le prix du change sur ladite somme de 17,600 livres sera alloué à mondit sieur Brochant dans la dépense de ses comptes.

161ᵉ ET DERNIER REGISTRE. — ANNÉE 1791.

(12 janvier 1791.) Par un extrait tiré des registres de l'Hôtel Dieu et de l'hôpital Saint Louis, il paroît que le premier janvier de l'année dernière 1790, il y avoit 2,387 malades dans l'Hôtel Dieu, que pendant ladite année il en a été reçu 27,463 dont 24,880 de la ville et de la campagne, des hôpitaux 949 dont 156 de la Salpêtrière, 424 de Bicêtre et 369 de la Pitié, enfans nouveaux-nés 1637 dont 863 et 771 filles, ce qui compose en total 29,850 personnes; que sur ce nombre il en est mort 3,679 dont 1,898 hommes, 1,465 femmes de la ville et de la campagne, enfans nouveaux 171 dont 98 garçons et 73 filles, des hôpitaux 145 dont 11 de la Salpêtrière, 115 de Bicêtre et 19 de la Pitié, et comme il n'en restoit le dernier dudit mois de décembre que 1,924, il en est sorti 24,247; qu'il y avoit 670 malades dans ledit hôpital Saint Louis le premier dudit mois de janvier 1790, qu'il en a été envoyé dudit Hôtel Dieu pendant ladite année 3,219, dont 2,352 de la ville et de la campagne, des hôpitaux 867 dont 171 de la Salpêtrière, 325 de Bicêtre et 371 de la Pitié, ce qui compose en total 3,883 personnes; que sur ce nombre il en est mort 650 dont 306 hommes et 143 femmes de la ville et de la campagne, des hôpitaux 201 dont 46 de la Salpêtrière, 104 de Bicêtre et 51 de la Pitié, et comme il n'en restoit le dernier dudit mois de décembre 1790 que 650 dont 500 de la ville et de la campagne, des hôpitaux 150 dont 12 de la Salpêtrière, 62 de Bicêtre et 76 de la Pitié, il en est sorti 2,589. En sorte qu'au dernier dudit mois de décembre 1790 il y avoit 2,574 malades dans lesdits deux hôpitaux.

(19 janvier.) A été fait lecture d'une lettre imprimée signée Pitra en date du 10 de ce mois, et remise seulement aujourd'hui au Bureau, dont un exemplaire a été adressé à messieurs les Administrateurs de l'Hôtel Dieu, un à ceux de l'hôpital Saint Louis, et un à ceux de l'hôpital des Incurables. L'objet de ladite lettre est de demander auxdits administrateurs, pour le 20 du présent mois, la déclaration des biens mobiliers et immobiliers desdits hôpitaux, aux termes des décrets de l'assemblée nationale des 13 novembre 1789 et 18 juin 1790, dont extraits étoient à la suite de ladite lettre. Sur quoi la matière mise en délibération, le Bureau, *après qu'il a été observé que l'Administration attendoit son remplacement à chaque instant*, en conséquence des démarches réitérées qu'elle a faites pour l'obtenir, a arrêté que l'un desdits exemplaires demeurera annexé à la présente délibération, et qu'il sera écrit à M. le Maire et au corps municipal la lettre dont la teneur suit : «MM., Nous avons reçu aujourd'hui seulement en notre Bureau, comme administrateurs tant de l'Hôtel Dieu et de l'hôpital Saint Louis qui en dépend, que de l'hôpital des Incurables, trois lettres circulaires timbrées du Bureau de l'agence générale et signées Pitra, pour nous demander les déclarations des biens de ces hôpitaux, tant mobiliers qu'immobiliers, et on nous prie de les envoyer pour le 20 du présent mois. Nous avons l'honneur, Messieurs, de vous observer sur cela *que nous avons remis à la Municipalité provisoire le 19 août 1789 l'administration des deux hôpitaux qui nous avoit été confiée*, et que nous ne l'avons continuée, conformément à la promesse qui accompagnoit cette remise, qu'en attendant que la Municipalité pût y pourvoir. *Tant que la Municipalité n'a été que provisoire, nous n'avons pas insisté pour avoir des successeurs*, mais depuis qu'elle est organisée, nous pensons que rien ne s'oppose à l'exécution des plans d'un nouveau mode d'administration, et que ces plans ne pouvant se concilier avec l'ancienne forme, notre retraite devient absolument indispensable. Nous avons différé le plus qu'il nous a été possible; *l'opération qu'on nous demande la sollicite*, elle exige trop de tems, et nous ne pouvons l'entreprendre dans la certitude où nous sommes de ne pouvoir la terminer. Nous sommes avec respect, etc.

(21 janvier.) A été fait lecture d'une lettre adressée au Bureau, en date du 20 de ce mois, par MM. les Commissaires administrateurs au département de la garde nationale parisienne, par laquelle ils annoncent qu'ils sont instruits qu'il se présente fréquemment à l'Hôtel Dieu des soldats malades de la garde nationale, pour y être traités comme les autres malades que l'indigence y conduit, que l'hôpital militaire du ci devant régiment des gardes françoises, établi au gros Caillou, étant uniquement destiné pour ces soldats, MM. les Commissaires prient le Bureau de vouloir bien donner des ordres pour qu'il n'en soit reçu aucun à l'Hôtel Dieu, à moins que ces malades ne soient munis d'un billet du département, qui constate qu'une trop grande affluence dans l'hôpital militaire empêche de les y admettre. Sur quoi la matière mise en délibération, le Bureau a arrêté : 1° que la lettre de MM. les Commissaires administrateurs de la garde nationale parisienne sera annexée à la présente délibération; 2° qu'il leur sera adressé la réponse dont la teneur suit : Messieurs, nous avons reçu la lettre que vous nous avez fait l'honneur de nous écrire pour nous demander la non admission dans l'Hôtel Dieu des soldats

malades de la garde nationale parisienne, vous n'avez sans doute entendu parler que de ceux qui sont soldés. Nous avons donné des ordres en conséquence à l'inspecteur des salles, en lui enjoignant de s'y conformer avec exactitude. Nous espérons que de votre côté vous voudrez bien faire notifier vos intentions à tous ceux qui en sont l'objet, et prendre les précautions nécessaires pour qu'il n'arrive aucun trouble, et que nos officiers ne se trouvent pas compromis. Nous sommes avec respect, etc.

(9 février.) Monsieur Dupont a fait lecture d'une délibération prise au Bureau de l'Hôpital général tenu à la Pitié le lundi 7 février présent mois, dont la teneur suit : «M. Henry a dit, Messieurs, vous vous rappelez qu'au mois d'août dernier, lorsque les spectacles des Variétés, de Nicolet et d'Audinot commencèrent à se refuser au paiement du quart des pauvres, vous avez arrêté, par une délibération, que les commis chargés d'exercer les droits de l'hôpital continueroient à constater les recettes de ces théâtres, et seroient payés de leurs appointemens sur le produit des grands spectacles jusqu'à nouvel ordre. Par un arrangement subséquent vous aviez encore déterminé que la d[lle] Montansier, et les autres entrepreneurs du *Beaujolais* et des *associés*, payeroient eux-mêmes les commis de l'hôpital qui seroient employés au contrôle du produit de leur théâtre. Depuis ce tems, comme vous le savez, MM., les grands spectacles ont également refusé de payer leurs anciens abonnemens, fondés sur ce que l'Assemblée Nationale avoit décrété la liberté générale d'élever des théâtres, et de jouer toutes les pièces qui précédemment leur étoient spécialement affectées. D'un autre côté la d[lle] Montansier et les spectacles des Beaujolais et des Associés refusent aujourd'hui de continuer à payer les commis de l'hôpital, dont ils disent n'avoir plus aucun besoin. En conséquence, Messieurs, vous devez examiner quel parti vous devez prendre à l'égard des employés auxquels il est en ce moment dû quelques mois d'exercice, et dont les fonctions vous deviennent inutiles jusqu'au moment où la perception du quart des pauvres sera rétablie, si d'après vos représentans, le département ou la municipalité parvient à en faire reprendre la continuation. En attendant ce moment, je serois d'avis, Messieurs, que vous accordassiez à ces différens employés de tous les spectacles indistinctement le paiement de leurs appointemens jusqu'au 15 février prochain, dans le cas où les entrepreneurs se refuseroient à y satisfaire. Je crois ensuite que nous ne pouvons nous dispenser de les remercier en totalité, ne pouvant grever l'hôpital du paiement de ces commis dont les fonctions lui deviennent absolument inutiles. Sur quoi la matière mise en délibération, le Bureau a arrêté, sous le bon plaisir de l'Administration de l'Hôtel Dieu que les différens commis des spectacles, ci-devant employés à la perception du droit du quart des pauvres recevront leur paiement jusqu'au 15 février présent mois, dans le cas où les entrepreneurs ne les satisferoient pas. Qu'ensuite ils seront remerciés en totalité, ne pouvant plus rester sans objet à la charge des hôpitaux. Au surplus le Bureau s'est réservé de se pourvoir en tems et lieux, soit au département, soit à la municipalité, pour *faire rétablir le quart des pauvres sur les spectacles ou autres droits équivalens.* La matière mise en délibération, le Bureau a arrêté d'adhérer à la délibération transcrite des autres parts, en conséquence que les différens commis des spectacles, ci devant employés à la perception du droit du quart des pauvres, recevront leur paiement jusqu'au 15 février présent mois, dans le cas où les entrepreneurs ne les satisferoient pas, qu'ensuite ils seront remerciés en totalité, ne pouvant plus rester sans objet à la charge des hôpitaux. Qu'au surplus le Bureau s'est réservé de se pourvoir en tems et lieux soit au département, soit à la municipalité, pour faire rétablir le quart des pauvres sur les spectacles ou autres droits équivalens, et qu'expédition de la présente délibération sera délivrée au sieur Rémond, chargé de la recette des spectacles.

(9 février.) A été fait lecture d'une lettre écrite au Bureau par les membres du comité de l'extinction de la mendicité le sept de ce mois, dont l'objet est de connoître quelle est, dans le nombre des fous et folles et des autres malades reçus à l'Hôtel Dieu, la proportion entre ceux qui y viennent du territoire formant le département de Paris et ceux qui y viennent d'ailleurs. Le comité demande que cette proportion soit fixée, s'il est possible, par une mesure moyenne prise sur dix années. Sur quoi il a été observé que les malades lors de leur entrée à l'Hôtel Dieu n'étant pas inscrits avec mention du lieu de leur résidence actuelle, mais seulement de celle de leur naissance, il devient impossible d'acquérir la connoissance que demande le comité, parce qu'une très grande partie des personnes qui résident à Paris, et de celles surtout qui sont dans le cas de venir à l'Hôtel Dieu n'y étant pas nées, la connoissance du lieu de la naissance de celles qui y viennent, qu'on peut seule se procurer, ne remplit pas l'objet du comité. La matière mise en délibération, a été arrêté : 1° que monsieur Martin sera prié de se transporter au comité de l'extinction de mendicité, pour représenter aux membres qui le composent l'impossibilité où se trouve le Bureau de satisfaire à la demande contenue dans sa lettre du 7 de ce mois, et pour leur donner d'ailleurs tous les éclaircissemens dont cet objet peut être susceptible; 2° que la lettre du comité de mendicité au Bureau, du sept du

présent mois, demeurera annexée à la présente délibération.

(16 février.) Monsieur Martin a dit qu'en exécution de la délibération de mercredi 9 du présent mois, il s'étoit rendu samedi dernier au comité de l'extinction de la mendicité, qu'il n'y avoit trouvé que M. de Liancourt, président, et qu'il lui avoit dit que l'Administration, dans l'impossibilité où elle se trouvoit de faire connoître au comité, conformément à sa demande, la proportion qui existe entre les fous et les folles qui viennent à l'Hôtel Dieu, tant de Paris que du territoire formant son département, et ceux qui y viennent du reste de la France, ainsi que celle des autres malades, parce qu'ils ne sont inscrits qu'avec la mention du lieu de leur naissance et non de celle de leur domicile, l'avoit chargé de se rendre auprès dudit comité pour lui donner cette explication et tous les autres éclaircissemens dont cet objet pourroit être susceptible, qu'il avoit trouvé M. de Liancourt déjà instruit qu'en effet la manière dont les malades sont inscrits ne facilitoit pas le moyen de connoître ce que le comité désiroit savoir, mais qu'il lui avoit dit qu'il y avoit un autre moyen d'y parvenir, qui étoit de s'assurer du lieu dont sont venus à l'Hôtel Dieu tous les malades qui y sont actuellement, que ce moyen suffiroit pour établir à peu près la proportion que le comité désiroit connoître, qu'il lui avoit répondu que cela pouvoit se faire à l'égard de tous les malades qui avoient l'usage de leur raison, mais étoit impraticable à l'égard des fous, des folles et des malades à l'extrémité, et que M. de Liancourt lui avoit dit qu'il suffiroit, pour établir la proportion que le comité vouloit connoître, d'avoir la demeure de ceux qui pourroient parler, qu'il avoit pensé que le moyen le plus prompt de se la procurer étoit de charger M. Desault de la faire prendre par des chirurgiens dans plusieurs salles à la fois, qu'il lui en avoit parlé, et avoit prévenu la mère Prieure de cette opération, afin qu'elle pût elle-même prévenir les religieuses des salles de ne la pas empêcher et de la favoriser, même en faisant rester les malades dans leurs salles pendant le temps qu'on la feroit, qu'il en avoit également prévenu l'inspecteur des salles, et qu'elle avoit du être commencée ce matin. Sur quoi la matière mise en délibération, le Bureau a approuvé le moyen employé par mondit sieur Martin pour être informé du lieu dont les malades étant actuellement à l'Hôtel Dieu sont partis pour y venir, et a arrêté qu'aussitôt que ce travail seroit fini et mis au net, il seroit adressé au comité de l'extinction de la mendicité, et que cependant il seroit écrit aujourd'hui audit comité pour l'en prévenir, conformément au projet de lettre dont mondit sieur Martin a fait lecture, et dont la teneur suit : « Messieurs, par la lettre que vous nous avez fait l'honneur de nous écrire le 7 de ce mois, vous nous avez demandé de vous faire connoître la proportion qui existe entre les foux et folles qui viennent à l'Hôtel Dieu du territoire formant le département de Paris, et ceux qui y viennent d'ailleurs, ainsi qu'entre les autres malades. Monsieur Martin, l'un de nous, que le Bureau avoit chargé d'avoir l'honneur de vous voir, pour vous donner quelques éclaircissemens au sujet de l'impossibilité où nous nous trouvions de vous satisfaire sur cette demande, nous a dit que vu cette impossibilité, que vous aviez reconnue, vous désiriez seulement savoir la demeure actuelle de tous ceux des malades étant pour le présent à l'Hôtel Dieu qui sont en état de la dire. Nous avons en conséquence donné les ordres nécessaires pour que cette opération se fît le plus exactement et le plus promptement possible, et nous aurons l'honneur de vous en faire passer le résultat aussitôt qu'il sera en état de vous être envoyé. Nous avons celui de vous prévenir que les foux et les folles seront du nombre de ceux dont on ne pourra savoir la demeure.

(18 février.) Sur la demande de MM. de la grande confrérie, faite en leur nom par M. Vernier, l'un d'eux, de permettre que ladite confrérie célèbre son office dans l'Église de l'Hôtel Dieu, information préalablement prise des heures qui pouvoient être libres dans ladite église, la matière mise en délibération, le Bureau a permis à ladite grande confrérie la célébration de son office dans l'église de l'Hôtel Dieu, à la charge qu'il n'en résulteroit aucune innovation dans les heures de la célébration de l'office fondé à l'Hôtel Dieu, et acquitté par les chapelains dudit Hôtel Dieu. Qu'à cet effet celui de la grande confrérie ne pouvoit commencer qu'à 6 h. 3/4 du matin au plus tôt, et finiroit chaque jour à dix heures au plus tard, s'en rapportant à ladite grande confrérie sur l'aumône qu'elle destinera en conséquence aux pauvres dudit Hôtel Dieu. Et il a été fait part à mondit sieur Vernier de la présente délibération, dont il lui sera délivré expédition.

(23 février.) Un de Messieurs a dit que, conformément au désir de l'Administration, il a rédigé un projet de lettre adressé à messieurs du corps municipal, pour faire part de l'intention où sont Messieurs les Administrateurs de cesser dans peu leurs fonctions, et les prier de s'occuper très incessamment de pourvoir à leur remplacement, qu'il convient de délibérer sur ledit projet et sur le terme auquel l'Administration croit devoir fixer définitivement sa retraite. Et la matière mise en délibération, le Bureau a unanimement arrêté de fixer l'époque de sa retraite au 15 avril prochain au plus tard, et

adoptant le projet de lettre à lui présenté, a pareillement arrêté qu'il demeurera annexé à la présente délibération; que ladite lettre sera faite double et que l'une sera adressée à M. le Maire et Messieurs les Administrateurs de la municipalité et l'autre à MM. du conseil municipal. Signé : Le Couteulx, Dupont, Marchais, de Tilière, Boullenois, Martin, Robineau, Vente, Ollivier, A. J. Silvestre. — Paris, le 2 mars 1791, Messieurs, nous avons eu l'honneur de remettre dès le 19 août 1789 à Messieurs les Représentans de la commune l'Administration de l'Hôtel Dieu et de l'hôpital des Incurables, et de les informer des motifs qui nous avoient déterminés à prendre ce parti. Depuis ce moment nous n'avons plus exercé que provisoirement et comme *par interim* les fonctions d'administrateurs de ces deux hôpitaux, et nous n'avons cessé de prier la Municipalité, dans toutes les occasions qui s'en sont présentées, de pourvoir à notre remplacement. C'est ce qu'attestent les délibérations et les lettres que nous avons eu l'honneur de lui adresser, ainsi que les réponses que nous en avons reçues. Nous vous prions de vous faire représenter ces pièces, en date des 19 et 26 août, 30 octobre et 25 novembre 1789, 17 février et 15 décembre 1790, et enfin du 19 du mois de janvier dernier. Il devient plus instant et plus nécessaire que jamais que vous vouliez bien, Messieurs, vous occuper des moyens de procurer l'établissement d'une nouvelle administration. Tous les liens de la subordination, si essentielle au maintien de la tranquillité et de l'économie sont presque entièrement rompus, et s'il est un moyen de rétablir l'ordre dans l'Hôtel Dieu et dans l'hôpital des Incurables, c'est de substituer à une administration déjà détruite en partie, et dont l'autorité n'est plus respectée, un nouveau régime, muni de pouvoirs suffisans pour faire exécuter les règlemens qu'il croira devoir conserver ou établir. A ce premier motif s'en joint un autre qui n'est pas moins pressant. Déjà depuis longtems les revenus de l'Hôtel Dieu ne pouvoient plus balancer les charges annuelles de cet hôpital. Des causes accidentelles avoient encore concouru depuis plusieurs années à l'accroissement de ces charges. L'Administration pouvoit néanmoins espérer de remettre une juste balance entre les recettes et les dépenses, lorsque des circonstances plus favorables lui permettroient d'opérer sur celles-ci des réductions qu'elle méditoit depuis longtems. Mais les obstacles qu'elle éprouvoit dans l'intérieur, et qui ne pouvoient être levés que par l'autorité publique, n'ont cessé jusqu'à présent de s'opposer à ces mesures économiques. Le nouvel ordre de choses, en assujétissant les propriétés des hôpitaux aux différentes impositions et contributions publiques, dont ils étoient précédemment exempts, et en retranchant plusieurs branches de leurs revenus, ne permet plus de penser à rétablir l'équilibre par des moyens ordinaires et par de simples économies. Quelque soit le parti que l'Assemblée Nationale croira devoir adopter sur la propriété des biens des hôpitaux, il sera d'une nécessité absolue que le gouvernement assure de nouveaux moyens de subsistance à ces maisons consacrées par la religion au soulagement de l'humanité. C'est pour préparer et suivre les opérations que ce nouvel ordre de choses rend nécessaire, pour faire renaître la subordination, sans laquelle on ne peut espérer de faire aucun bien dans l'Hôtel Dieu et dans l'hôpital des Incurables, pour substituer enfin un régime actif et énergique à une administration qui n'existe plus en quelque sorte que précairement, que nous vous renouvellons la prière de pourvoir sans délai à notre remplacement. Convaincus par l'expérience de tous les jours que nous ne pouvons plus faire le bien de ces deux hôpitaux, nous ne saurions, sans manquer à notre conscience, en conserver plus longtems l'administration. Nous avons en conséquence l'honneur de vous prévenir qu'il ne nous est plus possible de différer notre retraite, et cependant, pour vous procurer le tems de pourvoir à l'Administration, nous ne refusons pas de continuer encore nos fonctions jusqu'au 15 avril prochain. Nous sommes déterminés à les cesser entièrement à cette époque, et même plutôt, s'il vous est possible de nous donner des successeurs dans un plus court délai. Pour donner encore à la commune de Paris une nouvelle preuve de notre dévouement, nous avons l'honneur de vous assurer que si, même après ce terme expiré, notre expérience peut être utile aux nouveaux administrateurs, ceux d'entre nous à qui leurs affaires particulières laisseront plus de liberté se feront un devoir de les aider de leurs lumières, dans les occasions où on croira convenable de les consulter. Nous sommes avec respect, etc.

(16 mars.) Le Bureau considérant qu'il ne recevoit aucune réponse aux lettres qu'il avoit écrites tant au corps qu'au Bureau municipal, le 16 février dernier, pour lui faire de nouvelles instances au sujet du remplacement de l'Administration, et pour lui exposer les motifs qui en exigent une nouvelle organisation, et informé que le Directoire du département de Paris est en pleine activité, a arrêté de lui écrire, et de lui envoyer copie de sa lettre à la municipalité, et de toutes les pièces relatives à cet objet. Ce qui a étté exécuté à l'instant. Suit la teneur de la lettre écrite en conséquence à MM. du Directoire du département : « Messieurs, dès le 17 août 1789, nous avons remis l'administration de l'Hôtel Dieu et celle de l'hôpital des Incurables à la municipalité provisoire et aux représentans de la commune, et nous n'avons consenti d'en continuer les fonctions, sur la prière de ces

derniers contenue dans leur arrêté du 31 du même mois, qu'en attendant qu'on nous donnât des successeurs, les motifs de notre conduite à cet égard sont consignés dans notre lettre du 19 août, nous avons depuis ce temps profité de toutes les occasions qui se sont présentées de renouveller nos dispositions, et de demander qu'on s'occupât des moyens de nous remplacer. Nous avons le 2 de ce mois, écrit au corps et au Bureau municipal séparément, pour adresser de nouvelles instances. Nous entrons dans tous les détails capables de prouver la nécessité d'une nouvelle organisation de l'administration des deux hôpitaux. Nous avons, Messieurs, l'honneur de vous adresser copie de cette derniere lettre, et nous y joignons celles de toutes les pièces qui y sont relatives, à l'exception de celles du 26 août 1789, qui ne concerne que l'invasion faite par le district de Notre Dame de la maison appartenante à l'Hôtel Dieu, où étoient établis le Bureau de son administration, son greffe, sa caisse, plusieurs logemens de ses officiers et des magasins, parceque cette affaire fera l'objet d'un examen particulier lorsque vous croirez devoir vous en occuper. Nous vous prions, Messieurs, de prendre en considération la position où vous verrez par la lecture de ces pièces, que se trouvent l'Hôtel Dieu et l'hôpital des Incurables. Nous vous prions aussi de vous faire représenter par la municipalité les états de recettes et de dépenses de l'Hôtel Dieu pour les années 1789 et 1790 que nous lui avons remis, avec les observations qui les accompagnent, ainsi que l'état général des revenus de cet hôpital au premier janvier 1789. Nous avons envoyé de semblables états au ministre des finances depuis et compris l'année 1780, jusques et compris l'année 1790, et vous pourriez les trouver dans les bureau de ce ministre au département des hôpitaux, si vous en aviez besoin. Le comité de l'Assemblée Nationale pour l'extinction de la mendicité nous ayant dammdé quelle perte la suppression des droits d'entrée à Paris occasionneroit aux revenus de l'Hôtel Dieu, nous avons cru devoir lui envoyer aussi un état de toutes celles que les revenus éprouvent par les autres suppressions, par les nouvelles charges auxquelles il se trouve assujéti et par le refus de payer les droits sur les spectacles et le péage sur le pont du Rozaire. Nous avons Messieurs, l'honneur de vous envoyer cet état. Nous sommes, etc.»

(16 mars.) Monsieur Martin a fait lecture d'un mémoire qui lui a été remis par MM. les prêtres, confesseurs de l'Hôtel Dieu, par lequel ils représentent qu'étant chargés de délivrer des extraits mortuaires des pauvres qui meurent à l'Hôtel Dieu, ils ne peuvent le faire qu'autant qu'ils sont informés de leur mort, pour en faire mention sur le registre, où ils sont inscrits lors de leur entrée; que le seul moyen employé pour y parvenir est de leur remettre, à la mort de chaque malade, les billets qu'on a attachés à leurs bras lorsqu'ils ont été admis à l'Hôtel Dieu, lesquels contiennent leurs noms et le jour de leur entrée; qu'il arrive quelquefois que ces billets sont tellement effacés qu'il n'est pas possible d'y rien connoître, et qu'ils se trouvent par là dans l'impossibilité absolue de constater la mort de ceux dont les billets ne peuvent plus se lire, et par conséquent d'en délivrer des certificats, ce qui est d'un grand préjudice pour les familles auxquelles ces morts appartiennent, parceque, ne les trouvant pas au nombre des morts, ils les croyent sortis et ne peuvent savoir ce qu'ils sont devenus. Que ces billets peuvent se trouver effacés ou perdus, soit par la sueur abondante des malades, pénétrant le papier sur lequel ils sont écrits, étale tellement l'encre qu'à la fin elle se trouve effacée, soit parce qu'imbibés souvent de cette même sueur, ils se déchirent ou se détruisent par tous les frottemens auxquels ils sont sans cesse exposés, et dont rien ne les garantit, soit parceque n'étant pas suffisamment garantis, les malades, à force d'y toucher et de les frotter, viennent à bout de les détacher, et qu'on ne s'en apperçoit pas toujours. Qu'il s'agit donc uniquement de mettre ces billets à l'abri des inconvéniens de la sueur et des frottemens, que le moyen qui paroît le plus simple pour y parvenir est de les faire de parchemin et de les renfermer dans de petits sacs de coutil, dont on ne puisse les retirer qu'en les décousant, que s'il est nécessaire qu'il y ait un autre billet au bras des malades, à la disposition des religieuses, on pourra leur en mettre un second à l'autre bras, mais arrangé de manière qu'il ne puisse jamais se confondre avec ceux destinés à revenir au banc des ecclésiastiques, après la mort de ceux qui les portoient, sur quoi la matière mise en délibération, le Bureau a approuvé le zèle de MM. les Ecclésiastiques dans cette occasion, et a arrêté que Monsieur Martin prendra, avec la mère Prieure, les mesures qui paroîtront les plus convenables pour assurer l'exécution d'un moyen d'empêcher les billets contenant le nom et le jour d'entrée des malades de s'effacer, de se déchirer ou de se perdre de quelque manière que ce soit.

(23 mars.) A été fait lecture d'une lettre de M. de Lessart, ministre des finances et de l'intérieur, en datte du 18 du présent mois, en réponse à celle que le Bureau lui a écrite le 16 février dernier, pour lui adresser l'état général des recettes et dépenses de l'Hôtel Dieu pendant l'année 1790, avec l'état particulier des recettes et dépenses du dépensier, et l'état des malades et autres personnes nourries à l'Hôtel Dieu pendant le même tems, avec des observations sur l'état actuel de la caisse et des revenus de cet hôpital. Par ladite lettre mondit sieur de

Lessart marque au Bureau qu'il convient qu'il fasse connoître à MM. du Directoire du département la situation de l'Hôtel Dieu, et qu'il lui adresse ses représentations. Sur quoi il a été observé que le Bureau, en écrivant à MM. du Directoire du département le 16 du présent mois, les a priés de se faire représenter par la municipalité les états de recettes et dépenses de l'Hôtel Dieu pour les années 1789 et 1790 qu'il lui a remis, avec les observations qui les accompagnent, ainsi que l'état général de ses revenus au 1er janvier 1789, et leur a marqué qu'il avoit envoyé de semblables états au ministre des finances depuis et compris l'année 1780 jusques et y compris l'année 1790, qu'ils sont dans les Bureaux de ce ministre au département des hôpitaux, et que le Bureau avoit par la même lettre envoyé à MM. du Directoire du département un état des pertes que les revenus de l'Hôtel Dieu éprouvent par la suppression des droits d'entrée à Paris et par quelques autres, par les nouvelles charges et impositions auxquelles il se trouve assujéti et par le refus de payer les droits sur les spectacles et le péage sur le pont du Rozaire. Que par ces renseignemens, le Directoire du département se trouve suffisamment en état de se procurer une connoissance exacte de la situation de la caisse et des revenus de l'Hôtel Dieu, ou de demander les éclaircissemens qui pourroient lui manquer. Sur quoi la matière mise en délibération, le Bureau a arrêté que la lettre de M. de Lessart sera annexée à la présente délibération et que par les renseignemens contenus dans la lettre du Bureau à MM. du Directoire du département du 16 de ce mois, il paroît avoir exécuté d'avance le conseil que lui donne ce ministre de s'adresser au Directoire du département, et qu'il attendra pour lui écrire de nouveau sur ce même objet, qu'il lui soit demandé de nouveaux éclaircissemens ou de nouvelles instructions.

(30 mars.) A été fait lecture d'une lettre écrite au Bureau par M. Pastoret, procureur général syndic du département de Paris, dont la teneur suit : le Directoire du département, Messieurs, a entendu avec intérêt la lecture de votre lettre du 16 de ce mois et des 13 pièces qui y sont jointes, il ne peut que donner les plus justes éloges aux motifs d'humanité qui vous ont déterminés à continuer les fonctions qui vous avoient été confiées, jusqu'à ce qu'il ait été pris un parti ultérieur sur cet objet important de son administration; il va s'occuper, Messieurs, des moyens de connoître la position où se trouvent l'Hôtel Dieu et l'hôpital des Incurables, et il prendra très incessamment en considération particulière les renseignemens que vous lui donnez pour y parvenir, sur quoi la matière mise en délibération, le Bureau a arrêté d'écrire au Directoire dudit département la lettre dont la teneur suit : « Messieurs, nous avons eu l'honneur de vous instruire, par notre lettre du 16 de ce mois, que nous ne pouvions conserver plus longtemps les fonctions d'administrateurs de l'Hôtel Dieu et de l'hôpital des Incurables, et que nous les cesserions entièrement au 15 du mois d'avril. Quoique M. le Procureur général syndic, dans la lettre qu'il nous a fait l'honneur de nous adresser, en date du 23 du courant, ne nous fasse pas connoître les mesures que vous prenez pour pourvoir à cette époque à l'administration de ces deux maisons. Nous nous flattons que vous voulez bien ne pas perdre de vue cet objet sur lequel nous croyons devoir insister pour l'avantage de ces deux hôpitaux. Nous ne pouvons d'autant moins nous dispenser de persister dans notre délibération, que plusieurs d'entre nous ont pris en conséquence des arrangemens personnels qui ne leur permettront pas même de se trouver à Paris passé le 15 avril. Nous sommes avec respect, etc. »

(30 mars.) A été fait lecture d'une lettre des administrateurs de la municipalité de Paris, au département des établissemens publics, en date du 29 du présent mois, signée Cousin et Lecamus, dont la teneur suit : « M. le Procureur syndic de la commune vient, Messieurs, de nous adresser la copie ci-jointe d'un mémoire adressé à la section de la Croix-Rouge par une députation des Incurables, relativement aux *sermons anti pratriotiques* d'un prédicateur qui leur a été donné par M. Séguin, leur chapelain; à la suite de ce mémoire est copie d'un arrêté de la même section du 17 de ce mois, portant que des commissaires nommés à cet effet donneront connoissance de cette dénonciation à M. le Procureur de la commune. Nous vous prions de vouloir bien, en nous renvoyant le mémoire ci joint, nous faire part des moyens que vous aurez employés pour rétablir le calme et la tranquillité dans cet hôpital. Sur quoi la matière mise en délibération, le Bureau a arrêté de faire la réponse suivante : « Messieurs, nous avons eu l'honneur de prévenir le corps et le Bureau municipal que tous les liens de la subordination étoient presque entièrement rompus dans les deux hôpitaux que nous administrons, et que s'il étoit un moyen de rétablir l'ordre dans ces deux hôpitaux, c'étoit de substituer a une administration déjà détruite en partie, et dont l'autorité n'est plus respectée, un nouveau régime muni de pouvoirs suffisans pour faire exécuter les règlemens qu'il croira devoir conserver ou établir. Le mémoire qui vous a été adressé par quelques malades des Incurables en est une nouvelle preuve. Nous avons, Messieurs, envoyé copie de notre lettre au Directoire du département, en insistant auprès de lui pour qu'il s'occupe des moyens de nous donner des successeurs, et ce n'est pas lorsque nous sommes sur le

point d'être remplacés à chaque instant, et encore moins lorsque nous sommes presque certains que notre autorité seroit compromise, que nous pouvons essayer de rétablir la subordination dans l'hôpital des Incurables. Nous croyons en conséquence, Messieurs, que c'est à vous à prendre dans cette circonstance les mesures que vous jugerez convenable, après vous être fait donner les renseignemens nécessaires pour vous assurer du degré de confiance que mérite le rapport qui vous a été communiqué. Nous avons l'honneur de vous renvoyer le mémoire qui étoit joint à votre lettre. Nous sommes avec respect, etc.

(30 mars.) Le sieur Maubert, agent des affaires de l'Hôtel Dieu est entré au Bureau et a dit que l'Administration étant dans le cas d'avoir différentes demandes à former en justice contre plusieurs locataires et autres débiteurs, et notamment des demandes en résiliation de baux et autres, résultantes du défaut de paiement des objets dus à l'Hôtel Dieu et à l'hôpital des Incurables, à quelque titre que ce soit, et que ces demandes ne peuvent, aux termes des décrets de l'Assemblée nationale, être introduites devant les juges des tribunaux de districts établis en conformité des mêmes décrets, sans qu'au préalable les parties qu'on est dans le cas d'actionner aient été appellées devant les *bureaux de paix ou de conciliation* établis près des tribunaux de districts, dans lesquels Bureaux de paix il faut comparoître en personne ou par un fondé de procuration, qui ne soit point avoué et ne tienne point à l'ordre judiciaire. Qu'en conséquence il s'agit de nommer par le Bureau une personne qui puisse représenter l'Administration dans tous les cas où il faudra comparoir devant les Bureaux de paix, et lui donner à cet effet une procuration spéciale. Sur quoi la matière mise en délibération, le Bureau a arrêté qu'il sera donné audit sieur Maubert une procuration spéciale, pour représenter l'Hôtel Dieu et l'hôpital des Incurables dans tous les cas où il sera nécessaire de comparoir devant les Bureaux de paix, soit en demandant, soit en défendant, dans toutes les affaires ou contestations nées et à naître, qui intéresseront lesdits deux hôpitaux, soit à Paris, soit ailleurs, y stipuler les droits desdits deux hôpitaux, défendre aux prétentions contraires, et se faire régler par voie de conciliation s'il y a lieu, de la manière prescrite par les décrets de l'Assemblée nationale, laquelle procuration contiendra en outre pouvoir audit sieur Maubert de substituer aux pouvoirs portés par icelle une ou plusieurs personnes, les revoquer et en substituer d'autres.

(1er avril.) A été fait lecture d'une lettre de MM. les administrateurs du Directoire du département, dont la teneur suit : «Paris, le 29 mars 1791. Le Directoire du département voulant, Messieurs, donner des soins efficaces et apporter un zèle éclairé à la surveillance des hôpitaux, dont l'Administration lui est attribuée par la loi, désire prendre, avant de rien statuer sur cet objet important de ses fonctions, une connoissance exacte du régime intérieur et économique de ces établissemens de charité. Il aime à se persuader que, par une suite du zèle et des sentimens de bienfaisance qui vous ont animés jusqu'à présent, vous voudrez bien l'aider de votre expérience pour un examen, auquel il croit infiniment juste de subordonner l'activité de ses fonctions administratives. Le Directoire du département a en conséquence l'honneur de vous prier, Messieurs, de lui donner le plus promtement qu'il vous sera possible les renseignemens que vous pourrez vous procurer sur toutes les parties de l'Administration qui vous a été confiée, et de lui faire incessamment le renvoi de l'état cy-joint, avec les demandes qui y sont contenues. Le Directoire du département ne doute point, Messieurs, que vous ne fassiez tout ce qui sera en vous pour seconder les dispositions où il est d'améliorer le sort des pauvres qui sont soignés et entretenus dans les hôpitaux, et d'apporter des consolations dans ces azyles consacrés à l'humanité souffrante. Sur quoi la matière mise en délibération, le Bureau a arrêté de donner les ordres nécessaires pour préparer les pièces demandées par le Directoire; Monsieur Martin a été prié de veiller à la confection des états qui ne sont pas faits, et au rassemblement et copies de ceux qui le sont déjà pour le plus court délai possible, et le Bureau a fait à MM. du Directoire du département la réponse dont la teneur suit : «Nous venons de donner ordre qu'on prépare toutes les pièces que vous nous demandez par la lettre que vous nous avez fait l'honneur de nous écrire le 29 du mois dernier et qui n'a été apportée qu'hier, et ouverte au Bureau qu'aujourd'hui, nous aurons celui de vous les envoyer aussitôt qu'elles seront prêtes. Mais nous sommes obligés de vous prévenir, Messieurs, qu'ayant peu de commis pour les écritures et toujours occupés pour le courant, cet envoi ne pourra pas être aussi prompt que nous le désirerions. Nous avons fourni au département des hôpitaux de la Municipalité un très grand nombre de pièces dont la communication pourroit être fort utile aux vues que vous nous manifestez, il nous faudrait un tems considérable pour en faire faire de nouvelles copies, elles doivent être à votre disposition, nous vous engageons, Messieurs, à vous les faire communiquer, en attendant que vous puissiez recevoir celles que vous nous demandez. Nous profitons de cette occasion pour vous représenter de nouveau la nécessité indispensable de vous occuper sans délai de la réorganisation d'une administration qui dans le fait ne subsiste plus. Ceux de ses membres qui existent encore ont du croire qu'après avoir demandé pendant dix-huit mois leur remplacement, exposé dans le plus grand détail les motifs qui doivent engager à établir une nouvelle administration, et avoir enfin prévenu six semaines d'avance du terme au delà duquel ils ne pourroient plus continuer des fonctions qui, par la contrariété qu'elles éprouvent, ne peuvent être vraiment utiles, les administrateurs actuels ont dû croire après cela, disons-nous, que pour l'avantage de ces deux maisons, on ne différeroit plus de leur donner des successeurs qui pussent être plus utiles qu'eux, et en conséquence, qu'ils pouvoient disposer d'eux-mêmes à l'époque qu'ils ont fixée. Nous croyons, Messieurs, devoir insister sur cet objet, par ce qu'il ne nous paroit pas que notre première demande ait eu du succès. Cependant nous vous prions de considérer que notre retraite ne doit pas laisser deux maisons aussi considérables que l'Hôtel Dieu et l'hôpital des Incurables sans administration, et que c'est de vous qu'il dépend de lui en procurer une. Notre retraite n'empêchera pas ceux de nous qui pourront être utiles à la nouvelle administration, par leur expérience et leurs lumières, de leur rendre, à cet égard, lorsqu'elle le désirera, tous les services qui pourront dépendre d'eux, lorsqu'ils seront à portée de le faire. Ces offres sont consignées dans notre lettre à la municipalité du 2 du mois dernier, dont vous avez copie, et nous les répétons ici avec plaisir.

(6 avril.) Monsieur Martin chargé par la délibération du premier de ce mois de faire préparer les pièces demandées au Bureau par Messieurs les administrateurs du Directoire du département avec une lettre d'envoi, et ladite lettre a été signée. En suit la teneur : « Messieurs, Nous avons l'honneur de vous envoyer, conformément à votre demande du 29 du mois dernier, l'état général des maisons hospitalières de l'Hôtel Dieu sous le n° 1, l'état des malades qui ont été reçus pendant l'année 1790 à l'Hôtel Dieu et à l'hôpital Saint Louis et de ceux reçus pendant les 3 premiers mois de cette année. Au bas est le nombre des malades existans aujourd'hui, sous le n° 1 bis, l'état général de toutes les personnes employées au service des pauvres dans les deux maisons et leur traitement. La quantité de chevaux et de voitures à l'usage de l'Hôtel Dieu est à la suite de cet état avec leur destination, il est sous les n°s 1 ter et 2. L'état général des revenus de l'Hôtel Dieu en maisons, terres, rentes et autres revenus de biens au 1er janvier 1789 sous le n° 3. Nous avons préféré cette époque à celle du 1er janvier 1791 pour deux raisons. La première parce que les états des revenus envoyés au Comité de mendicité, au Ministre des finances et à la Municipalité sont également de cette époque, qu'au moyen de ce ils cadrent tous ensemble. Et la seconde par ce que les changemens survenus dans l'Hôtel Dieu n'étant pas encore effectués au 1er janvier 1791, ni même bien connus, il auroit été très difficile de dire au juste à quoi ils montoient pour lors, au lieu qu'en partant d'un point où ils n'avoient encore éprouvé aucune diminution, il suffira, pour bien connoître leur produit actuel, de retrancher toutes les réductions qu'ils éprouvent de la somme à laquelle ils montoient avant qu'elles eussent lieu. L'état général de tout ce qui est dû, soit par le Gouvernement, soit par des particuliers sous le n° 4, et nous y joignons l'état de la caisse au 1er avril. L'état de toute l'argenterie destinée au service divin et à d'autres usages sous le n° 4 bis. Un apperçu approximatif des frais de réparations, d'entretien, et des constructions nouvelles des maisons hospitalières et des maisons locatives séparément, sous le n° 5. Nous faisons cadrer les numéros des pièces que nous avons l'honneur de vous envoyer avec ceux de vos demandes. Nous devons vous faire observer, Messieurs, qu'indépendamment des baux de ferme en argent, il y en a plusieurs en bled, dont le paiement en nature diminue d'autant les achats à faire de cette denrée pour la consommation de l'Hôtel Dieu. Il se trouve une différence entre le montant du prix des fermes dont les baux sont échus à la Saint Martin dernière, et celui qui est porté dans l'état général des revenus au 1er janvier 1789, elle provient de ce que depuis cette époque il y a quelques baux renouvellés et faits en bled. Nous aurons l'honneur de vous envoyer incessamment l'état des baux payables en bled. Nous joignons à toutes les pièces que nous avons l'honneur de vous envoyer un mémoire imprimé, au sujet de l'usurpation de la maison dite le Bureau de l'Hôtel Dieu, commise par le district de Notre Dame, et le procès-verbal de ce qui s'est passé à cette occasion. Par ces deux pièces, et par quelques-unes de celles que vous avez déjà reçues, vous serez, Messieurs, suffisamment instruits de ce qui concerne cette affaire pour rendre justice aux pauvres de l'Hôtel Dieu. Nous faisons faire une copie du mémoire instructif qui nous a été demandé par MM. du Comité de mendicité, et nous aurons l'honneur de vous l'envoyer, aussitôt qu'elle sera faite. Nous désirerions, Messieurs, pouvoir joindre ici, quoique vous ne l'ayez pas demandé, un état de tout ce qui est du par l'Hôtel Dieu pour les fournitures qui lui ont été faites jusqu'au 1er avril, et pour l'acquit des ouvrages faits à la même époque, mais nous avons l'honneur de vous observer qu'il nous serait difficile de le faire avec quelqu'exactitude, parce que nous n'avons encore qu'une petite partie des mémoires des fournisseurs. Cependant nous allons tâcher de nous procurer tous les renseignemens capables de nous faire connoître le montant des sommes dues par l'Hôtel Dieu, et nous aurons l'honneur de vous en faire passer l'apperçu; mais nous

avons celui de vous prévenir que nous sommes informés que *cet état sera considérable*. Nous profitons de cette occasion pour vous prier, Messieurs, de faire attention que l'époque de notre retraite approche, parce que notre administration finit dans dix jours. Vous trouverez à la suite de l'état des sommes dues à l'Hôtel Dieu, un état de la situation de sa caisse au 1er de ce mois. Nous avons l'honneur de vous renvoyer l'état de demandes que vous nous avez adressé, suivant votre désir. Nous sommes avec respect, etc.

(13 avril.) A été fait lecture d'une lettre de M. Pastoret, procureur général du département, en date du 8 de ce mois, adressée à Messieurs les Administrateurs de l'Hôtel Dieu, dont la teneur suit : J'ai mis, Messieurs, sous les yeux du Directoire du département, la lettre que vous lui avez adressé le premier de ce mois, relativement à la cessation prochaine de vos fonctions dans l'Administration de l'Hôtel Dieu. J'ai l'honneur de vous prévenir, Messieurs, que le Directoire s'occupe des moyens de pourvoir à ce que cette Administration importante soit continuée à l'époque que vous avez fixée pour votre démission. Sur quoi la matière mise en délibération, le Bureau a arrêté que ladite lettre demeurera déposée au greffe, et pour ce annexée à la présente délibération, et que dans la lettre que le Bureau écrit à Messieurs du Directoire du département, il les remerciera, tant au nom des Pauvres qu'au sien, de ce qu'ils veulent bien s'occuper de pourvoir à ce que l'administration des deux hôpitaux qui lui est confiée, soit continuée au moment de sa retraite.

(15 avril.) Le Bureau étant assemblé, a été fait lecture d'une lettre écrite par M. Pastoret, procureur général sindic du département de Paris, en date du 13, adressée à messieurs les Administrateurs de l'Hôtel Dieu, et *remise à dix heures du soir*, le même jour, après la levée du Bureau, par laquelle il les prévient que sur la démission qu'ils ont donnée de leurs fonctions d'administrateurs de l'Hôtel Dieu, le Directoire du département a confié provisoirement cette Administration à MM. Moulinot, Cousin, Thouret, Cabanis et Aubry-Duménil. Sur quoi la matière mise en délibération, il a été arrêté : 1° que la lettre susdite de M. le Procureur général du département sera annexée à la présente délibération; 2° qu'en exécution de la délibération du Bureau du 19 août 1789, portant remise de l'Administration de l'Hôtel Dieu et de l'hôpital des Incurables au corps municipal, laquelle a été renouvellée depuis dans plusieurs circonstances, et qu'en exécution de celle du 2 mars de la présente année, et des lettres écrites en conséquence à diverses reprises tant au corps municipal qu'à MM. du Directoire du département depuis cette époque, pour annoncer que nous cesserions toutes nos fonctions le 15 de ce mois, et encore dans l'assurance où nous sommes, par la lettre de M. le Procureur général du département, que ces deux hôpitaux ne restent pas sans administration, nous cessons, à compter de ce moment toutes nos fonctions d'administrateurs de ces deux hôpitaux; 3° qu'il sera envoyé expédition de la présente délibération à MM. du Directoire du département, avec une lettre d'envoi, dans laquelle ils seront prévenus que, quoique M. le Procureur général du département ne parle dans sa lettre que de l'Administration de l'Hôtel Dieu, comme celle de l'hôpital des Incurables ne peut en être séparée, sans une nouvelle organisation, nous entendons qu'elles sont comprises toutes les deux sous la même dénomination; 4° qu'il en sera délivré une expédition à chacun de Messieurs et une à la mère Prieure. Et tous les officiers de la maison ayant été appelés, il leur a été fait part de la présente délibération. *Lettre de M. Pastoret. Mercredi 13 avril 1791. J'ai l'honneur, Messieurs, de vous prévenir que, sur la démission que vous avés donnée de vos fonctions d'administrateurs de l'Hôtel Dieu, le Directoire a confié provisoirement cette Administration à MM. Moulinot, Cousin, Thouret, Cabanis et Aubry Dumesnil. Le procureur général sindic du département. Signé : Pastoret*[1].

(22 avril.) L'an 1791, le 22 avril, jour de vendredy saint, à midi et demie, nous Jacques Antoine Joseph Cousin, administrateur de la municipalité de Paris au département des établissemens publics, l'un des membres du comité des hôpitaux établi en vertu de l'arrêté du Directoire du département de Paris du 11 du même mois, et en conséquence de la délibération dudit comité du 19, qui nous charge de nous transporter dans les prisons à l'effet d'appliquer à la délivrance de prisonniers détenus pour dettes la somme de 169# 15 sols que l'Administration de l'Hôtel Dieu est chargée d'employer chaque année à pareil jour à cette bonne œuvre, ladite somme provenant de fondations faites par différentes personnes, nous sommes transportés en la prison de l'Hôtel de la Force, accompagnés de M. Derouville, receveur de l'Hôtel Dieu nous avons requis le sieur Landragin, concierge de cette prison, de nous indiquer les prisonniers qui seroient dans le cas de profiter des fondations que nous sommes chargés d'acquitter, à quoi satisfaisant, ledit sieur Landragin nous a présenté successivement les sieurs Pierre Marie Levasseur, Jean François Mercier et Antoine Prevaut, détenu pour dettes de mois de nourrice, et dont les sommes réunies forment

[1] Depuis le 15 avril jusqu'au 18 janvier 1792, date extrême des délibérations que renferme notre collection, toutes les pièces portent la signature des nouveaux administrateurs.

le montant des fondations dont il s'agit. Avons ensuite compté audit sieur Landragin la somme de 169 ## 15 sols, et nous avons fait sortir en notre présence de la prison de l'Hôtel de la Force lesdits Levasseur, Mercier et Prévaut, de quoi avons dressé le présent procès-verbal les jour et an que dessus. Pour copie conforme à l'original. Signé : Cauchy, secrétaire.

(1er juillet.) Assistans Messieurs de la Chaume, Cousin, Cabanys, Thouret, Moulinot et Aubry-Dumesnil. Ce jour se sont assemblés extraordinairement Messieurs les Commissaires des hôpitaux, instruits par l'inspecteur des salles de l'Hôtel Dieu d'une *fermentation qui commençoit à régner parmi les domestiques des deux sexes* de cette maison. Cette fermentation avoit pour cause une adresse des religieuses de l'Hôtel Dieu à l'assemblée nationale, dans laquelle les domestiques ont cru avoir trouvé des expressions injurieuses à leur égard, et des assertions capables de produire dans l'esprit du public les impressions les plus désavantageuses sur leur honneur et leur probité. Messieurs les Commissaires, avertis que les domestiques avoient consigné leurs plaintes dans un mémoire destiné à être mis sous les yeux du Bureau, et qu'ils avoient député quelques uns d'entre eux pour être leurs interprêtes, ont donné ordre qu'ils fussent introduits. L'un d'eux, portant la parole, a fait lecture dudit mémoire. Il a présenté ensuite la copie d'une déclaration signée sœur St Éloy, Prieure, au nom de la communauté. Par cette déclaration les religieuses ont reconnu, en présence des commissaires de la section de Notre Dame, mandés à cet effet, que leur intention n'a jamais été d'inculper ni directement ni indirectement les personnes des deux sexes attachées au service de l'Hôtel Dieu. Sur l'observation faite par l'un de messieurs les Commissaires que cette déclaration des religieuses paroissoit devoir être une pièce suffisante pour satisfaire les personnes inculpées, et pour tranquilliser leur délicatesse, il a été répondu que vu la publicité donnée par les religieuses à leur *Adresse* au moyen de l'impression, les domestiques désiroient que leur justification devint également authentique par l'impression des déclarations dont il s'agit. La députation retirée et la matière mise en délibération. Le Bureau a arrêté : 1° qu'un exemplaire imprimé de l'adresse des religieuses et l'original du mémoire des domestiques seront annexés à la présente; 2° pour donner aux domestiques une preuve des sentimens qui animent l'Administration disposée à rendre à chacun la justice la plus exacte, sans aucune acception des personnes, et pour leur témoigner sa satisfaction de la manière sage et prudente dont ils se sont comportés dans cette occasion, elle a donné ordre au greffier de faire imprimer au nombre de 1,000 exemplaires la déclaration dont il s'agit, précédée d'un brief préambule, dont un exemplaire sera pareillement annexé à la présente, et dont il en sera délivré un à chacune des personnes attachées à la maison; 3° le Bureau a arrêté en outre qu'il sera très expressément recommandé aux domestiques de ne s'écarter dans aucune occasion du respect et des égards qu'ils doivent, soit aux dames religieuses, soit aux personnes auxquelles chacun d'eux est subordonné. La députation rentrée, il lui a été fait part du présent arrêté. Elle a remercié le Bureau et a promis de se conformer aux dispositions qu'il renferme. « *A messieurs les Commissaires au département des Hôpitaux.* Messieurs. Le premier sentiment que nous aurions éprouvés sous l'ancien régime, en paraissant devant des personnages revêtu de toutte l'autorité despotique, aurait été celui de la crainte et du tremblement, mais aujourd'huy sous le régime de la liberté, des lois et de la justice, nous nous présentons avec la plus entière confiance devant vous, Messieurs, qui êtes investis de pouvoirs délégués par touttes les classes des citoyens. Nous n'avons pas à redouter comme autrefois des ordres arbitraires, nous n'avons pas à craindre d'être trompés dans la confiance que nous avons en vous. Votre impartialité, votre patriotisme nous sont des sûrs garans que nous obtiendront la justice que nous avons lieu d'attendre de vous. Les dames religieuses de cette maison ont jugé à propos de faire à différentes reprises des représentations, et d'envoyer des adresses à l'assemblée nationnalle, ce sont des chôse qui nous sont absolument étrangère; au surplus, Messieurs, il n'est rien de plus naturel que d'être attaché à son parti tel qu'il soit, bon ou mauvais. Elles ont pu (tout inconstitutionnelle que soit leur demande) supplier les législateurs français de faire exception à la règle en leur faveur, et leur permettre de faire encore des vœux solennels, nous ne cherchons pas, Messieurs, à approfondir les raisons qui portent ces dames à faire des demandes de ce genre, *quoiqu'elles ayent été faittes dans les jours que Louis XVI, premier fonctionnaire public a déserté son poste.* Nous n'interprétons en aucune manière leurs sentimens à cet égard, nous devons présumer qu'ils sont bons. *L'opinion est une chose sacrée* nous savons qu'elle est consignée dans *les Droits de l'homme*, nous la respectons. Par conséquent elles ont pu faire telle démarches qu'elles ont cru convenable de faire; mais, Messieurs, ce qu'elles ont fait, et ce qu'elles n'auraient pas du faire c'est, en se mettant au rang des esprits angéliques, d'avoir avili la classe dans laqu'elle nous sommes, c'est à dire la classe des domestique des deux sexes, c'est d'avoir usé tous les ressorts de la méchanceté pour nous dégrader aux yeux de l'univers entier. L'esprit de charité est totallement banny de leur langage, il est impossible, selon ce qu'elle prévoyent, qu'il y ait des honnêtes gens dans cette maison, si elle n'y étaient plus. On ne pourra pas faire de choix, disent ces dames, parce qu'il serait d'autant plus pénible, d'autant moins heureux que dans notre classe de mercenaires nous ne possédons ny honneur ny humanité, parce que nos pères ne possédaient pas ces précieuses qualités. C'est ainsi, Messieurs, qu'on fouille dans la nuit de la mort des prétextes pour couronner un chef d'œuvre de malignité! quel langage dans la bouche de personnes consacrées à Dieu! qu'elle contradiction se trouve entre leurs sentimens et leur état! S'il y a du choix à faire dans notre classe, qu'attendent donc ces dames pour le faire? Elles qui sont nos maîtresses absolues. Elles disent qu'on n'a qu'à consulter les greffes, les geoliers, les registres de l'exécuteur des hautes œuvres et qu'on verra combien il y en a eû de notre classe qui se sont rendus coupables de vols; on verrait, si l'on pouvait consulter ces lieux que les personnes qui y ont été, qui y sont, ou qui ont péri sous le glaive des loix possédaient leur confiance, qu'elles étaient leur protectrices, que pouvu qu'ils sachent flatter, ils étaient d'honnêtes gens avec tous les vices. Faut-il messieurs que, parce qu'il y a eû des voleurs dans notre classe, que nous possédions tous cette abominable réputation? Si nous sortons de cette maison où irons nous nous présenter pour être employés? de qui nous réclamerons-nous? Sera-ce de l'Hôtel Dieu, à ce mot seul, je vois nous dire qu'on ne peut accorder sa confiance à des personnes qui ont une aussi mauvaise réputation que nous. Faut donc que, parce qu'il aura plû à quelques dames religieuses de jetter la plus grande défaveur sur le compte des domestiques des deux sexes de cette maison, que nous soyons exposé à périr de misère? que nous soyons forcés de cacher la honte et l'infamie qui leur aura plu charitablement nous couvrir? Mais pour quoy, Messieurs, nous étendre sur la conduite de ces dames, dont nous ne pouvons pas être les censeurs? Nous ne relevons pas, et nous ne cherchons même pas à relever toutte les phrases remplies d'injures et de calomnies contre nous que renferme cette Adresse à l'Assemblée Nationalle qui est selon nous, Messieurs, une très grande maladresse. Pas de triage dans cette prétendue Adresse, parce que tout ce qu'elle renferme — à l'exception de très peu de chose — est ou absurde ou faux ou méchant. Nous ne répondons pas à ces calomnies, elles tomberont d'elles-mêmes; notre intérêt, notre seul intérêt est de demander justice pour notre honneur outragé. En dire d'avantage, ce serait en trop dire, Messieurs. Cependant, comme cette production injurieuse a eu la plus grande publicité, que dans toutte les parties du royaume il est possible qu'elle soit répandûe, nous désirerions, Messieurs, que la réparation de notre honneur, que nous réclamons auprès de vous, eût aussi la même publicité, que les personnes qui seront obligée de nous faire cette réparation, fussent chargée de la livrer à l'impression à leurs frais et dépens; qu'elle soit affichée partout où besoin sera et d'en délivrer à chacun de nous un exemplaire. Nous pouvons, Messieurs, vous assurer que nous ferons tous notre possible pour vous prouver, ainsi qu'à vos successeurs, que nous sommes et nous serons fidels au principes d'humanité et d'honnêteté qu'on a cherché à nous enlever; nous sommes citoyens, nous sommes patriotes, c'est à ce double titre, honorable pour nous, que vous pouvez être persuadés, Messieurs, que dans telle classe qu'on puisse se trouver, on sait y conserver toujours les sentimens de la vertu et de la probité. Fait par nous tous, asssemblés à ce sujet, avec la permission de messieurs les Inspecteurs et l'approbation de Messieurs les Commissaires du Comité de la section de Notre Dame, à Paris ce 30 juin 1791, et avons signé. Signé : Chaumont, Goyard, Clopin, Simonot, Delorme, Sénéchal. — Nous soussignées, sœurs religieuses de l'Hôtel Dieu de Paris, d'après la lecture d'un mémoire en 23 pages intitulé : Adresse à l'Assemblée Nationale par les religieuses hospitalières de l'Hôtel Dieu de Paris, signé sœur St Éloi, déclarons que son intention, ainsi que la nôtre, n'a jamais été d'inculper directement ni indirectement les personnes des deux sexes actuellement attachées au service de cette maison, désavouant les expressions portées audit mémoire, qui leurs paroissent injurieuses. A l'Hôtel Dieu ce 29 juin 1791, en présence des commissaires de la section de Notre Dame. Signé : sœur St Éloi, prieure, au nom de toute la communauté, et ensuite Normand, président du comité, Roux et Dehent, commissaires de section et Hauguel secrétaire-greffier. Pour expédition conforme à l'original délivré par nous, secrétaire greffier de la section de Notre Dame, dépositaire des archives de ladite section. Signé Hauguel. — *Madame Hérissant tirera 1000 exemplaires de la feuille cy-dessus, à Paris, ce 1er juillet 1791. Signé : De la Chaume.*

Adresse à Messieurs de l'Assemblée nationale par les religieuses, hospitalières de l'Hôtel Dieu. — Messieurs, c'est pour le bonheur de l'empire français que vous vous êtes assemblés; de tous les hommes qui le composent, la portion la plus digne de vos regards et de vos sollicitudes est certainement celle que la misère et les infirmités conduisent dans ces hospices, dont la fortune et la piété ont jetté les premiers fondemens. Votre sensibilité, Messieurs, nous assure que vous écouterez avec un vif intérêt tout ce qu'on pourra vous dire en sa faveur. Vos oreilles y seront d'autant plus attentives que les cris des malheureux et des malheureux souffrans retentissent jusqu'au fond de vos cœurs. Les religieuses de l'Hôtel Dieu de Paris les entendent de plus près, entendent jusqu'aux accents plaintifs de ces malheureux, les secourent, les consolent, et gémissent sur le sort de ceux mêmes qui ne sont pas encore sous leurs yeux et que, dans le progrès des temps, elles ne seront plus en état de secourir, si le noviciat reste interdit. C'est en faveur de ces derniers qu'elles élèvent leurs voix pour solliciter votre justice et votre humanité, et obtenir de l'une et de l'autre la permission de recevoir des novices et de les admettre à des vœux aussi durables que leur vie. Les motifs sur lesquels elles vont fonder leur réclamation méritent bien une exception à la règle générale qui ne permet que des vœux simples. S'il y est vrai qu'il n'y a pas de règle sans exception, quelle exception peut être plus favorablement accueillie? On va démontrer que celle-ci perfectionne la règle, et ne tire à aucune conséquence, à commencer parce qu'on doit attendre de l'irrévocabilité des vœux solennels, et ce que la fragilité des vœux simples ne fait à peine que promettre. *Vœux solemnels.* Avant le concile de Calcédoine, on ne connoissoit que les vœux simples. La fluctuosité des résolutions scandalisoit les fidèles et troubloit les familles; on a senti la nécessité de fixer le sort des unes et la tranquillité des autres; cette nécessité, qui dure depuis 1340 ans, est la même aujourd'hui. Le siècle où nous vivons n'est pas plus exempt de ces irrésolutions. Les volontés ne sont pas moins variables qu'en 451. Les François et les Parisiens ne sont pas plus persévérans que les habitans de la Calcédoine et de la Bithinie. *Effets des vœux solemnels.* C'est la vertu, c'est la piété qui les forment, et les font proférer; une aussi noble origine les protège et les soutient, instruits qu'ils sont irréfragables, on ne se familiarise jamais avec l'idée de leur dissolution. De là vient la résignation, le dévouement, la persévérance. Sans des engagemens aussi durables, aussi solemnels et aussi saints, pourroit on espérer que des Hospitalières et particulièrement celles de l'Hôtel Dieu, persévèreroient dans leurs pénibles exercices, dans les dégoûts, dans les veilles, dans les dangers, à passer leurs jours dans une région où l'air y est plus ou moins fœtide, souvent méphitique et pestilentiel, où le mélange des maladies, les cris déchirans et douloureux des malades exposent le corps, affligent l'esprit; enfin, quittans les malades pour les mourans, et les mourans pour ensevelir les morts, dont elles se voyent tous les jours environnées, et souvent prêtes à en grossir le nombre. Si l'on regarde comme heureuses celles dont les jours n'en sont point abrégés, c'est à dire que les martyrs les plus longs ne sont pas les plus douloureux. Il faut, comme les religieuses de l'Hôtel Dieu, avoir fait le sacrifice de sa vie pour prendre un si triste et si laborieux état, et en avoir fait la consécration la plus réfléchie pour y persévérer. Les novices connoissent l'étendue des engagemens qu'elles doivent contracter, elles font le serment solemnel de servir les pestiférés au péril de leur vie, et la mort naturelle est quelquefois peu éloignée de la mort civile, celle de ce dernier genre profite à la fois et aux malades et à la nation. Aux malades, en ce que l'art de les gouverner ne peut s'acquérir que par une très longue expérience; ce n'est qu'après 27 ou 28 ans qu'elles sont capables d'être à la tête d'une salle. A la nation en ce que, par l'irrévocabilité de leurs vœux, les professes laissent à leurs parens les biens qu'elles possèdent en réalité, et ceux qu'elles avoient en espérance. On pourroit dire qu'il y a plus d'un rapport entre la mort civile et la mort naturelle, car, à peu de choses près, celles qui font profession quittent le monde comme elles y sont entrées. Si c'est un sacrifice pour les religieuses en général, qui pourra mesurer l'étendue de celui que les religieuses de l'Hôtel Dieu font? C'est une immolation sans réserve et sans retour; leurs engagemens ne se bornent pas aux trois vœux ordinaires; celui de soigner les malades qu'elles ajoutent n'est pas le moins pénible, ni le moins méritoire. Quant à celui de pauvreté, qui est ce qui l'observe plus rigoureusement? Elles n'ont rien à elles, aucuns fonds, aucuns revenus, aucune propriété, aucune possession; elles sont nourries, entretenues par l'Administration comme premières domestiques de la maison, à la différence des autres qu'elles n'ont point de gages, de profits, ni de gratification; ce qui, pour l'avantage des pauvres et de la nation devroit engager à en multiplier le nombre égal à celui auquel l'ont vu plusieurs religieuses qui existent encore dans la maison. Elles étoient alors 105 professes et 64 novices. Aujourd'hui le nombre des premières n'est que de 64, et celui des novices, depuis la prohibition des vœux solemnels, s'est par degré réduit à onze, et dans peu le sera à zéro. Cette prohibition va achever ce que le refroidissement dans les vocations et dans la piété avoit commencé. La prohibition des vœux solemnels et le défaut de ferveur retranchent les novices; la vieillesse et les infirmités ne tarderont point à retrancher les professes. Que restera-t-il donc de tant de générations qui se sont succédées depuis 660, tems auquel cette maison a été fondée, c'est-à-dire depuis 1,131 ans qu'elle existe. Le nombre des malades cependant ne décroît pas comme celui de ces personnes vouées à leur service, surtout dans un temps où la misère ravage les santés. La misère fait des malades, et par réciprocité les maladies font des misérables et des rechûtes. Il faut cependant que 3,000 infortunés, souvent remplacés par un plus grand nombre qui s'est étendu jusqu'à 5,000, soient reçus, soignés, veillés, secourus, exhortés, consolés jusqu'à ce qu'ils soient ou sortis de ce monde ou sortis de l'Hôtel en santé. De qui peuvent-ils attendre tant de secours temporels et spirituels.

Sera-ce des personnes qui ne tiennent à leurs engagemens que par vœux simples? On va faire une juste appréciation de la confiance qu'ils méritent. *Vœux simples.* Ces sortes de vœux ne sont pas proprement des vœux, la ferveur les fait faire; la tiédeur les regarde comme indiscrets, le relâchement comme téméraires, et les réduit à la condition de promesses qu'on peut enfreindre sans remords. Quand on n'est comptable qu'à soi des engagemens pris avec soi-même, la plus légère convenance y porte atteinte, une plus considérable les détruit. On dira sans doute, mais c'est avec Dieu que ces sortes d'engagemens se prennent, et non avec les hommes. Mais c'est justement parceque ce n'est pas avec les hommes qu'on peut moins y compter; la conscience, avec le plus grand nombre, ne vaut pas un contrat. Le jeûne est un exemple divin et un précepte apostolique pour tous les fidèles; cependant il seroit plus facile de compter les observateurs que les réfractaires. En combien d'occasions les prétextes ne prévalent-ils point sur les raisons? Quand on peut se juger soi-même, on se juge toujours dans sa clémence, et presque jamais dans sa sévérité, on ne veut de la justice ni la balance ni le glaive, on n'en veut que le bandeau. Rien n'est donc plus susceptible de fragilité que ces sortes de vœux. *Effets des vœux simples.* Est-on bien certain de trouver des personnes qui veuillent se consacrer à un état qui n'en est pas un? On peut en juger par le nombre des postulantes et des novices qui ont désertés les cloîtres depuis la défense des vœux solennels. Cette défense ne fait qu'achever ce que l'affoiblissement de la piété, et la novation sur l'âge de prononcer les vœux, avoient commencé. L'assemblage et le concours de tous ces obstacles vont réduire les noviciats en solitude et tous les monastères en stérilité, si la génération des religieuses existantes doit être la dernière. Si des vœux simples ne suffisent pas pour les vocations et pour la persévérance des novices qui se destinent à ces maisons tranquilles, qui n'offrent qu'un saint repos, qu'une pieuse oisiveté, comment suffiront-ils à des hospitalières qui n'apperçoivent que du temps à perdre pour leur état, et des maladies à gagner dont on ignore l'issue. S'il s'en trouve, il ne s'en trouvera qu'un très petit nombre et en nombre insuffisant. Combien durera leur vocation? On peut en juger par les assauts qu'elles auront a soutenir; d'abord par les petites querelles intestines et journalières entre des personnes que le hasard a réuni, et que l'antipathie peut diviser, leurs liens n'étant point indissolubles. 2° Les attraits du monde mis en comparaison avec les dégoûts d'un état qui laisse la possibilité d'en prendre un autre. 3° Les pressantes sollicitations d'une famille chérie, à qui cet enfant est quelquefois nécessaire. De plus pressantes sollicitations encore de quelqu'un plus gravé dans leur cœur que dans leur esprit. 4° Une succession qui enrichit la personne et ruine la ferveur. 5° Une maladie puisée dans sa propre source, ou puisée dans toutes celles dont on est environné et dont, après le rétablissement, on craint la rechûte. 6° Enfin tous les obstacles, en plus grand nombre, qu'on peut ajouter à ceux-ci, etc., etc. Si nous détournons nos regards de dessus toutes ces considérations pour les fixer sur les malades, que verrons-nous? Nous les verrons mal servis par l'inexpérience et la distraction; nous les verrons ne l'être point du tout, par le trop petit nombre, devenu plus petit encore par la désertion des personnes destinées à les servir. Si nous leur prêtons l'oreille, qu'entendons nous? Des plaintes, des murmures, des gémissemens; un mélange de trois milles voix plaintives qui réclament, pour la conservation de leur vie, des personnes mortes au monde, en qui résident le zèle, la stabilité, l'expérience qu'on ne peut attendre que de l'irréfragabilité des vœux solemnels. Si donc les religieuses qui existent ne sont pas graduellement remplacées par des personnes soumises aux mêmes sermens, et qu'elles le soient par celles dont on vient de démontrer l'insuffisance et l'instabilité, nous verrons donc les malades et les salles abandonnés. Sans doute que les sages et vertueux administrateurs, dont la surveillance va jusqu'à l'inquiétude, et l'humanité jusqu'à l'attendrissement, y pourvoiront, mais comment? Mais il n'y a pas de comment quand il n'y a pas de choix, quoiqu'il y en ait beaucoup à faire dans la classe des personnes auxquelles on sera forcé d'avoir recours, c'est presque avoir déjà dit dans la classe *des mercenaires*. On dit qu'il y aura beaucoup de choix à faire, c'est que l'on n'entend point exclure l'honneur et l'humanité dans plusieurs de ceux qui la composent, autrement il n'y auroit pas de choix; aussi ce ne sont pas de ceux là dont on va parler, mais ce triage sera d'autant plus pénible, d'autant moins heureux que le plus grand nombre ne partage point ces deux sentimens, qui leur soit personnellement étrangers, et qu'ils n'ont pu les recueillir à titre de légitime, dans la succession de leur pères, qui ne les avoient pas. Quand la pauvreté commande, l'obéissance a ses dangers. La misère et la vertu ne se tiennent ni souvent ni long-tems par la main, et si quelquefois l'indigence et la fidélité contractent entr'elles quelques alliances, les besoins divers et pressans accourent de toute part, s'assemblent et la nécessité qui les préside en prononce le divorce. *Effets du service mercenaire.* Si les religieuses à vœux simples ne peuvent remplacer celles qui respectent avec scrupule et joie leurs vœux solemnels, combien moins ces dernières pourront-elles être remplacées par des mercenaires de toutes religions, ou qui ne sont d'aucunes, de toutes les mœurs, excepté les bonnes, de tout âge, de tout défaut chez les uns, de tout vice chez les autres;

enfin toutes suspectes d'intempérance, d'immodestie, d'incontinence, de scandale, de larcin et de vol. Quel nouvel ordre d'administration va s'ouvrir! Quel tourment pour les sensibles administrations! Quel danger pour les administrés! Si la nécessité conduit à un pareil service, que verra-t-on? On verra tous les jours des sujets nouveaux, dont la bigarrure fera le premier tourment des malades, attendu la fréquence des changemens, on verra l'impéritie remplacée par une plus grande impéritie encore, la rudesse et la brusquerie remplacer la douceur et la compassion. Souvent on verra la chancelante ivresse, se traînant à pas inégal près d'un malade, et, pour le soulever, tomber sur lui, et mêler les larmes du vin à celles de la souffrance et de la douleur. On verra plus souvent encore la pestilancie du scandal révolter les esprits et corrompre les cœurs. On verra des personnes qui, par leur sexe, sont et protectrices et protégées de la pudeur, prévenir les sollicitations, solliciter elles mêmes la convalescence et la santé, et, par le produit de leur incontinence, passer des salles de la crèche à celle de Saint Landry[1], ensuite n'être plus admises à faire le service de sœur, mais chassées pour être devenues mère, traînant après soi la honte et la contagion. Enfin, on verra la dilapidation de tout ce qui leur sera confié; quand on a violé le dépôt de son propre honneur, le bien des autres n'est point en sûreté. Les crimes ne sont point isolés, ne sont point solitaires; il est plus facile de trouver des gens qui n'en font point, que d'en trouver qui n'en font qu'un. On ne peut donc espérer aucune fidélité de ceux qui ne craignent que les hommes, que les châtimens, et que les peines temporelles, auxquelles elles croyent toujours échapper, par les promesses souvent trompeuses que leur fait la précaution de les conduire à l'impunité. De là quel brigandage dans la distribution des comestibles de toutes les qualités, et plus encore dans ceux de provisions. Dans les linges, d'un nombre incalculable, pour le service de 5 à 6,000 personnes, et surtout dans ceux de réserve. Combien y en aura-t-il de distrait par les plus hardis, et de mauvais substitués au neuf par les plus timides, à qui la crainte fait respecter le nombre. Ce ne sont point de simples conjectures, c'est à la fois un récit historique de tout ce qui est arrivé, et un récit anticipé de tout ce qui arrivera plus souvent; si, quand rien n'est confié tout n'est pas en sûreté, que sera-ce si les *prétendues sœurs salariées* étoient dépositaires et dispensatrices. Sous l'inspection des religieuses, il s'est trouvé des mercenaires dont les mains se sont souillées par des abus de confiance, des larcins et des vols. Pour en connoître le nombre il faut interroger les grefs, les prisons, les bannissemens, l'hôpital, les carcans, les galères, les registres de l'exécuteur des jugemens criminels et le public. Mais à l'avenir ce seroit des vols avec effraction et des armes de toutes espèces pour les protéger, des complicités, des violences. Quand on pourroit supposer à ces mercenaires, pris au hasard et par besoin, ou présentées et reçues par une mutuelle nécessité, la fidélité la plus scrupuleuse, il y auroit encore un motif puissant d'intérêt qui répugneroit à cette aggrégation. Pour servir 3,000, 4,000 ou 5,000 malades, il faut 500, 600 ou 700 personnes. Aujourd'hui qu'il y a 75, tant professes que novices, il y a 450 serviteurs ou servantes. Si l'on ne permet pas l'émission des vœux indissolubles, l'âge, les maladies, les infirmités des professes actuelles exigeront des soins, et elles ne pourront en donner à personne; alors le nombre de 500 sera insuffisant. Moins de religieuses et souvent plus de malades, exigera au moins 600 personnes à gages qui, quand elles ne coûteroient individuellement que 800 livres par an, elles reviendroient encore à 480,000 ₶. Peut on se familiariser avec une pareille dépense dans un tems où le refroidissement de la charité, la retraite des gens charitables, ne laissent qu'un léger espoir sur la casualité des bienfaisances. On dira vraisemblablement : vous ne comptez donc pour rien les secours de poche, les services à tablier que rendent et rendront des dames qui, quoique servies par beaucoup de monde, veulent secourir les malheureux et servir les malades. Il s'en faudroit de beaucoup que ces services louables et officieux ne fussent comptés pour rien, si nos espérances pouvoient égaler notre admiration; mais, sans examiner si des dames très bien servies servent très bien, si leurs forces égalent leur courage et leur piété, si leur zèle n'est sujet à aucune altération, et enfin si l'on peut aujourd'hui comme autrefois, compter sur la persévérance et sur le même nombre, on peut dire que celui des serviteurs et servantes doit toujours être le même, d'autant que le nombre des malheureux et des malades est actuellement plus susceptible d'augmentation que de retranchement. La diminution du prix du vin ne diminuera pas le nombre des blessés. Si les novices et les professes étoient rétablies au nombre où on l'a vu, ce seroit, d'après la démonstration qu'on en a fait, une épargne de 200,000 ₶ par an pour l'hôtel. Cette seule considération devroit en être une assez puissante pour mériter l'exception et permettre les vœux solemnels. On voit, par tout ce qui a été dit des religieuses, combien d'autres considérations viennent se placer à côté de celle-ci, le désintéressement, la fidélité, la stabilité, la surveillance, l'économie, la sensibilité, la douceur, l'édification. D'autres considérations quoiqu'agissant en sens contraire, ont la même centralité; on l'a déjà dit, l'inexpérience, le dégoût, la mutabilité, l'ivresse, l'incontinence, le scandal, la rapacité, le vol, quel pa-

[1] Salle des femmes en couches.

rallèle monstrueux. Cependant toutes ces choses comparées concourent et tendent à la même fin, qui est de perpétuer le service des religieuses professes. Si l'on est parvenu à démontrer que ce service est non seulement préférable, mais nécessaire, il en résulte qu'il le sera toujours et il n'y a plus de préférence, s'il n'y a plus de noviciat. La nécessité de ce service se trouve encore attestée par 1,131 ans d'approbations, d'exercices invariables, c'est à dire depuis la fondation de cet hôpital; et ce même service, ne fût il que suspendu, cette suspension ne dura-t-elle que 20 ans, ne fusse, au lieu de 3,000 ou de 5,000 que 4,000 par an, ce seroit condamner 80,000 malades à l'abandon du service mercenaire, dont on a démontré l'insuffisance et le danger. Calculera qui pourra le nombre incalculable de ces malheureuses victimes, si le service religieux n'est jamais rétabli. Qui dira même qu'à prix d'argent on trouvera du monde pour secourir les malades de l'hôpital Saint Louis où l'on met, où l'on transfère ceux qui sont atteint de maladies contagieuses, et où l'on ne respire qu'un air morbifique. En trouvera-t-on beaucoup qui s'exposent à remplacer les malades qu'ils ont soignés, dans des lits que la mort a fait vacquer, ou qui, pour prolonger quelque peu de jours à un autre, mettent seulement au hasard la totalité des siens? Non ce courage ne peut appartenir qu'à des cœurs généreux, qui en font leur plus riche patrimoine, qu'à des âmes brûlantes du feu divin, qui ne sont déjà plus sur la terre, ou qui n'y tiennent que par les liens d'une ardente charité, que les dangers ne peuvent rompre sans le secours de la mort. Si, jusqu'à présent, il s'est trouvé des serviteurs et des servantes dans l'une et l'autre hôpital, c'est d'un côté parce qu'il en a d'autant moins fallu qu'il y avoit plus de professes et de novices, de l'autre parceque, si c'est le besoin qui les a présenté, c'est l'examen le plus austère qui les a reçu, la douceur du commandement qui les a fixé, la surveillance qui les a contenu, l'exemple qui les a encouragé, et les exhortations qui ont rendus pour plusieurs leurs services méritoires. Mais si la dernière génération des religieuses s'éteint, que les nécessiteux, dont on a fait la description des mœurs, s'emparent du service des deux hôpitaux, soit pour donner des ordres, soit pour les exécuter, l'égalité de leur condition, l'égalité de leur inconduite, mettront le désordre dans les deux hôtels, l'affliction dans l'âme des administrateurs et le désespoir dans le cœur des malades. Sur qu'elle obéissance peut-on compter, quand ce n'est pas l'expérience et la considération qui ordonnent, quand c'est l'intempérance qui commande la frugalité, l'indécence qui invite à la modestie, l'incontinence qui régit la sagesse, le scandal qui ordonne l'édification et la rapine qui prescrit la fidélité. Peut on croire ces religieuses dignement remplacées par des gens de cet espèce? Ils pourront prendre leur place, mais ne les remplaceront jamais, or ces mêmes places seront à la fois et pleines et vacquantes. Il n'y a que des vœux solemnels qui puissent remplacer des vœux solemnels, il n'y a que la mort civile qui puisse en imposer à la mort naturelle et ralantir sa course; enfin il n'y a que ceux qui, par piété ont fait le sacrifice de leur vie, qui puissent courir à travers les dangers de la mort pour retarder celle des mourans. Il est donc impossible que la classe d'hommes ou de femmes salariés puisse remplacer celle des professes et des novices, et il seroit très désirable que les novices et les professes (quant au nombre) remplaçassent les gens à gages, quant il y auroit égalité de conduite et de talent, par le profit qui en résulteroit. On a déjà ébauché un calcul économique de 200,000 ₶, et il s'élèvera à une somme bien plus considérable à proportion qu'il y aura plus de religieuses et moins de gens soldés; et si jamais on a été attentif à ce décroissement de charges, c'est aujourd'hui (comme on va le rendre sensible) qu'il faut porter l'épargne jusqu'à la parcimonie. Dans des temps plus heureux il s'est trouvé beaucoup d'années où la recette étoit en infériorité à la dépense; depuis 1762 jusqu'en 1772, la recette n'a été que de 13,918,932 livres 4 sous 8 deniers, et la dépense a été de 14,064,490 livres 2 sous 4 deniers. Partant, cette dernière excède de 145,557 livres, 7 s. 8 deniers. Il y a eu des années où la recette étoit supérieure, et un plus grand nombre d'autres où elle ne l'étoit pas; c'étoit une joûte et une victoire alternative, où la recette a fini par être vaincue, puis qu'après le tems donné de dix ans comme on vient de le voir, elle a été (par une soustraction) déclarée trop foible de 145,557 livres 17 sous 8 deniers. Comment pourra-t-elle conserver l'espoir de l'égalité, aujourd'hui que ses ressources ne sont plus les mêmes, qu'elle n'a plus le privilège de tenir une boucherie exclusive pendant tous les carêmes; que depuis le 13 juin 1788, un arrêt du conseil a supprimé le franc salé et le privilège de ne payer aucuns droits d'entrée sur les objets de consommation, et enfin que la perception des octrois accordée en 1690, et une pension élémosine de 3,600 ₶, également accordées par Louis XIV en 1708, n'ont plus lieu. Tous ces objets n'ont été remplacés que par des promesses de médiocre indemnité. A la perte de ces produits, il faut ajouter celle de 14,508 ₶ 2 sous par an que rendoit le pont vulgairement appellé le Petit Pont de l'Hôtel Dieu ou Pont aux Doubles, où l'on ne paie plus, et dont la réunion des dix dernières années présente une recette de 145,081 livres. On ne parlera plus des pertes que souffre le casuel par celle qu'a faite la charité; chacun peut en être l'appréciateur. On s'est livré à ces calculs et à cette démonstration, parce qu'ils ont plus d'une tendance. La première, et celle qui y a donné lieu, est d'ajouter une considération d'économie à toutes celles qu'a fourni l'humanité pour la conservation et la filiation des religieuses de l'Hôtel Dieu. On a vu ce qu'il en coûtoit avant la prohibition des vœux pour frais du service étranger; que sera-ce s'il faut remplacer, comme on les a vus, 169 religieuses et novices, qu'on ne payoit pas, par 169 personnes qu'il faudra payer à part, l'économie et la fidélité des premières, la déprédation et l'infidélité des secondes. Quand il faudra ajouter, non pas 200,000 ᵗᵗ, si l'on veut, mais seulement 150,000 ᵗᵗ qu'on auroit pu épargner, cet hôtel, aujourd'hui dans un état de pénurie, peut il supporter cette nouvelle surcharge, lui dont la dépense, en 1768, a excédé le revenu de 251,907 livres 7 sous 1 denier, en 1769 de 310,277 ᵗᵗ, en 1770 de 389,153 ᵗᵗ, en 1771 de 357,585 ᵗᵗ, ainsi que de plusieurs années antérieures et ultérieures. Lui qui n'a pas actuellement le même revenu qu'il avoit alors, puisque dans le laps de 10 années, c'est à dire depuis 1750 jusqu'à 1761, il a été vendu des biens-fonds, ou reçu des remboursemens pour 688,479 livres 12 s. 3 deniers. L'incendie du 30 décembre 1772 a encore porté une atteinte aux capitaux de 869,873 ᵗᵗ pour réparer les ravages du feu. La deuxième tendance est de tirer le public de l'erreur où il est sur la prétendue richesse de l'Hôtel Dieu. *Rien n'est si ordinaire que d'entendre dire : l'Hôtel Dieu a des revenus énormes, excessifs* et c'est certainement cette opinion d'abondance qui causera sa stérilité, les gens enclins à la bienfaisance prennant l'enflure pour l'embonpoint diront : l'Hôtel Dieu est trop riche. Quand un vase est trop plein, il renverse, et voilà ce que produira le vuide du trésor. D'après cette prévention, plus d'espérance de fondation, de dotation, de legs ni d'aucune espèce de libéralité. Les troncs n'offriront plus rien d'attendrissant. Ce n'est cependant que sur Paris que cet hôtel fonde ses ressources; car les provinces ont leurs hôpitaux à entretenir, et même, quand ils ont trop peu de faculté, ou trop de malades, ils les envoient à l'Hôtel Dieu de Paris où ils sont acceptés et traités comme ceux de cette capitale. Jamais aucun malade, de quelque maladie que ce soit n'y a été refusé, de quelques villes, de quelque province, de quelque royaume qu'il arrive, de quelque secte ou religion qu'il soit, il y est reçu. On peut l'appeller *la métropole des hôpitaux*, et l'épigrapher : *Hospice du monde entier*. La troisième tendance est de détruire les calomnieuses inductions qu'on tire de la fausse et gigantesque opulence de cet hôtel. On prétend qu'une si riche administration n'a point appauvri les administrateurs; quelle conséquence! Comme s'il étoit impossible de conserver ses mains pures, dans quelque administration que ce soit, et comme si la probité ne pouvoit pas cerner et clore la fortune des administrateurs, de telle sorte qu'il n'y ait aucun mélange avec les biens administrés. Des gens choisis par des personnes qui l'ont été devroient être inaccessibles au soupçon d'avoir fait des erreurs profitables et volontaires. Si c'est l'immensité des revenus que l'on suppose à cet hôtel qui a donné lieu non pas à ces conjectures, mais à cette vulgaire inculpation, la démonstration qu'on vient de faire de l'insuffisance des vrais revenus avec la dépense, doit détremper et détruire la rouille que cette vieille erreur a fait dans les esprits inconsidérés. Ce n'est pas que nous soyons chargés par eux de les justifier; ils trouveront peut être indiscret le petit détail dans lequel on vient d'entrer, mais d'un côté on ne les avoit pas en vûe, quand on a peint la véritable situation de cet hôtel; c'étoit pour démontrer la nécessité de l'économie, et par là celle de conserver et perpétuer les religieuses. D'un autre côté, quand on peut, à la faveur de quelques calculs, et comme en passant, détruire une opinion défavorable et indiscrète, quelque personne qu'elle puisse intéresser, c'est une jouissance délicieuse pour les âmes honnêtes, ce n'est pas se détourner pour cueillir un fruit suave, c'est le cueillir dans son chemin. L'interêt des religieuses, dans tout ce mémoire, ne tient que le troisième rang; celui des malades est le premier, celui des novices est le second. Celui des professes qui existent est le dernier, et s'il avoit été le seul, dix lignes auroient suffit pour les soixante quatre qu'elles sont. Leur sort est fait, leur sort est fixé, ce n'est donc pas pour elles qu'elles ont fait ce mémoire, on peut les regarder comme des défenseurs officieux, sans honoraires, qui plaident la cause des pauvres, des malades, des malheureux. Le désintéressement en fait les avances, la charité les paye, le zèle la plaide, l'humanité la sollicite et la justice prononcera conformément à nos vœux. La faveur aussitôt élèvera sa voix pour déclarer que ce n'est pas son ouvrage, que l'équité seule y a des droits de maternité. Alors que de bénédictions de la part des pauvres, à qui on peut dire que cet hôpital appartient? Qui pourra en compter le nombre? On en voit déjà 30.000 dans Paris que la misère a mis à la charité du gouvernement et qui, malades, réclameront les droits qu'ils ont dans cet hôtel, qu'ils regardent à juste titre comme leur patrimoine. Quelles actions de grâces ne rendront pas aux auteurs de ce décret ces tendres victimes, qui sacrifieront leur vie avec transport et joie pour la conservation de celle des pauvres, et pour en acquérir une meilleure? Ce décret additionnel, cette exception (si c'en est une), qui en confirmera et fortifiera la règle, n'excitera aucunes rivalités, aucuns murmures, et ne peut absolument tirer à aucune conséquence; si le traitement de cette maison est unique, elle est aussi unique dans l'univers. Ce traitement peut d'autant moins faire violence à la sagesse de vos décrets, Messieurs, que celui du 13 février 1790 en excepte l'éducation et l'hospitalité de ses dispositions générales, conçues en ces termes : «Déclare au surplus l'Assemblée nationale qu'il ne sera rien changé quant à présent à l'égard des maisons chargées de l'éducation publique et des établissements de charité, et ce, jusqu'à ce que l'Assemblée ait pris un parti sur cet objet.» Rien changé! Mais si rien n'est changé, tout ce qui a existé existe encore à leur égard; dès là toutes les conséquences qu'on en peut tirer. Jusqu'à ce que l'Assemblée ait pris un parti, il n'y en a donc encore aucun de pris; celui que vous allez prendre, Messieurs, sera un jugement et non pas une contradiction. Puisse ce mémoire (fier des raisons victorieuses qu'il renferme) trouver place au milieu de vous, Messieurs, fixer vos regards et votre attention. Puissiez vous lui donner, avec votre confiance, le caractère imposant de rapporteur de cette affaire, et en suivre les conclusions. D'après les vœux de la communauté et les miens, sœur de Saint Éloy, Prieure. (De l'Imprimerie de Langlois fils, rue du Marché Palu, au coin du Petit Pont, 1791.)

(11 janvier 1792.) Par un extrait tiré des Registres de l'Hôtel Dieu et de l'hôpital Saint Louis, il paroit que le premier janvier de l'année dernière 1791, il y avoit 1924 malades dans ledit Hôtel Dieu, que pendant ladite année il en a été reçu 22,690 dont 22,152 de la ville et de la campagne, des hôpitaux 538 dont 97 de la Salpetrière, 300 de Bicêtre et 141 de la Pitié, Enfans nouveaux nés 1.330, dont 664 garçons et 666 filles, ce qui compose en total 25,944 personnes. Que sur ce nombre, il en est mort 3,221, dont 1,721 hommes et 1,236 femmes de la ville et de la campagne; enfans nouveaux nés 142 dont 77 garçons et 65 filles, des hôpitaux, 122, dont 22 de la Salpétrière, 92 de Bicêtre et 8 de la Pitié, et comme il n'en restoit le dernier du mois de décembre de ladite année que 2,091, il en est sorti 20,632. Qu'il y avoit 650 malades dans ledit hôpital Saint Louis, le premier dudit mois de janvier 1791, qu'il en a été envoyé dudit Hôtel Dieu pendant ladite année 2,538, dont 1,997 de la ville et de la campagne, des hôpitaux 541, dont 151 de la Salpétrière, 193 de Bicêtre, et 197 de la Pitié, ce qui compose en total 3,188 personnes; que sur ce nombre il en est mort 622, dont 308 hommes et 139 femmes de la ville et de la campagne, des hôpitaux 175, dont 34 de la Salpétrière, 92 de Bicêtre et 49 de la Pitié, et comme il n'en restoit le dernier dudit mois de décembre que 582, dont 529 de la ville et de la campagne, des hôpitaux 53, dont 5 de la Salpetrière, 18 de Bicêtre et 30 de la Pitié, il en est sorti 1,984. En sorte qu'au dernier dudit mois de décembre 1791, il y avoit 2,673 malades dans lesdits deux hôpitaux.

FIN DES DÉLIBÉRATIONS DE L'ANCIEN BUREAU DE L'HÔTEL-DIEU.

Du ixme May 9. May 1539.

Claude gaste 1. ... hommage et ... Seig.^rie d'Eleville ... hommage — Cedit jour Claude ... [illegible] ... foy et hommaige ... [illegible] ... le xxj^me May

Du xij^me jour

Saintonge 1. Orlleans Cellerier ou Sommelier. Réception — Messire ... [illegible] ... Orleans ... [illegible] ... du xij^me jour de May ... [illegible]

Du xxij^me May ensuivant

Saintonge 1. Sommellier Tonnelier Réception — Cedit jour ... [illegible] ... de tonnellier ... [illegible] ... de gaiges

Du xxiij^me May

Fillastre 1. Bailliée aux ... pour ... — Ce jour d'huy ... [illegible] ... de Fillastre ... [illegible]

Du xxviij^me May

1. Crime Criminel envoyez à Escharros — Ce jour d'huy ... [illegible] ... prisonnier ... [illegible]

~~Ce jour d'huy ... [illegible]~~

2. Villeneuve le Roy Vigueur Laboureur en vignerons Réception — Ce jour d'huy xxviij^me may ... [illegible] ... Villeneufve le Roy ... [illegible]

28 May 1539 [illegible]

105.

[illegible]

Du xxviii jour [illegible]

Chirurgien Reception Chirurgiens — 1. Ce jourd'huy messieurs le president [illegible] [illegible]

Du dixiesme jour de [illegible]

Boucher Réception — 1. Ce jourd'huy messieurs [illegible]

Du [illegible] juing

Archives de l'hôtel de ville — 1. Ce jourd'huy a esté ordonné par messieurs [illegible]

Du [illegible] juillet

Tonnelier Marché — 1. Ce jourd'huy a esté accordé [illegible]

Fac-simile des Feuillets 104 & 105 du Tome 1er des Délibérations.
(Délibérations diverses.)

Du Mercredi 23 février 1791.

Assistans Messieurs Le Couteulx, Dupont, Marchais, De Tilière, Boullenois, Martin, Vente, Ollivier et Silvestre.

Retraite de l'administration fixée définitivement.

Un de Messieurs a dit que conformément au désir de l'administration il a rédigé un projet de lettre adressée à Messieurs du Corps Municipal pour faire part de l'intention où sont Messieurs les administrateurs de cesser dans peu leurs fonctions et les prier de s'occuper très incessamment de pourvoir à leur remplacement; qu'il convient de délibérer sur led. projet et sur le terme auquel l'administration croît devoir fixer définitivement sa retraite.

Et la matière mise en délibération,

Le Bureau a unanimement arrêté de fixer l'époque de sa retraite au quinze avril prochain au plus tard, et adoptant le projet de lettre à lui présenté, a pareillement arrêté qu'il demeurera annexé à la présente délibération; que ladite lettre sera faite double et que l'une sera adressée à M. le Maire et MM. les administrateurs de la Municipalité et l'autre à MM. du Conseil Municipal.

Le Couteulx Dupont Marchais

De Tilière Boullenois Martin

Robineau Vente Ollivier

A. J. Silvestre

TABLE DES MATIÈRES.

A

Académie des sciences. Commissaires chargés de la réforme des hôpitaux; l'administration de l'Hôtel-Dieu leur facilite leur mission, 172.
—— royale de musique, 156.
Accord entre l'Hôtel-Dieu et l'Hôpital général au sujet des malades que ce dernier établissement envoyait à l'Hôtel-Dieu, 22.
Administrateurs de l'Hôtel-Dieu. Démissionnaires lors de la suppression du Parlement (1771), 12.
—— nouveaux de l'Hôtel-Dieu, 18.
—— de l'Hôtel-Dieu. Démissionnaires en 1771, reprenant leur fonctions en février 1775, 33, 34.
—— de l'Hôtel-Dieu. Ils sont priés de rester en fonctions jusqu'à la réorganisation des hôpitaux, 258.
—— de l'Hôtel-Dieu. Nouvelles instances pour qu'il soit donné suite à leur démission, 281.
Adresse des religieuses à l'Assemblée nationale pour le maintien des vœux perpétuels, 287.
Agrandissement projeté sur la rue de la Bûcherie, 99.
Aliénés. Le Bureau se plaint de ce que l'hôpital général ne veuille pas recevoir ceux qui lui sont envoyés de l'Hôtel-Dieu, 90.
—— La Mère de la salle Saint-Louis à l'Hôtel-Dieu se plaint qu'on en envoie de *toutes les provinces*, 89.
—— soignés à l'Hôtel-Dieu dans la salle Saint-Louis, 2, 174.
Alimentation des malades, 187.
Amphithéâtre à l'Hôtel-Dieu (Construction d'un nouvel) (1788), 222.
Apothicaires de l'Hôtel-Dieu. Plaintes contre eux, 41.
—— Mémoire sur les gagnant maîtrise (1778), 63.
—— Nouveaux statuts, 103.
—— gagnant maîtrise à l'Hôtel-Dieu, 77, 120.
Apothicairerie. Règlement, 119, 120, 121.
Appointements de l'inspecteur de l'apothicairerie, 119.
Aqueduc pour l'écoulement des eaux du lavoir de l'hôpital Saint-Louis, 185.
Archevêché. Les religieuses y sont recueillies après l'incendie de 1772, 21.
Archevêque de Paris nouvellement nommé. Le Bureau se rend en corps à l'archevêché pour le saluer, 126.
Archives de l'Hôtel-Dieu. Règlement pour la communication des pièces, 162, 259, 264.
—— Les administrateurs décident d'en remettre les clefs à la commune de Paris (1789), 265. — Procès-verbal de cette remise, 266, 267.
Arrêt du conseil pour l'établissement de quatre nouveaux hôpitaux à Paris (1787), 191.
Assemblée nationale, Commissaires pour l'extinction de la mendicité (1790), 271.
Assignats. Difficultés que font pour les recevoir les fermiers qui vendent des blés à l'Hôtel-Dieu, 276.
Aubaineurs. Chargés du blanchissage du linge à l'Hôtel-Dieu, 177.
Aumône de 127,000 livres provenant du legs Acaria Delavigne distribuée aux paroisses de Paris (1773), 65, 66.

B

Baignoires établies dans l'Hôtel-Dieu (1770), 71.
—— Elles ont existé de tout temps pour les aliénés traités à l'Hôtel-Dieu, 109.
Barrière Saint-Victor, 115.
Bergerie de Sainte-Anne. Projet de la transférer aux environs de Paris, 191.
Bibliothèque de l'hôpital des Incurables, 48.
Biens, meubles et immeubles de l'Hôtel-Dieu. On demande aux administrateurs d'en fournir la déclaration, 277.
Biscuits. Abus qui en est fait à l'Hôtel-Dieu, 218.
Blâme adressé au premier compagnon chirurgien qui avait publié dans le *Mercure de France* un fait chirurgical observé à l'Hôtel-Dieu, 3, 4.
Blanchissage du linge. Le Bureau étudie les procédés les plus économiques, 159.
Blanchissage du linge de l'Hôtel-Dieu. Rapport des commissaires chargés de présenter un projet de réforme, 176, 177-180.
Blés achetés pour la provision de l'Hôtel-Dieu. Difficultés pour les faire arriver jusqu'à Paris, 249, 250, 251.
—— Assemblée de police générale au Parlement; requête au Roi pour réglementer le commerce des grains (1768), 5, 6.
—— de l'Hôtel-Dieu. Correspondance entre le Bureau et le lieutenant de police M. de Sartine qui, dans un moment de disette, demandait à l'Hôtel-Dieu de faire une avance de blé à la halle de Paris, 5.
—— L'Hôtel-Dieu en fait vendre à la halle de Paris 60 setiers tirés de ses greniers dans un moment de disette, 6.
Boucherie de carême. Son peu de produit depuis quelques années (1770), 10. Son produit pendant certaines années s'élève à 100,000 et 150,000 livres, 10.
Boucherie de carême. Le Bureau rappelle que le Gouvernement a oublié d'indemniser l'Hôtel-Dieu des pertes qu'il a faites pendant les dernières années (1782), 125.
Bouillie des malades. Sa mauvaise composition, 218.
Boule Rouge (lieu-dit), 273.
Bureau de l'Hôtel-Dieu transformé en caserne, 254.
—— de l'Hôtel-Dieu transformé en caserne. Les administrateurs refusent l'indemnité qui leur est offerte par la commune, 269, 270.
—— de l'Hôtel-Dieu (Visite de la maison du) par les commissaires de la commune, 265.

C

Cadavres enlevés par des chirurgiens au cimetière de Clamart, 11.
—— enlevés au cimetière de Clamart. Commerce qui en est fait à raison d'un louis pièce (1780), 78.
—— *idem*, 134.
Cahiers de visites du médecin, 186.
—— remis aux députés de Paris, 253.
Carême (Boucherie de), 10.
Caserne établie dans la maison du Bureau de l'Hôtel-Dieu. Protestations des administrateurs (1789), 254 et suiv. — Nouveaux mémoires, 256, 257, 259 et suiv.
Célibat imposé à toutes les personnes employées à l'Hôtel-Dieu, sauf aux élèves sages-femmes, 8.
—— aux apothicaires, 120.
Cérémonial du service solennel célébré à Notre-Dame à l'occasion de l'incendie de 1772, 21.
Change de vieilles espèces d'or provenant de la caisse des Incurables (1790), 268.
Chapitre de Notre-Dame. Il blâme l'opposition faite par les religieuses à l'exécution du nouveau règlement, 209.
Châtelet (Petit) évacué, 123.
Cherté des vivres, 10.
Chirurgie (Collège de). Suite du conflit au sujet des gagnant maîtrise, 67, 68.
—— (Observation d'un fait de), 3.
Chirurgiens. Ils sont consultés sur les améliorations à apporter dans l'hygiène de l'Hôtel-Dieu, 102.
—— étrangers à l'Hôtel-Dieu. Défense de les laisser assister aux opérations, 4.
—— externes. Examen annuel pour les faire passer dans la classe des commissionnaires, 8.
Chœur nouveau des religieuses. Établissement de stalles, 151.
Cimetière de Clamart, 11, 70, 170.
—— Travaux exécutés (1769), 9.
—— Plaintes des voisins, 56.
—— On y transporte les ossements exhumés de l'ancien cimetière des Quinze-Vingts. 80.
Cimetière de Clamart. On demande à l'Hôtel-Dieu l'autorisation d'y ensevelir les cadavres des suicidés, 91.
—— Nouvel enlèvement de cadavres, 91.
—— Transport des ossements provenant de la paroisse Saint-Jacques-la-Boucherie, 111.
—— Reconstruction du mur de clôture, 115.
—— Nouvel envoi d'ossements provenant du caveau de la *chapelle des peintres*, 115.
—— On y transporte des ossements provenant de l'ancien cimetière des Innocents, 276.
Cimetière Saint-Roch. La fabrique demande que les ossements en soient transportés au cimetière de Clamart, 147.
—— de Saint-Roch transféré au bas de Montmartre, 147.
Clefs des archives de l'Hôtel-Dieu. Récépissé par Laurent de Jussieu (1789), 267, 268.
Code administratif (Projet d'un), 106.
—— général des hôpitaux (Projet de), 134.
Colisée ou cirque royal (Spectacle du), 112.
Collège Louis-le-Grand, 157.
Combat de taureaux du faubourg Saint Laurent, 44.
Comité de Sainte-Opportune (1790), 276.
Commission de réforme des hôpitaux. Sa composition (1777), 58.
Communauté de l'Hôtel-Dieu. Bâtiment reconstruit, 66.
Compte rendu des sommes employées à la reconstruction de l'Hôtel-Dieu, 149.
Conciergerie. Absence d'infirmerie dans cette prison. Ses malades envoyés à l'Hôtel-Dieu, 2.
—— Le Bureau refuse de prendre les morts de cette prison pour les enterrer à Clamart; puis y consent provisoirement, 151, 152.
Conférence chez le garde des sceaux Miromesnil pour traiter des questions relatives aux hôpitaux de Paris (1777), 57, 58.
Conférences des commissaires du Bureau avec M. Colombier au sujet de la réorganisation de l'Hôtel-Dieu, 94 et suiv., 126.
Confessionnal neuf dans la salle des accouchées, 27.
Conflit entre le Bureau et le chapitre de Notre-Dame à l'occasion d'un service funèbre en l'honneur de Louis XV célébré dans l'église de l'Hôtel-Dieu, 32, 33.
—— entre les religieuses et les administrateurs de l'Hôtel-Dieu, 205 et suiv.
—— entre l'Administration et les religieuses au sujet du règlement de 1787; nouvelles observations du Bureau, 229-231.
—— Tentative inutile de conciliation par le chapitre de Notre-Dame auprès des religieuses, 232.
—— entre les religieuses de l'Hôtel-Dieu et le chirurgien Desault. Plaintes des premières; réponse de Desault. Conclusion du Bureau favorable au chirurgien, 240-249.
Confrérie de Saint-Julien-le-Pauvre, 145.
Consultations externes à l'Hôtel-Dieu, 222.
Convalescents. On renverra tous les jours ceux qui peuvent quitter l'hôpital, 85.
—— Considérés comme un fléau pour l'Hôtel-Dieu, 177.
—— On fera sortir chaque jour ceux qui seront en état de quitter l'Hôtel-Dieu, 187.
—— employés comme infirmiers; abus que cet usage entraîne, 218.
—— Ils se perpétuent à l'Hôtel-Dieu pendant des années entières, 218.
—— Ils rançonnent les malades et volent tout ce qui leur tombe sous la main 219.
—— ou domestiques sans gages supprimés, 228, 229.
Convois. Ils n'auront lieu en été que le matin à 7 heures 1/2, 109.
Correspondance de M. Joly de Fleury avec le Bureau au sujet des nouvelles constructions de l'Hôtel-Dieu, 113.
—— du chirurgien Desault refusée à la mère prieure, 229.
Coutume d'Étampes, 153.
Croix Rouge (La), 282.
Cure de l'Hôtel-Dieu, indépendante de celle de la Madeleine en la Cité, 128.

D

Décès à l'Hôtel-Dieu. Il est défendu d'en faire connaître le nombre au public, 48, 49.
Démission des administrateurs de l'Hôtel-Dieu lors du parlement Maupeou, 12.
—— des administrateurs de l'Hôtel Dieu, 253.
—— des administrateurs fixée au 15 avril 1791, 279, 280.
—— définitive de l'ancienne Administration de l'Hôtel-Dieu, 285.
Devoirs religieux. Les domestiques de l'apothicairerie ne devront pas manquer de les remplir, 119.
Directoire du département. Il est avisé de la démission des administrateurs de l'Hôtel-Dieu, 280.
District de Notre-Dame, 254.
Domaine de l'Hôtel Dieu. Observations du Bureau, 74.
Domestiques de l'Hôtel-Dieu. Règlement de service, 198, 199.
Domestiques de l'Hôtel Dieu (État des), 206.
—— de l'Hôtel-Dieu. Leurs plaintes contre les religieuses qui les avaient diffamés dans un mémoire adressé à l'Assemblée nationale, 286, 287.
Domicile de secours, 86.
Don annuel de 50,000[#] promis par le Roi pour aider l'Hôtel-Dieu dans ses dépenses de reconstruction, 33.
—— de la princesse de Nassau (1769), 9.

Donation Goudon, 252.
Droits curiaux de la Madeleine en la Cité sur l'Hôtel-Dieu, 12.
—— curiaux de Sainte-Marie-Madeleine en la Cité sur l'église de l'Hôtel-Dieu; procédure, 56. — Conflit avec l'Hôtel-Dieu, 67.
—— curiaux de la paroisse de la Madelaine en la Cité sur l'Hôtel-Dieu; le curé de la Madelaine est débouté, 128.
Droits d'entrée supprimés; pertes occasionnées à l'Hôtel-Dieu par cette suppression, 282.
Droit des pauvres, 70, 146, 156.
—— des pauvres étendu aux spectacles établis sur les anciens boulevards, 32.
—— des pauvres. Remise au sieur Nicolet, 88.
—— des pauvres. Définition de ce qu'on appelle *un spectacle*, 112.
Droit sur les spectacles diminué en raison des circonstances (1790), 268, 269.
Droit sur les spectacles. Le produit en diminue beaucoup (1790), 274.
—— sur les spectacles. Les directeurs du théâtre des Variétés demandent une diminution, 274, 275.
—— sur les spectacles. Suppression des commis employés à la perception de ces droits, 278.

E

Eau à l'hôpital Saint-Louis (Fourniture d'), 92.
Eaux de Belleville. Leur mauvaise qualité, 92.
Église de l'Hôtel-Dieu. Travaux projetés, 144.
Égouts autour de l'hôpital Saint-Louis (Construction d'), 142.
Égout de l'hôpital Saint-Louis, 185.
Électricité appliquée au traitement des maladies nerveuses. Proposition du physicien Comus. Objections du Bureau quant au local, 128, 129.
Élèves en chirurgie malades. Règlement pour leur réception à l'Hôtel-Dieu (1778), 59.
—— en médecine. Cinq seulement accompagneront le médecin dans sa visite, 186.
—— sages-femmes. Règlement, 135. On n'admettra à l'Hôtel-Dieu que des femmes françaises, 136.
Enceinte nouvelle de Paris. Terrains cédés au Roi par l'Hôtel-Dieu (1788), 233.
Enfants nés à l'Hôtel-Dieu. Défense d'inviter les personnes du dehors à servir de parrains et de marraines, 90.
—— nouveaux-nés. Ils devront être baptisés le jour de leur naissance, 135.
État civil. Les registres en sont tenus à l'Hôtel-Dieu par les prêtres, 7.
—— civil des malades décédés à l'Hôtel-Dieu. Les prêtres de l'Hôtel-Dieu ne doivent percevoir aucun droit d'expédition, 67.
—— civil des malades décédés à l'Hôtel-Dieu. Mesures prises par le Bureau pour qu'il soit toujours connu, 281.
États généraux des recettes et des dépenses de l'Hôtel-Dieu envoyés à M. Necker, 253.
Étrangers reçus à l'Hôtel-Dieu comme les nationaux, 85.
Examen annuel des chirurgiens externes qui devront être promus commissionnaires, 8.
Excuses faites par un chirurgien de Saint-Louis à un malade qu'il avait frappé, 110.
Exemption des droits d'octroi remplacés par une indemnité annuelle de 212,000# pour l'Hôtel-Dieu, et de 36,000# pour les Incurables. Observations du Bureau; réponse de M. de la Boulaye à ces observations, 233, 234.
Exhumation des corps, miraculeusement conservés, de deux anciennes religieuses, 144.

F

Faubourg Montmartre, 273.
Femme enceinte. Son mari s'oppose, par exploit d'huissier, à ce qu'elle soit reçue à l'Hôtel-Dieu, 160.
Femmes grosses ou en couches. Mesures prises pour éviter la fièvre puerpérale, 60, 61.
—— grosses syphilitiques. Elles ne seront pas reçues à l'Hôtel-Dieu, 134.
—— grosses. Aucun chirurgien du dehors ne sera admis dans leur salle, 136.
—— grosses. L'entrée de leur salle n'est pas accordée à un chirurgien allemand, 165.
Femmes grosses et accouchées. On leur apporte du dehors trop d'aliments, 217.
—— grosses de l'Hôtel-Dieu. Elles adressent un mémoire au Roi pour se plaindre du nouveau règlement, 224.
—— grosses couchées jusqu'à quatre dans un lit, 225.
Fief de la Grange-Batelière, 9.
—— de l'Hôtel-Dieu à Argeville, 153.
Fièvres guéries sans remède, 145.
Fièvre puerpérale. Conférence des médecins de l'Hôtel-Dieu (1778), 60.
Fièvre puerpérale. Succès de M. Doulcet. Publicité qui leur est donnée. Mémoire publié par les soins du Bureau, 125, 126, 127, 130, 140.
Foire Saint-Laurent, 70, 88, 160.
Fondation de Nevers, 12.
Fondé de pouvoirs de l'Hôtel-Dieu (Nomination d'un), 283.
Fusils donnés aux quinze gardes de l'Hôtel-Dieu, 47.

G

Gardes de l'Hôtel-Dieu choisis au nombre de quinze parmi les anciens gardes françaises, 22.
—— nationaux malades. Ils doivent être traités non à l'Hôtel-Dieu mais au Gros-Caillou, 277.
Garde du Petit-Pont pour la sûreté de l'Hôtel-Dieu, 20.
Gages de la maîtresse sage-femme, 134.
Galeux non reçus à l'Hôtel-Dieu, 185.
Gaspillages dans le service de la boucherie, 219.
Grains. Défense de les porter ailleurs qu'aux marchés publics, 249.
Grande confrérie. Elle célèbre son office dans l'église de l'Hôtel-Dieu, 279.
Grange-Batelière, 9.
Greniers de l'Hôtel-Dieu ouverts pour recevoir les malades, 2.
Grille de fer entre l'opérateur et les élèves chirurgiens. Projet, 96.
Guinguette chinoise. Nouveau spectacle de la foire Saint-Laurent, 160.

H

Hiver de 1789. Provision de charbon de l'Hôtel-Dieu empêchée, 238.
Hommes vivants et mourants de l'Hôtel-Dieu, liste qui doit en être faite, 153.
Hôpital général. Mauvais état de ses finances (1790), 275.
—— général. Mortalité de 1767, 204.
—— Sainte-Anne. Il reçoit une partie des bœufs de l'Hôtel-Dieu (1768), 1.
—— Sainte-Anne. Historique, 202, 203.
—— Sainte-Catherine. Les religieuses de cet hôpital ensevelissaient les noyés suicidés, etc., 91.
—— Saint-Louis. Réflexions du Bureau sur sa destination, 142.
—— Saint-Louis. Fermé, 160.
—— Saint-Louis. Les administrateurs de l'Hôtel-Dieu le considèrent comme un chef-d'œuvre, 182.
—— Saint-Louis. Lavoir, écoulement des eaux, 185.
—— Saint-Louis. Efforts du Bureau pour lui conserver son affectation ancienne. Le baron de Breteuil insiste pour sa désaffectation, 189, 190.
—— Saint-Louis. Sa population moyenne, 189.
Hôpital Saint-Louis. Nouveaux projets du Gouvernement, 191.
—— Saint-Louis. Un dépôt de mendicité y est provisoirement établi en 1749, 204.
—— Saint-Marcel, 202, 203.
Hôpitaux de Paris. Conférence chez le garde des sceaux, 57.
—— de paroisse, 183.
—— nouveaux. Objections des administrateurs de l'Hôtel-Dieu aux projets du gouvernement, 199, 200 et suivantes.
—— nouveaux. Opposition de l'Administration de l'Hôtel-Dieu. Nouveau mémoire, 200 à 204.
Hôtel-Dieu. Lettres patentes de 1774 qui ordonnent sa démolition et son dédoublement entre Saint-Louis et Sainte-Anne, 24.
—— Projet de le transférer à l'hôpital Saint-Louis, 24.
—— Son insalubrité prétendue combattue par le Bureau, 34.
—— Projet de le transférer aux Invalides, 45.
—— Travaux intérieurs, 55.
—— On renonce à le déplacer (1778), 63.
—— reconstruit. On y transfère les malades qui avaient été soignés jusque-là à Saint-Louis (1779), 71.
Hôtel-Dieu. Aménagement des nouvelles salles, 73.
—— C'est une *maison libre* qui ne peut recevoir des prisonniers malades, 77.
—— Reconstruction. Projet Poyet, 163.
—— Projets de transfèrement. Correspondance de Bailly avec le bureau de l'Hôtel-Dieu, 164.
—— Sa salubrité affirmée par les administrateurs, 169.
—— Construction de deux étages au-dessus de l'office du chiffon, 169.
—— Projet de le diviser; nouveau mémoire des administrateurs pour le faire échouer, 181 et suivantes.
—— Agrandissement proposé par le Bureau pour contre-balancer les nouveaux projets du Gouvernement (1787), 204.
—— appelé par les religieuses *Métropole des hôpitaux*, 292.
—— Idée exagérée qu'on se fait de sa richesse, 292.
Hospice Saint-Sulpice, 104.
Hospitalières de la Roquette, 191.
Hygiène. Progrès réalisés à l'Hôtel-Dieu, 100.

I

Île des Cygnes. Projet d'y transférer l'Hôtel-Dieu, 163.
Incendie de l'Hôtel-Dieu en 1772. Service solennel à Notre-Dame, 21.
—— à l'Hôtel-Dieu (Commencement d') (1774), 32.
—— dans la salle du Rosaire (Commencement d'), 114.
Incurables. Fondation de lits (1770), 11.
—— Fondation de lits par l'abbé Quignon, 7.
—— les femmes seront tenues de garder l'uniforme de la maison, 43.
—— il leur est interdit de sortir les dimanches et jours de fêtes, 48.
Incurables (Hospice des). Ses affaires embarrassées en 1690, 51.
—— le premier président du Parlement y avait un appartement, 51.
—— le Bureau regrette de ne pouvoir satisfaire au désir de la Reine, qui voulait y faire entrer une personne, 53, 54.
—— l'Administration refuse la sortie d'un administré; motifs qu'elle fait valoir, 55.
—— Deux salles de cet hospice transformées en greniers à blé, 131.
—— sortie et rentrée des pensionnaires, 252.
—— six pensionnaires de l'hospice forment une garde bourgeoise (1789), 253.
Incurables, lit réservé à l'ordre des avocats, 271, 272.
——, lit à la nomination du maire de Paris, 276.
—— le Bureau se plaint de l'insubordination qui y règne, 282.
Infirmiers et infirmières; règlement de service, 199.
Inhumation à l'Hôtel-Dieu du premier chirurgien Moreau, 169.
Invalides (Hôtel royal des), projet de le transformer en Hôtel-Dieu, 45.
Jeu de barres défendu à l'hospice des Incurables, 144.

J

Journée de malade évaluée à 1 franc, 182.

L

Lait; defense d'en donner aux femmes enceintes à l'Hôtel-Dieu, 137.
Lavage des salles de l'Hôtel-Dieu, 145.
Layettes fournies gratuitement par l'Hôtel-Dieu, 137.
Legs Acarin de la vigne; répartition de 127,000 livres entre les paroisses de Paris (1778), 65, 66.
Lépreux refusé à l'Hôtel-Dieu, 170.
Lits nouveau modèle pour l'Hôtel-Dieu; observations des médecins et des chirurgiens, 104, 105.
Lits pour l'Hôtel-Dieu; nouveau modèle, 104.
—— doubles pour les maladies légères. — Ceux destinés aux malades plus gravement atteints auront une largeur de 5 pieds 2 pouces, 111. — doubles à cloison, 192.
Louis-le-Grand. (Collège), 157.

M

Maison de Scipion Sardini, 115.
—— à acquérir pour les nouvelles constructions de l'Hôtel-Dieu, 112.
Maître au spirituel; des reproches lui sont adressés par le Bureau pour avoir autorisé des prêtres étrangers à célébrer une messe dans l'église de l'Hôtel-Dieu, 50.
Maîtrise en pharmacie; frais de réception, 103.
Malades couchés seuls. Projet d'avoir à l'Hôtel-Dieu 1,000 lits à un seul malade *ayant domicile* à *Paris*, 86.
—— défense de les changer de lit sans le consentement du médecin, 187.
—— de force. Résistance de l'Administration, 79.
—— de la campagne et de l'étranger. Projet de les envoyer à Saint-Louis, 86.
—— de l'Hôpital général envoyés à l'Hôtel-Dieu, 238.
—— de l'Hôtel-Dieu envoyés après leur guérison dans les maisons de l'Hôpital général; règlement, 139.
—— de l'Hôtel-Dieu. Il leur est défendu de sortir de l'Hôtel-Dieu le matin pour y rentrer le soir, 148.
—— entrant à l'Hôtel-Dieu. Ils devront être visités sans retard, 153.
—— de l'Hôtel-Dieu. On recherche la proportion entre ceux qui habitent Paris et ceux qui viennent de la Province, 278, 279.
—— de l'Hôtel-Dieu. On se préoccupe sérieusement de les coucher seuls (1777), 58.
—— envoyés de l'Hôtel-Dieu, après leur guérison, à l'Hôpital général, plaintes des administrateurs de l'Hôpital général, 133.
—— Il y aura toujours un chirurgien de garde pour les visiter lorsqu'ils se présenteront à l'Hôtel-Dieu, 52.
—— Ils doivent être considérés comme les *maîtres et seigneurs* de l'*Hôtel-Dieu*, 210.
—— Leur grand nombre à l'Hôtel-Dieu et à Saint-Louis pendant l'hiver de 1789, 238.
Malades. Leur mauvais régime alimentaire, 218.
—— Leur nombre affiché dans l'église de l'Hôtel-Dieu et intentionnellement grossi, 137, 138.
Malfaiteurs réfugiés à l'Hôtel-Dieu. Le bureau de la sûreté est autorisé à les y rechercher, sauf dans la salle des accouchées, 56, 57.
Mare voisine de l'hôpital Saint-Louis. Les médecins en demandent le dessèchement, 154.
Matelas des lits de malades; leur composition, 100.
Matériaux provenant des parties incendiées de l'Hôtel-Dieu, vendus 388 livres, 77.
Médecin (Projet d'un) pensionnaire de plus, 117.
Médecins. Plaintes du bureau contre eux (1771), 13.
—— expectants. Leurs fonctions (1771), 13.
—— ordinaires et expectants. Résumé des délibérations qui les concernent, 14, 15, 16, 17, 18, 19.
—— résidents. Projet d'en avoir à l'Hôtel-Dieu (1771), 14.
—— de l'Hôtel-Dieu, consultés sur plusieurs points des projets de réorganisation de l'Hôtel-Dieu, 100.
—— Leur nombre devrait être augmenté, 101.
—— Note sur la répartition du service entre eux, 116 et 117.
—— Ils se plaignent de n'être pas assez nombreux, 118.
—— ordinaires; leur nombre augmenté, 125.
—— de l'Hôtel-Dieu. Ils demandent que leur nombre soit augmenté (1783), 146.
—— Mesures prises par le Bureau en cas d'indisposition de plusieurs médecins ordinaires (1785), 155.
—— Leurs observations sur la nouvelle répartition des services, 159.
—— de l'Hôtel-Dieu. Ils demandent que leur nombre et leurs honoraires soient augmentés, 185.
Médecins Leur deuxième visite se fera à 4 heures du soir, 186.
—— L'Administration les consulte sur diverses réformes à introduire dans l'Hôtel-Dieu, 226.
—— de l'Hôtel-Dieu. Ils réclament le droit de porter leur chaperon écarlate lors de leur réception, 238, 239.
Mémoire des médecins de l'Hôtel-Dieu, sur la répartition des services entre eux, 118.
—— du Bureau de l'Hôtel-Dieu, tendant à prouver qu'on peut agrandir l'Hôtel-Dieu sur place sans qu'il soit nécessaire de le transférer ailleurs, 167, 168 et suivantes.
—— sur le traitement de la fièvre puerpérale imprimé aux frais du Gouvernement et répandu dans les provinces, 130.
—— sur l'Hôtel-Dieu, fourni par les administrateurs aux commissaires de l'Assemblée nationale pour l'extinction de la mendicité, 271.
Mendicité (Commission pour l'extinction de la) 1790, 271.
Messe. Elle devra être entendue les dimanches et fêtes par les apothicaires de l'Hôtel-Dieu, 121.
Métiers à fabriquer la soie, invention du sieur Rivey, 273.
Mobilier des salles reconstruites (1779), 76.
—— des nouvelles salles. Forme et composition des lits; conférence avec M. Colombier, 107, 108.
—— des salles neuves de l'Hôtel-Dieu. Correspondance du Bureau avec M. Colombier, 193 à 195.
Mont-Liban (Religieux du). Ils célèbrent une messe dans l'église de l'Hôtel-Dieu, 50.
Morgue du Châtelet, 110.
Mortalité à l'Hôpital général en 1767, 204.
—— énorme à l'Hôtel-Dieu en 1562, 202.
Morts de l'Hôtel-Dieu. Ils devront être enlevés tous les jours (1778), 61.
Mousquetaires du Roi, 80.

N

Naissance du Dauphin. Réjouissances publiques; précautions prises à l'Hôtel-Dieu (1782), 122.

O

Octroi de 30 sols sur chaque muid de vin. Mémoire à M. Necker, 84.
—— (Exemptions d') à l'Hôtel-Dieu. Projet de convertir en deniers ces franchises, 171.
Octroi sur les vins, prorogé jusqu'au 1er avril.
—— Projet de remplacer les octrois au profit de l'Hôtel-Dieu par une somme fixe annuelle; objections du Bureau (1784), 150.
Opérations. Inconvénients de les pratiquer dans les salles de malades, 223.
—— Projet de séparer par une grille de fer le chirurgien de ses élèves, 96.

P

Palais Royal, 156.
Pain d'épice vermifuge employé à l'Hôtel-Dieu, 39.
Panthéon; spectacle nouveau au Palais Royal, 162.
Paralytiques, ils devront être reçus par l'Hôpital général, 22.
Pardons de l'Hôtel-Dieu. Leur peu de produit à la fin du XVIIIe siècle, 85.
Parlement. Son exil à Troyes, 199.
Paroisse de la Madeleine en la Cité, 11.
Peine capitale prononcée et exécutée contre un voleur de l'Hôtel-Dieu (1769), 8.
Pension annuelle et viagère de 300 livres au sieur Bonnot, inspecteur des salles de l'Hôtel-Dieu, 150.
—— viagère accordée par le Bureau de l'Hôtel-Dieu au sieur Bonnot (1789), 253.
Petit Châtelet, 133. — Le bureau refuse de payer au greffier de cette prison supprimée les 12,000 livres, prix de sa charge, 124.
Pitié (Hôpital de la), 115.
Place du Petit-Pont formée par la démolition du Petit Châtelet, 124.
Plaintes des religieuses contre le chirurgien Desault. Réponse de celui-ci, 237, 238.
Pont au Double. Projet de surélever le bâtiment qui y était construit, 161.
Pont au Double. Sa recette pendant les dix années qui précédèrent la Révolution, 291.
Précautions prises contre les vols à l'Hôtel-Dieu, 7.
Préséance (Conflit de) entre le bureau de l'Hôtel-Dieu et celui de l'Hôpital général, 6.
Prêtres malades. Une salle leur est réservée à l'Hôtel Dieu, 222.
Prieures de l'Hôtel-Dieu. Elles n'ont pas toujours, en raison de leur âge, toute la fermeté nécessaire, 220.
—— de l'Hôtel-Dieu. Elles ne sont nommées que pour trois ans, 220.
Prison de la Force, 126.
—— du Petit-Châtelet. Sa démolition annoncée (1782), 123.
Prisonnière envoyée à l'Hôtel-Dieu pour y faire ses couches; protestations du Bureau, 81.
Prisonnier de la Force délivré par les nouveaux administrateurs, 285.
—— du Petit-Châtelet délivré par l'archevêque lors de la procession à Sainte-Geneviève, le jour des Rameaux, 126.
—— malade amené à l'Hôtel-Dieu, 131, 132.
—— envoyé à l'Hôtel-Dieu; protestations du Bureau, 77.
Prisonniers malades. L'Hôtel-Dieu refuse de les recevoir, 2, 3.
Privilège des apothicaires gagnant maîtrise. Conflit avec la communauté des apothicaires, 64, 65.
—— des apothicaires gagnant maîtrise, reconnu par la communauté des apothicaires, 103.
Procédure singulière entre l'Hôtel-Dieu et un mari qui ne voulait pas que sa femme fît ses couches à l'Hôtel-Dieu, 160.
Procès-verbal de la remise des clefs des archives de l'Hôtel-Dieu à la commune de Paris, 266, 267.

Q

Quai Bignon, 124. — Quinze-Vingts, transférés faubourg Saint-Antoine, 80.

R

Rage. Les corps des malades morts de cette maladie seronts ouvert par le sieur Sallin, 140.
—— les médecins et les chirurgiens se disputent le traitement de cette maladie, 152, 153.
Reconstruction de l'Hôtel-Dieu. Le bureau *intermaire* adopte en principe le déplacement de cet hôpital et son tranfèrement hors de Paris. — Plans proposés par Chalgrin et Ledoux, 23, 24.
—— des parties incendiées de l'Hôtel-Dieu, 21.
—— de l'Hôtel-Dieu. Rapport du procureur général, membre du Bureau, 22, 23.
—— de l'Hôtel-Dieu. Mémoire du Bureau; observations du procureur général; objections de l'Administration, 25, 26-30.
—— de l'Hôtel-Dieu. Mémoire adressé au Roi par les religieuses de l'Hôtel-Dieu, 31.
—— de l'Hôtel Dieu. Le Bureau adresse des représentations au Roi, au sujet de la nomination de Chalgrin et de Ledoux comme architectes chargés de cette reconstruction (1773), 32.
—— de l'Hôtel-Dieu. Défenses faites au sieur Bonnot, inspecteur des bâtiments, de communiquer aux religieuses les plans des projets, 33.
Reconstruction de l'Hôtel-Dieu. Mémoire de M. Lecouteulx de Vertron au nom du Bureau. 34 à 39.
—— de l'Hôtel-Dieu, devis des travaux pour réédifier les parties incendiées, 42.
—— de l'Hôtel-Dieu. Mémoire de la prieure et des religieuses au Bureau pour la reconstruction de la communauté, 44, 45.
—— de l'Hôtel-Dieu. Infirmerie des religieuses, 69, 70.
—— de l'Hôtel-Dieu. Compte-rendu des sommes qui y ont été employées, 149.
Redevance de 60 livres d'huile à brûler due par l'Hôtel-Dieu au Petit-Châtelet et transportée au Grand-Châtelet, 132.
Redoute chinoise. Spectacle nouveau (1781), 112.
Réforme de l'Hôtel-Dieu. Projets; assemblée chez M. Necker, 86.
—— des hôpitaux. Conférence chez le garde des sceaux (1777), 57, 58.
—— Réforme des hôpitaux. Part qu'y prennent M. et Mme Necker (1780), 81.
Réforme des hôpitaux. Rôle actif joué par M. Colombier, médecin, au nom de M. Necker, 92, 93, 94 et *passim*.
—— des hôpitaux. Travaux des commissaires de l'Académie des sciences, 172, 173.
Réformes réclamées par le chirurgien Desault, 228.
Régime alimentaire des malades de l'Hôtel-Dieu. Abus signalés par les médecins (1780), 86.
—— alimentaire de chaque malade. Il sera indiqué à la suite de l'ordonnance, 99.
—— alimentaire. Obstacles qui s'opposent à ce que les ordonnances des médecins soient fidèlement exécutées, 102.
—— alimentaire nouveau. Les médecins sont priés de préparer un règlement, 181.
—— des nouvelles salles de l'Hôtel-Dieu. Les médecins se réfèrent au mémoire présenté par leurs prédécesseurs en 1756 (1787), 185.
—— alimentaire des malades, 187.
—— alimentaire. Il ne doit être abandonné à la discrétion ni des religieuses ni des convalescents, 216.

Régiment provincial de Paris. Ses soldats soignés à l'Hôtel-Dieu, 146.
Règlements faits par l'Administration de l'Hôtel-Dieu. Ils n'ont pas besoin d'être homologués pour être exécutoires, 221.
Règlement fixant l'heure et les conditions des visites faites aux malades par leurs parents ou amis, 19 et 20.
—— de l'apothicairerie, 119 à 121.
—— de la visite des malades qui se présentent à l'Hôtel-Dieu, 53.
—— nouveau du 16 juillet 1787. Une copie en est remise à tous les médecins de l'Hôtel-Dieu, 235.
Règlements nouveaux projetés, 106.
Règlement pour le service et le régime des salles neuves, communiqué pour avis aux médecins de l'Hôtel-Dieu. Texte du projet de règlement, 186.
—— sur le nouveau régime des salles. Opposition des religieuses, 205 et suivantes.
Religieuses de l'Hôtel Dieu. Leur opposition, par acte judiciaire, à l'exécution du nouveau règlement de 1787, 205 et suivantes.
—— Elles ne doivent être que les *servantes* des malades, 210.
Religieuses. Elles se sont de tout temps appliquées à éluder les règlements de l'Administration, 210.
—— Leur imprudence dans la distribution des aliments, 210.
—— Leur prétention d'être indépendantes de l'Administration, 220.
—— Elles surchargent les malades de nourriture, 221.
—— Elles ne suivent pas toujours leurs constitutions, 221.
—— Leurs constitutions les obligent à rendre aux malades tous les services, même les *plus bas* et les plus pénibles, 211.
—— Leur opposition formelle aux projets de l'Administration pour la réforme de l'Hôtel-Dieu, 250.
—— Elles repoussent les accusations portées par elles contre les domestiques de l'Hôtel-Dieu, 287.
Remède proposé à l'Hôtel-Dieu; rejet (1779), 77.
Remèdes administrés aux malades par des personnes étrangères à l'Hôtel-Dieu, 8.
Renseignements demandés par le Directoire du département à l'Administration de l'Hôtel-Dieu et fournis par elle, 283, 284.
Reposoir établi par un particulier dans une des salles de l'Hôtel-Dieu. Défense du Bureau de renouveler cette entreprise, 128.
Revenu de l'Hôtel-Dieu. Établissement d'une moyenne annuelle de 1,074,382 livres, 86, 87.
Réverbères dans les cours de l'Hôtel-Dieu (1768), 1.
—— nouveaux dans l'Hôtel-Dieu (1772), 20.
Rivière d'Orge, 9.
Roquette (Hospitalières de la), 191, 192.
Rue des Hauts-Fossés-Saint-Marcel, 55.
Rue de la Bûcherie, 99.
Rue de la Bûcherie. Maison à acheter et à abattre pour les nouvelles constructions de l'Hôtel-Dieu, 114.
Rue du Carême-Prenant, 142.
Rue de Lourcine, 258.
—— du Marais, 185.
—— du Marché-Palu, 122.
—— Neuve-Notre-Dame, 122.
—— de Richelieu, 274.
Ruelle des Vinaigriers, 185.
Rues nouvelles à ouvrir autour de l'hôpital Saint-Louis. Objections du bureau de l'Hôtel-Dieu, 142.

S

Sacs de coutil attachés aux bras des malades et contenant leur nom, 281.
Sacristie de l'Hôtel-Dieu. Modifications dans la forme des comptes rendus par le sacristain, 46, 47.
Sage-femme maîtresse. Elle doit savoir administrer le baptême, 134.
Sages-femmes. Règlement de leur service, 134 à 137.
Saint-Julien-le-Pauvre, 145.
Saint-Louis. Il reçoit une partie des malades de l'Hôtel-Dieu après l'incendie de 1772, 33.
—— On y prépare deux salles pour recevoir les scorbutiques (1778), 62.
—— Visite de cet hôpital en vue de la réforme des hôpitaux (1780), 81, 82.
Saint-Louis. Mémoire de l'Administration pour conserver l'affectation spéciale de cet hôpital, 83.
—— Cet hôpital recevrait l'excédent de l'Hôtel-Dieu, les malades sans domicile, ceux de la campagne et de l'étranger, 86.
—— Historique sommaire, 202.
—— Projet de le démolir pour en faire un nouvel hôpital (1788), 232.
—— Requête au préfet de police pour en faire éloigner les fours à plâtre et à chaux, 235.
—— On se plaint de l'insalubrité de la salle Saint-Henri, 238.
Sainte-Anne (Ferme). Projet d'en acheter une partie pour servir de maison des champs au collège Louis-le-Grand, 157.
Sainte-Anne. Nouveaux projets du Gouvernement, 191.
—— Projet de le transformer en hôpital, 231.
—— Projet de le démolir pour le transformer en hôpital (1788), 232.
—— Sa démolition commencée, 233.
—— Démolition de cet hôpital. Vente des matériaux provenant de la démolition. Revendications du bureau de l'Hôtel-Dieu, 270.
Sainte-Geneviève-des-Ardens, 12.
Sainte-Madeleine en la Cité. Conflit avec l'Hôtel-Dieu, 67.
Sainte-Périne-de-Chaillot. Projet d'un hôpital à y établir, 191, 192.
Salle Saint-Côme réservée aux soldats, 145.
—— Saint-Louis, à l'Hôtel-Dieu, destinée aux aliénés, 2.
Salles de l'Hôtel-Dieu. Leur lavage trop fréquent, 145.
—— neuves de l'Hôtel-Dieu. Noms qui leur sont donnés, 75, 175, 176.
—— neuves. On y trouve encore les malades couchés deux et trois ensemble (1780), 85.
—— neuves de l'Hôtel-Dieu. Ameublement; literie; lits à un et à deux malades, 173.
Salles neuves de l'Hôtel-Dieu. Avances d'argent faites par le Bureau, 190.
—— nouvelles de l'Hôtel-Dieu. Ouvertes, 199.
Sangsues. L'administration se plaint de l'abus qui en est fait, 226.
Scorbut à Saint-Louis. Régime alimentaire prescrit par les médecins (1778), 62.
—— Salles préparées à Saint-Louis (1778), 62.
Scorbutiques nombreux à l'Hôtel-Dieu, 2.
Scrofules. Remède, 63.
Section de la Croix-Rouge, 282.
Séminaire d'Orléans. Seigneur de Juvisy, 9.
Sépulture nouvelle des religieuses à l'Hôtel-Dieu, 147.
Sermons antipatriotiques aux incurables, 282.
Sirops. Leur usage trop fréquent à l'Hôtel-Dieu, 226.
Soie (Fabrication de la). Procédé nouveau, 273.
Sortie des malades. Elle n'a lieu que trois fois par semaine, 228.
Souscription publique pour l'établissement de quatre nouveaux hôpitaux, 191.
Sous-inspecteur de l'Hôtel-Dieu (Création d'un deuxième), 22.
Spectacles. Diminution de leurs recettes (1790) 268, 269.
Spectacle du comte de Beaujolais, 162.

T

Taille de la pierre. Les opérations se font toujours en présence d'un membre du bureau (1782), 131.
Tarif des convois à l'Hôtel-Dieu, 47.
Terrain du Petit-Châtelet. Quel en sera l'emploi, 132.
—— du Petit-Châtelet. Son emploi, 133.
Terrain en face de la maison de Scipion cédé à l'Hôtel-Dieu par l'Hôpital général, 115.
Terrasse construite sur le terrain du Petit-Châtelet, 227.
Testaments des malades reçus par les prêtres de l'Hôtel-Dieu. Conflit avec les fermiers généraux qui veulent soumettre ces testaments aux droits d'enregistrement, 40.
Testaments. Ces réclamations sont reconnues fondées par les fermiers généraux, 41.
Transfèrement de l'Hôtel-Dieu. Efforts du Bureau pour l'empêcher, 167, 168 et suivantes.

U

Uniforme des domestiques de l'Hôtel-Dieu, 199.

V

Val-de-Grâce, 203.
Variétés (Théâtre des), 156, 157.
—— (Théâtre des) (1790), 274.
Variole (Inoculation de la). Défense aux médecins de la pratiquer (1770), 10.
Vauxhall d'été (Spectacle du), 112, 162.
Ventilateur de nouvelle invention à l'Hôtel-Dieu. Description de cet appareil, 154, 155.
Viande de carême. Fixation du prix de cette viande, 10.
Visite des malades (Heures et conditions de la), 19 et 20.
—— de l'Hôtel-Dieu par le ministre Joly de Fleury, 109.
—— de l'Hôtel-Dieu par les commissaires de l'Assemblée nationale (1790), 272.
—— des malades qui se présentent pour être admis à l'Hôtel-Dieu. Elle aura lieu toute la journée sans interruption, 52, 53.
—— du soir. Elle devrait être faite par les médecins expectants, 102.
Visites des malades de l'Hôtel-Dieu. Modification des heures d'entrée, 41.
—— des médecins. Elles auront lieu deux fois par jour pour les maladies aigues et les femmes en couches, 99.
Vœux perpétuels abolis par l'Assemblée nationale. Les religieuses de l'Hôtel-Dieu en demandent le maintien, 288.
Vols à l'Hôtel-Dieu, 7.
—— dans les jardins de l'hôpital Saint-Louis, 143.

TABLE DES NOMS DE PERSONNES.

A

Albert, lieutenant général de police, 41.
Aligre (D'), premier président du Parlement (1769), 7.
Amelot, secrétaire d'État, 81.
Amiot, 56.
Amy, premier chirurgien des Incurables, 140.
Arcelin, médecin expectant de l'Hôtel-Dieu (1769), 9 et 13.
Argouge (D'), conseiller d'État (1777), 57.
Asseline, grand-vicaire de l'archevêché (1781), 111.
Astley, écuyer fondateur du cirque de ce nom, 146.
Aubry, avocat au Parlement, administrateur de l'Hôtel-Dieu, 147, 285.

B

Bagel, médecin expectant, 239.
Bagel, médecin ordinaire de l'Hôtel-Dieu (1790), 271.
Bailly, de l'Académie des sciences (1786); maire de Paris, 163, 172, 256, 276.
Baland, 258.
Barentin (De), premier président de la Cour des aides, administrateur de l'Hôtel-Dieu (1775), 42.
Baron, médecin de l'Hôtel-Dieu, 20.
Basly, administrateur de l'Hôpital général, 130.
Bauer ou Boir, chirurgien allemand, 165.
Béjot, acheteur des blés nécessaires à la consommation de l'Hôtel-Dieu, 249, 276.
Bellanger, entrepreneur des travaux de l'Hôtel-Dieu (1779), 74, 185.
Belleteste, médecin de l'Hôtel-Dieu, 83.
Bercher, médecin expectant de l'Hôtel-Dieu (1769), 9.
Bernage (De), conseiller d'État (1777), 57.
Bertier de Sauvigny, intendant de Paris, 249.
Bertrand, huissier du Bureau, 257.
Bichois, libraire, 122.
Bidault de Montréal, 252.
Bignon, prévôt des marchands, 20.
Bochart de Saron, premier président du Parlement, administrateur de l'Hôtel-Dieu (1789), 239.
Boir (ou Bauer), chirurgien allemand, 165.
Bois-Basset (Abbé du), agent général de l'Église de Paris, 128.
Bonnefoy (De), de l'Assemblée nationale (1790), 271.
Bonnot, inspecteur de l'Hôtel-Dieu, 253.
Boscheron, administrateur de l'Hôpital général, 115.
Bosquillon, médecin expectant (1788), 235.
Bouillon, 252.
Boulée (Étienne-Louis), architecte, 93, 94.
Boullenois, administrateur de l'Hôtel-Dieu, 84.
Bourgoin (Claude), 257.
Brochant, administrateur de l'Hôtel-Dieu, 2
Brousse-Desfauchères, représentant de la Commune, 258.
Bruslé, entrepreneur des travaux de l'Hôtel-Dieu (1779), 74.
Buisson, représentant de la Commune de Paris (1789), 255.

C

Cabanis, administrateur de l'Hôtel-Dieu, 285.
Cabany, premier compagnon chirurgien gagnant maîtrise, 3.
Cabany (François), premier chirurgien des Incurables, 140.
Cadet (De Gassicourt-), de l'Académie des sciences, 65.
Cadet de Vaux, 65.
Cagnion, premier gagnant maîtrise, 130.
Cagnon, chirurgien à Saint-Louis, 165.
Cahier de Gerville, 265.
Calonne (De), 146, 171.
Campion, entrepreneur de bâtiments, 185.
Cauchy, secrétaire de l'Administration de l'Hôtel-Dieu, 286.
Caumartin (De), 142.
Caumartin (De), prévôt des marchands, administrateur de l'Hôtel-Dieu, 67.
Célérier, 265.
Chalgrin, architecte des bâtiments du Roi, 23.
Charton, inspecteur de l'Hôtel-Dieu, 56.
Chartres (Duc de), (1785), 156.
Charuel, sacristain de l'Hôtel-Dieu, 46.
Chastelus, lieutenant au Châtelet de Paris, administrateur de l'Hôtel-Dieu (1771), 13.
Chaumont, domestique de l'Hôtel-Dieu, 287.
Chavannes (De), 151.
Clavareau, architecte (1779), 74, 114.
Clavareau aîné (1790), 268.
Clavareau jeune (1790), 268.
Clopin, domestique de l'Hôtel-Dieu, 287.
Cloyes (De), 257.
Cochin, 139.
Cochin, administrateur de l'Hôpital général, 115.
Cochu, médecin de l'Hôtel-Dieu, 49.
Colombier, médecin, 92, 113.
Colonia (De), maître des requêtes, 171.
Comus (Le Dru), physicien, 128.
Cosme d'Engerville, premier compagnon chirurgien gagnant maîtrise, 3.
Cousin, administrateur de la municipalité de Paris, et de l'Hôtel-Dieu, 282, 285.
Coutavoz, médecin de l'Hôtel-Dieu (1788), 235, 252.
Crosne (De), lieutenant général de police, 172.

D

Dangy, 265.
Daniès-Despatureaux, médecin expectant, 20, médecin ordinaire (1775) 34.
Defer (Anne), 273.
Dehent, commissaire de la section Notre-Dame, 287.
Dejean, doyen des médecins de l'Hôtel-Dieu, 146, 171, 185.
Delavigne (A.), commissaire des guerres, 65.

Delessart, ministre des Finances et de l'Intérieur (1791), 281.
Delorme, domestique de l'Hôtel-Dieu, 287.
Denoux (Pierre), curé de Sainte-Madeleine en la Cité, 56.
Derouville, receveur de l'Hôtel-Dieu, 285.
Desault, premier chirurgien de l'Hôtel-Dieu (1785), 158, 227, 228.
Desmalpeines, administrateur de l'Hôtel-Dieu, 7.
Désormeaux, commissaire de police, 11.
Despont (Philippe), docteur en théologie, 48.
Doucour (Veuve), 67.
Dorfeuil, entrepreneur des Variétés amusantes (1785), 156.
Dorival, commissaire de police, 8, 79, 80.
Doviscel, 67.
Doucet, médecin ordinaire de l'Hôtel-Dieu (1769), 9, 130.
Dubertrand, maître chirurgien à Paris, 3.
Dubut, premier chirurgien en survivance de l'Hôtel-Dieu, 31.
Dudouit, prêtre, 252.
Dugès (Demoiselle), maîtresse sage-femme de l'Hôtel-Dieu, 128.
Duhaume, médecin de l'Hôtel-Dieu (1782), 83, 125.
Dumas (Jean-Baptiste), premier chirurgien des Incurables, 162.
Dumont, représentant de la commune de Paris (1789), 255.
Duplessis (Roger), seigneur de Liancourt, 11.
Dupont, commissaire de la boucherie, 10.
Duport, 56.
Duportault, administrateur de l'Hôtel-Dieu, 5.
Durand, président du district de Notre-Dame, 263.
Du Tremblay, 139.

F

Ferrand, premier chirurgien de l'Hôtel-Dieu, 44, 127 et 158.
Foucault-Dumonteil, chanoine, 77.
Foulquier, 145.
Frasne (De), médecin expectant de l'Hôtel-Dieu (1790), 271.
Fromonville (De), administrateur de l'Hôtel-Dieu, 7.

G

Gaillard, 56.
Gaillard, entrepreneur de l'Ambigu-Comique (1785), 156.
Garnier, ancien bailli de Joux, 55.
Garnier, représentant de la commune de Paris (1790), 269.
Gerville (Cahier de), 265.
Gery, maître au spirituel, 67.
Gillet, commissaire de police, 170.
Gissey, premier président de l'élection de Paris, administrateur de l'Hôtel-Dieu (1771), 13.
Goislard (Dame), 153.
Goudon (Mathieu), intéressé dans les affaires du Roi, 252.
Goyard, domestique de l'Hôtel-Dieu, 287.
Grancher (Charlotte), 160.
Granjean, chirurgien oculiste de l'Hôtel-Dieu (1773), 31.
Grébau, lieutenant général de police, 81.
Guillomeau, architecte du Roi, 94.
Guillon, négociant à Nantes, 252.
Guillot de Montjoie (L'abbé) (1782), 126, 143.
Guinet (Claude), 79.

H

Hadot (Rémy), 257.
Harcourt (Abbé d'), 23.
Harrouard, secrétaire du Roi à la Rochelle, 85.
Hauguel, secrétaire-greffier de la section Notre-Dame, 287.
Havard, notaire à Paris, 252.
Henry, administrateur de l'Hôpital général, 132.
Hérissant, imprimeur à Paris, 287.
Hocquart, premier président de la Cour des aides, administrateur de l'Hôtel-Dieu (1789), 239.
Hurel, interne en chirurgie à l'Hôtel-Dieu, 165.

J

Joly (De), 258.
Joly de Fleury, 112, 113.
Jouane de Saint-Martin, lieutenant de maire, 265.
Jussieu (De) (1789), 264, 265.

L

La Belouze (De), conseiller à la Grand' Chambre, 51.
La Boulaye (De), intendant des finances (1788), 233, 256.
La Chaume (De), 287.
La Fayette (Marquis de), 254 et 264.
Lambon (De), 147.
La Millière (De), 86, 206.
Lamoignon de Malesherbes, 47.
Lamoignon (Président de) (1786), 171.
Landragin, concierge de la Force, 285.
Langlois fils, imprimeur à Paris, 293.
La Perche, sous-pannetier de l'Hôtel-Dieu, 249.
La Rozière (Thuriot de), représentant de la commune de Paris (1789), 255.
Lasalle, entrepreneur de spectacle, 162.
Lasnier, 8.
La Sonne (De), médecin (1777), 57.
Lasseray, garde de la mercerie de Paris, 107.
Lataignant (Abbé de), 160.
La Touche (De Beaubois de), 67.
Launay (De), pannetier de l'Hôtel-Dieu, 249.
Laurent, 56.
Law, contrôleur général des finances, 9.
Leblanc, externe en chirurgie, 131.
Le Brun, inspecteur des bâtiments de l'Hôtel-Dieu (1790), 268.
Lecamus, administrateur de la municipalité de Paris, 282.
Leclerc de Juigné, archevêque de Paris (1782), 126.
Léeluse, 156.
Lecœur, jardinier-fleuriste, 55.
Ledoux, architecte des bâtiments du Roi, 23.

Le Dru (Comus), physicien, 128.
Lefèvre, huissier au Parlement, 160.
Lehoc, médecin ordinaire de l'Hôtel-Dieu, 9.
Lemonnier, chirurgien de l'hôpital des Incurables, 130.
Lenoir, lieutenant général de police, administrateur de l'Hôtel-Dieu (1775), 40, 48.
Lepelletier de Morfontaine, prévôt des marchands, administrateur de l'Hôtel-Dieu, 158.
Le Preux, médecin de l'Hôtel-Dieu, 238.
Leprévot (Antoine), avocat au Parlement, 160.
Le Rebours (Président), 157.
Lesserier, représentant de la commune de Paris (1789), 255.
Le Vacher de la Feutrie, médecin expectant, 130, 149 et 271.
Levasseur (P.-Marie), 285.
Levéville, greffier du Bureau, 265.
Liancourt (La Rochefoucauld)(1790), 271, 927.
Ligneül (Jean-Simon de), huissier au Parlement, 205.
Louis (Charles), maître menuisier, 273.

M

Magendie (Antoine), chirurgien externe, 48.
Magendie, chirurgien à Saint-Louis, 110.
Maillard, huissier aux requêtes de l'Hôtel-Dieu, 56.
Malaret (Abbé de), 12.
Mallet, médecin expectant puis médecin ordinaire de l'Hôtel-Dieu, 49, 83, 92, et 152.
Marchais de Migneaux, correcteur de la Chambre des comptes, administrateur de Dieu (1769), 7, 60.
Marrier de Vossery, conseiller de la Cour des monnaies, administrateur de l'Hôtel-Dieu (1769), 7.
Martin, trésorier de France, administrateur de l'Hôtel-Dieu (1778), 67.
Mathieu, externe en chirurgie, 131.
Mathivet, compagnon chirurgien, 130.
—— chirurgien à Saint-Louis, 165.
Maubert, agent des affaires de l'Hôtel-Dieu, 56, et 283.
Mauguin (Françoise), 67.
Maupeou fils (De), garde des sceaux (1769), 7.
Maurepas (De) (1776), 45.
Melon (L'abbé), 143.
Mercier (J.-François), 285.
Michodière (De la), conseiller d'Etat, administrateur de l'Hôtel-Dieu (1772), 20.
Milan, directeur de spectacles, 162.
Millière (De la), 86, 206.
Millière (Chaumont de la), maître des requêtes, 57.
Millin de la Courvault, médecin expectant de l'Hôtel-Dieu, (1784), 149.
Miromesnil (De), garde des sceaux (1777), 57.
Montabourg, médecin ordinaire (1775), 34.
Montaigu (De), médecin expectant de l'Hôtel-Dieu (1790), 271.
Montansier (D^lle), directrice de théâtre, 278.
Montaran (De), maître des requêtes, 251.
Montbarey (Prince de), ministre de la guerre (1779), 47, 77 et 79.
Montgolfier, administrateur de l'Hôtel-Dieu (1771), 13.
Montréal (Bidault de), 252.
Mopinot, conseiller au Châtelet, administrateur de l'Hôtel-Dieu, 51 et 138.
Moreau, premier chirurgien de l'Hôtel-Dieu, 2, 59 et 169.
Moreau, architecte de la ville, 81.
Morel, curé de Saint-Jacques-la-Boucherie, 111.
Moriceau [?], auteur d'un traité des accouchements, 127.
Moulinot, administrateur de l'Hôtel-Dieu, 285.
Moustier, substitut du procureur général, administrateur de l'Hôtel-Dieu (1771), 13.
Mutel (François), 67.

N

Nassau (Princesse de) (1769), 9.
Naudin, compagnon chirurgien gagnant maîtrise, 42.
Necker (Mme), 81. — Necker, directeur général des Finances (1777), 57, 253.
Neuville (De), administrateur de l'Hôtel-Dieu, 12, 77.
Nicolai fils, administrateur de l'Hôtel-Dieu (1773), 31.
Nicolai (De), 258.
Nicolet, entrepreneur de spectacles, 88.
Noailles (Cardinal de), 9.
Normand, président du Comité de la section Notre-Dame, 287.

O

Olivier, conseiller au Châtelet, administrateur de l'Hôtel-Dieu, 172. — Outremont (D'), avocat (1777), 57.

P

Paillette, 269.
Papillon, prévôt de l'Île-de-France, administrateur de l'Hôtel-Dieu (1771), 13.
Parme (Duchesse de) (1769), 9.
Parossel (Claude-François), batelier de l'Hôtel-Dieu, 257.
Parseval (De), fermier général, administrateur de l'Hôtel-Dieu, 77.
Pastoret, procureur général syndic du département, 282.
Péan, maître chirurgien à Paris, 3.
Pelletan, compagnon chirurgien gagnant maîtrise, 42.
Pelletan, chirurgien à Paris (1778), 63 et 170.
Peltier (Pierre), 257.
Perrin, avocat aux conseils, administrateur de l'Hôtel-Dieu (1771), 13; il se démet de ses fonctions (1774), 33.
Philip, médecin expectant de l'Hôtel-Dieu (1782), 125; médecin ordinaire de l'Hôtel-Dieu, 130.
Philippe, doyen de la Faculté de médecine, médecin surnuméraire de l'Hôtel-Dieu, 103.
Pia de Grandchamp, représentant de la Commune de Paris (1790), 269.
Piliot, 56.
Pintel, externe en chirurgie, 131.
Pitra, 277.
Pleinchêne, 160.
Poan, administrateur de l'Hôtel-Dieu, démissionnaire, 50.
Pocho, maître au spirituel de l'Hôtel-Dieu, 109.
Poyet, architecte, 163, 172.
Prestat, commissaire au Châtelet, 252.
Prevaut (Ant.), 285.
Prévôt de Saint-Lucien, 239.
Prieur, de l'Assemblée nationale (1790), 271.

Q

Quatremer, représentant de la Commune de Paris (1790), 269. — Quignon (Antoine), chanoine de l'église collégiale du Saint-Sépulcre, 7.

R

Rappe, curé de Saint-Nicolas de Boulogne-sur-Mer, 170.
Rémiguy (Marquise de), 55.
Resmond, inspecteur de l'Hôtel-Dieu, 56.
Resmond, 269.
Rivey, artiste mécanicien, 273.
Robineau d'Ennemont, administrateur de l'Hôtel-Dieu, 71.
Rolland (Président), 157.
Rondel, prêtre de l'Hôtel-Dieu, 40.
Rossignol (L'abbé), administrateur de l'hôpital Sainte-Catherine, 91, 110.
Roux, commissaire de la section Notre-Dame, 287.
Ruggieri, artificier (1785), 162.
Ryberolles, compagnon chirurgien de l'Hôtel-Dieu, 169.

S

Sacy (Sylvestre de), administrateur de l'Hôtel-Dieu, 249.
Saint-Fard, architecte du Gouvernement, 94, 133.
Saint-Germain (Comte de), secrétaire d'État (1776), 45.
Saint-Julien (Pierre-Ignace de), premier chirurgien des Incurables, 141, 162.
Saint-Lucien (Prévôt de), 239.
Salins ou Salains, médecin, 139.
Saint-Martin (De), lieutenant de maire (1789), 265.
Santerre, inspecteur du Bureau de sûreté, 56.
Sarro, 252.
Sauzet (Marquis de), major du régiment des gardes françaises, 21.
Schomberg (Jeanne de), 11.
Scipion (Maison de Sardini), 115.
Séguier, avocat général, 55.
Séguin, chapelain des Incurables, 282.
Sénéchal, domestique de l'Hôtel-Dieu, 287.
Serreau, commissaire, 251.
Silvestre de Sacy, 249.
Simonot, domestique de l'Hôtel-Dieu, 287.
Sollier de la Romillais, médecin de l'Hôtel-Dieu (1777), 49, 145.
Sommelier, inspecteur de police, 131.
Süe (J.-Joseph), chirurgien de la Charité (1782), 128.

T

Taboureur, architecte expert, 74.
Tanguy (Marie-Anne), 8.
Telvenot (Charles), 131.
Tenon, de l'Académie des sciences, 127, 128.
Terray (L'abbé), 33.
Thaureaux, médecin expectant de l'Hôtel-Dieu, 252.
Thiriet, inspecteur de l'Hôtel-Dieu, 276.
Thouret, administrateur de l'Hôtel-Dieu, 285.
Thuriot de la Rosière, représentant de la commune de Paris (1789), 255.
Tilière (De), administrateur de l'Hôtel-Dieu, 2.
Tillet, administrateur de l'Hôpital général, 238.
Tillière (De), père, 71.
Touvenain, 258.
Tristan, économe de Bicêtre, 89.
Truchon, avocat, 31.
Tudert (Abbé), 12.

V

Vassou, inspecteur de l'apothicairerie, 40.
Vauvilliers, représentant de la commune, 258.
Vente, fermier général, administrateur de l'Hôtel-Dieu (1783), 139.
Vernier, membre de la grande confrérie, 279.
Vincendon, représentant de la commune, 258.
Vincent, directeur des Domaines, 40.
Viot, représentant de la commune de Paris (1789), 255.
Vrillière (Duc de la), 24.

TABLE DES NOMS DE LIEUX.

Argeville en Beauce, 153.

Billy (Châtellenie de), 12.
Blanchefouace (Ferme de), 171.
Boulogne-sur-Mer, 170.
Bourganeuf, 77.

Chaillot, 191, 192.

Dieppe, 145.

Étampes, 153.

Guercheville, 11.

Juvisy, 9.

La Roche-Guyon, 11.

Liancourt, 11.

Nantes, 252.

Orléans, 9.

Phalsbourg, 79.

www.ingramcontent.com/pod-product-compliance
Lightning Source LLC
Chambersburg PA
CBHW072110170426
R18158300001B/R181583PG43191CBX00007B/13
9782013510288